D1745827

S. FISCHER

Ethel Matala de Mazza

Der populäre Pakt

Verhandlungen
der Moderne zwischen
Operette und Feuilleton

S. FISCHER

Erschienen bei S. FISCHER

© 2018 S. Fischer Verlag GmbH, Hedderichstr. 114,
D-60596 Frankfurt am Main

Satz: Pinkuin Satz und Datentechnik, Berlin
Druck und Bindung: CPI books GmbH, Leck
Printed in Germany
ISBN 978-3-10-397234-4

Inhalt

Einleitung 7

I. Massendemokratie
  1. Menschen der Menge zwischen Bühne und Büro 33
  2. Pressebesuch bei den Angestellten 46
  3. Öffentlichkeitsarbeit im Feuilleton 62
  4. Berliner Revueformen 74
  5. Der große Betrieb, politisch betrachtet
    (Max Weber, Carl Schmitt) 89
  6. Gesellschaftstheater im Pariser Exil –
    Kracauer und Offenbach 98

II. Tanzende Verhältnisse
  1. Volksfeste der Republik 115
  2. Revolte und Cancan 128
  3. Physiologie der Massenbewegungen 140
  4. Paris-Bilder der *petite presse* 154
  5. Heinrich Heine, Julirevolutionär 176
  6. Ende der großen Männer (*Lutezia*) 190
  7. Tragödie und Farce: Karl Marx 203

III. Operettenmonarchien
  1. Napoléon III. erhöht den Hauptstadtverkehr 217
  2. *La Vie parisienne* – Lob des Boulevards 231
  3. Die Operette im Walzer-Pakt mit Österreich 247
  4. Damenwahl einer lustigen Witwe 262

5. Gegen-Presse mit Gewaltmonopol (Karl Kraus) 278
6. Wiener »Blutoperette« –
   Die letzten Tage der Menschheit 293

Schluss 307

Anmerkungen 315
Verzeichnis der Abbildungen 420
Verzeichnis der verwendeten Literatur 422
Danksagung 475
Personenregister 476

Einleitung

Unter dem Titel »Krisis der Operette« veröffentlichte die Berliner Theaterzeitschrift *Die Scene* im Februar 1929 ein Sonderheft, das die Zukunft des Genres zur Debatte stellte. Anlass der Diskussion war der jüngste Erfolg einer Oper, die »so prunkvoll gedacht war, wie nur Bettler sie erträumen«, und dem Anspruch ihrer Autoren nach »so billig sein sollte, daß Bettler sie bezahlen können«.[1] Auf die Frage der Redaktion, ob durch Bertolt Brechts und Kurt Weills *Dreigroschenoper* »anstelle der noch kommenden Operettenreform bereits das Faktum oder der Weg einer neuen, zeitgemäßen Umwandlung gegeben«[2] sei, antworteten die 37 Beiträger des Hefts – darunter Komponisten, Regisseure, Librettisten, Bühnensänger und Theaterleiter – kontrovers. Einen der umfangreichsten Aufsätze steuerte Thomas Manns Schwager Klaus Pringsheim bei, der fand, dass das »typische Operettenmilieu« für die Verhältnisse der ausgehenden zwanziger Jahre »ein bißchen unmöglich« geworden sei, und damit die Meinung vieler zum Ausdruck brachte. »Das Beste wäre wohl, die ganze Gattung abzuschaffen; nur so wird sie zu retten sein«, lautete sein Kommentar. »Immer wieder ›Herr Baron‹ und ›Seine Durchlaucht‹ und ewig Sekt und münchener Fasching und pariser Cocotten und Roulette in Monte Carlo und fade Gutangezogenheit, immer dies abgestandene Parfüm von Allerweltseleganz, dieser Talmiglanz verflossener Hochherrschaftlichkeit – die Methoden verfangen nicht mehr wie einst.«[3]

Solche Aburteilungen wollte der Operettenkomponist Michael Krausz nicht auf sich sitzenlassen. Von der Operette werde etwas verlangt, »was der Gattung garnicht zusteht, LITERA-

TUR!!!« Weil die Operette »an Alle« appelliere, nicht nur an eine »Handvoll *Literaten*«, gab es für Krausz nur eine Forderung: »Heraus mit den – ihren Beruf verfehlten – LITERATEN aus den Operettentheatern!«[4] Mit dem grammatisch etwas verwackelten Imperativ machte Krausz vermutlich nicht nur seinem Ärger über Brecht und Weill Luft, sondern keilte auch gegen Franz Lehár und seine beiden Textdichter Fritz Löhner und Ludwig Herzer aus, die den »Literaten« in ihrem jüngsten Bühnenwerk auf andere Weise Respekt gezollt hatten. Nur wenige Monate zuvor, am 4. Oktober 1928, war nach aufwendigen Renovierungen das Berliner Metropol-Theater mit der Lehár-Operette *Friederike* vor großer Prominenz wiedereröffnet worden. Im Zentrum stand Goethes Jugendliebe zu der Sesenheimer Pfarrerstochter Friederike Brion. Um die frühe Episode aus dem Dichterleben bühnenreif auszugestalten, hatten Lehárs Librettisten – der eine promovierter Jurist, der andere praktizierender Gynäkologe – sich durch *Dichtung und Wahrheit* und dann »in fieberhaftem Tempo« durch die »›Friederiken‹-Literatur« gearbeitet, ferner »eine stattliche Anzahl von (zirka 30) Monographien« sowie »Goethe-, Herder-, Lenzbriefe«[5] gesichtet und vor allem Goethes Gedichte studiert, deren Verse sie für die Liedpartien ihrer Bühnenfigur teils wörtlich übernahmen, teils freier umspielten. Das Ergebnis war ein abendfüllendes Melodram, in dem nicht nur das *Heidenröslein* in Lehárs Neuvertonung zu Operettenehren kam, sondern auch zahlreiche andere Goethe-Lieder aus der Sesenheimer Zeit und aus späteren Jahren wieder erklangen. Man »weiß nie, wo Goethe aufhört und Löhner anfängt«,[6] hob das Programmheft des Metropol-Theaters anerkennend hervor.

Dass die Welt der Literaten nicht die Welt der Operette ist, reflektiert das »Singspiel« dabei selbst, indem es nicht den Dichter Goethe, sondern Friederike zu seiner Titelheldin kürt und ihr das Schicksal zuteilt, den Dichter selbstlos ziehen zu lassen, sobald der Ruf zu Höherem an ihn ergeht. Goethes Poesie hat auf dem Theater kaum die Mädchenblütenträume reifen lassen, da wird Friederike bereits von anderer Seite an die Prosa ihrer kleinen und engen Verhältnisse gemahnt. Es ist ihr Schwager Weyland, der ernste Bedenken gegen die Verbindung hegt und Friederike mit Hilfe des Märchens von der neuen Melusine – nicht ohne anzumerken, Goethe selbst habe es »vor kurzem im Freundeskreise vorgelesen« – die aussichtslose Lage der Dinge vor Augen führt, als er von den Bemühungen des Weimarer Herzogs Karl August um Goethe erfährt.

> Weyland: Ein Jüngling verliebte sich in eine geheimnisvolle, wunderschöne junge Dame und warb um sie. Da gestand sie ihm ein, daß sie die Tochter des Zwergkönigs sei.
> Friederike *(ein wenig beklommen)*: Die Tochter des Zwergkönigs.
> Weyland: Ja. Nur durch einen Zauberring habe sie menschliche Größe erlangt. Sie könne ihm also nur angehören, wenn er *ihresgleichen* werde und auch Zwerggestalt annehmen würde. Ohne sich zu bedenken, stimmte er zu und sie steckte ihm freudestrahlend den Zauberring an seinen Finger ... da wurde er auch zum Zwerg ... Anfangs behagte ihm das neue Leben, aber gar bald machten ihn die *kleinen* und *engen* Verhältnisse tief unglücklich. Er sah sich oft im Traum ... *wie ein Riese* ... und schließlich beherrschte ihn nur ein Gedanke: *sich zu befreien, befreien um jeden Preis!* ... Unter unsäglicher Mühe feilte er sich den Ring vom Finger, wuchs wieder zu seiner menschlichen Größe empor ... und *ohne Abschied* verließ er heimlich die Geliebte.
> Friederike *(die immer mehr in sich gekehrt und ernster geworden, erhebt sich langsam, erschüttert)*: Und ohne Abschied verließ er die Geliebte –[7]

Deutlicher als mit Hilfe dieser Parabel hätte das Singspiel kaum die Maßverhältnisse zwischen den Größen der Literatur und den minderen Akteuren explizieren können, die an der Höhe, zu der sie aufschauen, bestenfalls im Imaginären einer anderen Kultur teilhaben – über andächtig bewahrte »kleine Blumen, kleine Blätter«[8] oder aber über kurze Gastspiele auf der Operettenbühne. Der Forderung Krausz', sich »an Alle« zu richten, kommt Lehárs *Friederike* indirekt nach, indem sie den künftigen Dichterfürsten für den Hof »Seiner Durchlaucht des Herzogs von Weimar«[9] freigibt, während sie den Zuschauern eine kleine Protagonistin von »*ihresgleichen*« ans Herz legt, die ihnen in Löhners Schlagern die Lektüre von Goethes Werken ›schenkt‹.

Das letzte Wort Friederikes soll jeder von sich sagen können: »Goethe gehört der ganzen Welt, also auch mir!«[10]

Wie die Allgemeinheit aussah, an die sich solche Schlager in der späten Weimarer Republik richteten – nicht nur über die Bühne, auf der *Friederike* die *Dreigroschenoper* an Popularität übertraf[11] –, erklärt die Sondernummer der Zeitschrift nicht. Auch Klaus Pringsheims Beitrag belässt es bei der Mutmaßung, dass die meisten ihrer Vertreter weniger im Theaterpublikum denn unter jenen »Anspruchslosen« zu suchen sein dürften, denen die leichte Musik »billig und bequem« »per Rundfunk in Haus geliefert« wird oder in Lokalen, Kinos und »Amüsierbetrieben«[12] begegnet. Als genügsame Konsumenten kommen die anonymen Vielen bei ihm nur flüchtig in Betracht und sind als diffuse Jedermanns nicht weiter von Interesse.

Das ändert sich, wenigstens im deutschen Sprachraum, erst mit den Fallstudien des Journalisten, Filmtheoretikers und Soziologen Siegfried Kracauer, die einer breiten Leserschaft vorführen, dass sich die Frage nach dieser Allgemeinheit Ende der 1920er Jahre keineswegs als belanglos abtun lässt. Im selben Jahr, in dem die *Scene* über die Krise der Operette nachdenkt, veröffentlicht Kracauer in der *Frankfurter Zeitung* eine Serie von Feuilletons, die kurz darauf auch in Buchform erscheint und mit ihrem Untertitel »Aus dem neuesten Deutschland«[13] anzeigt, dass sie als Analytik der Gegenwart gelesen werden will. Bereits in seinem früheren Essay über das »Ornament der Masse« hatte Kracauer eine höhere Aufmerksamkeit für die »unscheinbaren Oberflächenäußerungen« und »unbeachteten Regungen« einer Epoche gefordert, um ein »bündiges Zeugnis für die Gesamtverfassung der Zeit«[14] zu erlangen. Dem kommen die Feuilletons über die »Angestellten« nach, indem sie ein Personal in den Mittelpunkt rücken, dem die Attribute des Minderen, allzu Gewöhnlichen schon aufgrund seiner schieren Massenhaftigkeit anhaften. Dass die Angestellten als schwer zu greifende soziale Gruppe in Erscheinung treten, die vor allem der Konformismus eint, macht sie zu perfekten Repräsentanten einer allgegenwärtigen, aber unauffälligen Öffentlichkeit. Deren Strukturen, Vorlieben und Habituslenkungen müssen durch ein geduldiges Sammeln und Lesen von Indizien ermittelt werden, auf dem Weg einer Spurensuche, die sich in personeller wie sachlicher Hinsicht bei Kleinigkeiten aufhält, während sie dem (Vor-)Urteil gewichtiger Zeitzeugen misstraut.

Kracauers Feuilletons betreiben eine solche Mikrologie auf doppelte Weise, indem sie einerseits den Alltag der Angestellten durchleuchten und die Unscheinbarkeit ihres Durchschnittslebens anhand einzelner Details studieren. Andererseits schreiten sie dabei konsequent die Freiräume einer kleinen, offenen Prosaform aus, die auf strenge Systematiken so wenig festgelegt ist wie auf abschließende Synthesen. Die Berührung mit den Attraktionen der Populärkultur müssen diese Prosaminiaturen schon deshalb nicht scheuen, weil sie selbst keinen großen Kunstanspruch haben, sondern sich auf das, was »Alle« anspricht, auch ästhetisch einlassen wollen, um es für die Annäherung an eine breite, aber kaum wahrgenommene Öffentlichkeit zu nutzen.

Die Allgemeinheit, die so in den Blick rückt – als Welt jener Mehrheit, der es reicht, von Goethes Größe nur singen zu hören und seine Lyrik durch Schlager kennenzulernen –, ist die eines Publikums, das sich weder über erklärte Koalitionsbildungen formt noch über die Teilhabe an einem räsonierenden Diskurs bildet, sondern in der Arbeitswelt von Großbetrieben heranwächst und sich an Orten und Schauplätzen des organisierten Massenvergnügens zerstreut. Indem Kracauers Feuilletons dieses Terrain ausschnitthaft durchqueren, wollen sie die Metropole von ihrer modernsten Seite her erkunden und soziologische Aufklärung über jüngste Verschiebungen im gesellschaftlichen Gefüge leisten, wobei sie der Konsumkultur dieselbe Aufschlusskraft beimessen wie dem Einblick ins Berufsleben derjenigen, die den Typus des »Großstadtmenschen«[15] mustergültig verkörpern. Kracauer geht es darum, mit seiner Serie eine Öffentlichkeit, die gleichzeitig Gegenstand, Medium und Adressat seiner Beobachtungen ist, auf dem Weg des Detailstudiums für ein Politikum zu sensibilisieren, das in den Mythen und ungeschriebenen Gesetzen des Alltags haust und gar nicht die Ebene jener Instanzen berührt, die über Belange von staatlicher Tragweite entscheiden. Als öffentlicher Verhandlungsort und als Raum für heterogene Kleingenres, die nicht exklusiv auftreten, genießt das Feuilleton für ihn den Vorzug eines publizistischen ›Gemeinplatzes‹, dessen Vorteil darin besteht, sowohl *von* den Vielen sprechen als auch viele *an*sprechen zu können, die durch die neue Öffentlichkeit herausgefordert werden. Das Feuilleton kommt den Vorlieben einer breiten, diverser gewordenen Leserschaft wie kaum eine andere Zeitungsrubrik entgegen. Die journalistisch-literarischen Prosaformen, die schon im 19. Jahrhundert zum Markenzeichen der Sparte wurden, sind selbst ein Epiphänomen der Umbrüche, die Kracauer in seinen Beiträgen für die *Frankfurter Zeitung* kritisch reflektiert, und insofern prädestiniert für die Öffnung zu einer Populärkultur, die in der Weimarer Republik von neuen Medien wie dem Kino geprägt wird, aber eben auch von Showformaten und Bühnengenres, die das Massenpublikum anziehen. Theater- und Literaturwissenschaft begegnen diesem Unterhaltungstheater bis heute mit Distanz. Die Gattungen, die dort Erfolg haben – allen voran Operette und Revue –, gelten ebenso als mindere Genres wie die Kleinprosa des Feuilletons.

Für die vorliegende Studie ist Kracauers *Angestellten*-Serie Anlass und Ausgangspunkt gewesen, um Genese und Genealogie solcher Genres in einer weiträumigeren Perspektive zu untersuchen und nach den historischen Spielarten ihrer Formen in Presse und Theater, den Konjunkturen ihrer Popularität sowie nach den ästhetischen Programmen, aber auch nach den politischen Einsätzen zu fragen, die sich mit ihrem Verweilen bei kleinen Sujets verknüpfen.

Populäre Genres werden in der Regel als leichte, oft seichte Unterhaltungskost abgetan. Sie gelten als trivial, weil sie schnelllebigen Moden unterliegen und Zugeständnisse an profane Bedürfnisse des Amüsements machen, um sich die Gunst der Allgemeinheit zu sichern. Was den Geschmack der Menge bedient, kann gehobenen Ansprüchen schwer genügen. Kulturkritiker bemerken darum zumeist nur die Fallhöhe, die das breit Zirkulierende als konfektionierte Massenware, als mindere Kunst vom Niveau derjenigen Künste und Metiers trennt, in denen elaborierte Codes bereitstehen, um eine würdige Behandlung von Sach- und Stilfragen zu gewährleisten. Die Diskreditierung des Populären ist keine spezifisch moderne Erscheinung, aber sie steht, seit das englische Wort *popular* im 18. Jahrhundert ins Deutsche einwanderte,[16] in paradoxem Kontrast zur parallel sich vollziehenden politischen Aufwertung des Volksbegriffs. Man kann darin ein Symptom für den Zwiespalt sehen, der das Volk durchzieht, seit es als Legitimationsgrund moderner Nationalstaaten herhalten darf, aber sich gleichzeitig von jenem niederen »volck«[17] abheben soll, mit dem man es vorher verband. Nachdrücklich hat vor allem Giorgio Agamben auf die widersprüchlichen Zuschreibungen aufmerksam gemacht, an denen das Volk laboriert, indem es unentschieden und zugleich strikt unterscheidend »zwischen zwei entgegengesetzten Polen« schwankt: zwischen »der Gesamtheit *Volk [Popolo]* als dem integralen politischen Körper auf der einen, der untergeordneten Gesamtheit *Volk [popolo]* als der fragmentarischen Vielheit bedürftiger und ausgeschlossener Körper auf der anderen Seite«.[18]

Die Geringschätzung des niederen Volks wirkt auch in den Konnotationen des Begriffs *populär* nach. Das Ressentiment gegen den »Pöbel« hält in Deutschland – trotz kurzer Intermezzi im Sturm und Drang und insbesondere in der Romantik, wo Volkslieder, Volksmärchen und Volksbücher aus patriotischen Gründen hoch im Kurs standen und als ursprüngliche Poesie bewundert wurden – weit über das 19. Jahrhundert hinaus an, wobei sich im Lauf der Jahre die Zielscheibe ändert. Von den unteren Ständen geht das Stigma auf die urbanen Massen über, auf denen seit der Französischen Revolution der Argwohn lastet, Entzündungsherd von Unruhen zu sein. Im Zuge der Industrialisierung avancieren sie in den Metropolen aber zu einem elementaren Wirtschaftsfaktor und geraten in dem Maß, wie sie mit eigenen Konsumangeboten umworben werden, ins Visier der Ideologiekritik, die mit der Masse keinen aufrührerischen Mob verbindet, sondern nun eine leicht (ver-)führbare Menge, die im Rausch der Daueranimation verdummt.[19] Unter dem Eindruck des NS-Regimes brandmarkten Max Horkheimer und Theodor W. Adorno 1944 die »Kulturindustrie« als Antipodin der Aufklärung. Die Illusionsfabrik begehe mit ihren billig verkauften Glücksversprechen Massenbetrug – so die bekannte These[20] – und perfektioniere nur die technischen Mittel, um daran prächtig zu verdienen. Damit war der Maßstab gesetzt, nach dem hierzulande für geraume Zeit über Kino und Schlager, Sport und Show, Reklame und Warenkonsum geurteilt wurde.

In jüngerer Zeit stießen solche Generalverdikte vor allem bei den Vordenkern der britischen *Cultural Studies* auf Widerspruch, die den sozialen Ort des Populären neu definierten. Die Vorstellung manipulierter Massen wich einem Verständnis von *people* im Sinne einer Vielfalt von ›Leuten‹, die sich dem »hegemonialen Block«[21] der herrschenden Klasse gegenüber als kreative und widerständige Nutzer massenmedialer Angebote behaupteten. Das hat den Theoretikern aus England den Vorwurf politischer Romantik eingetragen. Kritik kam aber auch von soziologischer Seite, weil das starre Modell von Privilegierten und Ausgegrenzten hinter den Bedingungen moderner Ausdifferenzierung zurückblieb. Um solchen hierarchischen Klassenmodellen zu entkommen, versucht man inzwischen eher, das Populäre funktional zu bestimmen, es von prädestinierten Trägerschichten zu entkoppeln und stattdessen Formen, Medien und Prozesse der Popularisierung zu studieren, wobei Aspekte des Politischen keine besondere Rolle mehr spielen.[22] Die jüngsten Theorieansätze zu Fragen des Populären, die den hiesigen Debattenkontext prägen, stammen einerseits aus der Medienwissenschaft, andererseits aus der systemtheoretischen Kultur- und Literatursoziologie.[23] Ihnen ist gemeinsam, dass auch sie ein allgemeines Modell voraussetzen – in diesem Fall die

Sozialtheorie eines Autors mit eigenen Aversionen gegen kommerzielle Medien[24] – und dieses adjustieren oder ausbauen, um die Funktionslogik populärer Kommunikation zu beschreiben, ohne dabei auf Globaldiagnosen einer »société du spectacle«,[25] einer »Simulationsgesellschaft«[26] oder einer »Inszenierungsgesellschaft«[27] zurückgreifen zu müssen, die dann wahlweise Anlass zu Dekadenzsorgen oder Vernetzungsemphasen bieten.

Die vorliegende Studie teilt diese Zurückhaltung gegenüber totalisierenden (Post-)Modernekonzepten, hebt sich von den skizzierten Zugängen aber in dreierlei Hinsicht ab. Im Gegensatz zu den skizzierten Ansätzen beharrt sie – erstens – auf der Konjunktion von Populärem und Politischem. Sie beleuchtet diese Konjunktion entlang ihrer wechselnden Ausfaltungen als Folge und Reflex der Umbrüche im Gefüge sozialer und staatlicher Ordnungen, wobei sie die disparate Vielfalt von Foren in Rechnung stellt, die seit der Französischen Revolution entstanden sind und auf denen die Massen als neue Öffentlichkeit in Erscheinung treten.

Zweitens legt sich die Studie nicht auf das Paradigma einer bestimmten Gesellschaftstheorie fest, um auf deren Folie Form und Anspruch populärer Genres zu taxieren. Stattdessen untersucht sie, in welcher Weise die Genres mit ihrem prononcierten Interesse an Kleinigkeiten, an Bagatellbegebenheiten und subalternen Akteuren ihrerseits eine Analytik sozialer Verhältnisse betreiben und damit im 19. Jahrhundert einer noch in den Anfängen steckenden Soziologie vorgreifen oder ihr zumindest spielerisch sekundieren, später aber auch in Konkurrenz zu ihr treten und sich von deren Prämissen in kritischer Absicht frei machen.

Drittens schließlich verzichtet die Studie auf idiosynkratische Übersteigerungen des Gefälles zwischen ›Hochkultur‹ und ›Populärkultur‹.[28] Sie gibt der horizontalen Betrachtung den Vorzug vor der vertikalen Hierarchisierung und interessiert sich für die Variationsbreite minderer Genres, wobei sie exemplarisch verfährt, ihren Ansatz probeweise an zwei eingegrenzten Segmenten testet und damit vor allem den Spuren folgt, die Kracauers eigene Arbeiten auslegen. Neben den journalistisch-literarischen Kleinformen des Feuilletons, deren Spektrum Kracauer selbst während der zwanziger Jahre als Redakteur der *Frankfurter Zeitung* beträchtlich erweitert hat, kommt so eine für heutige Maßstäbe überlebte, in der Unterhaltungskultur des 19. und frühen 20. Jahrhunderts aber außerordentlich präsente Spielart des populären Theaters in Betracht: nämlich eben die Operette, die durch Jacques Offenbach im Frankreich des Zweiten Kaiserreichs zunächst als Antithese zur *opéra comique* und zur *grand opéra* Furore machte, bevor sie in der Migration nach Österreich und Ungarn verschiedene Wandlungen durchlief – die letzte und einschneidendste infolge der Innovationen Franz Lehárs, die in der Weimarer Republik bereits vor der Uraufführung der *Friederike* das Musikleben prägten, aber auch international ausstrahlten.

Kracauer selbst hat die Ausläufer dieser Entwicklung eher rhapsodisch und meistens mit Ernüchterung im Spiegel seiner unzähligen Filmrezensionen verfolgt und seine *Angestellten*-Feuilletons allenfalls implizit auf deren Kontrastfolie rückbezogen. Seine »Gesellschaftsbiographie«[29] *Jacques Offenbach und das Paris seiner Zeit*, die 1937 im Pariser Exil entstand, lenkt den Lichtkegel jedoch zurück auf die Anfänge des Genres und beleuchtet Ästhetik und Popularität der frühen Operette im Licht eines Kaisertums, das selbst die Gunst der Massen brauchte, während es gleichzeitig darauf bedacht war, dieses Volk nicht mit Souveränitätsrechten auszustatten und in die politische Freiheit der Republik zu entlassen. Beide Arbeiten Kracauers, die frühere zum »neuesten Deutschland« und die spätere zum Frankreich des Second Empire, lassen sich – so die These dieser Untersuchung – als komplementäre Fallstudien lesen, die von der Frage nach der öffentlichen Sache, der *res publica* im Wortsinn, umgetrieben sind und diese als Politikum begreifen, wenn sie Aufmerksamkeit beanspruchen für die »öffentlichen Zustände«,[30] die sich in Auftritt und Habitus der Vielen verinnerlicht haben, aber auch für die Heterogenität der Schauplätze, die ein Indikator für das sind, was »Alle« bewegt.

Kracauers Studien – das unterscheidet sie von den Arbeiten Adornos und verbindet sie mit denen Walter Benjamins, die gleichwohl stärker an einer medientheoretischen Schärfung der modernen Ästhetik interessiert sind als an einer extensiven Erschließung der Massenkultur in der Breite ihrer Foren und Genres – rekonstruieren die Geschichte der Moderne als diskontinuierliche, von Brüchen durchzogene Geschichte der Zerstreuung von Öffentlichkeiten und spannen einen Bogen von Sensationsmilieus mit inniger Affinität zum Spektakel bis hin zu Arbeitswelten, in denen das Gegenteil gefragt ist: nämlich völlige Unauffälligkeit. Indem sie sich dabei vor allem an mindere Genres halten, begeben sie sich in ein soziales Universum von Attraktionen und Alltäglichkeiten, das seit dem späten 18. Jahrhundert insbesondere in den Metropolen Europas expansiv wächst und in dem ein neues Publikum entsteht, das als Masse Trends setzt, nicht durch die Profilierung eigensinniger Köpfe, aber das in dem Maß, wie sich ganze urbane Infrastrukturen an ihm ausrichten – denn für seine Ansprüche werden mit steigendem Aufwand »Häuser gebaut, Städte geplant und Theater gemacht«[31] –, auf eine Berücksichtigung in der Geschichte drängt, welche die Moderne über sich selber erzählt.

Als Journalist, der seit 1921 bei der *Frankfurter Zeitung* fest angestellt war, hat Kracauer – der Ausbildung nach eigentlich Architekt – diesen Wandel in der baulichen und soziokulturellen Physiognomie von Weltstädten am Beispiel vor allem von Paris und Berlin aufmerksam begleitet und von 1924 an, seit seiner Beförderung zum Vollredakteur im Feuilleton, gerade das Ressort der Filmkritik profiliert, aber in seine Studien genauso die Filialen der populären Literatur, des Unterhaltungstheaters und des Showgeschäfts einbezogen, um sich dem modernen Publikum nicht nur über plurale Medien, sondern auch über die Spannweite verschiedener Genres nähern zu können, die dessen Bedürfnisse bedienen.

Während die *film studies* inzwischen gut ausgebaut sind und Kracauers Impulse in vielen kanonischen Arbeiten aufgenommen haben,[32] blieb die Resonanz in den Literaturwissenschaften selektiv. Auf Interesse stießen neben Kracauers früher Studie zum Detektivroman vornehmlich seine Romane, mehr noch die diversen Spielarten seiner Kleinprosa und seine Feuilletonkritiken über die moderne Romanliteratur, kaum jedoch die Theaterformen, deren Karrieren er beobachtete: das Kabarett, die Revue, das Varieté. Das ist deshalb bedauerlich, weil in der Rezeption auf diese Weise Bezirke voneinander abgekoppelt wurden, deren *Koevolution* Kracauer konstatierte und bei seinen Modernediagnosen in Rechnung stellte, nicht ohne darauf auch mit der Form seiner Prosa zu antworten. Sosehr seine Feuilletons, insbesondere seit der Mitte der 1920er Jahre, in der Eigenart ihres phänomenologischen Zugriffs auf Wahrnehmungserfahrungen des Kinos reagieren, so genau registrieren sie gleichzeitig, dass durch die Konkurrenz neuer Medien wie durch variable Allianzen zwischen diesen Medien neue Showformate und Bühnengenres entstehen. Diese lassen mit dem Literaturtheater bürgerlichen Zuschnitts zugleich das reine Sprechtheater hinter sich und entfalten ihre immense Breitenwirkung dadurch, dass sie, wie die Operette, von vornherein als »unreine Mischform von Gesang, Tanz, Dialog und Schaugepränge«[33] angelegt sind. Basis ihres Erfolgs sind Schlager, die durch sie populär werden, Stars, die auf ihren Bühnen glänzen, und Moden, die dort kreiert werden. Als Genres mit eigenem Aktualitätsanspruch und hinreichend großer Resonanz, um die Vorlieben der Menge zu prägen und Interessen steuern zu können, sind sie für Kracauer nicht nur prädestinierte Gegenstände seiner journalistischen Prosa aus der Weimarer Republik, sondern auch in historischer Perspektive nahe Verbündete von feuilletonistischen Genres, die sich seit ihren Anfängen im späten 18. Jahrhundert dem urbanen Leben verschrieben und dessen Veränderungen notiert haben.

Gerade weil für die Sphären der Öffentlichkeit, die damit in den Blick rücken, die Presse – wenn überhaupt – nur ein Forum unter anderen darstellt, dürfen die intermedialen Austauschbeziehungen auch bei der Rekonstruktion der Entstehung dieses Publikums nicht ignoriert werden. Das schließt eine genauere Musterung der sozialen Räume ein, an denen der Auflauf der Massen gewollt, aber auch immer beargwöhnt ist, an denen ihr Zusammenströmen organisiert und bewacht wird und an denen ihre Interaktionen und Kommunikationen eine diskrete Lenkung erfahren, die Unschädlichkeit garantiert. Berührt wird damit aber auch die politische Geschichte der modernen Massen, ihrer revolutionären Entfesselung und disziplinatorischen Bändigung, ohne die Genese und Wandel dieser zerstreuten Öffentlichkeiten kaum adäquat zu erfassen sind.

Die vorliegende Studie will deshalb nicht einfach Querverbindungen zwischen den Gattungskarrieren von Operette und Feuilleton nachzeichnen, sondern deren Erfolgsgeschichte am Leitfaden der Massenbewegungen rekapitulieren, in die sie durch ihre Akteure, ihre Sujets und ihre Wirkungsästhetik involviert sind. Neben dem ökonomischen Kalkül der Fabrikation leichter Unterhaltungsware – das in den bisherigen Auseinandersetzungen mit Genres dieser Art schlagseitig im Vordergrund stand – wird so die politische Geschichte der Moderne stärker in den Blick gerückt, an der sie teilhaben und die in ihnen bearbeitet wird. Ein Schwerpunkt wird dabei auf dem Kleinpersonal liegen, das die Szenen dieser Genres beherrscht, ein zweiter auf der Vielfalt der Schauplätze, auf denen sich die neue Öffentlichkeit zerstreut und damit die Diversifizierung der populären Theater- und Pressegenres begünstigt, ein dritter auf der politischen Tragweite, die diese Genres durch ihren eigenen Pakt mit dem Massenpublikum gewinnen. Historisch schreitet die Untersuchung einen Parcours ab, der vom späten 18. Jahrhundert bis in die dreißiger Jahre des 20. Jahrhunderts führt, wobei es ihr nicht um eine lückenlose Rekonstruktion von Entwicklungen zu tun ist, sondern um eine Erprobung des Ansatzes an prominenten Stationen der Feuilleton- und Operettengeschichte, an denen zugleich den unterschiedlichen lokalen Prämissen Rechnung getragen werden kann, unter denen die

Genres zeitversetzt in den Metropolen Paris, Wien und Berlin Hochkonjunktur haben.

Das erste Kapitel setzt in der Weimarer Republik ein und ist den Arbeiten Siegfried Kracauers gewidmet. Es untersucht deren programmatische Besetzung minderer Genres im soziologischen und politischen Debattenhorizont der 1930er Jahre und nähert sich dem Feld ausgehend von den *Angestellten*-Feuilletons, mit denen ein unscheinbares Personal von Dienstleistern, von dem man im 19. Jahrhundert nur sporadisch Notiz nahm – unter anderem über gelegentliche Schlüsselrollen in Operetten-Einaktern wie Offenbachs *La Chanson de Fortunio* –, in den Mittelpunkt rückt. Das Kapitel zeichnet Kracauers Auseinandersetzung mit der Physiognomie dieser neuen Öffentlichkeit vor dem Hintergrund parallel geführter Kontroversen in der Sozialwissenschaft nach, konturiert die Ambitionen der Feuilleton-Serie aber auch auf der Kontrastfolie anderer Begriffe des Politischen, die von Zeitgenossen unter dem Eindruck des Versagens hergebrachter Bestimmungen neu gefasst werden. Fluchtpunkt des Kapitels ist Kracauers Gesellschaftsbiographie *Jacques Offenbach und das Paris seiner Zeit*, die am Beispiel der Offenbachiade eine Poetologie der ›kleinen Form‹ entwickelt und damit eine Genealogie der soziokulturellen Milieus verknüpft, in denen jene Öffentlichkeit sich ausbildet, deren Zerstreuung Feuilleton und Operette – als Varianten minderer Genres und ›kleiner Formen‹ in Kracauers Sinn – auf je eigene Weise begleiten und ästhetisch verarbeiten.

Die folgenden beiden Kapitel führen über Kracauers Studien hinaus. Sie schreiben die dort punktuell sondierte Transformationsgeschichte moderner Öffentlichkeit fort, indem sie den historischen Konjunkturen beider Genres weiter nachgehen und deren ästhetische Einsätze vor dem Hintergrund von sozialen Verschiebungen einerseits, von Krisen und Umwälzungen der politischen Ordnung andererseits beleuchten.

Das zweite Kapitel geht dazu ins 18. Jahrhundert zurück und setzt ein bei der Urszene der politischen Moderne: der Französischen Revolution. Im Zusammenhang mit der Begründung der Republik verfolgt es die seinerzeit unternommenen Anstrengungen, politische Partizipation über die gezielte Schaffung öffentlicher Arenen für Großversammlungen zu ermöglichen, bei denen Freiheit, Gleichheit und Brüderlichkeit feierlich zelebriert werden konnten. Die Zurüstungen waren Teil einer umfassenden, von Jean-Jacques Rousseau inspirierten Theaterreform, die eine neue öffentliche Festkultur begründete und breit gestreute Szenen des organisierten Massenvergnügens entstehen ließ. Deren soziale Bedeutung sollte während des 19. Jahrhunderts in dem Maß steigen, wie in der Folge der Umstürze von 1830 und 1851 – der Julirevolution und dem Staatsstreich Louis Napoléons – vormals erkämpfte revolutionäre Freiheiten kassiert wurden.

Im engeren Fokus des Kapitels stehen einerseits die Tanzlokale, die im Umfeld der Julirevolution aus dem Boden schießen, andererseits die Boulevards, die während des Zweiten Kaiserreichs auf Betreiben von Baron Haussmann ausgebaut werden. Für die zeitgleich populär werdende *petite presse* ist die hier zusammenströmende Menge sowohl Stoffquelle wie Publikum. Das Wimmelbild, das sich an diesen Orten bietet, erschwert die Übersicht und verlangt eine geschärfte Aufmerksamkeit für feine Unterschiede und diskrete Signale, auf die sich feuilletonistische Genres vom Typ der *tableaux* und *physiologies* einstellen, indem sie im Medium des Großstadtjournalismus eine mitlaufende soziale Epistemologie betreiben, die von Detailbeobachtungen ausgeht und dem Wechsel der Moden Trends abliest, in denen sich Flüchtiges zum sensiblen Zeitzeichen verdichtet. Heinrich Heines Paris-Berichte für die Augsburger *Allgemeine Zeitung*, die in den 1840er Jahren entstehen und 1854 unter dem Titel *Lutezia* in gebündelter Form neu veröffentlicht werden, nutzen die kleine literarisch-journalistische Prosaform wiederum zu einer Mikrologie in prognostischer Absicht, wenn sie ihre Schreibart auf die Offenheit der Zukunft und die Unsicherheit politischer Kontinuitäten abstellen. In einer komplementären Lektüre wird dieser Geschichtsschreibung der Zukunft, bei der Heine alle Vorzüge der kleinen Prosaminiatur ausspielt, die Demontage historischer Großerzählungen gegenübergestellt, die Karl Marx in seinem *Achtzehnten Brumaire* unternimmt: und zwar durch eine ostentative Entheroisierung der politischen Geschichte, durch ihre Umschrift zum Fortsetzungsdrama mit immer kläglicheren Protagonisten, die bei der Farce der Gegenwart, dem Kaisertum des Napoléon-Neffen Louis Napoléon – Victor Hugo taufte ihn hämisch »Napoléon-le-Petit« –, endet.

Das dritte Kapitel schlägt die Brücke von der politischen Farce zum Lachtheater[34] der Operette und seinen Konjunkturen unter den restaurativen Regimes Frankreichs und Österreich-Ungarns. Es konzentriert sich auf die Erfolgsgeschichte des Genres in der zweiten Hälfte des 19. Jahrhunderts sowie im frühen 20. Jahrhundert und arbeitet die gegensätzlichen Prämissen heraus, unter denen das Second Empire und die k.u.k. Monarchie diese Karriere begünstigen. Konzipiert als Musikkomödie mit eingängigen Liedern und Tanznummern, setzt die Operette auf die Ansteckungskraft eines Bewegungsrauschs, bei dem sichergestellt bleibt, dass auch der größte Tumult die geordnete Bahn nicht verlässt. Während Offenbachs *Vie parisienne* 1866 mit der Hommage an das rasche Kommen und Gehen, das in der französischen Metropole durch neue Verkehrsachsen wie durch neue Verkehrsmittel befördert wird, eine politische Entschärfung des Cancans, des rebellischen Tanzes aus Revolutionszeiten, verbindet, rückt vierzig Jahre später Lehárs *Lustige Witwe* im Theater an der Wien von der Tradition der Offenbachiade ab und kreiert einen neuen Operettentypus, indem sie die Bedeutung der Tänze für die Handlung einerseits steigert, die Choreographie andererseits ganz auf den Zweck des Anknüpfens von Privatbeziehungen abstellt und damit ein anderes Modell der Innenpolitik favorisiert. Der Höhepunkt des Geschehens wird in einen intimen *pas de deux* verlegt, bei dem es nur darauf ankommt, im Wiegeschritt des langsamen Walzers ein Paar zu vereinen und über den Herzensbund zugleich einen maroden Bühnenstaat zu konsolidieren, der dank des musikalisch besiegelten Gesellschaftsvertrags dem Ruin entgeht. Der schärfste Kritiker solcher Operettenseligkeit ist Karl Kraus. Vom Tribunal seiner Zeitschrift *Die Fackel* aus, aber auch in der monumentalen, während der Kriegsjahre entstehenden »Blutoperette« *Die letzten Tage der Menschheit* führt er unentwegt Klage über die Malaise eines Habsburgerreichs, in dem Lehárs Melodien neben Feuilletons aus der Feder von Heine-Nachfolgern den Ton angeben und das Ihre zur Alleinherrschaft der Phrase beitragen, unter der die kritische Öffentlichkeit nicht gedeiht, sondern verdirbt. In einem unermüdlichen, selbst durch den Weltkrieg nicht zu beendenden Kleinkrieg gegen die Mittelmäßigkeit der Restwelt verteidigt der notorische Nörgler mit seiner solitär bestrittenen Zeitschrift und seinem nicht minder solistischen »Theater der Dichtung« die letzten Bastionen einer wahren Öffentlichkeit, die in seinen Augen nur einen ernsthaften Vertreter hat: ihn selbst.

Feuilleton und Operette sind dabei für Kraus – der die Offenbachiade gleichwohl hochschätzt – mindere Genres im ausschließlich abwertenden Sinn. Die vorliegende Studie versteht die Kategorie des ›Minderen‹ offener und nimmt dabei auf jene Aspekte Rücksicht, die Kracauers Vorliebe für ›kleine Formen‹ erklären. Vor allem in der Presserubrik des Feuilletons hat die ›kleine Form‹, deren Flexibilität Kracauer in seinen Beiträgen für die *Frankfurter Zeitung* vielfältig ausreizte, eine längere Tradition. Seit dem ausgehenden 19. Jahrhundert ist der Begriff dort für die stilprägende Kurzprosa einschlägig, aber keineswegs festgelegt auf die gefällige Plauderei. Autoren wie Robert Walser, Alfred Kerr, Joseph Roth und Franz Hessel, aber auch Alfred Polgar, der 1926 die ›kleine Form‹ in einer Apologie mit dem Argument rechtfertigte, die »episodische Kürze« sei »der Spannung und dem Bedürfnis der Zeit gemäß«,[35] haben den Vorwurf der Belanglosigkeit bereits widerlegt, bevor Walter Benjamin und Ernst Bloch die Prosaminiatur sogar als Spielfeld für philosophische Denkbilder entdeckten. Im Kontext des Musiktheaters ist der Begriff der kleinen Form weniger einschlägig. Der

Diminutiv des Genrenamens »Operette«[36] – der historisch älter ist als die Offenbachiade, obwohl man mit ihr den Beginn der Gattungstradition im engeren Sinn verknüpft – akzentuiert den Kontrast zur Oper. Dem entspricht, dass Offenbach sich anfangs, bedingt durch Restriktionen, die seiner Bühne durch die Gewerbelizenz auferlegt waren, auf Einakter mit begrenztem Figurenpersonal beschränken musste. Folgt man Kracauer, so zeichnen sich auch die späteren Offenbachiaden durch Abbreviaturen aus: durch die Bevorzugung einer »Kleinheit, die das Gegenteil aufgedunsener Großartigkeit ist«, da es Offenbach widerstrebte, »seine melodischen Figuren in Krinolinen zu stecken«. Um »eine ganze Ensembleszene zu gestalten«, komme er oft »mit ein paar Takten« aus und begegne dem »Schein der großen Oper« mit der »Unscheinbarkeit dessen [...], der seine Sache auf nichts gestellt hat«.[37] Auf Lehárs symphonisch aufwendige Kompositionen lässt sich das nicht ohne weiteres übertragen. Für sie ist es erheblicher, dass sie Schlager lancieren – als Zugnummern, in denen sich das Drama verdichtet, verkleinert, zum Refrain verkürzt – und ihren Erfolg an die Lyrik knüpfen – darauf verweist der Auftritt des Lieddichters Goethe in der *Friederike* –, die durch sie auch abseits des Theaters zirkuliert: über die Kanäle des Radios und der Schallplatte, die daran immensen Bedarf haben.

Das Attribut des ›Minderen‹ kann diese heterogenen Dimensionen des Kleinen nur lose verklammern. Dennoch ist der Begriff nicht willkürlich gewählt. Er nimmt Überlegungen Gilles Deleuzes zum Verhältnis zwischen dem *Minoritären* und dem *Majoritären* auf, die sich an Kracauers Beobachtungen gut anschließen lassen. Das Minoritäre im Sinne Deleuzes verhält sich zum Majoritären wie die abweichende Variable zur etablierten Form. Minoritäres ist stets inoffiziell und bleibt insofern auf das Paradigma des Majoritären bezogen, leitet sich aber nicht zwangsläufig davon ab, sondern kann im epigonalen Zitat oder kurzen Auszug genauso begegnen wie in Formen der Deformation, der Entstellung, der Banalisierung, auch der Missachtung jedweder Formkonvention. Umgekehrt ist das Majoritäre, um normative Kraft zu entfalten und als Modell oder als Urteilsmaßstab wirksam zu werden, nicht auf eine zahlenmäßige Dominanz seiner repräsentativen Vertreter angewiesen. Majoritär können hohe Standards oder Qualitäten von Seltenheitswert sein – Regelstrenge, Distinguiertheit, Originalität, Raffinesse –, minoritär hingegen massenhaft verbreitete Präferenzen, die unmaßgeblich sind, *obwohl* sie quantitativ vorherrschen. Deleuze leitet sein Begriffspaar aus der musikalischen Terminologie ab: *Majeur* steht im Französischen für *Dur* (wörtlich: hart), *mineur* für *moll* (wörtlich: weich).[38]

Deleuzes Ansatz ist deshalb hilfreich, weil er von vornherein klarstellt, dass Minoritäres und Majoritäres eine enge Wechselbeziehung unterhalten und ihre jeweiligen Ausprägungen in Differenz zueinander entwickeln. Im Fall der Genres, denen die Studie gilt, sind diese Interdependenzen auch an der Durchlässigkeit ihrer ›kleinen Formen‹ für ›große‹ – hochkulturell anerkannte, mit extensiveren Formaten umgehende – Gattungen ablesbar. Mindere Genres entwickeln ihre Popularität sowohl als Derivat wie als Ferment von *genres majeurs*. Etliche der Autoren, die sich mit literarisch-journalistischen Kleinformen der Prosa hervortaten, haben darum – wie Kracauer selbst – Romane keineswegs gemieden. Ein ähnlich intrikates Verhältnis aus Abgrenzung und Anverwandlung verbindet die Operette mit der *opéra comique* und auch der *grand opéra*, die im 19. Jahrhundert als hybrides Gemisch aus klassischer Tragödie und populärem *mélodrame à grand spectacle* reüssiert.

Schon aus diesem Grund ist vor aller Distanz die Nähe zu betonen, aus der sich die fließenden Übergänge zwischen ›kleinen‹ und ›großen‹ Genres erklären. Gleichzeitig folgt aus der Nähe gerade keine Homologie von Leistungen, die nur darin unterschieden wären, dass sie hier ›besser‹ und dort ›schlechter‹ erfüllt würden. Mindere Genres sind nicht einfach Produkte verminderter Güte und höherer Flüchtigkeit, sondern Formen mit eigener Elastizität, spezifischer Dichte und ästhetischem Wirkungspotential. Am Beispiel der historischen Spielarten von Operette und Feuilleton soll es deshalb zwar auch um die Zwänge gehen, denen diese Genres angesichts von kommerziellen Gewinninteressen und polizeilichen Zensurauflagen unterliegen, aber vor allem um die Gewandtheit, den Witz und den Aktualitätssinn, den sie entwickeln, um zu erkunden, was die Menge beschäftigt und bewegt.

Was Lehárs *Friederike* betrifft, so endet sie nicht von ungefähr da, wo Goethes Zukunft als Dichterfürst von Klassikerrang anbricht. Solidarisch mit dem Mädchen aus dem Volk, feiert die Operette nicht Goethes Aufstieg, sondern Friederikes Bescheidenheit. Deren Entschluss zu demütiger Entsagung ist schnell gefasst, als ihr der Schwager ins Gewissen redet und sich bei seiner Moraldidaxe ausgerechnet an ein Märchen hält, das sonst jede poetische Lizenz zur Verheißung von Wunderbarem hätte, aber jetzt den prosaischen Zweck der Aufklärungsmission erfüllen muss. Mit der Zwerggestalt der Melusine vor Augen sieht die junge Elsässerin ein, dass sie Goethes Genie nicht im Weg stehen darf, und tröstet sich im Sesenheimer Elternhaus damit, ihr ephemer gebliebenes Glück als Andenken zu hüten und mit »*ihresgleichen*« zu teilen. Lehárs Operette dramatisiert den Standesunterschied zwischen dem großen Mann und dem kleinen Mädchen zur unüberwindlichen Hürde, um dem Mädchen das Mitgefühl der Menge zu sichern, in einer »Spannungsdramaturgie der Gefühlsübertragungen«,[39] wie sie zur selben Zeit auch das melodramatische Kino nutzt. Unter dem Konkurrenzdruck von Rundfunk und Film setzt das Rührstück auf ein Gefühlstheater, das auch jenseits der Bühne nahegeht und eine disparate Öffentlichkeit für sich einnimmt, die nicht unbedingt im Saal präsent sein muss, solange sie von der Musik der sentimentalen Schlager über andere Kanäle erreicht wird. Der »Krisis der Operette« standhaltend – wenngleich auf einsamem Posten, wie die Sondernummer der *Scene* verrät –, reagiert Lehár mit diesem Erfolgsrezept auf dieselben Umbrüche im Gefüge der Öffentlichkeit, die Kracauers Angestellten-Feuilletons unter umgekehrten Vorzeichen bilanzieren, wenn sie sich in eine Menge begeben, die im Stadtbild der Metropole zwar omnipräsent ist, aber dennoch unsichtbar bleibt.

Wie ist dieser Öffentlichkeit beizukommen? Vor welche Herausforderungen stellt sie die Literatur, die Presse und das Theater, deren Foren seit dem 18. Jahrhundert – paradigmenbildend noch für spätere Theoriemodelle der Soziologie, an deren Kategorien sich die Geschichtsschreibung der Moderne bis heute orientiert[40] – gewährleisten sollten, dass die Öffentlichkeit mit dem Publikum gebildeter Bürger gleichnamig war? In welcher Weise nehmen gerade die minderen Genres, die auf diesen Foren populär werden, an der Umbildung der Öffentlichkeit teil, indem sie sich mit ihren Themen, ihren medialen Formaten und ästhetischen Attraktionen an die breite Masse richten? Wo suchen sie Konsens, wo nutzen sie eher die Freiheit zum Nonsens, die ja die Kontingenz von wechselnden Verhältnissen, Aktualitäten und Moden voraussetzt und *beides* als Ressource sozialer Inklusion ausschöpft: die Verfestigung *und* die Liquidierung von Sinn? Verbunden sind mit all dem jedenfalls Vorentscheidungen, die etwa die Wahl des Personals betreffen, das auftreten darf, aber auch die Relevanz der verhandelten Gegenstände und die Rezeptionsschwellen, die aufseiten der Adressaten überwunden werden müssen. Stephen Heath hat darauf hingewiesen, dass diese Entscheidungen nicht nur die Poetik von Genres begründen, sondern auch Hebel für die Gattungspolitik sind, die diese mit ihrer Darstellungsästhetik betreiben. »We can grasp the politics of genre as a politics of representation, with change and innovation in crises as to who and what is represented and how and to whom.«[41]

Ansätze, die den Strukturwandel der Öffentlichkeit lediglich als Verfallsgeschichte, als Erosion des »kulturräsonierenden« Lesepublikums im »kulturkonsumierenden«[42] Massenpublikum in Betracht ziehen, gehen über solche Zusammenhänge vorschnell hinweg. Im Folgenden soll der populäre Pakt ernst genommen werden, den Genres wie die Operette und das Feuilleton ihren breiten Adressatenkreisen antragen: als Pakt, der ein demokratisches Versprechen der allgemeinen Teilhabe ästhetisch erneuert – unter Absehung von den zeremoniellen Förmlichkeiten, die der *contrat social* im Sinne Rousseaus verlangt – und der seine politische Tragweite da entfaltet, wo er zum Maßstab für die Kritik jener Selbstbilder avanciert, die der Öffentlichkeit im Spiegel ihrer politischen Institutionen und Mandatsträger, aber auch in der Reflexion sozialtheoretischer Begriffsbildung entgegengehalten werden.

Lässt man sich auf die Genres der *petite presse* und des populären Theaters ein, so lernt man über die diversen Lokalitäten, denen ihre Aufmerksamkeit gilt – die Festplätze, Tanzsäle, Boulevards, Vergnügungsparks, Warenhäuser, schließlich die Großraumbüros –, eine weitläufige Großstadtwelt kennen, die mit dem Andrang der Masse rechnet und sich durch temporär wie durch dauerhaft eingerichtete Ballungsräume auf sie einstellt. Außerdem passieren unter ihrer Beobachtung Protagonisten Revue, denen der Glamour der *demi monde* durchaus fernliegt und die sich vom bunten Volk halbseidener Adliger, Neureicher, Abenteurer und Kurtisanen vor allem durch ihre Blässe, ihr Nicht-besonders-Sein abheben. Lehárs Friederike stellt in dieser Riege der Unscheinbaren eine gewisse Ausnahme dar, denn als Randfigur in Goethes Dichterleben verfügt sie dank seiner Verse und etlicher Goethe-Biographien über hinreichende Berühmtheit, um sich im Metropol-Theater noch einmal als diejenige ins Gedächtnis bringen zu können, die Goethe in seinem *Maifest*-Poem respektive in Lehárs Schlager mit dem Anruf »O Mädchen, mein Mädchen« persönlich begrüßt.[43] Von den »kleinen Ladenmädchen«[44] hingegen, die Kracauer zur selben Zeit als eifrige Kinogängerinnen auffallen, erfährt man nichts Näheres. Sie bleiben Figuren im Plural, deren Einzelschicksale zu unerheblich sind, um mit Namen verbunden zu werden. Da die von ihnen verkörperte Allgemeinheit keine Biographen hat, ist sie auf anderweitige Genres und Medien verwiesen, die nicht wählerisch sind, sondern an verwechselbaren Individuen ein eigenes Interesse haben. Der bürgerlichen Leserschaft, die sich in der *Frankfurter Zeitung* über das Zeitgeschehen informierte, mögen die Angestellten aus Kracauers Artikel-Serie exotisch erschienen sein.[45] Dafür sind Durchschnittstypen dieser Art all denen vertrauter, die schon länger verfolgt haben, in welchen Milieus die ›kleinen Formen‹ der Feuilletonpresse und die Genres des Unterhaltungstheaters regelmäßig verweilen. Ohne das Archiv der Gattungen, die sich seit dem 19. Jahrhundert dort etabliert haben, lässt sich die Geschichte der Moderne mit ihren zerstreuten Öffentlichkeiten kaum schreiben.

I. Massendemokratie

1. Menschen der Menge zwischen Bühne und Büro

Die Geschichte ist eher eine Episode und alles andere als originell. Als Nachspiel auf dem Operettentheater setzt sie eine ältere Komödie fort und dauert nur einen kurzen Akt. Ihr Held ist unscheinbar: ein kleiner Schreiber, angestellt im Haus eines Advokaten und als zweiter Schreiber unter fünf Privatsekretären nur eine subalterne Kraft. Der unspektakulären Tätigkeit entspricht ein trübes Liebeslos, das man aus unzähligen Dramen kennt. Es ist das alte Lied vom verbotenen Begehren und der unmöglichen Liaison. Der Bürogehilfe Valentin ist der Gattin seines Prinzipals zugetan und scheut das Risiko, sich ihr zu offenbaren. Aus dem Dilemma führt ihn Offenbachs Regie über den Dienstweg hinaus. Das Stück verlangt dem Schreiber weder Entsagung noch Verzweiflungstat ab, sondern löst den Konflikt schlichter: durch die Erfüllung einer Amtspflicht, die seiner Neigung auf die Sprünge hilft. Beim Ordnen der Akten spielt ihm der Zufall ein loses Blatt in die Hände: die flüchtige Aufzeichnung eines Lieds, das ein anderer gedichtet und im Durcheinander verstaubter Kaufverträge vergessen hat. Um seinem Herzen eine Stimme zu geben, genügt es Valentin, auf seine Arbeitsroutine als Kopist zu vertrauen und das vorgefundene Lied nachzusingen. In der Reproduktion fremder Texte findet er nicht nur sein berufliches Auskommen, sondern auch die Worte für ein inniges Bekenntnis, das sich in auswendig gelernten Phrasen mitteilt: im *par cœur* einer Wiederholung, das die Operette als wahre Rede des Herzens privilegiert.

Der Einakter *La Chanson de Fortunio*, der am 5. Januar 1861 in den Bouffes-Parisiens uraufgeführt wurde, gehört nicht zu den bekanntesten Operetten Jacques Offenbachs. Der Erfolg, den das Stück in Paris und auch in anderen europäischen Metropolen errang, war nur von kurzer Dauer.[1] Gemessen an dem späten, dafür umso größeren literarischen Ruhm jenes timiden Kanzleikopisten aus New York, dessen Geschichte Herman Melville nur wenige Jahre zuvor in seiner Erzählung *Bartleby the Scrivener. A Story of Wall-Street* festgehalten hatte, ist die Erinnerung an die Bühnenkarriere des Anwaltsschreibers Valentin schnell verblasst. Das mag auch damit zu tun haben, dass der Einakter seine Szenerie noch in der alten Welt ansiedelt. Während Melvilles Novelle sich – nicht ohne Melancholie ihres Erzählers – den Entwicklungen einer Gegenwart stellt, in der die Kanzleien Amerikas ihre Ausgleichsfunktion zwischen *common law* und *natural law* einbüßen,[2] Anwaltsbüros ihre Aktenverwaltung logistisch umstellen und Berufskopisten immer weniger Arbeit finden, bleiben Offenbachs Bürokräfte von dieser Prosa moderner Verhältnisse einstweilen verschont. Die Librettisten Ludovic Halévy und Hector Crémieux haben den Schauplatz ihres Geschehens in der Vergangenheit aufgesucht: im Frankreich Louis' XIV.[3]

Vor der Rokoko-Kulisse des anbrechenden 18. Jahrhunderts erscheint die Welt der Schreiber als familiäres Idyll aus der Vorzeit moderner Bürobetriebe: als übersichtliches Milieu, in dem Pavillon und Wohnhaus, Arbeitsstube der Anwaltsgehilfen und Privatsitz des Advokaten unmittelbar aneinander angrenzen und geschäftliche Angelegenheiten sich mit amourösen Affären mühelos verwickeln können. Die Durchlässigkeit beider Sphären reicht bis in die Verteilungskanäle des offiziellen Schriftverkehrs hinein. Auf dem Postweg der Akten dringen immer auch erotische Botschaften nach außen; umgekehrt nimmt der entsandte Bote mit den Antwortbriefen zugleich Gerüchte über das bewegte Vorleben seines Dienstherrn auf, die an dessen Ohren vorbei unter den Schreibern die Runde machen. In seinem Auftrittscouplet umreißt Valentins Kollege Friquet, der von einem solchen Botengang aus der Stadt zurückkehrt, das Spektrum seiner Aufgaben *en détail*. »C'est moi qui suis ce petit clerc (Ich bin der kleine Advokat)!«, beginnt das Lied in leichtem ⁶/₈-Takt,

Bon pied, bon œil,	Weiß alles Neue
Jambe de fer.	In der Stadt.
Je me promène,	Auf allen Wegen,
Je me démène,	Bei Wind und Regen,
Je vais par sauts et par gambades	Spring' ich umher, bepackt, beladen,
Porter à destination	Commissionär für nah und fern.
Les billets doux des camarades	Trag *billets doux* für die Kameraden
Et les actes de mon patron.	Und auch die Akten für den Herrn.
Je signifie	Alles notier' ich,
Je notifie	Und inspizier' ich,
Le nez au vent, le pied en l'air.	Hans in der Luft von früh bis spät.
C'est moi qui suis le petit clerc!	Ich bin der kleine Advokat![4]

Im frivolen Registerwechsel zwischen erotischem Handel und Dienstgeschäft spielt das Libretto erkennbar mit den Zweideutigkeiten galanter Kommunikation.[5] Unter einem Vorbehalt: Was vormals nur in Adelskreisen Standard war und die Usancen preziöser Salonkultur kennzeichnete, begegnet in Offenbachs Operette nun als Habitus subalterner Schreibkräfte. Das Maskenspiel der Rede und das Indirekte persönlicher Verkehrsweisen – hier in Szene gesetzt als heimliche Zweitverwendung der Botschaften und Nachrichtenwege anderer – wird zum Signalement eines Stands von Dienstleistern, die sich von Berufs wegen der Sache fremder Herren verschrieben haben.

Damit variiert der Einakter ein Grundmotiv der europäischen Komödienliteratur. Dass Domestiken die Ständehierarchie subvertieren und ihren Herrn gegenüber eine glücklich oder listig erlangte Überlegenheit ausspielen dürfen, ist hier gang und gäbe. Trotzdem lässt die Rokoko-Staffage dem Stück genügend Raum, um im Spiegel der Arbeitsroutinen das Profil eines Normalsubjekts zu umreißen, dem die Zukunft gehört. In der Figur des *petit clerc* zeichnet sich bereits die Physiognomie jenes Dutzendindividuums ab, in dem später, zu Beginn des 20. Jahrhunderts, die Soziologie das Gesicht der Menge erkennen wird. Es ist das Gesicht einer schwer zu greifenden, unpersönlichen Gestalt, in der das Eigene nur in den Spuren zutage tritt, die andere in ihr hinterlassen haben. Schreiber vom Schlag Friquets und Valentins, die als Boten eine Zirkulation von Schriftsätzen in Gang halten, ohne Urheber – und also im emphatischen Sinne Subjekt – dieser Korrespondenz zu sein, geschweige denn ihr Adressat, verkörpern diese Unpersönlichkeit schlicht durch ihr alltägliches Tun.

In Offenbachs Theater ist das für sie nur von Vorteil, denn der Einakter spinnt aus der treuen Auftragserfüllung eine Handlung, die glücklich endet und die Tugend der Beflissenheit belohnt. Die Schwäche der Unselbständigkeit darf sich als Stärke erweisen – »ma force est dans ma faiblesse«,[6] wie Friquet, der einzige Tenor und exponierte Buffo des Stückes, es in seinem Couplet von sich sagt. Während die Operette dem Hausherrn eine dürftige Sprechpartie einräumt und ihm die Rolle des alten, unleidlichen Ehemanns zudiktiert, fällt auf die Schreiber der lichte Glanz jugendlicher Unbekümmertheit. Alle Loyalitäten sind auf ihrer Seite, und zwar nicht *obwohl*, sondern *weil* ihre Wünsche keine eigene Sprache besitzen und sich im doppelten Sinn als Begehren des Anderen artikulieren müssen: als Verlangen nach einem entzogenen erotischen Objekt; und als Begehren, das vom Ort anderer Subjekte her spricht, mit den Liedversen eines älteren Autors und überdies – denn Offenbach hat die Partien der Schreiber, mit Ausnahme Friquets, als Hosenrollen besetzt – mit den Sopranstimmen von Frauen.

Im Kleinpersonal der Berufskopisten, die das Abschreiben gewohnt sind, reflektiert sich damit nicht zuletzt die Produktionsweise der Operette selbst. Denn wie Valentin ein fremdes Lied recycelt, so kupfern auch Offenbachs Librettisten eine Vorlage ab – das ist im Unterhaltungstheater eine verbreitete Praxis – und legen ein bekanntes Drama neu auf: mit Kürzungen beim Personal und anders verteilten Rollen. Von der Vorgeschichte des *ad acta* gelegten Lieds handelt Alfred de Mussets Komödie *Le Chan-*

delier, die 1850 in der Neuinszenierung der Comédie-Française erfolgreicher war als zwei Jahre vorher bei der Uraufführung, bei der Alexandre Dumas Regie führte.[7] Der anzügliche Titel – eine Anspielung auf die idiomatische Wendung »tenir la chandelle«, die wörtlich »die Kerze halten« im Sinne von »Beistand leisten« bedeutet[8] – umschreibt die pikante Rolle, die dort einem anderen Anwaltsgehilfen zugedacht ist: ebenjenem Fortunio, der in Offenbachs Einakter als Dienstherr Valentins wiederbegegnet. Mussets Komödie verwickelt den jungen Fortunio in ein Intrigenspiel. Als unverfänglicher Schreiber wird er von der Gemahlin seines Prinzipals zunächst als Strohmann angeworben, um den Gatten von ihrer Liaison mit einem Dragoneroffizier abzulenken. Vom Komplizen avanciert er jedoch rasch zum Rivalen ihres Liebhabers. Mit dem besagten Lied[9] gewinnt Fortunio unverhofft die Zuneigung der Anwaltsfrau und sticht, als scheinbar unscheinbarer Dritter, Ehemann *und* Liebhaber aus.

Indem Offenbachs *Chanson de Fortunio* diese Handlungslogik auf sich selbst anwendet, ihr Skelett vereinfacht und den Konflikt entschärft, verdoppelt sie die Komödie Mussets um eine unähnliche Kopie, die den Diminutiv des Genrenamens »Operette« in die Ästhetik eines minderen Theaters übersetzt, das auf Originalität keinen Wert legt. Im Zeichen der Reproduktion, nicht der Einmaligkeit geht die Operette mit dem subalternen Büropersonal ein Bündnis ein und trifft sich mit ihm auf einem gemeinsamen Terrain, auf dem Unterscheidungen von Verstellung und Aufrichtigkeit, uneigentlichem Sprechen und eigentlicher Rede jeden Anhaltspunkt verlieren, ja als Kehrseiten derselben Sache ineinander aufgehen.

Wenn sich knappe fünfzig Jahre später in Leo Falls *Dollarprinzessin* von neuem eine Bürotür öffnet, weht dort ein ganz anderer Wind. Die Operette spielt nicht mehr in einer beliebigen »große[n] Stadt«[10] Frankreichs, sondern jenseits des Atlantiks, in New York. Fortunios Rokoko-Pavillon ist dem mondänen Palais eines Milliardärs gewichen, seine bescheidene Anwaltskanzlei einem global agierenden Kohlentrust, den die Tochter des Hauses geschäftstüchtig managt. Dem Nebentext zufolge spielt die Handlung in der »Gegenwart«[11] des Aufführungsjahrs 1907. Das Schreibpersonal hat Eignungstests zu bestehen. Statt einer Handvoll Bürogehilfen sitzt vor der Chefin eine Riege von Stenotypistinnen, die sich zum Diktat bereithält und als Erstes die strenge Ermahnung zu hören bekommt: »Einem Herrn nur jede dien' / Eurer ist die Schreibmaschin'«.[12] Angetrieben vom flotten Staccato der Geigen, beeilen sich die Frauen, es an Bienenfleiß nicht fehlen zu lassen und dabei – wenigstens an der Oberfläche der Verse ihres Eingangschors – die Klage über das tägliche Einerlei zu unterdrücken, die in den Mollfärbungen einiger Liedzeilen, den tiefen Untertönen der Kontrabässe und den mit langen Seufzern sich einmischenden Bratschen und Celli gleichwohl durchklingt.

> Schreibmaschinenmädel muß schnell die Hände rühren,
> Darf bei ihrer Arbeit nie Müdigkeit verspüren.
> Sorgsam soll sie immer wachen, keinen Lapsus je zu machen,
> Keine Zeile doppelt bringen, keine Seite überspringen,
> Fleckenlos und fehlerfrei, sauber ihre Arbeit sei.
> Immer fleißig – immerzu ohne Ruh'!
> Tick tick tack mit geschäft'ger Miene!
> Tick tick tack macht die Schreibmaschine.
> Sitzen hier ach den ganzen Tag, immer Müh' und Plag
> tick tick tick tick tick tick tack![13]

Weil die Schreibmaschinenmädel derart beschäftigt sind, stört Falls Operette sie im Fortgang nicht weiter auf. An der Tastatur sind sie für den Rest der Handlung – die ebenfalls ein Remake ist: variiert wird mit der Eroberung der Milliardenerbin durch einen Lebemann aus finanzschwachem Erbadel diesmal das Schema der *Lustigen Witwe* – abgemeldet und werden von den Librettisten schlicht vergessen. Die eigentliche Paraderolle unter den Bürokräften teilt die Operette einem Privatsekretär aus Österreich zu, der sich als Mann von Stand bewährt, indem er in Amerika gleich doppelt triumphiert: als Naturtalent, das mühelos den Karrieresprung zum Großunternehmer schafft, und als Kavalier, der seinen habsburgischen Adelsstolz bewahrt, indem er der Dollarprinzessin beibringt, welche Werte wirklich zählen. Durch die Erweichung ihres harten Geschäftsfrauenherzens kann er den Kulturkampf zwischen Alter und Neuer Welt zugunsten Alteuropas entscheiden.

Büroszenarien dieser Art leben in Offenbachs und Falls Musikkomödien ersichtlich vom Ausstellen historischer und kulturtypologischer Klischees. Dessen ungeachtet zeugt es im frühen 20. Jahrhundert vom ausgeprägten Aktualitätssinn des Genres, dass Dramaturgien wie die der *Dollarprinzessin* einem Wandel der Arbeitswelt Tribut zollen, den die Soziologie – zumindest in Deutschland – erst nach dem Ersten Weltkrieg aufmerksamer registriert. Während Kulturkritiker unter dem Eindruck der militärischen Niederlage die Zukunft Europas jetzt pessimistischer bewerten als Leo Falls Librettisten und den Untergang des Abendlands für wahrscheinlicher halten als seinen Sieg, machen sich Soziologen unter zögerlicher Aneignung empirischer Methoden aus der angelsächsischen Forschung[14] an die statistische Bewertung der jüngsten Umbrüche. So fällt ihnen auf, dass die Zahl der Angestellten unter den Beschäftigten gewaltig emporgeschnellt ist, seit in der zweiten Hälfte des 19. Jahrhunderts die Mechanisierung ihre Herrschaft über den Arbeitsalltag ausweitete[15] und der großräumige Ausbau der Maschinenparks in den Betrieben eine Umstellung industrieller Fertigungsprozesse auf die Akkordarbeit am Fließband genauso nach sich zog wie eine Rationalisierung der Verwaltungsroutinen in Handel und Bürokratie.

An der Seite von Verkäuferinnen, Kontoristen und Lageristen rücken Bürokräfte deshalb neuerdings ins Blickfeld einer eigenen »Soziologie der Angestellten«,[16] die sie numerisch erfasst und als Zugehörige einer aufstrebenden Gruppe von Beschäftigten verzeichnet, an der zunächst erheblich ist, dass sie in ihrem »rapiden Wachstum« die »Vermehrung aller übrigen Erwerbstätigen« weit hinter sich lässt. Ebenso wenig entgeht den Wissenschaftlern, dass die Frauen den »allergrößten Anteil« an diesem Zuwachs haben und »dem Warenhaus, dem Schreibbüro des Betriebes die charakteristische Prägung«[17] geben. Vor allem durch sie steigen die Angestellten in den Rang einer gesellschaftlichen Größe auf, mit der fortan zu rechnen ist – ökonomisch, politisch und kulturell.

In der breiteren Öffentlichkeit kommen diese Befunde jedoch erst langsam an. Von den Verlagerungen innerhalb der Berufswelt und der neuen Arbeitsteilung unter den Geschlechtern nimmt die Mitwelt in den 1920er Jahren primär über den Vormarsch einer Girlkultur Notiz, die sich in Deutschland auch andernorts bemerkbar macht: und zwar gerade im Showgeschäft, wo Mädchentrupps in Revuetheatern für Furore sorgen und nicht länger in Nebenrollen auftreten, sondern die Hauptattraktion darstellen. Etliche Zeitbeobachter, darunter Joseph Roth, erfüllt diese Entwicklung mit Sorge, weil sie die »wachsende Popularität der ›Girls‹ in Europa« als Beweis für »unsere stark fortgeschrittene Amerikanisierung«[18] ansehen. Dagegen beschäftigt den Arbeitswissenschaftler Fritz Giese die Bühnenkarriere der Girls, weil er in den Mädchen den Schlüssel zum Erfolg der amerikanischen Wirtschaft entdeckt. Was mit der Effizienzsteigerung durchs *scientific management*[19] allein nicht erklärbar ist, will er mit »Vergleiche[n] zwischen amerikanischem und europäischem Rhythmus und Lebensgefühl«[20] ans Licht bringen. Heraus kommt, dass die Mühelosigkeit, mit der die Girls tanzsportliche Höchstleistungen vollbringen, mit der Jazzmusik zusammenhängen muss. Giese zufolge erleichtert die »ungeheure Wirkung des Rhythmischen«[21] die Präzisionsarbeit. Während den Europäern ein »Erbgehirn voller Hemmungen«[22] im Weg steht, sind Amerikanerinnen, die mit eingängigen Tanzhits aufwachsen, an die »moderne Zeittempogebung«[23] von klein auf gewöhnt, so dass Arbeit und Rhythmus bei ihnen eine ähnlich glückliche Verbindung eingehen wie bei den »Naturvölkern« Afrikas, wo der Nationalökonom Karl Bücher schon früher beobachtet hatte, dass sie stimulierende Lieder singen, um die »Verrichtungen des täglichen Lebens«[24] nicht als Last, sondern als Lust zu empfinden.

Aktuellen Anlass für solche Überlegungen boten damals die Tillergirls, die durch Deutschland tourten und Revuetheaterleitern volle Häuser garantierten. Tatsächlich kam die Truppe aus England. Ihren Namen und ihr Markenzeichen – die perfekte Synthese aus Showtanz und paramilitärischem Exerzieren – verdankte sie dem Geschäftsmann John Tiller, der es in den 1880er Jahren im Baumwollhandel zu einem gewissen Vermögen gebracht hatte, bevor er das Metier wechselte, sein Glück in Manchester zunächst als Leiter eines Amateurtheaters versuchte und dann auf die Idee kam, neunjährige Mädchen für kleine Tanznummern zu drillen, ohne dafür eine größere Vorbildung mitzubringen als den ausgeprägten Hang zur Pedanterie. Innerhalb eines knappen Jahrzehnts gelang es ihm, seinen Kleinbetrieb in ein expandierendes Unternehmen zu verwandeln, das Girls in Serie produzierte und in variablen Formationen an alle möglichen Bühnen vermarktete.[25] Unter anderem nach New York. Dort sah sie 1924 der Berliner Theaterdirektor Herman Haller, der die Truppe für seine Revue im Admiralspalast anwarb und als Aushängeschild präsentierte, als er merkte, welche Zugkraft von den Paraden ausging, die sie lächelnd absolvierten.[26]

Der Aufmarsch der stattlichen »Beinzahl«, die »doch stets als Einzahl«[27] wirkt – so das Lob in einem Couplet aus dieser Zeit –, war auch in den Feuilletons ein oft traktiertes Thema. Alfred Polgar[28] äußerte sich dazu genauso wie Siegfried Kracauer, der die »mechanisierte Grazie«[29] der Girls gleich in mehreren Beiträgen würdigte, nachdem ihm die Mädchen in der Revue *Der ... Die ... Das!*, in der sie 1925 in Frankfurt auftraten, zum ersten Mal begegnet waren. In den abstrakten Figuren ihres Tanzes erkennt er später das bewegliche Ornament der Masse, in dem sich die Zweideutigkeit der kapitalistischen Ratio emblematisch verdichtet und die Dialektik der Aufklärung mitsamt der Blindheiten, die im Rückraum der rechnenden Vernunft entstehen, als Rätselbild zutage tritt.[30] Mit seinem Plädoyer, den »Urteilen einer Epoche über sich selbst« zu misstrauen und sich auf der Suche nach verlässlichen Auskünften an die »unscheinbaren Oberflächenäußerungen«[31] zu halten, umreißt Kracauer im selben Essay das Programm für eine unvoreingenommene, von kulturkritischen Vorbehalten sich frei machende Moderneanalyse, das er in den Folgejahren umsetzt, indem er von der Meditation über die Tillergirls zur kritischen Musterung jener Filme übergeht, für die sich die Ladenmädchen begeistern, und sein Interesse schließlich auf das Berufs- und Freizeitleben dieser Verkäuferinnen selbst richtet. Das damit ins Visier genommene Milieu kann Ende der 1920er Jahre zwar nicht mehr als »unbekanntes Gebiet«[32] gelten, wie Kracauer unterstellt. Von den vorangegangenen Studien hebt sich seine Expedition in den Angestelltenalltag dennoch ab, indem sie auf die kulturtypologischen Deutungsraster verzichtet, an denen sich die Amerikanismus-Debatte aufhängt, und ebenso wenig auf die Standes- und Klassenbegriffe fixiert bleibt, an denen sich der soziologische Fachdisput entzündet.

In der Weimarer Republik hat die schlagseitige Ausrichtung dieser Kontroverse auf die soziale Kategorisierung der Angestellten mit Status- und Prestigefragen zu tun, die bei der Diskussion von Anbeginn mitgeführt wurden. Wo genau die Angestellten zwischen Beamten und Arbeitern anzusiedeln waren, war seit dem ausgehenden 19. Jahrhundert eine Streitfrage von großer politischer Tragweite. Durch die Fronten, die Lobbyisten und Interessenverbände vorgaben, polarisierte sich zugleich der wissenschaftliche Diskurs, in dem die empirischen Analysedaten die Lagerkämpfe munitionierten. Angesichts der massiv steigenden Angestelltenzahlen bei gleichzeitig wachsender Streubreite von Tätigkeitsfeldern fiel es schwer, »die Angestellten auf den Begriff zu bringen, d.h. das zu bestimmen, was ihnen allen gemeinsam ist und was sie zugleich von den Arbeitern unterscheidet«.[33] Je niedriger die Qualifikationen wurden, die das Gros ihrer Berufe voraussetzte, desto fragwürdiger erschien die Standesschranke, die ein Sonderversicherungsgesetz noch zu Zeiten des Deutschen Reichs errichtet hatte, indem es Angestellte gegenüber den Arbeitern privilegierte. Dadurch galt vor dem

Krieg die einfache Formel, dass »Angestellter war, wer in der Angestelltenversicherung war«.[34]

Mitte der zwanziger Jahre stellte sich die Lage unübersichtlicher dar. Angestellte grenzten sich von Arbeitern allenfalls durch »feine Unterschiede«[35] ab – durch die »Kragenlinie«[36] etwa, die vestimentäre Trennscheide zwischen weißem Hemd und Blaumann; aber auch durch gehobene Ansprüche, die den Habitus prägten, gerade im Freizeitverhalten –, während innerhalb ihrer Gruppe die Diskrepanzen überwogen und die Kluft zwischen gelernten und ungelernten Kräften nicht minder beträchtlich war wie der Abstand zwischen Fachleuten in Führungspositionen und einem Bodenpersonal, das rein mechanische Arbeiten erledigte. Auf der Folie der hergebrachten Sozialtheorien ließen diese Entwicklungen sich nur abbilden, wenn man das Analysevokabular anpasste und entweder von einem »neuen Mittelstand«[37] sprach – damit allerdings das bisher maßgebliche Kriterium der Selbständigkeit[38] über Bord warf – oder aber eine »Umschichtung des Proletariats«[39] annahm und damit zugab, dass die Klassenbegriffe »Proletariat« und »Bourgeoisie«, wie 1933 der Soziologe Hans Speier bilanzierte, »unscharf geworden waren«.[40]

Die Tabellen der Statistik setzten diesen begrifflichen Unschärfen die Genauigkeit einer dichten Beschreibung entgegen, die ein Allerlei von Daten festhielt – zu Bildungslevel, Gehaltsstufen, Familienverhältnissen, Freizeitgewohnheiten und Konsumverhalten der Angestellten –, wobei sie diese nicht auf einen gemeinsamen Nenner brachte, sondern proportionale Häufigkeitsverteilungen konstatierte und die Ergebnisse in Diagrammen abbildete, die dem Massenornament, das Kracauer den Tillergirls ablas, an Abstraktheit nicht nachstanden.

In diesem Feld zeichnet sich Kracauers zwölfteilige, ab dem 8. Dezember 1929 in der *Frankfurter Zeitung* veröffentlichte Feuilleton-Serie »aus dem neuesten Deutschland« dadurch aus, dass sie die quantitative Analyse um eine qualitative Studie über den Angestelltenalltag ergänzt, die es an Differenziertheit mit den Statistiken aufnehmen kann und dennoch über die schiere

Deskription hinausgeht, indem sie die Frage nach den politischen Folgen der Umbrüche neu aufwirft, die den exponentiellen Anstieg der Angestelltenzahlen erklären. Die Richtung, die Kracauer dabei einschlägt, führt vom Fachstreit der Soziologen ab, denn während diese vor allem ein partikulares Adressproblem vor Augen hatten, als sie über die richtige Verortung der Gruppe innerhalb der Klassenhierarchie stritten, sieht Kracauer durch die Angestelltenmassen in erster Linie die Begriffe der Allgemeinheit in Frage gestellt. Das wachsende Heer dieser Dienstleister ist für ihn Anlass, nicht allein die Großbetriebe aufzusuchen, sondern auch neuen Foren Rechnung zu tragen, auf denen diese Allgemeinheit sich als »*Weltstadt-Publikum*«[41] manifestiert, ohne dabei anders in Erscheinung zu treten denn als Adressat von Konsumofferten, mit denen ihr Selbstverhältnis gesteuert wird.

Ausdrücklich stellt Kracauer das Anliegen einer solchen Sondierung der modernen Öffentlichkeit in seiner Vorbemerkung heraus, die er den Feuilletons zum Auftakt der Serie vorausschickt. »Das Anschauungs- und Beobachtungsmaterial zu dieser Arbeit ist in Berlin zusammengetragen worden«, heißt es dort,

> weil Berlin zum Unterschied von allen anderen deutschen Städten und Landschaften der Ort ist, an dem sich die Lage der *Angestelltenschaft* am extremsten darstellt. Nur aus ihrer extremen Gestalt kann die Wirklichkeit erschlossen werden.
> Bezug genommen worden ist mit voller Absicht hauptsächlich auf *Großbetriebe*. Gewiß sind die Verhältnisse in vielen mittleren und kleinen Betrieben anders geartet. Aber der Großbetrieb ist das Modell der Zukunft. Die Probleme, die er aufgibt, die Bedürfnisse, die seinen Angestelltenmassen gemeinsam sind, bestimmen überdies mehr und mehr das öffentliche Leben und Denken.[42]

Im Vorwort der Buchversion, die kurz nach der Zeitungsserie der *Angestellten* erschien, ist der letzte Satz abgewandelt. Kracauer hat das »öffentliche Leben und Denken« durch das »innerpolitische Leben und Denken«[43] ersetzt. Die Engführung des Öffentlichen mit dem Innerpolitischen zeigt an, dass Kracauer seine Untersuchung im selben Maß als soziologisches wie als politisches Projekt begriff: als Studie, die in den Individualphysiognomien, die der Konformitätsdruck erzeugt, zugleich die Vormacht einer Allgemeinheit erkennt, die ihr Mandat der Normsetzung über Verhaltensimperative ausübt und damit die Willensbildung der Einzelnen konditioniert.

Die Presserubrik des Feuilletons bietet für diese Studie einen Reflexionsraum, der enge Platzvorgaben für die Wahl des Schreibformats macht, aber dafür erweiterte ästhetische Lizenzen besitzt, die sich für die Feinanalyse des Angestelltenalltags produktiv nutzen lassen. Die Detailgenauigkeit ist nötig, da die Begebenheiten, von denen Kracauer im Gespräch mit Verkaufs- und Bürokräften und auch ihren Vorgesetzten erfährt, in ihrer Geringfügigkeit kaum erwähnenswert wären und erst durch die Sammlung an Relevanz gewinnen. Der Alltag, in den sie Einblick geben, ist nicht dazu angetan, steile Karrieren vom Habenichts zum Dollarprinzen zu befördern oder überhaupt Lebensläufe mit Höhen und Tiefen, mit Wendepunkten und dramatischen Einschnitten hervorzubringen. Er erweist sich auch darin als mittelmäßig, dass die Glücksmomente gewöhnlich so winzig bleiben wie die Katastrophen.

2. Pressebesuch bei den Angestellten

Das erste Wort hat in Kracauers Studie über die Angestellten eine Privatsekretärin. »Das steht doch schon alles in den Romanen«,[1] lautete ihre Antwort, als sie nach Erzählenswertem aus ihrem Büroleben gefragt wird. Die Feuilleton-Serie wird diese Ansicht schnell widerlegen. Die Realitätsnähe, auf die sie Wert legt, setzt eine andere Prosa voraus als die Romanfiktion, ohne dass Kracauer deshalb einer literaturfernen Berichterstattung das Wort redet. Am deutlichsten stellt das ein späterer Aufsatz mit dem Titel *Reisen, nüchtern* heraus, der eine »*soziologische Literatur*« einfordert, die ästhetische Zurückhaltung übt und ohne »betörende Bilder« auskommt, von denen die Expeditionsfilme des Kinos leben. Ihnen zieht Kracauer »Reisebeschreibungen« vor, die vermitteln können, dass »sich die gesellschaftliche Wirklichkeit nicht minder wie die geographische gewandelt« hat und jetzt das »Nächste zugleich das Fernste«[2] ist. Dennoch widerstrebt ihm der Dokumentarismus der Reportage. Nach Kracauer »fotografiert« die Reportage das Leben und nährt so die Illusion einer »Selbstanzeige konkreten Daseins«,[3] während die »soziologische Literatur« diesen Abbildern misstraut, auch hier aufklären will. Sie soll die »Wand« abtasten, die diese Fotografien *durch* ihre »Ähnlichkeit«[4] vor den Dingen aufrichten, und die Mechanismen offenlegen, mit deren Hilfe jene Bilder erzeugt und transportiert werden, in deren Rückraum ein Gebiet entsteht, das »jedes exotische an Exotik weit übertrifft«.[5]

Kracauers Paradigma einer solchen nüchternen Darstellung ist das »Mosaik«.[6] Im Gegensatz zur Fotografie kennt das Mosaik keine glatten Flächen und stetigen Konturen, sondern setzt sich aus winzigen Partikeln zusammen, die, für sich genommen, keine Bezeichnungsfunktion haben, sondern erst in der Differenz zu benachbarten Elementen bedeutsam werden, ohne dass ihre Partikularität sich in der Fugenlosigkeit eines homogenen Bildes aufhebt oder nivelliert.

Die *Angestellten*-Studie findet diese ›Mosaiksteine‹ einerseits in statistischen Überblicksdaten, andererseits in »Redelumpen und Sprachfetzen«,[7] die Kracauer in Arbeitsämtern und Warenhäusern, Firmen, Fabriken, Büros und Amüsierlokalen aufgelesen hat: als Aussagen, die fragwürdig sind als Urteile *über* die Realität, aber bezeichnend als Elementarereignisse *in* dieser Realität, als »exemplarische Fälle der Wirklichkeit«.[8] In den Prosastücken werden diese Fälle kasuistisch behandelt, so dass die situativen Kontexte hervortreten, die über Sinn und Unsinn, Adäquatheit und Anmaßung von Sätzen entscheiden, und gleichzeitig die Konstruktion des urbanen Raums[9] zutage tritt, die erklärt, dass dieselben Sprechakte an unterschiedlichen Orten Unterschiedliches bedeuten. Modellhaft wird dieses Vorgehen mit den beiden Szenen umrissen, die Kracauers Studie eröffnen.

I.
Eine entlassene Angestellte klagt vor dem Arbeitsgericht auf Weiterbeschäftigung oder Abfindung. Als Vertreter der beklagten Firma ist ein Abteilungsleiter erschienen, der frühere Vorgesetzte der Angestellten. Um die Entlassung zu rechtfertigen, erklärt er unter anderem: »Die Angestellte wollte nicht als Angestellte behandelt werden, sondern als Dame.« – Der Abteilungsleiter ist im Privatleben sechs Jahre jünger als die Angestellte.

II.
Ein eleganter Herr, zweifellos ein höherer Konfektionär, betritt abends in Begleitung seiner Freundin den Vorraum eines weltstädtischen Vergnügungsetablissements. Der Freundin ist auf den ersten Blick anzusehen, daß sie im Nebenberuf acht Stunden hinter dem Ladentisch steht. Die Garderobenfrau wendet sich an die Freundin: »Wollen gnädige Frau nicht den Mantel ablegen?«[10]

Dass die beiden Szenen sich als »inhaltliches und methodisches Motto der Arbeit«[11] lesen lassen, ist schon mehrfach betont worden. Dramaturgisch besteht zwischen den geschilderten Vorfällen keinerlei Zusammenhang: weder durch eine Einheit von Ort und Zeit noch durch eine Einheit der Handlung oder der Personen. Verbunden und zueinander ins Verhältnis gesetzt werden sie durch ihre strukturelle Komplementarität. Ob zwischen »Angestellter« und »Dame« unterschieden wird oder nicht, erscheint in der Gegenüberstellung als abhängige Variable einer zweiten Unterscheidung: der Trennung von Alltag und Freizeit, beruflicher Stellung und privatem Vergnügen. Die »Dame« der ersten Episode begeht den *faux pas*, beides in eins zu setzen und auf einer Identität zu beharren, die die Differenz der sozialen Sphären bereits zur Voraussetzung hat.

Nicht als »Exempel irgendeiner Theorie«,[12] sondern als konkrete Beispiele fügen sich auf diese Weise die zwei Szenen zu einem Doppelbild, das seine Aussagekraft *zwischen* Anschauung und Begriff entfaltet und eine Diagnose nahelegt, ohne die »Fälle« der Wirklichkeit bereits einer übergreifenden Regel zu subsumieren. Das Bildpaar zeichnet den »Widerspruch zwischen proletarisiertem Sein und bürgerlichem Bewußtsein«[13] nach, aber es schreibt ihn nicht fest, sondern hält in der Lücke der Episoden, im Spatium zwischen den Mosaiksteinen, einen Spielraum offen, in dem dieser Widerspruch ständig neu Gestalt annimmt und sich mit jeder Aktualisierung zugleich verschiebt.

Zugleich ist damit das Feld abgesteckt, das Kracauer in seinen zwölf Feuilletons durchmisst, indem er immer neue Schauplätze aufsucht und Szenen einfängt, die die eingangs dargestellten Fälle teils überbieten, teils relativieren. Auf der Basis der »Zitate, Gespräche und Beobachtungen an Ort und Stelle«[14] entwickelt seine Studie eine Poetologie soziologischen Wissens, die ihre Genauigkeit nicht nur gegen die Begriffsraster der Sozialtheoretiker ausspielt, sondern auch gegen die stereotypen Verbindlichkeitsformeln, die den Angestellten selbst zum Dienst am Kunden eingebläut werden.

Wenn zum Beispiel das Feuilleton über die »Auslese« mit den Fragebogeneinträgen jugendlicher Bewerber einsetzt, deren unbeholfene Prosa gegen die Glätte geschäftlicher Brieffloskeln absticht, wird ersichtlich, welche Abrichtungen schon in rhetorischer Hinsicht nötig sind, bis der zuvorkommende Ton den Lehrlingen in Fleisch und Blut übergeht.

»Warum wollen Sie kaufmännischer Angestellter werden?« – »Weil mich [sic] dieses Fach gefällt.« – »Welche Branche?« – »Dekorateur.« – »Warum gerade diese?« – »Weil es eine leichte und saubere Arbeit für mich ist.«
Andere Antwort auf die erste Frage: »Weil ich gerne Kopfarbeiten mache.«
Noch eine Antwort: »Ich möchte gerne verkaufen.« – »Warum wählen Sie kein Handwerk?« – »Ich möchte nicht gern in Fabriken arbeiten.«
Mit solchen Antworten füllen schulentlassene Knaben und Mädchen die Fragebogen aus, die sie von der Berufsberatungsstelle des Zentralverbands der Angestellten erhalten. Die Orthographie ist nicht immer einwandfrei, und oft überwuchert die illegale Grammatik der Umgangssprache die erlernten schriftdeutschen Regeln. Ein, zwei Jahre später, und literarisch gewiegte Lehrlinge werden in Geschäftsbriefen ihr: »Und empfehlen wir uns ...« mit Sicherheit schreiben.[15]

Ähnlich verfährt das Feuilleton *Kleines Herbarium*, wenn es der Uniformität der adretten Erscheinung – der sprichwörtlichen »moralisch-rosa Hautfarbe«[16] – ein ganzes »Musteralbum«[17] von Angestelltenporträts entgegensetzt, die ebenso stark voneinander abweichen, wie sie in sich brüchig sind, weil die Porträtierten im Übergang vom Tag zum Abend, von der Arbeit zur Freizeit den Aspekt wechseln und in unterschiedlichem Maß die Anstrengung erkennen lassen, die ihnen das tägliche Eins-Werden mit der konfektionierten Physiognomie der Vielen abverlangt.

Das Album kennt so seltene Originale wie den »schnieken« Zigarettenvertreter, der »wie ein Fürst empfangen« wird, »wenn er im Prunkwagen der Firma bei den Kunden vorfährt«, während seine Kollegen ihn als solidarischen Gewerkschafter schätzen, der mit ihnen durch »Kutscherkneipen und halbproletarische Lokale« zieht und Arien »aus der ›*Traviata*‹ und dem

›*Lohengrin*‹«[18] zum Besten gibt. Es kennt die beiden »älteren Angestellten«, bei denen wenige Biere genügen, um sie auf einem Witwenball im rauen »Zille-Milljöh« von biederen Bilanzbuchhaltern in »richtige Elementargewalten« zu verwandeln. Und es kennt »Mädchen«, die ihr privates Glück an bescheideneren Privilegien und Freuden messen: an gelegentlichen Freikarten für den Lunapark, das Varieté oder an Feierabenden im »Tanzsaal«, wie das »Proletarierkind« Heimchen sie liebt, das »kein Musikstück anhören kann, ohne sofort den ihm zubestimmten Schlager mitzuzirpen«.

Im Spiegel dieser verschiedenen Porträts bildet das Herbarium so zugleich die Extreme und die Mittellagen eines sozialen Spektrums ab, das sich sowohl nach Generationen und Geschlechtern ausdifferenziert als auch nach abweichenden musikalischen Vorlieben. Zwischen großer Oper und trivialem Schlager, zwischen Blasmusik und modischen Tanzrhythmen misst das Album einen Mikrokosmos einschlägiger Melodien aus, die im Mund der Angestellten zu individuellen Erkennungsmarken werden – aber damit eben den Grad der Verwechselbarkeit taxierbar machen, der die männlichen Angestellten »vorgerückteren Alters« von den notorischen »Mädchen«[19] trennt.

Vermutlich sind es diese Bilderalben gewesen, die Ernst Bloch bei der Lektüre der *Angestellten* an das erinnerten, »was Ernst Blass einmal sang: Die Herren kommen wie aus Operetten.«[20] Bloch spielt auf die vierte Strophe des Gedichts *Abendstimmung* an, das 1912 im ersten und zugleich erfolgreichsten Gedichtband Ernst Blass' mit dem Titel *Die Straßen komme ich entlang geweht* erschien. Im Original lauten die Verse:

> Stumm wurden längst die Polizeifanfaren,
> Die hier am Tage den Verkehr geregelt.
> In süßen Nebel liegen hingeflegelt
> Die Lichter, die am Tag geschäftlich waren.
>
> An Häusern sind sehr kitschige Figuren.
> Wir treffen manchen Herren von der Presse

Und viele von den aufgebauschten Huren,
Sadistenzüge um die feine Fresse.

Auf Hüten plauschen zärtlich die Pleureusen:
O daß so selig uns das Leben bliebe!
Und daß sich dir auch nicht die Locken lösen,
Die angesteckten Locken meiner Liebe!

Hier kommen Frauen wie aus Operetten
Und Männer, die dies Leben sind gewohnt
Und satt schon kosten an den Zigaretten.
In manchen Blicken liegt der halbe Mond.

O komm! O komm, Geliebte! In der Bar
Verrät der Mixer den geheimsten Tip.
Und überirdisch, himmlisch steht dein Haar
Zur Rötlichkeit des Cherry-Brandy-Flip.[21]

Verlässlicher als die trübe Erinnerung an den genauen Wortlaut der Verszeile ist dabei Blochs Intuition, die Geschmackswelt der Angestellten mit einer populären Musikkultur in Verbindung zu bringen, in der die Operette schon deshalb eine dominante Rolle spielt, weil Schallplatten und Salonorchester in Tanzbars dafür sorgten, dass die Zugnummern des Genres, das den Begriff des »Schlagers« im späten 19. Jahrhundert überhaupt aufkommen ließ,[22] auch in den zwanziger Jahren die »Hauptschlagerlieferanten der Zeit«[23] blieben. In höherem Maß noch als die turbulenten Verwechslungskomödien, um die sich die älteren Operetten organisierten, waren deren jüngere Nachfolger mit ihrem Verzicht auf verwickelte Handlungsfäden zugunsten von opulenten Bildern und schmissigen Tanznummern darauf angelegt, Musikhits am Fließband zu produzieren[24] und damit auch Proletarierkinder wie Kracauers »Heimchen« zu begeistern. In seinen *Angestellten* ist die junge Frau mit ihrer Vorliebe für Schlager geradezu ein Paradebeispiel für jene »Nicht-Leser«, auf die der Journalist Hans Siemsen schon 1926 in der Zeitschrift *Die literarische Welt* hingewiesen hat.

»[A]uch sie, die keine Bücher lesen, haben ihre Literatur«, stellte Siemsen dort fest.

> Diese, die Literatur der Nicht-Leser, ist die gelesenste Literatur der Welt. Ihre Geschichte ist noch nicht geschrieben. Und ich fühle mich dieser Aufgabe auch nicht gewachsen. Ich möchte nur mal auf einen ihrer Zweige hinweisen, nämlich die Lyrik. Denn sie hat, wie ›unsere‹ Literatur, eine besondere Abteilung für Lyrik. Alle paar Wochen gibt's eine Umfrage: ›Wer ist der beliebteste Dichter?‹ Jedes Mal wird diese Frage falsch beantwortet. Die, die wir kennen, kommen gar nicht in Betracht. Weder Rilke noch Cäsar Flaischlen. Goethe nicht und auch Gottfried Benn nicht. Sondern: Fritz Grünbaum *(Wenn du nicht kannst, lass mich mal!)*, Schanzer und Welisch *(Wenn du meine Tante siehst)*, Beda *(Ausgerechnet Bananen)*, Dr. Robert Katscher *(Madonna, du bist schöner als der Sonnenschein)* – und wer noch? Noch eine ganze Menge – bevor Flaischlen, Rilke und Benn an die Reihe kommen. ›Die 222 neuesten Schlager‹ – das ist die gelesenste lyrische Anthologie.[25]

Vergebens dürfte man in dieser Anthologie auch die Lieder, die Ernst Blass einmal sang, suchen. Die Lyrik der Noch-Leser, an die sich die *Literarische Welt* richtete, schätzte in den zwanziger Jahren den hohen Expressionistenton nicht mehr, und die Lyrik der Nicht-Leser war weder auf Zeitschriften noch auf Bücher angewiesen, da sie über andere Kanäle zirkulierte, wo sie omnipräsent war. Neben der Schallplatte zählten dazu Radiosender, in denen Operettenübertragungen 1929 die »am meisten gehörten Programme«[26] darstellten, und Lokale, die ihren Bedarf an Unterhaltungsmusik bevorzugt mit Operettenschlagern deckten.[27] Hinzu kam der Tonfilm, der speziell in seinen Anfängen von den Bühnenerfolgen der Vor- und Zwischenkriegszeit zehrte und diese in Dutzenden von Adaptionen in die Kinos brachte, um mit Operettenstars für seine neue Technik zu werben.

Viele dieser Filme hat Kracauer selbst für die *Frankfurter Zeitung* besprochen: *Die Geliebte seiner Hoheit, Der Orlow, Eine Frau von Format, Die tolle Komteß, Schwarzwaldmädel, Liebeswalzer* und *Ich glaub' nie mehr an eine Frau.*[28] In den *Angestellten* werden diese Produktionen nicht mehr eigens erwähnt. Kracauer begnügt sich damit, auf seinen Essay über den »heutigen

Film und sein Publikum« von 1928 zu verweisen, in dem er die Filmoperetten mit ihren »leichtsinnigen, aber liebenswerten Prinzen, ihren Feenschlössern und faden Couplets«[29] ironisch kommentiert, und außerdem an seine Serie *Die kleinen Ladenmädchen gehen ins Kino*[30] zu erinnern, die im Vorjahr erschienen war. Dass seine *Angestellten* von ihrem Personal her wie in der Bildästhetik des »Mosaiks« als Gegendarstellung zu solchen Filmen gelesen werden sollen, zeigen die konzeptuellen Parallelen zwischen dem *Kleinen Herbarium* und dem »Musteralbum« trivialer Filmmotive aus der *Ladenmädchen*-Serie, an denen die »filmkritische Orientierung«[31] zutage tritt, mit der Kracauer den Anspruch seiner »soziologischen Literatur« untermauert.

In diese Filmkritik sind dabei von vornherein die monumentalen »Pläsierkasernen«[32] eingeschlossen, die ihren Gästen die amönen Operettenlandschaften durch stilechte Saaldekorationen nahebringen, indem sie, wie Kracauer am Beispiel des feudalen »Haus Vaterland« zeigt, die Weite der Welt im beschränkten Horizont der Schlager sondieren *(Abb. 1 und 2)*.

> Der Raum, in dem der Heurige genossen wird, bietet einen herrlichen Fernblick auf das nächtliche Wien. Matt hebt sich der Stephansturm vom gestirnten Himmel ab, und eine innerlich beleuchtete Elektrische entgleitet über die Donaubrücke. In anderen Räumen [...] dehnt sich fern im Süden das schöne Spanien. Die Beschreibung der Sehenswürdigkeiten erübrigt sich um so mehr, als sich den unübertrefflichen Angaben des Haus-Vaterland-Prospektes kein Wort hinzufügen oder abnehmen läßt. Dort heißt es etwa vom Löwenbräu: »Bayerische Landschaft: Zugspitze mit Eibsee – Alpenglühen – Einzug und Tanz der bayerischen Bua'm. Schuhplattlerpaare ...«; oder von der Wildwest-Bar: »Prärielandschaften an den großen Seen – Arizona – Ranch – Tänze – Cowboylieder und -tänze – Neger-Cowboy-Jazzband – Federnde Tanzfläche«. Das Vaterland umfaßt den ganzen Erdball. [...] Der genaue Gegenschlag gegen die Büromaschine [...] ist die farbenprächtige Welt. Nicht die Welt, wie sie ist, sondern wie sie in den Schlagern erscheint. Eine Welt, die bis in den letzten Winkel hinein wie mit einem Vakuumreiniger vom Staub des Alltags gesäubert ist. Die Geographie der Obdachlosenasyle ist aus dem Schlager geboren.[33]

Städtenamen sind, wie man aus Adornos Analyse des damaligen Erfolgstitels *Valencia* lernen kann, für Schlagertexter besonders dankbar, weil sie einerseits den Hörern einen »Konkretationsfetzen« zuspielen und andererseits als »Zauberwort der erreichbaren Reiseferne«[34] hinreichend unbestimmt bleiben, um allerhand private Träume zu stimulieren. Im »Haus Vaterland« werden diese Träume zu begehbaren Räumen, durch die die »Panoramen des 19. Jahrhunderts« – an sich ein durchs Kino obsolet gewordenes Illusionsmedium – noch einmal neu zu »hohen Ehren«[35] kommen.

Abb. 1: Aus dem Prospekt »Zehn Jahre Haus Vaterland«

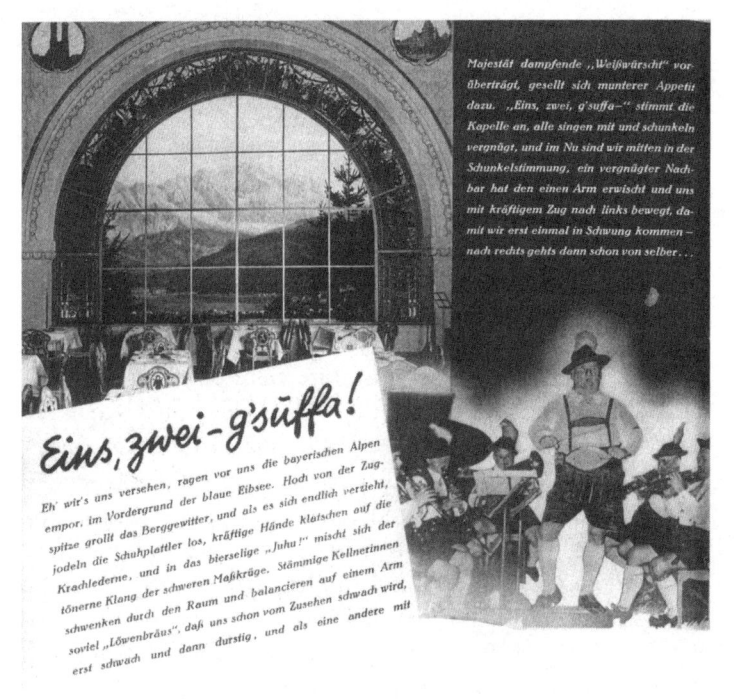

Abb. 2: Aus dem Prospekt »Zehn Jahre Haus Vaterland«

Gegen diese »farbenprächtige Welt« setzen die *Angestellten* die vielen schäbigen Kleinigkeiten, die Kracauer im »Staub des Alltags« aufgelesen hat: Kleinanzeigen, die Behandlungen von Berufsleiden wie Schreibkrampf und Zittern anbieten;[36] Feilspäne einer illegalen Grammatik, die beim Schliff des Lehrlingsdeutschs abgefallen sind; die »ärmlichen Knorpelgebilde«, aus denen der Springbrunnen im Lunapark seine »rot, gelb, grün ins Dunkel« fliehenden »Strahlenbüschel«[37] schickt. Das kühle Licht, das die Feuilletons auf ihre Fundsachen werfen, nähert sich gelegentlich der nackten Helle an, die sonst nur an anderen »neutralen Orten« auf die Angestelltenwelt fällt und deren enge Grenzen um so erbarmungsloser bescheint – beispielsweise in den Arbeitsgerichten.

Dieses Licht entzaubert die Physiognomien. [...] Keine Schminke bringt die Mädchengesichter zum Blühen, und jeder Hautpickel ist bei den Männern in Großaufnahme zu sehen. [...] In seinem nüchternen Schein treten Kleinigkeiten überdeutlich hervor, die alles andere eher als Kleinigkeiten sind [...]. Man entledige sich doch des Wahns, daß es auch nur in der Hauptsache die großen Geschehnisse seien, die den Menschen bestimmen. Tiefer und dauernder beeinflussen ihn die winzigen Katastrophen, aus denen der Alltag besteht, und gewiß ist sein Schicksal vorwiegend an die Folge dieser Miniaturereignisse geknüpft.[38]

Kracauers gesamtes Expeditionsunternehmen lässt sich als analoger Versuch lesen, diese »Miniaturereignisse« und »winzigen Katastrophen« zu erfassen. Anders als vor den juridischen Instanzen des Staats kommen die »Fälle« der Wirklichkeit in seinen Feuilletons aber nicht mit dem Ziel eines abschließenden Urteils zur Verhandlung, sondern im Rahmen der Ermittlung eines recherchierenden Journalisten, der sich der Indiziensuche verschreibt, um herauszufinden, welche Dispositive an der Formierung einer neuen Öffentlichkeit mitwirken – eines Publikums, für das Presseforen wie die *Frankfurter Zeitung*, von Bloch als »Urblatt der Gediegenheit«[39] charakterisiert, ihrerseits nicht mehr im Zentrum stehen, sondern, wenn überhaupt, an der Peripherie siedeln.

Dass es Kracauer auf die methodische Nähe seiner Untersuchung zur detektivischen Spurensicherung ankam, zeigt sein Vergleich des Angestelltenalltags mit dem entwendeten »Brief Ihrer Majestät«,[40] den in Edgar Allan Poes berühmter Erzählung gerade das Versteck der Öffentlichkeit vor der Entdeckung schützt. Aufschlussreich ist die gezogene Parallele für die *Angestellten*-Serie aber auch, weil sie die Kleinprosa der Feuilletons, die in der Zeitung selbst auf eine inferiore Randzone verwiesen ist – die damals übliche Zone ›unter dem Strich‹ im unteren Drittel der Zeitungsseite –, programmatisch in die Nachbarschaft eines Genres rückt, das den Massen gefällt, während es unter »den meisten Gebildeten«, zumindest in den 1920er Jahren, als »außerliterarisches Machwerk« verpönt ist, da es unterhält,

»[o]hne Kunstwerk zu sein«,⁴¹ wie Kracauer in seinem frühen Traktat über den *Detektiv-Roman* selber schreibt.

Für die Öffnung gegenüber solchen Genres hat nach ihm auch Ernst Bloch eine Lanze gebrochen und, bewogen durch Walter Benjamins 1928 erschienene *Einbahnstraße*, eine generelle Diagnose gewagt, die der »großen Form« keine Zukunft mehr verheißt – zum Vorteil der minderen Formen, die allererst programmatisch zu nutzen sind. »Denn weithin ist die große Form abgestanden«, schreibt Bloch, »altbürgerliche Kultur mit Hoftheater und geschlossener Bildung blüht nicht einmal epigonal. Von der Straße, dem Jahrmarkt, dem Zirkus, der Kolportage dringen andere Formen vor, neue oder nur aus verachteten Winkeln bekannte, und sie besetzen das Feld der Reife.«⁴²

Kracauers *Angestellten*-Feuilletons kommen diesen »andere[n] Formen« dadurch entgegen, dass sie auch durch ihre Schreibweise direkt auf die Literatur der Nicht-Leser antworten: auf Kinofilme, Schlager und Erfolgsromane. Mit dem überlegten Arrangement »unverkitteter Szenen«, dem Rückgriff auf »Einzelheiten und Bruchstücke« präsentiert sich das »Mosaik« als eigenständige Variante dessen, was bei Ernst Bloch den Namen »Revueform«⁴³ trägt.

Auf die Feuilleton-Serie passt der Name schon deshalb, weil sie auf Abwechslung, auf scharfe und dadurch erhellende Kontraste setzt und einerseits von unwürdigen Rechtshändeln zwischen Angestellten und ihren Vorgesetzten berichtet, aber andererseits auch Episoden schildert, in denen die Unterhaltungsbühne direkt in den Alltag hineinzuragen scheint. Man trifft auf »Prinzessinnen«, die ihre »Ehrentitel« dem Umstand verdanken, dass sie als »Kontoristinnen im Warenhaus gemeinhin geachteter als die Verkäuferinnen«⁴⁴ sind, und selbst an Palästen fehlt es nicht – das »Haus Vaterland« ist einer von ihnen. Wenn Glanz auf die »Rundreisebillette« fällt, die in einer Fabrik sämtliche Verrichtungen vom Eintreffen eines Auftrags bis zum Abtransport der bestellten Ware minutiös wie die »Tournee eines Virtuosen«⁴⁵ managen, oder Eignungstests vorgestellt werden, die richtige

Menschen an richtige Stellen[46] verfrachten, überschreitet die Realität von sich aus die Grenze zur Parodie. Es bedarf kaum der rhetorischen Zuspitzung, um im Bericht eines Eignungsprüfers die Arbeit am Mythos offenzulegen, die er voraussetzt, und daraus die Skizze einer einaktigen Nummer à la Offenbach zu entwickeln – in Anspielung auf die Vorgeschichte zur *Belle Hélène*:

> Ein Chef schickt dem Eignungsprüfer zwei Mädchen zu, ein rachitisches und ein bildhübsches. Der Chef möchte natürlich lieber die Hübsche engagieren, doch wie oft in den Märchen ist gerade die Rachitische das Juwel. Als moderner Paris kürt der Eignungsprüfer nicht die Aphrodite, sondern die Athene. (Eine Hera ist unter Angestellten nicht zu finden.) Er erlebt den Triumph, daß der Chef die rachitische Göttin nach einiger Zeit in sein Privatbüro übernimmt.[47]

Im Nahkontakt mit solchen Arbeitswelten stellt sich die Frage nicht mehr, ob der »Glanz der Kostüme«, der in den Operettenstreifen des Filmjahrs 1928 die »abgeschafften Fürstenhöfe« verklärte, für das »republikanische Publikum«[48] im deutschen Nachkriegsstaat im Ernst noch attraktiv sein kann. Die Begegnung mit den Angestellten weckt größere Zweifel am republikanischen Publikum, wenn dafür dünkelhafte Verkaufskräfte repräsentativ sind, die sich mit ihren Kolleginnen nicht gemeinmachen wollen und die Überheblichkeit einer Standeselite an den Tag legen. Wo kleine Unterschiede zwischen Beschäftigten im Büro- und im Kundendienst genauso viel Gewicht haben wie große zwischen auserwählten Göttinnen und abgewiesenen Erdenwesen, schwinden die Solidaritätsreservate, und das Distinktionsbegehren beherrscht das kollektive Imaginäre am Arbeitsplatz wie in der Freizeit, wo eine ganze Industrie dafür sorgt, dass flüchtiger Glanz auf einen Berufsalltag fällt, in dem alles darauf ankommt, unauffällig zu bleiben, d. h. weder Fehler zu begehen noch Klagen zu äußern und so geräuschlos wie möglich für das Wohl des Unternehmens zu wirken.

Auch deshalb hat Kracauer mit der Buchausgabe seiner *Angestellten*-Serie den Wunsch verbunden, »daß dieses kleine Buch wirklich von ihnen spräche, die nur schwer von sich sprechen können«,⁴⁹ und die Angestellten in teils anonymisierten, teils über Spitz- und Kosenamen identifizierten Stimmen in den Feuilletons zu Wort kommen lassen, damit die Sphären von Lesern und Nicht-Lesern nicht füreinander opak bleiben und die Kluft zwischen den beiden Öffentlichkeiten überwunden werden kann. Wenigstens von der Seite der Leser.

Dabei reflektieren die Feuilletons bereits mit, dass ihre Leserschaft sich gegenüber dieser Menge nur mehr als Randpublikum ausnimmt – als Minderheit, deren Dahinschwinden zum Zeitpunkt des Abdrucks der Serie auch in der Verkaufsbilanz der *Frankfurter Zeitung* zu Buche schlägt, in der sich die roten Zahlen mehren. Noch zu Beginn der Weimarer Republik war die Auflage der Zeitung doppelt so hoch. Das Blatt verdankte sein Renommee den hohen Qualitätsstandards, für die zahlreiche agenturunabhängig arbeitende Auslandskorrespondenten bürgten, außerdem der umfassenden Berichterstattung, die durch täglich drei verschiedene Ausgaben – in der Regel: Erstes Morgenblatt, Zweites Morgenblatt, Abendblatt – sowie durch mehrere regelmäßig erscheinende Beilagen garantiert war. Politisch vertrat die Zeitung, schon seit ihrer Gründung in den sechziger Jahren des 19. Jahrhunderts, eine bürgerlich-liberale Linie und trieb nach Kriegsende den Selbstverständigungsprozess über die zivilgesellschaftliche Umsetzung der Verfassungsziele im demokratischen Rechts- und Sozialstaat engagiert voran. Mit der Abwanderung großer Teile der bürgerlichen Wähler nach rechts verlor diese Agenda jedoch auch hausintern an Rückhalt, und die Zeitung stand angesichts abtrünniger Leser und empfindlicher Einbrüche des Anzeigengeschäfts unter dem Zugzwang der Kurskorrektur, die gerade die Feuilletonredaktion – in dieser Form singulär in der damaligen Presselandschaft – zu programmatischen Weichenstellungen nutzen wollte.⁵⁰

Deren Chef Benno Reifenberg hatte im Juli 1929, als Kracauer mit der Recherche für seine *Angestellten* begann, einen Grundsatzartikel veröffentlicht, in dem er die Rolle des Feuilletons im

Verhältnis zum politischen Teil ›über dem Strich‹ neu bestimmte und seinem Ressort künftig ein größeres Gewicht beimaß. Der Artikel trug den Titel *Gewissenhaft* und erklärte:

> Nachricht und Kommentar machen den politischen Teil einer Zeitung aus. In der Genauigkeit und Vollständigkeit der Nachrichten wird die Grundlage jeder Zeitung zu suchen sein; die Bedeutung eines Blattes aber zeigt sich in dem bündigen und entschiedenen Kommentar, den es seinen Nachrichten zu geben weiß.
> In dem journalistischen Bezirk, der nach dem heutigen Aufbau der Zeitungen Feuilleton heißt, werden *Berichte* gegeben; d.h. hier wird ins allgemeine Bewußtsein gebracht, wie die Substanzen unserer Gegenwart gelagert sind, nach welchen Absichten sie sich ändern. Die Berichte zeigen den Raum an, in dem überhaupt Politik gemacht werden kann. Das Feuilleton ist der fortlaufende Kommentar zur Politik.[51]

Kracauers Feuilleton-Serie reklamiert diesen Raum für Streifzüge durch die moderne Großstadt, wobei Berlin hier eben nicht als Hauptstadt und Regierungssitz, sondern als »Stadt der ausgesprochenen Angestelltenkultur«[52] in Betracht kommt, in der das eigentlich ›Politische‹ – die Öffentlichkeit, die das Stadtbild beherrscht – im Tagesgeschäft der Politiker kein Echo findet und anderswo zur Sprache gebracht werden muss.[53] In Berlin, schreibt Kracauer, »ist der wirtschaftliche Prozeß, der die Angestelltenmassen aus sich herausgesetzt hat, am weitesten gediehen; hier finden die entscheidenden praktischen Auseinandersetzungen statt; hier wird besonders auffällig die Gestalt des öffentlichen Lebens von den Bedürfnissen der Angestellten und denen bestimmt, die ihrerseits diese Bedürfnisse bestimmen möchten.«[54] Zu ihnen zählen auch die Betreiber des »Haus Vaterland«, die an den Patriotismus der Besucher appellieren, aber die Grenzen dieses Vaterlands vorsorglich über den ganzen Globus ausgedehnt haben, um der Reiselust ihrer Gäste nicht im Weg zu stehen. Das macht Paläste dieser Art in politischer Hinsicht so aufschlussreich wie in kultursoziologischer, weil sie mit ihrer profitablen Bewirtschaftung von Träumen zugleich Zweifel an der Generaldiagnose einer entzauberten Moderne wecken. Die minutiöse

Erkundung der modernen Öffentlichkeit, die Kracauer bereits in zahllosen früheren Feuilletons, Essays und Kritiken aufnahm, um sie in der *Angestellten*-Serie unter verschobenem Fokus fortzusetzen, schließt darum von Anbeginn die Revision gängiger Modernenarrative ein. Als kritische Sonden bewähren sich die Kleinformen der Prosa dabei zusätzlich, weil sie Kracauer helfen, Deutungsmodelle zu relativieren, die seine Wahrnehmung noch in der Frühzeit seiner journalistischen Tätigkeit prägten. Wenn einzelne dieser Theoreme in den *Angestellten* trotzdem als versprengte Zitate wiederbegegnen, so ist jetzt vor allem ihr veränderter Stellenwert bezeichnend: ihre punktuelle Prominenz in Titelformeln, mit denen in erster Linie ein Ironiesignal gesetzt wird, aber keine Perspektive mehr privilegiert ist, die in den Feuilletons die Oberhand behielte. Für eine aktualitätsbewusste Gegenwartsanalyse des neuesten Deutschlands reichen die großen Erzählungen, die seit dem 19. Jahrhundert weitgehend konstant geblieben sind, nicht mehr aus.

3. Öffentlichkeitsarbeit im Feuilleton

Im zehnten Feuilleton der *Angestellten*-Serie ist von den damals beliebten, auch noch nicht alten, erst zwischen 1927 und 1929 eröffneten Ausgehlokalen Berlins die Rede: vom »Moka-Efti« in der Friedrichstraße, dem »Haus Vaterland« am Potsdamer Platz und außerdem vom Residenz-Kasino – »Resi« – unweit der Jannowitzbrücke, das sich als »Ballhaus der Technik« einen Namen machte. Im Februar 1927 gingen hier die ersten Tischtelefone in Betrieb, zwei Jahre später kam eine Lichtsignalanlage dazu – Rotlicht bedeutete: Anruf willkommen; Blaulicht das Gegenteil –, im September 1929 wurde als weitere Novität eine Tischrohrpost installiert. Weiter gehörten zu den Markenzeichen des Lokals knapp 30 000 Glühbirnen.[1] Die »Lichtfluten«, heißt es bei Kracauer,

> werden im Resi papageienbunt durch den Raum geschickt und überspielen das dortige Heidelberger Schloß mit einer Farbenpracht, deren die untergehende Sonne nicht fähig gewesen wäre. So sehr gehören sie zu den Bestimmungsmerkmalen dieser Lokale, daß der Gedanke sich aufdrängt, die Lokale seien während des Tags überhaupt nicht vorhanden. Abend für Abend erstehen sie neu. Die eigentliche Macht des Lichts aber ist seine Gegenwart. Es entfremdet die Masse ihres gewohnten Fleisches, es wirft ihr ein Kostüm über, das sie verwandelt. Durch seine geheimen Kräfte wird der Glanz Gehalt, die Zerstreuung Rausch. Wenn der Kellner es ausknipst, scheint freilich der Achtstundentag gleich wieder herein.[2]

Das Feuilleton trägt den Titel »Asyl für Obdachlose«. Lukács-Leser sollten darin die Anspielung auf die *Theorie des Romans* erkennen, die während des Ersten Weltkriegs entstand und mit der Analyse der zwei »Formen der großen Epik« den »geschichtsphilosophische[n] Versuch«[3] verband, einen epochalen Verfallsprozess nachzuzeichnen. Lukács zufolge trägt der Roman die Zeichen der Trauer über den Verlust jener Geborgenheit, in der in der Antike das Epos als poetischer Ausdruck der Einheit von Welt und Ich gedeihen konnte. Im Roman tritt nur mehr der Mangel an verbindlichen Orientierungen zutage, an dem die Moderne laboriert. Lukács prägt für diese Situation das Bild des verdüsterten Firmaments, an dem die Sterne keine trauten Gefährten der Menschen mehr sind wie noch bei den Griechen.[4] Auf die Diagnose der »transzendentalen Obdachlosigkeit«[5] läuft in seiner Romantheorie eine umfassende Modernekritik zu, die Aufklärung, Entzauberung und Sinnverlust in eins setzt und ihr dualistisches Epochenschema den Großprospekten der idealistischen Philosophie entlehnt, ohne deren Zuversicht, aus den modernen Zerrissenheiten erwachse zugleich das Potential zu ihrer Überwindung, noch zu teilen.

Kracauer hat die *Theorie des Romans* bald nach ihrem Erscheinen sehr ausführlich besprochen[6] und die Leitmotive dieser pessimistischen Diagnose in etlichen eigenen Aufsätzen und Rezensionen der frühen 1920er Jahre variiert, wobei ihm Ferdinand Tönnies' ältere, schon im späten 19. Jahrhundert geprägte Unterscheidung von »Gemeinschaft« und »Gesellschaft« ein zweites Begriffspaar zuspielte, das während des Ersten Weltkriegs in Deutschland breit kursierte.[7] Seit 1921 ist Kracauer fester Mitarbeiter der *Frankfurter Zeitung* und hauptsächlich für lokale Angelegenheiten zuständig. In dieser Funktion ist er oft bei Diskussionsabenden, Versammlungen und Vereinsgründungen unterwegs und dadurch gut vertraut mit allen Spielarten von esoterischen Zirkeln und Sekten, die in den Anfangsjahren der Weimarer Republik großen Zulauf finden. Er hört Vorträge über die natürlichen Ursachen des Tischrückens in spiritistischen Séancen[8] und ebenso über eine »Fülle *merkwürdiger Kundgebungen Verstorbener*«, die unter anderem schilderten, wie eine »just abgeschiedene Seele durch hartnäckiges Klingeln oder Poltern ihre nichtsahnenden Anverwandten von ihrem Ab- und Fortleben zugleich benachrichtigte«.[9] Er besucht Anthroposophen-Tagungen, auf denen Rudolf Steiner seiner Anhängerschar verrät, wie man »Hellseherorgane in sich ausbilden« kann, »die zum Erwerb exakter Erkenntnisse in den Bereichen der übersinnlichen Geisteswelt befähigen«,[10] und mischt sich unters Publikum der zur Erhaltung der »Schule der Weisheit« ins Leben gerufenen »Gesellschaft für freie Philosophie«, wo Graf Hermann Keyserling in stilvollem Ambiente – »matte künstliche Beleuchtung und künstlerisch arrangierter Pflanzenschmuck«[11] – eine Matinée bestreitet. Lukács' Diagnose, dass die »religiösen Wahrheiten« in der Moderne zu »farblosen Gedanken«[12] verblasst waren, erhält durch solche Veranstaltungen eine empirische Bestätigung.

Der Essay *Die Wartenden*, den Kracauer 1922 veröffentlicht, zieht daraus jedoch das Fazit, dass es auf den Versuch ankäme, sich auf die neuen Realitäten aufgeschlossener als bisher einzulassen und ein »*zögerndes Geöffnetsein*«[13] zu wagen, weil der Rückzug auf den Posten des »*prinzipiellen Skeptikers*« keine Alternative bieten und der radikale Zweifel nur dazu führen kann, dass man sich »der schlechten Unendlichkeit des leeren Raums«[14] erst recht anheimgibt. Der Vorsatz, die eigenen Reserven zugunsten einer größeren Neugier zu lockern und die Gegenwart aus dem Schatten der Vergangenheit treten zu lassen, motiviert in den Folgejahren eine Ausdehnung des journalistischen Spektrums, die begünstigt wird durch neue Redaktionsaufgaben Kracauers im Feuilleton – insbesondere durch das Ressort der Filmkritik – und die damit sich bietende Gelegenheit, die vielfältigen Bewegungen, Umbrüche und Risse *innerhalb* der Moderne genauer zu beobachten. Damit verliert die grobe Zweiteilung des historischen Panoramas in ein religiös geborgenes Einst und ein sinnentleertes Jetzt an Gewicht. Im Gegenzug wächst Kracauers Skepsis gegenüber Theorien mit geschichtsphilosophischem Deutungsanspruch, auch gegenüber ihrer einseitigen Privilegierung großer Formen. In seinen Feuilletons, die er zunehmend als Studien »im konkreten Material«[15] des modernen Alltags anlegt, spielen Romane der Hochliteratur zwar noch bei der Rezension von Neuerscheinungen eine Rolle, doch interessieren ihn jetzt mehr die minderen Prosagenres, die er sowohl als Kritiker wie als Autor aufwertet.

Das beginnt beim Traktat über den Detektivroman, in dem ein populäres Produkt aus der unterhaltungsliterarischen Serienfabrikation den Platz einnimmt, den bei Lukács Homerische Epen und Romane des europäischen Höhenkamms besetzen. In den Feuilletons entspricht dem eine ostentative Hinwendung zum Banalen, weit Verbreiteten. Es geht um Gebrauchsdinge des täglichen Lebens wie Regenschirme, Klaviere, Hosenträger, Tintenfässer, Monokel oder Badehosen,[16] um die Vielfalt der Attraktionen fürs Massenpublikum. Auf diese Weise kann Kracauer die Erosion des Bürgertums verfolgen, die sich an der leisen Ausmusterung von obsolet gewordenen Requisiten seines Bürgerstolzes offenbart, und gleichzeitig den Aufstieg eines neuen Publikums registrieren, auf das sich gerade die Metropolen durch den Ausbau großräumiger Vergnügungsmeilen einstellen. Seine intensive Gegenwartserkundung setzt sich fort in Reisen, die er für die Beilagen der *Frankfurter Zeitung* zunächst zu touristischen Ausflugszielen ins Umland[17] und später vor allem nach Frankreich unternimmt: insbesondere in die Hafenstädte des Mittelmeers und nach Paris, wo die meisten seiner Städtebilder entstehen.

Damit einher geht die Entwicklung von Prosaminiaturen, die stärker literarisch durchformt sind und Orte über die Physiognomie von Plätzen und Straßenzügen charakterisieren, aber genauso oft über Lokalfarben. Unter dem Titel *Lichtreklame* lenkt eine der Miniaturen beispielsweise den Blick auf das Lichtermeer am Pariser Nachthimmel, wo weiße und gelbe »Kindersterne« sich übereinander »entzünden« und im »Farbendschungel« über dem Hang des Montmartre die Mühle des Moulin Rouge um die Wette leuchtet mit Logos in zarterem Lila. Wie Kracauer beobachtet, mildert das Lila »die grelle Röte, es begleitet gern grüne Strähnen und gefällt sich nicht selten auf sanfte Weise allein«.[18]

Von solchen Lichtwundern modernster Reklametechnik führt in den Feuilletons ein direkter Weg zu den Lichtspielen des Kinos, zur Farbenpracht im »Resi« und zu den Strahlenbüscheln des Springbrunnens im Berliner Lunapark, an denen ihn die Buntheit genauso anzieht wie die Vergänglichkeit ihres Konzerts aus wechselnden Farbtönen. Der Ausflug ins unbekannte Gebiet der Angestellten fügt sich ein in eine lange Reihe von Exkursionen, die bei den verschiedensten Regionen eines temporär besiedelten, Abwechslung verheißenden Anderswo beginnen – daher auch ihr Verweilen beim Tanz, dem Selbstgenuss der vertriebenen Zeit in der richtungslosen Körperbewegung – und im Bürobetrieb enden, in dessen planem Einerlei sie die letzte »terra incognita« entdecken, die die »Expansion des Verkehrs zu Land, Luft und Wasser«[19] noch übrig gelassen hat. »Was man von Reise und Tanz erwartet und erhält: die Befreiung von *Erdenschwere*, Möglichkeit des *ästhetischen* Verhaltens zur organisierten Fron – es entspricht jener Erhebung über das Vergängliche und Bedingte, die dem existierenden Menschen in der Beziehung zum Ewigen, Unbedingten widerfahren mag«, lautet Kracauers Quintessenz im Essay *Die Reise und der Tanz*.

> Nur daß die Figuren nicht des Diesseitigen in seiner Begrenztheit innewerden, sondern innerhalb der Begrenztheit des Hier sich der normalen Bedingtheit begeben. Das Diesseits ist ihnen gleichbedeutend mit dem kommunen Bürobetrieb, es umfaßt nur den planen Alltag in Raum und Zeit [...]. Indem sie reisen – gleichviel wohin vorerst –, werden die Bande gesprengt, die Unendlichkeit selber wähnen sie vor sich ausgebreitet; in der Eisenbahn schon sind sie hinüber, und die Welt, in der sie landen, ist ihnen eine neue Welt. Der Tanzende auch hat im Rhythmus die Ewigkeit, der Kontrast zwischen der Zeit, in der er schwebt, und der Zeit, die ihn vertilgt, ist seine eigentliche Beseligung im uneigentlichen Bereich, und gerne mag der Tanz selber zum Schritt sich verkürzen, da doch wesentlich allein das Tanzen ist.[20]

Wenn die *Angestellten* die Tanzlokale erst gegen Ende der Serie ansteuern, so sind diese Vergnügungsstätten für ihr gesamtes Unterfangen doch insofern grundlegend, als der Weg ins Büro den Umweg über die Exterritorien des Fremden und Fernen bereits voraussetzt – in der Logik des Reiseprojekts wie in der Chronologie von Kracauers Feuilletons der 1920er Jahre. Der Blick auf die Asyle des Zeitvertreibs hat sich dabei gewandelt, und Lukács' Verdikt gilt nicht mehr uneingeschränkt, weil die Feuilletons das »*ästhetische[]* Verhalten« ihrerseits als Prämisse einer phänomenologisch verfahrenden Modernereflexion adaptiert haben, die sich in der Ideologiekritik nicht erschöpft.

Ebendeshalb kann das Feuilleton über die *Lichtreklame* in der »funkelnden Wildnis« der Pariser Nacht ein poetisches Emblem erkennen, bei dem die bunten Werbelogos am »fremden Himmel«[21] für das Verblassen der religiösen Wahrheiten zu »farblosen Gedanken«[22] entschädigen. »Die *Lichtreklame* geht an einem Himmel auf«, heißt es eingangs des Feuilletons, »in dem es keine Engel mehr gibt, aber auch nicht nur Geschäft.«[23] Dem antiken Firmament, dessen Verlust Lukács betrauerte, mag dieser Himmel nicht gleichen. Aber leer ist er deshalb nicht.[24]

Mit ihrem Faible für die Pracht solcher Lichtspiele entwickeln Kracauers Feuilletons insofern tatsächlich einen »Realismus besonderer Farbe«,[25] den Adorno »wunderlich« fand und den er durch seine Umschreibung mehr abqualifizierte als würdigte, weil ihm die materiale Phänomenologie[26] als Praxisform der Modernekritik unzulänglich erschien. Näher erschließt sich dieser Realismus jedoch, wenn man ihn aus dem Blickwinkel älterer Theoretiker beleuchtet, die über die ästhetische Ratio der literarischen Prosa nachdachten und ihre Überlegungen, anknüpfend an Hegel, zunächst auf den Roman konzentrierten, den sie als paradigmatische Großform moderner Epik behandelten.

Hegels Ästhetik-Vorlesungen hatten die Bahnen solcher Reflexionen vorgezeichnet, indem sie die Moderne als prosaischen Weltzustand charakterisierten, in dem es vor allem der Philosophie zukam, ihre Zeit in Gedanken zu fassen und im Wirklichen das Vernünftige zu erkennen,[27] während die Poesie – im hergebrachten Verständnis einer Dichtkunst, die sich durch Fiktion und Diktion vom Alltäglichen abhob[28] – zusehen musste, wie sie gegenüber der Prosa moderner Verhältnisse ihren Posten behauptete. Im Geschichtsnarrativ des Vordenkers Hegel – den man jüngst als »philosophischen Epiker«[29] bezeichnet hat, da der Heldengesang des absoluten Geistes seine gesamte Systemphilosophie als *grand récit* durchzieht[30] – war ihr keine große Zukunft vorbestimmt, sondern nur das glanzlose Überdauern auf der Schwundstufe unpoetischer Formen.

Hegel hatte dabei nicht allein den Umbruch vom antiken Versepos zum modernen Prosaroman im Blick, sondern auch jüngste Binnenentwicklungen innerhalb der Romangeschichte wie die Abwicklung der Ritterromanze durch den Bildungsroman, der vom Verlust jugendlicher Illusionen erzählte: von Lehrlingen, die auf der Wanderschaft durch die Welt allen Idealen entsagten und für das Leid, das sie als Meister erwartete – die »Verdrießlichkeiten« der Beamtenexistenz und das »Hauskreuz«, das die Ehe gibt, wenn sich »das angebetete Weib, das erst die Einzige war«, am Ende »ebenso« ausnimmt »wie alle anderen«[31] – umso härter geprüft wurden.

Der Hegel-Adept Friedrich Theodor Vischer hingegen urteilte dreißig Jahre später vorsichtiger. Für ihn war es nicht ausgemacht, dass sich die moderne Kunst mit der Tristesse des Gewöhnlichen oder überhaupt mit einer Ästhetik des Hässlichen[32] begnügen musste. Deshalb unterbreitete er künftigen Romanautoren Vorschläge, wie sich der »Sprödigkeit des Prosaischen«[33] wenn schon nicht schöne, so doch interessante Seiten abgewinnen ließen, ohne das Gebot des Realismus zu missachten. Am besten sei es, so seine Empfehlung, wenn Romanciers dem Vorbild der Romantiker folgten und sich nicht mit der stilisierten Darstellung des grauen Alltags abmühten, sondern die »grünen Stellen« an den Rändern der bürgerlichen Welt aufsuchten, »wo ein Ahnungsvolles, Ungewöhnliches durchbricht und der harten Breite des Wirklichen das Gegengewicht hält«. Vischer dachte dabei an exotische Sozialmilieus, die von der Entzauberung noch unberührt geblieben waren – »Adel, herumziehende Künstler, Zigeuner, Räuber u. dgl.« –, aber in historischer Perspektive auch an aufwühlende Umbruchphasen, etwa an »Revolutionszustände«.[34]

In Lukács' Romantheorie blieb von solchen ästhetischen Kompromissen zwischen Poesie und Realismus wenig zurück. Unter dem Eindruck des Ersten Weltkriegs lag es ihm ebenso fern, das Wirkliche für das Vernünftige zu halten, wie er auf die Idee verfallen wäre, das Massensterben im Schützengraben als Ausnahmezustand sozialromantisch zu verklären. Wenn Lukács in einem späteren Aufsatz das »Erzählen« preist und das »Beschreiben«[35] verwirft, wehrt er zwar primär den Naturalismus Émile Zolas ab, der sich im Detail der Schäbigkeiten des modernen Großstadtlebens verliert. Sein Lob des Erzählens verknüpft sich jedoch mit dem Postulat einer organischen Bauform und schließt keine nachträgliche Aufwertung von älteren Konzepten des poetischen Realismus ein.

Demgegenüber fällt an Kracauers kleiner Feuilletonprosa auf, dass sie Reservate des Exotischen neu besetzt, die Lukács für die Großepik aufgegeben hatte, doch dabei Vischers Imperativen keineswegs direkt Folge leistet, sondern deren Prämissen mit Rücksicht auf aktuelle Erfordernisse revidiert. Das eigentliche Gegengewicht zur harten Breite des Wirklichen findet Kracauer nicht in schillernden Randgruppen, sondern in der obskuren Gestalt eines Detektivs, der als notorischer Zölibatär zu den biederen Ehemännern Distanz hält, die Hegel beschrieb, aber ebenso wenig ins Lager der Räuber und Zigeuner passt, die Vischer im Sinn hatte, sondern als Sachwalter der Ordnung auftritt: als Heilsbringer mit privatem Mandat und dem Ethos des Dienstleisters an einer höheren Gerechtigkeit, die triumphiert, weil der Detektiv – zumindest wenn er ein Meister ist, der diesen Namen verdient – imstande ist, allein mit virtuosem Vernunftgebrauch reinste Wunder zu wirken.[36]

Wenn, umgekehrt, die Gesellschaft als das »ewig grüne Jagdrevier der Detektive«[37] angesehen werden muss, wie Kracauer in einer späteren Besprechung neuer Detektivromane nahelegt, so haben sich die Regionen, in denen Interessantes lauert, maximal ausgedehnt. In einer Welt, in der Biedermänner jederzeit als Räuber und Mörder entlarvt werden können, müssen die literarisch ergiebigen »grünen Stellen« nicht länger an der Peripherie von Außenseiter-Enklaven aufgespürt werden. Sie sind mit der Sphäre des Sozialen koextensiv. Weil sie dort allerdings von den wenigsten wahrgenommen werden, erfordert ihr Erkennen eine exzeptionelle Aufmerksamkeit. Nur wer sich auf das Lesen von Indizien versteht, kann Missetätern auf die Spur kommen, die unerkannt in der Menge abtauchen. In ähnlicher Weise müssen Journalisten verfahren, die ihrer Leserschaft Ungewöhnliches bieten wollen und aus Unterhaltungsromanen, aber auch von Filmen, die mit verfremdenden Kameraeinstellungen experimentieren,[38] gelernt haben, dass die Exotik im allzu Gewöhnlichen steckt, in dem, was offen zutage liegt – und ebendeshalb leicht übersehen wird.

Es ist darum nur konsequent, dass Kracauer den Detektiv, den sein früher Traktat als Gegenstand des Studiums aufwertet, in späteren Feuilletons auch als Vorbild für eine Spurensuche ernst nimmt, die da aufmerkt, wo andere Unbedeutendes wähnen. Unter dem Aktualitätsdruck der Zeitung, dem »damals noch schnellsten Organ der Zeit«, und unter dem »Prärogativ einer als ständiger Übergang zu verstehenden Gegenwart«[39] entwickelt er ein feines ästhetisches Sensorium fürs Ephemere, das ihm nicht nur in den »Zeitgestalten«[40] vergänglicher Moden begegnet, sondern auch im gespenstischen Nachleben des aus der Zeit Gefallenen.[41] Beim Abtasten von Oberflächen halten seine Artikel dabei gerade bei solchen Indizien ein, die als Anzeichen für Veränderungen und Umbrüche aufschlussreich sind, weil sie sich nicht mehr oder noch nicht entziffern lassen. Besonders häufig sind das Farben.

Das Feuilleton über das »bunte Frankfurt« von 1925 zum Beispiel geht ein auf die frisch gestrichenen Fassaden, auf denen »eine neue Farbe die andere« jagt; es bemerkt, dass das Rotlichtmilieu von einst verschwunden ist und die Bordelle »zum Segen der Zeit« das »Zeitliche gesegnet« haben, und nimmt die Frage, was das Wort »Altstadt«[42] noch meint, zum Anlass einer philosophischen Deduktion. Noch essentieller sind die Farben für jene Prosaminiaturen, die nicht auf die kritische Prüfung vertrauter Begriffe abzielen, sondern Phänomene behandeln, die »eines Namens noch ermangeln und folglich übersehen oder falsch beurteilt werden«,[43] wie Kracauer in seinem letzten Buch *History – the last things before the last* schreibt.

Am eindrucksvollsten gelingt dies in der Studie über die Angestellten, die den Beweis antritt, dass über die Büro- und Verkaufskräfte nicht »schon alles in den Romanen«[44] steht, wie die Privatsekretärin meinte. Die Feuilleton-Serie macht klar, dass Welten zwischen den verschiedenen Milieus liegen, in denen sie sich bewegen. In der einen Welt – der Welt der Arbeit – ist ein Personal gefragt, das eine »moralisch-rosa Hautfarbe«[45] besitzt und auf Geheiß von Betriebsleitern spurt, die Arbeitsleistungen über die »roten, gelben und grünen Töne«[46] einer Glühbirnenampel kontrollieren. In der anderen Sphäre – dem Universum der Freizeitvergnügungen – verschwindet die Büromaschine hinter den Lichtern der Tanzlokale, des Lunaparks und des »Haus Vaterland«, wo die Wirklichkeit der Moderne dank technischer Wunderwerke längst bunter ist als die Welt der Fiktion.

Mit ihrem ästhetischen Feinsinn für die Mannigfaltigkeit dieses Farbspektrums heben diese Prosastücke sich zugleich von anderen Feuilletons ab, die stärker vom Gestus des Essays geprägt sind und mit geschichtsphilosophischen Narrativen von Einheit und Zerfall operieren, um sie kapitalismuskritisch zu wenden: so in den berühmten Aufsätzen über das Ornament der Masse oder über die Fotografie. Die Mehrzahl von Kracauers Feuilletons interessiert sich dagegen für kleinere, historisch noch kaum registrierte Zäsuren und affirmiert mit dem Fokus auf neuesten Erscheinungen im sozialen, kulturellen und politischen Alltag zugleich den journalistischen Rahmen, der ihnen ihr mediales Kurzformat anweist und innerhalb dessen sie eine große Bandbreite von pragmatischen Zweckformen und poetischen Miniaturen entwickeln.

Der weiche Begriff der ›kleinen Form‹, der im letzten Drittel des 19. Jahrhunderts in Wien aufkam und zum Synonym der leichten Feuilletonprosa wurde – auch zum Stigma literarischer Anspruchslosigkeit, gegen das viele Autoren mit Feuilletons übers Feuilleton ankämpften[47] –, bietet dafür gerade seiner Elastizität wegen eine geeignete terminologische Klammer, die außerdem den Vorzug hat, dass sie die genealogische Herkunft der Texte Kracauers aus eingeführten Zeitungsformaten nicht hinter Bezeichnungen wie dem »Denkbild«[48] verleugnet, das philosophische Anliegen gegenüber journalistischen überbetont. Schwieriger wird es hingegen, wenn man sich den Texten mit typologischen Rastern nähert, wie Lukács sie für die Romanprosa anbietet. Kracauers Feuilletons haben, von wenigen Ausnahmen abgesehen, keine narrative Struktur; dass »sie nicht erzählen, heißt allerdings nicht, daß sie beschreiben«.[49] Ernst Bloch wählte dafür in einem Brief an Kracauer 1926 die treffende Charakterisierung einer Form, die »keine mehr ist« und »die Gewalt ihres Gelingens daran hat, keine zu bleiben«.[50]

Der Begriff der »Revueform«, den er andernorts vorschlägt, reflektiert denselben Vorzug von einer anderen Seite, indem er die Wandlungsfähigkeit der Kleinform an die Verschiedenartigkeit möglicher Gegenstände knüpft und die Lizenz zur Buntheit im Sinn des lateinischen *varius* auslegt, dem das deutsche ›bunt‹, dem Wörterbuch der Grimms zufolge, entspricht.[51] Kracauer selbst hat die Revue ironischer gekennzeichnet als »etwas sehr Buntes, Zusammengesetztes, jedenfalls eine Berückung der Augen, ein schwelgerisches Kaleidoskop, mit dem sich ein Sinn nicht weiter verbindet, da es der Unterhaltung der Sinne dient«.[52] In der zweiten Hälfte der 1920er Jahre ist die Revue, gerade in Berlin, ein überaus präsentes Bühnengenre, das von sich reden macht, weil es prononciert als Gegenwartstheater auftritt und mit seinem ausgestellten Aktualitätssinn ältere Formen der Dramatik hinter sich lässt, die bisher die Szene beherrschten, aber auch der Operette Konkurrenz macht. Wenn die »altbürgerliche Kultur mit Hoftheater und geschlossener Bildung« dagegen »abgestanden«[53] wirkt, wie Bloch schreibt, so hat das nicht nur mit der Ferne dieser Revueformen zur Hochliteratur zu tun, sondern liegt auch an der Konsequenz, mit der sie die urbanen Massen als Publikum wie als Akteur adressieren. Wie voll das Haus wird, ist für Veranstalter und künstlerische Leiter dabei nicht nur eine Frage der Programmgestaltung, sondern auch der räumlichen Zurüstung, mit der ihre Theater den Forderungen der Zeit genügen sollen – den technischen wie den politischen.

4. Berliner Revueformen

Als jüngste der führenden Berliner Revuebühnen stand das Große Schauspielhaus für das Ideal eines Theaters auf der Höhe der Moderne schon baulich ein. Bereits 1910 hatte Max Reinhardt, seit 1905 Besitzer und künstlerischer Leiter des Deutschen Theaters und von 1915 bis 1918 außerdem zuständig für die Berliner Volksbühne, erwogen, »eine ganz große Bühne für ein *Festspielhaus*« zu errichten. Reinhardt versprach sich davon »eine ganz große Kunst monumentaler Wirkungen«.[1]

Mit der finanziellen Rückendeckung einer eigens gegründeten Aktiengesellschaft, die ihm den Kauf von Gelände und Gebäude des ehemaligen Zirkus Schumann am Schiffbauerdamm ermöglichte, konnte er den Plan unmittelbar nach Kriegsende in die Tat umsetzen. 1918 erhielt der Architekt Hans Poelzig den Auftrag, den Zirkus zu einem Amphitheater nach antikem Vorbild umzugestalten. Er schuf ein mächtiges Kolosseum, das mit seinen 3200 Sitzplätzen sogar noch den Admiralspalast übertraf, der schon vor dem Krieg eine Wandlung vom Heilbad zur Eislaufhalle durchlaufen hatte und auf Eis-Ballette abonniert war, bevor Herman Haller dort 1923 einzog und das Haus mit seinen Revuen bespielte.[2] Poelzig zentrierte das neue Schauspielhaus um eine »weit in den Zuschauerraum vorgerückte Orchestra«, von der aus die Sitzränge »im weiten Halbrund«[3] anstiegen, und ergänzte die Arena außerdem um eine erhöhte Vorbühne für das Spiel der Einzeldarsteller sowie um eine Oberbühne mit Kulissencharakter, so dass ein von allen Seiten gleichermaßen einsehbarer Saal entstand, der für Reinhardts Projekt eines demokratischen Theaters die nötigen räumlichen Dispositionen bereitstellte. Nach dem Willen des Bauherrn sollte das Haus als Sammlungsstätte einer neuen »Gemeinde« fungieren und keine Kluft zwischen »Kunst« und »Volksgemeinschaft«[4] mehr aufbrechen lassen, wobei Reinhardt zunächst das Modell der Volksbühne vor Augen hatte, die schon seit dem ausgehenden 19. Jahrhundert darauf hinwirkte, die Kunst unters Volk zu bringen und speziell die Arbeiterschaft an bürgerliche Literaturdramen heranzuführen.[5]

Abb. 3: Großes Schauspielhaus Berlin, Zuschauersaal

Die Weite des Runds machte den Plan jedoch zunichte, denn für die Schauspieler war der Einsatz auf der neuen Bühne mit konditionellen Strapazen verbunden und undankbar, weil das Gros des Publikums, wie auch die Presse beklagte, auf die Entfernung »mimisch-seelische Vorgänge des Darstellers nicht verfolgen« konnte. So blieben Konflikte nicht aus. Reinhardt musste sich sogar gerichtlich verantworten, als Ensemblemitglieder des Deutschen Theaters, die er ans Große Schauspielhaus entsandt hatte, vertragsbrüchig wurden und den Auftritt aus Furcht um ihre Stimme bestreikten.[6] Nach einiger Zeit entschied er sich zu einer Umdisposition und übertrug die künstlerische Leitung der Bühne dem Varietétänzer Erik Charell. Fortan standen Revuen auf dem Spielplan, die den demokratischen Auftrag des Hauses auf andere Weise erfüllten. Programmatisch hatte Charell 1924 seine erste »Große Schau im Großen Schauspielhaus« unter die Losung *An alle …!* gestellt. Die Revue sollte auf *common sense* stoßen – im Sinne des egalitären Ideals, für das der noch junge Staat einstand – und in neuer Theaterform fortsetzen, was Reinhardt 1919 begonnen hatte, als er die Bühne mit einer Bearbeitung von Aischylos' *Orestie* eröffnete, in Reminiszenz an die Tradition der athenischen Polis.[7]

Die Abkehr vom Dramentheater antiker Tragödien zugunsten des postdramatischen Theaters moderner Revuen,[8] die Reinhardt damit vollzog, festigte den Nimbus der Revue als eminent zeitgemäßes Format und verlieh dem ästhetischen Neuanfang an der exponierten Spielstätte eine politische Signalwirkung. Was die Revue speziell in den 1920er Jahren attraktiver machte als alle übrigen Theatergenres, führte Charell vor Augen, indem er nichts anderes bot als die örtliche Konkurrenz, aber dasselbe grandioser inszenierte. Niemand verfügte in Berlin über eine derart große Arena, die – wie auch das erste Programmheft hervorhob – »die große Bewegung und den Rhythmus der Masse fordert[e] und begünstigt[e]«.[9] Im Großen Schauspielhaus füllte die Menge deshalb nicht nur den Zuschauersaal, sondern beherrschte zugleich die Szene, die für die Entfaltung prächtiger Massenornamente Optimalbedingungen bereitstellte. Charells Hausballett umfasste 150 Tänzerinnen und 50 Tänzer, zu denen 11 Solisten hinzukamen, außerdem Akrobaten für das Luftballett,[10] schließlich Gasttruppen wie die Tillergirls, die auch die Haller-Revue gebucht hatte. Der zweite große Attraktor des Genres war die ultimative Gegenwartsnähe. Um am Puls dessen zu bleiben, »was uns als Bürger trennt, was uns als Zeitgenossen vereinigt«,[11] legten die Shows Wert auf Aktualität, reagierten in Hochgeschwindigkeit auf Trends der Kleider-, Musik- und Film-

Abb. 4: Plakat der Revue »An alle« im Großen Schauspielhaus (1924)

mode und präsentierten, im nahtlosen Übergang von Theater und Reklame, die neuesten Luxusgüter und Spitzenprodukte des technischen Komforts. Weil die Veranstalter sich gleichzeitig Änderungen vorbehielten, wenn etwa internationale Künstler ins Programm einzubauen waren, die in Berlin kurz Station machten, konnten die einzelnen Produktionen durchaus sechs bis acht Monate *en suite* laufen.[12]

Als avancierte Formen eines Zeittheaters auf der Höhe der Moderne setzten die Ausstattungsrevuen der Hauptstadtbühnen auf diese Weise nicht nur gegenüber der klassischen Dramenliteratur neue Maßstäbe, sondern nahmen auch unter den Unterhaltungsgenres eine exponierte Position ein, indem sie mit den Traditionen der Vorkriegszeit ostentativ brachen. Revuen waren in Berlin schon früher populär. Das Metropol-Theater hatte aus seinen Jahresrevuen bereits 1903 ein Aushängeschild gemacht. Sie folgten dem Vorbild der französischen *revues de fin d'année*,[13] waren als Rückblick auf die letzten zwölf Monate des Berliner Lebens angelegt und griffen Ereignisse des Stadtgeschehens aus Politik, Wirtschaft und Gesellschaft auf. Unter Titeln wie *Neuestes! Allerneuestes!* (1903), *Das muß man seh'n!* (1907) und *Donnerwetter, tadellos!* (1908) lieferte das Haus bis 1912 Updates im Jahrestakt und lockte Einheimische wie Touristen ins Publikum, darunter Franz Kafka, der sich bei einer Berlin-Visite *Hurra! Wir leben noch!* (1910) ansah – allerdings mit einem »Gähnen [...] größer als die Bühnenöffnung«,[14] wie er Felice Bauer später gestand. Markenzeichen dieser Revuen war der enge Berlin-Bezug, ihre Feier der Stadt als moderne, in rasantem Umbau befindliche Metropole, außerdem ein Star-Trio von Komödianten – Guido Thielscher, Josef Giampietro, Fritzi Massary –, die in den Stammrollen charakteristischer Typen auftraten und mit ihrem Spielwitz den Erfolg jeder Revue garantierten.[15] Der rudimentäre Handlungsrahmen der Jahresrevuen war immer derselbe: eine allegorische Gestalt, die beschließt, aus ihrem phantastischen Reich auf die Erde hinabzusteigen, und eine ortskundige Berliner Begleitung findet, unter deren

Führung sie die Stadt bereist.¹⁶ Damit war sichergestellt, dass Anspielungen der Sketche auf bekannte Personen und Vorfälle unter den Vorbehalt der Fiktion gestellt und durch das vorgebliche ›Als ob‹ durchsichtig getarnt blieben.

Die Ausstattungsrevuen der zwanziger Jahre entledigten sich solcher Erzählfiktionen. An die Stelle der Rückschau trat das Hier und Heute; Weltläufigkeit verdrängte das Lokalkolorit; die Veranstalter rechneten stärker mit dem breiten Medienkonsum ihrer Besucher – von Kino, Radio und Schallplatte – statt mit ihrer Informiertheit durch regelmäßige Zeitungslektüren. Eine chronologische Handlung war dafür nicht nötig. Es genügte, einen offenen Assoziationshorizont herzustellen, der den »dissoziativen Charakter«¹⁷ der Bilder rechtfertigte und die Verschiebung des szenischen Gewichts von dialogischen Sketchen auf Tanz- und Musiknummern zuließ. Hallers Revue *Drunter und Drüber*, entstanden 1923 auf dem Höhepunkt der Inflation, war die letzte, die Zeitpolitisches aufgriff, seine Revue *Achtung! Welle 505* zwei Jahre später die letzte, die einen Berlinbezug herstellte, indem sie den Rundfunk ins Zentrum stellte, der sein Unterhaltungsprogramm in Berlin seit 1923 auf der Kurzwellenfrequenz 505 sendete.¹⁸ Wie die Flexibilität des Formats sich nutzen ließ, wenn thematische Akzente dennoch einen Konnex unter den Szenen stiften sollten, zeigte Haller 1928 unter dem Titel *Schön und schick* in der *Revue vom Auto, seinen Chauffeuren und Fahrgästen*. Darin wurde das Leitmotiv des Autos variiert. Über die lose Kopplung von Nummern ließen sich immer neue Aspekte aufbringen, in Szenen wie: »Wohin fährt der eilige Fahrgast? Zum Friseur«, »Was die Damen tragen, wenn sie ins Theater fahren: Shawls«, »Die Entwicklung der Verkehrswagen«, »Was man alles im Auto liegen läßt«, »Schupo 1930« *(Abb. 5)*.¹⁹

Rückwärtsgewandter nahmen sich demgegenüber die meisten Operetten aus. Unter vielen Personenverzeichnissen tauchte die Zeitangabe »vor 1914« auf.²⁰ Die Libretti favorisierten jetzt historische Sujets, häufig in Gestalt von Randepisoden aus dem Leben illustrer Männer, in denen sich die großen Wendepunkte

BERNARD ETTÉ
HOTEL ESPLANADE
TÄGLICH ZUM 5-UHR-TEE

BILDERFOLGE

Erster Akt

1. Bild
Das „unentbehrlichste" unserer Zeit:
„Des Auto"
The greatest necessity of our time: "The Motor-car"
La nécessité indispensable de nos jours: "L'Automobile"

Mercedes-Benz

Musik: H. Ackermans
Text: Marcellus Schiffer

Der Chauffeur
Fritz Steidl

Die Original Lawrence Tiller-Girls
Oft kopiert – nie erreicht!!

Die Haller-Girls

2. Bild
„Das Interview"
"The Interview"
"L'Interview"

Der Chauffeur
Fritz Steidl

Der Herr
Erwin Hartung

Der eilige Fahrgast
Hans Schüren

3. Bild
Wohin fährt der eilige Fahrgast!
„Zum Friseur"
"Where does the hasty guest want to go?"
"To the Haidresser's"
"Où va le voyageur pressé?"
"Chez le coiffeur"

Der Friseur
Erwin Hartung

Ein Herr
Hans Schüren

Eine Dame
Eva West

Die Großmama
Kurt Lilien

Der Großpapa
Die Mama
Emmy Wyda

Der Papa
Richard Drescher

Die Tochter
Hella Kürty

Der Sohn
Marianne Ceconi

Friseure und Kundschaft

Musik: Hans May
Text: Marcellus Schiffer

4. Bild
Was die Damen tragen, wenn sie ins Theater fahren:
„Shawls"
What ladies wear for the theatre: "Shawls"
Ce que portent les dames pour aller au théâtre: "Les Châles"

Gloria Maravillas
vom Olympia, Paris
Inhaberin der spanischen und französischen Schönheitspreise der letzten zwei Jahre
Kreiert nur Kompositionen von
José Padilla

Der lebende Vorhang – Die Shawls

SCHÖN UND SCHICK DURCH

Freie Abholung und Lieferung
ca. 24 Stunden
Reinigung / Reparaturen
Über 70 Annahmestellen
Telephone: Sammelnr B4, Bavaria 9101

Valeteria

valetieren heißt:
auf combinierten Spezialapparaten entstauben, dämpfen, bügeln
ANZUG / MANTEL
KOSTÜM **2 M.**

Die hygienische Kleiderpflege für Damen und Herren

Der Name **NESTLE** ist Ihnen vertraut. Bald wird sich auch

NESTLE's Schokolade

Ihrer Wertschätzung erfreuen, wenn Sie durch einen Versuch die hohe Klasse dieses neuen Nestle-Erzeugnisses kennengelernt haben.

NESTLE's Schokolade schmeckt köstlich!

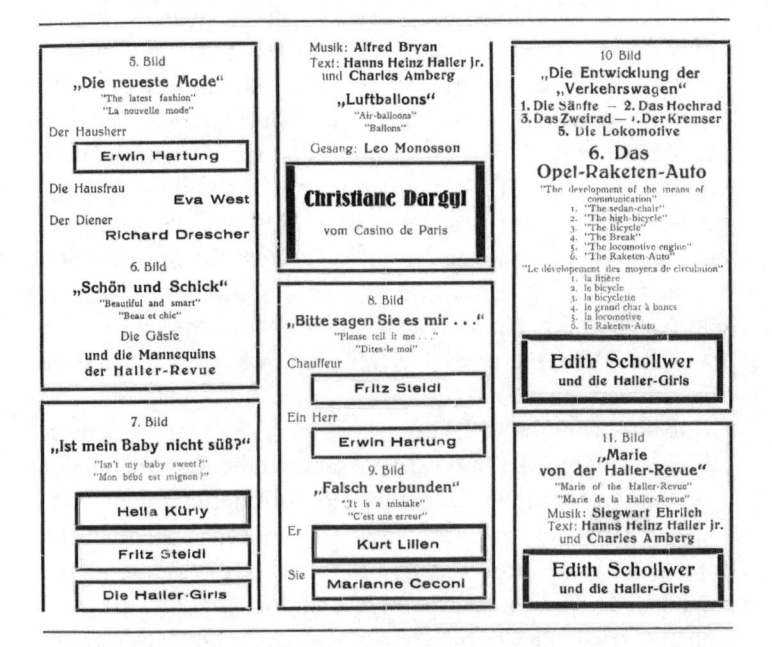

---

5. Bild
„Die neueste Mode"
"The latest fashion"
"La nouvelle mode"

Der Hausherr
Erwin Hartung

Die Hausfrau
Eva West

Der Diener
Richard Drescher

6. Bild
„Schön und Schick"
"Beautiful and smart"
"Beau et chic"

Die Gäste
und die Mannequins
der Haller-Revue

7. Bild
„Ist mein Baby nicht süß?"
"Isn't my baby sweet?"
"Mon bébé est mignon?"

Hella Kürty

Fritz Steidl

Die Haller-Girls

Musik: Alfred Bryan
Text: Hanns Heinz Haller jr.
und Charles Amberg

„Luftballons"
"Air-balloons"
"Ballons"

Gesang: Leo Monosson

Christiane Dargyl
vom Casino de Paris

8. Bild
„Bitte sagen Sie es mir..."
"Please tell it me..."
"Dites-le moi"

Chauffeur
Fritz Steidl

Ein Herr
Erwin Hartung

9. Bild
„Falsch verbunden"
"It is a mistake"
"C'est une erreur"

Er
Kurt Lilien

Sie
Marianne Ceconi

10 Bild
„Die Entwicklung der
„Verkehrswagen"
1. Die Sänfte — 2. Das Hochrad
3. Das Zweirad — 4. Der Kremser
5. Die Lokomotive

6. Das
Opel-Raketen-Auto

"The development of the means of communication"
1. "The sedan-chair"
2. "The high-bicycle"
3. "The Bicycle"
4. "The Break"
5. "The locomotive engine"
6. "The Raketen-Auto"

"Le dévelopement des moyens de circulation"
1. la litière
2. le bicycle
3. la bicyclette
4. le grand char à bancs
5. la locomotive
6. le Raketen-Auto

Edith Schollwer
und die Haller-Girls

11. Bild
„Marie
von der Haller-Revue"
"Marie of the Haller-Revue"
"Marie de la Haller-Revue"
Musik: Siegwart Ehrlich
Text: Hanns Heinz Haller jr.
und Charles Amberg

Edith Schollwer
und die Haller-Girls

LUTTER & WEGNER
HISTORISCHE WEINSTUBEN Gegründet 1811

E.T.A. Hoffmann-Keller / Im Walpurgis-, Gaudeamus-, Alt-Berlin- u. Künstlerkeller
Wandmalereien von Prof. Hans Baluschek
5 Minuten vom Admiralspalast entfernt

BERLIN W8, CHARLOTTENSTRASSE 49 (GENDARMENMARKT)

Abb. 5: Auszug aus dem Programmheft der Haller-Revue »Schön und Schick« (1928)

aus kleinen Privatverwicklungen ergaben und die Herrschaften sich von ihrer menschlichen, d.h. unheroischen Seite zeigen durften.[21] Wie Adorno beobachtete, bildeten die Operetten damit aber kein Widerlager zum Zeittheater der Revuen, sondern kamen ihm von komplementärer Seite entgegen, indem sie die Historie im Diminutiv der Anekdote abwickelten. In seinen *Arabesken zur Operette* beschreibt Adorno diesen »Supra-Historismus« als »Ausverkauf der Geschichte«, der dafür sorgt, dass Figuren wie »die Pompadour und die Kleopatra und die drei Musketiere und die Dubarry« endlich »ungefährlich« werden. Die »Dämonen der Vorzeit präsentieren sich handlich als Stoffpuppen, mit denen wir schon spielen, während wir uns noch ängstigen: sie haben keine Gewalt mehr über uns. Sie erreichen uns bloß noch mit dem Choc: daß sie so klein geworden sind, daß wir sie nach Hause tragen können. Die Operette ist der Raum der Verkleinerung schlechthin, und was sie rettet, läßt sie zugleich verschwinden.«[22]

Ein ähnliches Entsprechungsverhältnis prägte die Wirkungskalküle von Operette und Revue. Während die Revuen von der Faszinationsmacht der Massen lebten, beförderten die Operetten den Personenkult um Stardarsteller, die das Menschliche ihrer historischen Rollenfiguren mit der Aura des Besonderen zu umgeben wussten, so dass es fern und wunderbar wirkte, so nah und gewöhnlich es auch sein mochte.[23] Die Diva schlechthin war in der ersten Hälfte der 1920er Jahre Fritzi Massary, deren Berliner Karriere in den Revuen des Metropol-Theaters begonnen hatte, aber ihren Höhepunkt nach Kriegsende erreichte, als sie in der Rolle von Leo Falls *Madame Pompadour* (1922) ihren Durchbruch feierte. Fortan duldete die Massary keine Göttinnen neben sich, missachtete die Vorgaben von Partitur und Textbuch und baute die Operetten nach ihren Bedürfnissen um. Das Privileg, jedes Lied, von dem sie es wünschte, dass es ihrem Part zugeschlagen würde, hatte sie sich durch eine Klausel in ihren Verträgen zusichern lassen – sehr zum Ärger von Kollegen und Kolleginnen, die dadurch um jede Möglichkeit gebracht waren, sich an ihrer Seite zu profilieren.[24] Auch finanziell war die Massary anspruchsvoll und verlangte anstelle der üblichen Höchstgage von 300 Mark pro Abend das Vierfache.[25]

Erst als Franz Lehár nach Berlin wechselte und den bis dato üblichen Komödienplots Melodramen mit ›tragischem‹ Ausgang entgegensetzte – auch hier kam jetzt Hegels Prosa der Verhältnisse zum Tragen: durch Protagonisten, die ihrer Liebe entsagten, um pflichtbewusst höheren Missionen zu dienen[26] –, sank der Stern der Massary, und die größeren Triumphe feierte Richard Tauber. Der lyrische Tenor war an namhaften Opernhäusern wie Dresden, Berlin und Wien gut etabliert, bevor er sich mit Lehár zusammentat. In dessen Operetten verkörperte er von 1926 an sämtliche männlichen Hauptrollen und war auch 1928 in der *Friederike* mit von der Partie, wo er einen »reichlich wohl genährten Goethe«[27] abgab. Anders als die Massary, die keine große Stimme hatte und als Virtuosin im Soubrettenfach primär durch ihre Bühnenpräsenz bestach, brillierte Tauber als Sänger, der die Kunst beherrschte, »Sentimentalität derart zu veredeln, daß daraus echtes Gefühl wurde«.[28]

Die eigens für ihn kreierten »Tauberlieder«[29] bildeten den Höhepunkt jeder Lehár-Operette und waren, nach stereotypem Bauprinzip, dem dreiteiligen ABA-Schema der Da-capo-Arie angepasst, andererseits melodisch eingängig und leicht fasslich, so dass sie zu den Tanzschlagern der Revuen Distanz wahren und mit den recycelten Pathosformeln der Oper trotzdem den Nerv des Massenpublikums treffen konnten. Wenn Lehár schon vor dem Krieg bestrebt war, die Operette »zu veredeln«, damit die »Zuschauer […] ein Erlebnis haben und nicht bloß Unsinn sehen und hören«[30] –, so war ihm in der Weimarer Republik doch klar, dass er sein größeres Publikum nicht im Theater, sondern unter den Hörern von Radio und Schallplatte finden würde und gut daran tat, das Handlungsgerüst seiner Operetten so zu reduzieren, dass der Schwerpunkt auf dem inneren Drama lag. Individuelle Gefühlskämpfe ließen sich deshalb als Hörspiel leichter in Szene setzen, weil sie keiner Ensembles bedurften, die durchs

Gewirr einander überlagernder Stimmen akustische Konfusion stifteten.[31] Während die Massary im Lauf ihrer Karriere höchstens 100 Plattenaufnahmen produzierte, spielte Tauber als Lehár-Interpret »etwa 750 Aufnahmen auf Schallplatte« ein – »ein in der Geschichte dieses Mediums sicher einmaliger Fall«.[32] Einige davon hat auch das kunstseidene Mädchen Doris erstanden, das in Irmgard Keuns Roman zur Stenotypistin schlecht taugt, weil es kaum ein Diktat fehlerfrei zuwege bringt, aber als Nicht-Leserin davon träumt, ein Glanz zu sein, und mit dem Geld nicht spart, als sie gerade wieder liquide ist, um ihrer Freundin Therese gleich »achtzehn Tauberplatten«[33] auf einmal zu verehren.

Auf Hörerinnen wie Doris dürfte Adorno seinen Spott über »Vulgärmaterialisten« gemünzt haben, die sich am puren Schönklang erfreuen und »Sänger sein« und »Stimme haben« verwechseln. Dem »Fetischcharakter«,[34] den in Taubers Liedern die Musik annahm, entsprachen in der Revue die Warenfetische, die dort als käufliche Schauobjekte exponiert wurden. Allerdings hob sich das Revuetheater mit seiner Postdramatik von konventionelleren Dramen – auch von deren Substraten in Lehárs Miniaturarien – dadurch ab, dass es mit der Handlungsfiktion zugleich das Handlungssubjekt verabschiedete und weder zur Vertiefung ins Schicksal einzelner Individuen einlud noch für sentimentale Regressionen Platz ließ. Das machte die Revuen für Adorno zu den besseren Operetten. »In der Revue«, so sein Fazit, »erkennt die Operette die Verdinglichung der Realität an«, ohne sie »mit trügerischer Innerlichkeit« zu verhüllen, »und leicht genug könnten die richtigen Intentionen an den Stoffmassen der Revue sich besser entzünden als am leeren Selbst.«[35]

Erwin Piscator konkretisierte diese Intentionen durch veritable Revolutionspläne, als er die Revueform für Agitationszwecke abrichtete. Unter den Regisseuren der Weimarer Republik war er derjenige, der das Massenmedium der Revue mit den weitestgehenden politischen Ambitionen besetzte. Die Effektivität der Revue hatte er bereits studieren können, bevor Herman Haller und Erik Charell mit ihren Shows hervortraten. Piscator war

Mitunterzeichner des dadaistischen Manifests und bei der Soirée zugegen, die der frisch gegründete Club Dada am 12. April 1918, noch vor der Novemberrevolution, in der Berliner Secession abhielt. Mit dem Vorsatz, das Leben »als ein simultanes Gewirr von Geräuschen, Farben und geistigen Rhytmen [sic]«[36] zu affirmieren, verknüpften die Dadaisten damals ein radikales Avantgardeprogramm, das sich einerseits destruktiv gegen die Kunst kehrte, die sich in der Lebensferne des *L'art pour l'art* eingerichtet hatte, und andererseits den »deutsche[n] Spießer«[37] ärgern sollte, der diese Kunst mit Wohlgefallen, aber ohne sonstiges Interesse goutierte.[38]

In den Dada-Soiréen spielte der Jazz, wie später in den Showrevuen, eine Schlüsselrolle, wobei die Dadaisten keine Salonorchester auftreten ließen, sondern die Jazzrhythmen in Lautgedichten adaptierten, um in primitivistischer Kakophonie gegen die »lyrischen Tenöre«[39] Front zu machen, die sie bereits während des Kriegs attackiert hatten – im Blick jedoch auf die expressionistischen Dichter und nicht schon auf Gesangsstars wie Richard Tauber. Schockiert vermeldete die Stadtpresse, dass George Grosz in der Berliner Secession selbstgedichtete »Sincopations« zum Besten gab und begleitend zu diesen »Niggersongs«[40] auch noch steppte. Piscator wollte es bei Tabubrüchen dieser Art nicht bewenden lassen und veränderte das Angriffsziel, indem er sich mit der Gründung des »Proletarischen Theaters« dem Klassenkampf der Arbeiter gegen die Bourgeoisie verschrieb. An die Stelle der antibürgerlichen Kunstkritik trat die politische Agitation. »Wir verbannten das Wort ›Kunst‹ radikal aus unserem Programm«, resümierte Piscator 1929, »unsere ›Stücke‹ waren Aufrufe, mit denen wir in das aktuelle Geschehen eingreifen und ›Politik treiben‹ wollten«.[41] Wie sich dann zeigte, ließen sich mit Stücken hergebrachten Typs zwar soziale Probleme der Arbeiterklasse darstellen, aber keine revolutionären Wirkungen erreichen. Deshalb hielt sich Piscator an die Revue und nutzte die »Buntheit« der Form als Operationsbasis »einer ›direkten Aktion‹ im Theater«.

Wie mit Eisenhämmern sollte sie mit jeder ihrer Nummern niederschlagen, nicht nur an einem Beispiel, sondern an Dutzenden dieses Abends ihr Leitmotiv beweisen, ihr: Ceterum censeo, societatem civile esse delendam! Das Beispiel sollte variiert werden, kein Ausweichen durfte es mehr geben. Darum brauchte man Buntheit. Das Beispiel mußte mit dem Zuschauer konfrontiert werden, es mußte überleiten zu Frage und Antwort, gehäuft werden – ein Trommelfeuer von Beispielen mußte herangebracht und in die Masse der Zahlen getrieben werden. Tausende erfahren es, du auch! Glaubst du, es gilt nur dem anderen? Nein, dir auch! Es ist typisch für diese Gesellschaft, in der du lebst, du entgehst ihm nicht – hier noch eins und noch eins! Und das unter skrupelloser Verwendung aller Möglichkeiten: Musik, Chanson, Akrobatik, Schnellzeichnung, Sport, Projektion, Film, Statistik, Schauspielerszene, Ansprache.[42]

Im Vorfeld der Reichstagswahlen entstand nach diesem Kalkül 1924 die *Revue Roter Rummel*, die Piscator im Auftrag der KPD produzierte, mit dem ungleichen Paar von »Bourgeois« und »Prolet« in den traditionellen Conférencier-Rollen von *compère* und *commère*. Ein Jahr später ging unter dem Titel *Trotz alledem!* die »historische Revue aus den Jahren 1914 bis 1919 in 24 Szenen mit Zwischenfilmen« im Großen Schauspielhaus – wo sonst Charell Programm machte – über die Bühne, als Auftakt zum 10. Parteitag der KPD.[43] Mit den »aus Amerika und Paris importierten Shows«, wie sie »damals Haller, Charell und Klein brachten«,[44] wollte Piscator dennoch nichts zu tun haben. Ungeachtet solcher ideologischer Gräben zwischen den Revueveranstaltern hat Ernst Bloch dagegen später, als er Benjamins »Revueform in der Philosophie« lobte, in der »sinnlichen Stärke und Bewegtheit unverkitteter Szenen« den Generalnenner aller Revueformen der Weimarer Republik erkannt und die Revue »als eine der offensten und wider alle Absicht ehrlichsten Formen der Gegenwart« charakterisiert, »als Abdruck jenes Hohlraums, worin sich nichts mehr ohne Lüge schließen läßt, worin sich nur noch Teile begegnen und mischen«.[45]

Hinter diese Standards der Modernität sollten auch bei Piscator weder Ausstattung noch Organisation des Theaters zurückfallen. Ähnlich wie Reinhardt hatte er einen grandiosen, multimedial nutzbaren Neubau im Sinn – ein »Totaltheater« in diesem Fall, für das die Entwürfe von Walter Gropius ein ringsum mit Projektionswänden umfangenes Zuschaueroval vorsahen, in dem der Regisseur während der Aufführung per Knopfdruck das gesamte Raumgefüge verändern konnte[46] –, und ähnlich wie Charell war ihm klar, dass er auch in personeller Hinsicht einen leistungsfähigen Apparat benötigte, der die aufwendigen Produktionen logistisch bewältigte. Dass nicht »das Individuum mit seinem privaten, persönlichen Schicksal, sondern die Zeit und das Schicksal der Massen« als die »heroischen Faktoren der neuen Dramatik«[47] anzusehen waren, sollte deshalb sowohl für die Inszenierungen als auch für die Arbeitsprozesse an den Stücken gelten, bei denen Piscator Wert darauf legte, im Kollektiv zu agieren. Verbunden mit seinem Konzept war darum die »Einrichtung eines dramaturgischen Büros«,[48] über das sich die Theaterarbeit arbeitsteilig organisieren und professionell abwickeln ließ. Als Unternehmen, das sein politisches Ziel nur erreichte, wenn es profitabel wirtschaftete, war auch die Piscator-Bühne – die schließlich mit einem konventionellen Haus vorliebnehmen musste, da sich der Plan des Totaltheaters wegen der exorbitanten Baukosten von 1,8 Millionen Mark zerschlug[49] – als Großbetrieb angelegt, in dem es dem Regisseur als ideellem Leiter und Geschäftsführer zukam, »seinen Apparat richtig zu organisieren, seine Mitarbeiter an den richtigen Platz zu stellen«.[50] Die Riege der Großbetriebe, in denen Kracauer auf seiner Expedition ins neueste Deutschland das »Modell der Zukunft«[51] erkannte, ließ sich um Beispiele wie dieses mühelos erweitern.

Dass Piscators Bühne dennoch für solche Betriebe untypisch blieb, hatte mit der Klientel zu tun, die sie faktisch bediente. Die »Ausweitung ihres Apparates« ließ mit der Optimierung der Technik auch die Kosten der Produktionen in die Höhe schnellen und machte die Bühne »vom zahlungskräftigen bürgerlichen Publikum«, an das ihr Programm nicht adressiert war, gerade abhängig.[52] Das unterschied sie von den Pläsierkasernen und

Tanzsälen, Vergnügungsparks und Sportarenen, die Kracauer in seinen Feuilletons durchmusterte und in denen er die Erosion dieses alten Publikums beobachtete. Die Massen, die dort als neue Öffentlichkeit auftraten und Etablissements wie das »Haus Vaterland« florieren ließen, sprengten nicht nur die binären Raster der Klassentheorie. Sie forderten auch dazu auf, die hergebrachten Begriffe des Politischen den neuen Realitäten anzupassen. So erklärt sich, dass die Hegemonie der Betriebsform, die Kracauer in Wirtschaft und Kultur ausmachte, auch zeitgenössische Staatstheoretiker beschäftigte.

Als Vorreiter entsprechender Überlegungen tat sich noch während der letzten Jahre des Kaiserreichs Max Weber hervor, indem er den Großbetrieb ins Zentrum seiner Modernetheorie rückte und mit dem fortschrittlichsten Typ legitimer Herrschaft verband. Was das für die Struktur moderner Massendemokratien bedeutete, speziell für die Selektion derer, die die Politik als Beruf wählten, erörterte Weber in diversen Presseartikeln, Vorträgen und in seinem Torso gebliebenen Hauptwerk *Wirtschaft und Gesellschaft*. Wenige Jahre später zog Carl Schmitt aus Webers Diagnose radikalere Schlüsse und demontierte den klassischen Begriff des Politischen so resolut wie Erwin Piscator das Autonomieideal der Kunst. Der neue, extremistische Begriff, den Schmitt vorschlug, redete einem Modell von Basisdemokratie das Wort, das in Deutschland binnen kürzester Zeit Millionen Anhänger fand und 1933, mit dem Wahlsieg der Nationalsozialisten, das Ende der Weimarer Republik besiegelte.

5. Der große Betrieb, politisch betrachtet
(Max Weber, Carl Schmitt)

Ohne Büro kein funktionierender Betrieb, ohne Betrieb kein rationales Regime – so lautet, kurz gefasst, die Quintessenz der Modernetheorie Max Webers. In seinem Hauptwerk *Wirtschaft und Gesellschaft* unterscheidet Weber drei Typen legitimer Herrschaft: die rationale, die traditionale und die charismatische. Die rationale Herrschaft hebt sich von den beiden anderen dadurch ab, dass sie weder ehrwürdige Honoratioren noch auratische Helden auf Führungsposten hebt, sondern auf der »formalistischen *Unpersönlichkeit*«[1] geregelter Prozeduren beruht, die durch Büros gesteuert und überwacht werden. Weber zufolge regieren die Imperative kluger Verwaltung längst in allen Institutionen des Sozialen, nicht nur in den »Unternehmungen« des »modernen kapitalistischen Wirtschaftsverkehrs«, die »normalerweise unerreichte Muster straffer bürokratischer Organisation«[2] darstellen. Der Betrieb fungiert in seiner Typenlehre deshalb als ökonomisches Generalmodell, nach dessen Vorbild sich auch der moderne Staat beschreiben lässt. »Ein ›Betrieb‹ ist der moderne Staat, gesellschaftswissenschaftlich angesehen, ebenso wie eine Fabrik: das ist gerade das ihm historisch Spezifische«,[3] schreibt er im Sommer 1917 in einer Artikelserie für die *Frankfurter Zeitung*.

Obwohl das Ende des Ersten Weltkriegs sich zu diesem Zeitpunkt noch längst nicht abzeichnet, richtet Weber bereits vorausschauend den Blick auf das Danach und will eine Grundsatzdebatte über die »heutige Lage unseres parlamentarischen Lebens«[4] eröffnen. Den Staat der entzauberten Moderne sieht er, insbesondere in Deutschland, auf ein politisches Dilemma zusteuern, das ihn beunruhigt, ohne dass er deshalb den Kulturpessimismus Georg Lukács' teilt. Weber beobachtet mit Sorge, welche Eigenmacht Behörden und Bürokratien im politischen Tagesgeschäft gewinnen, weil durch sie die »wirkliche *Herrschaft*, welche sich ja weder in parlamentarischen Reden noch in Enunziationen von Monarchen, sondern in der *Handhabung der Verwaltung* im Alltagsleben auswirkt, notwendig und unvermeidlich in den Händen des *Beamtentums*« liegt. »Angestellte Beamte entscheiden über alle unsere Alltagsbedürfnisse und Alltagsbeschwerden«, konstatiert er in seinen Beiträgen. Bei der Gelegenheit weist er zugleich darauf hin, dass »in den großen Privatbetrieben der Gegenwart« die Bürokräfte »statistisch rascher« wachsen als die der Arbeiter, und räumt mit dem Irrglauben auf, dass »sich die geistige Arbeit im Kontor auch nur im mindesten von derjenigen im staatlichen Büro unterscheide«.[5] Während seine soziologischen Fachkollegen den Anstieg der Angestelltenzahlen in den Folgejahren vor allem als Symptom eines Strukturwandels der Öffentlichkeit, eines Umbruchs im sozialen Gefüge behandeln werden, sieht Weber sich 1917 zunächst aber veranlasst, auf die Gefahr eines Arkanwerdens der Politik hinzuweisen.

Für ihn steht außer Frage, dass die »Machtstellung der vollentwickelten Bürokratie eine sehr große, unter normalen Verhältnissen überragende«[6] ist und ausgebaute Administrationen zu den »am schwersten zu zertrümmernden sozialen Gebilden«[7] zählen. Durch das »Mittel der G e h e i m h a l t u n g ihrer Kenntnisse und Absichten« können sie die »Ueberlegenheit des berufsmäßig Wissenden« so weit steigern, dass ihre internen Verwaltungsprozeduren für Außenstehende kaum durchschaubar, geschweige denn kritisierbar sind. »Bürokratische Verwaltung ist ihrer Tendenz nach stets Verwaltung mit Ausschluß der Oeffentlichkeit.«[8] Aus demselben Grund wird auch Carl Schmitt dem modernen Staatsbetrieb bescheinigen, in ihm verschwinde »das Politische im Ökonomischen oder Technisch-Organisatorischen«.[9]

Wie berechtigt solche Diagnosen waren, zeigen die Büroreformen, die im Deutschen Reich während des Krieges auf ministeriellen Druck eingeleitet wurden – gegen den Widerstand der Beamten, denen Neuerungen suspekt waren, die zwar ihre Arbeit vereinfachten, aber keine Rücksicht mehr auf lang gepflegte Traditionen nahmen und ihr handwerkliches Können auf einen Schlag obsolet machten. Um in den Amtsstuben der Behörden dieselben bürotechnischen Standards einzuführen wie in den privatwirtschaftlichen Betrieben, hatte man Anfang 1917 per Kabinettsorder Rationalisierungsmaßnahmen verfügt. Die Schreibarbeit sollte jetzt an der Maschine erledigt werden. Formulare und Kohlepapier für Maschinendurchschläge ersetzten das zeitraubende Konzipieren und Abschreiben. Für die Erleichterung des Sortierens, Bündelns und Archivierens von Akten sorgten Stehordner, die die liegend aufbewahrten Foliomappen ablösten und den Föderalismus von »badischen Knoten« und »preußischen Heftungen« kassierten, indem sie die Papiere der Einheitsmechanik metallener Bügelvorrichtungen zwischen festen Pappdeckeln – den bekannten Leitz-Ordnern – anvertrauten.[10]

So sinnvoll solche politischen Konzessionen an die Effizienz der Aktenverwaltung im Behördenalltag sein mochten, so wenig durften sie aus Webers Sicht jedoch das Maß des Nötigen überschreiten. In Aufsätzen und Reden warnt er wiederholt davor, Büroexperten auch die Lenkung der Staatsgeschäfte zu überlassen. Weil gute Beamte zwar Routinen beherrschen, aber selten Talent zur Führung besitzen, besteht er darauf, dass »der reine Typus der Bürokratie«, der sich als »Hierarchie von a n - g e s t e l l t e n Beamten« ausprägt, an der Spitze eine Instanz braucht, »die ihre Stellung nicht ihrerseits auch wieder auf ›Anstellung‹ im gleichen Sinn wie die anderen gründet«.[11]

Weber zufolge kommen moderne Massendemokratien diesem Desiderat zum Glück von sich aus entgegen, indem sie die Karrieren von Politstars begünstigen, die der Macht der Apparate mit der Autorität von Chefs begegnen können, die das Wahlvolk hinter sich wissen. Damals stand ihm insbesondere das Beispiel Englands vor Augen, wo im 19. Jahrhundert der Wandel der Parteien von Honoratiorenvereinen zu professionell gemanagten Interessenverbänden vom Aufstieg mächtiger Parteibosse begleitet war, die es mit Zähigkeit, Kampfgeist und demagogischem Geschick zum »Führer« gebracht hatten, der die »Maschine«[12] der Partei für nächste Wahlerfolge arbeiten ließ. Aus solchen Beobachtungen zog Weber den Schluss, dass der Staatsbetrieb, wenn er eine politische Zukunft haben sollte, nur unter der Bedingung einer derartigen »Führer-Demokratie« effektiv sein kann. In *Wirtschaft und Gesellschaft* beschreibt er diese Führer-Demokratie als »eine Art der charismatischen Herrschaft, die sich unter der Form einer vom Willen der Beherrschten abgeleiteten und nur durch ihn fortbestehenden Legitimität verbirgt«.[13]

Eigentlich stellt die Führer-Demokratie in Webers Herrschaftstypologie eine Anomalie dar, denn der Charismatiker wird dort zunächst als archaische Kultfigur mit labiler Machtbasis eingeführt, deren Aura schwindet, sobald ihr Regime sich verstetigt und auf andere Stabilitätsanker – dynastische Reglements oder legale Garantien – verlagert.[14] Im Rahmen seiner Modernediagnose bewertet Weber das Charisma aber nuancierter. Je umfassender die Bürokratie ihre Herrschaft durchsetzt, so argumentiert er dort, desto mehr bedarf sie der politischen Bändigung, und desto dringender sind Staatsapparate auf führungsstarke Lichtgestalten angewiesen, die den Geist des Eigensinns lebendig halten, der unter den »kalten Skeletthänden rationaler Ordnungen«[15] sonst erstirbt.

Nach dem Ende des Krieges – das aus militärischer Sicht das peinliche Ergebnis einer Fehlkalkulation der deutschen Heeresleitung war; schließlich hatte nie zuvor »eine Nation die Waffen gestreckt [...], deren Armeen so tief in Feindesland standen«[16] – ging es Weber bei seinen politischen Überlegungen in erster Linie um die Sicherung der Handlungsfähigkeit nach außen. Das neue, territorial beschnittene Deutschland sollte, gerade weil sein Platz an der Sonne fürs Erste außer Reichweite gerückt war, international stark auftreten, damit es aus dem Kreis der »*Herrenvölker*« nicht ausschied, denen Weber allein den »*Beruf*« zubilligte, »*in die Speichen der Weltentwicklung einzugreifen*«.[17]

Bei so gesetzten Prioritäten erwartete er vom Parlament vor allem, dass es die Aufgabe der »Führerauslese«[18] wahrnahm, statt sich bei der Kontrolle der Regierung aufzuhalten. In einem Gespräch mit Ludendorff stellte er klar, dass dieses Modell eine deliberative Streitkultur nicht vorsah. »In der Demokratie wählt das Volk seinen Führer, dem es vertraut. Dann sagt der Gewählte: ›Nun haltet den Mund und pariert.‹ Volk und Parteien dürfen ihm nicht mehr hineinreden«.[19] Im Sinne dieses Ideals sah er die Entscheidungshoheit am besten in den Händen eines Einzelnen aufgehoben, dem die Menge mit ihrer Gunst zugleich das Recht erteilt, sich jede Kritik an seinem Tun zu verbitten. Weber fürchtete nichts mehr, als dass »gute Beamte, schätzbare Bürokräfte, ehrliche Kaufleute, tüchtige Gelehrte und Techniker«[20] an breiter Front den Ton angaben. Darum hielt er, um die Dominanz der Buchhalter zu brechen, nach berufenen Politikern Ausschau, die das Zeug hatten, sich gegen mediokre »›Berufspolitiker‹ ohne Beruf«[21] durchzusetzen, und als Helden unter Händlern hervortraten.

Weber war damals nicht der Einzige, der den Mangel an solchen ›großen Männern‹ beklagte.[22] Ganz Ähnliches konnte man bei Thomas Mann lesen, als der 1918 seine rhapsodischen *Betrachtungen eines Unpolitischen* veröffentlichte und Deutschland dort zum »Land des großen Mannes« – sich selbst inbegriffen – stilisierte. Abschätzig blickte Mann in diesem Kontext auf jene herab, die hofften, dass die »demokratische Republik« das Ende der großen Männer besiegle, und es kaum erwarten konnten, überragende Künstler- oder Politikerköpfe »auf das gemeine Maß zurückzubringen«.[23] Ihnen hielt er mit Verweis auf Nietzsche entgegen, dass das »intelligente Nivellement« kein »Mittel gegen den ›großen Mann‹« biete, sondern »geradezu als Mutterboden des Cäsarismus« zu betrachten sei. »[N]ur unter einem Führer, der die Züge des Großen Mannes von deutschem

Schlage trägt«, so Manns Credo, »wird der ›Volksstaat‹ einen erträglichen Anblick bieten und etwas anderes sein, als die Humbug-Demokratie, die wir nicht ›meinen‹.«[24]

Aus Carl Schmitts Sicht wiederum war der letzte große Mann mit Napoléon von der Bühne abgetreten. Auf dessen Scheitern in der Schlacht bei Waterloo datierte er den Anbruch einer Moderne, die »aus ihren eigenen Voraussetzungen keine große Form und keine Repräsentation«[25] mehr hervorbringt und mit der die Ära der ›klassischen‹ Staatlichkeit – das 17. Jahrhundert – einer politischen Romantik Platz gemacht hat, die nur »Neutralisierungen und Entpolitisierungen«[26] mit sich bringt. Diesen Verfall suchte Schmitt vorerst auf dem Weg einer rigorosen Theoriearbeit aufzuhalten, in der er bis auf Weiteres von großen Männern absah und stattdessen mit der Erneuerung des politischen Vokabulars begann, um Verfassungsrechtler und Staatslehrer mit robusteren Begriffen für den »Kampf mit Weimar – Genf – Versailles«[27] auszurüsten.

Das erste Ergebnis seiner Mühen präsentierte er 1922 unter dem Titel einer *Politischen Theologie*. Darin reichten vier Kapitel hin, um die Souveränitätslehre so zu revidieren, dass sie aktuellen Erfordernissen genügte und den »konfusen Begriff« des Souveräns, der bislang im Gebrauch war, durch einen präzisen ersetzte. »Souverän« sollte fortan derjenige heißen, der »über den Ausnahmezustand entscheidet«.[28] Genauso resolut wurde zehn Jahre später der Begriff des Politischen ausgewechselt, weil der alte, wie Schmitt fand, nicht mehr taugte. Es erschien ihm obsolet, an den Vorgaben der neuzeitlichen Staatstheorie festzuhalten und »die Begriffe *Staatlich* und *Politisch*« weiterhin »zu identifizieren«. Mit der Neufassung des Terms wollte er das »Klassische« des Politischen – die »Möglichkeit eindeutiger, klarer Unterscheidungen«[29] – in die Epoche ›romantischer‹ Unverbindlichkeiten retten und verhindern, dass Soziologen auch in Zukunft das letzte Wort behielten, indem sie einen Diskurs der Moderne vorgaben, der notorisch mit der »Rhetorik« zweideutiger »Doppelfiguren wie ›Dialektik‹, ›Ambivalenz‹, ›Paradox‹«[30] operierte.

Das geschmeidige ›Sowohl-Als auch‹ war Schmitt dabei nicht minder zuwider als der Konsens, dass »alles sich glatt und ohne unnütze Reibung abwickeln müsse«, wie er in einem frühen Essay mit einem Seitenhieb auf Weber bemerkte. Für den gehobenen Komfort im »Zeitalter des Verkehrs, der Technik, der Organisation« hatte er so wenig Sinn wie für die Staatsräson moderner Sozialpolitik, die im Geist der Gouvernementalität auf Wohlfahrt, Prävention und »Sekurität« bedacht war.[31] Auf die Schlüsselrolle, die für diese Sekurität Versicherungen spielen, hat François Ewald in seiner einschlägigen Studie über den »Vorsorgestaat« aufmerksam gemacht und hervorgehoben, welche Innovation mit dem Aufbau eines Solidarsystems verbunden war, das Kollisionen unter Mitgliedern durch die Sozialisierung der Haftung entschärft. Versicherungen lösen Vorfälle aus der kausalen Verankerung des individuellen Verschuldens und bringen sie unter die Regel berechenbarer Risiken, die das normale Zusammenleben begleiten. Damit begründen sie einen Sozialvertrag, der keine archaischen Kriege aller gegen alle beilegt, sondern Zivilisten entschädigt, die sich im Alltagsverkehr sowohl angenehm als auch schmerzhaft begegnen können.[32]

Der »böse« Mensch, den Schmitt – anspielend auf Thomas Hobbes – als anthropologische Referenzgröße »alle[r] echten politischen Theorien«[33] ansieht, ist für die stochastische Bewertung solcher Fährnisse unerheblich. Von ihm bleibt die Banalität eines beliebigen Nachbarn, bei dem das schiere *Dass* seines Daseins an diesem Ort zu dieser Zeit darüber entscheidet, ob er sich von seiner patenten oder widrigen Seite zeigt. »Ein Nachbar kann zum Freund werden, kann Unterstützung anbieten oder einem in schwierigen Momenten unter die Arme greifen, er kann aber auch stören, Lärm oder andere unliebsame Begleiterscheinungen erzeugen. Keine Nachbarschaft ohne lästige Schäden«, schreibt Ewald. Weil Versicherungen diese »heikle und unklare Beziehung zwischen dem einen und dem anderen«[34] stets voraussetzen müssen, um in ihrem Wahrscheinlichkeitskalkül das Profil einer »sublim differenzierte[n] Nützlichkeit und Schädlichkeit« zu erstellen, können sie mit der »Unterscheidung von gut und böse«[35] so wenig anfangen wie mit der Unterscheidung von Freund und Feind.

Auf eine solche Unterscheidung kam es Schmitt aber an, wenn er den Begriff des Politischen allein für solche Konfrontationen reservierte, die als unversöhnliche Antagonismen den Rahmen des Versicherbaren sprengten. Als Term, der die Reinheit der Unterscheidung als Definiens absolut setzt, war sein neuer Begriff des Politischen gleichermaßen abstrakt und konkret. Er koppelte das Politische nicht länger an das Monopol des Staats, sondern – unbestimmter – an einen Superlativ, der die Überlegenheit des Politischen als Form rettet, indem er die politische Unterscheidung als schärfstmögliche Unterscheidung, d. h. als Inbegriff des Unterscheidens, als klarste und deutlichste Unterscheidung, über alle anderen Arten sozialer Differenzierung erhebt.

»Der politische Gegensatz ist der intensivste und äußerste Gegensatz«, heißt es bei Schmitt, »und jede konkrete Gegensätzlichkeit ist um so politischer, je mehr sie sich dem äußersten Punkte, der Freund-Feind-Gruppierung, nähert.«[36] Als Extrem der Gegnerschaft widersetzte sich die Unterscheidung von Freund und Feind der Einhegung durch vorbezeichnete Sachgründe. Sie ging weder im privaten Ressentiment auf noch in ökonomischer Konkurrenz oder moralischer Ablehnung, sondern radikalisierte sich im Purismus ihrer Inhaltsleere zum Synonym des Gegensatzes selbst.[37]

Auf einer Linie mit diesem »*polemischen*«[38] Begriff des Politischen lag denn auch Schmitts Plädoyer für eine »wirkliche Demokratie«, in der das Prinzip herrscht, dass »nicht nur Gleiches gleich, sondern, mit unvermeidlicher Konsequenz, das Nichtgleiche nicht gleich behandelt wird«.[39] Über Webers Ansatz ging dieses Konzept der »*unmittelbaren* Demokratie« insofern hinaus, als es nicht nur das liberale »*government by discussion*« verwarf, sondern auch geheime Wahlen für unnütz erachtete. Durch »abstrakte, logischarithmetische Spielereien« hole man damit lediglich ein diffuses, dem Dissens Vorrang gebendes Meinungsbild ein, wo es der »*Substanz der Gleichheit*«[40] doch gemäßer sei, wenn man das Volk – ganz nach dem Vorbild der Showspektakel – in großer Menge in Arenen versammelte, damit es seinen gemeinen Willen unisono kundtun könne: »durch Zuruf, *acclamatio*« oder schlicht »durch selbstverständliches, unwidersprochenes Dasein«.[41] Weil eine »restlose, absolute Identität des jeweils anwesenden Volkes mit sich selbst als politischer Einheit« allerdings »an keinem Ort in keinem Augenblick vorhanden«[42] sei, wie Schmitt einräumt, gelangte er letztlich zum selben Schluss wie vor ihm Max Weber und Thomas Mann. Ohne »Führer«[43] konnten moderne Demokratien nicht existieren. Ein solcher Führer musste für Schmitt gleichwohl kein Charismatiker sein, wenn er sich nur mit der nötigen Ausdauer und Resolutheit an die Aufgabe machte, die »*Substanz der Gleichheit*« sowohl darzustellen als auch herzustellen, sie in seiner Person leibhaftig zu verkörpern und im Volk doch allererst hervorzubringen, indem er die Beseitigung der Ungleichheit durch die »Ausscheidung oder Vernichtung des Heterogenen«[44] zur Chefsache erklärte. Der Dauerkrieg gegen innere ›Volksfeinde‹ rückte damit an die Spitze der politischen Tagesordnung, und der Ausnahmezustand okkupierte die Normalität.

Der Führer, den Schmitt kurz darauf als Gewährsmann der Einheit von Staat, Bewegung und Volk begrüßte, ja sogar gegen Vorwürfe des Rechtsbruchs verteidigte,[45] sollte – wie man weiß – nicht lange warten, um diesen Ausnahmezustand per Ermächtigungsgesetz zu verhängen und um der Einheit des Volks willen die Reinheit des Arierbluts zu beschwören. Mit dem Rückhalt einer präzise arbeitenden Bürokratie und Schreibtischtätern, die Mordbefehle gegen Juden willig ausfertigten, konnte von 1933 an der Rassenwahn regieren, auf ›Endlösungen‹ dringen und einen ganzen Staat darauf ausrichten, die Ausscheidung und Vernichtung des Heterogenen mit genozidaler Konsequenz zu betreiben.

6. Gesellschaftstheater im Pariser Exil – Kracauer und Offenbach

Kracauer zog im Frühjahr 1930 nach Berlin. Im Hauptstadtbüro der *Frankfurter Zeitung* sollte er das Amt des Feuilletonchefs übernehmen. Der Posten reizte ihn, weil er das Ressort – im Sinne seines Frankfurter Redaktionsleiters Benno Reifenberg – als »fortlaufende[n] Kommentar zur Politik«[1] weiter profilieren wollte und hoffte, sich als Journalist vor Ort direkter einmischen zu können.[2] Damals steckte die *Frankfurter Zeitung* in schweren Finanznöten. Einen Bankrott hatte man gerade noch abwenden können, dafür große Anteile des Blatts an eine mit der I.G. Farben eng verbundene Finanzgesellschaft verkauft.[3] Kracauers Ankunft in Berlin fiel politisch zusammen mit der Verschärfung der Weltwirtschaftskrise, dem Platzen der letzten funktionstüchtigen Koalition und wachsenden Unruhen auf der Straße.

Der Niedergang der Weimarer Republik bestimmte die Themen seiner Feuilletons der folgenden drei Jahre. Er registrierte die zerstörten Schaufenster nach einer Nazi-Randale gegen jüdische Kaufhauseigentümer, ging Schreien obskurer Herkunft auf den Straßen West-Berlins nach, beleuchtete die soziale Misere von Arbeitslosen und verfolgte entlang von verstreuten Symptomen – dem steigenden Wohnungsleerstand, dem Ansturm nervöser Bankkunden auf ihre Konten oder der Einnistung von kleinen Glücksspekulanten in verwaisten Läden – die rapide fortschreitende Prekarisierung der Mittelschichten. Aufmerksam begleitete er auch das Aufkommen neuer Leitmedien wie dem Rundfunk und von Zeitschriften wie der *Tat*, in der sich neben Kapitalismuskritikern die Parteigänger von Volk und Führer sammelten.[4] Der Leitung des Zeitungsverlags wurde er mit seinen Positionen zunehmend unbequem. Mehrfach kürzte man 1931 sein Gehalt, lehnte Beiträge ab und entzog ihm sein Büro, als die Berlin-Redaktion aus Kostengründen ihre Räume verkleinern musste.[5] Sein letzter Artikel aus Berlin galt im Februar 1933 dem Reichstagsgebäude, das nach einem Anschlag in der Vornacht völlig ausgebrannt war.[6] Noch am selben Tag brach er, gewarnt durch seinen Verleger, nach Paris auf. Künftig sollte er, so die Verabredung, von dort aus für die Zeitung berichten.

In Paris hat Kracauer sich schon in den Vorjahren immer wieder aufgehalten und bei diesen Besuchen regelmäßig Städtebilder verfasst, die Paris und Berlin als Antipoden darstellen. »Je mehr der Deutsche aus Berlin stammt, desto stärker empfindet er die *Kleinheit* in Paris«,[7] schrieb er etwa 1927 in seinen *Pariser Beobachtungen*. Die Faszination, die der Stadtraum der Metropole auf ihn ausübte, rührte vom urwüchsigen Gewirr enger Gassen in den Vierteln abseits des Zentrums her, aber mehr noch von der Belebung dieses Raums durch seine Bewohner und den dort beobachteten Formen einer selbstbestimmten Sozietät, die sich durch Kriege und ökonomische Krisen hindurch bewahrt hatte – anders als in Deutschland, wo Kracauer eine vergleichbar autonome Sphäre der »Gesellschaft«[8] vermisste. Am meisten hatte es ihm das »Straßenvolk in Paris« angetan, das sich, unbeeindruckt vom urbanistischen Planungseifer seiner Monarchen und Präfekten, improvisatorisch fortbewegte: über das Ausnutzen freier Spielräume und Residuen für die »Vegetation der kleinen Leute«, mit denen deutsche Romantiker »wenig Staat« zu machen wüssten, wie Kracauer ironisch bemerkt. »Dieses Volk hat sich die Stadtlandschaft geschaffen, in der es dauern kann, ein unauflösliches Zellengewebe, das durch die Architekturperspektiven der Könige und des aufgeklärten Großbürgertums kaum verletzt worden ist«, heißt es über das »Volk auf Abbruch«.

> Die Kleinheit der Zellen entspricht der Kleinheit menschlicher Proportionen und Bedürfnisse. [...] Diese kleinen Leute nämlich, die

nicht anders auch in den Städten des Mittelmeers gedeihen, bauen sich nicht in die Höhe, sie bauen sich fortwährend ab. Ihre Entfaltung ist schon allein durch die Notdurft behindert, ihre Formen brechen plötzlich ab, ohne eine Oberfläche zu bilden, ihre Dinge stehen bunt nebeneinander. [...] So als ob das Volk sich aus eigenen Stücken jeder Verfestigung entzöge, als ob ein unbekannter Zwang es davon abhielte, sich zu einem lesbaren Muster zusammenzusetzen. Die bürgerliche Gesellschaft trachtet nach Sicherungen über den Augenblick hinaus und bewegt sich in einem System von Bahnen, die so grade sind wie die Avenuen. (Freilich hat das System keinen Bestand.) Das Bild, in dem sich die kleinen Leute darstellen, ist ein improvisiertes Mosaik. Es läßt viele Hohlräume frei.[9]

Die Studie über Jacques Offenbach und das Second Empire, die im französischen Exil entstand – und zwar anfangs aus akuter Geldnot heraus, denn die *Frankfurter Zeitung* ließ Kracauer bald im Stich; als Journalist konnte er sich seitdem nur selten betätigen –, behielt diese Perspektive bei, richtete den Fokus nun jedoch aufs 19. Jahrhundert, um die Ungleichzeitigkeit von Paris und Berlin, auf die es Kracauer schon in seinen Städtebildern ankam, im Abstand zwischen Damals und Heute zu ermessen. Die Rückkehr zu den Arenen des organisierten Vergnügens vollzog sich unter dem Eindruck, dass in Deutschland dieselben Massen, die sich im »Haus Vaterland« noch vor der Kulisse Spaniens und Arizonas amüsierten, jetzt ihr Heil bei Hitler suchten und auf Blut und Heimatboden schworen. Nach der Gleichschaltung der deutschen Öffentlichkeit wandte Kracauer sich emphatisch einer Gesellschaft zu, die im Frankreich des Zweiten Kaiserreichs schon einmal einen Diktator ermächtigte, aber damit – wie er zeigen wollte – keineswegs alle Freiheitsträume preisgab, sondern an provisorischen Hohlräumen festhielt. Sein Paris-Buch hat Kracauer als »*Gesellschaftsbiographie*«[10] angelegt. Die Linie der *Angestellten* fortsetzend, sollte das Buch als Beitrag zu einer »soziologische[n] Literatur«[11] gelesen werden, die das Erzählen als Funktion der Analyse einsetzt.

Die Wahl des biographischen Genres verstand sich für ihn dabei alles andere als von selbst. In früheren Artikeln hatte er sich ausgesprochen kritisch über die Beliebtheit literarischer Biographien geäußert, die er nach dem Ersten Weltkrieg beobachtete, als Emil Ludwig und Stefan Zweig mit ihren Viten berühmter Männer Millionenauflagen erzielten. Kracauer zufolge waren Bücher dieses Typs vor allem bei bürgerlichen Lesern gefragt, die sich vor der »erweichten unfaßlichen Welt« aufs »Festland« der Geschichte retten wollten, und für Autoren dankbar, die sich das Erzählschema lieber von der Historie »fertig ins Haus« liefern ließen, statt anzuerkennen, dass die »Nichtigkeit« des Einzelnen inzwischen manifest und die »Geschlossenheit der alten Romanform« durch das Chaos der Gegenwart längst widerlegt war. Indem die Biographien das »Museum der großen Individuen« füllten – und zwar, wie Kracauer auffiel, neuerdings mit »Staatspersonen«, nicht mehr nur mit Künstlergenies und Dichtergrößen, die vorher hoch im Kurs standen –, besiegelten sie nach seinem Urteil das »Ende des Individualismus«[12] erst recht mit. Der ›große Mann‹ erschien aus dieser Perspektive als Wiedergänger aus der Vergangenheit und nicht, wie Schmitt und Weber meinten, als Figur mit Zukunft.

Die Gesellschaftsbiographie bekräftigt diese Diagnose 1937 nachdrücklich, indem sie statt der »Privatbiographie Jacques Offenbachs« eine »Lebensbeschreibung von Paris« bietet. Der Musiker kommt darin primär als »eine der charakteristischsten Erscheinungen der Epoche« in Betracht, als Komponist von Operetten, die für Kracauer deshalb der »repräsentativste Ausdruck der kaiserlichen Ära« sind, weil sie nicht nur die Epoche spiegeln, sondern auch die Widerstände *gegen* das herrschende Regime mobilisieren.

Dem widerspricht nur auf den ersten Blick, dass Offenbachs Lebenslauf den roten Faden der Darstellung bildet. Tatsächlich liest sich der Werdegang des Komponisten, der in Köln als Sohn einer jüdischen Musikerfamilie zur Welt kommt, früh Talent zeigt, 1833 auf Geheiß des Vaters von Köln nach Paris geht, sein Cello-Studium zugunsten eines Orchesterpostens hinwirft, das Komponieren lernt und 20 Jahre später mit Operetten Erfolg hat, weniger wie das Exempel eines gelungenen Bildungsromans als wie eine Komödie, deren Dramaturgie den Operetten ähnelt, die Offenbach später schreibt. Selten gehen Lebenspläne auf. Dafür ist umso häufiger von Glücksfällen und unverhofft sich auftuenden Chancen die Rede, die Kracauer anekdotisch ausbreitet, indem er eine Reihe von Szenen und Episoden schildert, bei denen der Zufall Regie führt, ohne dass die Serie sich zum Narrativ einer Karriere schließt, in der Stufen folgerichtig erklommen werden.[13]

»Er wußte zwar«, heißt es über Offenbach, »daß er sich lediglich auf seine Zähigkeit und nicht etwa aufs Glück verlassen dürfte, gleichzeitig war ihm bekannt, daß es dem Glück immer wieder Spaß bereitete, ihn unversehens zu überfallen. Solche Überfälle pflegten die Situationen mit einem Schlag in die heitersten Bouffonerien zu verwandeln.« Der Musiker hat eben entdeckt – das ist eine der Anekdoten –, dass seine »gesamte Barschaft nur noch 5 Centimes«[14] beträgt. Prompt trifft er unterwegs auf einen säumigen Schuldner, der ihm 20 Francs zurückgibt und sein Abendessen rettet. Genauso glücklich fügt es sich, dass die Gesellschaft, die in der Julimonarchie entsteht, für Glücksritter empfänglich ist. Die Auflösung traditioneller Bindungen beflügelt Spekulanten, Spieler und Freigeister und schafft ein empfängliches Klima für Witz und Ironie, von dem seinerzeit nicht nur das Theater profitiert, sondern auch die Presse, die in dieser Zeit ihren Aufschwung nimmt – zum Vorteil Offenbachs, der sich ohne sie bei seinem Aufstieg schwerer getan hätte.

Wenn Kracauer über Offenbach anmerkt, dass manche seiner Stücke »wie Proben musikalischer Journalistik«[15] wirken, schlägt er von sich aus eine Brücke zwischen Operette und Feuilleton und nutzt die Gelegenheit, sich als Chronist des eigenen journalistischen Metiers zu betätigen, indem er einen Exkurs über den Zeitungsmarkt einschaltet, der in den 1820er Jahren beträchtlich expandierte. Damals waren gleich in Serie neue Blätter gegründet worden, die den Bedarf an Neuigkeiten rapide steigen ließen. Zugute kam das auch dem Feuilleton, das sein Spektrum im Zuge dieser Entwicklung beträchtlich ausweitete.

Anfangs bestand die Sparte ›unter dem Strich‹, deren Einrichtung Julien-Louis Geoffroy 1800 im *Journal des Débats* betrieben hatte, aus Kurzanzeigen der Pariser Theaterbühnen, die mit witzigen Kleinformen durchmischt waren: mit Charaden, Couplets, Anekdoten, Rätseln oder Epigrammen.[16] Bald kamen Theaterkritiken hinzu. In den 1820er Jahren entstanden eigene Blätter für Literatur und Mode, dann Karikaturzeitschriften wie die *Silhouette*, die *Caricature* oder der *Charivari*, die vom Pariser Stadtgespräch lebten und allgemein als ›kleine Presse‹ – *petite presse* – gehandelt wurden. Émile de Girardin veränderte das Feuilleton mit der Gründung seiner Tageszeitung *La Presse* weiter, indem er den Preis fürs Abonnement halbierte und dafür mehr Annoncen annahm, was 1836 ein Novum war. Vor allem trieb er die Blattauflage hoch, indem er Romanciers zu seinen Geschäftspartnern machte und mit diesem Kniff andere Leser gewann als die *grande presse*, die sich traditionell an politisch informierte Kreise richtete.[17]

»Unterhaltende Artikel, Erzählungen und Plaudereien wurden zu begehrten Waren, und es dauerte nicht lang, so tauchte der Feuilletonroman auf«, bilanziert Kracauer den neuen Trend. »Durch die materiellen und ideellen Vorteile angelockt, ließen sich sämtliche Schriftsteller und Dichter in den Dienst der Zeitungen einspannen. Balzac, Dumas, Victor Hugo, Scribe, George Sand belieferten die *Presse* oder den *Siècle*, die es dank solchen Mitarbeitern zu Riesenauflagen brachten.«[18]

Daneben wurde aber auch das alte Bündnis von Theaterkritik und Werbeanzeige gestärkt, das seit Geoffroy Bestand hatte. Als Offenbachs Bouffes-Parisiens am 5. Juli 1855, wenige Wochen nach der Eröffnung der Pariser Weltausstellung, ihren Betrieb aufnahmen – zunächst in einem winzigen Holzbau am Rand des Ausstellungsgeländes, dann in einem dauerhafteren Quartier nahe der Italienischen Oper[19] –, machte der *Figaro* kräftig Reklame. Dessen Herausgeber wiederum erhielt für die Dienste seines

Blatts, das er selbst erst im Vorjahr als reine Feuilletonzeitung neu gegründet hatte, »einen gewissen prozentualen Anteil am Reingewinn«[20] des Theaters und blieb auch in den Folgejahren »Sprachrohr der Bouffes-Parisiens«.[21]

Abb. 6: Titelkopf des *Figaro* vom 8. Juli 1855

Quer zu diesen wirtschaftlichen Interessenkoalitionen stehen für Kracauer die unterschiedlichen politischen Akzente, die Feuilleton und Operette setzen. In seiner Gesellschaftsbiographie bietet das Zweite Kaiserreich in dieser Hinsicht ein inverses Bild zur Weimarer Republik. In der *Frankfurter Zeitung* hat Kracauer ja selbst auf eine Politisierung des Feuilletons gedrungen, während das Pariser Feuilleton unter der strengen Zensuraufsicht im Second Empire auf Unterhaltungsblätter abonniert blieb, die, wie der *Figaro*, als »Journal non politique« auftraten. Dafür heben sich nach Kracauer die Operetten Offenbachs von ihren Nachfolgerinnen im Kino der 1920er Jahre dadurch ab, dass sie keine devote Fürstenverehrung betreiben, sondern politische Sprengkraft entwickeln. Ihr Spieleinsatz ist der Nonsens, die exzessiv genutzte Narrenfreiheit, »alle möglichen Gebilde, die grundlos Furcht oder Ehrfurcht einflößten, als ›von Wind und Klang aufgeblähte Phantome‹ zu enthüllen«,[22] um stattdessen mindere Figuren wie den Schreiber Fortunio über sich hinauswachsen zu lassen. In der Ära Napoléons III. macht das sie für Kracauer zur »entscheidende[n] Form des revolutionären Protestes«.[23] »Wenn Offenbach das Kleine bevorzugte«, schreibt er,

> dachte er nicht einmal so sehr an die kleine Form, zu der ihn die Verhältnisse zwangen, als an jene Kleinheit, die das Gegenteil aufgedunsener Großartigkeit ist. Es widerstrebte ihm, seine melodischen Figuren in Krinolinen zu stecken, und oft behalf er sich mit ein paar Takten, um eine ganze Ensembleszene zu gestalten. Dem Schein der großen Oper hielt er die Unscheinbarkeit dessen entgegen, der seine Sache auf nichts gestellt hat. Er war der kleine David, der den Riesen Goliath mit einer Schleuder bekämpfte.[24]

Die ›Kleinheit‹, mit der Offenbachs Operetten hier assoziiert werden, hängt folglich nur zum Teil an äußeren Merkmalen wie der Kürze der Einakter, dem begrenzten Personal oder der sparsamen Orchesterbesetzung, die für die ersten Stücke typisch waren. Anfangs durfte Offenbach die Bouffes-Parisiens tatsächlich nur unter hohen Auflagen betreiben. Das für den Bühnenbetrieb erforderliche Theaterprivileg schränkte sein Repertoire auf Darbietungen varietéhaften Charakters ein, zu denen »pantomimische Harlekinaden mit fünf Personen« zählten, auch »Komische Szenen mit Musikbegleitung für zwei oder drei Personen«, »Tänze mit höchstens fünf Tänzern« und diverse Kleinkünste: Zauberkunststücke, Schattenbilder, Jongleurakte, Marionettenspiele und akrobatische Vorführungen.[25] Auf das »Duodezformat«[26] der Einakter, die teils deskriptive Untertitel, teils Phantasienamen trugen – »bretonische Legende«, »musikalische Chinoiserie«, »musikalische Anthropophagie«[27] –, war er aber dank guter Kontakte in die höchsten Regierungskreise schon bald nicht mehr angewiesen und durfte das Spektrum seiner Stücke ausdehnen.

So nahm auch die Variationsbreite ihrer Bezeichnungen zu.

Den Genrenamen »Operette«, der im 17. Jahrhundert für prologartige Gelegenheitsstücke und kleine Festspiele verwendet wurde, dann im 18. Jahrhundert mit kleinen Opern und zuletzt mit Singspielen verknüpft war,[28] gebrauchte Offenbach erstmals 1856, angeregt womöglich durch ein ähnlich geartetes Stück Florimond Ronger Hervés, das sich so nannte. Die später entstandenen Mehrakter *Orphée aux Enfers* und *La Belle Hélène*, die zum Inbegriff der »Offenbachiade«[29] geworden sind, waren als »Opéras bouffes« deklariert. Die »knappe, eindringliche, auf breiteste populäre Wirksamkeit berechnete Schreibart«[30] der früheren Bouffonerien behielt er darin bei.

In seiner Rezension von Kracauers Paris-Buch hat Adorno diese Schreibart mit der »Skizze« in Verbindung gebracht, die »höchste Promptheit und Bereitschaft zur Reaktion auf den Augenblick« verlangt. Das war maliziös gemeint. Offenbachs Kompositionen sollten als »leichte Musik«[31] abgetan werden, die flüchtig fabriziert war. Anderes hatte Offenbach im Sinn, als er sein Genre 1856, anlässlich eines von ihm ausgeschriebenen Preises für die beste Operettenkomposition, näher beschrieb und selbst von »musikalischen Skizzen« sprach. Die alte *opéra comique*, erklärte er in seinem Aufsatz, habe sich auf den Pariser Jahrmarktstheatern im 18. Jahrhundert nicht nur durch ihre derbe Komik, sondern auch durch ihre »einfache Musik« – »petite musique« – ausgezeichnet. Dieses »primitive und heitere Genre« gelte es wiederzubeleben und gegenüber der »hochtrabenden Musik« – »grande musique« – zu rehabilitieren, auf die sich die neueren Komponisten der *opéra comique* verlegt hätten.[32] Offenbach führte sein Musiktheater also auf alte, von den Wanderbühnen herkommende Spielformen zurück und lieferte mit dem Skizzenbegriff zugleich eine neue, aus der *petite musique* sich ableitende Rechtfertigung für den Diminutiv im Genrenamen »Operette«, den er ebenfalls im Fundus vorfand, wo er bislang jedoch für Stücke anderen Typs reserviert war.

Wie Kracauer betont, sind solche Klitterungen von Elementen heterogener Herkunft bei Offenbach überhaupt gang und gäbe und kennzeichnen auch seine Musik, in der alles Mögliche assimiliert wird. Versatzstücke aus dem Repertoire der *grand' opéra* mischen sich hier mit volksliedhaften Weisen und ordinären Gassenhauern, so dass Unterschiede zwischen Hohem und Niederem, Heiligem und Profanem schwinden. Daraus entsteht eine ›Volksmusik‹, die Melodiezitate und Rhythmen von überallher zum Gemeingut macht, ohne dass in diesem vielstimmigen »Esperanto«[33] – besser hätte Kracauer von einer Kreolsprache gesprochen – ein autochthones Idiom, eine nationale Tradition oder ein nobler Stand dominiert.

Das soziale Ferment dieser Volksmusik findet Kracauer in der »Operetten-Urwelt«[34] des Boulevards. Als Ort des bloßen Transits, in dem man weilt, aber nicht wohnt und Passanten aus aller Welt antrifft, die sich vorübergehend hier aufhalten, hat der Boulevard für ihn »exterritorialen Charakter«.[35] Mit ihm erhält das Straßenvolk, das Kracauer früher an der Peripherie der Stadt aufsuchte, sein modernstes Soziotop: einen Kunstraum im Zentrum der Metropole, der als Ort der mangellosen Fülle ähnlich phantasmagorisch wirkt wie die Passagen, die Walter Benjamin zur selben Zeit studiert,[36] und der eine bunte Lebewelt aus Sängerinnen, Journalisten, Kurtisanen und Beaux aus der *jeunesse dorée* ambulant beherbergt. In den Worten Kracauers ist der Boulevard

> ein dem Zugriff der gesellschaftlichen Realität entrückter Ort. Ein neutraler Treffpunkt. Ein unwirkliches Gelände. Zur Steigerung seiner Unwirklichkeit trug auch der Umstand bei, daß sich mit den inneren Emigranten, die ihn bevölkerten – den Dandys, den Lebeleuten und in gewissem Sinne den Journalisten –, eine Anzahl echter Emigranten vermischte. Polnische, spanische, italienische Aristokraten siedelten sich auf dem Boulevard an. […] Allen diesen Heimatlosen wurde das Reservatgebiet des Boulevards zur Heimat.[37]

Offenbachs Operetten affirmieren die Oberflächen dieser illusionären Scheinwelt, aber sie stellen sie auch hyperbolisch aus, führen Prunk und Pomp als Karneval ad absurdum und entfachen ein Gelächter, mit dem sie das »Publikum zur Opposition«

reizen, »indem sie es scheinbar nur amüsier[en]«.[38] Ihre Komik verfängt im Second Empire deshalb, weil die Stücke – folgt man Kracauers Deutung – zugleich eine Epoche karikieren, in der die Parvenüs nicht nur den Boulevard beherrschen, sondern auch den Staat lenken. »Die Operette konnte entstehen, weil die Gesellschaft, in der sie entstand, operettenhaft war. [...] Das Modell sämtlicher Operettenhöfe war der in den Tuilerien.«[39]

Auf die »Aktualität«, die der »Phantasmagorie des Zweiten Kaiserreichs« angesichts »des Geschehens unserer Tage«[40] zukommt, hat Kracauer bereits im Vorwort seines Paris-Buchs hingewiesen. Offenbachs Operette feiert ihre Erfolge in der Ära eines Kaisers, der seine Machtposition durch einen Staatsstreich gefestigt hatte und 1851 als »erster der modernen Diktatoren«[41] ein autokratisches Regime errichtete, indem er sich per Plebiszit für seine Rechtsverletzungen die Billigung der Wähler sicherte. Auf dieselbe Weise holte er sich im Jahr darauf die Lizenz zur Abschaffung der Republik, entledigte sich der Opposition sowie der freien Presse und machte sich als Napoléon III. umgehend an den weitreichenden Umbau des Staats, immer darauf bedacht, »Freude und Glanz« zu verbreiten und hohe Betriebsamkeit zu entfalten, um »dem Denken und Handeln des Volks eine neue, einheitliche Richtung zu schenken«.[42]

Trotz der ausgestellten Parallelen zum Hitlerregime bleibt dieser Kaiser im Paris-Buch jedoch Randfigur. Im Vordergrund steht stattdessen die Gesellschaft des Second Empire, wobei Kracauer – wie schon in seinen Städtebildern – jene urbanen Mikrokosmen ausleuchtet, in denen diese Gesellschaft kulturelle Eigenressourcen aufbaut und sich damit gegen die Folgen politischer und ökonomischer Umbrüche wappnet. An den Reaktionen dieser Gesellschaft auf diese Zeitläufe will er die Widerstandspotenziale einer Öffentlichkeit studieren, der er Modellcharakter über Frankreich hinaus beimisst, weil sie für »die Geburt der Weltwirtschaft und der bürgerlichen Republik«[43] einsteht. Das erklärt zugleich, warum er schon die äußeren Periodisierungen seines Buchs an Eckdaten ausrichtet, die anderen Ereignissen

Vorrang geben als den Zäsuren, die durch die Herrschaft Napoléons III. gesetzt sind: den Weltausstellungen von 1855 und 1867 etwa, die Scheitelpunkte in Offenbachs individuellem Pariser Exilleben darstellen, und vor allem den Revolutionen, die das Pariser Straßenvolk auslöste, indem es 1830, 1848 und 1871 auf die Barrikaden ging.

Am Anfang der Gesellschaftsbiographie steht eine längere Beschreibung von Eugène Delacroix' Gemälde *Die Freiheit führt das Volk*, der Bildikone der Julirevolution. Kracauer führt das allegorische Gemälde über eine komplexe Montage ein, die nicht allein das Bild erfasst, sondern zwei weitere Blicke mitreflektiert: den Blick, den die Besucher des Pariser Salons von 1831 auf das Bild warfen, und die Vision, in der dasselbe Bild 1869 – nun vor dem inneren Auge eines Betrachters, dem späteren Offenbach-Librettisten Ludovic Halévy – noch einmal erscheinen wird. »Jüngste Vergangenheit ward in ihm Gestalt«, beginnt die Schilderung des Bilds.

> Man sah: eine junge, halb entblößte Frau mit festen Brüsten und einer roten phrygischen Mütze auf dem Kopf stürmt einer Schar von Kämpfern voran, die sie gebieterisch mit sich reißt. Sie hält in der Hand die Flinte und in der erhobenen andern die Trikolore, die dreifarbige Fahne der Republik, die im Pulverrauch flattert, der den Himmel bedeckt. Nur an einer Stelle verzieht sich der Rauch, und eine kleine Lichtung entsteht, in der sich die Türme von Notre-Dame zeigen, über denen die Julisonne brütet. Rechts neben der Frau ein mit zwei Pistolen bewaffneter Junge, echtestes Pariser Vorstadtgewächs; zu ihrer Linken die Zylinderhüte der Studenten und Arbeiter in Mützen und Blusen. Ist diese neue Jeanne d'Arc ein irdisches Wesen oder eine Erscheinung? Ein sterbender Arbeiter kriecht mit der letzten Kraftanstrengung an sie heran und starrt so verzückt zu ihr auf, als werde ihm, mitten im Lärm der Straßenschlacht und einen Augenblick vor dem Tod, das Wunder des Anblicks der Freiheit selber zuteil. Aber sie, die Freiheit, achtet seiner nicht, – unablenkbar schreitet sie über das aufgerissene Pflaster und die vielen Leichen am Boden hinweg.
> Vielleicht ahnte die Menge, die das Bild belagerte, daß es ihr nicht nur das Geschehen der drei glorreichen Julitage vergegenwärtigte, sondern auch ein Stück der Zukunft entschleierte. In der Tat: immer wieder im

> Lauf der nächsten Jahrzehnte wird das französische Volk, dem Ruf der Freiheit folgend, seinen Traum von der Republik wahrmachen wollen und dabei die hier gemalte Szene in die Wirklichkeit umsetzen. Und das Bild aus dem Jahre 1831 wird über diesen Ereignissen, die es gleichsam aus sich entläßt, keineswegs zum Historienbild verblassen. Knapp vierzig Jahre nach seinem Entstehen vielmehr wird es, eine Vision, vor dem inneren Auge eines gefeierten Pariser Theaterdichters auftauchen, dessen Werke dem Theaterpublikum der ganzen Welt als der Inbegriff der Frivolität gelten; wie um ihm, gerade ihm, anzukündigen, daß nun der Spaß zu Ende sei und sich in den Pariser Straßen bald von neuem die Barrikaden und Leichen häufen würden.[44]

Aufschlussreich an dieser Überblendung von gemalten, gesehenen und vorgestellten Bildern ist nicht nur der so erzeugte Zeitraffer, sondern auch die Phase, die zwischen den Revolutionen ausgespart bleibt. Das Zweite Kaiserreich kommt in dieser Abbreviatur der Stadtgeschichte nicht vor. Es fällt in ein Interim, in dem der »Traum von der Republik« durch die Phantasmagorie eines restaurativen Regimes verdrängt und klein gehalten wird, aber nicht vollends verschwindet, sondern in der Transitzone eines Boulevards überlebt: durch ein egalitäres ›Volkstheater‹, das als »Platzhalter«[45] der Republik fungiert und den allgemeinen Zuspruch zum imperialen Staat nach außen hin verbürgt, aber hinterrücks auch untergräbt.

Gegen diese utopische Überhöhung der Offenbachiade hat vor allem Adorno harsche Kritik vorgebracht und moniert, dass die Auseinandersetzung mit der Operette im Buch in erster Linie über die Diskussion der Libretti, nicht über die »technische[] Analyse« der »musikalischen Gestalt«[46] geführt wird. Ebenso störte ihn, dass die »Oberflächlichkeit« Offenbachs »zur guten Auswendigkeit eines Materialisten« verklärt werde, »der dialektischer ist, als er sich gibt«,[47] während die kommerziellen Kalküle seiner musikalischen Massenware zu kurz kämen.

Andererseits hat Adorno selbst in seinen *Arabesken zur Operette*, die schon 1932 erschienen, Beobachtungen zum Operettengenre gemacht, die mit Kracauers Thesen konvergieren. Auf den Operettenbühnen der Gegenwart, so bemerkte Adorno damals mit Blick auf neue Stücke Leo Falls und Theo Mackebens, ergehe es den Heroen der Geschichte kaum besser als zu Offenbachs Zeiten. Sie erschienen nur mehr als Gestalten mit den Sorgen und Schwächen von jedermann, die allenfalls durch ihre Gewöhnlichkeit rührend wirkten. Das erspare ihnen zwar den Spott, den sich bei Offenbach die Götter Griechenlands gefallen lassen mussten, stelle ihre stolze Größe aber nicht mehr her. Von den Königen und ihren Mätressen blieben »Kleiderständer für Revuekostüme« übrig, an denen »der Name der historischen Figur« wie »ein winziger Zettel« klebte, so dass die »Stoffpuppen« keine Ehrfurcht mehr erweckten, sondern lediglich den »Choc« auslösten, »daß sie so klein geworden sind, daß wir sie nach Hause tragen können«. Adornos Fazit lautete: »Die Operette ist der Raum der Verkleinerung schlechthin, und was sie rettet, läßt sie zugleich verschwinden.«[48]

Kracauer erkundet diesen Raum der Verkleinerung in seinem Paris-Buch mit dem Interesse an dessen sozialen Möglichkeitsbedingungen. Mit dem NS-Staat vor Augen stellt er die politische Relevanz dieses Raums heraus und zeichnet am Beispiel der französischen Hauptstadt nach, wie selbst rigideste Zwänge die Entstehung entsprechender Enklaven befördern, weil sich über die kulturelle Bewirtschaftung der multiplen Verkehrsräume einer Metropole Solidarbeziehungen zu einer Massenöffentlichkeit knüpfen lassen, deren Loyalitäten volatil sind, folglich stets von neuem gewonnen werden müssen, damit aber Gradmesser für das sind, was die Allgemeinheit bewegt, auch für ihr Bedürfnis nach Bewegungsfreiheiten.

Kracauers Studie konzentriert sich dabei auf die Spielfelder der ›kleinen‹ Presse und, vor allem, des ›kleinen‹ Operettentheaters, die in der Mitte des 19. Jahrhunderts ein breites Publikum anziehen, das Einheimische, Migranten und Touristen umgreift, auf lokalen Schauplätzen die Verfügbarkeit globaler Güter schätzt und für Abwechslung und Varietät empfänglicher ist als für ein kategorisches Beharren auf Bewährtem. In der Stadtbiographie *Jacques Offenbach und das Paris seiner*

Zeit gewinnt er ihm das Wunschbild einer Gesellschaft ab, die sich der Homogenisierung zur Gemeinschaft widersetzt, und bekräftigt damit – wie zuvor schon in den *Angestellten* – seine Abwehr eines Kollektivismus, der »jede Abweichung von ihm, jede menschliche Kundgabe, die nicht in die Gemeinsamkeit als solche mündet, mit dem Bann belegt«.[49] Der populäre Pakt, den Komponisten wie Offenbach der Allgemeinheit antragen, indem sie eine Egalität zelebrieren, die Diversität nicht ausschließt, kommt bei Kracauer vor allem als Pfand für eine Zukunft in Betracht, in der die nächste Revolution Versprechen einlöst, die von vorigen Hoffnungsträgern gebrochen wurden.

Aus dem Blickwinkel der revolutionären Vorgeschichte Frankreichs betrachtet, setzt Offenbachs Operette mit ihrer konsequenten Verkleinerung dessen, »was gemeinhin für groß erachtet wird«,[50] aber bereits ein Desillusionierungswerk fort, das die ersten Revolutionäre 1789 begonnen hatten, als sie den amtierenden Monarchen Louis XVI. zum Bürger degradierten und dann öffentlich enthaupteten, nachdem sie sich schon vorher schwergetan hatten, seinen Platz im neuen Gemeinwesen zu definieren. Der Staat, den sie begründeten, sollte das Ancien Régime nicht nur politisch überwinden, sondern mit ihm auch eine Theaterkultur zunichtemachen, in der allein der König die öffentlichen Bühnen beherrschte. Der »Abbau einer Scheingröße durch ihre Auflösung ins Banale«,[51] den Kracauer in den Operetten Offenbachs wahrnahm, stand also schon im späten 18. Jahrhundert in Frankreich zur Diskussion. Strittig war für die ersten Revolutionäre dabei aber zunächst die grundsätzliche Frage, ob eine Republik überhaupt ein Theater brauchte. Und wenn ja, wie dieses Theater sich von den Erblasten einer Schaukultur befreien konnte, in denen die prächtigsten Inszenierungen stets vom Hof selbst geliefert wurden.

II. Tanzende Verhältnisse

1. Volksfeste der Republik

Zu den ersten Zielen gehörte in der Französischen Revolution die bildpolitische Entmachtung des Königs und die Vernichtung jener höfischen Repräsentationskultur, die seine Herrlichkeit prunkvoll zur Schau stellte. Um der Öffentlichkeit vor Augen zu führen, dass der Monarch keine Majestät war, die durch ihre hohe Abkunft alle anderen überragte – um persönliches Charisma oder Führungstalent ging es damals weniger –, musste die sakrale Geheimnishaftigkeit zerstört werden, die ihn umgab und als geborenen Herrscher erscheinen ließ. Noch der letzte Untertan sollte erkennen, dass der König die Verehrung nicht verdiente, die er seit Jahrhunderten genoss, und sein Amt weder im Namen des Staats noch im Dienst des Gemeinwohls ausübte, sondern auf Kosten der Allgemeinheit Politik machte.[1]

Der Anspruch der Entweihung des Königtums stand hinter sämtlichen Initiativen, die die Revolutionäre ergriffen: der kontinuierlichen, in der Hinrichtung Louis XVI. gipfelnden Liquidierung seiner Autorität und der Verabsolutierung des Gesetzes als »Inbegriff der generellen, abstrakten und permanenten Normen«.[2] Ebenso viel Wert wurde auf die Neuordnung der Theaterlandschaft und die Begründung einer eigenen Festkultur gelegt, in der sich die Republik ihrer Prinzipien vergewisserte. Den meisten dieser Initiativen waren lange Debatten und Polemiken vorausgegangen, die schon seit der Mitte des 18. Jahrhunderts offen ausgetragen wurden und die Hoheit des Königs von verschiedenen Seiten unterminierten.

Beispielhaft kann dafür die Schmutzkampagne einstehen, die schon im Vorfeld des Bastille-Sturms einsetzte. Die Königin wurde mit Unmengen von Spottversen, Pamphleten und Karikaturen überzogen, die ihre angeblichen Ausschweifungen an die Öffentlichkeit zerrten und die schwache Manneskraft ihres Gatten – als ›nackte Wahrheit‹ seiner sexuellen und politischen Ohnmacht – grell ins Bild rückten.³ Weniger plakativ, aber von derselben voyeuristischen Neugierde getragen waren später, nach der offiziellen Abschaffung der Monarchie, die peinlichen Observationen, die Louis XVI. – zum Bürger Louis Capet degradiert – während seiner Gefangenschaft im *Tour du Temple* über sich ergehen lassen musste. Man begrenzte die Häufigkeit der Verwandtenbesuche, bestimmte die Orte ihrer Zusammenkunft, machte dem Häftling Kleidervorschriften und entfernte die kleinen Schnittwerkzeuge im Necessaire vorsorglich aus seiner Umgebung.⁴ Als der gedemütigte König am Hinrichtungstag seinen Kammerdiener Cléry nach einer Schere fragen ließ, damit dieser ihm Bart und Haar schneide, schlug ihm der Munizipalbeamte die Bitte ab: »Der Henker ist für ihn gut genug«.⁵ Keine Mittel sollten dem Gefangenen bleiben, sich als Souverän zu behaupten: weder edle Kleider noch profanste Gerätschaften, die ihm die Hoheit ließen, ein letztes Mal über Leben und Sterben zu entscheiden und womöglich den eigenen Tod zu verfügen.

Über sämtliche dieser intimen Einzelheiten des Haftalltags wurde das lesende Publikum durch Zeitungen ausführlich auf dem Laufenden gehalten. Die Presse empfahl sich als vierte Gewalt des neuen Staats, indem sie die ästhetische Armut des genauen Protokolls walten ließ und in ihren Berichten dem bürokratischen Minimalismus einer Buchstäblichkeit den Vorzug gab, der sein Mehr an Evidenz aus der Reduzierung des symbolischen Einsatzes gewann.

Auch insgesamt gab sich der neue Staat die Seriosität einer politischen Schriftkultur. Ihren zentralen Topos fand sie in der Verfassung, dem juristisch ausgearbeiteten Gesellschaftsvertrag. Das nüchterne Schwarzweiß der Lettern war die materielle Garantie für die Stabilität der vertraglichen Grundlagen, aber auch die Basis für den schnellen Informationsfluss innerhalb des Gemeinwesens. Ihr verdankte die Presse ihre Reichweite und Durchdringungstiefe. Durch sie konnten – wenigstens potentiell – alle *citoyens* an den Debatten der Nationalversammlung teilhaben. Im Interesse dieser Teilhabe brachten die Vertreter des neuen Staats eine Reihe von Maßnahmen auf den Weg, unter denen die Aufhebung der Publikationsbeschränkungen nur am Anfang stand. Man finanzierte die Drucklegung von Parlamentsreden und -dekreten und förderte die journalistische Parlamentsberichterstattung. Eine eigens gegründete »Société logographique« entwickelte zu diesem Zweck, noch vor der Begründung der Stenographie, eine Kurzschrift, die den Berichterstattern das genaue Protokollieren erleichterte. Im Herzen der neuen Macht rationalisierte sich das Schreibergewerbe. Gemeinsam mit den Abgeordneten zogen Sekretäre in die demokratischen Entscheidungsgremien ein und verrichteten ihr stilles Werk in der Zwiesprache des vielköpfigen *corps politique* mit sich selbst.[6]

Während der neue Staat auf diese Weise von Anbeginn ein enges Bündnis mit der Presse einging, war der Platz des Theaters ungewisser und musste in der veränderten politischen Landschaft erst definiert werden. Dass das Schauspiel, jedenfalls seiner klassischen Disposition nach, kaum dazu angetan war, sich in einer Republik nützlich zu machen, hatte Rousseau bereits 1758, in seiner Replik auf d'Alemberts *Encyclopédie*-Artikel über die Stadt Genf, breit ausgeführt und wesentliche Argumente vorweggenommen, auf die sich die Revolutionäre bei ihren Maßnahmen zurückbeziehen konnten.

Wo immer das Theater im Spiel ist, so Rousseau, steht eine »Verkehrung der natürlichen Verhältnisse«[7] zu befürchten, für die er vor allem zwei Ursachen ausmacht. Erstens ist das Theater schon durch seine Rezeptionssituation dazu prädestiniert, alle gewachsenen Bindungen zu zersetzen. Es herrscht, indem es spaltet und sein Publikum nur durch den Ausschluss weiter Teile der Öffentlichkeit gewinnt. In der »dunklen Höhle«[8] des Theatersaals schiebt sich die Bühnenfiktion trennend zwischen die Zuschauer und sorgt dafür, dass selbst die Nächsten sich voneinander entfernen: »man vergißt seine Freunde, Nachbarn, Verwandten, um sich mit Märchen aufzuhalten, um traurige Schicksale längst Verstorbener zu beweinen oder auf Kosten der noch Lebenden zu lachen«.[9] Damit steht das Theater zugleich einer Begegnung und wechselseitigen Erkennung brüderlicher *citoyens* im Weg. Statt besonnener Bürger haben in der französischen Tragödie »abscheuliche Ungeheuer«[10] das Wort, und die »süßlichen und verzärtelten Helden«[11] Racines dürfen sich anstelle gestandener Männer produzieren.

Weichlinge dieser Art beweisen nach Rousseau aber – zweitens –, dass das Theater nicht nur Zusammengehöriges trennt, sondern auch Ungleiches assimiliert. Zunichtegemacht wird so die einzige Differenz, die Rousseau als natürliche erachtet: die Differenz der Geschlechter. Das ist deshalb nicht harmlos, weil diese Einebnung, immer mit Rousseau, das politische Dilemma zusätzlich verschärft. Frauen, denen Bühnendichter die Stimme der Vernunft in den Mund legen, fallen aus ihrer angestammten Rolle und geben ein falsches Bild des Mannes ab. Diesem wiederum begegnet auf dem Theater ein anderes, verfremdetes Selbst, das seine Eitelkeit weckt und ihn der Schwäche nachgeben lässt – und sei es nur, um denen zu gefallen, die ihm gefallen.

> In der Welt wissen sie [die Frauen] im Grunde nichts, obgleich sie über alles urteilen, auf dem Theater aber sind sie gelehrt in der Gelehrsamkeit der Männer und dank den Verfassern Philosophen, und so stellen sie unser Geschlecht mit seinen eigenen Talenten völlig in den Schatten.[12]

Im Sinne Rousseaus schafft eine derart begünstigte Aufweichung des Geschlechtsunterschieds darum keine Egalität, sondern sie *verabsolutiert* die Ohnmacht der Männer. Aus der einen freiwilligen Knechtschaft, die bereits Montaignes Jugendfreund La Boétie beklagte, werden de facto zwei: eine politische – die Servilität aller gegenüber einem »einzigen Männlein«, das »keineswegs« ein »Herkules oder Samson«[13] ist – und eine private, die den politischen Antagonismus von oben und unten aushebelt, weil selbst der König ihr erliegt. Als Schattenreich des Ancien

Régime errichtet das Theater hinter dessen Rücken ein arkanes »Reich des weiblichen Geschlechts«,[14] in dem Frauen als wahre Königinnen herrschen und allein unter Frauen über Frauen – über geborene Frauen und effeminierte Männer – gebieten. »Weil sie keine Männer werden können, machen die Frauen uns zu Frauen.«[15] Gleichheit garantiert nur eine Republik, die das Gesetz der Natur nicht missachtet und strikt zwischen Frauen und Männern trennt.

Weil das Theater klassischen Typs sich damit nicht verträgt, erteilt Rousseau dem Vorschlag d'Alemberts eine Absage, in Genf ein Schauspielhaus einzurichten, und verwirft im Voraus auch bereits alle theaterpädagogischen Programme nachfolgender Aufklärer. Im Sinne seines Arguments vermag *keine* Schaubühne je dem Anspruch einer moralischen Anstalt zu genügen, solange sie nur den Spielplan ändert und alles andere beim Alten belässt. Ohne die Eindämmung des Theaters droht, im Gegenteil, der Sozialvertrag selbst als nichtige Vereinbarung wertlos zu werden. Er läuft Gefahr, eine »eingebildete und leere Form«[16] zu bleiben, wenn das Ancien Régime über die Bühne weiter regiert und das Einvernehmen der Bürger untergräbt.

Die bekannte Forderung, mit der die *Lettre à d'Alembert* schließt, ist ebenso radikal wie – im Horizont der Analyse – konsequent. Das Theater muss die Dramen absetzen und die »Höhle« verlassen, um ein veritables öffentliches »Schauspiel« zu sein, ein Schauspiel in »frischer Luft und unter freiem Himmel«.[17] Die Bürgerfeste, die Rousseau anregt – Regatten, Schützenfeste, Sportwettkämpfe, Gruppengymnastik, Bälle –, erfüllen diese Aufgabe, indem sie das freudige Beisammensein von *citoyens* zum einzigen Programmpunkt erheben und stets demselben Zweck dienen, die Transparenz aller für alle zu gewährleisten. Vorderstes Anliegen dieser *fêtes* ist es, Bindungen zu festigen, indem sie soziale Verhältnisse entdramatisieren.

In Rousseaus Brief betrifft das nicht nur die Ablösung des Schauspiels von den Vorgaben der klassischen Dramenliteratur, sondern auch die Dramaturgien der Feste selbst. Die *fêtes pu-*

bliques kennen keine konfliktträchtigen Handlungen, sondern lediglich die ergebnisoffenen Abläufe sportlicher Schaukämpfe. Durch Muskelkraft, Schnelligkeit und Ausdauer lassen sich dabei sogar Königstitel verdienen – aber als vergängliche Meriten, deren Verteilung entsprechend freigiebig gehandhabt wird: »[M]an kann gar nicht genug von solchen Königen haben.«[18]

Ernst ist es dem Schauspiel dagegen bei den Allianzen. Nicht umsonst entwickelt der Brief seine größte Emphase bei der Schilderung spontaner Tanzfeste und öffentlicher Bälle, bei denen sich Nahverhältnisse anbahnen, die über das Fest hinaus Bestand haben. Mit Nostalgie erinnert sich Rousseau an ein improvisiertes Fest, das in Kindertagen auf ihn Eindruck gemacht hat: »fünf- oder sechshundert uniformierte[] Männer[]« des Regiments von St. Gervais, die abends auf dem Marktplatz des Orts, eine »lange Kette« bildend, »im Takt und ohne jede Unordnung« um den Brunnen tanzten – »ein gewisser militärischer Zug mitten im Vergnügen«.[19]

Sein daran anknüpfender Vorschlag – die Veranstaltung kommunaler Bälle, die den Verkehr zwischen Mann und Frau öffentlich regeln und einen Rahmen schaffen, in dem das Gesetz der Bindung bereits die Findung von Partnern fürs Leben regiert – steht in genauem Kontrast zu d'Alemberts Schauspielhaus-Plan. Die Bälle begrenzen das »Reich des weiblichen Geschlechts« und minimieren auch sonst die Gefahr eines tragischen ›Falls‹ der Frauen.

> [M]an käme jedem Fehltritt einzelner zuvor, indem man feierliche Bälle in regelmäßigen Abständen daraus machte, die unterschiedslos der gesamten heiratsfähigen Jugend offenstehen.[20]

Indem die Bälle die Frauen als heimlichen Souverän des Ancien Régime entmachten, stellen sie sicher, dass der Bund der *citoyens* ein Bund unter Brüdern bleibt und durch die geteilte Freude – denn »es gibt keine Freude außer der allgemeinen Freude«[21] – dauerhaft garantiert werden kann. Als Schauspiele, die den Beteiligten ihre Verbundenheit selbst zeigen, bilden sie in Rousseaus *Brief an d'Alembert* das notwendige Korrelat zum Sozialvertrag und versprechen das Glück einer politischen Zukunft, in der Königinnen als Ehefrauen domestiziert, Theaterhäuser aufgelassen und Tragödien unzeitgemäß geworden sein werden. Auf der Bühne wie im Leben.[22]

In den *fêtes révolutionnaires*, die von 1790 an auf Betreiben des Nationalkonvents in Paris veranstaltet wurden, haben die Vorschläge Rousseaus späte Früchte getragen. Durch die Abkehr vom alten Theater in der repräsentativen Sphäre der Republik wurde eine der wichtigsten Forderungen des *Briefs an d'Alembert* erfüllt. Während der neue Gesellschaftsvertrag alle Primadonnen von der politischen Bühne verbannte und während weitere Gesetze verfügten, dass die Schauspielhäuser zwar keine Schließung befürchten, aber künftig als freie und gleiche Theater mit den Geschäftsrisiken des offenen Marktes leben mussten – die bisherigen Hofbühnen inklusive[23] –, genossen die *fêtes publiques* das alleinige Privileg eines ›Staats-Theaters‹, in dem die Republik sich erkannte. Die Schauspiele waren das »wahre und einzige Theater« der Republik, weil nur sie das Theater radikal darauf reduzierten, nichts als »den ersten Zusammenschluss und den Urvertrag« im »Innern des politischen Körpers«[24] zu inszenieren.

Für die Theatergeschichte der französischen Hauptstadt sind diese Feste insofern von Interesse, als sie die politische Urszene der Gründung an die Gründung einer neuen Szene knüpften, die eigene Schauplätze brauchte. Schon in baulicher Hinsicht erwies sich die Planierung eines Bodens, auf dem mehrere hunderttausend Personen Platz finden sollten, als gewaltige logistische Aufgabe. Der Ankauf alter Zirkusbauten, den Max Reinhardt später in der Weimarer Republik tätigte, reichte dafür nicht aus. Für das erste der großen Feste, die *Fête de la Fédération*, wurde in Paris das Marsfeld – eine vor der *École militaire* gelegene, im Ancien Régime zu Truppenübungs- und Paradezwecken genutzte Tiefebene – in nur wenigen Wochen in eine riesige, elliptische Aufmarscharena umgebaut, die allein durch ihre architektonische

Anlage gewährleistete, dass bei den *fêtes* ein gewisser militärischer Zug im Vergnügen, wie Rousseau ihn schätzte, nicht fehlte.

Zu Recht bezeichnet Jean Starobinski diese leere Fläche als Szene *par excellence* und zugleich als topographisches Äquivalent der *tabula rasa*, an deren Ideal sich das politische Ethos des neuen Gemeinwesens messen sollte. »Was auftaucht, nachdem einmal die Zerstörung vollendet ist«, schreibt er, »ist die leere Fläche, der freie Horizont. Die feudale Welt, die dem Unterschied sein Recht widerfahren ließ, hatte im Bereich der menschlichen Beziehungen ein System von Scheidewänden, Rangstufungen und Rechtsverdrehungen aufgerichtet, also Symbole des qualitativen Unterschiedes [...]. Dieser von unsinnigen Hindernissen strotzende Bereich – deren viele allerdings schon im Zusammenbruch begriffen waren – wartete nur darauf, eingeebnet zu werden, homogen und ›isotrop‹ gestaltet zu werden nach dem Vorbild des Raumes in der neuen Himmelsmechanik, der nach allen Richtungen für die universelle Gravitationskraft durchlässig ist. Die revolutionäre Gewalt hatte die Schaffung dieser ungemeinen Öffnung des Raumes zur Folge, dieses vereinheitlichenden Feldes, auf dem das aufklärende Licht [les lumières] und das Recht sich in alle Himmelsrichtungen ausbreiten konnten.«[25]

Dieser Öffnung des Raums sollte im Festakt eine Konzentration und Koordination der Bewegungen der Menge entsprechen. Wie prekär es sein konnte, den *citoyens* freien Lauf zu lassen, hatten – in ungleich kleinerem Maßstab – die »premières fêtes« in den ländlichen Regionen gezeigt, wo die allgemeine Freude allzu oft in Krawalle umschlug und verwüstete Kirchen hinterließ.[26] Um den Funken des Aufruhrs nicht weiter überspringen zu lassen, vertrauten die Veranstalter der großen Feste die Planung eigenen Choreographen an, die darauf achteten, solche Eigendynamiken von vornherein im Zaum zu halten.

Die so entstandenen Zeremonien waren Pionierleistungen eines Regietheaters, das den politischen Gründungsakt in immer neuen Schwurritualen durchspielte und dabei auf paradoxe Weise karg und opulent war: karg, weil die Zeremonien tatsächlich nichts zeigten außer den Akteuren, die sie ausführten; opulent, weil das Protokoll, das die Handlungen formalisierte, sich von Fest zu Fest erweiterte. Während die Handlung selbst beschränkt blieb und sich im gemeinsamen Vollzug weniger sparsam bemessener Gesten erschöpfte, baute sich durch die Überdeterminierung der äußeren Umstände ebendieses Tuns eine innere Komplexität auf, die das Ritual auf eine potentiell unendliche Bedeutungstiefe öffnete.

Das verlieh der *Szene*, wie Juliane Vogel bemerkt hat, auch dramaturgisch eine neue Bedeutung. Als Minimaleinheit, die in den »systematischen Entwürfen der Dramenästhetik«[27] bis dahin das Schattendasein führte, erhielt sie bei den Festen erstmals ein ästhetisches Eigengewicht. In der »großen Szene«[28] – paradigmatisch repräsentiert durch den gemeinsamen Schwurakt, in dem jedes der Feste kulminierte – wurde das »Undramatische«[29] dramatisiert, und zwar am Ende durch einen Höchstgrad der Chiffrierung, der das Ritual zum allegorischen Rebus verrätselte, so dass es selbst den Teilnehmenden durch Dritte aufgeschlüsselt werden musste.

Als Superlativ solcher Allegorik kann das Verfassungsfest, die *Fête de l'Unité et de l'Indivisibilité* gelten, die am 10. August 1793, dem Jahrestag der Gefangensetzung der königlichen Familie, in Paris begangen wurde. Alle Elemente in der Zeremonie waren darauf ausgerichtet, das Ritual des alten Herrscheradvents gegen sich selbst zu kehren und »in einer Art ikonographischer Vernichtungshermeneutik die Bilder der Königstyrannei in den Bildern der Republik zu zerstören«.[30] Unter den Blicken der *citoyens* führte die Prozession von Konventsmitgliedern und Abgesandten der Departments vom Bastillepatz zum Marsfeld an sechs Stationen vorbei, für die das Festprotokoll je eigene liturgische Handlungen vorsah – so etwa das Durchschreiten eines Triumphbogens, den ein Relief mit guillotinierten Köpfen ›schmückte‹; die Verbrennung einer Pyramide mit den Emblemen der Königsherrschaft auf dem Hinrichtungsplatz

Louis' XVI. oder den Eidschwur vor dem Altar des Vaterlands.[31] Zwischen den Stationen, deren Nacheinander keiner historischen Chronologie folgte, spannte sich nur ein abstrakter Bogen. Die Geschichte zerfiel in sinnfällige Akte, die Gewalt und Recht, Vernichtung und Neubeginn miteinander verschränkten, ohne eine lineare Handlung zu entwickeln, die – nach aristotelischen Kriterien – Anfang, Mitte und Ende hatte.

Das schloss nicht aus, dass die Festdramaturgien auf der Bühne zweitverwertet und dort reinszeniert werden konnten, wie die weitere Theaterkarriere der Feier zeigt. Unter dem Titel *La Réunion du dix août, ou L'Inauguration de la République française* ging das Schauspiel, in Musik gesetzt von Bernardo Porta, am 5. April 1794 über die Opernbühne: als politische Revue *avant la lettre*, in der Ansprachen und Rituale, Lied- und Balletteinlagen, choreographische Aufmärsche und *tableaux vivants* einander ablösten.[32]

Auch bei anderen Gelegenheiten gab es osmotische Austauschprozesse zwischen Fest und Oper: beispielsweise wo es darum ging, die Allegorien der »Vernunft« und der »Freiheit« zum Leben zu erwecken. Bei der *Fête de la Raison* am 10. November 1793 trat den Bürgern in der Kathedrale Notre-Dame eine Sängerin aus dem Opernensemble als Göttin der Vernunft entgegen. Genauso stammte die Musik aus dem Repertoire der Oper. Die choreographische Einlage bestritten weißgekleidete und mit Lorbeerkränzen geschmückte Tänzerinnen des Opernballetts.[33] Als einaktige Oper wurde die *fête* auf der Opernbühne nach- und weitergespielt.[34] Man konnte das Vernunftfest jedoch genauso in anderen Kirchen in der Hauptstadt wie in der Provinz mitfeiern. Die Rolle der »Vernunft« verkörperten dabei immer andere Frauen – unter ihnen auch Politikergattinnen, sehr zum Ärger Louis-Sébastien Merciers.[35] Wo keine lokale Schönheit sich fand, übernahmen Blätter wie der *Père Duchesne* die Funktion der Aufführung und berichteten von andernorts begangenen Festen.[36] Mit der Unterstützung der Presse dehnte sich die Szene der *fête révolutionnaire* auf das ganze Land aus, so dass alle an der Entmachtung des alten Theaters mit den Mitteln ebendieses Theaters teilhatten.

Was die Oper betraf, so hatte die Besetzung ihrer Bühne durch die Revolutionäre auch eine symbolpolitische Pointe. Wie kein anderes Theater war die Oper – in Frankreich, aber generell an Europas Höfen – Inbegriff des königlichen Theaters. Geschichte, Repertoire und Status verbanden die *Académie Royale de Musique*, wie sie seit ihrer Gründung durch Louis XIV. hieß, untrennbar mit der absoluten Monarchie. Noch vor den beiden anderen königlich privilegierten Häusern, der Comédie-Française und der Comédie-Italienne, stand die Oper an der Spitze der Theaterhierarchie. Kein Theater außer ihr durfte die Domänen von Musik und Tanz sowie der ernsten Oper besetzen, kein anderes Haus verfügte über dieselbe generöse finanzielle Ausstattung und eine ähnlich leistungsfähige Bühnenmaschinerie. Alle Theaterbetriebe mussten Zwangsabgaben an sie abführen. Selbst »Ballsäle, Gaukler und Taschenspieler, Wachsfigurenkabinette, Marionettenbühnen, Guckkästen und Schausteller von Riesen, Zwergen, Affen, Krokodilen und dressierten Flöhen zahlten den Zehnten an die Oper«.[37] Als Institution des Souveräns und theatrales Zentrum seiner Repräsentation war die Oper der Inbegriff der souveränen Institution, die Königin der Theaterhäuser.

Historisch vollzog sich ihre Vereinnahmung für die Ikonopolitik der Revolutionäre an einem Wendepunkt, an dem es längst um mehr ging als um die Bändigung des Sonntagsvandalismus marodierender Bauern. Seit Beginn des jakobinischen Terrors befand sich das Land im Ausnahmezustand, darum mussten die Feste durch ihren Inszenierungsaufwand ein höheres Maß an Überzeugungsarbeit leisten. Dass die Spektakel auch groteske Züge annahmen, weil die Jakobiner bei den Feiern mit demselben grimmigen Ernst zu Werke gingen wie bei der Exekution von Republikfeinden, zeigen die Rivalitäten, die ihre Frontmänner auf offener Straße austrugen. Ein Auftritt gab den nächsten. Beim Verfassungsfest gebärdete sich der Konventspräsident Hérault de Séchelles als »König des Festes«;[38] beim Fest des Höchsten Wesens konterte Robespierre, indem er den Zug zum Marsfeld als »seinen eigenen *adventus*«[39] gestaltete und selbst die »Allüren eines Monarchen«[40] an den Tag legte, was die übrigen Konventsmitglieder in Rage brachte. In den Nachgefechten gegen das Ancien Régime waren nicht nur die alten Könige niederzuringen, sondern auch die neuen Diven aus den eigenen Reihen.

In ihrer Gesamtheit machen diese Beispiele aber deutlich, mit welcher Intensität seit 1789 um die Herstellung einer neuen Öffentlichkeit gerungen wurde, die für ihre adäquate Selbstinszenierung sowohl geeignete Schauplätze als auch Choreographien brauchte, die eine Koordination der Massenbewegungen – der physischen wie der affektiven – erlaubten. Wie die Historikerin Mona Ozouf hervorhebt, waren die Feste »das notwendige Komplement der Gesetzgebung. Denn der Gesetzgeber macht die Gesetze für das Volk, aber das Fest schafft das Volk für die Gesetze. [...] Es muss das neue soziale Band sowohl sichtbar als auch ewig haltbar und unantastbar machen. [...] Als Ort, wo sich das Begehren mit dem Wissen verbindet, wo der Unterricht der Massen auch die Vergnügungslust bedient, sorgt das Fest im Fortgang seiner Entwicklung für die Vermählung der Politik mit der Psychologie, der Ästhetik mit der Moral, der Propaganda mit der Religion.«[41] Das Aus dieser Festkultur war besiegelt, als die Schreckensherrschaft der Jakobiner 1794 endete. Das Theater der Grausamkeit, das zum Alltag ihres Mordregimes gehörte und Bürgertugenden mit Blut erzwang, hatte die pompösen Feiertagszeremonien ohnehin diskreditiert.

Die Oper selbst erlebt zwischen 1791 und 1802 neun Umtaufen und schließlich unter Napoléon die Kür zur *Académie Impériale de Musique*. Auf seine kaiserliche Anordnung hin erhält sie 1807 ihren Platz an der Spitze der Bühnenhierarchie zurück.[42] Ihre restaurierte Hegemonie über die Theater währt bis zur Julirevolution. Dann muss sie die erneute Degradierung von der Hofbühne zum privatisierten Betrieb hinnehmen und sich dem gemischten Geschmack des breiten Publikums anbequemen. Im

Zuge ihres Umbaus gerät sie in den frühen 1830er Jahren auf diese Weise in den Sog einer Festkultur, die den Unruhetonus der revolutionären Julitage in die Theater- und Ballsäle hinein trägt und in Tanzorgien mündet, bei denen Rousseaus Festideale in wilderer Form aufleben, aber sich zugleich konterkariert finden.

Das neue Massenvergnügen wird von der Polizei beargwöhnt, von den Bühnen und Ausgehlokalen jedoch befördert, so dass zu den alten Theatern, die seit jeher auf Musik und Tanz abonniert waren, neue Festplätze dazukommen, die ihren Besuchern – anders als die Arenen der ersten Revolution, auf denen Choreographen für geschlossene Aufmärsche in Reih und Glied sorgten – völlige Bewegungsfreiheit garantieren. Die Öffentlichkeit, die sich dort sehen lässt, wird von den Zeitungen der *grande presse* weitgehend ignoriert. Dafür rückt sie ins Blickfeld der ›kleinen‹ Presse, die sich bis dahin primär um die Literatur- und Theaterkritik gekümmert hat, aber auf den verstreuten Szenen, die sich neuerdings im Stadtraum auftun, jetzt neue Schauspiele entdeckt, die den Horizont des früheren Feuilletons beträchtlich ausweiten.

2. Revolte und Cancan

Drei Jahre nach der Julirevolution kommt es 1833 auf dem Pariser Opernball zu einem Eklat. Der Maskenball zählt zu den großen Attraktionen der Karnevalssaison – nicht zuletzt weil er durch seine Vergangenheit ein hohes Prestige besitzt. Mit dem *bal de l'Opéra* begann, auf dem Höhepunkt des Absolutismus, die Geschichte der öffentlichen Bälle in Frankreich;[1] in ihm überlebt das Ancien Régime aber auch – zumindest vorläufig – seinen politischen Tod. Im 19. Jahrhundert macht ihn das zu einem letzten Relikt des alten Staats, das von den jüngsten Unruhen nicht auf Dauer verschont bleiben kann.

Um den Nimbus des Hauses zu schützen, hatte die Pariser Oper anfangs an den Restriktionen festgehalten, die seit der Restauration galten. Anders als früher wurde auf dem Opernball nicht mehr getanzt, sondern in den Sälen und im Foyer flaniert. Der Besuch war ausschließlich aristokratischen Kreisen vorbehalten.[2] Als die Bühne jedoch durch den Entzug alter Privilegien und drastisch gekürzte Subventionen unter Druck geriet, rang sich der neue Direktor – ein studierter Mediziner, der durch die erfolgreiche Vermarktung eines Brustbalsams zu Geld und einem Ruf als fähiger Geschäftsmann gekommen war[3] – zum Kompromiss zwischen Gewinnkalkül und Traditionswahrung durch. Er setzte 1833 den Eintrittspreis um die Hälfte herab und bot, um den Ball gegenüber den Konkurrenzveranstaltungen anderer Theater künstlerisch aufzuwerten, ein Rahmenprogramm auf, in dem die Balletttruppe des Hauses, europaweit eines der renommiertesten Ensembles, zu einem Sondereinsatz kam.

Der Ball nahm allerdings einen anderen Verlauf. Am Abend

des 5. Januar drängten sich die kostümierten Gäste zu Tausenden im Saal der Oper, wurden ungeduldig und begannen bald, das Programm eigenmächtig umzugestalten, indem sie im Galopp die Bühne stürmten und das Ballettcorps zum Abbruch seiner Vorführung zwangen. Angestachelt durch diesen Erfolg, forderte das Parkett einen »Chahut«. Der Tanz, der auch als »Cancan«[4] bekannt war, stand wegen seines Tempos, der hohen Beinwürfe und der wilden Gestikulationen seiner Tänzer in Verruf und wurde von Polizisten, die zur Aufsicht über die öffentlichen Ballveranstaltungen abgestellt waren, als Delikt verfolgt. In der Oper hatte sein Name – zu Deutsch »Tumult« oder »Randale«[5] – die Wirkung eines Schlachtrufs. Der Saal tobte; die Ordnungskräfte schritten ein; die Menge geriet dadurch erst recht außer Rand und Band. Am Ende waren die Gardisten überfordert und mussten gedemütigt abziehen. In den Zeitungen der folgenden Tage erregte man sich über die beleidigte Majestät der Oper. Überall war von einer Invasion des ›Pöbels‹ die Rede. Erst danach machten Gerüchte die Runde, die Polizei habe unter den Maskierten die Söhne einiger hoher Persönlichkeiten festgenommen. Vermutet wurde eine Kabale adliger Kreise, die weniger der Oper gegolten habe als dem ›Usurpator‹ des Tuilerien-Schlosses, dem von der Revolution gekrönten König Louis-Philippe.[6]

Ob hinter dem Tumult tatsächlich eine Hofintrige stand oder ob der Verdacht von einem Drama herrührte, das sich nur wenig später auf derselben Bühne abspielte – in Aubers Oper *Gustave III, ou Le bal masqué* nutzte beim Galopp des Maskenballs ein Königsmörder die Gunst der Stunde[7] –, tat letztlich nichts zur Sache. Denn wo immer man in dieser Zeit Cancan tanzte, kam die Befürchtung auf, dass es um die Stabilität des neuen Staats nicht besser bestellt war als um die des alten. Seit Beginn der Julimonarchie standen alle Tanzfeste, ob improvisiert oder organisiert, unter der Spannung drohenden Aufruhrs und bildeten Brandherde, auf denen die Revolte auch nach der Entthronung des letzten Bourbonenkönigs weiterschwelte.[8] Das Gerichtsblatt *Gazette des tribunaux* richtete ab 1830 eine eigene Rubrik für

»verbotene Tänze«[9] ein und reagierte damit ebenso wach wie die Behörden auf die Mode des Cancans, die damals entstand. Kracauer berichtet in seinem Paris-Buch, dass der Tanz »angeblich von Soldaten aus Algerien« nach Paris »verschleppt« wurde und zunächst in »Spelunken« Anklang fand, »die nicht nur an der Grenze der Stadt, sondern auch am Rande der Gesellschaft« lagen und »verrufenes Gesindel« anzogen, bevor ihn die »Jeunesse dorée« – andere Quellen erwähnen Studenten und Militärs – bei ihren »Entdeckungsreisen ins ›Milieu‹«[10] aufgriff. Seinerzeit wurde der Cancan allein von Männern getanzt: zur Provokation der Staatsmacht; als Rebellion gegen die Körperdressur durch Generäle und Tanzmeister; und als frivoler Balanceakt auf dem schmalen Grat der polizeilichen Toleranzschwelle.[11]

Zusätzlichen Auftrieb erhielt die Tanzmode durch die Karnevalsbälle, mit denen sich die Theater in den frühen 1830er Jahren überboten. Während der Restauration war der Karneval in der Hauptstadt weitgehend zum Erliegen gekommen. Nur drei Theatern war das Ausrichten öffentlicher Maskenbälle gestattet, unter denen die Oper die ältesten Rechte hatte, da sie dieses Privileg für knappe zwei Jahrhunderte allein besessen hatte. Als erstes Haus genoss sie – neben den bereits erwähnten Vorrechten – das Privileg, die geschlossene Hofgesellschaft ausnahmsweise zu durchbrechen. In Paris hat das den Karneval für geraume Zeit zu einer vergleichsweise exklusiven Angelegenheit gemacht. Erst in der Folge der Julirevolution lebte das Fest, »*das sich das Volk selbst gibt*«,[12] wieder auf – und zwar eben durch die Initiative der anderen Theater, die jetzt konsequent Maskenbälle abhielten. Die Aneignung des alten Opernprivilegs gehörte zu den ersten Maßnahmen, mit denen die Häuser von der neugewonnenen Zensur- und Gewerbefreiheit Gebrauch machten.[13] Der Tanzsturm auf die Oper vollendete insofern Tatsachen, die das Recht bereits geschaffen hatte, und krönte durch diesen Triumph zugleich die Rückeroberung der Maskenfreiheit, die der französische Hof seit knapp zwei Jahrhunderten für sich monopolisiert hatte.[14]

Damit waren Bräuche unter staatliche Aufsicht geraten, die im

Mittelalter zunächst im Zuge einer derben, mit Transgressionen ins Grotesk-Obszöne spielenden Gegenkultur aufgekommen waren, die diverse Feiertagsriten der Kirche aufs Korn nahm, bevor der Karneval im engeren Sinn »zum Auffangbecken und Zentrum aller volkstümlich festlichen Belustigungsformen«[15] wurde. Nach der Ära der Renaissance – wo es, Michail Bachtin zufolge, Autoren wie François Rabelais gelang, die Kluft zwischen Gegenkultur und Hochkultur durch ihre Romane temporär zu schließen[16] – begann jetzt in der Mitte des 17. Jahrhunderts eine Epoche, in der sich eine genuin »höfische Linie der volkstümlich-festlichen Tradition«[17] ausbildete. In ihr wurden die »rituell-szenischen karnevalesken Formen« verstaatlicht und bekamen »*Paradecharakter*«, während das groteske Lachen aus der öffentlichen Festkultur verschwand und durch die Verbannung »ins häusliche, private Leben«[18] domestiziert wurde. Im exzessiven Divertissement am Hof wurde aus dem Karneval ein »Fest in Permanenz«;[19] hier war »jeder Raum Festraum und alle Tage Festzeit«,[20] während Redouten, die außerhalb der Hofsphäre stattfanden, strengsten sozialen, temporalen und lokalen Maßregelungen unterlagen.[21]

Auch der Pariser Opernball, der 1716 erstmals abgehalten wurde, war Produkt des Herrscherwillens zur Macht. Louis XIV. nahm damit den Rat eines Gefolgsmanns auf, »die bis dahin an verschiedenen Plätzen verstreuten Karnevalsvergnügungen an einem Ort zu konzentrieren und somit einer besseren polizeilichen Kontrolle [zu] unterstellen«.[22] Durch die Julirevolution gewann das Volk zwar nicht seine politische Souveränität zurück, aber immerhin die Gleichberechtigung beim Feiern im Inkognito der Larve. Dass der Maskenball die »urgesellschaftliche Vertraulichkeit herstellt«, weil ein »alle Ansprüche verhüllender Domino die schönste Gleichheit hervorbringt« und auf ihm »die schönste Freyheit herrscht – Maskenfreyheit«,[23] hatte in den 1820er Jahren schon Heinrich Heine festgestellt, Rousseaus Idee des Bürgerfests, die den *fêtes révolutionnaires* einst Pate stand, damit aber auf den Kopf gestellt, indem er einem Theater, das

»nichts«[24] zeigt, eine Absage erteilte und der selbsttransparenten Festgemeinschaft gegenüber die vergesellschaftete Anonymität im Karneval bevorzugte.

In der Geschichte der öffentlichen Feste leiteten die Karnevalsbälle in Paris zu Beginn der Julimonarchie eine ähnliche Kehrtwende ein wie einst die Revolutionsfeste der Jakobiner – nur in die umgekehrte Richtung. Während dort die politische Festkultur mit den jakobinischen ›Staatsopern‹ erschöpft war, kam mit den Maskenfesten ein reges soziales Vergnügungsleben in Gang, das den Zeitrhythmus der Metropole neu organisierte: durch Ausgehaktivitäten, die sich vom sommerlichen Tanz im Freien – bis dahin Inbegriff des *bal public* – auf die Wintersaison verlagerten und mit denen die Großstädter die Gepflogenheiten des Adels übernahmen;[25] durch ein Nachtleben, das im Zuge der rapiden Ausbreitung von Tanzlokalen entstand;[26] schließlich – und damit verbunden – durch die Herausbildung eines eigenen Verkehrsraums für die Freizeit, der vielfältige Begegnungen unter Fremden ermöglichte und zu Tänzen mit »ausgeprägter Vorliebe fürs Tempo«[27] wie Walzer, Polka und Galopp animierte, mit denen sich zugleich die Zirkulation von affektiven Energien erhöhte.[28]

Das brachte wiederum die sozialen Beziehungen in Bewegung, und zwar horizontal wie vertikal. Tanzdielen luden, anders als Rousseau dies prophezeit hatte, zum häufigen Partnerwechsel ein, entdramatisierten Mésalliancen unter Paaren, die nur temporär zusammenfanden, und boten dem steilen Aufstieg ebenso eine öffentliche Bühne wie dem raschen Fall. So kamen Karrieren von Lokalstars wie Alexandre Lévêque zustande, der eigentlich Ledergroßhändler war, dann als furioser Cancantänzer von sich reden machte und mit seinem Pseudonym »Chicard« nicht nur ein Markenzeichen für seinen exzentrischen Tanzstil kreierte, sondern auch ein Label für sein Outfit und schließlich für ein beliebtes Tanzlokal, das er in einem Pariser Vorort eröffnete.[29]

Honoré de Balzac bezog aus solchen Geschichten den Stoff für ganze Romane und ließ die Leserschaft an der menschlichen Komödie von Edelmännern teilhaben, die tagsüber als Angestellte im Wäschegeschäft arbeiteten.[30] Mitte der 1820er Jahre war er außerdem der Vorreiter eines neuen, hybriden Kleingenres, das dann von einer ganzen Reihe Journalisten und Literaten aufgegriffen wurde, weil es sich glänzend eignete, um den Wandel von Gesichtern und Verhaltensstilen der Stadtgesellschaft näher zu studieren und in karikaturistischer Überzeichnung festzuhalten. Die »Physiologien« – so der Name dieses populären Genres der *petite presse* – nahmen dazu ausgiebig verschiedene urbane Szenen und Milieus ins Visier, insbesondere jene, in denen die Tänzer ihrem anhaltenden Bewegungsdrang freien Lauf ließen und den Ordnungskräften die Grenzen ihrer Macht vor Augen führten.

Kontrollverlusten dieser Art hatten die Organisatoren der Pariser Revolutionsfeste einst Einhalt zu gebieten versucht, indem sie die Bewegungen der Masse von vornherein in geordnete Bahnen lenkten und durch Rituale im Zaum hielten, die als »Damm gegen die soziale Mobilität«[31] wirken sollten. So unterschiedlich sie die Feste im Einzelnen gestalteten, so formelhaft behielten sie in ihrem Protokoll zwei Basiselemente bei. Nie durften bei der Prozession die zeremoniellen »Gangarten«[32] ein feierlich gemessenes Schritttempo übersteigen, und immer liefen die Feste auf den kollektiven Bürgereid zu, bei dem das synchrone Emporrecken der Schwurhand – Vorbild war die Verbrüderungsszene auf Jacques Louis Davids Historiengemälde *Der Schwur der Horatier*[33] – den Ausspruch der Eidformel begleitete. Für ungestüme Bewegungen, gar ausgelassene Tänze ließ die Festregie kaum Raum. Auch Lieder, die zum Tanz – und Ärgerem – einluden, brauchten einen neuen Text.

Zum Föderationsfest, das 1790 als erstes großes Revolutionsfest in Paris veranstaltet wurde, erhielt der Straßensänger Ladré von General Lafayette persönlich den Auftrag für eine mäßigende Umdichtung. Bei der Zeremonie am Jahrestag des Sturms auf die Bastille sollte das Tanzlied »Ça ira« nicht fehlen, das die vielen freiwilligen Pariser Helfer als Arbeitshymne beim Planieren des Marsfelds gesungen hatten, doch war der Ruf nach Laternen als Galgen für verhasste Aristokraten nicht mehr opportun. Ladrés neue Verse, die auf Tausenden von Flugblättern verteilt wurden, lösten das Problem, indem sie sich aufs christliche *Magnificat* zurückbesannen und einen Rechtsstaat priesen, der die Niedrigen erhöht und Mächtige erniedrigt. Aus dem »Schlager der Gartenlokale« wurde eine provisorische Nationalhymne, in der es nun ziviler hieß:

Ah! ça ira, ça ira ça ira,	Ah! das geht ran, das geht ran, das geht ran,
Le peuple, en ce jour, sans cesse répète	Singt das Volk an diesem Tag immer wieder;
Ah! ça ira, ça ira, ça ira,	Ah! das geht ran, das geht ran, das geht ran,
Malgré les mutins tout réussira.	Trotz der Meuterer geht es voran.
[...] Celui qui s'élève, on l'abaissera,	Den, der sich erhebt, stellt man hintan,
Celui qui s'abaisse, on l'élèvera.	Den, der sich erniedrigt, führt man hinan.
Ah! ça ira, ça ira, ça ira,	Ah! das geht ran, das geht ran, das geht ran,
Le vrai catéchisme nous instruira,	Der wahre Katechismus leit' uns an,
Et l'affreux fanatisme s'éteindra.	Der böse Fanatismus hat vertan,
Pour être à la loi docile,	Wie Gesetze uns befehligen,
Tout François s'exercera.	Strengt sich jeder Franzose an.
Ah! ça ira, ça ira, ça ira,	Ah! das geht ran, das geht ran, das geht ran,
Du législateur tout s'accomplira.	So fängt's der Gesetzgeber jetzt an.[34]

Aus ähnlicher Vorsicht vermied man bei der Wahl des Hauptschauplatzes für die Zeremonie die Rückkehr an einen Ort, an dem Erinnerungen an die Ausschreitungen des Vorjahrs hafteten.³⁵ Für das offizielle Festgeschehen war auf dem umgebauten Marsfeld ein kolossaler »Altar des Vaterlands« errichtet worden; vor ihm sollte der Zug zu stehen kommen; der Augenblick des Eidschwurs war als Höhepunkt auf den Mittag gelegt und mit dem natürlichen Scheitelpunkt des Tages synchronisiert.

Abb. 7: Charles Thévenin, Föderationsfest 14. Juli 1790 auf dem Marsfeld (1796)

Zum Ausgleich für die Disziplin, die der Staatsakt seinen Gästen auferlegte, durfte dafür abends auf der Bastille umso ausgelassener getanzt werden, und für diesen Ansturm war die Ruine des alten Stadtgefängnisses auf das prächtigste hergerichtet. Die herbeiströmenden Besucher sahen eine auf den verbliebenen Grundfesten neuerrichtete Bastille, deren Säulen und Mauern aus Laubbäumen bestanden, ein von der Dunkelheit umfangenes Areal, das die Lampion-Girlanden zwischen den Arkaden zugleich in Brand setzten und erleuchteten, eine eroberte Festung, über der ein Banner mit der Aufschrift »Liberté« am Fahnenmast flatterte und ein Schild lapidar feststellte: »Hier wird getanzt« – »Ici, l'on danse«.³⁶

Abb. 8: Fest auf dem Gelände der Bastille am 14. Juli 1790

Alles an der abendlichen Szenerie stand zum Festgeschehen am Mittag in äußerstem Kontrast. Statt der Konzentration auf einen Höhepunkt hatte jetzt die Zerstreuung Vorrang; anstelle einer planen, weit sich ausspannenden Leere empfing die Besucher ein in die Höhe wachsender, zwischen Garten und Architektur changierender, Innen und Außen unklar in eins setzender Raum. Statt der geordneten Marschkolonnen von Nationalgardisten, Deputierten, Greisen, Knaben herrschte auf der Bastille ein reges Kommen und Gehen von Besuchern aller Herkunft und jedes Geschlechts.[37] Ein Schriftbanner genügte zur Ausgabe der Devise für die Nacht und erließ den Gästen sonstige Sprechakte. Damit erübrigte sich zugleich die Demonstration der Einigkeit im »nous«[38] der Eidformel. An dessen Stelle trat die Unpersönlichkeit des »on«, das zwischen Singular und Plural, erster und dritter Person nicht weiter unterschied und die Menge einfach Menge sein ließ.

Wer mittags bei der Hauptzeremonie dabei war, dem musste

abends gleichzeitig ins Auge springen, dass alle Dekorationen dieses zauberhaften Tanzpalasts der *höfischen* Festkultur entlehnt waren und der filigrane Bau sich gegenüber dem soliden Rund des Marsfelds, das einen beispiellosen Festrahmen für eine beispiellose Revolution setzen wollte,[39] als Architekturzitat des Jüngstvergangenen ausnahm. Sein Stil war den belaubten Pavillons nachempfunden, die schon im späten 17. Jahrhundert Bestandteil der Barockgärten feudaler Schlossanlagen waren und bei den Festen des Adels – wo sie gern als Konzertplatz für kleine Musikstücke benutzt wurden oder, wie bei Louis XIV., als intime Speisesäle für mitternächtliche Soupers dienten[40] – eine beliebte

Abb. 9: Louis Le Cœur, »Bal de la Bastille«, nach einer Zeichnung von Jacques-François-Joseph Swebach-Desfontaines (1790)

Kulisse abgaben. Dadurch rückte die laszive Triumphfeier selbst ins Zwielicht aristokratischer Frivolität und Verschwendung. Wenn das »nächtliche Fest, die wohl bedeutsamste Innovation der höfischen Kultur des Barock«,[41] hier noch einmal auflebte, dann als letzte Reminiszenz vor dem Verschwinden, als Element einer Festkultur, deren ephemerer Charakter sich gegen sie selbst kehrte, als Ritual, das abschaffte, wovon es zehrte, und das unter den Trümmern der Bastille auch die Wurzeln der zerstörerischen Gewalt begrub, der das Gefängnis selbst zum Opfer gefallen war. Als letzter Festakt am Gedenktag sollte es – wie alle Adelsfeste, die es spielerisch imitierte – »in der Nacht und im Vergessen«[42] untergehen.

Wenn der Historiker François Gasnault die Eskalationen beim Opernball 1833 als Sturm auf die »Bastille des Vergnügens«[43] beschreibt, ruft er diese Vorgeschichte mit auf. Die enge Kopplung von Tanzlust und Revolte, die sämtliche Bälle im Umfeld der Julirevolution kennzeichnete, wird dadurch noch einmal im historischen Weitwinkel reflektiert und auch mit der Erinnerung an das erste Revolutionsfest verknüpft, wobei die damaligen Festplaner nicht dem glänzenden Ball, sondern der Schwurzeremonie die oberste Bedeutung beimaßen und ihr durch ihre asketische Choreographie Ernst und Würde verliehen.

Aus der Rückschau der dreißiger und vierziger Jahre im 19. Jahrhundert stellten sich die Errungenschaften der früheren Revolutionsfeste allerdings ganz anders dar. Von den großen Szenen in der Mittagshelle war nichts als die düstere Erinnerung an eine Gewaltherrschaft geblieben, deren Ordnung im Chaos des Terrors endete. Die Tänze auf den Trümmern des alten Staats jedoch zählten – wenigstens in der Wahrnehmung einzelner Beobachter – zu den seltenen lichten Augenblicken dieser Jahre, von denen eine ungebrochene Linie in die eigene Gegenwart führte.

Einer dieser Beobachter war der Autor Étienne de Champeaux, der den schrecklichen Peripetien des jakobinischen Terrorregimes die glücklichen Fernwirkungen auf die »Zerstreuungen der Menge und auch auf die Wahl und die Natur ihrer Vergnügungen« zugutehielt. Anspielend auf die Besetzung der Stadtvillen und Paläste, mit der das Volk 1793 die Hinrichtung des Souveräns und die Abschaffung des Adels feierte, stellte er fest:

> Das Volk wollte selbst die Freuden jener Aristokratie kennenlernen, die das Gesetz gerade verboten und beseitigt hatte; es drang in seine Villen und seine kleinen Häuser ein, es füllte die hübschen Gärten und fand dort die Laubpavillons, in denen sich vormals, fern des städtischen Lärms und geschützt vor indiskreten Blicken, die glänzenden Marquis, die schönen Komtessen, die gefeierten Schauspielerinnen und die begehrten Kurtisanen dem Tanz hingaben. Bald machten Unternehmer sich daran, die schönen Plätze neu herzurichten. Zum Vorteil einer neugierigen und erlebnishungrigen Menge belebten sie die Feste neu, die dort vormals nur für eine kleine Zahl von Auserwählten gegeben wurden.[44]

Den vorerst letzten Tod starb das Ancien Régime im Ausverkauf seiner Feste. Mit deren Kommerzialisierung begann in der Julimonarchie der Aufschwung eines urbanen Nachtlebens, das sich erst zögerlich angelassen hatte, als der Hof im späten 18. Jahrhundert, dem Vorbild Englands folgend, privaten Betreibern die Einrichtung der ersten öffentlichen Vergnügungsparks gestattete,[45] das sich aber von jetzt an zu einer der »charakteristischen Erscheinungen der modernen städtischen Zivilisation«[46] entwickeln sollte.

3. Physiologie der Massenbewegungen

Étienne de Champeaux' *Physiologie der Pariser Bälle* erscheint 1845, zwölf Jahre nach dem Eklat des Opernballs, und präsentiert ihren Lesern eine Erfolgsbilanz, die die Ankunft der industriellen Revolution in der Welt des demokratisierten Vergnügens schon mit einkalkuliert. Unmittelbarer Anlass der kleinen Schrift ist die Eröffnung des extravaganten Tanzlokals »Bal Mabille«, das sich durch einen weitläufigen Garten, Hecken aus Glaskugeln und Palmen aus Stahl auszeichnet, die sich unter der strahlenden Helle des neuen Gaslichts in ein künstliches Paradies der Nacht verwandeln[1] – eine neuerliche Reminiszenz an den barocken Festraum, nun im Zeichen der technischen Reproduktion.

Abb. 10: Bal Mabille um 1845

Champeaux' Physiologie ist die zweite innerhalb weniger Monate zum »Bal Mabille« und eine von vielen, die die rasante Vermehrung der Ausgehlokale in den 1840er Jahren an der Vervielfältigung der Schriften *über* sie ablesbar machen. Gemeinsam ist diesen Schriften nicht nur ihr Gegenstand, sondern auch ihre äußere Form. Es handelt sich bei den Physiologien um »unscheinbare[] Hefte in Taschenformat«:[2] gelb oder blassblau eingebundene und zum Teil anonym veröffentlichte Broschüren von geringem Umfang, deren weiteste Verbreitung in die Anfänge des Jahrzehnts fällt. 1841, im Jahr der Spitzenproduktion, sind in Paris 73 solcher *physiologies*[3] in einer halben Million Exemplare[4] in Umlauf. Bis 1848 erscheinen allein 29 Titel, die dem öffentlichen Ball in seinen diversen Spielarten und Schauplätzen – die Palette reicht von Tanzböden in ländlicher Umgebung und schlichten Weinlokalen am Stadtrand bis hin zu mondänen Wintergärten und zentral gelegenen luxuriösen Vergnügungsetablissements – gewidmet sind.[5]

Dem Namen nach partizipieren die kleinen Schriften am sozialen Kredit einer aus der Medizin hervorgegangenen Lebenswissenschaft, die sich zur selben Zeit als Leitwissenschaft des 19. Jahrhunderts durchzusetzen beginnt. Die Physiologie entlehnt ihre experimentellen Standards den naturwissenschaftlichen Disziplinen – insbesondere Chemie und Physik – und konzentriert sich anfangs vorwiegend auf die »Reiz-Wirkungsmechanismen nervlicher und sinnlicher Wahrnehmungen«,[6] bevor sie dazu übergeht, allgemeine Messdaten zur Funktionsweise, zum Energieverbrauch und zur Leistungsfähigkeit des menschlichen Körpers zu erheben, die später vor allem den aufkommenden Arbeitswissenschaften als Basis dienen.[7]

Dagegen geht es den publizistischen Physiologien eher um die Sondierung des gesellschaftlichen Lebens, seiner Rhythmen und Gesetzmäßigkeiten – nicht um die rechnende Erfassung individueller Kräftehaushalte also, sondern um die Beobachtung sozialer Verkehrsformen, Kommunikationsstile und Besonderheiten des Habitus. Nur in seltenen Fällen betätigen sich

Ärzte selbst als Verfasser einzelner Physiologien[8] oder steuern Vorworte bei wie der bekannte Joseph Morel de Rubempré zur 1842 erschienenen *Physiologie der ersten Hochzeitsnacht*.[9] Die meisten Texte stammen von Journalisten oder Theaterautoren.[10] Ihre strukturellen Nähen zur Wissenschaft beschränken sich in der Regel auf Anleihen des methodischen Vokabulars. Honoré de Balzac etwa bezieht sich eingangs seiner *Gastronomischen Physiologie* von 1830 auf das Modell Lavaters und auf Galls Studien zur Phrenologie.[11] Autoren wie Jacques Arago – mit sechs publizierten Titeln in drei Jahren zugleich einer der Vielschreiber unter den *physiologistes* der vierziger Jahre – kennzeichnen ihr Verfahren als »physische und moralische Sezierung«[12] und sprechen vom »unerbittlichen Skalpell der Analyse«.[13]

Hinter solchen Wendungen steht der Anspruch, das Terrain des Sozialen skrupulös zu durchmessen und möglichst viele Facetten eines Großstadtlebens freizulegen, das durch wechselnde Moden, neue Attraktionen, ökonomische Konjunkturen und soziale Verschiebungen in dauernder Bewegung ist. Dieses Anliegen verbindet die Physiologien einerseits mit den publizistischen Kleinformen älterer Art, die sich um die dichte Beschreibung der Metropole Paris und die Kartographie ihrer diversen Milieus bemühten: Städtebildern wie Louis-Sébastien Merciers *Tableau de Paris* aus den Vorjahren der Französischen Revolution oder den vielfältigen Spielarten der *études de mœurs*, die als *chroniques* oder *observations* in den zwanziger Jahren des 19. Jahrhunderts populär waren. Andererseits stehen die Physiologien in enger Nachbarschaft zu jenen *codes littéraires*, die seit 1824 zirkulierten und es sich zur Aufgabe machten, die Regeln des sozialen Umgangs in den verschiedenen Milieus und Berufskreisen zu entschlüsseln: eine Parodie zugleich auf den *Code civil* und eine Decodierung der ungeschriebenen Gesetze, die das geschriebene Gesetzbuch tagtäglich außer Kraft setzen.[14]

Die Physiologien teilen diesen satirischen Zug der *codes littéraires* – mit dem Unterschied, dass sie nicht die Autorität rechtlicher Normen ironisch einklammern, sondern die Regeln des wissenschaftlichen Diskurses persiflieren, indem sie dessen Gestus nachahmen und mit dem ›Als ob‹ der seriösen Abhandlung spielen: etwa durch Definitionen, die sich auf die Unanfechtbarkeit des Tautologischen verlegen; oder durch historische Herleitungen, die sich in absurden Spekulationen verlieren. Aus dem digressiven Fluss der Texte ragen die eingefügten Karikaturen wie Inseln der szenischen Verdichtung heraus.

Diese strukturelle Hybridität erklärt den Unterhaltungswert, der den Physiologien – wenigstens zeitweilig – einen beträchtlichen Absatz einbrachte, aber auch den eigentümlichen Stellenwert im »Grenzgebiet zwischen Publizistik und Poesie«,[15] der ihnen die Lizenz zum verdeckten Operieren gibt. Gerade die Physiologien, die sich der Szene der Vergnügungslokale zuwenden, entwickeln daraus ein zum Teil subtiles Spiel des Offenlegens und Verbergens, das amüsant wirkt, aber bei näherem Besehen auch eine elementare Dimension des verhandelten Gegenstands reflektiert. Die Physiologien lassen gesellschaftliche Verhältnisse und persönliche Reputationen als abhängige Variable von beweglichen äußeren Kennungen erscheinen. Als »kultursemiotische Miniaturen«[16] auftretend, heben sie diese Beweglichkeit ans Licht, indem sie *mit* ihr kalkulieren.

Exemplarisch dafür sind die beiden Publikationen, die sich mit dem »Bal Mabille«, dem modernsten unter den Pariser Tanzgärten, befassen. Die erste erscheint noch 1844, im Jahr seiner Eröffnung: die *Physiologie du Bal Mabille* von Auguste Vitu und Jules Frey. Schon die summarische Übersicht, die ihr vorangestellt ist, präsentiert sich als Liste von Namen, Fragen und heterogenen Stichworten, die dem Leser sprunghafte Lektüren genauso freistellt wie kleinschrittige von Punkt zu Punkt.

Zusammenfassung
Was für ein Buch dies ist – Die Kritiken – Rolle – Old-Nick – Hippolyte Lucas – Der Flaneur – Der bürgerliche Pudel – Schwimmunterricht – Philosophie – Was man hoch von einem Baum sieht – Tableau des Bal Mabille – Die Sitten – Doppelte Definition – Der tugendhafte Mann – Alphonse Karrs Axiom – Was ist Moral? – Historiette – Ein

verbotener Tanz – Der Kommissar – Vergleich – Aphorismen – Charta des Bal Mabille, Rechte und Pflichten der Franzosen – Frauenporträts – Phryne – Man muss leben – Esther – Félicie – Jules Janin – Monsieur Saint-Marc Girardin – Ein Calembour – Der beobachtende Journalist – Monsieur Berryer – Théophile Gautier – Monsieur Guillaume – Die Troerinnen – Monsieur L...ce von Bl...y – Eugène Sue – Léon Gozlan – Eine hohe Persönlichkeit – Die schlimmen Tage – Der Sonntag – Die Hüte – Dramatische Szene – Gedanken einer Frau – Wie man berühmt wird – Katalog – Wahre Geschichte der Mademoiselle Pomaré – Nicht weniger wahre Geschichte der Mademoiselle Mousqueton – Noch viel wahrere Geschichte der Mademoiselle Ruminante – Mogador mit Blumenkranz – Schaukelbrett – [...] – Der Elefant – Das Kamel – Epilog – Der Blinde – *Panem et circenses*.[17]

Nach einigen rhapsodischen Bemerkungen zum Entstehen der Schrift folgt eine weitere disparate Aufzählung, die aus der Fülle der genannten Themen eine Reihe von Aspekten herausgreift und flüchtige Ideen Revue passieren lässt, wie man der Leserschaft den Ort am besten vorstellen könnte: von der Höhe eines Baumes aus; durch ein Lob der Sitten, des menschlichen Fortschritts und der modernen Zivilisation; oder unter tagespolitischem Blickwinkel, unter Verweis auf die Rückbeorderung des Admirals Dupetit-Thouars und den Krieg in Marokko; durch eine Diskussion der Maßeinheiten; oder mit Bemerkungen zur römisch-katholischen Kirche, zu Literatur und Allgemeinbildung, Diplomatie und Billardspiel.[18]

Als skizzenhafte Aufzeichnung frei schweifender Assoziationen ist dieser Katalog zunächst nichts anderes als eine formale Reverenz an die Zerstreuung, eine Anpassung von Tempo und Duktus an das Milieu, das der Text durchstreift. Dennoch sind die Einfälle nicht wahllos. Gerade die scheinbar abwegigen Verweise auf die militärischen Ereignisse zeichnen den Anspielungshorizont vor, über den sich die Pseudonyme zweier junger Frauen der Pariser Halbwelt erschließen, die im »Bal Mabille« als Tänzerinnen Furore machten. Die eine von ihnen, eine klein gewachsene, dunkelhaarige Schöne mit dem bürgerlichen Namen Élise Sergent, avancierte als »Königin Pomaré« zu einer Pariser Berühmtheit, die einige Monate in aller Munde war – auch durch Glanz und Elend ihrer wechselnden Amouren –, bevor sie mit nur 21 Jahren an Schwindsucht starb.[19] Ihretwegen strömten die Besucher in den »Bal Mabille«. Auch die größeren Zeitungen berichteten über ihre Auftritte. Mit dem exotischen Titel der Tänzerin verknüpfte sich ein aktueller politischer Hintergrund: Pomaré war Königin von Tahiti und ihr Name in Paris geläufig, weil in ihrem Inselreich – das der erwähnte Dupetit-Thouars 1842 unter französisches Protektorat gestellt hatte – ein aufwieglerischer englischer Missionar namens Pritchard Konflikte schürte, die an den Rand eines Kolonialkriegs zwischen den beiden Großmächten führten. Spekulationen darüber, wer der Tänzerin im »Bal Mabille« den Namen der fernen Herrscherin anheftete, waren Gegenstand zahlreicher Legenden, die zur geheimnisvollen Aura der Schönen beitrugen und als Täufer immer neue Kandidaten ins Spiel brachten.

Auch in der *Physiologie des Bal Mabille* steht nach einem impressionistischen Rundumblick, der das Terrain, wie angekündigt, aus der luftigen Perspektive »hoch von einem Baum aus«[20] sichtet, und nach längeren Abschweifungen zu sonstigen prominenten Lokalgästen die zentrale Frage im Raum, die Vitu und Frey durch ein Wortspiel dramatisch aufbauschen: »Quels rapports entre […] l'habitante de l'océan Pacifique et l'habituée du bal de l'Opéra?« – »Was verbindet die Bewohnerin des pazifischen Ozeans mit der ständigen Besucherin des Opernballs?«[21] Was den Lesern dann als »Wahre Geschichte der Mademoiselle Pomaré« aufgetischt wird, ist eine sagenhafte Mär, die in einem populären Akrobatentheater am Boulevard du Temple mit einer hochschwangeren Logenöffnerin beginnt, über eine nachlässige Amme auf dem Lande durch die Räuberhände einer böhmischen Bande führt und nach einigen Überlieferungslücken in Paris angelangt, wo die Tanzkarriere Pomarés durch ein missglücktes Debüt auf dem Opernball schon zu enden droht, bevor sie überhaupt begonnen hat. Dass es doch noch anders kommt, schreiben die Verfasser der Mode der Polka zu, die seinerzeit in Paris dank namhafter Tanzlehrer sehr *en vogue* war.[22] Hier laufen die losen Fäden der Erzählung zusammen: Eine mütterliche Bindung ans Umfeld der legendären Pariser Artistin Madame Saqui[23] und wilde Kinderjahre unter böhmischen Vaganten sind die Zutaten einer Fabel, die das Band zwischen der »reine Pomaré« und ihrer Namenspatronin aus Tahiti durchtrennt, um dem Tanz einen neuen, ostwesteuropäischen Ursprung anzudichten. Am Ende erweist sich die »wahrhaftige Geschichte« so als eine buntere Variante desselben Entstehungsmythos der Polka, den einer ihrer beiden Verfasser an anderer Stelle kolportiert – als Mitautor nämlich der *Physiologie der Polka*, die im selben Jahr erscheint und auch dasselbe Titelbild trägt.[24]

Die Südsee rückt in dieser Räuberpistole weit weg, doch bei allen Indiskretionen, die *en passant* über die Ballkönigin Pomaré ans Licht kommen, bleibt die Polka selbst von jeder Anrüchig-

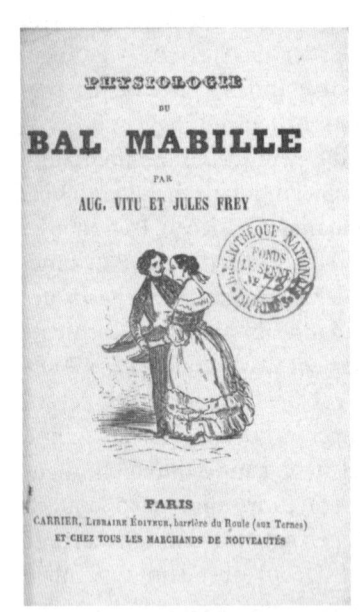

Abb. 11: Titelblätter der beiden Physiologien Auguste Vitus von 1844

keit frei. Die Verfasser leiten den Freudentanz der Füße auf Hacke und Spitze aus einem angeborenen Bewegungsdrang ab, der Pomaré – wie angebliche Recherchen in der »Königlichen Bibliothek«[25] zutage gefördert haben – schon auf Kindesbeinen umtrieb und sich jetzt in Freizügigkeiten auslebt, die erlaubt sein sollen, weil das Ergebnis allen gefällt.

Um diese Freizügigkeit nicht nur ideell zu stützen, sondern auch konstitutionell zu schützen, haben Auguste Vitu und Jules Frey schon vorher einen Dekalog des »öffentlichen Rechts der Franzosen« verkündet, der im Namen aller Besucher des *Bal Mabille* – die amtierenden und künftigen Königinnen inklusive – das Menschenrecht auf Bewegungsfreiheit postuliert und dem Tanzlokal ins Grundgesetz schreibt.

Öffentliches Recht der Franzosen
1. Vor dem Bal Mabille sind alle Franzosen gleich, ohne Ansehen der Titel und Ränge, die sie sonst haben mögen.
2. Sie tragen gleichermaßen und anteilig nach ihrem Vermögen zum Unterhalt der französischen Damen bei, die sie auf dem Ball kennenlernen.
3. Alle sind zum Kontratanz, zum Walzer und zur Polka zugelassen.
4. Ihre persönliche Freiheit ist garantiert. Niemand darf verfolgt oder verhaftet werden, es sei denn, er tanzt die Polka allzu nationalistisch oder lässt sich beim Walzer reichlich gehen.
5. Jeder tanzt auf seine Weise und mit gleicher Freiheit; auch sein Lieblingstanz genießt denselben Schutz.
6. Alle Polkas sind heilig, auch die, die man »nationale« nennt. Das Gesetz macht zwischen ihnen keinen Unterschied.
7. Die Liebespaare im aktiven Dienst, die Bürger im Ruhestand, die Witwen, die Loretten und die Ratten mit fetten Pensionen behalten ihre Rechte, Ehren und Renten.
8. Die Aufbewahrung der Spazierstöcke ist garantiert. Jede Zusicherung, die den Stammgästen per Aushang gemacht wird, gilt unumstößlich.
9. Mousqueton, Pomaré, Ruminante und Clara Fontaine erhalten ihre Titel zurück; Mogador behält den ihren; das Publikum macht Zeichnungen, wie es ihm beliebt, aber es gesteht den Königinnen nur Ränge und Ehren zu und befreit sie nicht davon, am Eingang zwei Francs Eintritt zu zahlen.

10. Die vorliegende Charta und alle von ihr zugesicherten Rechte vertrauen auf den Patriotismus und den Mut der Kommunalgarde und aller französischen Polkatänzer.[26]

Weil sich auf dem Tanzboden ein gemeinsames Bedürfnis nach Ungebundenheit Ausdruck verschafft, das die Tänzer über alle »Titel und Ränge« hinweg verbindet, ist der Appell an den Patriotismus und den Mut der Kommunalgarde zugleich ein Appell, das Recht zugunsten einer höheren Naturgewalt zu beugen, die nicht als Unrecht diskreditiert werden will. Er fordert keine Gnade, die *vor* Recht ergeht, sondern eine Nachsicht, die in dem Maß, wie sie geübt wird, ein anderes Recht – das »öffentliche Recht aller Franzosen« – bestätigt und sanktioniert. Die ›Verfassung‹, die Auguste Vitu und Jules Frey in ihrer *Physiologie des Bal Mabille* veröffentlichen, ist weder durch die Billigung des Königs noch durch die Zustimmung des Parlaments autorisiert. Dennoch kann sie die Gültigkeit einer Charta beanspruchen, die so lange in Kraft bleibt, wie die Ordnungskräfte die Tanzenden schlicht unbehelligt lassen und auf diese Weise der Republik der Freien und Gleichen *innerhalb* der konstitutionellen Monarchie Asyl gewähren.

Solche Deklarationen spielen in Étienne de Champeaux' eingangs bereits erwähnter *Physiologie der Pariser Bälle* keine Rolle. Zwar wird der »Bal Mabille« auch in seiner Darstellung als Milieu zum Thema, in dem Bewegungen und Diskurse sich wechselseitig stimulieren. Allerdings erscheint hier, was Vitu und Frey in ihrer Physiologie konstitutionell auslegen und mit den Rechtsbegriffen der Egalität in Einklang bringen, in eine funktionale Perspektive gerückt und unter dem Aspekt sozialer Differenzierung beleuchtet. Auf die erste Revolution zurückzuverweisen heißt für Champeaux vor allem eine Umwälzung in Rechnung stellen, die längst weitere Kreise zieht, und einen initialen Dreh- und Angelpunkt zu bezeichnen, von dem ausgehend sich das Terrain des *bal public* in einer zweifachen Bewegung mit gegenläufigem Richtungssinn organisiert. Durch die Demokratisierung des Balls hat sich aus seiner Sicht einerseits die Öffentlichkeit lokal zerstreut; andererseits sind um diese lokalen Zentren neue Zirkel mit je eigener Klientel entstanden.

Unter diesem Blickwinkel präsentiert sich das Phänomen »Mabille« vor allem als Ort, an dem der Tanz im Glanz der höchsten Noblesse zu besichtigen ist: einer Noblesse aber nun, die sich der Zerschlagung des alten Adels verdankt und ihre Geltung im Nonplusultra des Luxus und der Moden genießt. Der Schönheit zollt die *Physiologie der Pariser Bälle* schon durch ihre Berichterstattung Tribut. Wo sich der extravagante Garten vormals bei Vitu und Frey als Konglomerat diffuser sinnlicher Eindrücke darstellte, das die zwei Autoren aus ihrer gewählten Vogelperspektive so beschrieben:

> man kann nur vage die menschlichen Schemen unterscheiden, die sich in alle möglichen Richtungen bewegen, viele schwarze Hüte, noch mehr rosafarbene, oder grüne, oder blaue [...]. In der Mitte des Ganzen strahlende Gaslaternen, eine singende Violine, eine brüllende Posaune, Frauenstimmen, die schwirren, eine springende Polka [...], eine gehende und wogende Menge[27]

– da durchmisst Champeaux das Vergnügungsparadies jetzt mit einem ausführlichen Katalog, der mit exakten Daten und Fakten über alle Superlative Buch führt: die beste Lage, die schönste Ausstattung, die neuesten Tanzkompositionen, die hervorragendsten Musiker, die höchsten Besucherzahlen, das elitäre Publikum.[28]

Offenbar soll diese Detailgenauigkeit auch den Maßstäben der Transparenz Rechnung tragen, die der Park selber setzt. Nicht umsonst verweilt die Beschreibung am ausführlichsten bei den technischen, ästhetischen und ordnungspolizeilichen Vorzügen der 350 Gaslaternen. Für Champeaux sind die Laternen Lichtmedien einer Aufklärung im umfassendsten Sinn, mit denen die Epoche eines unbestechlichen Regimes der Sichtbarkeit angebrochen ist. Über den Park verteilt, schaffen sie eine allseitige Klarheit, gewährleisten eine effiziente Überwachung und sorgen dafür, dass nichts dazu einlädt, es im »Eden der Polka«[29] den galanten Verführern und Lebedamen vergangener Zeiten nachzutun.

> Es finden sich in allen Winkeln Kreise, grüne Pavillons aus Blattlaub, an denen die Scham Anstoß nehmen könnte, [...] wenn die Lichtstrahlen dorthin nicht ausreichend vordringen würden [...]. Das Licht ist auf eine solche Weise verteilt, das es keinen einzigen finsteren Ort gibt; man könnte keinen einzigen benennen, zu dem sich die Helle nicht durch die Kronen der Akazien, Platanen und Kastanien Zugang verschaffen könnte.[30]

Dass das Regime der Sichtbarkeit nach der Lektüre der *Physiologie der Pariser Bälle* gänzlich erschüttert sein wird, ist bei so viel Zutrauen fast vorhersehbar. Dennoch hält sich Champeaux weder bei sinistren Umtrieben noch bei ausgebreiteten Pikanterien auf. Selbst um die frivolen Noten des Tanzes geht es nur sehr am Rande. Was ihn vor allem beschäftigt, sind die Rätsel, die das Offensichtliche aufgibt: das Erscheinungsbild der Besucher, ihr Auftreten, ihre Gesichter. Je mehr er sich bemüht, die amorphe Masse des Publikums aufzulösen und einen Kreis vertrauter Gestalten auszumachen, desto offener tritt zutage, dass sich die Frage der Fremdheit nicht erledigt, sondern nur auf andere Weise stellt.

So hat die penible Unterscheidung von »Stammgästen« *(habitués)* und »Getreuen« *(fidèles)*[31] – deren linguistische Anfechtbarkeit im Übrigen freimütig eingeräumt wird – in erster Linie suggestiven Charakter. Tatsächlich hält sie nur zwei Formen der Unkenntlichkeit auseinander: die Gesichtslosigkeit derer, die nicht aus den Schemen bloßer Typen heraustreten – »Sie sehen dort zwei Sorten von Habitués: solche, die immer tanzen, und solche, die nie tanzen«[32] –, und die Prominenz der anderen, deren Physiognomien unter der kompakten Informationsdecke von connaisseurhaft ausgebreiteten Details jede Kontur verlieren. Die Bezeichnung der markanten Merkmale dieser »Getreuen«, unter denen für den Autor überhaupt nur die Frauen der Rede wert sind –

> Mariana mit dem strengen Blick, aber sie beweist, sagt man, dass die Augen nicht immer der Spiegel der Seele sind; die drei Fauchon, drei

Schwestern die sich so verteilen: zwei sind hübsch, eine liebenswert, zum Ausgleich; die zwei Schwestern Léon, Ex-Schauspielerinnen des Beaumarchais [...]; es ist leicht, die beiden hübschen Schwestern wiederzuerkennen: Sie kommen fast immer im himmelblauen Kleid.[33]

–, teilt *de facto* bloß das »Dass« des Wiedererkennens durch den geübten Männerblick mit, und sie erzeugt den gewollten Effekt, dass eine Identifikation der Gemeinten – jedenfalls für Dritte, die weder zu den »habitués« noch zu den »fidèles« zählen – auf der Basis der verwendeten Passepartouts völlig unmöglich ist.

Étienne de Champeaux' *Physiologie der Pariser Bälle* entwickelt ein hohes Maß an Virtuosität, um die Befragung des Sichtbaren über diese Aporie hinauszutreiben – und mit jedem Anlauf neu an ihr zu scheitern. Wo das Dunkel über den prominenten Gestalten sich ausnahmsweise lichtet, wie im Fall der »Königin Pomaré«, deren Lebensgeschichte den Lesern einmal mehr erzählt wird – natürlich wiederum in einer anderen, alles früher Kolportierte widerlegenden Version –, geschieht dies unter ausdrücklichem Hinweis auf eine »unangenehme Affäre«,[34] die eine zweitägige Verhaftung der Tänzerin zur Folge hatte. Aufklärungen der Identität erfordern die Unterstützung der Polizei und sind auf Akten und Melderegister angewiesen, während die leuchtenden Gaslaternen im »Bal Mabille« stets dieselbe Undurchdringlichkeit sozialer Verhältnisse bescheinen.

An dieser Intransparenz tastet sich die *Physiologie der Pariser Bälle* auf verschiedenen Wegen entlang. Man erfährt zum Beispiel von den panegyrischen Liedern, die Kavaliere auf die umschwärmten Tänzerinnen dichten und in denen sie sich gerade auf die Kunstnamen der Frauen einen Reim machen, um die Schönen nach allen Regeln der Verskunst zu umarmen und durch kleine Epigramme zu offenbaren, wie viel Wahrheit doch aus ihren Pseudonymen spricht. Ein Verehrer »Rose Pompons« sieht durch den Decknamen die Person perfekt charakterisiert:

Avec son œil fripon,	Mit ihrem schelmischen Auge,
Sa tournure coquette,	Ihrem koketten Reifrock,
Dites, Rose Pompon	Sagt, ist Rose Pompon
N'est-elle pas parfaite?	Nicht perfekt?
Justifiant son nom	Sie bestätigt ihren Namen
Par le mot et la chose	Durch das Wort wie durch die Sache
Entre toutes, Pompon, brille comme une rose,	Unter allen strahlt sie wie eine Rose hervor,
Et sait, dans l'art de plaire, obtenir le pompon.	Und gewinnt den Tanzwedel durch die Art, wie sie gefällt.[35]

An anderer Stelle wird am Fall des Tänzers »Pritchard« das Gedankenexperiment einer peniblen physiognomischen Untersuchung durchgespielt, die nichts auslässt – weder seine Schultern noch die Fingernägel noch den Hals, sein kantiges Profil, die kolossale Nase, die dichten Augenbrauen, ja selbst die Schuhsohlen –, ohne dass am Ende eine Lösung für das »menschgewordene Rätsel in fünf Fuß und sechs Zoll«[36] präsentiert würde. Champeaux' *Physiologie der Pariser Bälle* schließt damit, dass sie das Rätsel der Personen um das Rätsel des gehüteten Textgeheimnisses verdoppelt und die Leser mit der Alternative entlässt, entweder der Einladung des Autors in den »Bal Mabille« zu folgen und sich selbst vor Ort ein Bild zu machen oder aber das Erscheinen des nächsten Heftes abzuwarten, in dem angeblich alles nachgetragen wird, was der Autor seinem Publikum an Wissenswertem jetzt vorenthält.

Als Mikrokosmos einer Republik, in der Tänzer dadurch gleich sind, dass sie alle dieselbe Bewegungsfreiheit genießen, kommt der »Bal Mabille« in der *Physiologie der Pariser Bälle* bestenfalls noch indirekt in Betracht, wenn Champeaux die jüngste politische Geschichte im Zeitraffer und am Leitfaden der wechselnden Tanzmoden durcheilt: die Ablösung der »prätentiösen Menuette« und »steifen Kontratänze«[37] aus der Zeit des Ancien Régime durch den Walzer und die flotten Tänze der Gegenwart. Weit mehr beschäftigt ihn jedoch das Publikum, das sich hier zeigt: die kleinen Berühmtheiten, für die der »Bal Mabille« mit seinen Gaslaternen zum Sprungbrett ins Rampenlicht der Öffentlichkeit wurde, und die Theaterstars bzw. Exlieblinge der Pariser Bühnen, die den Ball mit ihrer Anwesenheit beehren, um durch ihr bloßes Erscheinen selbst viel Aufsehen zu erregen und den dortigen Lokalgrößen nach Möglichkeit die Schau zu stehlen.

Als Mann der Zeitung weiß er dabei wohl, dass es der Takt gebietet, solche Prominenzen auf ihren (Ab-)Wegen in die Tanzszene eher verstohlen zu beobachten und gelegentlich auch Dinge zu verschweigen, die er dort registriert – wenigstens bis es opportun ist, sie der Restwelt kundzutun. »Was Leute wie uns angeht«, schreibt er, »die dem Beruf des Journalisten sowohl aus Pflicht wie aus Neigung nachgehen und folglich in eine Menge Theatergeheimnisse und anderes eingeweiht sind, wir möchten hier beweisen, dass wir all das für uns behalten können, was man uns anvertraut hat; denn tatsächlich ist Pritchard nichts von all dem, was unsere Tauben und die Schwätzer glauben wollen. Mit einem einzigen Wort könnten wir den Stadtklatsch neu aufmischen und alle Mutmaßungen zunichtemachen; es würde uns reichen zu sagen ... aber klüger ist es, wir sprechen darüber in der nächsten Ausgabe.«[38] Offensichtlich genießen Besucher wie Étienne de Champeaux im »Bal Mabille« weniger die Freiheiten des Tanzes als die Möglichkeiten des lasziven Schreibens über dies und das, die sich hier auftun und die ihnen in den Physiologien eine Textbühne für den eigenen Auftritt bieten: als Spieler mit der Neugierde der Leserschaft in der Maskerade des intimen Szenekenners, d. h. jenes *sujet supposé savoir*, dem man nicht auf Anhieb anmerkt, ob es wirklich gut Bescheid weiß oder schlicht und einfach blufft.

4. Paris-Bilder der *petite presse*

Seit 1835 waren die Möglichkeiten des Schreibens in der französischen Presse nicht mehr unbegrenzt. Die verhängten Zensurmaßnahmen hatten insbesondere die Karikaturzeitschriften getroffen, die sich gleich zu Beginn der Julimonarchie am Porträt des Königs vergangen und das Antlitz Louis-Philippes verunstaltet hatten. Am 14. November 1831 musste sich Charles Philipon, der Gründer der *Caricature* und später auch des *Charivari*, wegen Majestätsbeleidigung vor Gericht verantworten. Die Bilderserie, mit der er der Justiz in raschen Strichen vorführte, wie leicht sich das Monarchenhaupt mit einer Birne verwechseln ließ, war vordergründig zur Verteidigung und Illustration seiner Unschuld gedacht. *De facto* bestätigte sie natürlich die Anklage. Prompt erschien im Folgejahr eine *Physiologie der Birne*, die sich mit allem botanischen Ernst der königlichen Frucht widmete.[1]

Solchen Respektlosigkeiten schoben die sogenannten Septembergesetze den Riegel vor und verdrängten die ›kleine Presse‹ insgesamt von der Domäne der Politik. Dass die später entstandenen Physiologien nicht als Opfer, sondern bereits als Ergebnis dieser Beschneidungen anzusehen sind, hat Walter Benjamin in seinem Essay *Das Paris des Second Empire bei Baudelaire* nahegelegt. Die »kolossale Revue des bürgerlichen Lebens«,[2] die sich in den Physiologien darbietet, reicht in seinen Augen an die Schärfe der älteren Karikaturen nicht heran. Sie kennzeichnet nur mehr eine harmlose, »von Grund auf kleinbürgerliche« Gattung aus der »hohe[n] Schule des Feuilletons«,[3] die wenig wagt und nichts als kommerziellen Gewinn sucht, wenn sie Übersicht und Amüsement verspricht.

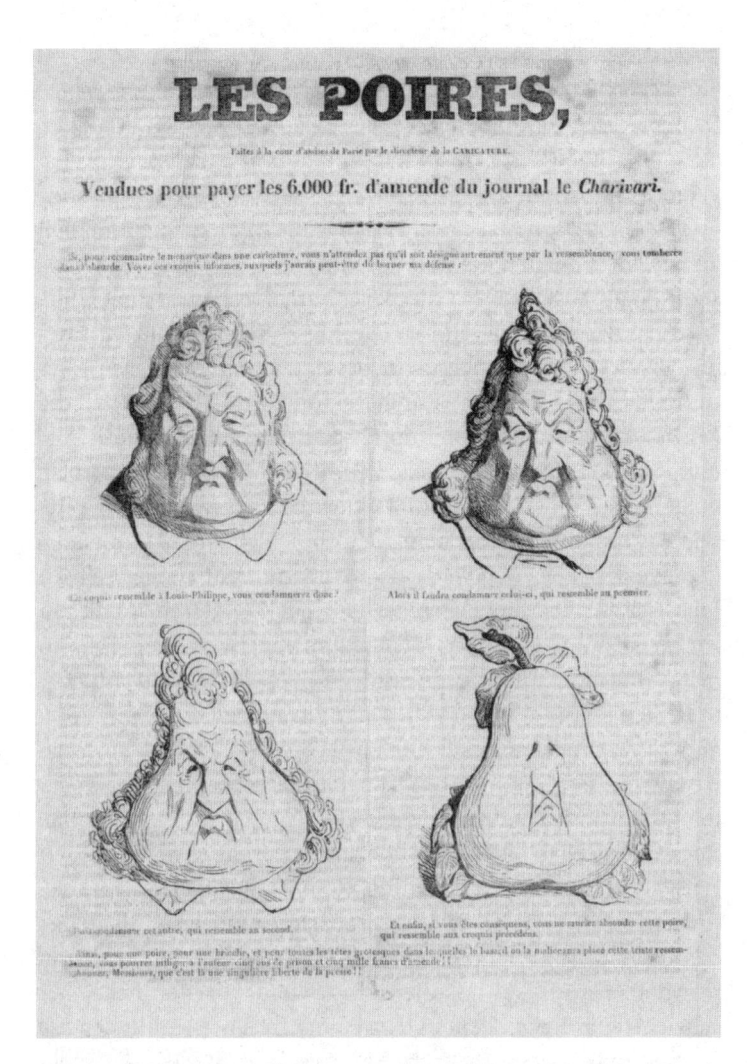

Abb. 12: Die Birnen-Karikaturen von Honoré Daumier auf der Grundlage der Skizzen Charles Philipons (»La Caricature« No. 56, 24. November 1831)

Das trägt ihr Benjamins Vorwurf ein, sich die Sache leichtzumachen und den Weg des geringsten Widerstands zu gehen. Seiner Ansicht nach verbergen sich unter dem Etikett der »Physiologie« altbewährte Charakterstudien im Fahrwasser von Lavaters Physiognomik, »von deren Kredit« das Genre zehrt, »ohne aus Eigenem dazuzugeben«.[4] Neben der Originalität vermisst er an den Physiologien die Bereitschaft, sich der modernen Großstadt da auszusetzen, wo die Begegnung hart und schmerzhaft wird: in Ballungsräumen, wo die Masse sich *unmittelbar* aufdrängt und dem, der sich in ihr bewegt, als Hindernis ›zustößt‹ und gefährlich begegnet – durch Reibungen und Rempeleien der Körper auf engstem Raum; durch den Anprall akustischer und optischer Reize; durch sexuelle Zudringlichkeiten; durch kriminelle Gewalt. Nach Benjamin meiden die Physiologien den physischen Nahkontakt mit dem Metropolenleben. Sie kultivieren den gemächlichen Schritt des Flaneurs und ordnen die Welt zur Übersichtlichkeit einer »panoramatische[n] Literatur«, die ihr Ziel erreicht hat, wenn sie »den Leuten voneinander ein freundliches Bild« gibt und ihnen sonstige Schocks vom Leib hält.[5]

In Benjamins Augen bleiben die Physiologien darum hinter anderen Genres aus dieser Zeit zurück, die kein Risiko gescheut und im Hässlichen und Bösen neue Reize entdeckt haben. Er denkt hier insbesondere an die Detektivgeschichte Edgar Allan Poes, die den »beunruhigenden und bedrohlichen Seiten des städtischen Lebens«[6] gebührend Raum gibt, oder an die Gedichtverse des Poe-Übersetzers Charles Baudelaire, in denen das lyrische Ich alle Zusammenstöße ästhetisch auffängt und souverän pariert, so dass die Masse, die dort selten näher beschrieben wird, vor allem in den Wahrnehmungsreaktionen *auf sie* präsent ist.[7] Der ästhetische Mehrwert, den Benjamin Baudelaires Gedichten damit zuerkennt, ist der einer Sublimation der physischen Zumutungen und psychischen Zerstreuungen: einer Konzentration des Erfahrungs- und Erlebnisraums der Großstadt im lyrischen Text. Nicht durch die innige Verquickung von Erlebnis und Dichtung, durch die symbolische Verdichtung des

Allgemeinen im Besonderen,[8] sondern durch die Übersetzung alltäglicher Schockerlebnisse in eine zeitgemäße Großstadtpoesie, in der das Flüchtige ewig schön wird, beweisen für ihn die *Fleurs du Mal* noch einmal die Größe heroischer Literatur.

An ihrem Maßstab gemessen, müssen die Physiologien schon deshalb als minderes Genre erscheinen, weil sie diesen Höchstgrad an ästhetischer Schließung mit ihrer hybriden Prosa nicht erreichen können – und erreichen wollen. Wenn in Benjamins Lektüre der Baudelaire-Gedichte »die *Distanz* ästhetischer Gegenstände von den pragmatischen Daten der Sozialgeschichte [...] dem *Wesentlichen* der Gesellschaft zur Transparenz«[9] verhilft, so rücken die Physiologien, gerade umgekehrt, jene sozialen Verhältnisse in den Vordergrund, die sich von vornherein als ästhetisch vermittelte – und damit symbolisch gebändigte und konventionell gezähmte, jedenfalls über den Umweg der gesellschaftlichen Einbildungskraft gesteuerte – Beziehungen definieren. Das mag man im Hinblick auf das Bedrohungspotential und die destruktive Energie der Masse in der Tat als Beschränkung empfinden, weil der soziale Raum damit einseitig auf die Sphären einer Zivilität begrenzt wird, in der Interaktionen in weitgehend vorhersehbaren Bahnen verlaufen und sich zumindest durch die schwachen Codierungen von Umgangsformen und Verhaltensstilen regulieren. Die Bedrohung, die der Detektivroman als permanent lauernde und im Extremfall tödliche Gefahr ausmalt – das heißt aber zunächst: als phantasmatische präsent macht –, begegnet hier in der entschärften Form der Anonymität von Individuen, die einander in transitorischen Räumen begegnen, aber eingespielten Normen gehorchen, um ihr ambivalentes Wechselverhältnis – das Ineinander von Interessenverwandtschaft und Konkurrenz – zum gemeinsamen Vorteil unter Kontrolle zu halten. ›Fremdheit‹ ist der gesellschaftliche Nenner, auf den die Physiologien die latente Feindseligkeit der Masse bringen und als Opazität des Sozialen beschreiben. Mit Günter Oesterle gesprochen, »›webt‹ [...] die Physiologie an der Intransparenz der gesellschaftlichen Erscheinungen ebenso, wie sie an ihrer sozialpraktischen Bewältigung arbeitet«[10] und durch ihre Reproduktion – die hier vor allem Travestierung ist – in den Umgang mit ihr einübt.

In dem Maß, wie die Physiologien damit einerseits, vom Blickpunkt der Kriminalliteratur aus gesehen, als soziologische Entdramatisierungen seiner Gefahrenszenarien betrachtet werden können, erscheinen sie andererseits als literarisch ›verwilderte‹, ins Groteske überschießende Spielarten der Soziologie. Eine Wissenschaft der Gesellschaft, die sich für die Frage »Wie ist soziale Ordnung möglich?«[11] zuständig erklärt und einen »Begriff dieser neuen Ordnung«, aber auch einen »neuen Begriff von Ordnung«[12] zu entwickeln sucht – mit den beschriebenen Aporien im 20. Jahrhundert –, ist in der ersten Hälfte des 19. Jahrhunderts allererst im Entstehen begriffen. Zur Zeit der Hochkonjunktur der Physiologien hat die systematische Reflexion sozialer Prozesse und Umbrüche noch keinen festen institutionellen Ort. Claude-Henri de Saint-Simons 1813 entstandene, zu Lebzeiten unveröffentlicht gebliebene Schrift *De la physiologie appliquée à l'amélioration des institutions sociales*[13] ist einer der frühen Versuche gewesen, diese Frage mit dem Vorschlag zu einer radikalen Therapeutik des Sozialen zu beantworten und die Überwindung der beklagten gesellschaftlichen Atomisierung theoretisch vorzubereiten. Mit der Besetzung des Physiologie-Begriffs verband Saint-Simon den ausdrücklichen Wunsch einer ›Wiederherstellung‹ der organischen Einheit des sozialen Körpers.

Die publizistischen Physiologien nehmen sich demgegenüber nicht nur durch ihren Titel als direkte Antipoden aus. Auch das Einheitsbegehren ist ihren Aufzählungen, Klassifikationen, aneinandergereihten Szenen und notorisch offenen Enden fremd. Nathalie Preiss hat in dieser verweigerten Einheit, die sich als Verweigerung eines *Bildes der Einheit* mitteilt und materialisiert – nicht zuletzt in der wuchernden Produktion immer neuer Hefte –, den wichtigsten Angelpunkt der Physiologien ausgemacht. Ihr Fazit wendet Benjamins Analyse des Unheimlichen um, indem sie die Disparatheit nicht als Symptom einer Verdrängung der gefährlichen Masse wertet, sondern als Reflex einer in sich vielfältigen Realität, gegen die sich die »Physiologie« im Singular der Soziologie Saint-Simons verschließt. Ein Verhältnis der Doppelgängerschaft also auch hier, in dem die Verstörung nun jedoch von den Physiologien und ihren losen Formen *ausgeht.* »Am Horizont der Physiologien zeichnet sich keine Totalität, keine Einheit ab. [...] Doch wie der Narr des Königs dessen Porträt gleichermaßen zerstört und konsolidiert, so verweisen die Physiologien durch ihre fragmentarische Schreibweise auf eine Gesellschaft, die durch sie ihren Kopf, ihr eigenes Bild von sich verloren hat.«[14]

Massenmedien, so könnte man ihr Argument fortführen, sind die Physiologien in dem genauen Sinn, dass sie *zwischen* Masse und Gesellschaft vermitteln und, wie jedes Medium, die Unterscheidung beider Seiten nur um den Preis erlauben, wie sie selbst auf *keiner* dieser Seiten zu positionieren sind, oder eben: wie sie als unähnliches Doppel *jeder* dieser Seiten erscheinen, als inadäquate soziale Verharmlosung der Masse oder als groteskes Theater einer Gesellschaft. In den Metropolen springt an dieser Gesellschaft vor allem ins Auge, dass die alten sozialen Kennungen nicht mehr tragen und Orientierungshilfen nötig sind, die über die laufende Aktualisierung von Adressverzeichnissen ihrer beliebtesten Treffpunkte – der »Bal Mabille« ist einer vor ihnen – hinausgehen.

In seiner Studie *Verfall und Ende des öffentlichen Lebens* hat Richard Sennett in der Unzuverlässigkeit äußerer sozialer Markierungen das Merkmal der urbanen Öffentlichkeit des 19. Jahrhunderts insgesamt erkannt.[15] Seiner Darstellung zufolge vollzieht sich nach dem Ende des Ancien Régime mit dem Ausbau der Großstädte eine doppelte Entwicklung, denn während sich im Zuge der Industrialisierung und Kommerzialisierung einerseits die Spielräume für die Interaktion unter Fremden[16] – nach Sennett die elementare Großstadterfahrung schlechthin – quantitativ beständig erweitern, schränkt sich das Handlungsspektrum der Einzelnen qualitativ ein und verengt sich auf das stumme Taxieren und Beobachten. Zum Opfer fällt diesem Prozess der direkte Dialog, der im späten 17. Jahrhundert, zumal in den europäischen Metropolen London und Paris, durch die aufkommenden Kaffeehäuser zur festen Einrichtung geworden war und den gesellschaftlichen Austausch bestimmte.[17] Mit der Anlage von Prachtplätzen, Parks und Promenaden[18] beginnt die Ausdehnung der Verkehrssphäre auf Zonen, die weniger zum Verweilen und zum Gespräch im vertrauten Kreis einladen als zur schweigenden Besichtigung vieler Unbekannter, die vorbeispazieren. Der Prozess gipfelt im 19. Jahrhundert in der Errichtung von Passagen und Boulevards, auf denen Flaneure, von ihrer Schaulust umgetrieben, streunend unterwegs sind.

Für Literatur und Presse ergeben sich daraus neue Aufgaben. Sie antworten auf die Entwertung der öffentlichen Kommunikationsräume, indem sie das Abdrängen des freien Dialogs publizistisch auffangen. Außerdem versorgen sie ihre Leserschaft mit wichtigen Beobachtungshilfen, indem sie Übersicht und Orientierung da versprechen, wo der äußere Anschein das Auge im Dunklen lässt – wenigstens auf den ersten Blick. Sennett charakterisiert die Öffentlichkeit der Metropolen des 19. Jahrhunderts als »Welt, deren Gesetze nur Eingeweihten zugänglich sind«, und bezeichnet die »Hinweise, die der Eingeweihte zu lesen vermag«, als »Resultat eines Miniaturisierungsprozesses«.[19] Die Beispiele, die er anführt, nehmen zwar nicht ausdrücklich auf die ›kleine Presse‹ des Pariser Kultur- und Stadtjournalismus Bezug. Doch sind Anspielungen auf Texte wie Honoré de Balzacs *Physiologie der Toilette*[20] unübersehbar, wenn die Grammatik der kleinen Unterschiede am exemplarischen Fall der Kleidermode umrissen wird.

»Feinheiten der ›Machart‹ zeigen jetzt, wie ›vornehm‹ ein Mann oder eine Frau ist. Die Art, wie ein Mantel geknöpft wird, ist entscheidend; auf die Stoffqualität kommt es an, wenn der Stoff selbst in Farbe und Tönung gedämpft ist. Auch das Schuhleder gewinnt Zeichencharakter. Das Binden der Krawatte wird zu einer vertrackten Ausdrucksleistung; der Krawattenknoten zeigt an, ob jemand ›Kinderstube‹ hat oder nicht, die Krawatte als solche besagt gar nichts. In dem Maße, wie sich die äußere Form der Uhren vereinfacht, wird das Material, aus dem sie gemacht sind, zum Hinweis auf die soziale Stellung ihrer Besitzer. Bei alledem kommt es auf die Subtilität der Selbstkennzeichnung an. Wer von sich behauptet, ein Gentleman zu sein, ist schon deshalb ganz sicher keiner.«[21]

Im Ancien Régime konnte sich die Alltagssemiotik noch auf eine Ordnung vertrauter Evidenzen verlassen, die gesellschaftliche Zugehörigkeiten sichtbar hielt – eben durch den Code der Kleidung[22] –, dadurch den öffentlichen Diskurs entlastete und das Verhandeln von Standesfragen unnötig machte.[23] Sichtbares und Sagbares tarierten sich wechselseitig aus: »Das visuelle Prinzip führte zur willkürlichen Kennzeichnung des Körpers nach dem Rang der jeweiligen Person; das verbale Prinzip dagegen führte zur willkürlichen Aufhebung solcher Rangunterschiede.«[24] In dem Maß, wie der städtische Sozialraum das visuelle Durchdringen erschwert, wächst hingegen der Explikationsdruck auf Literatur und Presse. Sie müssen nicht nur den Ausfall der Kaffeehauskonversation kompensieren, sondern überdies eine supplementäre Sichtbarkeit herstellen, die den Blick schärft und signifikante Details vergrößert. Da das »visuelle Prinzip« nur abwesende Unterschiede bezeugt, ist es Sache des »verbalen Prinzips«, diese Unterschiede in den flüchtigen Nuancen auszumachen und vor Augen zu führen. Die Differenz wird eine Domäne der Schrift, die deren Bedeutung erläutert und in Szene setzt.

Sennett macht in seiner Analyse damit auf die komplementäre Seite jener »publikumsbezogenen Privatheit«[25] aufmerksam, mit der Jürgen Habermas in seiner einschlägigen Studie den Strukturwandel der Öffentlichkeit erklärt hat, infolge dessen sich im 18. Jahrhundert die Vernunft als aufgeklärte Kommunikationsnorm etabliert und die Staatsräson entmachtet. Anstelle des bürgerlichen »Publikum[s] der räsonierenden Privatleute«[26]

rückt er eine Großstadtmenge in den Vordergrund, die ihre Formen der öffentlichen Selbstdarstellung privatisiert und eine Literatur benötigt, die den daraus erwachsenden *Verdunkelungsspielraum* sozial handhabbar macht. Die Trübung der Evidenz ruft eigene Investigationen auf den Plan und beschäftigt ein ganzes Pressesegment damit, den *Verstädterungsprozess*, den der Ausbau neuer Infrastrukturen für die Zirkulation der Menge vorantreibt – als eine der prägenden Erscheinungen im 19. Jahrhundert überhaupt[27] –, durch eine »innere Urbanisierung«[28] zu flankieren. Wer sich in der Großstadt bewegt, braucht nützliches Detailwissen, damit er das Wichtigste nicht übersieht und die Lage der Lokale und Treffpunkte überblickt, die er ansteuern muss, um die Stadt von ihrer buntesten und modernsten Seite zu erleben.

Das beleuchtet auch die Konjunktur von Genres wie den Physiologien aus anderem Blickwinkel. Diese widmen sich mit Hingabe dem täglichen Gesellschaftstheater, das sich auf den eben erst geschaffenen Plätzen, Tanzböden und Boulevards nach neuen Regeln abspielt und Insiderkenntnisse voraussetzt, weil nur der geübte Blick die feinen Unterschiede registriert, die hier über die Rollenverteilung und das *Who is who* Auskunft geben. Während der Julimonarchie teilen sich die Physiologien dieses Großstadtrevier mit den Tableaus, die zu dieser Zeit einen ähnlichen Aufschwung erleben, weil sie die protosoziologischen Einzelstudien partikularer Aspekte des Metropolenlebens – der Mode, der Bälle, der Ehe, der Beamten, der Salonlöwen, der Theater – um die ausgedehnte Erfassung des Panoramas neuer Attraktionen in der Stadt ergänzen. Gemeinsam ist den Physiologien und den Tableaus dabei auch, dass sie spielerisch an epistemische Paradigmen anknüpfen, die sie dem 18. Jahrhundert entlehnen. Damals griffen die neuen Wissenschaften vom Menschen den Impuls der Naturforscher auf, die Neugierde umzulenken, statt des Außerordentlichen das Gewöhnliche und Unscheinbare unter die Lupe zu nehmen – Lavaters Physiognomik war hier für die Anthropologie Vorreiter – und sich weniger für spektakuläre Erscheinungen zu interessieren als für leicht zu übersehende Kleinigkeiten.[29]

Im Fall der Tableaus reichen diese Anfänge zeitlich ins Vorfeld der Französischen Revolution zurück. Ihre Geschichte beginnt, ungeachtet einiger Vorläufer,[30] mit dem Theaterautor und Journalisten Louis-Sébastien Mercier, der im Mai 1775 das *Journal des Dames*, ein »ziemlich belangloses Salonblättchen mit prekärer Existenzgrundlage und geringer Auflage«,[31] übernommen und zum Experimentieren mit einer neuen Prosaform genutzt hatte. Vorausgegangen war diesem Entschluss ein Streit mit der Comédie-Française, den Mercier durch sein 1773 veröffentlichtes Manifest *Neuer Versuch über die Schauspielkunst* auslöste. An ästhetische Überlegungen Diderots anschließend, propagierte der Essay eine »neue Gattung, welche man Drama nennt, und welche aus Trauer- und Lustspiel zugleich entsteht«, so dass sie »das Pathetische des einen mit den naiven Schilderungen des anderen« verbinden und auf diese Weise »weit nützlicher, wahrer, interessanter« sein kann, »weil sie der größten Menge der Bürger verständlich ist«.[32] Mercier ging es dabei nicht nur um die Einebnung des »Unterschied[s], den man zwischen Tragödie und Komödie gemacht hat«,[33] sondern um eine weitläufige Revision der Normen theatraler Darstellung, die in vielem den späteren Forderungen Friedrich Schillers vorgreift, die Welt der Bühne da beginnen zu lassen, »wo das Gebiet der weltlichen Geseze sich endigt«.[34] Im Gegensatz zu Schiller machte Mercier allerdings aus der politischen Stoßrichtung seiner Vorschläge keinen Hehl, wenn er von dem Theaterdichter verlangte, dass dieser

> das Interesse des Augenblicks, in dem er schreibt, nicht aus der Acht lasse [...]. Alle Ungleichheiten, welche die politische Regierungsform gezeugt hat, müssen vor seinem erhabenen Auge verschwinden; denn wenn er damit umgienge, diese unglückliche Bande noch fester zuzuschnüren, so wäre er ein Barbar, und würde der Begünstiger der Tyranney werden. Er muß im Gegentheil darauf bedacht seyn, jene natürliche Gleichheit wieder herzustellen, weil sie das ursprüngliche, auf die innre Beschaffenheit der menschlichen Natur sich gründende

Gesetz ist. [...] Seine Gemälde werden also immer dem großen Grundsatz, daß die Menschen nur insofern abhängig sein können, als eben diese Abhängigkeit zu ihrem größern Glück etwas beyträgt, angepaßt seyn. Und kommt es nicht dem Dichter zu [...], Gesetzgeber zu seyn, und uns das Maaß und den Umfang unsrer gegenseitigen Pflichten zu zeigen? Die ersten Gesetzgeber waren aus dem Groben gehauene Leute, die auf nichts aufmerksam schienen, als große Verbrechen, Lasterthaten und öffentliche Gewaltthätigkeiten zu verhindern. Dieser aber, mit einer verfeinerten und anhaltenden Empfindbarkeit versehen, erweitert den Umfang des moralischen Gesetzbuches, und sucht ihm jeden Punkt des innern Gefühls unterzuordnen; er richtet den Menschen nicht mehr nach den auf Stein oder Pergament geschriebenen Gesetzen, sondern nach denjenigen, die, so unsichtbar und verborgen sie auch seyn mögen, darum doch nichts destoweniger allgemein aufgenommen sind, weil sie, so zu reden, das feine Gewebe unsers Gewissens ausmachen.[35]

Denis Diderot, auf den das Konzept des »Gemäldes« zurückgeht, hat mit dem Tableau in seiner Poetik des *drame* das Einfangen eines prägnanten Moments verknüpft: das Innehalten der äußeren Handlung in einem Augenblick höchster Intensität, in dem der Illusionismus der Bühnenfiktion erschüttert wird durch die Wahrheit eines menschlichen Betroffenseins der Akteure, das ihnen die Sprache verschlägt und alle sozialen Attribute – Rang, Namen, Besitz – gegenstandslos macht.

Was die »große Szene« in der Dramaturgie der Revolutionsfeste später im Hinblick auf die *res publica* des demokratischen Staats leisten wird: die Konzentration des Geschehens in einer kollektiven Gebärde, die den *citoyens* nichts als ihr eigenes Selbstverhältnis vor Augen führt, nimmt Diderots Tableau für den *Bürger und Privatmenschen* vorweg – in der gegenläufigen Absicht allerdings, statt der Öffentlichkeit Intimität herzustellen und das Publikum folglich nur um den Preis des Ausschlusses an dem Augenblick innigen Versunkenseins teilhaben zu lassen. Das »Gemälde«, in dem das *drame* kulminiert, ist das symmetrische Gegenstück zum Höhepunkt der Festdramaturgie: Denn wo die pathetische Geste der erhobenen Schwurhand ihre *Theatralität*, ihr Gesehenwerden-Wollen von vornherein einkalkuliert, lässt Diderots Tableau sich ganz vom Selbstbezug der Protagonisten absorbieren und schließt die Szene ab gegen den Voyeurismus der auf sie gerichteten Blicke.[36] Der Zuschauer wird zum heimlichen Teilnehmer an der Selbstreferenz der Bühnenfiguren; er besetzt jenen »unmöglichen Ort«, an dem er »perspektivisch nicht existiert und doch alles aus nächster Nähe vor sich ausgebreitet findet«,[37] während – umgekehrt – das Theater durch diesen Rückzug nach innen aus sich heraustritt und sich für die Dauer von einigen »tumultuösen Augenblicken, wenn die Leidenschaften aufs höchste gestiegen und die Aktion am heftigsten wird«,[38] auf ein Jenseits des Theaters öffnet, wo ein Drama der *inneren* Bewegung sich abspielt und Königinnen, Mythenhelden und Bäuerinnen als Menschen nahe rücken – als Trauernde, Leidende, Liebende.[39]

Im Gegensatz zur großen Szene der *fêtes*, in der die Deklaration des gemeinsamen Willens die zentrale Geste symbolisch verdoppelt und überformt, ist in Diderots Tableau alle Zeichenhaftigkeit aus den Gebärden subtrahiert. Das »Gemälde« nimmt die sprachliche Reflexion in den stummen Reflex zurück und lässt die Rede im tiefsten Empfinden versiegen, um in der Öffentlichkeit des Theaters die Grenze zwischen dem Öffentlichen und dem Privaten zu befestigen. Die sprichwörtliche ›vierte Wand‹,[40] die den Bühnenraum zur abgeschirmten *camera obscura* schließt, macht diesen zum genauen Antipoden des offenen, von allen Seiten einsehbaren Runds der riesigen Aufmarscharena auf dem Champs de Mars.

Merciers Tableau bezieht demgegenüber eine dritte Position. Wenn sein *Neuer Versuch über die Schauspielkunst* dafür plädiert, Diderots »Gemälde nützlich zu machen«,[41] so weist er ihm eine Zwischenstellung zwischen der öffentlichen Szene republikanischer Selbstbegründung und der intimen Szene subjektiver Selbsterfahrung zu. Einerseits sollen zeremonielle Staatsaktionen aus dem *drame* ausgespart bleiben. Anstrengungen wie die Schillers, die Tragödie als »Drama des öffentlichen Lebens«[42] zu rehabilitieren, liegen Mercier fern.[43] Umso nachdrücklicher ist es ihm andererseits darum zu tun, die Türen des Hauses zu öffnen und keine neuen Wände zu errichten, sondern die vorhandenen abzutragen. Statt, wie Diderot, den Raum des Privaten als behütete Sphäre reinen Menschseins zu verteidigen, will Merciers Tableau ihm die politische Unschuld rauben und offenbaren, welche sozialen Konflikte und Nöte in ihm gedeihen können, wenn man ihn unbeobachtet lässt.[44] Um das Ungenügen der »auf Stein oder Pergament geschriebenen Gesetze[]« aufzuzeigen, kann das Tableau sich nicht mit den großen Szenen persönlichen Ergriffenseins begnügen. Es darf auch über das geringste »Detail unsers Privatlebens«[45] nicht hinwegsehen.

Eingelöst hat Mercier diese Postulate abseits des Theaters: in den Prosaminiaturen seines *Journal des Dames*, die er von 1782 an, zunächst in zwei Bänden, unter dem Titel *Tableau de Paris* veröffentlichte und bis 1788 kontinuierlich ergänzte. Das *Tableau de Paris* ist ein »tableau aus tableaux«,[46] in dem das *drame* sich zur kleinen Szene verdichtet und zugleich, durch die unermüdliche Vermehrung dieser Szenen, zu einem gewaltigen Bilderbogen anwächst, dessen Elemente sich weder einer zwingenden Anordnung fügen noch zu einer zusammenhängenden Darstellung ergänzen. Das »Detail unsers Privatlebens« wird in der Schilderung alltäglicher – und nun nicht mehr nur häuslicher – Situationen, Abläufe und Rituale herauspräpariert, die durch ihre ausschnitthafte Beleuchtung, ihre Vergrößerung zur exemplarischen Episode eine Entzifferung der Regulative ermöglichen, die in der Praxis zur Norm geworden sind. So erlaubt Merciers Buch ein Oszillieren zwischen zwei Perspektiven: zwischen der Totalen, in der sich Paris als »pausenlose[s] Riesentheater«[47] ausnimmt, und den partikularen Einzelszenen der kleinen *tableaux* innerhalb des *Tableau*, die sich wechselseitig kommentieren und in denen die Eigenrationalität des Sozialen sich offenbart: die »ganze Fülle all der kleinen Moden von heute und gestern, die auf eigene Weise Gesetzeskraft« haben, »auch wenn sie ewig unvereinbar bleiben mit dem wirklichen Gesetz«.[48]

Das *Tableau de Paris* bleibt dabei nicht nur den theaterrevolutionären Forderungen des *Neuen Versuchs*, sondern auch dessen dezidiert politischen Ambitionen treu. Indem es den gesamten städtischen Raum erfasst, besetzt es ein Terrain, dessen Bedeutung als Kapitale und Sitz des monarchischen Staatsoberhaupts sich auch baulich manifestiert. Wenn Mercier in seiner *préface* ausdrücklich ankündigt, »das lebendige Paris« zu schildern, »nicht seine Bauten, Tempel, Monumente, seine Sehenswürdigkeiten«,[49] macht er dem König offensiv die Gebietshoheit streitig: Die symbolische Topographie, abgespiegelt in den Inventaren architektonischer Denkmäler,[50] wird durch einen Text überschrieben, der dem Massiv der Steine die Elastizität der fragmentarischen Darstellung entgegensetzt, um sich für die »nuances fugitives«[51] offen zu halten, die über die ungeschriebenen Gesetze des sozialen Alltags Aufschluss geben können: die Handlungen und Verhaltensweisen Einzelner, die sich als Reaktionen auf variable Milieubedingungen erklären lassen und von Mercier sowohl in Krankenhäusern, Gefängnissen, Metzgereien, Markthallen und Speichern als auch in Latrinen und auf Friedhöfen studiert werden.

Unter diese Milieubedingungen fallen so verschiedene Aspekte wie die Sauberkeit und Verfügbarkeit des Trinkwassers;[52] der Unrat auf den Straßen; der penetrante, von mangelhafter Abfallentsorgung herrührende Gestank und überhaupt die schlechte Luftzirkulation;[53] aber auch ein heterogenes Personal – Polizisten und gedungene Spitzel,[54] Kolporteure, Straßenkehrer und Schuhputzer[55] –, das den öffentlichen Raum professionell besiedelt und durch seine Arbeit ebenso sehr für Ordnung sorgt, wie es neue Behinderungen produziert. Ein Dauerthema im *Tableau* sind die immensen Verkehrsrisiken. Immer wieder kommt Mercier auf Episoden zurück, die um Unfälle und Beinahe-Zusammenstöße kreisen. Auch bei Poe sind solche Kollisionen später eine zentrale Großstadterfahrung, doch zeigt Merciers *Tableau* vor allem, dass die Risiken solchen Aneinandergeratens nicht schon aus der schieren Masse von Menschen erwachsen, die sich durch Paris bewegt, sondern meistens von sozialen Schranken herrühren, die die Straßen der Metropole unsicher machen. Zu den Schwellen und Schlagbäumen, die den Durchlass von Personen und Waren ohnehin stark regulieren, kommen damit ärgerlichere Hindernisse hinzu.[56]

»Vorsicht da, die Wagen!« beginnt zum Beispiel das *tableau* mit dem Titel »Gare! Gare!« – »Platz da! Platz da!« –, um dann eine typische Situation zu schildern.

> An mir vorbei jagen in einer Karosse der dunkelgekleidete Arzt, in einem Kabriolett der Tanzmeister, ihm folgt im wendigen Einachser der Leiter der Fechtschule, während der Prinz sechsspännig und im gestreckten Galopp daherprescht, als wäre er auf einer Landpartie. Ein bescheidener Rollstuhl gerät zwischen zwei Karossen und kommt wie durch ein Wunder noch einmal davon. Er transportiert eine Kranke. Benommen, wie sie ist, würde ihr die Fahrt in einer hochrädrigen Kutsche schlecht bekommen. Ein paar junge Leute zu Pferd haben es eilig, auf die Wälle zu gelangen, und schimpfen, weil sie trotz allen Drängelns im Gewimmel steckenbleiben. Die Wagen wie die Berittenen verursachen eine Vielzahl von Unfällen, die aber der Polizei absolut gleichgültig zu sein scheinen.

Die kurze Episode gipfelt in einer empörten Beschreibung des Unglücks, das im Jahr 1776 – ausgerechnet – Jean-Jacques Rousseau zustieß. Wie Mercier berichtet, wurde Rousseau

> auf dem Wege nach Menil Montant von einer riesigen, der Equipage ihres Herrn vorauslaufenden Dänischen Dogge umgestoßen. Der Eigentümer des Vehikels würdigte den Philosophen keines Blickes; hilflos blieb dieser liegen, bis sich seiner ein paar Bauern annahmen und ihn, zerschlagen und schwer leidend, wie er war, nach Hause brachten.[57]

Für Mercier ist Rousseaus Malheur Anlass, überfällige infrastrukturelle Maßnahmen einzuklagen. Den Bau von Trottoirs etwa, die den Fußgängern ein gefahrloses Passieren der Straße erlauben und jenen Bürgern das Leben erleichtern, die keine Equipagen besitzen oder aus Überzeugung auf eigenen Beinen stehen und lieber gehen als fahren. »Sokrates ging zu Fuß, Horaz ging zu Fuß, Jean-Jacques Rousseau ging zu Fuß. Daß ein Jourdain unserer Tage [...] ein englisches Kabriolett und eine Toreinfahrt sein eigen nennt, nun gut, man nimmt es hin. [...] Aber daß er uns nicht auch noch im Morast zerquetsche, denn wer sich seiner Beine zu bedienen weiß oder beim Gehen ein bißchen vor sich hinträumt, begeht deswegen noch lange kein Verbrechen, das durch Räderung zu sühnen wäre!«[58]

In Merciers *Tableau* erscheint Paris als schwitzende, stinkende, im Dreck erstickende Metropole mit düsteren Wohnungen, engen und übervollen Straßen, Gassen und Passwegen, die das Leben in der Stadt zu einem täglichen Wagnis machen und die Bewohner einem offenen Ständekampf ausliefern, den sie fahrend, reitend und gehend austragen, ohne dass die staatlichen Ordnungsmächte eingreifen oder ihn *als* Politikum überhaupt wahrnehmen.

Indem Mercier diese Sphäre latenter und manifester Konflikte in kleinen und kleinsten Bildern ausmisst, appelliert er zugleich an Befriedungen und Investitionen, die über rechtliche Regelungen, über Ge- und Verbote hinausreichen. Diese Maßnahmen beginnen bei simplen Begrünungen, die er zur Verbesserung der Stadtluft empfiehlt:

> Wie man weiß, tragen Pflanzen dazu bei, die Atmosphäre rein zu halten, ja sie von allem, was da schädlich ist, zu säubern. Dies ist der Grund, weshalb die alten Griechen und Römer ihre Tempel und ihre öffentlichen Plätze mit hohen Bäumen umgaben. Weshalb sollten wir ihnen hierin nicht nacheifern?[59]

Und sie reichen bis zur Einrichtung eines Gesundheitsrats, dem Mercier die Qualitätsüberwachung von Lebensmitteln antragen will.

> Noch gibt es ihn nicht, aber sollte man ihn nicht schaffen? [...] Er würde die perfiden Fälschungen entlarven; wie oft kommt es doch vor, daß der Seefisch einen Stich hat, die Austern verdorben, die Gemüse

vom Wurm befallen sind und Krankheiten auslösen, deren Herkunft im Ungewissen bleibt. Betraute man Physiker mit der Kontrolle von Lebensmitteln und Getränken, dann würde so manche Epidemie im Keim erstickt. Ärzte ruft man erst, wenn das Unglück schon geschehen ist; weshalb sollte man ihm nicht vorbeugen? Doch Ärzte würden dazu wenig taugen, denn ihnen liegt nichts an gesunden Menschen; sie ziehen ihren Nutzen aus der Krankheit.[60]

Die Verkleinerung des Einzeltableaus zum Element des »Stadtbilds«[61] geht auf diese Weise einher mit der Neuvermessung eines urbanen Territoriums, in dem das Wohl und Weh der Menge in den Vordergrund tritt und öffentliche Belange Vorrang erhalten, die sich nicht nur personell über die Instanz des Königs verselbständigen, sondern auch in der Sache von der Ökonomie persönlicher Investitionen und Verdienste entfernen und stattdessen als Aufgabe mikropolitischer Eingriffe akut werden: als Gegenstand von Sicherheitsvorkehrungen und Hygienemaßnahmen, von fortlaufenden Korrekturen und infrastrukturellen Optimierungen. Jedes kleine und kleinste Detail, das in Merciers Tableaus belichtet wird, offenbart sich als Teil eines engen Geflechts von Wechselwirkungen. Keines davon ist zu geringfügig, um nicht als Datum ernst genommen zu werden, das Aufschluss über die verborgenen Voraussetzungen seines Zustandekommens geben und Angelpunkt möglicher Eingriffe werden kann.

Was in Merciers *Neuem Versuch* so zunächst als Depotenzierung der Tragödie begann, mündet mit dem *Tableau de Paris* in die Poetologie einer mikrologisch verfahrenden Literatur, die aus dem Kaleidoskop gewöhnlicher Alltagsbegebenheiten die »loix particulieres«[62] sozialer Interaktion herausliest. Nicht im Drama, sondern in der Prosa eines kleinen, jede Kleinigkeit für bedeutsam erachtenden Genres wird einer politischen Zukunft der Weg gebahnt, in der die Kunst des Regierens darin bestehen wird, individuelle Bewegungsfreiheiten zu vergrößern und Schadensrisiken weitestgehend zu mindern. Wie Mercier in seinem Vorwort schreibt, hofft er auf den Beifall »moderner Administrateure«, denen die Lektüre seines *Tableau* ein Ansporn sein könnte, »Eifer und Genie«[63] an die Behebung von Missständen zu setzen und das Bild von Paris kontinuierlich zu seinem Vorteil zu verändern.

Das historische Vorbild einer solchen Administration konnte Mercier in der Pariser Polizei finden, die sich, wie Michel Foucault gezeigt hat, als einer der ersten ausgebauten Apparate auf das »unendlich Kleine der politischen Gewalt« verlegte und die »oberflächlichsten und flüchtigsten Erscheinungen des Gesellschaftskörpers« einer »infinitesimalen Kontrolle« unterwarf: »den Staub der Ereignisse, der Handlungen, der Verhaltensweisen, der Meinungen – ›alles, was passiert‹«.[64] »[I]ch wüßte kein Buch zu schreiben, das in jedem Verstande neuer, moralischer, lehrreicher, interessanter, sonderbarer seyn würde, als ein Buch über Paris«, hatte Mercier bereits in seinem *Neuen Versuch* geschrieben und ergänzt: »Dem Polizeyleutnant käme es zu, die Materialien dazu herzugeben, und einem Manne von Genie, sie in Ordnung zu bringen.«[65] Allein im ersten Band des *Tableau de Paris* sind fünf Stücke dem umfänglichen Stab der Polizei mit seiner Führungsspitze, seinen Beamten, Kundschaftern und Kollaborateuren gewidmet. Im siebten Band kommt ein weiteres über den Datenaustausch zwischen der Pariser Zentrale und den umliegenden Orten hinzu. Band acht enthält ein ausführliches Porträt Marc-René d'Argensons, des Ministers und Generalleutnants der Pariser Stadtpolizei unter Louis XIV.[66] Gemeinsam umkreisen die Kleintableaus die Institutionalisierung eines polizeilichen Blicks, der sich in die Unübersichtlichkeiten des alltäglichen Lebens vertieft und das soziale Feld unentwegt nach winzigen Anzeichen, auffälligen Abweichungen und verdächtigen Entwicklungen abtastet.

Angesichts der Fülle an Einzelheiten, die sich unter diesem Blick auftun – Siegfried Kracauer wird später den Detektiv als dessen perfektere Inkarnation ansehen –, erscheint die offene Prosaform der Mercierschen Kleintableaus auch pragmatisch zwingend. Dass im Weitwinkel seiner Perspektive die Welt der Ereignisse eine potentiell unendliche Dichte annimmt, die Maß und Rahmen des hergebrachten Theaters unweigerlich sprengt, belegen in der Gegenprobe jedenfalls Friedrich Schillers im Stadium der Skizze steckengebliebene Versuche, auf der Grundlage der Mercier'schen Kleintableaus ein Kriminaldrama zuwege zu bringen, in dem »Paris, als Gegenstand der Polizey, [...] in seiner Allheit erscheinen«[67] kann. Offenbar war die Form des Dramas der Aufgabe nicht gewachsen, »eine ungeheure Maße von Handlung zu verarbeiten und zu verhindern, daß der Zuschauer durch die Mannichfaltigkeit der Begebenheiten und die Menge der Figuren nicht verwirrt wird«. Was die Darstellungskapazitäten der Bühne überfordern muss, gelingt in Merciers *Tableau de Paris* mit anderen Mitteln: durch das Auftrennen der »Schnur an welche alles gereiht wird«,[68] durch das Variabelhalten des Zusammenhangs zwischen den Szenen und die Vervielfältigung des *drame* in miniaturistischen, einander wechselseitig bespiegelnden Kleintableaus. Die Theaterreform, im Zuge deren sich die Republik durch eine neue Politik der Darstellung redefiniert, führt topographisch und gattungsästhetisch aus dem Guckkasten des Theaters hinaus.

Merciers Prosaminiaturen sind damit zum Muster eines ganzen Genres von Paris-Tableaus geworden, die für die ›kleine Presse‹ Maßstäbe setzen, indem sie deren Terrain für die Stadt, nicht für den Hof reklamieren und ein Theater begleiten, das statt der Majestät des Königs die winzigen, leicht übersehbaren Details ins Zentrum stellt, die das Leben aller Bürger – »toutes les classes des citoyens«[69] – ausmachen. Diesem Theater korrespondiert eine »eigene Form feuilletonistischer Schreibart«,[70] die sich auch darin als Kleinform erweist, dass sie sich dem Originalitätsanspruch von Autoren genauso verweigert wie dem politischen Geltungsdrang des Souveräns. Obwohl sich im Laufe der Jahre Verfasser ganz unterschiedlichen Rangs an ihr beteiligten, verhielt sich die Gattung, wie bereits Karlheinz Stierle bemerkte, »gegen diese vielfältige Verwendung gleichsam indifferent. Sie blieb anonym und führte auch den sonst unverwechselbarsten Schriftsteller in ihre Anonymität zurück.«[71]

Mercier, der dieses *Incognito* schon aus Gründen des Schutzes vor staatlichen Verfolgungen vorziehen musste – die ersten zwei Bände seines *Tableau de Paris* erschienen ohne Verfassernamen und nannten, obwohl in der Schweiz verlegt, als Druckort Amsterdam; den weiteren Nachforschungen der Pariser Polizei, die in Mercier keinen Bewunderer, sondern einen lästigen Aufrührer wahrnahm, entzog sich der Autor durch den Gang ins Exil[72] –, hat sein revolutionäres Projekt dabei gewiss mit einer politischen Konsequenz betrieben, die auf dem Feld der expandierenden *petite presse* später ihresgleichen sucht. Zwar sind die Tableaus über alle Variationen des Formulars hinweg eine Gattung geblieben, in »deren Wandlungen sich die großen historischen Umwälzungen von der Französischen Revolution bis zur Mitte des 19. Jahrhunderts spiegeln«.[73] In dem Maß jedoch, wie die Pariser Zeitungen das Kleingenre ins Feuilleton zurückholten und dessen Formen- und Themenrepertoire erweiterten – das Buch blieb dabei »als Publikationsmittel« für Auswahlsammlungen »zweitrangig«[74] –, verengte sich das Spektrum der urbanen Foren, die durch sie in den Blick kamen, und die durchstreiften städtischen Räume schrumpften auf einen vergleichsweise schmalen Radius von prominenten Lieblingsplätzen zusammen.[75] Während Mercier kaum einen städtischen Winkel außer Acht ließ und selbst die Latrinen nicht scheute, favorisierten seine Nachfolger die mondänen Passagen, Promenaden, Parks und Boulevards und orientierten sich dabei am jüngeren Vorbild des *Paris ou Le Livre des Cent-et-un*, das als fünfzehnbändiges Gemeinschaftswerk zwischen 1831 und 1835 erschien. Dessen 160 Beiträger rückten schon im Vorwort zu Mercier auf Abstand und bekannten sich emphatisch zum neuen, prächtigen Paris: der Hauptstadt der eleganten Welt.[76]

Zwischen diesen neuen Stadtbildern, bei denen die Übergänge zur Reiseführerprosa und zu Reklametexten für jüngste Hauptstadtattraktionen fließend sind, und dem ersten Paris-*Tableau* Merciers halten Physiologien wie jene über den »Bal Mabille« von Auguste Vitu, Jules Frey und Étienne de Champeaux aus den 1840er Jahren eine Position der Mitte, wenn sie das Drama des Alltags ausblenden und sich stattdessen bei den Tanzböden des Pariser Nachtlebens aufhalten, um sich an die Fersen jener neuen Königinnen und Könige zu heften, die dort die Szene beherrschen, so dass es sich – zumindest eine Zeitlang – lohnt, jedes kleinste Detail über sie zu erfahren.

Gleichzeitig machen sie sich Merciers Neugierde an den ungeschriebenen Gesetzen des urbanen Lebens wieder zu eigen und beobachten das pausenlose Riesentheater der aktuellen Pariser Stadtgesellschaft unter soziologischem Blickwinkel – nur dass sie sich inzwischen weniger für die Ständekonflikte und -kollisionen interessieren als für die vielfältigen Verbindungen über die Standesgrenzen hinweg, die jetzt möglich sind, weil in das soziale Gefüge selbst Bewegung gekommen ist: auch durch Tänze, die im Zuge zweier Revolutionen beträchtlich an Fahrt und eruptiver Kraft gewonnen haben. Obwohl keine der beiden Physiologien den politischen Horizont dieser Umwälzungen, die für Mercier noch Zukunft waren, mehr als kursorisch streift, lassen sie sich damit durchaus als Beiträge zu einer apokryphen Revolutionsgeschichte lesen, die auch abseits der politischen Bühne neue Majestäten hervorgebracht hat: als Könige, die von Gnaden des Volkes regieren.

»[M]an kann gar nicht genug von solchen Königen haben«,[77] hieß es damals bei Rousseau im *Brief an d'Alembert* über solche neuen Herrscher, die ihre Kronen auf Zeit tragen. Die Könige der Julimonarchie müssen ihren Rang tatsächlich nicht mehr notwendig durch ihre hohe Abkunft rechtfertigen, sondern können ihn durch souveräne Auftritte verdienen, bei denen sie ihre Überlegenheit beweisen. Rousseau hatte damals vor allem sportliche Schützenkönige im Sinn: wehrhafte Männer, die zum alten Staat, dem heimlichen Arkanreich der Frauen, auch geschlechterpolitisch einen markanten Kontrapunkt setzten. Dass die urbane Vergnügungskultur, die mit der Julimonarchie in Paris Einzug hält, die Festkultur des Ancien Régime unter anderen Vorzeichen neu belebt, zeigt sich dagegen – auch – an Königinnen wie der legendären »Pomaré«, die aus dem Nichts kam, weder Geld noch mächtige Gönner besaß, auch keine Tanzausbildung hatte, aber zur idealen Repräsentantin der neuen Bürgerkönige werden konnte, weil die Menge vom Schauspiel ihres passionierten, alle Konventionen sprengenden Tanzes so hell entzückt war, dass sie die junge Frau per Plebiszit zur Alleinherrscherin über die Pariser Tanzszene kürten.[78] Wenigstens für ein paar Monate hatte Pomaré den ungeteilten Beifall der Öffentlichkeit auf ihrer Seite: nicht zuletzt dank der großen Presse in der *petite presse*, für die dort ihre vielen schreibenden Verehrer sorgten und das Fehlen einflussreicher individueller Förderer mehr als wettmachten.

5. Heinrich Heine, Julirevolutionär

Ob Heinrich Heine diese Physiologien kannte, lässt sich schwer sagen. Immerhin hat auch er sich mit der Tänzerin Pomaré befasst und ihr mehrere Gedichte gewidmet, die vermutlich zur selben Zeit entstanden sind. Zu einem gemeinsamen Komplex zusammengezogen und um eine vierte Strophenfolge ergänzt, hat Heine sie 1851 in seinen *Romanzero* aufgenommen und dort in den umfangreichsten Teil, die *Historien*, eingegliedert.[1] Einen Bogen zu den aktuellen politischen Verwerfungen, die damals mit der Namenspatronin Pomarés aus Tahiti verbunden waren, schlägt er darin jedoch nicht. Der Zyklus beginnt:

Pomare.

I.
Alle Liebesgötter jauchzen
Mir im Herzen, und Fanfare
Blasen sie und rufen: Heil!
Heil, der Königinn Pomare!

Jene nicht von Otahiti –
Missionärisirt ist jene –
Die ich meine, die ist wild,
Eine ungezähmte Schöne.

Zweymal in der Woche zeigt sie
Oeffentlich sich ihrem Volke
In dem Garten Mabill, tanzt
Dort den Cancan, auch die Polke.

Majestät in jedem Schritte,
Jede Beugung Huld und Gnade,
Eine Fürstinn jeder Zoll
Von der Hüfte bis zur Wade –

Also tanzt sie – und es blasen
Liebesgötter die Fanfare
Mir im Herzen, rufen: Heil!
Heil der Königin Pomare![2]

In der kontrastiven Gegenüberstellung fällt der fernen Inselkönigin die blasse Nebenrolle einer Regentin zu, die sich zu christlicher Tugend hat bekehren lassen, während die »ungezähmte Schöne« aus dem »Garten Mabill« alle Attribute des Exotischen auf sich zieht. Die Verse der Ballade[3] preisen die temperamentvolle Pariser »Königinn Pomare« als erotische Ikone, die auch den Sänger elektrisiert, wenn sie »den Cancan, auch die Polke« tanzt.

> II.
> Sie tanzt. Wie sie das Leibchen wiegt!
> Wie jedes Glied sich zierlich biegt!
> Das ist ein Flattern und ein Schwingen,
> Um wahrlich aus der Haut zu springen.
>
> Sie tanzt. Wenn sie sich wirbelnd dreht
> Auf einem Fuß, und stille steht
> Am End mit ausgestreckten Armen,
> Mag Gott sich meiner Vernunft erbarmen!

In seinem Eifer versteigt er sich sogar dazu, der apostrophierten Salome wie einst der biblische Herodes eine makabre Liebesgabe anzutragen:

> Sie tanzt. Derselbe Tanz ist das,
> Den einst die Tochter Herodias',
> Getanzt vor dem Judenkönig Herodes.
> Ihr Auge sprüht wie Blitze des Todes.

> Sie tanzt mich rasend – ich werde toll –
> Sprich, Weib, was ich dir schenken soll?
> Du lächelst? Heda! Trabanten! Läufer!
> Man schlage ab das Haupt dem Täufer![4]

Mit der blutigen Offerte des Täuferhaupts nimmt der Pomare-Zyklus ein Leitmotiv auf, das bei Heine sehr konstant begegnet. Szenarien der Enthauptung – darauf hat nach Leslie Bodi vor allem Peter von Matt hingewiesen[5] – durchziehen seine Gedichte, Erzählungen und journalistischen Arbeiten als grausiges Memento an den unumkehrbaren Lauf der historischen Dinge, den Heine als »großen, zwei Jahrhunderte überspannenden Prozeß einer *universalen Dekapitation*, einer *Enthauptung aller monarchischen Gestalt*«[6] resümiert. Das Spektrum reicht von diskreten Anspielungen in Versepen wie *Atta Troll* oder *Deutschland. Ein Wintermährchen*, die Köpfe zählen und Kapitel meinen, wenn sie »Caput« an »Caput«[7] reihen, bis hin zum plakativen Aufgebot berühmter Königshäupter, deren Ende auf dem Schafott den Anfang neuer Epochen markiert.

Auf sie sind auch die beiden Lieder gemünzt, die den Pomare-Balladen im *Romanzero* direkt vorausgehen. Das eine stimmt ein vorahnungsvolles Wiegenlied auf den Stuartkönig Charles I. an, der in England 1649 unter dem Vorwurf des Hochverrats vor den Augen der Öffentlichkeit enthauptet wurde.[8] Das zweite hat für die 1793 guillotinierte französische Königin Marie-Antoinette nur Spottverse parat, weil die Monarchin, wie es heißt, noch nach dem Tod mit ihren Hofdamen das groteske Ballett des morgendlichen Ankleiderituals fortsetzt, ohne das Fehlen ihres Kopfes überhaupt zu bemerken.

> Ja Sie, die mit thurmhohem Toupet
> So stolz sich konnte gebahren,
> Die Tochter Maria Theresias,
> Die Enkelin deutscher Cäsaren,
>
> Sie muß jetzt spuken ohne Frisur
> Und ohne Kopf, im Kreise

Von unfrisirten Edelfrau'n,
Die kopflos gleicherweise.

Das sind die Folgen der Revoluzion
Und ihrer fatalen Doktrine;
An Allem ist Schuld Jean Jacques Rousseau,
Voltaire und die Guillotine.

Doch sonderbar! es dünkt mich schier,
Als hätten die armen Geschöpfe
Gar nicht bemerkt wie todt sie sind
Und daß sie verloren die Köpfe.[9]

Innerhalb des *Romanzero* variieren die drei Balladen damit zugleich das Thema eines älteren, zu Heines Lebzeiten unveröffentlichten Gedichts, das vermutlich 1849, angeregt durch den 200. Jahrestag der Hinrichtung des Stuartkönigs, entstanden ist. Wie der Titel *1649 – 1793 – ????* anzeigt, unter dem es meist zitiert wird,[10] rufen die Strophen dieselben Zäsuren auf. Allerdings bleibt hier das Ende offen, weil die deutsche Revolution, die es den englischen und französischen Scharfrichtern nachtäte, weiter auf sich warten lässt. Entsprechende Hoffnungen hatten sich 1848 mit dem Scheitern der Märzrevolution zerschlagen und Heine vorerst nur die sarkastische Prognose nahegelegt, der deutsche Monarch werde einst »mit der Trauerpeitsche« zum »Richtplatz kutschirt« und »unterthänigst guillotinirt«.

Ganz ohne Gemüth; Gemüth hat nur
Der Deutsche, er wird gemüthlich bleiben
Sogar im terroristischen Treiben.
Der Deutsche wird die Majestät
Behandeln stets mit Pietät.

In einer sechsspännigen Hofkarosse,
Schwarz pannaschirt und beflort die Rosse,
Hoch auf dem Bock, mit der Trauerpeitsche,
Der weinende Kutscher – so wird der deutsche
Monarch einst nach dem Richtplatz kutschirt
Und unterthänigst guillotinirt.[11]

In den *Historien* des *Romanzero* schließt das Gedicht *Pomare* die Lücke, und der deutsche Monarch wird durch ein textuelles Substitutionsmanöver »guillotinirt«. Das Fallbeil ist auf skrupellose Königsmörder nicht länger angewiesen, weil jetzt der Sänger selbst Hand anlegt und der »Königinn« von Volkes Gnaden das Haupt des Täufers – gleichsam als Ersatz für den verdrängten Anderen, den totgeschwiegenen König – aufopfert. In der »kleine[n] Weltgeschichte«,[12] die Heines *Historien* als globale Rundschau aufrollen, setzt die Liebesgabe an Pomaré auf diese Weise einmal mehr ein Zeichen für das Ende der alten Zeit. Mit dem Abgesang auf den Stuart-König und die »Enkelin deutscher Cäsaren« tragen Heines Balladen nicht nur die alten Heroen und Könige zu Grabe, sondern enthaupten auch eine »Historie« – als Geschichte im Singular –, die andere Akteure als Heroen und Könige nicht kennt. Die Zukunft, die sie ankündigen, gehört Königinnen wie der jungen Tänzerin und Sängern wie Heine selbst, die in der Mitte des 19. Jahrhunderts mit ihren Balladen – als ›Tanzliedern‹ im Wortsinn,[13] die in Gedichten wie *Pomare* sogar den schnellen $^2/_4$-Takt des Cancans[14] aufnehmen – nicht nur auf die Gunst der umschwärmten Schönen hoffen dürfen, sondern zudem auf den Beifall derer, die sich bewundernd um sie scharen und »ihrem Volke« zugehörig fühlen.

Seit seiner Übersiedelung nach Paris im Mai 1831 hat Heine diese Zeitenwende sehr emphatisch begrüßt. Zu den ersten Zielen, die er nach seiner Ankunft ansteuerte, zählte damals die große Gemäldeausstellung im Louvre, die er eingehend für Cottas *Morgenblatt für gebildete Stände* besprach. Besonders bemerkte er den Andrang vor Delacroix' Gemälde *Die Freiheit führt das Volk*. Auf die Bildbeschreibung, die er lieferte, wird Kracauer später in seiner Studie *Jacques Offenbach und das Paris seiner Zeit* zurückgreifen. »Heilige Julitage!«, schrieb Heine dort. »Wer euch erlebt hat, der jammert nicht mehr auf den alten Gräbern, sondern freudig glaubt er jetzt an die Auferstehung der Völker.«[15] In der Besprechung sinnierte er außerdem über die Tragweite, die der Epochenbruch für die Kunst bedeutete. Dabei kam er auf ähnliche Gedanken wie Mercier, der schon in den 1770er Jahren darauf gedrängt hatte, dass Literatur und Bühne sich von der Klassik lösten und ihr Interesse der Gegenwart zuwandten. Von der Julirevolution erhoffte Heine sich die nächste Initialzündung für eine »neue Kunst«, die »nicht aus der verblichenen Vergangenheit ihre Symbolik zu borgen braucht, und die sogar eine neue Technik, die von der seitherigen verschieden, hervorbringen muß«. So sollte die »Kunstperiode«, die schon zu lange »im unerquicklichsten Widerspruch mit der Gegenwart« stand, ihr überfälliges Ende finden. Vor Augen stand ihm die Ära, die »bey der Wiege Goethes anfing und bey seinem Sarge aufhören wird«.[16] Für Heines Begriffe fiel die »Kunstperiode« mit der Lebensspanne des Dichterfürsten zusammen, schärfte ihr Profil an seinem Urteil und empfing von seinen Schriften ihr Gesetz.

Auch an anderer Stelle hat er die Goethezeit ironisch als »Kaiserzeit«[17] tituliert. Wie der absolute Monarch erhaben über seinen Untertanen thront, so bewohnt der »absolute[] Dichter«[18] Goethe – heißt es etwa in der *Romantischen Schule*, die auf diese Zeit zurückblickt – eine »unabhängige zweite Welt«, die so hoch steht, dass »alles Treiben der Menschen, ihre Religion und ihre Moral, wechselnd und wandelbar, unter ihr hin sich bewegt«.[19] Das Vorbild dieses »Kunstdespotismus«[20] hat Heine dabei allerdings nicht länger im »abgelebten, alten Regime«,[21] sondern im Kaisertum Napoléons ausgemacht. Der Beginn von Goethes »Alleinherrschaft in der deutschen Literatur« datiert nach dieser Zeitrechnung auf den Tag jenes »18ten Brümaire«, an dem er von seiner Zeitschrift *Kunst und Altertum* aus einen vernichtenden Schlag gegen die »christlich patriotisch neu-deutsche Kunst« führte und mit diesem Coup das »Schlegelsche Direktorium«[22] verjagte.

Goethe selbst hat solchen Stilisierungen vorgearbeitet. Schon Johannes Daniel Falks »hinterlassenes Werk«, das ihn »aus näherem persönlichen Umgange« darstellt und in der *Romantischen Schule* ausdrücklich die »rühmlichste Erwähnung«[23] findet, bietet dafür einiges Material. Beispielsweise ist hier Goethes Bemerkung nachzulesen, dass »Napoléon ungefähr die Welt nach den nämlichen Grundsätzen dirigiere, wie er das Theater«.[24] Um die Details seiner persönlichen Begegnung mit Napoléon 1808 am Rand des Erfurter Kongresses hat Goethe bis zuletzt ein großes Geheimnis gemacht, aber immerhin das geflügelte Kaiserwort überliefert: »Was [...] will man jetzt mit dem Schicksal, die Politik ist das Schicksal.«[25] Für Eckermanns *Gespräche mit Goethe*, die von 1836 an erschienen, war das *Mémorial de Sainte-Hélène*, das der Kaiser Emmanuel de Las Cases diktierte und der Nachwelt als ideelles Testament hinterließ, Vorbild.[26] Äußerungen Goethes, die Napoléon zum Titanen verklären und ihm, dem bewunderten »Dämon«, die Rolle ebenjenes prometheischen Schöpfers antragen, die Goethe lange für sich selbst beansprucht hatte,[27] finden sich in Eckermanns Darstellung zuhauf. Heine brauchte diese Übertragungen nur in die entgegengesetzte Richtung zu wenden, um in Goethe den Napoléon der deutschen Literatur zu adressieren.

Hat man diese Kontexte im Blick, gewinnt die Formel vom »Ende der Kunstperiode« über ihren literarischen Sinn hinaus auch eine politische Pointe. Hegels Diagnosen aus den *Vorlesungen über die Ästhetik* werden dabei in doppelter Hinsicht adjustiert. Während das ›Ende der Kunst‹ dort vorerst »Gerücht«[28] bleibt und als solches nirgends explizit in Rede steht, erhält es bei Heine ein genaues Datum und mit dem Tod Goethes eine Epochensignatur, die dem Waterloo Napoléons gleichkommt, das Carl Schmitt später als Ende der »Repräsentation großen Stils«[29] beklagen wird. Ganz auf Augenhöhe mit den Parametern gängiger Souveränitätslehren bewegt sich Heine – anders als der Philosoph – auch damit, dass er die Kunstperiode der Autorität des absoluten Dichters Goethe unterstellt, statt sich, wie Hegel, auf die »Wahrheit« des absoluten Geistes zu berufen, dem die »Form« der Kunst für eine Zeitlang das »höchste Bedürfnis«[30] ist. »*[A]uctoritas non veritas facit legem*«,[31] hieß es einst bei Hobbes. In Goethe stirbt, im Sinne Heines, ein »literarischer Souverän«,[32] der als oberste Instanz in Kunstfragen Maßstäbe setzte, und mit ihm endet eine Epoche, in der Dichter sich wie Kaiser sakrosankt wähnten, weil sie die zeitlose Gültigkeit ihres ästhetischen Urteils unterstellten.

Die neue Literatur darf Königinnen wie Pomaré nicht länger missachten und die Feier ihrer Tänze einer ›kleinen Presse‹ überlassen, die das Ephemere höher hält als ewige Werte. Heines *Historien* aus dem *Romanzero* präsentieren sich auch darin als Dichtung im Zeitgeist, dass sie auf ihrem Parcours durch die Geschichte die jüngste Gegenwart nicht aussparen und auf ein Liedgenre setzen, das damals eine so hohe Popularität genoss wie nie zuvor.[33] Indem die *Historien* weder den alten Königen noch den klassischen Tragödien um sie nachtrauern und sich lieber mit den modernen, von der Menge gekürten Monarchen verbünden, erwecken sie das alte Tanzlied in der Ballade zu neuem Leben und eröffnen der Gattung, die bis dahin durch die »Hochflut der historischen Ballade« geprägt war, neue Perspektiven. Mit der politischen Aktualität, die sie im *Romanzero* an den Tag legen, zeichnen sie – in den Worten Hans-Peter Bayerdörfers – »bis in das 20. Jahrhundert hinein den Weg vor, auf dem die Ballade – im Kontrast zu allen ihren historisch rückwärtsgewandten Spielarten – neues Terrain erobert«.[34]

Als die Zeitgenossen, insbesondere die Autoren aus dem Umfeld des Jungen Deutschlands, Heine enthusiastisch als »Poeten der Jetztzeit« begrüßten, hatten sie allerdings weniger seine Lyrik als seine *Reisebilder* im Blick. Deren erster Band ließ 1826, wie Johannes Scherr schrieb, »ein neues Morgenrot über den [sic] deutschen Dichterwald aufgehen«, das auf ihn die Wirkung einer »Julirevolution der deutschen Literatur«[35] hatte, weil die *Reisebilder* frei und ungebunden auftraten. Nicht nur machten sie geographisch an höchst unterschiedlichen Orten Station – im Harz, auf Nordseeinseln, in München, Genua und London –, sondern gestatteten sich auch gedanklich ein laszives Schweifen und vagierten zwischen Reflexion, Beobachtung, Milieuschilderung, Analyse, Erinnerung und Traum hin und her. Dabei nahmen sie sich die Freiheit, weder Gattungsgrenzen einzuhalten noch Kunst- von Kultur- und Politikfragen zu trennen und unbekümmert zwischen Poesie und Prosa zu wechseln, so dass schon äußerlich ein »zusammengewürfeltes Lappenwerk«[36] entstand, in dem »die bunten Fäden, die so hübsch hineingesponnen«[37] waren, gleichwohl prägnante Strukturmuster zu erkennen gaben. Jenseits der etablierten Prosaformen brachte Heine damit ein »neues Genre« auf, das durch Witz und Schwung begeisterte und den Luftraum ästhetischer Selbstgenügsamkeit verließ, um sich in die »Gährungen« der »modernen Entwickelung«[38] zu begeben. Weil es schwer blieb, für das Genre dieser Prosa einen Namen zu finden, sprachen die Jungdeutschen von seiner »modernen Schreibart«[39] und prägten damit für die neue Sache einen neuen Begriff.

Als Terminus hat die »Schreibart«, wie Wolfgang Preisendanz bemerkt, »um 1830 wie auf Verabredung bei Heine, Wienbarg, Engels usw. das Wort Stil«[40] verdrängt. Verbunden blieb sie ihm jedoch durch ihre Betonung des Unkonventionellen, die Emanzipation von Vorgaben der Eloquenz. In der Ästhetik des 18. Jahrhunderts hatte das den Ausschlag dafür gegeben, das Wort »Stil« anders zu besetzen als noch in der rhetorischen Tradition, wo der Begriff durch die antike Dreistillehre als Kategorie des Redeschmucks[41] kodifiziert war. Seitdem verband man damit den Inbegriff individueller Unverwechselbarkeit, der eigentümlichen Handschrift, des Ausdrucks autonomer Subjektivität. Buffons berühmter Ausspruch hat diesem Eigensinn des Menschen und Künstlers eine oft zitierte Formel geliehen: »Le style est l'homme même.«[42]

Auch der Begriff der »Schreibart« hält an dieser Subjektivität fest. Er rehabilitiert aber zugleich die Mittel sprachlicher Artistik, weil das Wortspiel, freigesetzt vom Reglement des angemessenen Dekorums, vielseitig verwendbar ist. Es erlaubt dem Autor nicht nur scharfsinnige Zuspitzungen, sondern leiht ihm auch willkommene Masken in Gestalt von Redefiguren, hinter denen private Haltungen schlecht greifbar sind. Das erschwert es der Zensur, das Schreiber-Ich in der Rhetorik seiner Wendungen auf fixe Positionen festzulegen und Behauptungen vom ›Als ob‹ der Spekulationen, Rückblenden und ersonnenen Szenen abzulösen. Durch ihre hohe Beweglichkeit eröffnet die »Witz- und Pointenpoesie«[43] überdies eigene Reflexionsspielräume. Das Ineinander von »Progression und Digression« lässt zwischen entfernten Sachverhalten ein »Feld von Vermittlungsrelationen« entstehen, in dem Realitätssplitter »als Repräsentanten von Zusammenhängen« in Betracht kommen können, als »Signaturen«,[44] die ein Geflecht vorhandener, vermuteter oder auch nur hypothetisch erwogener Abhängigkeiten andeuten. Die »Schreibart« erzeugt die verschiedenartigsten »Zwitter von Dichtung und Publizistik«[45] und nutzt die ästhetische Flexibilität dieser poetischen Prosa für eine Gegenwartsliteratur, die im aktuell Geschehenden auch die unabgeschlossenen Vergangenheiten registrieren will, genauso wie die weiteren Entwicklungen, die sich schon abzeichnen.

Am virtuosesten zeigen das die Paris-Berichte für die Augsburger *Allgemeine Zeitung* aus den frühen 1840er Jahren, die Heine 1854, drei Jahre nach dem *Romanzero*, ergänzt und zum Teil erheblich überarbeitet als Buch veröffentlicht hat.[46] Unter dem Titel *Lutezia* legt er damit eine Reihe von Artikeln neu auf, die zehn Jahre nach ihrer Erstveröffentlichung als journalistische Beiträge verjährt sind, aber für die Geschichtsschreibung der politischen Moderne interessant bleiben, weil sie inzwischen vollendete Tatsachen ins »unvollendete Präsens«[47] einer Vorausahnung zurückübersetzen, das die Gegenwart als vergangene Zukunft antizipiert. Von den *Historien* heben sie sich mit dieser Ausrichtung außerdem dadurch ab, dass sie weniger auf das politische Ende gekrönter Häupter blicken als auf die Anfänge vom Ende Wert legen, auf die unscheinbaren Vorboten der Krise. Er »habe nicht das Gewitter, sondern die Wetterwolken beschrieben, die es in ihrem Schooße trugen und schauerlich düster heranzogen«, erklärt Heine dem Fürsten von Pückler-Muskau, an den er eingangs der *Lutezia* einen Widmungsbrief richtet, den Zweck seiner Artikel.

Ich berichtete oft und bestimmt über die Dämonen, welche in den untern Schichten der Gesellschaft lauerten, und aus ihrer Dunkelheit heraufbrechen würden, wenn der rechte Tag gekommen. Diese Ungethüme, denen die Zukunft gehört, betrachtete man damals nur durch ein Verkleinerungsglas, und da sahen sie wirklich aus wie wahnsinnige Flöhe – aber ich zeigte sie in ihrer wahren Lebensgröße, und da glichen sie vielmehr den furchtbarsten Crokodillen, welche jemals aus dem Schlamm gestiegen. –[48]

Um das Optisch-Unbewusste jenes Kleintierbestiariums aus der Latenz zu heben, das die medial gefilterte Alltagswahrnehmung – »Verkleinerungsglas« – erzeugt, breiten die Berichte eine Fülle von »Historietten und Arabesken« aus, in denen Heine, wie er selbst sagt, »parabolisch«[49] verfährt, d. h. Indizien sammelt, Andeutungen erkennt und Sinnbilder für Gemengelagen findet, die noch unübersichtlich sind. Paul Valéry hat solche Historietten später auf den kurzen Nenner einer »Geschichte mit kleinem h« gebracht,[50] als er hervorhob, dass die »Historie mit großem H« sich zu Unrecht dieser Verwandtschaft schämt, weil Geschichten mit kleinem h sich nur offener dazu bekennen, dass sie Produkte des Erzählens sind, bei denen es eine Frage der Darstellung bleibt, ob »Irreales als real« oder »Reales als irreal«[51] erscheint. Valéry leitete daraus eine Generalkritik an der Geschichte ab, indem er den Schluss zog, dass keine Historie mit großem H das Wahrheitsmonopol für sich in Anspruch nehmen und als autoritative Lehrmeisterin fürs Leben auftreten kann. Jede bleibe Geschichte unter Geschichten und zeichne sich als ›große Erzählung‹ allein dadurch aus, dass sie auch mit größeren Unwägbarkeiten umgehen müsse als kleine Historietten.[52]

Für Heine sind diese Unwägbarkeiten in der *Lutezia* kein Dilemma, sondern Quellgrund von Ahnungen und Erwartungen, über die sich das Bild einer Zeitphase vermittelt, in der sich Ungleichzeitigkeiten überlagern, weil Künftiges in ihr bereits seinen Schatten vorauswirft, während sich die Vergangenheit in Gestalt von Toten zurückmeldet, die in ihren Gräbern keine Ruhe geben. Seine Artikel hat er so redigiert, dass sie sich »wie ein Roman« lesen, auch wenn sie sich als »historisches Aktenstück«[53] verstehen. Das wilde Treiben auf den Bällen, das die *petite presse* im Paris der 1840er Jahre so genau beobachtete, fehlt in seiner Berichterstattung schon deshalb nicht, weil die »sociale Bewegung«, wie er seinem Verleger Campe mitteilt, der »wahre Held«[54] dieses Romans sein soll, und zwar in all ihren Facetten – die entfesselte Raserei an jenen Orten inbegriffen, an denen die Musik die Menge auf Touren bringt und die »Manie der Revolte«,[55] die für die Julimonarchie insgesamt kennzeichnend ist, auch die Vergnügungskultur infiziert.

Daneben gehen die Artikel jedoch auch ausführlich auf Kontroversen im Parlament und auf Personalwechsel an der Staatsspitze ein. Wie der Untertitel der *Lutezia* explizit betont, liefert das Paris-Buch nicht nur »Berichte« über »Kunst und Volksleben«, sondern berücksichtigt auch die »Politik«. Die Augsburger *Allgemeine Zeitung*, für die Heine seine Briefe aus Paris zwischen 1840 und 1843 ursprünglich verfasst hatte, war kein Produkt der ›kleinen Presse‹, sondern ein ›großes‹ Blatt, das in der ersten Hälfte des 19. Jahrhunderts wegen seines weitgespannten Korrespondentennetzwerks europaweit als führende deutsche Tageszeitung wahrgenommen wurde, obwohl andere Blätter – die in Berlin erscheinende *Vossische Zeitung* zum Beispiel – weit höhere Auflagen erzielten.[56] Den Anspruch, Leser über alle Belange der Tagespolitik Europas seriös und gründlich zu unterrichten, erhielt der Verleger Johann Heinrich Cotta auch dann noch weiter aufrecht, als die deutschen Zeitungen unter massive Observanz der Zensurpolizei gerieten, nachdem der Burschenschaftler Karl Ludwig Sand den Erfolgsdramatiker und angeblichen Russland-Spion August von Kotzebue 1819 aus patriotischen Motiven ermordet hatte. Seither galten im Deutschen Bund die Karlsbader Beschlüsse, die liberale Tendenzen weiträumig eindämmen sollten und die Pressefreiheit rigoros beschnitten.[57]

Cotta vermied in seiner Zeitung parteiliche Festlegungen, verzichtete auf Leitartikel, die Meinungen kundtaten, und beschäftigte in seinem Stab sowohl liberale als auch restaurativ gesinnte Journalisten, die er zu redaktionsinterner Selbstzensur anhielt. Ein Feuilleton, das die Leserschaft nach dem Vorbild der französischen Zeitungen mit Fortsetzungsromanen köderte, kam für ein Tagblatt mit dem Anspruch eines politischen Leitmediums nicht in Frage, wie Cotta junior befand, der dem Vater an der Verlagsspitze nachfolgte. Stattdessen veröffentlichte die *Allgemeine Zeitung* seit den 1840er Jahren eine tägliche Beilage, die Aufsätze und Kritiken über Wissenswertes in Kunst und Kultur, Wissenschaft und Technik brachte.[58]

Die Mehrzahl der Paris-Berichte Heines, die später in die *Lutezia* eingingen, wurde bei der Erstveröffentlichung in dieser Beilage abgedruckt, während die übrigen im Hauptteil unter den politischen Auslandskorrespondenzen erschienen sind.[59] Das Bild des Stadtgeschehens, das sich aus diesen über gut drei Jahre sich erstreckenden Artikeln zusammensetzt, gibt einen genauen Eindruck von der Volatilität der politischen Stimmungen in der Metropole und der Schnelligkeit, mit der Aufregung und Gleichmut, Taumel und Lethargie im öffentlichen Leben ineinander umschlugen. Darüber hinaus belichten die Berichte eine politische Bühne, auf der man große Männer vergebens sucht und selbst der apostrophierte Bürgerkönig Louis-Philippe so klein wirkt, dass er inmitten des Gewimmels anderer Akteure, die Heine in den Vordergrund rückt, ähnlich blass bleibt wie die Inselkönigin Pomaré in der Ballade, die den Star des »Bal Mabille« als wahre Majestät verehrt.

Wenn die Julimonarchie auf diese Weise kopflos erscheint, so ist der Effekt gewollt. Die Historietten und Arabesken der Lutezia verfahren in dieser Hinsicht sogar radikaler als die *Historien* des *Romanzero*, die Monarchen immerhin Einzelporträts gewährten, in denen sie die Hoheit über die Szene behalten und im Fall der Tänzerin sogar solistische Paradeauftritte absolvieren durften. In den Paris-Berichten hingegen ist kein Herrscher mehr zu sehen, der andere überragt. Die neue Epoche, die Heine in den *Französischen Malern* ankündigte, macht sich hier nicht nur am veränderten politischen Personal bemerkbar, sondern auch an technischen Innovationen, die es Zeitschriftstellern wie ihm selbst anheimstellen, sich bei ihren Stadtbildern vom Vorbild der Gemälde zu entfernen, um an das ›Wie‹ der Abbildung modernere Maßstäbe anzulegen – Maßstäbe, die Großes nicht mehr privilegieren.

6. Ende der großen Männer (*Lutezia*)

Er habe, schreibt Heine in seinem Widmungsbrief an Pückler-Muskau, den Lesern mit der Neuauflage seiner Paris-Berichte ein »daguerreotypisches Geschichtsbuch« der Julimonarchie vorlegen wollen, »in dem jeder Tag sich selber abkonterfeite«. Alles sei darauf angelegt, »das Bild der Zeit selbst in seinen kleinsten Nüanzen zu liefern«.[1] Der alte Vorsatz Merciers, mit kleinen *tableaux* die »nuances fugitives«[2] im Stadtleben der Metropole zu erfassen, ist damit fast noch einmal wörtlich zitiert. Als Modelle sind die Genrebilder des *drame* Diderots, auf die sich Mercier bezog, inzwischen aber nicht mehr zeitgemäß. Heine beruft sich auf ein aktuelleres Medium, das damals erst eine kurze, aber rasante Erfolgsgeschichte hinter sich hatte.

Vor der *Académie des Sciences* hatte der Maler und Dioramabetreiber Louis Jacques Mandé Daguerre 1839 sein Verfahren der fotografischen Bilderzeugung – eigentlich die Fortentwicklung einer Erfindung Nicéphore Niépces – präsentiert und umgehend Unterstützer gewonnen. Die beiden Wissenschaftler Dominique François Arago und Josephe Louis Gay-Lussac, die auch im Parlament saßen, setzten sich vor beiden Kammern dafür ein, dass Daguerre vom Staat auf Lebenszeit eine Rente von 6000 Francs erhielt und als Gegenleistung an die Allgemeinheit das Nutzungsrecht an einer Technik abtrat, die es für jedermann leichtmachte, ein Bild von sich zu produzieren.[3] Die Kamera behandelte jedes Objekt mit derselben Indifferenz und konnte Gleichheit technisch gewährleisten. »Ein ehrliches Daguerreotyp muß eine Fliege ebenso gut wie das stolzeste Pferd treu wiedergeben«,[4] erläutert Heine dieses Egalitätsprinzip.

Tatsächlich löste die Fotografie in den Folgejahren eine regelrechte Porträtmode aus und gewann dadurch enorme Popularität. Zuvor waren Selbstbildnisse für das breitere Publikum nur in Form von Scherenschnitten erschwinglich, als Negativ der eigenen Silhouette im dunklen Schattenriss,[5] während das *en face*-Porträt Aristokraten und Großbürgern vorbehalten blieb, die es sich leisten konnten, Malern Modell zu sitzen. Mit der neuen Reproduktionstechnik fiel dieses Privileg, und vor der Linse der Fotografen posierte nun auch die »Bourgeoisie der kleinen Händler und Funktionäre«.[6]

In Paris, wo die ersten Ateliers 1853 entstanden,[7] war es vor allem André Adolphe Eugène Disdéri, der diese Konjunktur mit seiner Erfindung der *carte de visite*-Fotografie im Kleinformat von 6 × 9 cm ankurbelte, während sein Konkurrent Felix Nadar wählerisch blieb, lieber große Daguerreotypien anfertigte und darauf nur Freunde aus Pariser Künstler- und Intellektuellenkreisen porträtierte.[8] Disdéris Bilder waren bekannt dafür, dass sie die Porträtierten in der Attitüde des Beiläufigen, Spontanen zeigten. Meist ließen »sich die Personen in Straßenkleidung abbilden« oder in »Posen im Stehen«, die »verstärkt durch eine Schrittstellung ein dynamisches Moment« simulierten und »auf ein Sich-Fortbewegen im Stadtraum«[9] verwiesen. In seinen Memoiren erzählt Nadar, dass 1859 sogar Kaiser Napoléon III. im Atelier Disdéris am Boulevard des Italiens vorstellig wurde, dem Armeekorps in seinem Gefolge geduldig auszuharren befahl und in aller Ruhe eine Aufnahme machen ließ.[10] Auch wenn das Kaiserfoto letztlich Legende blieb, förderte die Fama Disdéris Geschäft und hob zugleich das Image des modernen Monarchen, den es nicht störte, sich von Zeit zu Zeit mit aller Welt gemein zu machen. Je banaler das Porträt, desto besser.

Bilder dieser Art konnten von Louis-Philippe, der 1850 starb, schon aus historischen Gründen nicht existieren. Dafür weiß Gustave Flauberts *Éducation sentimentale* von einer »berühmten Lithographie«, die die gesamte königliche Familie mit erbaulichen Dingen beschäftigt darstellte: Louis-Philippe hielt ein Gesetzbuch in der Hand, die Königin ein Gebetbuch, die Prinzessinnen stickten, der Duc de Nemours schnallte sich den Säbel um; Monsieur de Joinville zeigte seinen jüngeren Brüdern eine Landkarte; im Hintergrund sah man ein Ehebett. Dieses Bild mit dem Titel *Eine gute Familie* war das Entzücken der Bourgeois, den Patrioten jedoch ein Dorn im Auge.[11]

Vor der Erfindung der Fotografie war die Lithographie das erste Verfahren technischer Bildreproduktion, das auch Zeitungsillustrationen in Massenauflagen ermöglichte, wovon unter anderem die Karikaturzeitschriften profitierten.[12] Wenn in Flauberts Roman der Revolutionsanhänger Sénécal angesichts solcher Familienporträts aus dem Königshaus abschätzig von politischen Gemeinheiten – »turpitudes politiques«[13] – spricht, zielt seine Polemik sehr genau gegen eine Bürgernähe, die von der Lithographie ebenso bezeugt wie hergestellt wird.

Um so mehr fällt an Heines daguerreotypischem Geschichtsbuch auf, dass ein Porträt Louis-Philippes *fehlt*, das dieses bürgerliche Selbstverständnis in vergleichbarer Weise anschaulich machte. Heine hat seiner *Lutezia* zwar im ersten – und nachträglich eingefügten[14] – Artikel demonstrativ den Kopf des Königs aufgesetzt. Anstelle eines Porträts wird den Lesern jedoch eine »Maske« vorgeführt, die sich vor allem durch ihre Undurchdringlichkeit auszeichnet. Was Louis-Philippe kurz vor Beginn der Karnevalstage zu einer Kabinettsumbildung bewogen haben mag, gibt seine »wohlwollende dicke Hülle« aus »lächelnde[m] Fleisch« nicht preis. Heine muss sich damit behelfen, die »geheimen Gedanken«[15] des Königs auf Umwegen zu erraten und politische Beweggründe aus zeitlichen Hintergründen abzuleiten. Womöglich habe sich der Monarch gegen die »gefährlichsten Tage für die öffentliche Ruhe« mit populären Zugeständnissen wappnen wollen. »Mummerey gegen Mummerey, und das neue Ministerium ist vielleicht eine Maske des Königs für den Karneval.«[16]

In dieser Karnevalsmaske taucht Louis-Philippe, kaum aufgetreten, auch schon wieder in der Menge unter. Während in den ersten Artikeln seine »dicke Hülle« das Fehlen eines Porträts noch kompensieren kann, wird in den weiteren Berichten der Mangel am Kopf des Staats um so flagranter offenbar. Ausgerechnet die führenden politischen Köpfe haben in der *Lutezia* am Gemeingut des Porträts nicht teil. Zu Recht hat Jacques Voisine betont, dass man in den Tagesberichten »nur beim Erscheinen irgendeines Unbekannten oder bei der Vorstellung einer mysteriösen Persönlichkeit auf ein vollständiges Porträt trifft«, während man die »moralischen und intellektuellen Eigentümlichkeiten der Hauptakteure« – das sind, neben Louis-Philippe, die Minister Thiers und Guizot an der Spitze der Deputiertenkammer – »zuerst in verschiedenen Artikeln der Lutezia zusammensuchen« muss, »wenn wieder ein Ganzes daraus werden soll«.[17]

In Heines daguerreotypischem Geschichtsbuch führt das zu dem ironischen Effekt, dass unter den wenigen detailliert gezeichneten Personen ausgerechnet der Republikaner Louis Blanc ›herausragt‹, den Heine als »große[n] Mann der Kleinen« vorstellt, wobei er dem Republikaner seine »überaus winzige Gestalt« nicht als Mangel ankreidet, aber darin die Inkarnation einer Drohung wahrnimmt. Für Heine verkörpert Blanc ein radikales Programm, in dem Gleichheit bedeutet, notfalls mit Gewalt durchzusetzen, dass niemand über die Köpfe anderer hinweg entscheidet. Von Blanc heißt es:

> vielleicht schon wegen seiner Taille ist ihm jede große Persönlichkeit zuwider, und er schielt an sie hinauf mit jenem Mißtrauen, das er mit einem andern Schüler Rousseaus, dem seligen Maximilian Robespierre, gemein hat. Ich glaube, der Knirps möchte jeden Kopf abschlagen lassen, der das vorgeschriebene Rekrutenmaß überragt [...].[18]

Über Louis-Philippe, den »*roi par la grâce du peuple souverain*«,[19] erfährt man hingegen, dass er es von sich aus vorzieht, in der Öffentlichkeit nicht als stolzes Pferd aufzutreten, sondern als Fliege unter Fliegen. Er liebe es, »mit dem großen sentimentalen Parapluie unterm Arm wie Staberle durch die Gassen von Paris zu schlendern, Bürger Creti und Pleti die ungewaschenen Hände zu schütteln, und zu lächeln und sehr gerührt zu seyn«.[20] Heine bleibt diese Volksnähe suspekt. Sein Vergleich mit »Staberle« – bei dem es auf den Diminutiv ankommt – hebt an der zur Schau gestellten Einfalt nicht die stille Tugend eines »große[n] König[s]«[21] hervor, sondern die List eines Komödianten, der mit Leutseligkeit überspielt, wie sehr es ihm widerstrebt, dass das Parlament regiert, während er selbst nur noch herrschen darf – im Sinne der von Adolphe Thiers geprägten Formel: *Le roi règne, mais ne gouverne pas.*[22]

Derselbe Thiers wiederum hat 1840 – in dem Jahr, in dem Heines Berichte einsetzen – als Ministerpräsident kurz und glücklos agiert, Anfang März die Führung über Louis-Philippes Kabinett übernommen und den Posten schon im Oktober, nach außenpolitischen Fehlschlägen, wieder verloren. In die *Lutezia* geht er vor allem als Advokat Napoléons ein, der die Überführung der »sterblichen Reste« des Kaisers von St. Helena nach Paris betreibt, weil er hoffte, auf den Schultern des »Riesen unseres Jahrhunderts«[23] als »kleiner Napoleon« »außerordentlichste Popularität«[24] zu erringen. Der Coup misslang. Als die berühmte Leiche im Januar 1841 endlich nach vielem Hin und Her im winterlichen Paris eintraf, war das politische Klima umgeschlagen. Thiers befand sich inzwischen in der Opposition. Die Hitze des ersten Überschwangs, die um sich griff, kaum dass die Nachricht über das Staatsbegräbnis durchdrang – dass »im Volke alles jubelt, jauchzt, glüht und aufflammt«,[25] beobachtete Heine noch im Mai des Vorjahrs –, war schneller als erwartet »in eine sehr bescheidene Wärme übergegangen«,[26] und auch die Gedenkfeier zu Ehren der Revolutionshelden von 1830 hatte daran, allen Unkenrufen zum Trotz,[27] nichts geändert. Die Beisetzungsfeier im Invalidendom ging schließlich so reibungslos vonstatten, dass Heine am 11. Januar 1841 vermelden konnte:

> Die Muse der Geschichte hat diesen Leichenzug eingezeichnet in ihre Annalen als besondere Merkwürdigkeit; aber für die Gegenwart ist

jenes Ereigniß minder wichtig [...]. Der Kaiser ist todt. Mit ihm starb der letzte Held nach altem Geschmack, und die neue Philisterwelt athmet auf, wie erlöst von einem glänzenden Alp.[28]

Anstelle von Riesen nach altem Geschmack sind es kleinwüchsige Männer, Epigonen oder Staberles ohne Strahlkraft, die in der neuen »Philisterwelt« um die Gunst der Menge rivalisieren. Wie Thiers' Beispiel zeigt, entwickeln sie dazu mitunter keine geringere Artistik als die Klavier- und Cellovirtuosen, die zur selben Zeit das Pariser Konzertpublikum begeistern.[29] »Kein Potentat genießt soviel Verehrung jetzt wie das Volk«, notiert Karl Gutzkow 1855 in einem Beitrag über *Volk und Publicum*. Nach Gutzkow hat das Volk die Souveränität längst an sich gezogen und übt sie – ungeachtet der vielen verratenen, abgewendeten oder erstickten Revolutionen – an breiter Front durch Beifall und Verweigerung faktisch aus, auch wenn es sie *de iure* nicht besitzt.»Volk und kein Ende! [...] Die Kunst, die Literatur, die Wissenschaft existirt nur noch – fürs Volk!«[30]

Was Gutzkow 1855 als Diktat einer neuen Macht beschreibt, die durch Masse Druck erzeugt und Schriftstellern genauso Konzessionen abfordert wie Politikern, stellt sich für Heine in den früher schon verfassten Briefen *Ueber die französische Bühne* unter umgekehrtem Blickwinkel als »Verkleinlichung aller Größe« und »radikale Vernichtung des Heroismus« dar. Dort lautete seine Prognose, dass diejenigen, die künftig die Geschicke lenken, nicht mehr groß ausfallen werden – und ausfallen *können*, solange jedenfalls die »engen, nüchternen Krämergesinnungen«[31] den Ton angeben –, sondern nur noch mehr oder weniger klein. Die Ära der Helden, die nach der ersten Revolution ja mit Napoléon noch eine letzte Sternstunde erlebte, erscheint *erst* jetzt Vergangenheit: als Folge einer zweiten Revolution, die Könige mit der Attitüde bürgerlicher Biedermänner hervorgebracht hat und Bürger, die sich unter der Devise *Enrichissez-vous!* wie Könige bereichern. »Ueberhaupt scheint die Weltperiode vorbey zu seyn wo die Thaten der Einzelnen hervorragen«, hatte Heine bereits in seinen *Französischen Zu-*

ständen, die unter dem direkten Eindruck der Julirevolution entstanden, registriert.

> [D]ie Völker, die Partheyen, die Massen selber sind die Helden der neuern Zeit; die moderne Tragödie unterscheidet sich von der antiquen dadurch, daß jetzt die Chöre agiren und die eigentlichen Hauptrollen spielen, während die Götter, Heroen, und Tyrannen, die früherhin die handelnden Personen waren, jetzt zu mäßigen Repräsentanten des Partheywillens und der Volksthat herabsinken, und zur schwatzenden Betrachtung hingestellt sind, als Thronredner, als Gastmahlpräsidenten, Landtagsabgeordnete, Minister, Tribune, usw.[32]

Die *Lutezia*-Berichte tragen dem Rechnung, indem sie die Gefechte zwischen »Krone« und »Kammer«,[33] die zwischen 1840 und 1843 die Tagespolitik bestimmen, zur »Bürgerkomödie« herunterspielen, während sie – umgekehrt – keine Gelegenheit auslassen, auf Warnzeichen hinzuweisen, in denen sich ankündigt, dass die Komödie »mitsammt ihren parlamentarischen Heldenspielern und Comparsen« womöglich schon bald »ein auszegischt schreckliches Ende nimmt«.[34] Eines dieser Zeichen ist der schwankende Obelisk, den Heine mehrfach als Orakel über die Lebensdauer der amtierenden Regierungskabinette befragt. Bevor der Obelisk nach Frankreich kam, hatte er in Luxor am Eingang des ägyptischen Tempels »getrocknete Königsleichen« bewacht. Jetzt, auf der Place de la Concorde, dem Hinrichtungsplatz Louis' XVI., »wo ganz eigentlich die moderne Zeit angefangen und von der Vergangenheit gewaltsam abgeschnitten wurde mit frevelhaftem Beil«, macht ihm »der beständige Wetterwechsel«[35] in Paris zu schaffen. Sein Wackeln verstärkt auch die Bedenken Heines, die sich in den bangen Fragen äußern: »Wird sich das Ministerium Thiers lange halten?«[36] – »Wird sich Guizot halten?«[37] – »Wird sich Guizot halten?«[38] Vom maroden Postament der Säule ist erstmals am 19. Dezember 1841 die Rede. Am 4. Dezember 1842, ein Jahr nach der letzten Erwähnung, kommt Heine auf den Steinpfeiler erneut zurück. Nun dient er zur Bekräftigung des Gegenteils. Dank der »Kunst des Stillsitzens« ist das bereits totgesagte Ministerium noch immer im Amt. Guizot

»hält sich marmorn still, wie der Obelisk des Luxor, und wird deßhalb sich länger erhalten als man glaubt«.[39] Aus dem Inbild der Labilität ist ein Garant politischer Dauer geworden; dafür hat sich die Unruhe des Monuments auf die Metapher selbst übertragen und an die Sprache eines Textes weitervermittelt, der die anhaltende Riskanz der Situation durch den Kollaps seiner Bildsemantik bezeugt.

Nicht anders verhält es sich mit den »Funken« des Aufruhrs, der Heine öfters Sorgen macht. Beim Staatsakt des Kaiserbegräbnisses, wo die Funken aus der »Asche Napoleons« hätten »hervorsprühen«[40] können, wird ihr Feuer wider Erwarten durch die zeremonielle Feierlichkeit erstickt. Dafür lodert es im nächsten Winter, bei den Exzessen des Pariser Karnevalstreibens, umso heftiger auf. Am Ende des ersten *Lutezia*-Teils rückt der Karneval, wie schon zu Beginn der Berichte, deshalb wieder in den Vordergrund, wobei die Feiern diesmal so ausarten, dass sie den Charakter einer »revolutionären Generalprobe«[41] annehmen. Der betreffende Artikel vom 7. Februar 1842 – der zugleich der berühmteste des Buches ist und in der Forschung oft kommentiert wurde[42] – hält sich einmal mehr bei den Karnevalsbällen der Pariser Theater auf. »›Wir tanzen hier auf einem Vulkan‹ – aber wir tanzen«, lautet der erste Satz.

> Was in dem Vulkan gährt, kocht und brauset, wollen wir heute nicht untersuchen, und nur wie man darauf tanzt, sey der Gegenstand unserer Betrachtung.[43]

Die Schilderung, die nun folgt, entwickelt das poetologische Programm der *Lutezia* noch einmal *in nuce*, wobei die zentralen Motive durch die drei Balladen aus den *Historien* – *Carl I., Maria Antoinette* und *Pomare* – bereits vorgeprägt sind. Dort verkörperten die gegensätzlichen Bewegungsstile – das »leere[ ] Gespreitze«[44] der Königin im Tuilerienschloss und der wilde Cancan der Tänzerin aus dem »Garten Mabill«[45] – den Antagonismus von überlebtem Ancien Régime und lebendiger Gegenwart. In genauer Parallele und räumlich verteilt auf die Regionen ›unten‹

und ›oben‹ ordnet der *Lutezia*-Bericht dem nun die Ausschläge moderner Unbändigkeit – im Hitzeherd des Feuers – und den Klassizismus der strengen Zucht – in der kälteren Höhenlage – zu. Für Letzteren bürgt das *Corps de ballet* der Pariser Oper, dessen gepflegter Bühnentanz in Heines Augen »dieselbe höfische Kühle« und »dasselbe gezierte Sprödethun« ausstrahlt wie die »Racinesche[] Tragödie« und die »Gärten von Le Nôtre«.[46] Kontrastiv stehen dem am unteren Ende der Skala die »gemeinen Tanzböden« gegenüber, auf denen sich das »tanzende Volk« der »untern Classen«, »namentlich zur Carnevalszeit«, vergnügt.

Hier, auf diesen Böden, ist der Tanz zu Hause, der Pomaré zur Königin machte und ihr zugleich die glühende Verehrung des Poeten Heine eintrug. Eine »kreischende, schrillende, übertriebene Musik«, heißt es jetzt kühler in seiner Prosa, »begleitet hier einen Tanz, der mehr oder weniger an den Cancan streift«. Für den Rest des Artikels werden diese vorgeschobenen Abwehrgesten aber die letzten Versuche bleiben, unter Verschluss zu halten, was »in dem Vulkan gährt, kocht und brauset«. Auf eine »Definizion des Cancan«, die »hinlänglich belehrsam« wäre, müssen die Leser zwar verzichten und sich mit der Auskunft zufriedengeben, dass die »unaussprechlichen Tänze« »nie in ordentlicher Gesellschaft getanzt«[47] werden. Nicht von erotischer Faszination ist die Rede und nicht von »berauschenden, betäubenden Galoppwalzer[n]«, mit denen die Tänzer sich »in den tosenden Strudel des Vergnügens«[48] reißen lassen, wie man noch in Heines Berichten über die Maskenbälle des Vorjahrs las. Umso länger verweilt er diesmal bei den »Communalgardisten«, die in den öffentlichen Tanzsälen »mit finster catonischer Miene die tanzende Moralität bewachen«. Ihnen, nicht den Tänzern, hält er vor, die Verletzung der Sitten zu befördern. Mit ihrer »schmählichen Kontrolle« sei die Polizei die eigentliche Triebkraft der »Volkslust« und animiere die Tänzer, die Regeln des guten Anstands durch die Parodie ihrer Einhaltung zu durchbrechen. Der »gallische Leichtsinn«, schreibt er,

> macht eben seine vergnügtesten Sprünge, wenn er in der Zwangsjacke steckt, und obgleich das strenge Polizeyauge es verhütet, daß der Cancan in seiner cynischen Bestimmtheit getanzt wird, so wissen doch die Tänzer durch allerley ironische Entrechats und übertreibende Anstandsgesten ihre verpönten Gedanken zu offenbaren, und die Verschleyerung erscheint alsdann noch unzüchtiger als die Nacktheit selbst.[49]

Sein Bericht lässt der tobenden Menge lieber freie Bahn und schließt mit der Beschreibung eines Karnevalsballs, auf dem der »taumelnde Spuk« sich »weit prächtiger als auf den Bällen der großen Oper« gebärdet.

> Hier ist das verlorne Thal, wovon die Amme erzählt; hier tanzen die Unholden wie bey uns in der Walpurgisnacht [...]. Wenn aber gar die Galopp-Ronde erschmettert, dann erreicht der satanische Spektakel seine unsinnigste Höhe, und es ist dann, als müsse die Saaldecke platzen und die ganze Sippschaft sich plötzlich emporschwingen auf Besenstielen, Ofengabeln, Kochlöffeln – »oben hinaus! nirgends an!« – ein gefährlicher Moment für viele unserer Landsleute, die leider keine Hexenmeister sind und nicht das Sprüchlein kennen, das man herbeten muß, um nicht von dem wüthenden Heer fortgerissen zu werden.[50]

Im satanischen Galopp über den Tanzboden der Opéra-Comique kommt eine Gewalt zum Ausbruch, mit der die Masse alle Zügel sprengt und doch noch zurückhält, was sich erst sechs Jahre später nicht mehr bändigen lässt. Aus der Perspektive der *Lutezia*-Berichte ist die Revolution von 1848 keine überraschende Eruption, sondern die erneute Reprise einer Rebellion, die im Tanz der »untern Classen« je schon präsent war.

In der *Lutezia* selbst markiert dieser Tanz einen Kulminationspunkt, aber keinen Endpunkt. Der Karnevalsball in der Opéra-Comique beschließt den ersten Teil, ohne dass die Zäsur, die das Buch zweiteilt, für den Fortgang erheblicher wäre als die Schwelle zwischen den einzelnen Artikeln, deren Zählung über die Buchgrenze hinweg weiterläuft. Unter den frühzeitigen Anfängen, auf die Heine das Ende der Julimonarchie zurückdatiert, ist der Ball ein markanter, aber auch ein kontingenter – und in der Serie der insgesamt 71 Artikel[51] einer von vielen. Was seine Schilderung aus der Reihe anderer Vorfälle hervorhebt, ist die Artistik, mit der Heine die Bewegungen der Tänzer zugleich als choreographische Chiffre für die arabesken Wendungen nutzt, mit denen er selbst dem »Censurschwert«[52] auswich, das ihm bei der Arbeit für die *Allgemeinen Zeitung* im Nacken saß.

Genauer berichtet er darüber in der Vorrede, die er der französischen Ausgabe seiner *Lutezia* voranstellt. Er schildert dort die strenge Selbstzensur, mit der die Redaktion der Zeitung versuchte, den Ansprüchen der »tausendköpfigen Leserwelt«, aber ebenso den Forderungen der »kopflosen Behörden« zu genügen, indem sie sämtliche Berichte anonym veröffentlichte und sich außerdem das Recht vorbehielt, »jeden Artikel [...] ihren jedesmaligen Tagesbedürfnissen anzumodeln, nach Gutdünken durch Ausmerzen, Ausscheiden, Hinzufügen und Umänderungen jeder Art den Artikel druckbar zu machen, und gehe auch dabey die gute Gesinnung und der noch bessere Styl des Verfassers sehr bedenklich in die Krümpe«. »Wir handeln weit klüger«, rechtfertigt er in diesem Zusammenhang die eigene Praxis des camouflierenden Schreibens,

> wenn wir unsre Gluth mäßigen, und mit nüchternen Worten, wo nicht gar unter einer Maske, in einer Zeitung uns aussprechen, die mit Recht eine Allgemeine Weltzeitung genannt wird, und vielen hunderttausend Lesern in allen Landen belehrsam zu Händen kommt.[53]

Der Karnevalsball ist für ihn deshalb ein dankbares Sujet, weil er ihm die beste aller Masken leiht, um gefahrlos in der Menge unterzutauchen und die Gärungen in der Tiefe *unter* der Oberfläche durch die Schilderung des Treibens *auf* der Oberfläche sowohl aufzudecken wie geschmeidig zu umgehen. In den Worten Roger Müller Farguells ist die »sprachliche Realisierung des Tanzes nichts anderes als die subversive Übertragung der furchtbar gärenden sozialen Bewegung, die das Innere des Vulkans in Aufruhr versetzt, in die Signatur des Cancan, die ein unaussprechliches, pantomimisches Zeichen ebendieser Bewegung darstellt«.[54]

Mit der Neuauflage der Berichte in Buchform zelebriert Heine seinen Triumph über die Zensur zehn Jahre nach der Erstveröffentlichung auf andere Weise. So viel ihm – in politischer Hinsicht – an der Rekapitulation einer bewegten Phase der Julimonarchie liegt, die seine Artikel schon kopflos zeigten, bevor die nächste Revolution den Staat gewaltsam seines gekrönten Haupts entledigte, so wichtig ist ihm – in literarischer Hinsicht – die späte Selbstbestätigung als Autor: die Durchsetzung des eigenen Kopfes durch die Restitution seiner Berichte, denen man im »Prokrustesbett« der *Allgemeinen Zeitung* bisweilen »die allzulangen Beine und nicht selten sogar den Kopf abschnitt«.[55] Enthauptung und Behauptung sind in seinem Buch aufs Engste miteinander verknüpft.

Die einzige Autorität, bei der er 1855 noch in Ungnade zu fallen fürchtet, ist jene, die er bereits im Titel nennt und mit ihrem alten weiblichen Namen anspricht – »Lutezia«, das Synonym für seine Leserschaft in Paris und über Paris hinaus. An sie, die »chère Lutèce«, wendet Heine sich direkt in seiner Vorrede zur französischen Buchausgabe, um seine besten Absichten zu beteuern, ihre Gunst zu suchen und sich prophylaktisch zu entschuldigen für den Fall, dass er »hie und da, durch einen rohen Ausdruck oder eine taktlose Mittheilung, ihre Unzufriedenheit« erregt haben könnte. »Nein, Lutezia«, schreibt er dort,

> ich habe Dich nie schmähen wollen, und wenn Dir böse Zungen das Gegentheil insinuiren, so zweifle nicht an der Aufrichtigkeit der Liebe, die ich für dich hege.[56]

Indem er dieser Lutezia als Liebespfand das daguerreotypische Geschichtsbuch darbringt, in dem der Kopf des Königs bereits fehlt, stellt er noch einmal das Szenario nach, das er in der Ballade *Pomare* auf der biblischen Folie des Salomé-Mythos entworfen hatte. Er offeriert der Schönen, die er umwirbt, das Haupt eines anderen als Gegengabe für ihren Tanz.

Im Widmungsbrief an Pückler-Muskau, der ein Jahr vorher die deutsche Buchversion einleitet, sind die Akzente anders gesetzt. Adressiert wird hier anstelle der Geliebten ein Freund, dem Heine kundtut, dass die Pariser keine Großtat vollbringen mussten, als sie sich gegen ihren König erhoben. Louis-Philippe habe ihnen die Revolution so leichtgemacht wie nie zuvor. »Die Sieger, das glorreiche Lumpengesindel jener Februartage, brauchten wahrhaftig keinen Aufwand von Heldenmut zu machen, und sie können sich kaum rühmen, ihrer Feinde ansichtig geworden zu sein. Sie haben das alte Regiment nicht getödtet, sondern sie haben nur seinem Scheinleben ein Ende gemacht: König und Kammer starben, weil sie längst todt waren.«

Als Sinnbild für die notorischen Kämpfe zwischen Krone und Parlament fällt Heine ein »Bildwerk« aus dem Münsteraner Rathaussaal ein: »zwey Figuren«, »welche in einem Zweykampf begriffen; sie sind ritterlich geharnischt, und haben eben ihre ungeheuer großen Schwerter erhoben, um auf einander einzuhauen – doch sonderbar! jedem von ihnen fehlt die Hauptsache, nemlich der Kopf, und es scheint, daß sie sich in der Hitze des Kampfes einander die Köpfe abgeschlagen haben und jetzt, ohne ihre beiderseitige Kopflosigkeit zu bemerken, weiter fechten«.[57] Für ihn begräbt die Februarrevolution, indem sie Tote tötet, ein geisterhaftes politisches Gebilde, in dem der Monarch von Anbeginn auf schwankendem Grund agierte, weil er in dem Dilemma steckte, weder über dieselbe dynastische Legitimation zu verfügen wie der letzte König noch über dasselbe Charisma wie der letzte Kaiser, so dass ihm nichts anderes übrigblieb, als sich in der Rolle des *citoyen* so klein wie möglich zu machen, um weiter herrschen zu dürfen, solange es ging. Sein Bürgerkönigtum, das primär die Großen unter den Bürgern hofierte und sein Glück im Bündnis mit den Reichsten suchte, um sich von den wechselnden Sympathien der meisten nicht gänzlich abhängig zu machen, endete 1848. Die Ära von Männern, die den Vergleich mit größeren Vorgängern provozierten, war damit allerdings nicht vorbei. Napoléon III., Frankreichs zweiter Kaiser, konnte aus dem Nimbus, der älteren Majestäten anhaftete, jedoch viel geschickter für sich Kapital schlagen.

7. Tragödie und Farce: Karl Marx

Napoléon III. kommt in der *Lutezia* nicht vor. Man darf aber annehmen, dass Heines ausdrückliche Beerdigung der Ära Napoléons auch als Seitenhieb gegen ihn gemünzt war.[1] Napoléon III. versuchte damals mit beträchtlichem inszenatorischen Aufwand, dem großen Namen Ehre zu machen und die Kaiserrolle so würdig auszufüllen wie sein Onkel. Durch einen Staatsstreich hatte er im Dezember 1851, am Jahrestag der Kaiserkrönung Napoléons I., seine Macht gefestigt und sich exakt ein Jahr darauf zum zweiten Kaiser der Franzosen ausrufen lassen. So zahlte sich spät eine Mimikry aus, mit der der Neffe bis dahin oft Schiffbruch erlitten hatte. Mitte der 1830er Jahre scheiterte sein Versuch, den legendären »Adlerflug«[2] Napoléons zu kopieren, so kläglich, dass Louis-Philippe es vorzog, den Insurgenten in die USA abzuschieben, statt ihn vor Gericht zu stellen. 1840 unternahm er einen zweiten Putschversuch. Diesmal verurteilte man ihn zu lebenslänglicher Haft und brachte ihn auf die Festung Ham bei Amiens. Wieder hatte er Glück, konnte Instandsetzungsarbeiten, die dort 1846 im Gange waren, zur Flucht nutzen und sich in der Verkleidung eines Maurers nach England absetzen, wo er bis zur Februarrevolution ausharrte. Von da an ging es aufwärts. Zurück in Frankreich, errang er einen Sitz in der Nationalversammlung und gewann im Dezember 1848 die Präsidentschaftswahlen. Als drei Jahre später die turnusgemäße Abwahl bevorstand, hebelte er mit Hilfe seines Halbbruders Charles Auguste de Morny den parlamentarischen Widerstand in einer Nacht-und-Nebel-Aktion aus, ließ mehr als 80 Oppositionelle festnehmen, sicherte sich durch ein rasch angeordnetes Plebiszit diktatorische Vollmachten und holte danach die öffentliche Zustimmung für die Wiederherstellung des Kaisertums ein.³

In Anbetracht dieser abenteuerlichen Biographie fiel es Victor Hugo, der nach dem Coup zunächst nach Belgien und dann nach England geflohen war, nicht schwer, aus dem Exil bittere Schmähschriften gegen »Napoléon den Kleinen« – *Napoléon-le-Petit*⁴ – heimzusenden und unentwegt dessen Vergehen zu beklagen. Für Karl Marx dagegen war der Staatsstreich Anlass, die Revolutionsgeschichte Frankreichs in grundsätzlicherer Perspektive Revue passieren zu lassen und das *Second Empire* nicht als Sündenfall, sondern als Fluchtpunkt einer Entwicklung zu begreifen, die mit innerer Zwangsläufigkeit auf solche Usurpatoren zulief. In seinem Aufsatz *Der achtzehnte Brumaire des Louis Bonaparte* kommt er deshalb zu ganz anderen Ergebnissen als Hugo, der im Staatsstreich den Stoff für eine große Skandalchronik findet.⁵ Wo Hugo eine riesige Kluft zwischen legitimer Demokratie und krimineller Diktatur wahrnimmt, macht Marx nur eine graduelle Differenz aus zwischen einem ›großen‹ Theater und einem ›kleinen‹.

Schon der erste Satz seiner Schrift unterstellt, dass »alle großen weltgeschichtlichen Tatsachen und Personen sich«, wie Hegel »irgendwo« notiert, »sozusagen zweimal ereignen«. Marx ergänzt: »Er« – Hegel – »hat vergessen hinzuzufügen: das eine Mal als Tragödie, das andere Mal als Farce.«⁶ Das damit verknüpfte Argument ist insofern komplex, als Marx keineswegs ›echte‹, ernstzunehmende Revolutionen – im Zeichen der Tragödie – vom ›falschen Spiel‹ politischer Hasardeure – im Zeichen der Farce – abgrenzt, sondern zwei Spielarten der Maskerade beschreibt, die das Geschichtszitat in unterschiedlicher Form ausbeuten.

Für die behauptete Regel liefert Marx mit seinem Kommentar selbst einen Anwendungsfall, indem er sich einerseits ein altes Diktum Hegels leiht, um Neues über die Revolutionsgeschichte zu sagen, und andererseits den zitierten Grundsatz durch seinen Zusatz – der Form nach eine Paraphrase des Zitats, eine Wiederholung der Wiederholungsregel – so entstellt, dass Hegels Apotheose des Tragischen in eine Farce umschlägt. »[T]he attribution to Hegel reverses Hegel.«[7] In Marx' Werk geschieht dies nicht zum ersten Mal. »Die Menschen machen ihre eigene Geschichte«, erläutert Marx die Implikationen seiner jüngsten Hegel-Revision,

> aber sie machen sie nicht aus freien Stücken, nicht unter selbstgewählten, sondern unter unmittelbar vorgefundenen, gegebenen und überlieferten Umständen. Die Tradition aller toten Geschlechter lastet wie ein Alp auf dem Gehirne der Lebenden. Und wenn sie eben damit beschäftigt scheinen, sich und die Dinge umzuwälzen, noch nicht Dagewesenes zu schaffen, gerade in solchen Epochen revolutionärer Krise beschwören sie ängstlich die Geister der Vergangenheit zu ihrem Dienste herauf, entlehnen ihnen Namen, Schlachtparole, Kostüm, um in dieser altehrwürdigen Verkleidung und mit dieser erborgten Sprache die neue Weltgeschichtsszene aufzuführen.[8]

Marx skizziert damit in knappen Strichen eine weitreichende Geschichtstheorie, die das mimetische Begehren zur historischen Triebkraft erhebt. Er stellt die Erfolge bisheriger Umwälzungen nicht in Abrede, aber er konstatiert ein Missverhältnis zwischen Zwecken und Mitteln, zwischen den Ansprüchen und den ihnen notorisch zuwiderlaufenden Formen der Umsetzung. Keine der Revolutionen – so lautet sein vorweggenommenes Fazit – wurde bislang ihrem Namen gerecht und nahm je ihre Versprechungen beim Wort. Wo immer historische Aufbrüche gewagt wurden, orientierten sich die Akteure an vergangenen Aufbrüchen. So kam es zu der wiederholten Konsequenz, dass die Neuanfänge nichts als einen ewigen Aufschub des eigentlichen Vorhabens bewirkten. In der Schleife der Wiederholungen änderte die revolutionäre Bewegung ihren Richtungssinn. Für Marx lässt sich die Geschichte der Revolutionen nur als Geschichte der Widersprüche erzählen, die aus den Spielarten der Wiederholung altbekannter Szenen entstanden sind.

Dabei legt er in seiner Analyse Wert darauf, dass die Spielarten der Nachahmung keinesfalls identisch sind, sondern untereinander variieren. Während sich einerseits die Unterschiede von Neuanfang und Wiederholung einebnen, treten die Differenzen *zwischen* den Wiederholungen um so prägnanter hervor – und mit ihnen die gleichmäßige Wiederkehr verschiedener Wiederholungstypen, durch die sich die Geschichte rhythmisiert.⁹ Die offenkundigen Maskeraden des Napoléon-Neffen sind in dieser Perspektive nur das jüngste Beispiel jener »Totenerweckung«, mit der alle Revolutionen operierten – die einen pathetischer, die anderen burlesker.

Bei Betrachtung jener weltgeschichtlichen Totenbeschwörungen zeigt sich sofort ein springender Unterschied. Camille Desmoulins, Danton, Robespierre, St-Just, Napoleon, die Heroen, wie die Parteien und die Masse der alten französischen Revolution, vollbrachten in dem römischen Kostüme und mit römischen Phrasen die Aufgabe ihrer Zeit, die Entfesselung und Herstellung der modernen bürgerlichen Gesellschaft. Die einen schlugen den feudalen Boden in Stücke und mähten die feudalen Köpfe ab, die darauf gewachsen waren. Der andere schuf im Innern von Frankreich die Bedingungen, worunter erst die freie Konkurrenz entwickelt, das parzellierte Grundeigentum ausgebeutet, die entfesselte industrielle Produktivkraft der Nation verwandt werden konnte, und jenseits der französischen Grenzen fegte er überall die feudalen Gestaltungen weg, soweit es nötig war, um der bürgerlichen Gesellschaft in Frankreich eine entsprechende, zeitgemäße Umgebung auf dem europäischen Kontinent zu verschaffen.
Die neue Gesellschaftsformation einmal hergestellt, verschwanden die vorsündflutlichen Kolosse und mit ihnen das wieder auferstandene Römertum – die Brutusse, Gracchusse, Publicolas, die Tribunen, die Senatoren und Cäsar selbst. Die bürgerliche Gesellschaft in ihrer nüchternen Wirklichkeit hatte sich ihre wahren Dolmetscher und Sprachführer erzeugt in den Says, Cousins, Royer-Collards, Benjamin Constants und Guizots, ihre wirklichen Heerführer saßen hinter dem Kontortisch, und der Speckkopf Ludwigs XVIII. war ihr politisches Haupt. Ganz absorbiert in die Produktion des Reichtums und in den friedlichen Kampf der Konkurrenz begriff sie nicht mehr, daß die Gespenster der Römerzeit ihre Wiege gehütet hatten. Aber unheroisch, wie die bürgerliche Gesellschaft ist, hatte es jedoch des Heroismus bedurft, der Aufopferung, des Schreckens, des Bürgerkriegs und der

Völkerschlachten, um sie auf die Welt zu setzen. Und ihre Gladiatoren fanden in den klassisch strengen Überlieferungen der römischen Republik die Ideale und die Kunstformen, die Selbsttäuschungen, deren sie bedurften, um den bürgerlich beschränkten Inhalt auf der Höhe der großen geschichtlichen Tragödie zu halten. [...]
Die Totenerweckung in jenen Revolutionen diente also dazu, die neuen Kämpfe zu verherrlichen, nicht die alten zu parodieren, die gegebene Aufgabe in der Phantasie zu übertreiben, nicht vor ihrer Lösung zurückzuflüchten, den Geist der Revolution wiederzufinden, nicht ihr Gespenst wieder umgehen zu machen. 1848–1851 ging nur das Gespenst der Revolution um, von Marrast, dem Républicain en gants jaunes, der sich in den alten Bailly verkleidete, bis auf den Abenteurer, der seine trivial-widrigen Züge unter der eisernen Totenmaske Napoleons versteckt.[10]

In der Gegenüberstellung von Tragödie und Farce erkennt man weitere Vorgaben Hegels wieder. Elementare Kennzeichnungen von Tragödie und Komödie, die auf die *Ästhetik* zurückgehen – das tragische Pathos des Individuums, das sich gegen den Widerstand der sittlichen Mächte für seine Ziele aufopfert; die komische Diskrepanz zwischen selbstgewissen Subjekten und nichtigen Zwecken[11] –, sind offensichtlich auch in Marx' Beschreibungen der jüngsten Geschichte Frankreichs eingeflossen.

Allerdings werden diese Anleihen im *Achtzehnten Brumaire* durchgängig von einem Vokabular des Gespenstischen überlagert, das die Nachahmung politischer Vorbilder ins Zwielicht einer okkulten Praxis rückt. Als gegensätzliche Formen der »Totenerweckung« grenzen Tragödie und Farce sich in erster Linie performativ voneinander ab, wobei die Bruchlinie, an der sich für Marx ›lebendige Geister‹ und ›tote Gespenster‹ scheiden, keineswegs linear zwischen ›Wirklichkeit‹ und ›Illusion‹ verläuft, sondern beide Seiten durchquert und beide Varianten der Totenbeschwörung betrifft. Auf der einen Seite werden durch die imaginäre Wiederbelebung Kräfte entfesselt, die *wirkliche* Umwälzungen vorantreiben; auf der anderen werden die belebten Geister von den Folgen dieser Umwälzung ereilt und regredieren, von der Realität entzaubert, zu Schatten ihrer selbst.

In seinem Essay *Marx' Gespenster* hat Jacques Derrida dieser »Spektro-Politik« einen ausführlichen Kommentar gewidmet und auf das irritierende Gleiten der Semantik von ›Geistern‹ und ›Gespenstern‹ hingewiesen. »Wenn es Gespenstisches gibt«, so schreibt er, »dann genau in dem Augenblick, wo die Referenz unentscheidbar zwischen beiden in der Schwebe bleibt – oder wenn sie nicht mehr in der Schwebe bleibt, da, wo sie es hätten tun müssen.« Die zwei »Modalitäten oder zwei Temporalitäten der ›Totenbeschwörung‹«, die Marx auf einen springenden Unterschied festlegen möchte, kontaminieren sich nach Derrida »auf so verwirrende Weise«, dass »der ›springende‹ Unterschied justament springt, gleich zu Beginn, und daß er nur in die Augen springt, weil er vor den Augen springt«.[12]

In der Tat sind die beiden von Marx auseinandergehaltenen Spielarten politischer Mimesis strukturell völlig analog und weder semantisch noch logisch scharf entlang der ausgelegten Begriffsachsen zu trennen. Zu echten Gegensätzen werden sie allein durch die *Praxis* der Protagonisten: durch das dramatische Temperament, mit dem diese ihre Sache betreiben; durch die aus dem Spiel erwachsenden energetischen Überschüsse; schließlich durch die Trägheit späterer Generationen, das unnötig gewordene Rollenspiel anders als selbstironisch fortzusetzen.

Umso offener können mit dem Schwinden der performativen Überzeugungskraft andere Realitäten zutage treten. Wenn die »Farce« der Bürgerkönige und Napoléon-Darsteller sich in Marx' Analyse sowohl ›gespenstischer‹ als auch ›realer‹ ausnimmt als das Heroentheater der »alten französischen Revolution«[13] von 1789, so deshalb, weil ihr Maskenspiel durchaus entlarvenden Charakter hat. Während die Tragödie als kleinere Farce gelten kann, weil sie sich *als solche* nicht durchschaut und den Suggestionen der eigenen Mimesis verfällt, travestiert die ›echte‹ Farce diese Mimesis. Sie klärt die Tragödie über sich selbst auf, indem sie diese als die ›leere‹ Reprise zu erkennen gibt, die sie je schon war.

In der Dialektik von Marx' Argument folgt daraus auch, dass

nicht die Heroen der ersten Stunde, sondern die politischen Kleindarsteller der Gegenwart die heimlichen Verbündeten ihres Kritikers sind, dank denen es möglich wird, endlich den Weg zu einer echten Revolution freizumachen. Wie in Heines *Lutezia* der Riese Napoléon nur noch einmal als Gespenst aufersteht, um für allemal zu Grabe getragen zu werden, so zielt auch im *Achtzehnten Brumaire* die neue Geisterbeschwörung allein darauf ab, eine Zukunft ohne Gespenster anbrechen zu lassen und mit der Revolution zum ersten Mal wirklich ernst zu machen.

> Die soziale Revolution des neunzehnten Jahrhunderts kann ihre Poesie nicht aus der Vergangenheit schöpfen, sondern nur aus der Zukunft. Sie kann nicht mit sich selbst beginnen, bevor sie allen Aberglauben an die Vergangenheit abgestreift hat. Die früheren Revolutionen bedurften der weltgeschichtlichen Rückerinnerungen, um sich über ihren eigenen Inhalt zu betäuben. Die Revolution des neunzehnten Jahrhunderts muß die Toten ihre Toten begraben lassen, um bei ihrem eigenen Inhalt anzukommen.[14]

Vorerst sieht Marx seine Aufgabe darin, die Unausweichlichkeit dieser Entwicklung zu untermauern, indem er die jüngsten Geschehnisse in Frankreich Revue passieren lässt und neben den Toten, deren Begräbnis überfällig ist, auch bereits diejenigen ins Blickfeld rückt, die nach der Februarrevolution schnell totgesagt worden sind, doch in der »Revolution des neunzehnten Jahrhunderts« noch eine tragende Rolle spielen sollen. Im *Achtzehnten Brumaire* treffen deshalb die Gespenster der Vergangenheit auf die Gespenster der Zukunft, und die Geschichte des französischen Staats – als Staat, der sich in dem Maß ›unheimlich‹ wird, wie egalitärer Anspruch und elitäres Regierungshandeln sich voneinander entfremden – überlagert sich mit dem Advent eines anderen »Gespenst[s]«, dessen Wiederbelebung allererst aussteht, nachdem sein ›Geist‹ in den »Junitagen 1848« im »Blute des Pariser Proletariats erstickt«[15] worden war.

Man begegnet bei Marx also einem komplexen Gegenwartsszenario, das zwischen multiplen Schauplätzen hin und her wechselt, um vor Augen zu führen, wie die offiziellen »Haupt- und

Staatsaktionen« durch die versteckten Aktivitäten »[h]inter den Kulissen« beständig konterkariert werden. Auf der »öffentlichen Bühne« agieren gewählte Vertreter noch als Verbündete, die in geschlossenen Zirkeln schon Intrigen gegeneinander spinnen,[16] während am anderen Rand der Parlamentsöffentlichkeit und unbemerkt von den einander befehdenden Fraktionen Louis-Napoléon bereits die Fäden für seinen Staatsstreich zieht – beispielsweise, indem er als generöser Gastgeber im Elysée-Palast die Loyalität der Offiziere mit »Zigarren und Champagner, mit kaltem Geflügel und Knoblauchwurst«[17] erkauft. Die Auftrittspolitik des Präsidenten, der sein »verborgenes Leben in den elyseeischen Gefilden«[18] nur in den Sitzungspausen des Parlaments, »in den periodischen Ferien«, verlässt, um sich »auf der Spitze der Republik« zu zeigen, wird dabei zur Prolepse auf die dauerhafte Entmachtung des Gremiums:

> Sooft während dieser Ferien der verwirrende Lärm des *Parlaments* verstummte und sein Körper sich in die Nation auflöste, zeigte sich unverkennbar, daß nur noch *eins* fehle, um die wahre Gestalt dieser Republik zu vollenden: *seine* Ferien permanent machen und *ihre* Aufschrift: liberté, égalité, fraternité, ersetzen durch die unzweideutigen Worte: Infanterie, Kavallerie, Artillerie![19]

Wenn Marx an späterer Stelle, mit Blick auf die wild zirkulierenden Umsturzgerüchte im Vorfeld des 2. Dezember, schreibt, dass der »Schatten« zugleich »Farbe« annahm, »wie ein buntes Daguerreotyp«,[20] so hat sein Aufsatz diese Einfärbung bereits vorweggenommen und das Bild einer Republik entwickelt, in der nach der Februarrevolution »die politischen Namen und geistigen Renommeen, das bürgerliche Gesetz und das peinliche Recht« zusehends »wie eine Phantasmagorie«[21] dahinschwinden. Gegen diese Phantasmagorie setzt der *Achtzehnte Brumaire* das »Gespenst« der proletarischen Revolution, dem die Zukunft gehört, gerade weil in der Gegenwart nichts von ihm zu sehen ist.

Die Rolle Louis-Napoléons auf diesem Weg ist für Marx ebenso zentral wie ambivalent. Denn sosehr er mit seiner »mittelmäßigen und grotesken Personage«[22] einerseits als typisches Geschöpf eines »offiziellen Frankreichs« verächtlich wird, in dem die »offiziellen Größen« immer »zwerghafter«[23] ausfallen, so sehr erscheint er andererseits als nützlicher Partner, der den künftigen Revolutionären in die Hände spielt, weil er das Verschwinden der »Phantasmagorie« von sich aus beschleunigt und die Republik durch eine Diktatur ersetzt hat, die für Illusionen wenig Raum lässt, weil jetzt die »*Gewalt ohne Phrase über die Gewalt der Phrase*« dominiert. Seither zeigt der politische Gegner sich unverhüllt, demaskiert, zur Kenntlichkeit entstellt in der Figur eines Usurpators, die nur mehr die blanke »*Exekutivgewalt*« verkörpert. Sonst stellt Louis-Napoléon nichts dar. Anders als Louis-Philippe kommt er auch nicht mehr als Interessenvertreter einer »herrschenden Klasse«[24] in Betracht, sondern bleibt als Parvenü suspekt, der jene hinter sich versammelt, die weder Klasse haben noch eine Klasse sind, sondern seine Diktatur als »unbestimmte, aufgelöste, hin- und hergeworfene Masse« stützen. Marx denkt hier sowohl an das »Pariser Lumpenproletariat« – »Gauner, Gaukler, Lazzaroni, Taschendiebe, Taschenspieler, Spieler, Maquereaus, Bordellhalter, Lastträger, Literaten«, die er als arbeitsscheue »bohème« und »Auswurf, Abfall, Abhub aller Klassen«[25] beargwöhnt – als auch in der Provinz an »*Parzellenbauern*«, die allein »in gleicher Situation leben«, ohne »in mannigfache Beziehung zueinander zu treten«.[26]

Umso näher liegt für Marx in Anbetracht des unverhohlen als Diktator auftretenden Präsidenten die Prognose, dass die Gelegenheit für einen Gegenschlag jetzt günstig ist, weil die Staatsgewalt nur mit gleicher Gewalt bekämpft werden kann, nicht mit Phrasen oder in den historischen Kostümen von auferweckten Toten. Louis-Napoléon ist nach seinem Kalkül deshalb ein idealer Gegner, weil man in ihm den politischen Widersacher leibhaftig treffen kann – ohne die Gefahr, sich von seinem trügerischen Schein blenden zu lassen und, wie bisher, mit falschen Mitteln falschen Zielen hinterherzueilen. »Aber die Revolution ist gründlich«, frohlockt er in der Erwartung, dass die Erhebung der daniederliegenden Arbeiterschaft nah ist und die Totgesagten, wenn sie erst gesiegt haben, einem ewigen Leben entgegengehen.

> Sie ist noch auf der Reise durch das Fegefeuer begriffen. Sie vollbringt ihr Geschäft mit Methode. Bis zum 2. Dezember 1851 hatte sie die eine Hälfte ihrer Vorbereitung absolviert, sie absolviert jetzt die andre. Sie vollendete erst die parlamentarische Gewalt, um sie stürzen zu können. Jetzt, wo sie dies erreicht, vollendet sie die *Exekutivgewalt*, reduziert sie auf ihren reinsten Ausdruck, isoliert sie, stellt sie sich als einzigen Vorwurf gegenüber, um alle ihre Kräfte der Zerstörung gegen sie zu konzentrieren. Und wenn sie diese zweite Hälfte ihrer Vorarbeit vollbracht hat, wird Europa von seinem Sitze aufspringen und jubeln: Brav gewühlt, alter Maulwurf![27]

Tatsächlich ist es zu einer Erhebung gegen Louis-Napoléon weder 1852, im Jahr des Erscheinens von Marx' Studie, noch in der Folgezeit gekommen. Auch nicht zu einer neuerlichen Revolution. Anders als Heines Prognose – deren Bestätigung durch den Lauf der Dinge die Neuveröffentlichung der *Lutezia*-Artikel ja allererst motiviert hatte – ging Marx' Vorhersage nicht in Erfüllung. Als die *Brumaire*-Schrift 1869 selbst zum zweiten Mal erschien, blieb ihrem Autor nur der sarkastische Kommentar, die Farce sei nicht nur der Politik zum Schicksal geworden, sondern auch seiner Abhandlung, weil sie den kleinen Napoléon zu früh totgesagt und in ein Gespenst verwandelt hatte, als dieser noch lebte.[28]

Was Marx nicht abgesehen hatte, als er sich kurz nach Louis-Napoléons Staatsstreich an die Arbeit machte, um mit seinem Aufsatz den Neustart von Joseph Weydemeyers Zeitschrift *Die Revolution* zu beflügeln,[29] war jedoch auch, dass Louis-Napoléon seine Machtfülle schon bald nach seiner Kaiserkrönung nutzen würde, um Paris in eine andere Kapitale zu verwandeln und das äußere Stadtbild so radikal zu verändern, dass jetzt ganze Straßenzüge von Grund auf neu konzipiert wurden. Seitdem hatte die Stadtbevölkerung neue Ausgehmöglichkeiten in Hülle und Fülle, aber es war erheblich schwerer, die Infrastruktur für den Straßenkampf zu nutzen. Dafür konnten jetzt Träume wahr werden, die Autoren wie Mercier schon gehegt hatten, als die erste Revolution, auf die Marx respektvoll zurückblickt, sich noch nicht im Mindesten abzeichnete. Mercier hatte 1771, weit vor dem *Tableau de Paris*, einen Zukunftsroman mit dem Untertitel »Traum aller Träume« – »rêve s'il en fût jamais«[30] – veröffentlicht und darin ein utopisches Paris entworfen, in dem die Initiativen »moderner Administrateure«[31] so gut gefruchtet haben, dass den Bürgern nichts mehr zu wünschen übrig bleibt. »›Es ist mir eine Freude, Ihnen mitteilen zu können‹, bekommt in diesem Traum der staunende Besucher des neuen Paris zu hören, ›daß die Zahl der Bewohner des Reiches sich um die Hälfte vermehrt hat; daß alle Ländereien angebaut sind und daß mithin das Haupt sich jetzt in einem gehörigen Verhältnis zu den Gliedern befindet. […]‹«[32] Nichts erinnert in der Stadt mehr an ihren alten Namen »Lutetia«, den Mercier im *Tableau* mit »Schlammstadt« *(Ville de boue)*[33] übersetzt. Überall herrscht eine »schöne Ordnung«; »schnurgerade« Straßen durchziehen die Stadt, und kein Fußgänger muss mehr um Leib und Leben fürchten.

> Ich bemerkte, daß diejenigen, die die Straße hinuntergingen, auf der rechten, und diejenigen, die die Straße hinaufgingen, auf der linken Seite gingen. Dieses so einfache Mittel, nicht umgefahren zu werden, war eben erst erfunden worden. So bewahrheitet es sich, daß nur mit der Zeit die nützlichen Entdeckungen gemacht werden. Man vermied auf diese Weise lästige Zusammenstöße.[34]

Mercier war damals übervorsichtig und hat den Bau von Trottoirs erst auf das Jahr 2440 datiert. Tatsächlich wurden etliche seiner Vorschläge unter Napoléon III. eingelöst. Die soziale Revolution, die der Kaiser der Hauptstadt von oben verordnete, bescherte der Kapitale ein Netz von großen Boulevards, mit denen sich die Anziehungspunkte für das Großstadtpublikum exponentiell vervielfältigten und seine Schaulust durch neue Spektakel animiert wurde. Seit 1850 war die »Herstellung großflächiger Scheiben« möglich, so dass hinter den Glasfronten der Geschäfte alle erdenklichen »Waren werbend inszeniert«[35] werden konnten. Hinzu kam das Gaslicht, das für eine »Lichtexpansion«[36] auf den Prachtstraßen der Großstadt sorgte und im Außenraum ein neues Interieur erschloss, in dem der schönste Teil des Tages erst mit der Nacht begann, was gerade die von Marx verabscheute Bohème zu schätzen wusste.

Im *Second Empire* entstand hier jene »Operetten-Urwelt«,[37] die Kracauer in seinem Paris-Buch eingehend beschreibt und, wie Benjamin, mit einer »Phantasmagorie«[38] verknüpft, die unter Napoléon III. keineswegs verschwindet, sondern – ganz im Gegenteil – gedeiht. Wenn der Kaiser in den Tuilerien immense Summen darauf verschwendet, die Festkultur des Ancien Régime durch rauschende Bälle und eine luxuriöse Hofhaltung auf die Spitze neuer Superlative zu treiben – ohne den Beifall der Legitimisten allerdings, dafür unter umso regerer Beteiligung der Halbwelt[39] –, verschafft er sich doch gleichzeitig dadurch breite Popularität, dass er sich modisch *up to date* zeigt, Offenbach mit seinen Operetten die Schlosstüren öffnet und die eigene Fama noch mit kleinen, wenig glamourösen Visitenkartenfotos nährt, die nie von ihm gemacht wurden. Durch die planvoll betriebene Reduktion des Abstands zwischen Tragödie und Farce auf ein Minimum macht Napoléon III. – anders als dies Marx prophezeit hat – sich nicht zur Zielscheibe für Proteste, sondern kreiert ein Markenzeichen, das ihm für geraume Zeit den politischen Erfolg sichert.

III. Operettenmonarchien

1. Napoléon III. erhöht den Hauptstadtverkehr

Frankreich habe sich unter Napoléon III. in eine einzige gewaltige Tanzdiele verwandelt, klagt Victor Hugo in seiner Skandalchronik des *Second Empire*.

> März 1857. Und was treibt man im Augenblick? Was man tut? Man tanzt. Das Volk tanzt, die Herde tanzt, der Hirte tanzt, der Metzger tanzt. Wohin man sich auch immer umschaut, alles ist Sarabande und Kotillon, es gibt nur Violinen, Tamburine, Fanfaren, geschmückte Orchester, Leute, die aus vollen Lungen ins Blech blasen, fliegende Geigenbögen, Galopps, Wirbel, vergnügtes Schwitzen, Entrechats, Pas de bourrée, kreisende Beine, Spreizsprünge! Der Staatsapparat tanzt, das Rathaus tanzt […]. Ja, […] dasselbe Frankreich, das erst gestern von Blut überströmt war, jenes Frankreich, das Louis Bonaparte mit Leichen übersät hatte, ist nur noch eine große Tanzdiele.[1]

In das Sittenbild des dekadenten Regimes gehört für Hugo auch Offenbachs Theater. »Der Elysée-Palast […] hat die Krinoline und die Operette erfunden.«[2] Offenbach profitierte fraglos von der Sympathie, die ihm der Kaiserhof entgegenbrachte. 1855, im Jahr der ersten Pariser Weltausstellung, erleichterte ihm das den Durchbruch. Als er den Plan fasste, eine eigene Bühne zu eröffnen, und sein Auge auf die vakante Salle Lacaze geworfen hatte, konnte er auf eine Reihe namhafter Fürsprecher zählen, die sein Gesuch an den zuständigen Staatsminister stützten.

Neben ihm hatten sich um den winzigen Holzbau nahe den Champs Elysées, den die Stadt Paris wenige Jahre zuvor für den Taschenspieler Lacaze hatte errichten lassen, zwanzig weitere Interessenten beworben, die auf ein einträgliches Geschäft am Rand des Ausstellungsgeländes hofften. Dass Offenbach sich gegen sie durchsetzte, verdankte er in erster Linie den guten Kontakten, die er nach der Februarrevolution in seinem neuen Amt als Kapellmeister der Comédie-Française hatte knüpfen können. Dazu zählte etwa Prinz Jérôme, ein Vetter Napoléons III., der von einer Tanzmusikkomposition entzückt war und der Offenbach sein Kompliment gemacht hatte, dekoriert mit einer teuren Brillantnadel als Geschenk. Entscheidender dürfte für den Erfolg jedoch die Protektion durch prominente Schauspielerinnen der Hofbühne gewesen sein, die mit hochrangigen Regierungsmitgliedern durch frühere oder aktuelle Liebschaften auf vertrautem Fuß standen und für Offenbach sowohl beim mächtigen Grafen von Morny, dem Chefstrategen des Staatsstreichs, als auch beim Staatsminister selbst ein gutes Wort einlegten.[3]

In seiner offiziellen Kulturpolitik setzte der Kaiserhof gleichwohl andere Prioritäten und verfolgte mit besonderer Verve den Plan, die Führungsrolle der Oper im Kulturleben der Hauptstadt weiter zu untermauern. Napoléon I. hatte dafür, noch während der Koalitionskriege, die Weichen gestellt, indem er von Moskau aus die Anweisung erteilte, die Hierarchie der Bühnen mit der Oper an der Spitze zu restituieren.[4] Der Neffe wollte diesen Status nun architektonisch zementieren und sich damit zusätzliche Legitimität als Thronerbe verschaffen. Sein wichtigstes Bauprojekt war deshalb ein neues Opernhaus, das als Nonplusultra repräsentativer Theaterbaukunst alles bisher Dagewesene in den Schatten stellen sollte.[5] Durch den exponierten Standort am Fluchtpunkt einer beim Louvre beginnenden und diagonal durch den alten Straßengrundriss gebrochenen Prachtstraße sollte die Oper zugleich dem zweiten Großvorhaben die Krone aufsetzen: der grundlegenden Umgestaltung der Pariser Topographie.

Ziel der umfassenden Maßnahmen, die der Kaiser dafür anordnete, war die Neuregelung des Hauptstadtverkehrs, bei der die Verbesserung der Zirkulationsmöglichkeiten auf allen Ebenen im Vordergrund stand. »Gleich im ersten Jahr der Diktatur«, schreibt Kracauer, »wurde auf sein Geheiß hin die Nation mobilisiert.«[6] Napoléon III. trieb den Ausbau der Eisenbahn voran, um die Provinz ans Zentrum anzuschließen. »Fast sämtliche heute noch bedeutenden französischen Bahnlinien sind während des Zweiten Kaiserreichs entstanden, darunter die Magistrale *P[aris]-L[yon]-M[arseille]*.«[7] In der Hauptstadt korrespondierte dem der Ausbau des Straßennetzes, den schon Napoléon I. erwogen hatte. Dessen ehrgeizige, aber seinerzeit in den Anfängen steckengebliebene städtebauliche Pläne waren Ausgangspunkt für die Neuanlage der Boulevards, die der Präfekt des Seine-Départements, Baron Georges Haussmann, auf Geheiß des Kaisers generalstabsmäßig durchführte.

In hohem Tempo wurden die Hauptstraßen nun teils begradigt, teils umgeleitet und neutrassiert, um die sechs Kopfbahnhöfe der Stadt miteinander zu verbinden und direkte Wege zwischen den zentralen Verwaltungseinrichtungen zu bahnen. In die alten Viertel des Stadtzentrums, die sich bei den vergangenen Unruhen immer wieder als uneinnehmbare Festungen des Aufstands erwiesen hatten, wurden breite Breschen geschlagen, so dass die staatlichen Autoritäten im Bedarfsfall einen ungehinderten Zugang zu allen neuralgischen Punkten hatten. Dass die neuen Verbindungsachsen nicht nur »Luft und Licht« besser durchließen, sondern auch die »Truppen«, hat Haussmann in seinen Memoiren selbst als »ingeniösen« Schachzug herausgestellt, der zwei Probleme auf einen Schlag löste.[8]

Mit der Verbreiterung der Straßen und dem frischen Wind, der jetzt hier wehte, verbesserte sich die sanitäre Situation der Bewohner, zumal Haussmann für die Abwässer auch eine Kanalisation anlegte. Umgekehrt engten die glatten Oberflächen, die an die Stelle unebener Häuserfronten und Straßenbeläge traten, die Handlungsspielräume für potentielle Aufrührer drastisch ein. Das Fehlen von engen Mauern und versteckten Winkeln erschwerte den Barrikadenbau,[9] und die kompakte Asphaltdecke nahm dem aufgebrachten Straßenvolk die Munition. Bei der Julirevolution hatten die Kämpfer die befestigten Wege noch als Waffenlager benutzt und jene »Ordnung rückgängig gemacht«, »die der Absolutismus 150 Jahre zuvor der Straße auferlegt hatte«, indem sie unter dem Pflaster den »Strand« der Erde freilegten und der Nacht durch das »zum Verlöschen gebrachte Kunstlicht der Laternen« ihre »natürliche Dunkelheit«[10] zurückgaben. Jetzt verhinderten Makadam und Gaslicht die Zweckentfremdung der Straße durch militante Stadtbewohner. Das Gaslicht war heller und außerdem gegen die Beschädigung einzelner Lampen resistent. »Mit der Gaslaterne, deren Zentrum nicht mehr in ihr selber, sondern im fernen Gaswerk lag, wäre die alte Form der Zerstörung ein Akt der Donquichotterie gewesen«, stellt Wolfgang Schivelbusch fest. »Eine neue Form der Licht-Zerstörung, die der neuen Technik angemessen war, mußte darin bestehen, das Zentrum, d.h. das Gaswerk, auszuschalten.«[11] Tatsächlich sollte die Februarrevolution von 1848 die letzte bleiben, deren Erfolg »auf den Aktionen einer spontanen Massenbewegung« beruhte. Spätere Erhebungen gingen von »kleinen Kadergruppen« aus, die sich mit langem Planungsvorlauf für die »militärische Aktion des Kampfes«[12] rüsteten.

Während Haussmanns Reformen die Stadtbevölkerung politisch demobilisierten, brachten sie auf andere Weise Bewegung in die Großstadt. Die neuentstandenen 165 Straßenkilometer[13] der großen Avenuen und Boulevards werteten den Außenraum gegenüber dem Innenraum sichtbar auf und schufen im Paris des *Second Empire* die Voraussetzung dafür, dass sich jetzt soziale Milieus begegnen und durchdringen konnten, die bislang strikt getrennt waren.

In der Julimonarchie hatte das *Juste Milieu* der Aristokraten und Großbürger noch das Interieur privater Salons bevorzugt, während der Stadtraum ein Habitat von Subkulturen war, zwischen deren Revieren nicht nur räumlich ein großer Abstand lag.[14] Der Boulevard du Temple am östlichen Stadtrand war fest in der Hand des Schaugewerbes, das dort seit den 1760er Jahren eine feste Bleibe hatte und die Tradition der Jahrmärkte von Saint-Laurent und Saint-Germain fortführte. Hier veranstalteten Gaukler, Artisten und Tierdompteure einen großen Rummel und brachten Schaulustige mit Kuriositäten und Monstrositäten zum Staunen. »Dressierte Flöhe waren vor eine Miniaturkarosse gespannt; ein gelehrter Hund paradierte mit seiner Wissenschaft; ein junges Mädchen briet auf dem Rost.«[15] 1793 kam der Kunstreiter Antoine Franconi dazu, der von Philip Astley den ersten modernen Zirkus übernahm und ihn zum berühmten »Cirque Olympique« aufzog.[16] Anfang des 19. Jahrhunderts verdiente sich die Vergnügungsmeile den Beinamen »Boulevard du Crime« mit Melodramen, die aus der Jagd von Bösewichtern auf unschuldige Opfer ein großes Spektakel mit Schauereffekten und Rührszenen machten, das die Ästhetik des Schreckens – die zuvor die Jakobiner mit ihrem Tugendterror zur politischen Doktrin geadelt hatten – nun für Unterhaltungszwecke ausbeutete.[17] Auf der anderen Seite der Stadt, in den Ausgehlokalen am Boulevard des Italiens im nobleren Westen, war dagegen die Bohème der Dandys und Stadtjournalisten unter sich. In den Cafés und Restaurants kultivierte sie eine eigene idiosynkratische »Abneigung gegen alles Draußen«,[18] mit der sie sowohl zur Dauerkirmes auf dem Boulevard du Temple als auch zur Salonkultur des *Juste Milieu* snobistisch Distanz hielt.

Durch Haussmanns Reformen wurde der alte Boulevard du Temple zerstört.[19] Für den Verlust des Rummelplatzes entschädigten die neuen Einkaufs- und Flaniermeilen mit dem Spektakel einer prächtig erstrahlenden Stadt, das jetzt auch die Bohème anzog, aber ebenso die gutsituierten Bürger, die an ihrer Salonkultur bis dahin auch deshalb festgehalten hatten, weil sie den Nahkontakt mit der Menge scheuten. »Das Heim geht dahin. Das Leben wird wieder öffentlich«,[20] notierten die Goncourt-Brüder 1860 in ihrem *Journal*. Spätestens seit auf den Boulevards *Sergents de Ville* als Wachschutz unterwegs waren, verloren die Straßen ihren Ruf als unsicheres Pflaster. Nun wurden sie »für ›alle‹ frequentierbar« und konnten als »Ort populärer Geselligkeit«[21] Passagen wie das Palais-Royal ablösen. Deren Attraktivität hatte schon während der Julimonarchie abgenommen. Neben den Boulevards machten den eleganten Ladenstraßen jetzt auch die großen Kaufhäuser Konkurrenz, die sich an den Flaniermeilen ansiedelten, und zwar vorzugsweise an Kreuzungen, wo Eingänge und Schaufensterfronten sich multiplizieren ließen.

In dem Maß, wie die Stadt auf diese Weise eine formidable Schauseite entwickelte, boten ihre Boulevards auch eine perfekte Kulisse für Selbstdarsteller, die durch besonderen Schick auffallen wollten, durch eine gewagte Aufmachung oder das Tragen des ›letzten Schreis‹. Walter Benjamin hat im Rahmen seiner Studien zum *Passagen-Werk* sehr pointiert von einer urbanen Moderne gesprochen, in der »das Chockerlebnis zur Norm geworden ist«,[22] in der also, mit anderen Worten, das Außergewöhnliche nicht mehr – wie im Separatbezirk der Kirmes – als Mirakel oder Monstrum auftritt, sondern der Erscheinungswelt des Alltags jetzt selbstverständlich angehört. Der Boulevard normalisiert die Abweichung, indem er sie verzeitlicht.[23] Er zelebriert sie als *Neuheit*, die Staunen und Irritation erregt, aber als Modeerscheinung schnell integriert und imitiert werden soll.

Auftrieb erhielt mit dieser Boulevardkultur im *Second Empire* auch ein neues Theater, das das Straßenpublikum nicht nur als Laufkundschaft umwarb, sondern in ihm das Stoffreservoir für ein modernes Typentheater entdeckte. »Durch eine merkwürdige Umkehrung der Rollen ist der Schauspieler nun Mensch geworden und der Mensch Schauspieler; die Gesellschaft hat sich zum Theater, das Theater sich zur Gesellschaft gemacht«,[24] bemerkte ein zeitgenössischer Beobachter. Schon quantitativ war im *Second Empire* der enorme Zuwachs an neuen Bühnen auffällig. Ihre Zahl stieg, wie der Historiker Christophe Charle bemerkt hat, im Vergleich sogar schneller als die der Einwohner. »Paris verfügte – ab Mitte des 19. Jahrhunderts und beinah bis zu dessen Ende – für sich allein bereits über mehr Theaterkapazität als die drei anderen Hauptstädte zusammen.«[25] Als »Theaterhauptstadt Europas«[26] entschied Paris den Wettstreit mit London, Wien und Berlin für sich.

Ironischerweise hatten die Traditionshäuser der Oper und der Comédie-Française an diesem Erfolg am wenigsten teil, den kulturpolitischen Ambitionen des Kaisers zum Trotz. Die neuen

Bühnen, die für die Ausweitung der Theaterlandschaft sorgten, zeichneten sich durchweg dadurch aus, dass sie das Jetzt affirmierten und mit ihren Mischformen ein szenisches Pendant zu jener modernen Schreibart entwickelten, die Heine auf dem Gebiet der Prosa profiliert hatte. Angesichts der strengen Zensurbestimmungen, die im *Second Empire* nicht nur für die Presse galten, sondern auch für kommerzielle Bühnen, verbot es sich, den amtierenden Monarchen ähnlich zu karikieren wie Marx in seinem *Achtzehnten Brumaire* oder Hugo in seinen Schmähschriften aus dem Exil. Umso konsequenter hofierten die Häuser den neuen Potentaten, von dem Gutzkow sprach: das Volk, das sie in der Massenöffentlichkeit der Metropole aufsuchten und mit der Aussicht auf ein großes Theaterspektakel des Großstadtspektakels anlockten.

Ästhetisch setzten sich die Boulevardstücke dabei vom höfischen Theater genauso prononciert ab wie vom bürgerlichen, das Diderot mit seinem Reformkonzept des *drame* auf eine neue Basis stellen wollte.[27] Diderot hatte damals eine Domestizierung der Tragödie gefordert und damit den Rückzug aus der Öffentlichkeit der Polis in die vier Wände des Hauses verbunden. Im Gegenzug sollte das Lachtheater ausquartiert werden, das im Oikos des privaten Heims seit der Antike ansässig war.[28] Dessen Platz sollten Komödien übernehmen, die ihr Publikum zu Tränen rührten, statt es zu belustigen. Auf den Familiengemälden, um die sich das *drame* zentrierte, sollten Rang und Namen in den Hintergrund treten und Adlige und Bürger sich allein von ihrer menschlich-empfindsamen Seite zeigen.[29] Indem die Boulevardstücke im *Second Empire* nun das Interieur verließen und sich auf die Straße begaben, schlugen sie nicht nur denselben Weg ein, auf dem Mercier 1773 bereits vorausgeeilt war, weil ihm Diderots Reformen nicht weit genug gingen, sondern rehabilitierten zudem das mindere Lachtheater, indem sie die neuesten Ereignisse des Stadtlebens in komischer Verzeichnung porträtierten.

Weil das Neueste auf dem Boulevard schneller alt wurde als

anderswo in der Stadt, waren die Bühnen jedoch auf die enge Allianz mit der ›kleinen Presse‹ angewiesen, wo Kenner die Szene beobachten. Einen *effet de réel* erzielten ihre Boulevardstücke am ehesten dann, wenn sie die Wirklichkeit, die sie darstellten, nicht länger an der Primärerfahrung ihrer Zuschauer maßen, sondern dem Spiegel der Zeitungen abschauten, über die sich das Publikum informierte und von illustren Personen las, die dank ihrer Prominenz in den Paris-Tableaus, Stadtglossen und Feuilletonromanen nicht eigens durch langwierige Expositionen vorgestellt werden mussten, sobald sie die Bühne betraten.

Als *Gegenwartstheater* im prononcierten Sinn trugen die Stücke damit zugleich einer semantischen Verschiebung Rechnung, auf die Johannes Lehmann, anknüpfend an begriffshistorische Forschungen, aufmerksam gemacht hat. Erst seit der Sattelzeit wird ›Gegenwart‹ als Substantiv gebraucht, und seither akzentuiert der Begriff stärker das Präsens als die Präsenz, wenn er nicht mehr das Gegenwärtig-Sein von Personen im selben Raum bezeichnet,[30] sondern auf einen Zeitgeist bezogen ist, der das Bewusstsein für das Heute in seiner Differenz zum Gestern und Morgen geschärft hat.[31] Die Boulevardbühnen des *Second Empire* reflektieren diesen semantischen Bruch im Revers komischer Spielformen, die nicht mehr, wie noch das Stegreifspiel, die räumliche Nähe von Rampe und Publikum für ihre Interaktionen brauchen,[32] sondern ein temporeiches Zeittheater in Szene setzen, das *Gegenwart* als *medial vermittelte Unmittelbarkeit* herstellt, als synchronisierte Zeitwahrnehmung von Bühnenakteuren und Zuschauern über die Meldungen der Zeitungen, die Neuheiten als Neuigkeiten publik gemacht haben.

Das erklärt die Personalunion von Theaterautoren und Journalisten, die im *Second Empire* verbreitet war und Autoren wie Henri Rochefort prominent machte, der sich als *chroniqueur* im *Figaro* betätigte, aber auch als »Librettist und Stückeschreiber für das Palais-Royal«[33] Erfolg hatte. Auch die Hausse der Revue, die ihren Namen der Zeitschrift entlehnt, verdankte sich dieser Koalition.[34] Der Jahresrückblick, den sie jedes Jahr neu veranstaltete, orientiert sein Zeitmaß in paradoxer Verquickung sowohl am Kalender, der die Zeit im Modus der »zyklischen Wiederkehr« erfasst – und schon für den Jahrmarkt alter Prägung erheblich war –, als auch am unilinearen Progress, dem sich die Zeitung mit ihrer »immediaten Aktualität«[35] verschreibt.

Bei alldem sollte die Revue zugleich mehr sein als eine bloße Filiale der Presse. Gerade weil sie nicht *in extenso* alle Neuheiten aufnehmen konnte, die die Zeitungen meldeten, reklamierte sie für sich nur die wichtigsten, warb mit der pointierten Abbreviatur und setzte als größte Attraktion die eigenen Stars in Szene. Diese beglückten ihr Publikum, indem sie die Rollen, durch die sie beliebt wurden, immer wieder – und immer anders, denn auch ihr Auftritt sollte etwas Überraschendes behalten – spielten. Neben den Stars stellte die Revue jedoch den Zuschauer selbst ins Zentrum und schickte ihn – das war schon hier topisch für das Genre – auf eine Stadtrundreise, auf der sich von Anfang bis Ende alles um ihn drehte, wobei in der Typologie der Flaneure immer mit konzediert war, dass der einheimische Pariser anderes sehen wollte als der Besucher aus der Provinz oder der Tourist von weither, obgleich sie alle an Neuheiten interessiert waren. Wenn Mercier einst nach Stücken verlangt hatte, denen man ansehen sollte, »in welchem Jahr« ihr Autor sie »verfertigt hat«, weil sie das »Interesse des Augenblicks, in dem er schreibt«,[36] gebührend bedienten, so lösten die Revuen der 1850er und 1860er Jahre diesen Anspruch ein, indem sie ihr Bühnengeschehen eben dadurch legitimierten, dass es *jetzt* aktuell, aber schon in der nächsten Revue verjährt war.

Literaturwissenschaftlern erschien diese »Dramaturgie des Publikums«[37] oft nichtig. Schon vor geraumer Zeit hat Hans Robert Jauß bemerkt, dass der »Beginn der literarischen Moderne« im *Second Empire* auf anderen Gebieten klarer zutage trete als auf dem Theater, das entsprechende Erwartungen enttäusche. In der Lyrik und der Erzählprosa ragten, so sein Fazit, mit Baudelaires *Fleurs du Mal* und Gustave Flauberts Roman *Madame Bovary* zwei Meisterwerke heraus, die das »Epochenjahr[] 1857«[38] als

Schwelle markierten, während sich auf den Pariser Bühnen kein Gegenstück finde, das die Öffentlichkeit seinerzeit in vergleichbarer Weise erregt und bewegt hätte. Stattdessen stoße man auf einen hohen quantitativen Ausstoß: nichts ganz Banales, aber auch nichts so Grandioses, dass zu seinem Verständnis ein tiefes Expertenwissen nötig wäre. So bleibe ein unschlüssiges ›Weder-Noch‹. »Gleich weit vom Höhenkamm des ernsten Theaters wie von den Niederungen der nur noch trivialen, nicht mehr zeitbezogenen Konsumproduktion oder des Kitsches entfernt, ist das im herrschenden Boulevardtheater neu entdeckte Medium der Unterhaltung, fragt man nach seiner für die Epoche symptomatischen Funktion, weder mit der üblichen literarischen Interpretation noch mit empirisch-soziologischer Methode angemessen zu erfassen.«[39]

Diese Beschreibung verstellt gleichwohl den Blick darauf, dass Baudelaires Gedichte und Flauberts Roman 1857 auch deshalb viel Aufsehen erregten, weil sie das Interesse des Boulevards keineswegs missachteten, sondern ihm weiter entgegenkamen als andere Lyriker und Romanciers vor ihnen. Im Fall Flauberts traf bereits der Romanstoff den Nerv der Presse, der solche Vorkommnisse eine Meldung wert waren. In der Rubrik der *faits divers* las man regelmäßig Kurznachrichten über Unfälle, Hausbrände, Diebstähle und Gewaltverbrechen, auch über Selbstmorde wie den Emma Bovarys. Speziell die lokale Presse gab diesem ›Vermischten‹ viel Raum, während die Hauptstadtpresse, selbst die kleine, im *Second Empire* noch andere Prioritäten setzte.[40] Der Tod der jungen Arztgattin Delphine Delamare 1848 im kleinen Ry nahe Rouen kam Flaubert aber vermutlich auf anderem Weg zu Ohren. Ein Freund aus Schülertagen soll ihm den Fall aus der Umgebung ans Herz gelegt haben. In die Presse schaffte er es so erst dank Flaubert.[41] Als die *Revue de Paris* acht Jahre später seinen Roman in Fortsetzungsfolgen abdruckte, erfuhr ganz Paris vom Freitod der schönen Frau, doch überdies vom Unglück ihrer Ehe mit dem Landarzt, ihrem Ennui in der Provinz und den Affären, die sie hinter dem Rücken ihres Gatten einging – lauter pikante Details, die sonst nur im Klatsch die Runde machten, aber dank des Feuilletonromans nun durch die Zeitschrift öffentlich wurden[42] und prompt die Zensur alarmierten, was dann auch das Interesse der Bühne weckte.

Im Folgejahr trat Madame Bovary in der Revue *Ohé! Les p'tits agneaux!* auf und lieferte sich mit der Protagonistin eines anderen Feuilletonromans einen Streit, bei dem sie den Sieg davontrug. Die Tugendliebe der Gegnerin sei zwar schön, meinten zwei Tänzerinnen, die sich einmischten, aber das Lasterleben der Provinzfrau interessanter.[43] Dass die Bovary im Theater noch auftrat, nachdem die Justiz den Sittenprozess um sie mit einem Tadel an die Adresse des Autors ad acta gelegt hatte, war dem Absatz der Buchversion nur förderlich.[44] »Es sind die vaudevillehaften Seiten von *Madame Bovary*, die ihr ihren Erfolg eingebracht haben«,[45] soll Flaubert im Beisein der Goncourt-Brüder selbst zugegeben haben.

Eine andere schöne Frau, deren Mysterium darin besteht, dass nicht das Geringste über sie bekannt ist und selbst der Name ihr Geheimnis bleibt, steht wiederum im Zentrum des berühmtesten Gedichts aus Baudelaires *Fleurs du Mal*. Das Sonett *À une passante* erschien 1861 in der zweiten Auflage der *Fleurs du Mal*[46] im Rahmen einer Gruppe, die, anders als noch in der Erstausgabe, nun »Tableaux parisiens« hieß – mit deutlichem Bezug auf die Stadt-Bilder, die als feuilletonistische Prosaminiaturen in der *petite presse* zirkulierten. Aus ihnen wandert die Figur der unbekannten Passantin jetzt in Baudelaires Lyrik ein.

À une passante

La rue assourdissante autour de moi hurlait.
Longue, mince, en grand deuil, douleur majestueuse,
Une femme passa, d'une main fastueuse
Soulevant, balançant le feston et l'ourlet;

Agile et noble, avec sa jambe de statue.
Moi, je buvais, crispé comme un extravagant,

Dans son œil, ciel livide où germe l'ouragan,
La douceur qui fascine et le plaisir qui tue.

Un éclair ... puis la nuit! – Fugitive beauté
Dont le regard m'a fait soudainement renaître,
Ne te verrai-je plus que dans l'éternité?

Ailleurs, bien loin d'ici! trop tard! *jamais* peut-être!
Car j'ignore où tu fuis, tu ne sais où je vais,
Ô toi que j'eusse aimée, ô toi qui le savais!

An eine Passantin

Betäubend scholl um mich der Straße lautes Toben.
Groß, schlank, in hoheitsvoller Trauer Prachtgewand,
Schritt eine Frau vorbei; mit prunkgewohnter Hand,
Hielt schwenkend sie Besatz und Saum erhoben;

Geschmeidig, stolz; dem einer Statue glich ihr Bein.
Ich selber sog, verkrampft und wie im Bann des Wahns,
Im Himmel ihres Augs, der fahlen Wiege des Orkans,
Die Süße, die berückt, und Lust, die tötet, ein.

Ein Blitz ... Dann Nacht! O Schönheit im Vorübergehen,
Von der ein Blick im Nu mir Neugeburt verlieh,
Werd ich erst in der Ewigkeit dich wiedersehen?

Woanders, weit von hier! Zu spät! Vielleicht gar *nie*!
Wohin du fliehst, bleibt mir, mein Ziel dir unerahnt.
O dich hätt ich geliebt – o dich, die es erkannt![47]

Das Sonett ist eine Hommage an den Boulevard und ein Requiem auf eine ungelebte Liebe zugleich. Die Fremde, der es nachsinnt, löst sich nur für die kurze Dauer von vier Versen aus der abstrakten Silhouette eines schmalen Strichs heraus, bevor sie wieder in der Menge verschwindet: eine vorübergehende majestätische Erscheinung im Trauerflor mit der Hand am gestickten Saum ihres Kleids und einem eben aufleuchtenden, klassisch schönen Bein, einer »jambe de statue«. Baudelaire hat daraus in seinem Tableau eine bewegende Szene gemacht, in der Begegnung und Verfehlung, Genuss und Entzug im selben Moment erlebt werden. Die erotische Spannung ballt sich im Blitz eines Augen-Blicks, der als ephemerer Abglanz einer jenseitigen Liebes-Ewigkeit aufzuckt und in die reine Geräuschwelt des betäubenden Straßenlärms einschlägt, um eine Sprache aus sich zu entlassen, der das Ich – um den Preis des schmerzlichen Getrenntseins vom begehrten Objekt – seine zweite Geburt und das Gedicht seine Existenz verdankt. Am Ende steht die Trauer über die verpasste Gelegenheit, aber auch die lyrische Sublimation dieser Trauer, das Lamento einer Rede, die der genossenen Süße bittere Klagen nachschickt, aber auch eine Schrift, die über die Ferne der Ewigkeit und die aufgeschobene Einlösung des Glücksversprechens hinwegtröstet, indem sie den Blitz als Riss und Lücke im Vers festhält, als Rest einer stummen Verheißung, die in der Form, welche ihr das Sonett gibt, ewig erneuert wird.

Das Kommen und Gehen hübscher Passantinnen war in den Bühnenrevuen der Zeit durchaus häufiger zu sehen.[48] Doch Baudelaire negiert diese Gewöhnlichkeit und stilisiert die Begegnung mit der Unbekannten zu einer Szene größter »dramatischer Intensität«.[49] Im »neuen Rahmen des lyrischen Mediums« hält er im Tableau, wie Karlheinz Stierle bemerkt hat, den »Augenblick der pathetischen Kulmination« an, »wo Sprechen und Handeln in wortlos sprechende Pantomime umschlägt, in der das Pathos der Situation sich allein noch Ausdruck zu verschaffen vermag«, und kehrt damit zum Ursprung des Bildkonzepts zurück, zum *drame* Diderots.[50] Wie bei Diderot, so wird auch hier die Szene zum intimen Kammerspiel – in einer Kammer aber nun, die ins »Bewusstseinszimmer«[51] des Ichs verlegt ist, wo es einsam dem Potentialis des ›Hätte‹ und ›Könnte‹ nachhängt, während es auf der Straße seiner Wege geht. Dass ihm die Schöne noch einmal begegnet, ist unwahrscheinlich, aber nicht unmöglich, und auf den Pariser Boulevards, wo Tag und Nacht

Hochbetrieb herrscht, schon deshalb nicht ausgeschlossen, weil es ja sein kann, dass sie dort öfter flaniert.

Wenn der Stadthistoriker Donald J. Olsen feststellt, dass in Paris »das *ancien régime* bis zum Jahre 1852«[52] dauerte, so erscheint in seiner Bilanz die Straßensanierung, die Napoléon III. diktatorisch anordnete, als erste Revolution, die eine wirkliche Zäsur setzte – aus anderen Gründen allerdings als jenen, die Marx im *Achtzehnten Brumaire* angesichts des Staatsstreichs optimistisch stimmten. Der Umbau griff ins Stadtleben so tief ein, dass von der Vergangenheit kaum noch etwas übrig blieb und die Schärfung des Sinns für die Gegenwart jetzt vordringlicher war als die Pflege des Geschichtsbewusstseins. Auf der Höhe der Zeit zu sein hieß fortan, die Modernität der Metropole da zu ermessen, wo ihr Vorsprung vor der Restwelt am sichtbarsten war. Im *Second Empire* scheint »das Wissen um ein Spannungsverhältnis von Gegenwart und Vergangenheit«, schreibt Brunhilde Wehinger, »wie durch eine unmittelbarere – letztlich alltäglichere – Opposition von Stadt und Land ersetzt bzw. überlagert. Paris behauptete seine Modernität gegenüber der Provinz.«[53] Das Bedürfnis nach Teilhabe an dieser Modernität trieb die Einwohner *en masse* auf die Boulevards, aber mindestens ebenso stimulierte es Gäste auf der Durchreise, die nur temporär in der Stadt blieben und umso gezielter nach dem suchten, was sie daheim schwer fanden. Weil ihre Zeit knapp war, hatten sie wenig Interesse, andere Bilder von Paris zu sehen als jene, die ihnen von Freunden und gedruckten Reiseführern als die allerschönsten angepriesen worden waren. Mit diesem Wunsch waren sie im Boulevardtheater an der besten Adresse.

2. *La Vie parisienne* – Lob des Boulevards

»Offenbachs ›Pariser Leben‹ war das erste Theaterstück, das auf einem Bahnhof spielte«,[1] vermerkt Walter Benjamin in seinem *Passagen-Werk*. Das stimmt nicht ganz. Das Thema war bereits in den 1840er Jahren, nachdem erste Eisenbahnlinien den Personenbetrieb aufgenommen hatten, auf dem Boulevard präsent: in Jean Bayards und Charles Varins Vaudeville *Paris, Orléans et Rouen* beispielsweise, das 1843 im Théâtre du Palais-Royal Premiere feierte, nur wenige Monate nach der Eröffnung der beiden Strecken im selben Jahr.[2] Johann Nestroy benutzte die Komödie ein Jahr später als Vorlage für seine Gesangsposse *Eisenbahnheirathen oder Wien, Neustadt, Brünn* und hatte dafür seinerseits einen aktuellen Anlass. Zur Kaiser-Ferdinand-Nordbahn, die den Fernverkehr von Wien nach Böhmen bediente und Brünn seit 1839 anfuhr, war 1842 durch den Streckenausbau auf der Südbahn eine weitere Verbindung hinzugekommen, die Neustadt von Wien aus in zwei Stunden Fahrzeit erreichbar machte.[3] Auf eine französische Vorlage dürfte auch die einaktige Vaudeville-Burleske *Auf der Eisenbahn* zurückgehen, mit der 1846 David Kalisch als Autor von Berliner Lokalpossen hervortrat.[4]

Offenbachs Librettisten Henri Meilhac und Ludovic Halévy konnten sich in ihrer Operette *La Vie parisienne* insofern auf ein bewährtes Sujet des Boulevardtheaters verlassen, das sich im Premierenjahr 1866 von neuem anbot, weil der Westbahnhof in Montparnasse erst gerade eine Direktverbindung nach Brest und Saint-Malo erhalten hatte. Seither war Paris nicht nur für Besucher aus der Bretagne, sondern auch für Touristen aus den

USA und England bequem erreichbar.[5] Im Folgejahr richtete die Metropole außerdem zum zweiten Mal eine Weltausstellung aus. Die Librettisten griffen dem Ereignis vor und verlegten die Handlung der *Vie parisienne* in die Zukunft des Jahres 1867. Der Westbahnhof bildet die Kulisse des gesamten ersten Akts. Als Verkehrszentrum, an dem dauernd Hochbetrieb herrscht, hebt sich die Gare de l'Ouest zugleich deutlich von dem provisorischen, nur vage bezeichneten Ort ab, an dem zwölf Jahre vorher bei der ersten Pariser Weltausstellung der Einakter aus Offenbachs Debütprogramm der Bouffes-Parisiens sein Publikum empfangen hatte.

Damals spielte die kurze Handlung der *Beiden Blinden* – so hieß das Stück – auf einer zugigen Seine-Brücke. Das Personal war knapp, genauso wie das Geld. Durch den Abriss auf der Île de la Cité im Zuge von Haussmanns Umbauten waren zwei Bettler namens Patachon und Giraffier von ihren alten Plätzen verscheucht worden. Nun machten sie sich den neuen Standort streitig, entdeckten, dass sie ihre Blindheit beide nur simulierten, weil das die Spendierfreude der Passanten erhöhte, und hauten sich beim Kartenspiel wechselseitig übers Ohr. Keiner wollte das Bleiberecht auf der Brücke an den anderen verlieren.

Dass die Nummer seinerzeit zum Renner der Theatersaison wurde, lag weniger am witzigen Schlagabtausch der beiden – das Libretto hatte ein bewährter Vaudevillist geliefert – als am Spiel der Darsteller, das an die alte Tradition der Komödianten auf den Jahrmärkten von Saint-Germain und Saint-Laurent anknüpfte. Der musikalische Clou des Stücks war ein kleiner Bolero, den die beiden erst mit skurriler Duobesetzung anspielten – der eine blies Posaune, der andere zupfte auf der Mandoline –, dann als Couplet sangen und damit die petite musique, die Offenbach so schätzte,[6] auf aparte Weise neu zur Geltung brachten. »Das war der Erfolg; jener Erfolg, der wie ein plötzlicher Windstoß daherfährt und alles mit sich reißt«, schreibt Kracauer in seinem Paris-Buch. »Patachon und Giraffier tauchten in den Theaterrevuen des Jahres auf, und die Musik erklang auf sämtlichen Bällen. Vor allem der zum Walzer bearbeitete Bolero, den das Bettlerpaar beim Erscheinen von Passanten anstimmt, elektrisierte in dem an die Bouffes grenzenden Jardin d'Hiver die Beine.«[7]

Musikeinlagen waren in den Boulevardkomödien und -revuen zwar schon vorher verbreitet. Reine Sprechtheaterstücke oder gar ›regelmäßige‹ Komödien, wie die Aufklärer sie forderten, wurden hier nie zur Regel, sondern blieben Ausnahmen.[8] Allerdings schrieb das Theaterprivileg vor, dass das musikalische Material nicht neu sein durfte, sondern aus bekannten Liedern bestehen musste, bei denen allenfalls die Verse abgewandelt werden durften. Originalkompositionen waren den Hofbühnen der Oper und der Opéra-Comique vorbehalten, die das offizielle Musiktheater monopolisierten. Als dritte Bühne kam 1846 immerhin Alexandre Dumas' Théâtre-Historique dazu. Dessen Repertoire sollte – so die Auflage – breit sein, nicht allein Dumas' eigene Dramen begünstigen und das Musiktheater als zweite wichtige Sparte pflegen, vorzugsweise durch Aufträge an Nachwuchskomponisten. Trotzdem blieb das Brechen dieser Hausmacht schwer. Offenbach antichambrierte bei den Bühnen jahrelang vergebens und konnte sich als Komponist nur in Salons und bei selbstveranstalteten Konzerten, auf denen er unter anderem musikalische Einakter zum Besten gab, einen Namen machen.[9] Erst als er in den Bouffes-Parisiens die Lizenz für »Komische Szenen mit Musikbegleitung für zwei bis drei Personen«[10] erhielt, war seine Musik auch auf der Bühne präsent und verlieh den Operetten umgehend eine Sonderstellung, da sie sich vom höfischen Opernheater genauso abhoben wie vom bisherigen Boulevardtheater, auch wenn sie dessen musikalische Mischkultur durch Stilzitate heterogener Herkunft beibehielten. Ihr Markenzeichen waren Tanznummern, die sich im Ohr des Publikums festsetzten und auch über die Bouffes-Parisiens hinaus zirkulierten. Ausgehlokale wie der edle Wintergarten, den Kracauer erwähnt, griffen die Hits ebenso bereitwillig auf wie andere Vaudeville- und Revuebühnen, die sich durch Missachtung der neuen Trends nicht ins Abseits manövrieren wollten.[11]

Für Offenbach wiederum war das eigene Theater eine ideale Plattform, auf der er sich als Spezialist für »Tanzmusik«[12] weiter profilieren und seine Bandbreite dabei kontinuierlich erweitern konnte. Zu den Walzern, mit denen er seine Laufbahn als Komponist begann, kamen bald Tyroliennes und Märsche hinzu und schließlich die berühmten Cancans, die seit dem »Höllengalopp«[13] aus *Orphée aux Enfers* einen festen Bestandteil seiner Operetten bildeten. Mit ihrer Verlagerung des Akzents aufs Rhythmisch-Dynamische, auf die explosive Entladung gestauter Bewegungen im Presto und die Erzeugung von Hochgeschwindigkeiten durch den Fall vom »Trab der alternierenden Achtel- und Sechzehntelwerte« in den »ungehinderten Galopp beschleunigter Isometren«[14] lag seine Tanzmusik genau im Trend. Sie kehrte mit dem Puls der endlos variierten $^2/_4$- und $^3/_4$-Takte das mechanische Gerüst der eigenen Zeitstruktur ebenso radikal nach außen wie die industrielle Glasarchitektur ihr Eisenskelett und trieb das Publikum unwiderstehlich zu einer Bewegung an, bei der der Tempowechsel selbst als Lustquelle fungierte. Das passte zu der Generalmobilisierung Frankreichs, die Napoléon III. mit dem Ausbau der Straßen- und Schienennetze beförderte. Durch die Kreation neuer Tanzmoden, bei denen auch solche Tänze aufgenommen und ›resozialisiert‹ wurden, die in der Julimonarchie verpönt waren wie der Cancan, trug Offenbach zur Normalisierung des Provokanten auf seine Weise bei und wirkte in der Hauptstadt zugleich an der Beschleunigung des allgemeinen Verkehrstempos mit.

Die enge Koppelung beider Bewegungen macht die *Vie parisienne* bereits im Eröffnungsbild evident.[15] Die Ankunft eines Zugs steht unmittelbar bevor. Im Eingangschor verbreiten die »Beamten der ligne de l'Ouest« Geschäftigkeit, indem sie im Walzertakt alle Stationen der neuen Westbahn absingen und durch das beschwingte Tanzmetrum das Herannahen des Zugs antizipieren.

Wir sind die Beamten der Ligne de l'Ouest,
In Richtung Saint-Mâlo, Batignoles und nach Brest,
Conflans, Triel, Poissy,
Barentin, Pavilly,
Vernon, Bolbec, Nointot,
Motteville, Yvetot,
Saint-Aubin, Viroflay,
Landerneau, Malaunay,
Laval, Condé, Guingamp,
Saint-Brieuc und Fécamp.[16]

Auf dem Bahnsteig wartet auch der Lebemann Raoul de Gardefeu, dessen Mätresse Métella aus Rambouillet zurückkehrt. Noch bevor der Zug eintrifft, erlebt er die erste Überraschung. Bobinet, mit dem er einst befreundet war, erwartet nicht nur denselben Zug, sondern auch dieselbe Frau. Der Empfang, den Métella ihnen bereitet, brüskiert dann beide, denn sie verlässt den Zug am Arm eines neuen Verehrers und sieht an ihren alten Kavalieren geflissentlich vorbei. Unversehens finden sich Gardefeu und Bobinet in derselben misslichen Lage wieder wie vorher Patachon und Giraffier. Als Opfer des neu geregelten Hauptstadtverkehrs büßen sie alte Positionen ein und sind aus Bindungen gerissen, die ohnehin nicht mehr waren als lose Kopplungen auf Zeit. Vor vollendete Tatsachen gestellt, bleibt ihnen nichts anderes übrig, als ihr Glück so schnell wie möglich neu zu versuchen und die Gunst der Stunde als Hasardeure zu nutzen.

Die erste Möglichkeit bietet sich Gardefeu, als er im Wartesaal unverhofft auf seinen früheren Diener Joseph trifft, der inzwischen beim Grand Hotel arbeitet und zwei Gäste aus Schweden abholt. Das aristokratische Ehepaar reist zum ersten Mal nach Paris und hat ihn als Fremdenführer engagiert. Spontan beschließt Gardefeu, dem Domestiken die Livree abzuhandeln. Als Cicerone kann er, wie er hofft, mit der unbekannten Baronin anbändeln und sich beim alten Adel über die Untreue Métellas hinwegtrösten.

Die Gondremarcks aus dem hohen Norden sind in der Operette nicht die einzigen Touristen, die sich in Paris vergnügen wollen. Vom anderen Ende des Globus rückt ein sprühender Südamerikaner an, den das Libretto schlicht und unspezifisch den »Brasilianer« nennt, obwohl er bereits zum dritten Mal die Stadt besucht. Was die beiden Männer ihrer gegensätzlichen Temperamente zum Trotz verbindet, ist nicht in erster Linie derselbe Zug, der sie herbringt, sondern dasselbe Ziel, das sie leitet, denn am meisten interessiert sie die Pariser Damenwelt. Der Brasilianer posaunt schon auf dem Bahnsteig laut heraus, dass er seine Koffer mit Geld und Diamanten vollgeladen hat, um für das flüchtige Glück von »galantes ivresses« in den Armen von vier oder fünf »maîtresses« und ein falsches Liebesgeständnis nötigenfalls das letzte Hemd herzugeben.

[...]	[...]
Prenez mes dollars, mes bank-notes,	Kokotten, kommt, nehmt, was es gibt,
Ma montre, mon chapeau, mes bottes,	nehmt mir die Hose und das Hemd,
Mais dites-moi que vous m'aimez	doch sagt mir stets, daß ihr mich liebt!
[...]17	[...]

Der Baron de Gondremarck ist knapper bei Kasse.[18] Außerdem muss er diskret sein, damit seine Frau nicht hört, dass ihm ein guter Freund einen Empfehlungsbrief mit auf den Weg gegeben hat, der ihm das Ohr und, wie er hofft, auch das himmelblaue Boudoir ebenjener Métella öffnen soll, von der Bobinet und Gardefeu gerade abserviert wurden. Die Brieflektüre bietet der Adressatin die Gelegenheit zu einer ersten Rondeau-Arie im vertraulichen Parlandoton.

Vous souvient-il, ma belle,	O schönste aller Damen,
D'un homme qui s'appelle	erinnern Sie den Namen:
Jean-Stanislas, Baron de Frascata?	Jean Stanislas Baron de Frascata?

En la saison dernière, Quelqu'un sur ma prière, Dans un grand bal, chez vous me présenta. Je vous aimai, moi, cela va sans dire! M'aimâtes-vous? Je n'en crus jamais rien; Vous le disiez, mais avec quel sourire! De l'amour, non! Mais ça le valait bien! […] Vous dirais-je, ma mie, Qu'à présent je m'ennuie Comme un perdu dans le fief paternel, Et que ma seule joie, Dans le noir que je broie, Est de rêver d'un boudoir bleu de ciel! Si vous saviez combien c'est chose rare, Que le plaisir dans notre froid pays, Si vous saviez surtout … mais je m'égare, N'oublions pas pourquoi je vous écris! Un digne gentilhomme, Mon ami, que l'on nomme De Gondremarck, s'en va demain matin. Son caprice l'entraine Vers les bords de la Seine; Je crois, qu'il veut s'y divertir un brin.	Ich war auf jenem Feste, war einer Ihrer Gäste, es war, Madame, vor mehr als einem Jahr. Ich liebte Sie – und was ward mir zum Lohn? Ward ich geliebt? – Ich hab es nie geglaubt! Sie lächelten – es war um mich geschehen, Doch Liebe? Ach! Ich frag nicht viel danach. […] Nun sitz' ich hier im Norden, die Welt ist grau geworden, Ich sitz' und warte, daß die Zeit vergeht. Ich starre in die Bäume, ich friere und ich träume: von Ihrem warmen blauen Himmelbett. Ich weiß, daß diese Zeit nie wiederkehrt. Mein Heimatland ist, ach, so kalt und trüb, Oh, wenn Sie wüßten, was der Mensch entbehrt! Doch ich vergaß, warum ich Ihnen schrieb: Ein guter alter Schwede, von ihm sei hier die Rede, Baron von Gondremarck reist ab von hier, um nach Paris zu gehen und dort sich umzusehen. Sein einziger Reisezweck ist das Plaisir! –

Or tout à l'heure, il m'a pris pour me dire:	Er bat mich, ihn ein wenig einzuweihen,
»Où dois-je aller pour m'amuser ...« mais là ...!	und fragte, wo er hingehn soll. Nun ja,
Mois, souriant ... pardonnez ce sourire,	ich lächelte – Sie werden mir verzeihen –
J'ai répondu: »Va-t'en chez Métella! ...«	und sagte: Freund, geh gleich zu Metella.
Écoutez ma prière,	Ich kenne Ihre Güte,
Recevez-le, ma chère;	Ihr herrliches Gemüt –
Comme autrefois, soyez bonne aujourd'hui!	Drum bitt ich – nehmen Sie sich seiner an!
Prenez pour le séduire,	Sie werden ihn betören
Votre plus doux sourire;	und lächelnd ihn erhören
Je vous réponds absolument de lui.[19]	und für ihn tun, was Sie für mich getan!

Weil Métella trotz der guten Worte wenig Lust verspürt, sich des Schweden anzunehmen, muss der Stadtführer fürs Erste eine Reihe anderer Wünsche des Barons erfüllen, damit er am Pariser Leben Gefallen findet. So besteht der Gast auf einem Diner in standesgemäßer Gesellschaft. Die kann Gardefeu in seinem Haus, das er als Filiale des überbelegten Grand Hotel ausgegeben hat – »vous êtes dans un des petits hôtels du Grand-Hôtel«[20] –, nicht auf die Schnelle auftreiben. Also trommelt er sein Personal zusammen und heuert unter ihnen Ersatz. Zu sehen sind in dem gespielten Stegreiftheater der Operette folglich lauter Diener, die den Adel mimen, und mit dem Schuster Frick sowie der Handschuhmacherin Gabrielle zudem zwei Experten vom Modefach, die in der Rolle von Typenfiguren aus der Pariser *haute volée* zu komödiantischer Hochform auflaufen.

Die virtuoseste Rolle haben die Librettisten Gabrielle zugeteilt. Im eleganten Kostüm einer edlen Dame im Trauerflor imponiert die Handschuhmacherin dem Baron schon als besonderer Gast an Gardefeus Tafel. Ihren zweiten Glanzauftritt hat sie jedoch im dritten Akt, wo sie vor Gondremarck als Personifikation der schicken Pariserin paradiert. Baudelaire-Leser konnten in der hübschen Passantin eine Wiedergängerin der majestätischen Erscheinung aus den *Fleurs du Mal* erkennen, aber zugleich deren ironische Kontrafaktur, weil Gabrielle gegen den Spleen und das Ideal des lyrischen Tableaus den höheren Realismus des Klischees ausspielt.[21] In ihrem Couplet stellt sie sich gerade nicht als singuläre Schönheit dar, sondern spricht mit Stolz für eine Allgemeinheit, die sich akustisch im erotischen Reiz der Geräusche manifestiert, die das Männerohr lustvoll als »Schock« erlebt: das Rascheln der Röcke und das »toc, toc, toc« von Stöckelschuhen auf dem Asphalt, das im Orchester die Violinen und Flöten durch ihr ostinates Wippen auf dem »c« verstärken.

On va courir,	Wem sie gefällt,
On va sortir,	Die Damen-Welt,
Sortir à pied … pas en berline!	Der muß sich auf die Füße machen –
On va pouvoir	Flanieren geh'n,
Et laisser voir	Da kann man seh'n,
Un peu plus haut que la bottine …	Die zierlichsten und schönsten Sachen.
Ah! Que d'apprêts,	Im kurzen Schritt,
De soins coquets,	Mit leichtem Tritt,
Quel tracas pour la chambrière!	Sieht man die Damen-Welt passieren,
Enfin c'est fait,	Das Kleid verkürzt,
Elle paraît,	Graziös geschürzt,
La Parisienne armée en guerre!	Den kleinen Fuß zu produzieren,
En la voyant on devient fou,	Die Herren strömen ringsum zu,
Et l'on ressent là comme un choc:	Bewundernd folgt ein ganzes Schock – ja, ein Schock,
Sa robe fait frou, frou, frou, frou,	Das Röckchen rauscht fru! fru! fru! fru!
Ses petits pieds font toc, toc, toc.	Das Füßchen klappert tock! tock! tock!
Ensemble:	*Ensemble:*
Sa robe fait frou, frou, frou, frou,	Das Röckchen rauscht fru, fru, fru, fru,

Ses petits pieds font toc, toc, toc.	Das Füßchen klappert tock! tock! tock!
Le nez au vent, Trottant, trottant, Elle s'en va droit devant elle.	Wohl tönt's vor ihr, Bald dort, bald hier, O Donnerwetter, die ist sauber.
En la croisant, Chaque passant, S'arrête et dit: »Dieu! qu'elle est belle!« Ce compliment, Elle l'entend, Et suit son chemin toute fière,	Sie achtet's nicht, Wer immer spricht, Als ahnt' sie nichts von ihrem Zauber, Nicht einen Blick Wirft sie zurück, Wenn sie umschwärmt der Stutzer Menge,
Se balançant, Se trémoussant, D'une façon particulière.	Sie balanciert Und traversiert Voll Grazie mitten durchs Gedränge,
En la voyant on devient fou, Et l'on ressent là comme un choc: *etc.*	Stolz sieht ihr der Pariser zu, Bewundernd folgt ein ganzes Schock, *etc.*[22]

Als Repräsentantin der modernen Pariserin ist Gabrielle in der Operette aber nicht nur durch den Schick der Roben hervorgehoben, sondern beherrscht die Szene auch musikalisch. Ihr hat Offenbach die Couplets mit dem größten Ambitus reserviert.[23] Beide Stücke werden bereits durch die Ouvertüre eingeführt.[24] Außerdem bestreitet sie ein Duett, in dem sie den Schuster Frick bezirzt, und ein zweites, in dem sie den Brasilianer beglückt. Da der Darsteller des Brasilianers auf der Bühne wiederum für die Gesangspartien mehrerer Figuren gebraucht wird – laut Personenverzeichnis soll er einerseits die Rolle des Dieners Prosper mit übernehmen, der selbst ständig die Rollen von Herr und Knecht wechseln muss, um den Ausfall des Hauspersonals, das bei den Soiréen ja als Herrschaft zu Tisch sitzt, notdürftig zu kompensieren; andererseits soll er dem Schuster Frick seine Stimme leihen –, kommt es in den Duetten zu dem ironischen Effekt, dass derselbe Sänger bei der Handschuhmacherin einmal abblitzt und einmal zum Zug kommt – je nach Rolle. Während Gabrielle die Stiefel des biederen Schusters ausschlägt – Frick: »A vos pieds, / Je mettrais mes bottes.« Gabrielle: »Je crois qu'elles ne m'iraient pas.«[25] – gibt sie dem Werben des lockeren Südländers nach,[26] der im Register der musikalischen Werte exakt dasselbe zu bieten hat – ein Solo-Couplet in F-Dur und ein As-Dur-Duett mit Gabrielle im $^3/_8$-Takt –, sein Angebot »Prenez [...] mes bottes«[27] aber von vornherein jovialer an alle Pariserinnen gerichtet hatte.

Dass in der Operette die Identitäten beweglich werden und über die Figuren hinweg rotieren, liegt dennoch nicht nur an der Perfektion, mit der die Diener ihr Spiel im Spiel vollführen, sondern auch am Alkohol, der bei den Abendgesellschaften so reichlich fließt, dass der schwedische Baron nicht der Einzige ist, dem Hören und Sehen vergeht. Wenn im Finale des dritten Akts die Soirée ins Orgiastische umschlägt und das Ensemble nach einem Parcours durch alle besungenen Winzerdomänen weinselig in den Refrain einfällt: »Tout tourne, tourne, tourne, tout danse, danse, danse«,[28] verlängert sich die Drehbewegung der Polka in einen Text, der selbst um die lexikalische Achse der Drehung kreist.[29] Die Orgie ist der Kulminationspunkt der touristischen Ausflüge ins Pariser Leben, die die Gondremarcks unter Gardefeus Anleitung unternehmen und bei denen sie eine Stadt kennenlernen, in der es auch dann rundgeht, wenn sie, wie abends der Baron, die »hôtels« gar nicht verlassen.

Stadtrundreisen waren dem Saalpublikum vor allem aus den Revuen vertraut, die im Théâtre du Palais-Royal schon vorher oft zu sehen waren und an deren offener Form sich Offenbach auch bei der Titulierung seiner Operette als »pièce à 5 actes mêlée de chants« – »fünfaktiges Stück mit Gesängen«[30] – orientierte.[31] Mit seiner *Vie parisienne* betrieb er 1866 insofern Mimikry an ein anderes Boulevardgenre und zitierte als zweites Vorbild zugleich die gleichnamige Zeitschrift *La Vie Parisienne* herbei, die seit 1863 erschien und die ›kleine Presse‹ der Stadt bereicherte,

Abb. 13: Titelbild der Zeitschrift *La Vie Parisienne* im 1. Jahrgang 1863

indem sie das Pariser Leben im Wochentakt ins Bild setzte. Seine Librettisten Henri Meilhac und Ludovic Halévy zählten zu den regelmäßigen Beiträgern der Revue und widmeten dem Gründer und Karikaturisten Émile Marcelin ihr Stück.[32]

Wie die Zeitschrift präsentiert die Operette das Gesellschaftsleben der Stadt in der vermittelten Unmittelbarkeit von sekundären Illustrationen, die das Geschilderte im medialen Ersatz vergegenwärtigen. In der Operette stehen dafür Bedienstete ein, die das Leben der *grand monde* als Karikatur reproduzieren und vorübergehend private Wohnungen in Beschlag nehmen, um ein Gesellschaftstheater zu reinszenieren, das woanders spielt, aber so für Gäste zugänglich wird, die sonst an ihm nicht teilhaben. Auf der Bühne bekommt das Publikum auf diese Weise ein Spektakel zu sehen, das als Nachspiel in mehrerlei Hinsicht fremdes Terrain besiedelt und an Orte verlegt ist, die aus unterschiedlichen Gründen verwaist sind.

Das Grand Hotel, in dem die Gondremarcks sich eigentlich eingemietet haben, werden sie bis zum Schluss nicht zu Gesicht bekommen, weil Gardefeu sie eigenmächtig ins »petit hôtel« seines eigenen Hauses gelotst hat, in dem die vorher von Métella besetzten Zimmer leer stehen. Und der prächtige Ball, den der Baron am zweiten Abend besucht, während seine Frau in der Oper sitzt, findet in einer Villa statt, die Bobinet für seine verreiste Tante hütet. In den drei Mittelakten der Operette werden auf diese Weise ausgerechnet jene Innenräume aristokratischer Hausbesitzer für die Vorführung des Pariser Lebens herangezogen, die durch die Verlagerung ebendieses Lebens auf den Außenraum der Stadt ihren Stellenwert als exklusive Treffpunkte der eleganten Welt verloren hatten. Offenbachs *Vie parisienne* verwandelt diese Interieurs jetzt in Dependancen der Straßenszenerie und öffnet sie für den Transit eines gemischten Publikums, so dass Passantinnen wie Gabrielle ihr Schaulaufen dort fortsetzen können.

Im Gegenzug schließen sich damit aber auch die letzten verbliebenen Reservate für Transgressionen. Auf dem Ball im dritten Aktfinale der Operette geht es zwar noch einmal turbulent zu, als die Musik aufdreht und die Tanzenden mit dem Schlachtruf: »Jetzt geht's los! / Hemmungslos geht es los! / Jetzt geht's los! / Immer bunter rauf und runter!«[33] durch den Raum jagen. Zum »petit bal à tout casser«,[34] den Bobinets Diener ankündigten, kommt es aber nicht, denn das Mobiliar der Villa bleibt heil. Dafür zerschlagen sich in dieser Nacht die Pläne Gardefeus und Gondremarcks. Ihnen fährt Métella in die Parade, indem sie ihre Rolle als *femme fatale* der Operette dadurch ausfüllt, dass sie im Verborgenen Schicksal spielt und die Baronin mit einem diskreten Brief vorwarnt, so dass diese sich vor Gardefeus nächtlichen Avancen in Sicherheit bringen kann und am Folgetag im *chambre séparée* des Café Anglais bereitsteht, um dort ihren Gatten zu begrüßen, der sich wiederum auf ein Stelldichein mit Métella gefreut hatte. Die feine Operettenironie will es, dass sich so ausgerechnet die Exmätresse Gardefeus, indem sie die *dea ex machina* spielt, als Hüterin einer Ordnung erweist, die den Verkehr der Geschlechter auf den Trott der ehelichen Vorhersehbarkeiten beschränkt. Die Anstandswahrung ist für sie jedoch keine moralische Prinzipienfrage, sondern schlicht die Folge einer ihrer Capricen, die ihr die Luxusliebe – d. h. hier: die Unlust, sich mit schwerblütigen Puritanern abzugeben – eingibt.

Verwöhnte Frauen waren auch das Lieblingsthema der Zeitschrift, von der die Operette ihren Namen leiht. »Die *Vie parisienne* ist eine einzigartige, hervorragende Zeitung«, sagt ein zeitgenössischer Leser, »die sich ausschließlich – und manchmal ironisch – dem Studium und der Verherrlichung der luxusliebenden Frau widmet, der Frau, die als das schönste aller Geschöpfe angesehen wird.«[35] Offenbachs *Vie parisienne* treibt diese Verehrung hyperbolisch weiter, indem sie die Gesichter der schönen Frau vervielfacht und dabei auch differenziert. Als Objekt der männlichen Vergötterung erscheint Métella einzigartig, aber zugleich so weit entrückt, dass sie aus dem blauen Himmel der Männerphantasien nur für seltene Kurzauftritte herabsteigt – und dann immer schuldig bleibt, was ihre Bewunderer sich von ihr versprachen, ohne dass ihr Nimbus dadurch ramponiert würde. Ihr irdisches Pendant ist die bodenständige Gabrielle, die sich im Rampenlicht der Bühne sonnt und offen zugibt, dass sie auf Eroberungen aus ist, wenn sie die Kriegsrüstung des modischen Kostüms anlegt, um sich auf dem Boulevard »armée en guerre«[36] in eine große Armee von Pariserinnen einzureihen, unter denen man etliche andere Ladenmädchen vermuten darf, die, wie sie, zum Kampf der Geschlechter ausziehen.

Dass Haussmanns Boulevards für andere Kämpfe auch kaum noch Spielraum ließen, hat Ludovic Halévy damals klar erkannt und auch lakonisch kommentiert, als er die neuen Flaniermeilen besichtigte. »Heute Abend bin ich durch die Balllokale und Theater gelaufen und habe mir den Wind entgegenblasen lassen, gemeinsam mit Meilhac«, notierte er am 15. August 1862 in seinen *Carnets*.

> Großer Auflauf, viel Ordnung, wenig Einzelbeleuchtungen. Stattdessen erstrahlen die öffentlichen Gebäude, die Fackel verschwindet, und das berühmte Lied: *Fackeln her!* wird bei unserer ersten Revolution nicht mehr aktuell sein. Überall ersetzen schnurgerade aufgereihte Gaslampen und venezianische Laternen die Fackel mit ihrem Rauchgestank […]. Nehmt das Pflaster dazu, das der Asphalt ersetzt hat, und ihr seht lauter Veränderungen für diese erste Revolution. Man wird nicht mehr nach Fackeln fragen, man wird keine Straßenlaternen mehr zerschlagen, und die Pflastersteine werden für die Barrikaden fehlen.[37]

Weitere Veränderungen bilanziert die Operette *La Vie parisienne*, indem sie ihren Lichtkegel auf die Frauen lenkt, die sich in dieser Umgebung jetzt souverän bewegen – und neu orientieren. Edelmänner vom Schlag des schwedischen Barons müssen sich in Zukunft mit der Rolle biederer Ehemänner abfinden, da ihr Standestitel ihnen, wenigstens bei umschwärmten Diven wie Métella, nicht mehr per se Respekt und Vorteile verschafft. Der »Brasilianer« wiederum, dem Gabrielle am Ende ihre Tugend opfert – wenn man ihr denn glauben soll –, ist ein Mann, der weder Rang und noch Namen besitzt, aber in ihrem Modeladen als potenter Kunde Eindruck macht, so dass er nach kurzem Wortwechsel nicht nur ein Paar nagelneue Handschuhe in apartem Ochsenblutrot mit nach Hause nehmen kann, sondern obendrein die Hand der Handschuhmacherin erhält.[38] In Neuverbindungen wie diesen, die sich in Offenbachs Operetten-Paris erst dank der neuen Eisenbahnlinien, dank der ausgebauten Boulevards und dank der dort um Käufer werbenden Boutiquen anbahnen, deutet sich eine Verkehrsreform von unten an, mit der sich das, was vom Ancien Régime noch übrig ist, von selbst erledigt, ohne dass es dazu einer nächsten Revolution bedürfte.

3. Die Operette im Walzer-Pakt mit Österreich

Paris war Mitte des 19. Jahrhunderts nicht die einzige Metropole Europas, in der die Anlage von neuen Straßen eine neue Ära einleitete. Auch in Wien, der Residenzstadt des Habsburgerreichs, ließ der Kaiser, dem Vorbild Napoléons III. folgend, nachhaltige Eingriffe ins Stadtbild vornehmen. Franz Joseph I. war 1848 an die Macht gekommen, als Nachfolger seines epileptischen und geistig retardierten Onkels Ferdinand. Der war überfordert, als der Funke der Revolution von Frankreich über Ungarn nach Wien übersprang. Darum überließ er das Heft des Handelns seinen Generälen, die gegen die Rebellen rabiat durchgriffen, so dass am Ende der alte Staat die Oberhand behielt und die Übernahme des Throns durch einen unbelasteten Anwärter derselben Dynastie die einzige Veränderung war, die nach der Niederschlagung aller Aufstände Bestand hatte.[1]

Um sich für Neues trotzdem offen zu zeigen, ordnete der junge Kaiser am 20. Dezember 1857 per Dekret das Schleifen der Festungsmauern an, die Wien seit drei Jahrhunderten umschlossen. Es sei sein Wille, meldete die *Wiener Zeitung* am Weihnachtstag, »daß die Erweiterung der inneren Stadt Wien mit Rücksicht auf eine entsprechende Verbindung derselben mit den Vorstädten ehemöglichst in Angriff genommen« und dabei auch auf »die Regulirung und Verschönerung« der »Residenz- und Reichshauptstadt Bedacht genommen werde«.[2] Das Bauland, das durch die Zerstörung der Basteien gewonnen wurde und das breite Festungsvorfeld des Glacis einschloss, bildete die Basis für die Anlage der Ringstraße, das Wiener Pendant der prächtigen Pariser Boulevards.[3] Durch den Wegfall der massiven

Bollwerke rückte die Peripherie nun näher ans Zentrum, und das veränderte zugleich die Wiener Theaterlandschaft, in die zuletzt vor achtzig Jahren Bewegung gekommen war.

Damals hatte der Kaiser zum ersten Mal den Betrieb privater Bühnenhäuser gestattet, so dass in räumlicher Distanz zu Hofoper und Hofburgtheater, den offiziellen Theatern in der inneren Stadt, drei neue Häuser entstanden, die sich außerhalb des alten Festungsrings ansiedelten: das erste in der Leopoldstadt; ein zweites auf der Wieden, das später ins neue Theater an der Wien umzog; das dritte in der Josefstadt. Abstand zu den Hofbühnen hielten diese Vorstadtbühnen auch durch ihre Spielpläne, auf denen unter anderem Volkspossen in Wiener Mundart standen – das Erbe einer lokalen Komödientradition, mit denen die Häuser ihr Image der Bodenständigkeit und autochthonen Verwurzelung pflegten.[4]

Mit dem Ausbau der Ringstraße brach die enge Kopplung zwischen Stadttheater und Lokalposse auf. Jetzt lagen die Vorstadtbühnen in direkter Nachbarschaft zur neuen Prachtstraße und wandten sich an ein Publikum, das durch die Presse, aber auch durch Gastspiele über aktuelle Theatertrends aus anderen Metropolen genau unterrichtet war. Zusätzliche Konkurrenz erwuchs ihnen durch neue Bühnen an der Ringstraße. Das erste war das Theater am Franz-Josefs-Kai, das der Direktor Carl Treumann in Rekordzeit hatte bauen lassen, so dass es lange vor der Oper fertig war, die am Vorzeigeboulevard, wie ihr Pariser Gegenstück, auf Geheiß des Kaisers eine neue, repräsentative Adresse erhalten sollte.[5]

Treumanns Aushängeschild waren die Operetten Offenbachs, die er direkt aus den Bouffes-Parisiens bezog und an denen er sich vertraglich die Exklusivrechte gesichert hatte, so dass sein Haus »eine Art Operettenmonopol«[6] besaß. Die Einakter machten mehr als ein Drittel seines Repertoires aus und wurden in buntgemischten Programmen präsentiert.[7] Gelegentlich stand Offenbach persönlich am Dirigentenpult, gab Gastspiele mit seinem Pariser Ensemble oder trat als Cellovirtuose auf. Sein Name blieb in Wien auch Synonym der neuesten Mode, als das Kai-Theater 1863 abbrannte und Treumann das Carltheater in der Leopoldstadt übernahm – so hieß die einstige Kasperlebühne, seit Karl Carl, der vormalige Chef, sie 1847 zu einem luxuriösen Haus hatte umbauen lassen.[8] Offenbachs Operetten machten erst das Carltheater, dann das Theater an der Wien zur führenden Bühne, als dort ein neuer Direktor die Geschäfte übernahm, der Offenbach abwarb.[9] »Bis zur Mitte der 1860er Jahre stand der Erfolg der Wiener Vorstadtbühnen […] in direktem Zusammenhang mit den Werken Offenbachs«,[10] resümiert Marion Linhardt, die der Wiener Operette die bislang profundeste Studie gewidmet hat.

Die Possen hergebrachten Typs hielten sich weiter im Repertoire der »billigeren Bühnen«, die »im Prater und in den Vororten« entstanden waren, doch durch ihre Randlage sichtbar vom »sozialen Abstieg«[11] zeugten, den die Volkskomödie hier durchlief. Dagegen zielten die einstigen Hochburgen des Genres, das Carltheater und das Theater an der Wien, »mit über zwei Dutzend Offenbach-Premieren«[12] jetzt auf eine Klientel, die selbst viele Neu-Wiener umfasste, durch deren Zuzug die Stadt rapide wuchs. Regelmäßig führte die konservative Stadtpresse deshalb Klage über Frankreichs ›Fremdherrschaft‹ in den alten Stammhäusern der Lokalposse und forderte mehr Patriotismus ein. Die heimische Kunst, so lautete ihr Tenor, verdiene eine höhere Wertschätzung als die frivole Importware aus Paris.[13]

Die wiederkehrenden Presseattacken auf die Operetten hatten eine große ideologisch befeuerte Hitze, aber sachlich kaum Gehalt, denn tatsächlich erklärte sich die große Resonanz, auf die Offenbach in Wien stieß, nicht aus der Ferne seiner Stücke zur einheimischen Posse, sondern aus ihrer Nähe. Liedgesänge waren schon im frühen 18. Jahrhundert fester Bestandteil der Wiener Volkskomödie. Der Mischcharakter der Possen ging auf einen Schlichtungsakt zurück, mit dem der Kaiser seinerzeit an der beliebtesten Bühne der Stadt den Hausfrieden bewahren wollte. Damals hatten neue Prinzipale große Pläne für das Haus geschmiedet, das bis dahin durch Anton Stranitzkys Hanswurst geprägt war, den Urtyp der ›lustigen Person‹, die Haupt- und Staatsaktionen aufmischte, indem sie geheime Liebeshändel von Königen, Feldherren und Prinzen mit ihrem bäurischen Stegreifspiel komisch konterkarierte.[14] Die neuen Pächter waren ausgebildete Tänzer und Sänger und wollten italienische Opern spielen, was der Kaiser ihnen mit Rücksicht auf bereits an andere erteilte Privilegien verwehrte. Dafür erhielten sie die Lizenz zur Untermischung deutscher Komödien mit italienischen Arien.[15] So entstanden die Gesangspossen, die später – unter dem Diktat von neuen Auflagen, die von der Zensur kamen – zum Renner der genannten Vorstadttheater avancierten.

Deren Repertoire war darauf keineswegs beschränkt. Als modernste Bühne der Stadt, die an Komfort und technischer Ausstattung sogar die Hofoper übertraf,[16] bot gerade das Theater an der Wien ein breites Programm mit Opern, Balletten, Zauberspielen und melodramatischen Ritterstücken vor mittelalterlicher Burgkulisse und mit echten Pferden, die in Turnier- und Gefechtsszenen donnernd über die Bühne jagten.[17] Ab den 1830er Jahren füllten Vaudevilles den Spielplan und bewogen den Kritiker Moritz Saphir zu der bissigen Bemerkung, »jeder französische Theater-Dichter vom *Theatre francais* bis zum Theater auf dem *Montmartre*« habe »ein zweischläferiges Tintenfaß [...] mit einem separirten Eingange für deutsche Bearbeiter«.[18] Der Hieb galt insbesondere Johann Nestroy, dem populärsten Possenautor am Theater an der Wien. Nestroy hatte an der Oper einst als ernster Bass debütiert, bevor er ins Komödienfach wechselte, dort nicht nur als Darsteller auftrat, sondern auch als Autor glänzte und sich und seinem Bühnenpartner Wenzel Scholz die Paraderollen auf den Leib schrieb. Nestroys Possen waren allesamt Bearbeitungen, ein gutes Drittel davon Adaptionen französischer Vorlagen, die er ›verwienerte‹, d.h. lokal verlegte, sprachlich in die Polyphonie der Wiener Idiome übersetzte und durch den Austausch der Vaudeville-Chansons gegen vertrautere Couplets auch musikalisch assimilierte.[19] Im Lauf der Jahre hatte sich auf diese Weise das Liedspektrum der Possen enorm verbreitert und reichte von Jodlern über Gassenhauer bis hin zu Koloraturarien und Chören, die um alle Arten von Bühnenmusik – Ouvertüren, Zwischenaktsmusiken, Verwandlungsmusiken – ergänzt wurden.[20] Offenbachs Operetten, die das Wiener Publikum zuerst über das Carltheater kennenlernte – durch Raubübernahmen, die der Komiker Treumann dort mit Billigung des inzwischen als Direktor wirkenden Nestroy organisierte, bevor er am Franz-Josefs-Kai sein eigenes Theater eröffnete –, fügten sich in diese Palette mühelos hinein, auch wenn Teile der Stadtpresse gegen die ›Einwanderer‹ aus Frankreich heftig Front machten.[21]

Ein Jahrzehnt lang garantierten Offenbachs Ein- und Mehrakter den Vorstadtbühnen volle Häuser und büßten ihren Stellenwert als Inbegriff und Ideal der Operette erst ein, als Johann Strauß begann, für das Theater zu komponieren. Die erste Strauß-Operette namens *Indigo und die vierzig Räuber* feierte 1871 am Theater an der Wien Premiere. Unter dem Eindruck des Deutsch-Französischen Kriegs stilisierten die Hauptstadtblätter die Uraufführung zum zweiten triumphalen Schlachterfolg nach Preußens Sieg über Napoléon III. Wo »die deutschen Heere den französischen sich so überlegen gezeigt«, las man zum Beispiel in der Wochenschrift *Hans Jörgel*, habe »O f f e n b a c h auch in Deutschland – e i n e n S t r a u ß gefunden«.[22] Ähnlich jubilierte das Satireblatt *Der Floh*, das Strauß inmitten der zwei Direktoren des Theaters an der Wien auf dem Titelblatt zeigte:

> Vorgestern hat ein großes Ereignis stattgefunden. Frankreich wurde geschlagen. Nicht das Frankreich, das Wilhelm schlug, nicht das edle, große, freiheitsbegeisterte Frankreich, das der Metzgergehilfe Moltke zu Tode getreten, nicht das Frankreich der Republik, – nein! Das liederliche Frankreich, das cancanirende, frivole Frankreich, das Frankreich des Herrn Jacques Offenbach wurde bis in's Herz getroffen.[23]

Damit war die Tonlage für eine chauvinistische Presseberichterstattung vorgegeben, in der Frankreich fortan »einen andauernden Krieg an der Operettenfront in Wien zu bestehen«[24] hatte, auch wenn Offenbach beim Publikum noch eine Zeitlang große Popularität genoss.[25] Für die musikalische Streitmacht Österreichs war Johann Strauß der ideale Vorkämpfer, da er einer Familiendynastie entstammte, die im Wiener Gesellschaftsleben schon seit 40 Jahren eine Führungsrolle einnahm. Den Grundstein dazu hatte der Vater gelegt, indem er die Marktdominanz seiner Kapelle von 1829 an systematisch ausbaute und den Wienern bei jedem erdenklichen Anlass und zu jeder Tageszeit mit Walzern aufspielte: in Vergnügungslokalen, Kasinos, Gartencafés, im Prater, im Redoutensaal der Hofburg, im Schönbrunner »Tivoli«, bei sonntäglichen Platzkonzerten im Volkspark oder großen Volksfesten, auf Benefizveranstaltungen sowie auf mehreren Dutzend Bällen während der Karnevalssaison.[26] Nachdem er auf seinen Tourneen europaweit Begeisterung geerntet hatte, wurde er schließlich auch am Kaiserhof geehrt und von Ferdinand I. zum k. u. k. Hofballmusik-Direktor gekürt. Sein Sohn debütierte 1844 und hatte schon ein Jahr später den ersten renommierten Leitungsposten inne: bei der Kapelle des Zweiten Wiener Bürgerregiments, wo er Joseph Lanner nachfolgte und als Konkurrent den eigenen Vater herausforderte, der seit 1832 das Musikkorps des Ersten Bürgerregiments anführte.[27] Die Zivilgardisten »leisteten sich die Zelebritäten der heimischen Tanzmusik als Musikchefs und gaben ihnen Offiziersrang«,[28] damit die Dirigentenprominenz ihren Bürgerwehrparaden den gebührenden Glanz verlieh. Bei Festanlässen von staatswichtiger Tragweite ließen Vater und Sohn ihre Strauß-Kapellen auch selbst zu Huldigungsadressen an das Herrscherhaus antreten. Der *Rettungs-Jubel-Marsch* von Johann Strauß Sohn zum Beispiel entstand, als ein beherzt zupackender Fleischer im Februar 1853 ein Attentat auf den Kaiser vereitelte.[29] Die größte Berühmtheit erlangte jedoch der Marsch des Vaters zu Ehren des greisen Feldmarschalls Radetzky, der 1848 die Truppen Habsburgs gegen Sardinien-Piemont zum Sieg geführt hatte.[30] Mit seiner »holden Hurtigkeit«[31] gewann das Stück bald den Nimbus einer »Marseillaise des Konservatismus«[32] und trug erheblich dazu bei, dass Österreichs Militärmärsche später generell im Ruf standen, sie seien »mehr zum Tanzen als zum Marschieren geeignet«.[33]

Durch Gesten solcher Kaisertreue hatte sich die Strauß-Familie folglich schon für höhere Staatsaufgaben empfohlen, lange bevor der Vormarsch Offenbachs in Wien neue Bedrohungslagen schuf. Ein erstes Kräftemessen zwischen Strauß Junior und Offenbach fand 1864 bezeichnenderweise auf dem Ball der Journalistenvereinigung »Concordia« statt, einem der Höhepunkte der Ballsaison. Offenbach hatte für den Anlass den Walzer *Abendblätter* komponiert, Strauß den Walzer *Morgenblätter* aufgeboten, in der Publikumsgunst den Sieg davon getragen und sich als verlässlicher Hitlieferant in Stellung gebracht.[34] Die *Morgenblätter* leiteten »einen Wendepunkt in der Strauß'schen Walzerkomposition«[35] ein, denn von da an gelangen ihm Erfolgswalzer wie *Hofball-Tänze* (1865), *Wiener Bonbons* (1866), *An der schönen blauen Donau* (1867), *Künstlerleben* (1867), *G'schichten aus dem Wienerwald* (1868), *Wein, Weib und Gesang* (1869), *Freut Euch des Lebens* (1870) oder *Neu-Wien* (1870)[36] in Serie. Niemand erschien berufener, für Österreich die Operettenbühne zu erobern, zumal Offenbach den Wiener Walzerkönig – wenn man der Fama glaubt – selbst zum Wechsel des Metiers ermutigt hatte.[37]

Als Bühnenkomponist brauchte Strauß nur fortzuführen, was er als Balldirigent begonnen hatte, und, wie der Musikkritiker Eduard Hanslick sagte, »Tanzmusik mit unterlegten Worten und vertheilten Rollen« auf der Grundlage von »Potpourri's aus Walzer- und Polkamotiven«[38] zu schreiben. Wenn Strauß sich dabei anfangs noch am Vorbild Offenbachs orientierte – auch beim Libretto; die *Fledermaus* (1874) zum Beispiel basierte auf einer Vorlage von Henri Meilhac und Ludovic Halévy[39] –, so setzte er doch gleichzeitig neue Akzente, indem er Ensemble-Nummern und Finali ausbaute und die Stücke auch durch ihre Orchestrierung als Spielopern anlegte, womit er einer eigenständigen Entwicklung der Wiener Operette den Weg wies.[40] Für die Wiener Bühnen war das der Beginn einer Trendwende, denn jetzt setzte sich der neue Operettentypus durch, und spätestens ab Mitte der 1880er Jahre beherrschten nicht mehr französische, sondern heimische Produktionen die Szene.[41] Der Kulturkampf an der Front der Operette war zugunsten Österreichs entschieden.

Im Wiener Musikleben waren die Operettenbühnen dabei nicht der einzige Ort, an dem sich zivile und militärische Dienstaufgaben durchdrangen. Ähnliches galt für die Musikkorps der hier stationierten Armeeregimenter, die viel Zulauf hatten, wo immer sie auftraten. Schon beim Wiener Kongress, über den das Bonmot zirkulierte, er tanze nur und gehe nicht voran,[42] hatten die Kapellen »Hochkonjunktur«.[43] Mit eigens komponierten Märschen empfingen sie die anreisenden Potentaten und hielten sie auf den Hofredouten mit Walzern und Polonaisen bei Laune. Ihre eigentliche Glanzzeit begann jedoch nach 1848, als Kaiser Franz Joseph I. unter dem Eindruck der eben niedergeschlagenen Revolution den Stadtkern Wiens mit einem Ring von Kasernen umfangen ließ, um sich gegen künftige politische Unruhen zu wappnen.[44] Mit jedem Truppenwechsel kamen neue Kapellen in die Stadt, die alte Rituale mit viel Pomp und Aufwand zelebrierten – die tägliche Wachablösung in der Hofburg etwa, an die sich ein Konzert anschloss, das als »Burgmusik«[45] äußerst populär wurde – und sich auch sonst auf vielfältige Weise um das Volksvergnügen verdient machten. Seit der Mitte des 19. Jahrhunderts waren sie dafür auch erheblich besser ausgerüstet als zuvor.

Zu den wenigen Reformen, die im österreichischen Heer mit Verve vorangetrieben wurden – denn nach Robert Musils bösem Wort erhielten anderweitig investierte »Unsummen« nur den Status quo, »daß man sicher die zweitschwächste der Großmächte blieb«[46] –, gehörte die Ernennung eines obersten Armeekapellmeisters, der sich um die Professionalisierung der Musikkorps kümmerte und im Zuge weitreichender Maßnahmen auch neue Instrumente anschaffen ließ.[47] Während die Musikbanden der Infanteristen noch im ausgehenden 18. Jahrhundert mit kleiner Besetzung vorliebnehmen mussten – je zwei Waldhörner, Fagotte, Oboen und Klarinetten, dazu eine Trompete, eine Triangel, eine Oktavflöte, zwei Trommeln, eine Zimbel –, bekamen sie in der Mitte des 19. Jahrhunderts massive Verstärkung durch Euphonien, Flügelhörner, Cornets, Piccoloflöten, Posaunen und Basstrompeten, wodurch sie zu imposanten Blaskapellen anwuchsen.[48] Neben den zeremoniellen Pflichten im engeren Sinn, dem Anführen von Militärparaden und dem Geleit bei offiziellen Trauerkondukten, hatten die Kapellen die Aufgabe, »Platzkonzerte für eine größere Öffentlichkeit« zu geben und »in den Offizierskasinos oder, was noch wichtiger war, auf Bürgerfesten und Bürgerbällen mit Konzert- und Tanzmusik aufzuwarten«.[49] Da die Mehrzahl der habsburgischen Garnisonen im weiten Kaiserreich in winzigen Gemeinden lag, wo die Musiker das kulturelle Angebot nicht erweitern, sondern ganz ersetzen mussten, verfügten die Kapellen auch über Streicher.[50] Sie waren also in der Lage, »sowohl in Blasmusik- als auch in Sinfonieorchesterbesetzung zu musizieren«[51] und jedes Genre zu spielen: vom Parademarsch über Bläserarrangements von Opernnummern bis hin zur Tanzmusik, zum Streichquartett und zur Beethovensinfonie.

Handwerklich waren die Militärkapellmeister entsprechend versiert und im raschen Einrichten von Stücken und Potpourris geübt. Außerdem gaben ihnen die häufigen Garnisonswechsel reichlich Gelegenheit, sich die regionalen Traditionen quer durch die Kronländer anzueignen. Wie Moritz Csáky schreibt, trugen die Orchesterleiter »gleichsam die Musik, die Melodien und die Rhythmen der gesamten Monarchie in ihrem Tornister«.[52] Mit ihren Kapellen warben sie auch dadurch für die gute Sache des Vielvölkerstaats, dass sie die Eintracht der verschiedenen Nationalitäten vorlebten, wenn sie »mit dem Clarinett [...] statt mit dem Bajonnet« zu »friedlichen Eroberungen« auszogen. »Eine Armee, welche in der Lage ist, den Grundstock ihrer Musikbanden aus Böhmen, Polen und Südslaven zu bilden, steht gegen ein ausschließlich deutsches Heer in demselben Vortheil, wie der Bebauer eines vorzüglich fetten Ackers gegen den Urbarmacher steinigeren Bodens«, bemerkte bereits Hanslick. »Auf den Flügeln der Harmoniemusik ist gar oft schon österreichisches Militär in die Herzen ganzer Bevölkerungen eingezogen.«[53]

Die Beliebtheit der Regimentskapellen erklärt, warum auch Johann Strauß Sohn, zumal in den Anfängen seiner Karriere, die enge Kooperation mit den Routiniers der Militärmusik suchte. So annoncierte er im Herbst 1850 ein »großes Spectacel-Fest mit Ball, und mit großer, theilweise beweglicher Illumination«, das im »*Universum*« unter dem Titel »Der Kirchtag in den vier Elementen‹, in Verbindung mit einer *Luftreise zu Pferd à la Paris*« über die Bühne gehen sollte. Der »Unterzeichnete« werde, hieß es in der Ankündigung weiter, »mit der Capelle seines Vaters sowohl die Soiree- als Ballmusik ausführen«. Ferner solle »die ungarische National-Musikgesellschaft unter der Leitung des *Saközy Ferencz* aus Pesth, sogenannte Pariser Zigeuner-Gesellschaft, abwechselnd mit der Militär-Musikcapelle des löbl. 2. Feldartillerie-Regiments unter der Leitung des Herrn Capellmeisters Reinisch im Garten produciren«.[54]

Während der kommenden Jahrzehnte machten die Regimentsbanden den zivilen Ensembles »immer stärkere Konkurrenz«,[55] zumal sie den Vorzug besaßen, dass ihre Konzerte kostenlos waren und schon deshalb auf die »zahlreichste, dankbarste und empfänglichste Hörerschaft«[56] zählen konnten – ganz abgesehen von den politischen Effekten, die diese Politur der demokratischen Schauseite des Kaiserreichs hatte.[57] Ehrgeizige Militärkapellmeister, die beim Publikum ankamen, avancierten für die Wiener Unterhaltungsbühnen deshalb zu gefragten Partnern, weil ihre musikalische Versiertheit den Theatern mindestens so nützlich sein konnte wie die ihrer zivilen Kollegen. Zu den vielen, die aus den Garnisonen kamen und zur Operette gingen, zählte beispielsweise Leo Fall, der spätere Komponist der *Dollarprinzessin*.[58] Den größten Aufstieg aus der Riege schaffte Franz Lehár.

Lehár stammte, wie Johann Strauß Junior, aus einer Musikerfamilie. Schon sein Vater war zeit seines Lebens im Militärdienst unterwegs und hatte 1859 sowohl das Debakel des kaiserlichen Heers in Solferino miterlebt als auch sieben Jahre später die Niederlage gegen die Preußen in Königgrätz, bei der er, inzwischen Chef einer Regimentsbande, immerhin sein Möglichstes tat, um »die Truppe mit klingendem Spiel anzufeuern«. »Neben mir fiel der Hoboist, hinter mir der Tambour. Aber es hieß im Takt bleiben«,[59] beschrieb der Vater nachmals die aussichtslose Lage. Da Österreichs Heer seit Radetzkys Triumph nur noch glücklos agierte, waren die Musikkorps die Einzigen, die der Armee Ehre machten und dafür sorgten, dass sie, ihrer Blamagen zum Trotz, die »populärste in Europa«[60] blieb. Darauf spielte später auch Stefan Zweig an, als er 1940 auf das »Wien von gestern« zurückblickte und konstatierte, Österreich habe »bessere Kapellmeister als Generäle«[61] gehabt, wobei er eben an Franz Lehár junior dachte. Der begann seine Laufbahn als Sologeiger im Musikkorps des Vaters, wechselte dann auf den Chefposten beim Infanterieregiment Nr. 25 im slowakischen Losoncz, führte ab 1894 im kroatischen Pula das »größte Militärorchester der Monarchie«,[62] stand in den Folgejahren an der Spitze von Regimentsbanden in Triest und Budapest und kam 1899, im Todesjahr von Strauß, als Kapellmeister des 26. Infanterieregiments ›Großfürst von Rußland‹ nach Wien.[63]

Dort boten sich für aufstrebende Musiker so viele Möglichkeiten wie nie. Nach der Anlage der Ringstraße war die Ausrichtung der Weltausstellung 1873 ein nächstes Großprojekt gewesen, das viele Bauaktivitäten motiviert hatte, insbesondere auf dem Ausstellungsgelände des Praters. Der alte Vergnügungspark des »Wurstelpraters« war nach Maßgaben der Stadtverwaltung zum »Volksprater« umgestaltet worden.[64] Seither besaß er nicht nur Ausgehlokale wie das schick herausgeputzte Dritte Kaffeehaus, das für 5000 Personen Platz bot,[65] sondern auch eigene Operetten- und Singspielbühnen mit regem Sommerbetrieb, außerdem seit 1895 einen riesigen Themenpark namens »Venedig in Wien« mit Nachbildungen venezianischer Paläste inklusive Kanälen, Brücken, Gondeln, neapolitanischem Marionetten-

Abb. 14: Franz Lehár als Militärkapellmeister (um 1900)

theater, Diorama, Restaurants und Varietés, in denen internationale Stars auftraten.⁶⁶

Über die Konzertpodien dieser Etablissements machte sich auch Lehár einen Namen. Mit seiner Regimentskapelle spielte er im Dritten Kaffeehaus, war in »Venedig in Wien« im Rahmen von sogenannten »Monstre-Konzerten« zu hören, trat im Volksgarten, am Eislaufplatz und auf Nobelbällen auf und erhielt, als sein Interesse an der Bühne sich herumsprach, vom Theater an der Wien sowie vom Carltheater fast gleichzeitig Kompositionsaufträge für Operetten.⁶⁷ Diese erregten auf Anhieb Aufsehen, weil sie die obligaten Walzer mit ungewohnten Klängen aufmischten. Durch slowakische Volksweisen aus dem Tornister des einstigen Musikfeldwebels erhielt der *Rastelbinder* – Lehárs Debütstück am Carltheater⁶⁸ – seine »slawische Lokalfarbe«,⁶⁹ während die nächsten Operetten zeigten, dass Lehár ebenso gut zugehört hatte, als in »Venedig in Wien« der US-Amerikaner John Philip Sousa mit seiner Bande im Nachbarpavillon auftrat⁷⁰ und Militärmärsche mit moderner Swingnote präsentierte. Spätestens seit dem Sensationserfolg der *Lustigen Witwe*, die allein in Wien nach der Premiere im Dezember 1905 fast zwei Jahre lang *en suite* lief, waren Lehárs Tanznummern so populär, dass sie vom Theater ins Repertoire der Regimentsbanden zurückflossen und auch erklangen, als die kaiserlichen Streitkräfte 1914 in den Ersten Weltkrieg zogen.

Es sei ein »Potpourri aus den Melodien von Lehár und Strauß« gewesen, mit dem seine Marschkompanie am Wiener Nordbahnhof verabschiedet wurde, erinnert sich später Joseph Roth. Der »Pfiff der Lokomotive, die uns zum Schlachtfeld führen sollte, verlor sich in den verwehenden Klängen der zurückgebliebenen Trommeln und Trompeten, während unser Zug dem Tod entgegenglitt«. Mit seinem Roman *Radetzkymarsch*, der den Militärkapellen der Donaumonarchie ein eigenes Denkmal setzt, wollte Roth 1932 das »Urteil über die alte österreichisch-ungarische Monarchie« widerrufen und durch die Reverenz an Johann Strauß Vater ein »ganz anderes Österreich« aufleben lassen »als jenes, das sich in seinen Export-Operetten zu Lebzeiten offenbart hat und das sich nach dem Tode nur noch in seinem billigsten Export bewahrt«.⁷¹

Die internationale Zugkraft der Lehár-Operetten war Roth zutiefst suspekt. Dennoch fällt sein Verdikt zu pauschal aus. Ungebrochen war die mondäne Attitüde in den Stücken nämlich nicht. Das zeigt zumindest die *Lustige Witwe*, die als erste Operette um die ganze Welt ging und nach ihrem Erfolg in London »eine der größten Theaterepidemien der Geschichte«⁷² überhaupt auslöste. Eine Berliner Zeitung zählte allein bis Mai 1909 »über 18000 Aufführungen in 422 deutschen, 135 englischen und 154 amerikanischen Städten«.[73]

Liebhabern des Stücks gefiel die Zeitgemäßheit, die sie unter anderem dem Verzicht aufs lokale Kolorit ablasen. So pries Felix Salten die *Lustige Witwe* als Inbegriff der »neuen Operette«, weil sie »mehr allgemein modern als wienerisch« auftrat, »mehr durch die Zeit als durch einen Ort zu bestimmen« war und gerade durch ihre Musik, die hörbar »von 1906, von jetzt, von heute«[74] stammte, die Gegenwart bejahte. Indem das Stück sich aktuell gab, ließ es all jene Operetten hinter sich, die – wie die posthum aus dem Nachlass arrangierte Strauß-Operette *Wiener Blut* mit knapp zwei Dutzend der beliebtesten Strauß-Walzer und -Polkas[75] – nostalgisch ein vergangenes Wien verklärten.

Im Hinblick auf die Randregionen fern der Hauptstadt war die Rücksichtnahme auf die Interessen Habsburgs dafür umso nötiger. Das bekamen die Autoren der Operette zu spüren, als sie ihr Libretto der Zensur vorlegten und gehalten wurden, angesichts der explosiven politischen Lage auf dem Balkan mehr Vorsicht bei der Wahl der Schauplätze walten zu lassen. Aus dem Textbuch – einer Adaption diesmal der Komödie *L'attaché d'ambassade* von Henri Meilhac – sollten sämtliche Verweise auf das Fürstentum Montenegro gestrichen werden, damit die Donaumonarchie, die Bosnien-Herzegowina seit knapp drei Jahrzehnten besetzt hielt, nicht an der Ostflanke des Reichs in heikle diplomatische Verwicklungen mit dem kleinen Nachbarstaat geriet. Lehárs Librettisten kamen dem zuvor, indem sie ihre Protagonisten für den Auftritt auf dem Theater an der Wien mit neuen Pässen aus dem fiktiven Pontevedro ausstatteten.[76]

Um die Abwehr ernster Balkankrisen geht es in der Bühnenhandlung aber auch selbst. Da Pontevedro vor dem Ruin steht, muss ein Reservist seiner Armee an der Westfront tätig werden, um den Triumph französischer Eroberer – einmal mehr – zu verhindern. Beim Tanz soll er eine Landsfrau umwerben und als Braut gewinnen, damit ihr reiches Erbe der Heimat nicht verlorengeht. In der Operette hat das Rettungsmanöver auch deshalb Erfolg, weil Lehár die Musik so arrangiert, dass der Tanz sein Tempo wechseln – und im entscheidenden Moment verlieren – kann. Schnelle Liednummern finden sich in der *Lustigen Witwe* zwar zuhauf, aber sie bilden keine Höhepunkte mehr, sondern werden überboten von langsamen Walzern, die mit ihrem sanften Wiegerhythmus ein intimes *tête-à-tête* gestatten, das dauerhafte Bindungen wachsen lässt. Das Pariser Leben, in das sich Lehárs Operette erneut stürzt, bleibt insofern weiter für Überraschungen gut, denn statt der Abenteuer mit Fremden, von denen Schweden und Brasilianer einst in Offenbachs *Vie parisienne* träumten, beschert die Stadt den Pontevedrinern ein Wiedersehen mit Bekannten von daheim und erleichtert ihnen über den Umweg der großen Welt die Rückkehr in die kleine. Dass sein Staat gewankt hätte, wäre es anders gekommen, muss der Fürst des Balkanlandes nicht einmal bemerken, weil er von der Operette gnädig behandelt wird. Sie lässt ihn vom geübten Taktgefühl der Untertanen passiv profitieren, so dass Seine Majestät alle Bedrängnisse übersteht, bevor das eigene Unvermögen öffentlich auffliegt – und die Komödie für den Landesherrn zum Drama wird.

4. Damenwahl einer lustigen Witwe

Die Gegenwart trägt in der *Lustigen Witwe* das Datum einer Zeitenwende. Laut Textbuch spielt die Operette »in Paris um 1900«.[1] Umschwärmter Mittelpunkt des Stücks ist eine glamouröse junge Frau, die eigentlich aus einfachen Verhältnissen stammt. Durch die vorteilhafte Heirat mit dem alten Hofbankier von Pontevedro[2] ist sie zu sagenhaftem Reichtum gelangt und kann sich nun vor lauter Brautwerbern nicht retten. Auch in der Pariser Gesandtschaft des Balkanstaats öffnet man ihr ehrerbietig die Türen und behandelt sie wie einen hohen Staatsbesuch. Dahinter verbirgt sich nüchternstes Kalkül. Offiziell soll mit dem Botschaftsempfang der Geburtstag des fernen Landesfürsten würdig gefeiert werden. Inoffiziell soll der Gesandtschaftssekretär Danilo Danilowitsch auf dem diplomatischen Parkett ein strategisches Bündnis anknüpfen und Herz und Hand der schönen Hanna Glawari gewinnen. Wenn er ihr Erbe vor französischen Mitgiftjägern schützt, profitiert von dieser Ehe auch der Heimatstaat und entgeht dem drohenden Bankrott.

Die Ironie des Operettenschicksals will es, dass Danilo und Hanna sich auf diese Weise schon zum zweiten Mal begegnen. Die beiden könnten längst ein Paar sein, wenn nicht ein Onkel Danilos durch sein familiäres Machtwort verhindert hätte, »daß sein aristokratischer Neffe, damals noch aktiver Leutnant der Kavallerie, einem Mädel aus dem Volke seine aristokratische Liebe schenke«,[3] wie Hanna noch gut weiß. Inzwischen liegen die Dinge anders. Die Sorge um das Staatswohl macht Bedenken, die der Standesdünkel eingab, obsolet. Dafür sträubt sich jetzt Graf Danilo und stößt Baron Mirko Zeta, der den Plan ausheckte, vor den Kopf. Er will nicht einsehen, dass es »süß« und ehrenvoll ist, »fürs Vaterland zu erben«.[4] Lieber verweigert er dem Gesandten den Befehl, als dass er bei der Braut von einst in den Verdacht geraten möchte, er sei nur auf ihr Geld erpicht.

Lessing-Leser kennen solche Skrupel von dem ehrenwerten Major von Tellheim aus der Komödie *Minna von Barnhelm*, die Lehárs Librettisten für das Textbuch mit benutzt haben. Von Lessing stammt auch die Lösung für das Happy End. Als Mirko Zeta endlich aufgeht, dass seine Gattin Valencienne ihn betrügt, verfällt er auf eine neue Idee. Er bietet sich der Glawari, weil Danilo weiter zaudert, selber als Gemahl an. Diese greift zu einer Notlüge. Im Wiederverheiratungsfall, so behauptet sie, verliere sie ihr Erbe. Die Aussicht auf ein lustiges Eheleben mit Hanna ohne die Last ihrer Millionen löst Danilo die Zunge. Das Paarglück ist perfekt.

> Danilo *(aufjubelnd)*: Hanna! Du hast kein Geld!?
> Hanna: Nein, nix!
> Danilo: Hanna, geliebte Hanna! *(Kniet vor ihr nieder.)* Ich liebe dich, Sie! Ich liebe Sie, dich![5]

Vorher müssen Danilo und Hanna jedoch erst eine ganze Reihe von Hindernissen überwinden. Danilos Soldatenehre wird erstmals hart geprüft, als vierzehn Franzosen Hanna gleichzeitig bestürmen und in der Gesandtschaft auf dem Tanzparkett um ihre Gunst buhlen. Zwei von ihnen, Cascada und St. Brioche, bauen sich mit großer Pose direkt vor ihr auf und drängen sie zur »Damenwahl«. »Es kämpfen die Damen schon lange / Um das nämliche Recht mit dem Mann«, hält der eine ihr vor. »Jetzt haben Madame hier das Wahlrecht / Und fangen damit gar nichts an!«[6]

Die Diskussion war damals hochaktuell. In Russland hatte Zar Nikolaus II. 1905 in seinem Oktobermanifest die Ausweitung des Wahlrechts auf alle männlichen Bürger verfügt und damit einer zentralen Forderung der Revolutionäre nachgegeben. Als die *Lustige Witwe* im Dezember desselben Jahres Premiere

Abb. 15: Titelkopf der ersten Nummer der Wochenschrift *Die Hausfrau. Blätter für Haus und Wirthschaft* vom 8. September 1877

feierte, wurde das Thema in der österreichischen Presse noch immer heftig debattiert.[7] Wiener Zeitschriften wie *Die Hausfrau. Blätter für Haus und Wirthschaft* hatten schon seit den späten 1870er Jahren für die Einführung des Frauenwahlrechts und die Gleichberechtigung der Geschlechter in allen Bereichen der Gesellschaft geworben. In den Gründungsjahren des Blatts war einer der zwei Textdichter der *Lustigen Witwe*, Victor Léon, dort als Redakteur tätig und insbesondere für den Feuilletonteil des »Damen-Salons« zuständig. Mit der liberalen Agenda der Zeitschrift, die sein Vater, der umtriebige Verleger Jakob Heinrich Hirschfeld, gegründet hatte, war er dadurch gut vertraut.[8]

Auf der Operettenbühne finden solche Plädoyers bei der verwöhnten Hanna Glawari jedoch nur wenig Anklang. Das Damenwahlrecht bürdet ihr nur eine lästige Pflicht auf, denn die vielen Männer, die sich im selben Tenor mit demselben Text zur selben Melodie um sie bemühen, sind ihr einerlei.

> Cascada *(mit großer Pose und Handbewegung)*: Drum agitier' ich –
> St. Brioche *(ebenso)*: Drum afficier ich –
> Beide: Ach bitte, lesen Sie mein Wahlplakat:
> Cascada: »Wählen Sie doch Cascada!«

St. Brioche: »Wählen Sie doch Saint Brioche!«
Beide: Das ist der würdigste Tanzkandidat!
Die anderen Herren *(mit der Repetition)*: Wählen Sie nicht Cascada!
Wählen Sie nicht Saint Brioche!
Ich bin der würdigste Tanzkandidat![9]

Zum Glück eilt Danilo im rechten Augenblick herbei, um sie von der »Qual der Wahl«[10] erlösen. Mit einer Doppelstrategie aus Ablenkungsmanövern und frontalem Angriff schlägt er die Franzosen in die Flucht und nutzt dann das Feld für sich allein, um Hanna ritterlich den Arm zu bieten.

Dass er selbst ein Lied von lästigen Pflichten singen kann, weiß das Publikum da schon aus seinem Auftrittscouplet. Seit dem Abschied aus dem Militär, so hört man, schiebt er in der Gesandtschaft Bürodienst. Die monotone Schreibtischarbeit sagt ihm wenig zu. Von der Tagesfron kuriert er sich im Nachtleben und freut sich, dass er dort von Pontevedros Angelegenheiten unbehelligt bleibt. »O Vaterland, du machst bei Tag / Mir schon genügend Müh' und Plag'!«, beklagt er sich und gibt weiter zu: »Die Akten häufen sich bei mir. / Ich finde, 's gibt zu viel Papier –«. Im »Maxim«, in dem er »sehr intim« ist, braucht er die Förmlichkeiten des offiziösen Schriftverkehrs nicht und kann sich umso ungezwungener bewegen.

Ich duze alle Damen
Ruf sie beim Kosenamen,
Lolo, Dodo, Jou-Jou,
Clo-Clo, Margot, Frou-Frou;
Sie lassen mich vergessen
Das teure Vaterland![11]

In der Operette ist der Nachtclub mit seinen freizügigen Balletteusen der einzige Ort, an dem das Pariser Leben eine prominente Pariser Adresse erhält. Im dritten Akt gibt die Truppe des »Maxim« ein kurzes Gastspiel in der Stadtvilla der Glawari, so dass sich an den Attraktionen des Cabarets auch jene Pontevedriner mit erfreuen dürfen, die davon bislang nur über Danilo hörten. Ihm zuliebe hat Hanna für das »Fest des Fürsten«, zu dem sie in ihr Haus lädt, französische Lebensart eingekauft. Weil sie schon ahnte, dass die Feier »nach heimatlichem Brauch«[12] nicht unbedingt nach seinem Geschmack sein würde, hat sie – für die Szenerie des zweiten Akts – zwar den Garten folkloristisch dekoriert, aber im Hausinnern – fürs Operettenfinale im dritten Akt – einen der Salons im Stil des »Maxim« so getreulich herrichten lassen, dass dort die gesamte Tänzerinnenriege auftreten kann. In deren Gesellschaft, hofft sie, werde sich auch Danilo »heimisch«[13] fühlen.

Lolo, Dodo, Jou-Jou, Clo-Clo, Margot und Frou-Frou enttäuschen ihre Gastgeberin nicht. Sie stolzieren erst im Cakewalk über die Bühne, stellen dann als Grisetten ihre »Goldlack-Halbstiefletten«[14] kokett zur Schau und fegen nach dem Parademarsch im Cancan durch den Salon. Dann treten sie ab. Für den Ausgang des Stücks sind sie unerheblich. Ihr Auftritt sorgt im Festtrubel zwar noch einmal für großes Aufsehen und apartes Divertissement, aber letztlich verpufft der Showeffekt. Wichtiger als solche Überraschungscoups, die das Bühnengeschehen nach außen hin neben den eingefädelten Intrigen in Gang halten, sind für die Peripetien des Stücks die heftigen Regungen im Innern, die Hanna und Danilo von Neuem zueinander hin ziehen, seit sie sich im ersten Akt erstmals wieder gegenüberstanden und sogleich in einen Streit gerieten, der zu einer »Kriegserklärung«[15] führte. Von der übrigen Festöffentlichkeit unbemerkt, nimmt von da an ein inneres, durch Missverständnisse und absichtsvolle Kränkungen sich aufschaukelndes Gefühlsdrama seinen Lauf, das zwischenzeitlich fast in ein Zerwürfnis der beiden mündet, bevor es dann doch glücklich endet.

Auf die Abkoppelung der äußeren Handlung von einer inneren, die in der *Lustigen Witwe* hinter den vordergründigen Verwicklungen ein autonomes Eigenleben führt, hat zuerst Carl Dahlhaus aufmerksam gemacht und dabei zu Recht hervorgehoben, dass der Riss nicht zwischen Hanna und Danilo entsteht, sondern durch sie hindurch geht. Beide sind »in die Intrige als deren Täter und Opfer verstrickt; zugleich aber entspinnt sich, jenseits der Intrige und unberührt von ihr, zwischen ihnen ein wortloser Dialog, der niemals abbricht«.[16] Die Musikdramaturgie vertieft diese Kluft, indem sie buffoneske und sentimentale Töne hart gegeneinanderstellt und zugleich über Reminiszenzen so geschickt verknüpft, dass die »Zitattechnik« im Dienst des Handlungsaufbaus und das »Schlagerprinzip des Einhämmerns isolierbarer Mottozeilen« als »verschiedene Seiten derselben Sache«[17] erscheinen. Während der Buffostil die äußere Handlung trägt und auch den Gesprächston zwischen Hanna und Danilo vorgibt, wird »die innere Handlung, die sich zwischen ihnen ereignet, im wesentlichen durch Musik ausgedrückt, die ein dramaturgisch selbständiges Medium bildet, statt tautologisch die Sprache zu verdoppeln«.[18]

Die wichtigste Rolle spielt dabei die *Valse moderato*, die in der Operette eine intime Tonlage anstimmt.[19] Sie ist ausnahmslos für Szenen reserviert, in denen Hanna und Danilo auf der Bühne allein sind. Der erste dieser langsamen Walzer erklingt in G-Dur 15 Takte lang am Ende des ersten Akts.[20] Der zweite, wieder in G-Dur, ist im zweiten Akt zu hören, wo ihn die beiden verstohlen mitsummen.[21] Der dritte – der den zweiten nun auch melodisch aufnimmt – besiegelt nach dem Grisetten-Auftritt und noch vor der äußeren Konfliktlösung durch Hannas erfundene Enterbungsklausel ein heimliches Einverständnis, das keiner Worte bedarf, weil flüsternde Geigen, wiegende Schritte und vielsagend gedrückte Hände das Schweigen beredt machen, wie der Text dieses berühmten Lieds in paradoxer Selbstverleugnung sagt.[22] Im Gegensatz zum klassischen Tanzwalzer nimmt die *Valse moderato* die Bewegung ins Introvertierte zurück und animiert kein tanzendes Kollektiv mehr, sondern beseelt nur mehr ein dem Selbstgenuss sich überlassendes Paar.

Das Ausdruckregister der Innigkeit ist damit in der *Lustigen Witwe* nicht erschöpft. Neben dem Walzer finden sich Nummern mit slawischem Lokalkolorit, insbesondere im zweiten Akt mit seinen Polonaisen, Polkas und Kolo-Tänzen zu serbokroatischen Refrains,[23] die einen naiven Volkston auf die Bühne tragen. Er setzt dem Zeitgeist der Cancans und Cakewalks eine zeitlose Einfachheit entgegen und konterkariert deren Modernität durch ein anachronistisch wirkendes Unverändert-Sein, dem Lehár einen Authentizitätsbonus einräumt.[24] Insbesondere die Glawari rückt dadurch in ein anderes Licht. Ihr Auftrittscouplet im ersten Akt war noch geprägt vom kessen Spiel mit einer vorgeschobenen Provinzialität, die der Mazurkatakt bemäntelte, während die Ironie in ihrem Plauderton diese Behauptung widerlegte.

> Bin noch Pontevedrinerin
> ein bisschen allzu sehr.
> Ja, wär ich schon Pariserin
> verstünd ich etwas mehr![25]

Dagegen spielt das balladeske Vilja-Lied[26] im zweiten Akt – ein Schmachtfetzen, dem man mit gutem Grund bescheinigt hat, er sei eher die »Kalamität« der Operette als ihre »Krönung«[27] – Schein und Sein auf andere Weise gegeneinander aus. Von der Glawari in montenegrinischer Tracht vorgetragen, bringt das naive Lied auf dem Heimatfest hinter der Frau von Welt ein schlichtes Landmädchen zum Vorschein, das sich trotz der Anpassung an urbane Umgangsformen treu geblieben ist. Die Volkspoesie steht in der Operette bis zum Schluss hoch im Kurs, und ihre Dichtungen behalten die Wahrheit auf ihrer Seite. Wenn sich zu guter Letzt der Graf mit dem Landmädchen vermählt, wird ein Traum Realität, der sich vormals nur in alten Märchen erfüllte, aber nun in einer modernen Metropole eintritt, die im Ruf steht, dass in ihr die Möglichkeiten der Wunscherfüllung unbegrenzt sind.

Nach dem Ersten Weltkrieg werden Lehárs Bühnenwerke sich aufs Arrangieren solcher Märchenhochzeiten nicht mehr festlegen. Dann versperrt die widrige Wirklichkeit sich dem Wunsch, und die Komödie weicht dem Melodram. Die Macht des Schicksals wird der prosaischen Historie aufgeladen, der die Stoffe aus den Viten großer Künstler und großer Herrscher angeblich entlehnt sind.[28] Im *Paganini*, dem ersten dieser Melodramen, schlägt 1925 die Ehebruchsklamotte – das alte Schwankmotiv aus Offenbachs Arsenal – noch eher unvermittelt ins Rührstück um. Der Violinvirtuose eckt im Duodezfürstentum Lucca mit seinen Liebschaften gleich zweifach an. Die Gattin des Fürsten und Schwester Napoléons ist ihm mehr zugetan als ihrem untreuen Mann, dessen Geliebte wiederum selbst dem Zauber des Geigers erliegt. Zwischen den schönen Rivalinnen ist Paganini länger hin und her gerissen, bevor er sich schließlich aus *beiden* Affären zieht und dazu ermannt, nur der Kunst treu zu bleiben.[29] Zwei Jahre später kreist der *Zarewitsch* um den russischen Prinzen Alexej. Der künftige Zar soll sich standesgemäß verheiraten. Da der junge Prinz zaudert, führt ihm der Großonkel zur erotischen Lockerung eine Tänzerin zu, die erst auf Granit beißt und dann sein Herz gewinnt. Aus dem Glück wird aber nichts, weil der Thronerbe am Ende der Pflicht gehorcht und seiner Liebe entsagt. Die Dynastie fordert ihren Tribut; der Zarewitsch muss Staat machen. Dass die Liebe »der größte Bolschewik«[30] ist, wie es im Refrain einer anderen Lehár-Operette heißt, ändert im *Zarewitsch* nichts am Fortbestand sozialer Hierarchien, unter denen der neue Machthaber am Ende des »neunzehnten Jahrhunderts«[31] viel mehr leidet als seine Untertanen, weil die starren Schranken ihn darüber belehren, wie machtlos er in Wirklichkeit ist.[32] Auch der Sesenheimer Liebschaft zwischen Goethe und Friederike, von der bereits die Rede war, wird keine lange Zukunft beschieden sein, weil der Dichterfürst am Weimarer Hof gebraucht wird.

Lehárs Stücke der Vorkriegszeit heben sich von diesen »lyrischen Operetten«[33] aus den 1920er Jahren sowohl dramaturgisch als auch musikalisch deutlich ab. Sie teilen mit ihnen aber die Aufwertung der Innenwelt, deren genuine Krisen den Turbulenzen in der Außenwelt ihre Brisanz nehmen, wie in der *Lustigen Witwe* die Choreographie zeigt, die Teil und Reflex der »seltsamen Stilmischung«[34] ist. Wenn die Tänze hier, wie Volker Klotz bemerkt hat, nicht nur »selbstgenügsame Einlage«

sind, sondern durchweg »in und mit Tänzen agiert«[35] wird, so kommt den schnellen Nummern eine nur noch periphere Rolle zu. Flotte Märsche, Tanzwalzer und Cancans dürfen zwar jeweils am Aktanfang oder zum Kehraus in den Aktfinali bühnenwirksam Akzente setzen, aber daraus entsteht kein Durcheinander. Die »Möglichkeiten des Chaos«,[36] die Offenbach dem Aufdrehen des Tempos regelmäßig abgewann, werden nirgends ausgeschöpft. Stattdessen verlagert die Operette den Unruheherd in die Gefühlswelt der Protagonisten. Dazu passt, dass denen jeder politische Eifer fernliegt und sie Ansinnen dieser Art als unliebsame Störung von außen empfinden. Danilo macht aus seinem Verdruss über die Ansprüche des Vaterlands keinen Hehl, und Hanna genügt es vollauf, ihr Damenwahlrecht bei der Partnerwahl fürs Eheleben auszuüben. Der Gatte, den sie kürt, lebt in Paris inzwischen auf so großem Fuß – und hat sich dadurch »unverschuldet verschuldet«,[37] wie er beiläufig anmerkt –, dass er eine Frau an seiner Seite brauchen kann, die nicht nur sein Konto ausgleicht, sondern den Familienhaushalt auch in Zukunft so versiert zu managen versteht wie die Leserinnen von Léons *Hausfrau*. Für den »Zauber der stillen Häuslichkeit«, der das Paar erwartet, wenn es dem quirligen Pariser Leben mit seinem Lärm und seinen kostspieligen Vergnügungen erst einmal den Rücken kehrt, hat die Operette ein eigenes Loblied im Duett parat.

Der Song im modischen Two-Step ist einer der Paradeauftritte von Valencienne und Camille, die als ›zweites Paar‹ der *Lustigen Witwe* ein burleskes Doppel zu Hanna und Danilo abgeben.[38] Dass auch sie nur schwer zueinanderfinden können, hat keine inneren Gründe, sondern äußere. Valencienne ist mit dem tumben Baron Mirko Zeta verheiratet, der es ihr durch seine Einfalt immerhin leicht macht, die Liaison geheim zu halten. Camille wiederum durchschaut die aufgesetzte Sittsamkeit, die seine Gespielin auf den Bällen an den Tag legt, und lässt mit seinen Zudringlichkeiten nicht locker. Eine günstige Gelegenheit zum Stelldichein ergibt sich, als Hanna und Danilo im ersten Akt im Streit geschieden sind. Nun ist die leere Bühne für die zwei anderen frei, und die träumen von einem Paarglück, das zur Seligkeit nicht mehr braucht als ein »trautes Zimmerlein«. In ihren Augen ist die schönste Welt nicht die große, sondern die ganz kleine.

> Valencienne: Ein trautes Zimmerlein –
> Camille: Gewiß.
> Valencienne: Im Abenddämmerschein –
> Camille: Wie süß!
> Valencienne: Zwei Menschen ganz allein –
> O, könnten wir es sein.
> Camille: Da sage ich nicht nein! – Was dann?
> Valencienne: Wir sitzen still beinand –
> Camille: Ganz stumm?
> Valencienne: Und halten Hand in Hand –
> Camille: Warum?
> Valencienne: Ein Zauber hält uns süß gebannt!
> Beide: Das ist der Zauber der stillen Häuslichkeit,
> Die Welt liegt draußen so fern und weit!
> Das ist der Zauber, der uns gefangen hält,
> Wir sind für uns allein die ganze Welt!
> Valencienne: Ja, wenn man es so recht betrachtet,
> Wo findet man das Lebensglück?
> Dort, wo das Leben lärmend braust?
> Dort, wo's im Stillen friedlich haust?
> Ja, wenn man es so recht betrachtet.
> Gibt's einen einz'gen Zufluchtsort,
> Das ist das Haus,
> Das ist das Heim,
> Dort ist das Glück, nur dort, nur dort!
> Wir sind für uns allein die ganze Welt! […][39]

Im »kleinen Pavillon«[40] in Hannas Garten hätten die beiden zumindest zwischenzeitlich Unterschlupf für ein nächstes *tête-à-tête* finden können, wenn nicht Valciennes Mann denselben Ort zur selben Zeit zum Treffpunkt für eine Eilsitzung mit Vertrauten aus der Gesandtschaft auserkoren hätte, weil ihn aus Pontevedro alarmierende Telegramme erreichten. So bleibt es für das französische Paar beim Flirt mit ungelebten Möglichkeiten. Ins »Luftschloß«[41] ihrer Träume wird am Ende der Operette ein pontevedrinisches Paar einziehen, das solche Wünsche nie offen äußerte. Dass es Ähnliches begehrt, verrät es dem Publikum jedoch durch seinen stummen Tanz.

Die *Lustige Witwe* avancierte mit dieser Liebesdramaturgie im Wiener Theaterleben zum Trendsetter schlechthin. Wie sehr sie einschlug, zeigt in den Folgejahren allein die Vielzahl an Operetten, die ihre Schablone schlichtweg abkupferten. In Abwandlungen begegnet man auf diese Weise auch dem Häuslichkeitsduett wieder, das die zweiten Paare begleitet: beispielsweise im *Grafen von Luxemburg*, Lehárs nächstem weltweit gefeierten Bühnenhit.[42] Zwei junge Menschen aus der Pariser Bohème, der Künstler Armand Brissard und seine Freundin Juliette, malen sich dort die Wonnen der Gewöhnlichkeit aus, die sie demnächst im Stübchen unterm Dach erwarten – was sie nicht daran hindert, vor dem Gang zum Standesamt noch geraume Zeit zu zanken.

> Brissard: Ein Stübchen so klein,
> Grad zwei gehen hinein,
> Just Frau und Mann!
> Dem Himmel ganz nah,
> Sechs Stöcke sinds ja,
> Was liegt denn dran!
> Kein vis-à-vis,
> Gestört wird man nie,
> Wenn man, wie es schon ist, sich küßt!
> Juliette: Du malst ein Portrait
> Ich mahl den Kaffee,
> Ach das wird fein!
> Ich lob' dein Portrait,
> Du lobst den Kaffee,
> So soll es sein!
> Glaubst wir sind zwei?
> Nein, nein, wir sind drei,
> Denn die Liebe, die ist dabei! […][43]

Wieder anders nimmt das Idyllenmotiv Emmerich Kálmáns *Csárdásfürstin* auf, die 1915 die Theatersäle füllt.[44] Zwei Adlige sollen eine Konvenienzehe eingehen. Der eine – ein Wiener Fürstensohn namens Edwin von und zu Lippert-Weylersheim – sträubt sich und würde lieber die ungarische Chansonette Sylva Varescu heiraten. Die andere – Edwins Cousine Stasi, die der Vater für den Sohn als standesgemäßere Braut bevorzugt – ist nicht abgeneigt, stimmt den Vetter aber trotz großem Tralala nicht um.

> Stasi: Ich warte auf das große Wunder tralala,
> Von dem man so viel spricht.
> Edwin: In Wirklichkeit ist alles anders, tralala,
> Die Wunder kommen nicht.
> Stasi: Ich denke mir die Ehe himmlisch, tralala,
> So immerfort zu zwei'n.
> Edwin: Das ist gewöhnlich nur der Anfang, tralala,
> Dann ist man gern allein.
> Stasi: Ich lasse mir nicht bange machen, tralala,
> Richte mir das ein schon wie ich's brauch.
> Edwin: Ei! finde die Idee famos, tralala,
> Genau so mach ich's auch.
> Stasi: Machen wir's den Schwalben nach,
> Baun' wir uns ein Nest –
> Bist du lieb und bist du brav
> Halt' ich an dir fest!
> Bist du falsch o Schwalberich
> Fliegt die Schwälbin fort!
> Sie zieht nach dem Süden hin,
> Und du bleibst in Nord![45]

Die Serienfertigung solcher Nummern macht ersichtlich, wie schnell im Sog der Lehár-Erfolge eine regelrechte »Industrialisierung der Produktion« einsetzte. Die tonangebenden Operettenschöpfer bildeten bald »Kompositionstrusts«, die – nach Adornos bündigem Fazit – »im Salzkammergut sich niederließen und in planvoller Zusammenarbeit mit Theaterdirektoren und Librettisten« die »Herstellung der Operetten bis zur Zahl und Art der einzelnen ›Nummern‹ normten«.[46] Seit Wilhelm Karczag, der dem Theater an der Wien zu neuem Aufschwung verholfen hatte, seine Sommer regelmäßig in Ischl verbrachte – vor ihm hatte Johann Strauß dort eine Villa bezogen,[47] und auch Alexander Girardi, der Starkomiker an Karczags Bühne, besaß dort schon länger ein Ferienquartier[48] –, folgte ihm die Wiener Komponisten- und Autorenprominenz nach, und der kleine Kurort wurde zur rituellen »Etappenstation« der Operettenfürsten vor der nächsten Saison. Zu »seinem alten Ruhm, die kaiserliche Sommerresidenz zu sein«, gewann das beschauliche Ischl auf diese Weise »einen neuen«, bemerkte Karczags Sekretär, indem er die kulturpolitische Bedeutung dieser Gipfeltreffen am Rückzugsort Franz Josephs I. gleich mit unterstrich. Fortan gab es »keinen Erfolg oder Durchfall im Winter, der nicht in einem Ischler Sommer in endlosen Konferenzen [...] aufs sorgfältigste vorbereitet worden wäre«.[49]

Karczag war gemeinsam mit seinem Ko-Direktor Wallner auch derjenige, der an den Wiener Operettenbühnen als Erster den Spielplan radikal entschlackte. Mittlerweile gab es rund ein Dutzend solcher Häuser. Wien war damit »endgültig zur ›Weltstadt‹ der Operette«[50] geworden. Die Platzzahl, die um 1910 »für ein ausschließliches oder weitgehendes Operettenrepertoire zur Verfügung stand«, übertraf »die Platzzahl des Sprechtheaters etwa um das Vierfache«.[51] Angesichts der dichten Konkurrenz setzten die Leiter des Theaters an der Wien und nach ihnen auch die des Carltheaters auf eine Reduzierung der Premieren und spielten dafür Stücke, die beim Publikum gut ankamen, umso länger *en suite*. Eine Operette konnte dadurch über Jahre laufen und mehrere hundert Aufführungen erleben.[52]

Für die Komponisten und Librettisten erhöhte diese Nachfrage den Druck, Zugstücke von der Stange zu liefern. Autorenduos teilten sich die Arbeit an den Liedversen und an den Dialogpartien nach getrennten Zuständigkeiten auf.[53] Lehár wechselte die Teams, arbeitete mit einzelnen Textdichtern aber immer wieder zusammen: so mit Victor Léon, der mit Leo Stein die *Lustige Witwe* schrieb, oder Alfred Maria Willner, dem Ko-Autor des *Grafen von Luxemburg*. Dessen Texte könnten »sich der Musik völlig anschmiegen«, lobte er den »Mitarbeiter« einmal vor der Presse und verriet im selben Artikel ihr gemeinsames Erfolgsrezept.

> Wir haben stets zwei Hauptpaare: die Verliebten, die girren, und die lustigen Leute, die zum Lachen reizen. [...] Dazu eine geschickt aufgebaute Intrige, die mein Mitarbeiter stets interessant zu gestalten versteht, indem er sie mit mannigfachen Episoden würzt, langsame Walzer nach Wiener Art, in die ich möglichst viel Schmelz zu legen mich bemühe, was mir vielleicht gelingt, da ich slawischen Ursprungs bin, dann auch Tschardasch, wo ich das Feuer der ungarischen Rasse, der ich gleichfalls angehöre, zu zeigen mich befleißige.

Karl Kraus schrieb dazu hämisch: »Sprach's, und wurde nicht sofort verhaftet«,[54] als er das Zitat in seiner *Fackel* aufspießte. Aufschlussreich sind Lehárs Sätze trotzdem, weil sie neben dem simplen Skelett der Handlung auch die notorische Mischung aus Walzern und Csárdás hervorheben, mit der die Wiener Operetten kulturell dem Pluriversum der Donaumonarchie verhaftet bleiben. Deren Völkergemisch war ihm aus der eigenen Familie von klein auf vertraut. Lehárs Mutter war die Tochter eines ungarischen Revolutionärs, der Vater ein deutsch-tschechischer Kapellmeister im Dienst der kaiserlichen Armee. Lehár verstand seine Bühnenwerke darum als genuine Schöpfungen eines »idealen österreichischen Universalmenschen«,[55] den die Lehr- und Wanderjahre beim Militär zusätzlich geprägt hatten. Das enge Miteinander von Böhmen, Ungarn und Südslawen, das die Wiener Operette überhaupt kennzeichnete und für deren Kompositionstrusts personell und kulturell genauso charakteristisch war wie für die Regimentsbanden, hat dem Genre den Ruf eingetragen, die »letzte, vielleicht sogar die einzige Kunstgattung des Gesamtstaates der Habsburgermonarchie«[56] zu sein. Maurus Pacher spricht – in Analogie zur »Marseillaise des Konservatismus«,[57] die Joseph Roth für Strauß' *Radetzky-Marsch* reklamierte – sogar von einem »musikalisch fixierte[n] Gesellschaftsvertrag«.[58]

Für diesen ungeschriebenen *contrat social* ist es allerdings wesentlich, dass er, anders als sein französisches Pendant, *keinen* Bruch mit der Monarchie statuiert, sondern deren Überleben (ver-)sichert. Die Operettenfürsten waren ihrem Kaiser nicht nur in Ischl nah. Emblematische Bedeutung gewinnt vor diesem Hintergrund noch einmal das Schlusstableau von Lehárs *Lustiger Witwe*. Wenn Hanna und Danilo sich am Ende selig in den Armen liegen, so ist das Lebensbild des endlich vereinten Paars nicht nur symmetrisch und zugleich kontrastiv auf die »lebendgroßen Bilder eines pontevedrinischen Fürsten und einer Fürstin in Nationaltracht«[59] bezogen, in deren Angesicht Baron Zeta im Salon des Gesandtschaftspalais eingangs des Stücks seinen Toast ausgebracht hatte. Ihr Liebesbund ist das szenische Äquivalent des Sozialvertrags, der sich hier als Einigung im Diminutiv realisiert: als Pakt unter zweien, denen die Verbindung allerprivateste Herzenssache ist.

Umgekehrt wird durch ihre Heirat, jedenfalls fürs Erste, der heimische Duodezstaat gefestigt. Dessen offizielle Repräsentanten – allen voran der dumme Baron Zeta, der sich als »Landesvater in procura« und Pontevedro »in figura«[60] nur blamiert hat; ihn soll laut Personenverzeichnis ein Komiker spielen[61] – machen in der *Lustigen Witwe* nur eine lächerliche Figur. Eine politische Entmachtung müssen sie jedoch nicht fürchten. Dafür sorgen als heimliche Reserve der pontevedrinischen Diplomatie zwei Männer, die schon länger ihren Dienst beim Militär quittiert haben, aber in Paris zur rechten Zeit eine effiziente Mobilmachung organisieren, bei der sich der eine – Exkavallerieleutnant Danilo Danilowitsch – völlig gehenlassen kann, da ihn der andere – Exmilitärkapellmeister Franz Lehár – durchs perfekte Timing seiner Tänze in die Arme der schönen Witwe dirigiert und dem Kameraden an der Front durch diese Rückendeckung aus dem Orchestergraben die friedliche Eroberung leichtmacht. Im Wiegeschritt der *Valse moderato* schwinden alle Vorbehalte Hannas und Danilos im Nu dahin, und Libido und Taktgefühl können durchsetzen, was die Staatsräson verlangt.

Auf dem Balkan bleibt auf diese Weise alles beim Alten, und die *Lustige Witwe* stellt nur in der französischen Metropole die hergebrachten Operettenverhältnisse auf den Kopf. Das Maskenspiel, das Offenbachs Pariser von der Handschuhmacherin bis hin zum adligen Lebemann noch so perfekt beherrschten, dass sie ihre Rollen fliegend wechseln konnten – die Domestiken trumpften dabei als die besseren Aristokraten auf –, wird von Lehárs Exil-Pontevedrinern nur mehr mitgespielt, um hinter der Schauseite ein anderes Sein zum Vorschein kommen zu lassen: ein eigentliches Naturell, das die Ständeordnung der alten Welt moralisch unterbaut.[62]

Die Glawari, so zeigt sich jetzt, hat der Reichtum nicht verbogen. Durch ihn ist sie zur Frau von Welt avanciert, doch hat sie sich die Naivität des Landmädchens von einst bewahrt und will dies auf ihrem Heimatfest auch offenbaren. Danilo wiederum hat sich auf dem subalternen Posten des Büromanns mit seiner laxen Arbeitsmoral schon länger kein Ruhmesblatt mehr verdient. Auf Hannas Fest bekommt er dafür viel Gelegenheit, in »eleganter, montenegrinischer Uniform, als Kavallerieoffizier«[63] zu alter Größe aufzulaufen. Durch seinen Einsatz auf dem Tanzparkett darf er sich als nobler Kerl mit hehren Ehrprinzipien rehabilitieren, auf dessen Hingabe im Krisenfall Verlass ist, so leicht er seine Aufgaben im Regelfall sonst nimmt. Dass Habsburgs Armee bessere Kapellmeister als Generäle besaß, muss also keineswegs den Untergang bedeuten, wie in der Operette das kleine Pontevedro als Exklave des österreichisch-ungarischen Klangraums beweist, indem es seiner Sklerose trotzt.

5. Gegen-Presse mit Gewaltmonopol
   (Karl Kraus)

Karl Kraus verfolgte die Festigung des Sozialvertrags der Wiener Operette mit dem Kaiserreich in seiner *Fackel* von Anbeginn mit Argwohn. Dass Rührstücke wie der *Walzertraum* von Oscar Straus es mit ihrer innigen Verquickung von ›Wien‹ und ›Walzer‹ binnen zwei Jahren zu 500 Aufführungen allein in Wien brachten,[1] gab ihm oft Gelegenheit zum Spott. Am meisten ärgerte ihn jedoch der Aufstieg Lehárs. Als die *Neue Freie Presse* vermeldete, der Kaiser höchstpersönlich sei voll des Lobes für den Komponisten gewesen, als der in Ischl die *Lustige Witwe* dirigierte, schaltete er sich sofort ein. Über einen offenen Brief in der *Fackel* bekam der Staatsanwalt, ein Herr namens Pollak, am 4. Oktober 1906, pünktlich zum Namenstag Franz Josephs I.,[2] eine Klage wegen »Ehrfurchtsverletzung« zugestellt.

Herr Pollak solle doch kraft seines Amts verhindern, hieß es dort, dass die Zeitung so viel Aufheben um die Komplimente des Monarchen für die *Lustige Witwe* mache und »den Privatgeschmack des Kaisers« auf diese Weise »zur Förderung der schlechtesten Theaterinteressen« missbrauche. Der »unverschämte Theaterreporter« habe ja auch nie berichtet, dass »der Kaiser ein Shakespearesches Werk sehr schön gefunden habe«. Wenn der Staatsanwalt nun das offene Presselob fürs Operettenlob des Kaisers straflos durchgehen lasse, müsse er genauso den offenen Tadel für den Privatgeschmack Seiner Majestät billigen. Der sei aber »ganz entschieden nicht erlaubt«. Kraus' Fazit:

Wenn zur Ehrfurchtsverletzung die Kritik eines kaiserlichen Kunsturteils genügt – und im Sinne, im Wahnsinne des österreichischen Majestätsparagraphen genügt sie –, so muß der Staatsanwalt der bloßen Zitierung eines kaiserlichen Kunsturteils entgegentreten. Aber wagt er denn gegen die große Tagespresse aufzubegehren?[3]

Einige Zeit später beschäftigte ihn der Tort, den Meldungen dieser Art nicht nur dem Kaiser, sondern auch Shakespeare antaten, von neuem. Diesmal war einem Setzer aus der Schweiz ein Lapsus unterlaufen. Durch einen kleinen Druckfehler hatte der Mann in einem Tragödienklassiker von Shakespeare eine andere Majestät beleidigt, mit der Fehlleistung jedoch – was Kraus ihm übel nahm – unabsichtlich den wahren »Maßstab der Zeit« offenbart.

Ich glaube an den Druckfehlerteufel
»Ein bis jetzt unbekanntes Trauerspiel von Shakespeare wurde im Inseratenteil einer in St. Gallen erscheinenden Zeitung angekündigt. Es hieß nämlich dort, daß im Stadttheater von St. Gallen zur Aufführung gelange: ›König Lehar‹, Trauerspiel in fünf Aufzügen von W. Shakespeare.«
Da gibt's gar nichts zu lachen. Es ist grauenhaft. Der Setzer hat keinen Witz machen wollen. Das Wort, das er nicht zu setzen hat, die Assoziation, die ihm in die Arbeit gerät, ist der Maßstab der Zeit. An ihren Druckfehlern werdet ihr sie erkennen. Was hier zu lesen war, i s t ein Shakespearesches Trauerspiel.[4]

Zwischen den beiden Miszellen liegen sechs Jahre und etliche Aufsätze und Glossen, in denen Kraus jede noch so kleine Pressenachricht von und über Lehár aufgreift und böse kommentiert. Auf die *Lustige Witwe* kommt er bei diesen Gelegenheiten auch deshalb wiederholt zurück, weil Felix Salten ihr 1906, kurz vor dem Jahrestag der Premiere und anlässlich der 300. Wiener Reprise des Stücks, im Feuilleton der *Zeit* einen ausführlichen Artikel gewidmet hatte, der die Operette als Auftakt einer neuen Ära feierte.

Salten hatte darin voller Emphase den »Zeitton« begrüßt, den Lehár und sein Autor Victor Léon genau getroffen hatten – insbesondere durch das »volle Herausschlagen des Begehrens und der Begierde« zwischen den Liebenden, die »Enthüllung des Triebhaften« im Tanz –, und den Hauptdarsteller Louis Treumann als »Künstler von einer neuen Art« gerühmt, der in der Rolle des Danilo »so taktsicher in allen kleinen Nuancen, so unwillkürlich und mit soviel Selbstverständlichkeit delikat« agiere, dass er mit seiner »vibrierenden Nervosität« und »karessanten Sinnlichkeit«[5] einen modernen Typus auf die Bühne bringe, der das alte Komödiantentum des Wiener Volkstheaters glücklich hinter sich lasse.

Tatsächlich ging der Erfolg der Operette zu einem erheblichen Teil auf Treumann und seine Partnerin Mizzi Günther zurück, die aus dem Tanz der *Valse moderato* einen Höhepunkt des Stücks machten. Salten schwärmte von Treumanns »Lust an der eigenen Geschmeidigkeit« und der »Anmut« seiner »Gebärden und Schritte«, die etwas »restlos Freies, Schwereloses, Schwebendes« habe. »Charakteristisch, wie die blonde Behaglichkeit der Günther an seiner Glut in Brand gerät.«[6]

Treumann hatte zu diesem Zeitpunkt einen langen Weg hinter sich. Als junger Mann hatte er sich erst als Claqueur heuern lassen und war anschließend zehn Jahre lang über verschiedenste Provinzbühnen getingelt, bevor er ein Engagement am Carltheater erhielt.[7] Dort trat er zunächst in komischen Chargenrollen auf, wobei er sich als virtuoser Tänzer mit Sinn fürs Modische hervortat und mit *eccentric dance*-Einlagen aus dem »Varieté- und Kabarettvokabular«[8] der angloamerikanischen Entertainer schnell Furore machte. Dank Victor Léon, der am Carltheater von Beginn an sein Talent förderte, bekam er Paraderollen in dessen Zugstücken zugeschanzt – die des Oberkellners Philipp in Richard Heubergers *Opernball*[9] zum Beispiel und, vor allem, die des jüdischen Zwiebelhändlers Bär Pfefferkorn in Lehárs erster Erfolgsoperette *Der Rastelbinder*[10] – und war nach seinem Wechsel ans Theater an der Wien auch erste Wahl, als es um die Partie des Danilo ging. Damit änderte er zugleich sein Rollenfach. Als dandyhafter Lebemann mit feinen, aber dünnen Nerven wurde Treumann jetzt zum Idol, in dem »die neue Operette mit der Moderne und einem ihrer wichtigsten Merkzeichen, der Erotik«,[11] verschmolz.

Victor Léons Libretti boten dafür eine ideale Grundlage. Léon hatte früher im Café Griensteidl mit den Vertretern der Wiener Moderne zusammengesessen,[12] bei denen Seelendramen und Erkundungen der Psyche hoch im Kurs standen, und wollte diese Impulse aus der Avantgardeliteratur des Naturalismus und Symbolismus schon länger ins populäre Genre der Operette übertragen. Es sei sein Anliegen, »Menschen zu zeichnen, wahre Menschen« und Komödienhandlungen »mit menschlichen Conflikten, menschlichen Situationen« zu ersinnen, um der Operette eine »haltbarere und edlere Gestalt zu geben«,[13] schrieb er bereits 1887 an Johann Strauß.

Treumann nahm das zwanzig Jahre später auf, indem er Léons Danilo als Mann zeigte, der seine Wünsche unfreiwillig offenbarte, sobald ihm die Affektkontrolle entglitt, und dadurch eine neue Art von Komik entwickelte. Wie Salten schrieb, zog er die Lacher nicht mehr durch Verwechslungen oder eine absichtsvolle »Selbstparodie« auf sich, sondern trieb die Missgeschicke »aus dem Charakter«, dem »Psychologischen der Figur« hervor und beutete so die Beziehung aus, die der Witz zum Unbewussten unterhielt. Als Beispiel führt Salten eine Ballade aus dem Finale des zweiten Akts an, die Treumann alias Danilo in seiner Eifersucht zerstört.

> Er packt die ganze schöne Einlage [...], zerfetzt sie und wirft sie der Geliebten keuchend, stückweise, abgerissen ins Gesicht. Er singt keine Ballade, er ist dazu im Augenblick nicht gelaunt. Balladen kann man ja ein anderes Mal singen, wenn man ruhig ist; er macht seiner Channa eine Szene, die Ballade leiht nur die Worte dazu her, weil ihm ja doch wahrscheinlich in seiner Aufregung keine eigenen Worte einfallen würden.[14]

Das war Kraus noch gut präsent, als Salten 1910 unter dem Pseudonym Ferdinand Stollberg selbst als Librettist mit einem Textbuch zu der Operette *Mein junger Herr* von Oscar Straus hervortrat.[15] Nur eine Woche nach der Premiere schrieb er in einer Glosse, er wolle »von Herrn Felix Salten schweigen«, aber »dieser Ferdinand Stollberg« liefere »Operettentexte, die so fein psychologisch sind, daß man ihm getrost [...] das Burgtheaterreferat anvertrauen könnte«. Der zweite Seitenhieb ging auf Lehár. Auch der schreibe eine Musik, schob Kraus ironisch nach, »daß man meinen könnte, vom Musikfeldwebel zum Psychologen sei nur ein Schritt«.[16]

Vorher hatte Kraus sich schon einmal ausführlicher mit Saltens *Witwen*-Essay auseinandergesetzt und 1909 den Aufsatz *Grimassen über Kultur und Bühne* veröffentlicht. Zu dieser Zeit spielte Treumann am Theater an der Wien in Leo Falls *Dollarprinzessin*[17] bereits den nächsten verliebten Sekretär und wurde dafür allseits bejubelt. Da der »Wiener Komödiantenkultus«[18] auch die Presse beschäftigte, nutzte Kraus die Gelegenheit zu einer Grundsatzdiskussion, in der er Saltens Argumente Revue passieren ließ und sich dabei nicht nur Treumann vornahm, sondern kontrastiv auch auf Alexander Girardi einging, den er über alles verehrte, aber sich mit dieser Hochschätzung inzwischen allein sah.

Girardi war in Wien als ›lustige Person‹ mehr als zwanzig Jahre lang in Ferdinand Raimunds und Johann Nestroys Possen die unangefochtene »Ikone der Lokalkunst«[19] gewesen, bevor dort Treumanns Stern aufging. Durch die Übernahme von Paraderollen in den Operetten Johann Strauß' – im *Zigeunerbaron* etwa, wo er 1885 als ungarischer Schweinezüchter Zsupán glänzte – hatte Girardi außerdem das Seine zur Akkulturation des Operettengenres in Österreich beigetragen und durch sein Spiel bewiesen, dass die Volkskomödie problemlos auf dem Spielfeld fortleben konnte, das Offenbach in Wien eröffnet hatte. Als Girardi 1908 nach Berlin ging und die Wiener Stadtpresse von diesem Wechsel so gut wie keine Notiz nahm, konnte Kraus diese Teilnahmslosigkeit nicht fassen und empörte sich darüber umso mehr, als die Verhaftung Treumanns – Hintergrund war ein Zerwürfnis des Schauspielers mit dem Theater an der

Wien kurz vor der Premiere der Lehár-Operette *Der Mann mit den drei Frauen* und eine Klage wegen Kontraktbruchs, bei der schließlich auch die Polizei einschritt – für größte Aufregung gesorgt hatte. Auf der Straße wurden »Weiber zu Hyänen«,[20] wie Kraus sarkastisch schrieb.

Für ihn war der Verlust Girardis eine »vaterländische Schmach«,[21] die er glattweg auf das Kriegsdebakel Österreichs von 1866 bezog. Der Weggang führte ihm die Folgen des Ausgleichs mit Ungarn, den das Kaiserreich damals nach seiner Demütigung durch Preußen gesucht hatte – so entstand die Doppelmonarchie – erst in ihrer vollen Tragweite vor Augen, und er klagte: »[W]enn man den Wienern erzählte, Österreich habe sich nach Königgrätz verpflichtet, den Girardi an Preußen auszuliefern, sie glaubten's und wären nur froh, den Karczag behalten zu dürfen«.[22] Unter dessen Ägide herrsche am Theater an der Wien jetzt nur noch Ungarn; Wiener Originale wie Girardi müssten auswandern; und mit ihnen werde auch der Wiener Theaterhumor »landflüchtig«, ja gehe »Wien selbst nach Berlin«.

> Die moderne Wiener Librettoschmierage, die ›Lustige Witwe‹ und der ›Mann mit den drei Frauen‹, lassen den Individualitäten nicht einmal mehr einen Quadratmeter Raum, um auf der Bühne selbst zu produzieren. Die Impotenz läßt den Unfug schöpferischen Humors nicht aufkommen. […] Für Wien ist kein Platz mehr in Wien, weil er dem unaufhörlichen Zufluß aus Budapest gehört, und weil wir uns nur mehr an der szenischen Gewandtheit eines Kommishumors ergötzen, den uns der geistesverwandte Feuilletonismus psychologisch verklärt.[23]

In den *Grimassen über Kultur und Bühne* wiederholt Kraus diese Polemik in rüderer Tonlage. Neben dem »Götterliebling« Girardi, der das »Wiener Volkstum« einmalig verkörperte, fällt der »Ghettoliebling« Treumann für ihn auch deshalb ab, weil »die herrschende Engros-Kultur«[24] diesen Typus dutzendweise erzeuge. Solche Ressentiments teilten in Wien zu dieser Zeit auch andere. 1898 war aus Anlass des 50. Thronjubiläums Franz Josephs I. auf eine Bürgerinitiative hin sogar ein neues Stadttheater entstanden, das »die zumeist durch jüdische Übersetzer eingeschleppten französischen Unsitten-Stücke« vom Spielplan ausschließen und »a r i s c h e n T a l e n t e n auf dem Gebiete der Literatur und der Schauspielkunst den Weg«[25] ebnen sollte. Von der Agenda eines »judenreien«[26] Theaters hatte Kraus sich aber kritisch distanziert, als er in der *Fackel* die Denkschrift abdruckte, mit der 1903 der Bühnenchef die Alleinschuld für die drohende Insolvenz des Hauses von sich weisen wollte. Auch in den *Grimassen über Kultur und Bühne* blieb er ambivalent. Während er den Juden Treumann übel diffamierte – aber eben als Gesicht der modischen Salonoperette –, schloss er den Juden Jacques Offenbach und seine Pariser Operetten in das alte Wien, dem er nachtrauerte, explizit mit ein.

Den Bouffonerien Offenbachs widmet er in diesem Kontext einen längeren Exkurs, in dem er begründet, warum sie in seinen Augen die besten Operetten sind, und auch erklärt, was die Offenbachiaden der Oper und dem Sprechdrama voraus haben. Das Sprechdrama, so lautet sein Argument, fordere Rücksicht auf das Wort. Folglich könne sich das »Schauspielerische« hier nur »auf Kosten des Dichterischen« geltend machen, während in der Oper Rede und Gesang kollidieren, da die ernste Handlung sich »mit der wunderlichen Gewohnheit des Singens« nicht verträgt. Dagegen sei bei Offenbach die »Absurdität vorweg gegeben«; der Nonsens seiner Stücke appelliere an keine höhere Vernunft. Weil Wort, Gesang und Spiel hier gleiches Recht besäßen, stelle diese alte Operette die »einzige dramatische Form« dar, die den »theatralischen Möglichkeiten vollkommen ebenmäßig«[27] sei.

Die modernen Stücke, die den »blühenden Unsinn der Operette zum Welken gebracht« hatten, waren, wie er wohl sah, ökonomisch rentabler, bezahlten den Profit jedoch mit dem Verlust der früheren ästhetischen Vorzüge, die Kraus für unschätzbar hielt. »Der aufgeweckte Verstand hat den Unsinn entlarvt und seine Rationalisierung durchgesetzt. Was geschieht? Der Unsinn, der früher das Element war, aus dem Kunst geboren wurde, brüllt losgebunden auf der Szene.« Dass die Bühnen mit dem

»Ernst des Lebens« ein gutes Geschäft machten, lag in seinen Augen aber auch an den servilen Pressevertretern dieses »reinen Operettenblödsinns«,[28] die das »Defizit an Humor« bereitwillig als »Überschuß an Psychologie«[29] verbuchten und die Kunst von Schauspielern ausgerechnet da lobpriesen, wo ihre Stimme versagte.

> »Vom Psychologischen läßt er nicht«, hieß es damals vom Herrn Treumann. Nein, das tut er nun einmal nicht. Weil er zum Beispiel eine eingelegte Ballade nicht singen kann, wie es die früheren Operettenhelden konnten, so wird er wohl oder übel zum »Menschendarsteller« […]. Welch ein eigenwilliger Moderner! Er verschmäht die billigen Mittel einer angebornen Komik, mit der Andere arbeiten. Er hat keine Stimme, er hat Psychologie; er ist kein Sänger, er ist ein rasender Balladenschwengel. […] Beneidenswert, wen die Gehirnqual dieser Lustigkeit, die das Wiener Publikum fünfhundertmal bestanden hat, zu einer neuen, rosigeren Weltbetrachtung stimmen konnte![30]

Den Namen Felix Saltens nennt Kraus nicht, aber in den *Grimassen über Kultur und Bühne* steht dessen Essay stellvertretend für die vielen »Feuilletonisten«,[31] die für die »Nichtigkeit Beachtung«[32] fordern, so dass ein »tanzende[r] Prokurist«[33] mit seinen »Privatangelegenheiten«[34] jahrelang die Zeitungsspalten beherrschen kann. Deren Artikel reden, wie er findet, eine Welt schön, in der man Genies vergebens sucht und es »keine Erzeuger« mehr gibt, »nur mehr Vertreter«. »In Manufaktur oder Literatur, in Juristerei oder Musik, in der Medizin oder auf der Bühne – immer ist es der sieghafte Überkommis, der den ›Platz‹ beherrscht.«[35]

In dem berüchtigten Essay *Heine und die Folgen*, den Kraus zwei Jahre später veröffentlicht, geht seine Feuilletonkritik über die Kritikerschelte hinaus und gewinnt eine neue Stoßrichtung, ohne dass er von zentralen Argumenten aus dem *Grimassen*-Aufsatz abrückt. Nun hat er jedoch nicht länger spezielle Lieblingsgegenstände des Feuilletons im Visier, sondern knöpft sich – genereller – die stilistische Affinität des Journalismus zur Literatur vor, um sie mit der um sich greifenden »Verschweinung des praktischen Lebens durch das Ornament«[36] in Verbindung zu bringen und die Schuld an dieser Misere bei Heine zu suchen. »Ohne Heine kein Feuilleton.« Dessen Schreibart mache inzwischen in der ganzen Presse Schule, insbesondere in Wien, und verführe Journalisten dazu, ihren Lesern selbst banale Unfallmeldungen als literarische Preziosen zu servieren. In der sprachlichen Draperie der Nachricht sieht Kraus dieselbe »Dekorationswut«[37] am Werk wie in der neuen Operette, wo ihm schon vorher aufgefallen war, dass sie sich gern »des Operngestus bedient und einen Fünfkreuzertanz mit einem Posaunenfest der Instrumentation beschließt«.[38]

In seiner Ornamentkritik folgt Kraus – wie man weiß – den puristischen Maßstäben seines Freundes Adolf Loos, der sich als Architekt zur Überflüssigkeit des Zierrats geäußert und Ornamente als »Verbrechen«[39] verurteilt hatte. Dessen Perspektive kehrt Kraus jedoch um, wenn er sich in erster Linie um die schöne Kunst sorgt und die Funktionalität des praktischen Gebrauchsdings nur peripher berührt. Außerdem will er das Ornament nicht, wie Loos, als primitives, nutzlos gewordenes Relikt abtun, sondern erkennt darin das genuine Produkt einer modernen »Unkultur«,[40] die solche schmückenden Arabesken für Banales benötigt, das interessant erscheinen soll. Im Journalismus hat die »Verquickung des Geistigen mit dem Informatorischen«[41] nach seinem Urteil ein derart epidemisches Ausmaß erreicht, dass man dem Feuilletonstil auch außerhalb der Feuilletonspalten nicht mehr entkomme und die »Utiliteratur«[42] – Kraus' Neologismus für die stilistischen Kompromissbildungen des Nützlichen mit dem Angenehmen in der Zeitungsprosa – dort ubiquitär sei.

Mit dem Juden Heine geht Kraus wegen dieser Folgen noch weit härter ins Gericht als mit dem Juden Treumann. Heine soll nicht nur als Erzeuger versagt, sondern durch den Missbrauch, den er mit der Literatur unter dem Strich trieb, auch Infektionserreger verbreitet haben, da er »der deutschen Sprache so sehr das Mieder gelockert hat, daß heute alle Kommis an ihren Brüsten fingern können«,⁴³ und dadurch die »Franzosenkrankheit«⁴⁴ nach Österreich einschleppte. Kraus ist gar nicht willens, Heines Zeitschriftstellerei als Form der Gegenwartsliteratur eigenen Rechts anzuerkennen, sondern einzig darauf aus, ihm den Ausverkauf der Poesie an die Presse anzulasten. Zur Strafe wird nun Heine als Dichteridol gestürzt und seine Lyrik als »unschwere Poesie« verleumdet, die sich nur auf den »Flügeln des Gesanges«⁴⁵ und von fremden Melodien getragen zu respektabler Höhe aufschwinge. Kraus hebt Goethe wieder auf den Herrscherthron im Reich der Literatur, während Heine zu guter Letzt – nicht anders als der »Balladenschwengel« Treumann – als »Sänger«⁴⁶ dasteht, der mit seinen Pointen allzu häufig nur den »Mißklang unlyrischer Anschauung«⁴⁷ produziere.

Solche Überempfindlichkeiten gegen falsche Töne tragen Kraus' Projekt der *Fackel* bereits seit ihren Anfängen.⁴⁸ Schon 1899 hat Kraus mit seiner Zeitung begonnen, gegen den Einklang zu rebellieren, der im Reich herrscht, seit Presse und Bühne sich dazu verbündet haben, dem Nichtigen – und *nur* ihm – eine Stimme zu geben. Mit dem ersten Heft hat er deshalb einen Krieg an zwei Fronten angezettelt und seinen »Kampfruf« nicht nur gegen »Regierende und Parteien« ausgestoßen, die sich im Reichsrat in Nationalitätenkonflikten aufrieben und auf Deutsch, Tschechisch, Polnisch, Ruthenisch, Kroatisch, Serbisch, Slowenisch, Italienisch, Rumänisch und Russisch⁴⁹ über Lappalien wie eine »Pilsener Straßentafel«⁵⁰ stritten. Mit seinem schrillen Ton wollte er zugleich die Öffentlichkeit aus ihrer Lethargie reißen und sie alarmieren, dass die eigentliche Gefahr nicht von der Kakophonie der vielen Völker im Staat ausgeht, sondern in den nichtssagenden ›Phrasen‹ lauert, die die Presse Tag für Tag in Umlauf bringt und die Welt damit dem Untergang zutreibt, ohne dass sie jemand aufhält.

Im »unakustischen, national verbauten Reiche«⁵¹ sollte seine *Fackel* deshalb dafür sorgen, dass die Phrasen nicht länger durchgehen und ihr Verkehr, der sich durch die moderne Rotationsdrucktechnik noch erhöht hat – denn längst erschienen die Blätter »täglich zweimal«[52] –, gestoppt wird. Um durch das Festhalten und Außer-Kurs-Setzen der Phrasen auch ihre »Vertreter«, die verhassten »Zwischenhändler des Geistes«,[53] zu demobilisieren, maßt Kraus sich ein »unbegrenztes Interventionsrecht«[54] an, das Missetätern keine Gnade gewährt. Für das »politische Programm« der *Fackel* hat er von vornherein »kein tönendes ›Was wir bringen‹, aber ein ehrliches ›Was wir umbringen‹« als »Leitwort« gewählt. »Was hier geplant wird«, heißt es im Editorial des ersten Hefts,

> ist nichts als eine Trockenlegung des weiten Phrasensumpfes, den andere immerzu national abgrenzen möchten. Mit Feuerzungen – und wäre es auch ein Dutzend verschiedensprachiger – predigen die Verhältnisse das Erkennen socialer Nothwendigkeiten, aber Regierende und Parteien wünschen vorerst – mit hinhaltender Berechnung die einen, in leidenschaftlicher Verblendung die anderen – die Kappenfrage der Prager Studenten erledigt zu wissen.[55]

Um der radikalen Phrasenbekämpfung willen werden in der *Fackel* fortan die Sätze anderer Zeitungsschreiber und Autoren Wort für Wort zitiert, um sie bei dieser Vernehmung gleichermaßen für sich und gegen sich sprechen zu lassen, sie zu verhören und zu vernichten. Dass dieses Zitatverfahren den Charakter eines Tribunals hat, weil es Äußerungen als Sprechakte im Wortsinn verfolgt, als Sprachhandlungen – und vor allem als Sprachmisshandlungen –, hat Walter Benjamin eingehend analysiert; und er hat zu Recht die Rolle der Idiosynkrasie betont, die sicherstellt, dass niemand das Gericht in Kraus' Namen ausüben kann – nicht einmal unter Berufung auf ihn oder auf frühere seiner Urteile.[56] Als Instanz eines ungeschriebenen Gesetzes, das sich in der Person seines Vollstreckers inkarniert, demonstriert Kraus seine Überlegenheit über die beargwöhnten »Vertreter« auch performativ, indem er ein Amt beansprucht, das nur er erfüllt und in dem er unvertretbar bleibt, weil seine Stimme jedes Mal beides artikuliert: das Zitat, das gegen den Zitierten aussagt;[57] und den Schmerz, den der Zitierende an dem Zitat empfindet.

Wie eng sich dieses Zitatverfahren mit dem Theater berührt,

hat Kraus von sich aus betont, als er aphoristisch anmerkte, er sei »vielleicht der erste Fall eines Schreibers, der sein Schreiben zugleich schauspielerisch erlebt«.[58] Als Theaterpublikum will er auch seine Leserschaft ansehen und ihr als Menge zubilligen, dass sie ihren Beifall oder Unmut kollektiv äußert, aber keine Mitspracherechte einräumen, die über ein solches Plebiszit hinausgehen. »Die falsche Verteilung der Respekte, die die Demokratie durchführte«, erklärt er 1908 in einem offenen Brief,

> hat auch das Publikum zu einer verehrungswürdigen Standesperson gemacht. Das ist es nicht. Oder ist es bloß für den Sprecher, dem es die unmittelbare Wirkung des Worts bestätigt, nicht für den Schreibenden; für den Redner und Theatermann, nicht für den Künstler der Sprache. Der Journalismus, der auch das geschriebene Wort an die Pflicht unmittelbarer Wirkung band, hat die Gerechtsame des Publikums erweitert und ihm zu einer geistigen Tyrannis Mut gemacht, der sich jeder Künstler selbst dann entziehen muß, wenn er sie nur in den Nerven hat. Die Theaterkunst ist die einzige, vor der die Menge eine sachverständige Meinung hat und gegen jedes literarische Urteil behauptet. Aber das Eintrittsgeld, das sie bezahlt, um der Gaben des geschriebenen Wortes teilhaft zu werden, berechtigt sie nicht zu Beifalls- oder Mißfallsbezeigungen. [...]
> Daß die Masse der zahlenden Leser den Gegenwert der schriftstellerischen Leistung bietet, wie die Masse der zahlenden Hörer den des Theatergenusses, wäre mir schon eine unerträgliche Fiktion. Aber gerade sie schlösse ein Zensurrecht des einzelnen Lesers aus und ließe bloße Kundgebungen der gesamten Leserschar zu. Der vereinzelte Zischer wird im Theater überstimmt, aber der Briefeschreiber kann ohne akustischen Widerhall seine Dummheit betätigen.[59]

Nichts peinigt ihn so sehr wie die Vorstellung, dass »ein Chorist der öffentlichen Meinung sich vorschieben darf«, seine »Arie stört« und ihn mit den »Nuancen einer Stupidität« behelligt, »die doch nur in der Gesamtheit imposant wirkt«.[60] Kraus' Stimme soll nicht nur solistische Stimme sein, sondern auch *als* Einzelstimme einzig bleiben.[61] Weil er auf seiner Pressebühne andererseits nicht als »Erzeuger« auftritt, sondern stets als Medium der aufnotierten Sprechakte Dritter agiert,[62] kommt das Egalitätsprinzip trotzdem zu seinem Recht, und er stellt indirekt, indem er alles und jeden zitiert, keine Stimme überhört und keine unterdrückt, eine »Art von kurioser Gleichberechtigung«[63] her.

Dem entspricht, dass sein im über dreißigjährigen Krieg entstandenes Zeitungswerk zwar dem Umfang nach monumental wirkt, aber sich *in praxi* als »Serie von Guerillataten im Sketchformat«[64] ausnimmt, in denen Kraus als »Kleinigkeitskrämer«[65] despotisch wütet, wobei ihm das unökonomische Missverhältnis von Einsatz und Ertrag egal ist. Er betreibt den intellektuellen Großaufwand zu dem einzigen Zweck, das Geringfügige am Geringen bloßzustellen, so unrentabel seine Mühe auch bleibt. Der Phrasensumpf ist mit der Nachlieferung von Morgenblättern und Abendblättern ja sofort wieder voll.

Die maximale Bedeutung, die er dem Kleinen einräumt, hat, umgekehrt, den Vorteil, dass seine Texte ohne wirkliche Verluste beliebig minimierbar und mit ihren Spitzen für den Kampf gegen die Restwelt so in variabler Form mobilzumachen sind. Kraus schreibt selbst, ihm liege »mehr an einem Komma, das an seinem Platz steht, als an der Verbreitung des ganzen übrigen Textes«.[66] Tatsächlich kann man, wie Elias Canetti beobachtet hat, »jedes längere Prosastück von Kraus in zwei, vier, acht, sechzehn Teile zerschneiden, ohne ihm wirklich etwas zu nehmen. […] Jedes Stück, von ihm durch einen Titel als solches bezeichnet, könnte doppelt so lang oder halb so lang sein. Kein unbefangener Leser wird bestimmen können, warum es nicht viel früher aufgehört hat, warum es noch lange nicht aufhört. Es herrscht eine Willkür der Fortsetzung, die keine erkennbare Regel hat. Solange ihm etwas einfällt, geht es weiter, meist fällt ihm sehr lange etwas ein. Ein übergeordnetes Strukturprinzip ist nie vorhanden. Denn die Struktur, die fürs Ganze fehlt, ist in jedem einzelnen Satz vorhanden und springt in die Augen. Alle Bau-Gelüste […] erschöpfen sich bei Karl Kraus im einzelnen Satz. Seine Sorge gilt diesem: er sei unantastbar, keine Lücke, keine Ritze, kein falsches Komma – Satz um Satz, Stück um Stück fügt sich zu einer Chinesischen Mauer.«[67]

Wie sehr es Kraus gerade um die Mikroeinheiten dieser Sätze ging, zeigt auch der Umstand, dass er Formeln, die ihm besonders gelungen erschienen, mehrfach nutzte und sie mal als aphoristische Sentenzen freistellte, dann aber auch wieder in Artikeln oder Glossen neu verbaute und mit zusätzlichen Detailbeobachtungen untermauerte. Der Aufsatz *Heine und die Folgen* beispielsweise ist, vom Material her betrachtet, selbst nur eine ornamentale Draperie um Aphorismen, die vorab bereits in der *Fackel* zu lesen waren und dann in den *Sprüchen und Widersprüchen* erschienen, aus denen Kraus 1909 einen separaten Band machte.[68] Bände dieser Art hat Kraus immer wieder produziert und in ihnen über die Aphorismen hinaus auch ausgewählte Aufsätze und Gedichte zusammengetragen, die er dort nach Gattungen und Themen sortierte, um sie gegen die schnelle Verfallszeit der Presse immun zu machen und die *Fackel* im Vergleich mit ihnen zu einem »periodische[n] Vorabdruck aus Büchern«[69] zu degradieren. Auch die beiden Aufsätze *Girardi* und *Grimassen über Kultur und Bühne* haben diese Selektionsprüfung bestanden – ein Zeichen, wie wichtig Kraus sie nahm. Direkt aufeinanderfolgend und begleitet von anderen Essays zum »neuen Österreich«[70] und seiner »Viktor Leon-Kultur«,[71] finden sie sich im dritten dieser Bände wieder, der 1910 unter dem Titel *Die chinesische Mauer* erschienen ist und auf den Canetti sich mit seiner Anspielung bezieht.

Das Drama *Die letzten Tage der Menschheit* baut das Tribunal der *Fackel* nach dem Ausbruch des Ersten Weltkriegs schließlich zur Szene eines »Marstheater[s]«[72] um. Bei dem großen »Krieg«, den der Kleinigkeitskrämer Kraus nun, wie selbst schreibt, »gegen den Krieg und gegen die Mächte, die ihn ermöglicht, herbeigeführt und erklärt haben«,[73] fortführt, muss er strategisch wenig ändern, denn die eigentlichen Katastrophen nimmt das Gros der Wiener, die daheimblieben, wieder einmal nicht wahr. Der Untergang der Welt, den Kraus nun schon so lange prophezeit, trägt sich, als er wirklich eintrifft, auch deshalb genauso unbemerkt zu wie einst der Weggang Girardis, weil die Presse unverdrossen von der großen Zeit schwärmt und die Operettenbühnen, nachdem sie kurz das Programm wechselten, mit dem bewährten Spielplan weitermachen. In dem epischen Drama *Die letzten Tagen der Menschheit*, mit dem Kraus der Nachwelt ein Schallarchiv der Kriegsjahre vermacht, ist das der Stoff für eine Tragödie und makabre Komödie zugleich.

6. Wiener »Blutoperette« – *Die letzten Tage der Menschheit*

Als das österreichisch-ungarische Thronfolgerpaar, Erzherzog Franz Ferdinand und seine Frau Sophie Chotek, am 28. Juni 1914 im bosnischen Sarajevo im offenen Fahrzeug erschossen wurde,[1] hat Kraus in seiner *Fackel* das Attentat noch im Juli-Heft kommentiert,[2] dann aber erst im Dezember, nach ungewöhnlich langer Pause, in der das Kaiserreich inzwischen Serbien den Krieg erklärt und auch Russland und Deutschland generalmobilgemacht hatten, eine nächste Nummer herausgebracht. Als einzigen Beitrag enthielt das Heft die neunzehn Seiten lange Rede *In dieser großen Zeit*, die mit den bekannten Sätzen beginnt:

In dieser großen Zeit
die ich noch gekannt habe, wie sie so klein war; die wieder klein werden wird, wenn ihr dazu noch Zeit bleibt; und die wir, weil im Bereich organischen Wachstums derlei Verwandlung nicht möglich ist, lieber als eine dicke Zeit und wahrlich auch schwere Zeit ansprechen wollen; […] in dieser ernsten Zeit, die sich zu Tode gelacht hat vor der Möglichkeit, daß sie ernst werden könnte; von ihrer Tragik überrascht, nach Zerstreuung langt, und sich selbst auf frischer Tat ertappend, nach Worten sucht; in dieser lauten Zeit, die da dröhnt von der schauerlichen Symphonie der Taten, die Berichte hervorbringen, und der Berichte, welche Taten verschulden: in dieser da mögen Sie von mir kein eigenes Wort erwarten. […] Die jetzt nichts zu sagen haben, weil die Tat das Wort hat, sprechen weiter. Wer etwas zu sagen hat, trete vor und schweige! […] Nicht erstarrte vor Schreck der Dreck des Lebens, nicht erbleichte Druckerschwärze vor so viel Blut. Sondern das Maul schluckte die vielen Schwerter und wir sahen nur auf das Maul und maßen das Große nur an dem Maul. Und Gold für Eisen

fiel vom Altar in die Operette, der Bombenwurf war ein Couplet, und fünfzehntausend Gefangene gerieten in eine Extraausgabe, die eine Soubrette vorlas, damit ein Librettist gerufen werde. Mir Unersättlichem, der des Opfers nicht genug hat, ist die vom Schicksal befohlene Linie nicht erreicht. Krieg ist mir erst, wenn nur die, die nicht taugen, in ihn geschickt werden.[3]

Den Krieg gegen »die, die nicht taugen«, hatte Kraus da allerdings schon längst eröffnet, und das anhaltende Schweigen, das seine Rede so eloquent ankündigte, erneuerte nur die Kampfansage an die alten Gegner.[4] Davon zeugen auch die *Letzten Tage der Menschheit*, an denen Kraus von 1915 an arbeitete. Das epische Drama, das während der Kriegsjahre entstand, verwandelte ausgeschnittene Zeitungssätze in Sprechakte zurück und verteilte die Stimmen auf ein über tausendköpfiges Ensemble,[5] das mit seiner Polyphonie fortsetzte, was in der *Fackel* als Arie eines Solisten begann. »Die unwahrscheinlichsten Taten, die hier gemeldet werden, sind wirklich geschehen; ich habe gemalt, was sie nur taten. Die unwahrscheinlichsten Gespräche, die hier geführt werden, sind wörtlich gesprochen worden; die grellsten Erfindungen sind Zitate«,[6] schreibt Kraus im Vorwort seines Dokumentarstücks. In fünf Akten mit 209 Szenen, einem Vorspiel und einem Epilog passiert in seinem Drama auf diese Weise ein Weltkrieg Revue, der für die meisten der Beteiligten nur in den Kehrreimen stattfindet, die ihnen Presse und Theater in den Mund legen.

Aus dieser Anlage erklärt sich die hybride Gestalt des monumentalen Stücks, das die immanente Paradoxie der *Fackel* im Oxymoron der in ihm zur Deckung kommenden Genres abbildet. Der Untertitel weist die Szenenfolge als »Tragödie« aus, während das Vorwort ein Personal von »Operettenfiguren«[7] annonciert. Als »Blutoperette«[8] hat Kraus den Ersten Weltkrieg 1919 auch in seinem *Nachruf* bezeichnet. Deren Drama entfalten die *Letzten Tage der Menschheit* als »Posse«,[9] die sich stofflich und musikalisch tatsächlich zu einem Gutteil aus den Operetten der Kriegsjahre speist. Emmerich Kálmáns Stück *Gold gab ich für Eisen*, auf das bereits die Rede *In dieser großen Zeit* anspielt, ist dabei nur eines aus einer ganzen Reihe von Stücken, denen Kraus zentrale Leitmotive entlehnt.

Ursprünglich trug die Operette den Titel *Az Obsitos – Der verabschiedete Soldat* – und war schon vier Jahre vor Kriegsausbruch in Budapest zum ersten Mal zu sehen gewesen. Das Stück fand damals beim Publikum mäßigen Anklang, ähnlich wie im Jahr darauf die deutsche Fassung in Wien, für die Victor Léon das Textbuch eigens noch einmal gründlich überarbeitet und umbenannt hatte. Es hieß nun – angelehnt an Ludwig Uhlands altes Kriegslied »Ich hatt' einen Kameraden«, auf das Kálmáns Partitur mehrfach zurückgreift – *Der gute Kamerad*. Den erhofften Durchbruch brachte ihm am 17. Oktober 1914 aber erst die Aufrüstung zur weltkriegstauglichen Operette mit neuen Liedversen. Die Aussicht, aus deutschen Fliegern Bomben auf Paris hageln zu lassen, war jetzt Musik in den Ohren des Publikums und ließ die Zeppelin-Polka mit dem Refrain: »Kommt ein Vogerl hergeflogen / Und das nennt sich Zeppe-Zeppelin! / Hat ein Bomberl in dem Schnaberl, / Dieser Zeppe-Zeppe-Zeppelin!«[10] sogleich zum Hit werden. Schon am Premierenabend konnten die Leute das Couplet, das ihnen versprach, das Luftschiff werde den Sieg allein einfahren und Bodentruppen überflüssig machen, »nicht oft genug hören«,[11] wie das Wiener *Fremden-Blatt* berichtete. »Zeppelin, das ist ein Mann, / so gibts keinen Zweiten, / der uns fliegt im Sieg voran, / siegt schon eh' wir streiten«,[12] frohlockten die Sänger. Um die Siegeslaune nicht zu trüben, hatte Léon überdies den gefallenen Soldaten, um den das Originallibretto kreiste, vorsorglich in einen Verwundeten verwandelt, der nur temporär vermisst wurde, und fürs Happy End reanimiert.

In den *Letzten Tagen der Menschheit* ist die erste Szene des ersten Akts auf den Premierentag der Operette datiert. In dem kurzen Gespräch der beiden Agenten, die an der Sirk-Ecke auf den Theaterzettel aufmerksam werden, sorgt der Titel des Stücks mehrfach für Missverständnisse.

Der erste Agent: Also heut zum erstenmal, Sie, Gold gab ich für Eisen.
Der zweite: Sie? Das können Sie wem andern einreden. Sie haben gegeben! Aufgewachsen –
Der erste: Wer sagt, ich hab gegeben? Verstehn Sie nicht deutsch? Ich seh da drüben den Zettel von der Premier' heut: Gold gab ich für Eisen, ich möcht gehn.
Der zweite: Gut, geh ich auch! Jetzt is überhaupt am intressantesten. Gestern hat bei der Csardasfürstin die Gerda Walde die Extraausgab vorgelesen von die vierzigtausend Russen am Drohtverhau hätten Sie hören solln den Jubel, zehnmal is wenig, daß sie is gerufen worn.
Der erste: Warn schon Verwundete??
Der zweite: Auch! Jetzt is überhaupt am intressantesten. Kürzlich is einer neben mir gesessen. Was war da nur? Ja – Ich hatt einen Kameraden!
Der erste: Sie??
Der zweite: Wer sagt, ich? Das is von Viktor Leon!
Der erste: Guut??
Der zweite: Bombenerfolg!
Ein Zeitungsausrufer: Belgraad bombadiert –![13]

Weil die Operettenphrasen sich so fugenlos in die Bemerkungen einpassen, dass sie unerkannt als persönliche Feststellungen durchgehen, kommt es im Dialog – der mit solchen Montagen zugleich ein gängiges Komödienverfahren Nestroys adaptiert[14] – dauernd zu Anschlussfehlern. In diesem Fall klären sich jedoch zumindest einige der Verstörungen durch den ausdrücklichen Hinweis auf den Theaterkontext, während andere Szenen davon leben, dass Zitat und Figurenrede, häufig bis zur Ununterscheidbarkeit, miteinander verschmelzen.

Das gilt weniger für die flüchtigen Dialogfetzen, die das Drama von vielen weiteren Passanten an der »Sirk-Ecke« einfängt, an der jeder Akt beginnt. Aus den Reden, die immer wieder auf laufende Operetten zu sprechen kommen, lassen sich zunächst nur die Spielpläne der Theaterbühnen bruchstückhaft zusammensetzen. »›Husarenblut‹ is besser wie ›Herbstmanöver‹!«,[15] heißt es gleich in der ersten Szene des Vorspiels, und zu Beginn des zweiten Akts tauschen ein Agent und ein Wucherer weitere Empfehlungen aus:

Der Agent: Sie, was man nicht für möglich halten sollte, hörn Sie mich an, seit acht Tag telephonier ich zu Kehlendorfer für Husarenblut. Auf vier Wochen ausverkauft. Ich sag Ihnen, der Krieg wird vorüber sein und wir wern Husarenblut nicht gesehn haben! Meine Frau quält mich doch –
Ein Zeitungsausrufer: – – Der Ansturm abgewieseen – Alle Stellungen genohmen!
Der Wucherer: Und ich sag Ihnen, nicht zu vergleichen mit Herbstmanöver. No und was sagen Sie zur Csardasfürstin – was die Leut hermachen! Warn Sie schon bei Fürstenkind?[16]

Undeutlicher werden die Übergänge dagegen schon dort, wo die Bühnennovitäten der Kriegsjahre – unter ihnen Lehárs *Sterngucker*, Leo Falls *Rose von Stambul* und Emmerich Kálmáns *Faschingsfee* – ihre musikalischen Spuren in der Tragödie hinterlassen und das ohnehin umfangreiche Liedrepertoire des Dramas ergänzen.[17] Während die ersten beiden Akte klar vom Bild der vorbeiziehenden Gruppen dominiert werden, die den ewigen Refrain der einrückenden Soldaten »*In der Heimat, in der Heimat, da gibts ein Wiedersehen*«[18] mit den aggressiveren Tönen ihrer chauvinistischen Gesänge durchsetzen, bricht die Einheitsfront der Kriegslieder spätestens mit dem Ende des dritten Akts zusammen.

Je mehr auf den Schlachtfeldern die militärische Lage der Kontrolle entgleitet und je grausiger sich in der Heimat das Wiedersehen mit den Verwundeten und Kriegskrüppeln gestaltet, desto unbedarfter stürzen sich die Davongekommenen ins Vergnügen. In den Nachtlokalen sorgen Salonorchester und Zigeunerkapellen dafür, dass Wienerlieder im Wechsel mit beliebten Märschen wie dem *Racoczy-Marsch* oder dem unvermeidlichen *Radetzky-Marsch* den Ton angeben: *Ja, mein Herz gehört nur Wien, Der guate alte Herr in Schönbrunn, Da habts mein letztes Kranl*,[19] *Ja so ein Räuscherl ist mir lieber als wiara Krankheit, wiara Fieber.*[20] Die jüngsten Operettenschlager machen schon auf der Straße die Runde und spannen in Kraus' Drama einen Bogen über die Aktgrenzen hinweg:[21] als langes Präludium zum fünften Aktfinale, in dem die Militärkapelle zum »*Liebesmahl*« im »*Korpskommando*« mit dem Couplet »*Der alte Noah hat's doch gewußt, die schönste Boa wärmt nicht die Brust*«[22] aus Emmerich Kálmáns *Faschingsfee* aufspielt.

Zugleich laufen diese Reminiszenzen als musikalischer Kommentar zum Fließtext eines ununterbrochenen Geschwätzes mit, das sich ohne benennbare Höhepunkte und Zäsuren durch die langen Akte des Dramas zieht und offensichtlich keinem anderen Prinzip folgt als dem der »variierenden Repetition«.[23] Obwohl das Geschehen sich auf eine kaum überschaubare Fülle von Schauplätzen verteilt und in den vielfältigsten, unabhängig voneinander stattfindenden Begegnungen verliert – Kraus selbst beschreibt die Handlung der Tragödie als »unmöglich, zerklüftet, heldenlos«[24] –, bleibt das Spektrum der Episoden durch wenige und durchsichtige innere Symmetrien eng begrenzt. Gleichförmig wie die Akteingangsszenen mit den dauernden Ausrufen der Zeitungsverkäufer »Extraausgabee –!«,[25] den ausziehenden Soldaten und den dienstbefreiten Offizieren Nowotny, Pokorny und Powolny gestalten sich die festgehaltenen Situationen. Von den Veränderungen, die sich abzeichnen – der wachsenden Verwahrlosung der Passanten und den zahlreicher werdenden Kriegsinvaliden –, nehmen die Figuren in den Gesprächen nicht die geringste Notiz und drehen sich mit ihren Reden fortgesetzt im Kreis von Bagatellaffären und narzisstischen Bedürfnissen.

Dasselbe gilt für die Offiziere, Majore und Generäle, unter denen sich, während der Ernst der äußeren Lage zunimmt, nicht nur die Misshandlungen der Soldaten häufen, sondern auch die Bankette und Gelage. Das sind die Szenen, in denen die Tragödie ganz demonstrativ ins Operettenhafte umschlägt: insbesondere im fünften Akt, wenn sich am »*Standort des Armeeoberkommandos*« Generalstäbler mit Kriegsgewinnlern und Animierdamen vergnügen und das Rondeau des Brasilianers aus Offenbachs *La Vie parisienne* von neuem begegnet, nun allerdings als Melodie, zu der ein »betrunkener Generalstäbler« die Ewigkeit von

»Habsburgs Thron« beteuert, während der »Heidsieck« ihn ins Wanken bringt.²⁶

In der großen Orgie im Korpskommando kulminiert die Tragödie schließlich in einem letzten champagnerreichen ›Festakt‹, und während ein General noch einmal in einer langen Suada zu Durchhalteparolen ausholt, skandiert der näher rückende, dann wieder verstummende Geschützdonner die Schlager der Militärkapelle.

> *Liebesmahl bei einem Korpskommando. [...] Es wird ein Sautanz serviert. Die Musik spielt »Der alte Noah hats doch gewußt, die schönste Boa wärmt nicht die Brust«. Das Gelage neigt sich dem Ende zu. Offiziere der verbündeten Armeen stoßen miteinander an. Aus der Ferne Geschützdonner. Ein Husarenoberleutnant wirft ein Sektglas an die Wand.*
>
> Der preußische Oberst *(neben dem General, summend und nickend)*: Der olle Noah, ja der hats gewußt – Na Prösterchen!
> Der General *(erhebt sich unter Hoch-Rufen, schlägt an das Glas)*: [...] Es gilt – ich spreche das Wort im vollen Bewußtsein meiner Tragweite aus – es gilt, zu siegen! Siegen, meine Herrn – wissen Sie, was das heißt? Das ist die Wahl, die dem Soldaten bleibt – sonst muß er ruhmbedeckt sterben! Zu diesem Behufe – will ich mich der Erwartung verschließen – daß Sie meine Herrn – im Hinblicke und mit Rücksicht darauf die Pflege eines innigeren, herzlicheren Kontaktes mit derselben – also mit der Mannschaft – für die tunlichste Herabminderung der persönlichen Gefahr – also – sich aufgeopfert haben. *(Hoch-Rufe.)* [...]²⁷

Eine Kakophonie aus Detonationen, Beifallsbekundungen, Operettenmelodien und verrutschten Pathosformeln kündigt die nahe Niederlage an, und in ihr rückkoppelt sich der Rausch der Offiziere mit einem Rauschen, das in aller Drastik die Gewaltsamkeit exponiert, mit der die Geräusche des Krieges bis zuletzt von lauteren Obertönen – und nicht zuletzt vom Alkohol – ›verschluckt‹ werden. Das Bacchanal der 55. Szene trägt die Armeeführer in Kraus' »Blutoperette« selbst über den gegnerischen Angriff hinweg, der ihre Niederlage besiegelt. Dazu entwirft der Nebentext eine geisterhafte Szenerie:

Abb. 16: Ludwig Koch, *Die große Zeit* (1915)

Alle Lichter sind erloschen. Draußen Tumult. Man hört das Platzen von Fliegerbomben. Dann tritt Stille ein. Die Anwesenden schlafen, liegen in Somnolenz oder starren völlig entgeistert auf die Wand, an der das Tableau ›Die große Zeit‹ hängt [...].[28]

In der geschilderten Somnolenz bleibt den meisten der Betrunkenen auch die letzte Konfrontation mit ihren Opfern erspart. Die »*Erscheinungen*«[29] dieser Opfer, die der Regieanweisung zufolge dem Kolossalgemälde *Die große Zeit* der Reihe nach entsteigen und Anklage gegen die Befehlshaber erheben, werden nur von einigen wahrgenommen. Dabei bleibt offen, ob diese sie mit anderen Augen betrachten als jene flüchtenden Militäroberen, die noch in der »Letzten Nacht«, dem Epilog der Tragödie, mit ihrem Auto »über die Leichen« fahren, um sich davonzumachen. Der $^3/_4$-Takt ist auch am Schluss des kolossalen Stücks noch nicht verklungen, sondern zieht sich als impertinenter Rhythmus durch die daktylischen Versreden der beiden fliehenden Generäle, der Kommentare der Kriegsberichterstatter, des Monologs von Ingenieur Dr.-Ing. Abendrot und auch der Unterhaltungen der »gelegentliche[n]« Zeitungsmitarbeiter.

Zwei Generale auf der Flucht, in einem Automobil

General (*Sprechgesang*): [...]
Die Schlacht hat nunmehr
eine Wendung genommen,
wir sind bis hieher
nach vorne gekommen.
In unsere Jahr'
da is nicht zu spaßen,
wir sind in Gefahr,
das Leben zu lassen.
Nicht wanken und weichen
die Mannschaften ziert.
Fahren S' über die Leichen
sonst sind wir petschiert! [...][30]

Selbst die Hyänen Fressack und Naschkatz, die sich zum Fleddern der verlassenen, verstreut liegenden Soldatenleichen einfinden, stimmen ihren obszönen Gesang zum Walzertakt an, bevor sie im Tango eine *danse macabre* um die Toten veranstalten.[31] Ein Ende wird dem Treiben schließlich nur durch den einsetzenden »*Meteorregen*«[32] gemacht, mit dem außerirdische Marskrieger in das Geschehen eingreifen. Mit dem Theatergott allein, der sich aus der Maschine von oben herab zu Wort meldet und dessen Stimme Kraus das ohnmächtige Bekenntnis des deutschen Kaisers Wilhelm II. in den Mund legt – »Ich habe es nicht gewollt«[33] –, hätte die »Blutoperette« womöglich keinen Schluss gefunden und würde ewig weitergehen.

Dass die gewaltigen Dimensionen, auf die das Dokumentarstück während der vier Kriegsjahre angewachsen ist, auch so bereits das Maß des Aufführbaren sprengen, hat Kraus in seinem Vorwort schon vorab eingeräumt und das Stück, »dessen Umfang nach irdischem Zeitmaß etwa zehn Abende umfassen würde«, einem »Marstheater«[34] zugedacht. Nicht anders als in der *Fackel* entspringt die Überfülle an Szenen, an Figuren und an Konversationen dem idiosynkratischen Registrieren der »kleinen Tatsachen«, die für Kraus die einzigen sind, die zählen.

Auch der Nörgler, Kraus' Alter Ego, legt darauf gegenüber dem Optimisten Wert, indem er das Verhältnis von Erscheinungen und Fakten subtil differenziert.

> Der Optimist: Sie haben nun einmal die heillose Fähigkeit, das Kleinste –
> Der Nörgler: Ja, die habe ich nun einmal.
> Der Optimist: Und daraus wird wohl das ganze Drama entstanden sein. Aus diesem unseligen Hang, die kleinen Erscheinungen und die großen Tatsachen zu verbinden.
> Der Nörgler: Ganz gemäß dem satanischen Verhängnis, das uns von den kleinen Tatsachen zu den großen Erscheinungen der realen Tragödie geführt hat. Die meine läßt uns an den Formen und Tönen einer Welt mit ihr selbst zugrundegehen.[35]

Während der Titel der Tragödie diese Welt global adressiert und als Universum der ganzen »Menschheit« betrachtet, ziehen die Szenen des Stücks den Horizont enger und richten den Blick nur auf die Donaumonarchie, ja primär auf Wien, um als Operettenfiguren auch die höchsten Repräsentanten des Kaiserreichs: den »guten alten Herrn in Schönbrunn«[36] und seinen Nachfolger, den Neffen des ermordeten Erzherzogs Franz Ferdinand, zu kompromittieren, so dass die letzten Tage der Menschheit zugleich das Verfallsdatum der Habsburgerdynastie tragen.

In einem Essay, der 1910 entstand, kurz nach dem 60. Thronjubiläum Franz Josephs I., hatte Felix Salten das »Greisenhaupt aus weißem Bart und aus dem von weißen Brauen dicht verhehlten Augen«, das mit seinem stillen Lächeln »Paravents, Tabaksdosen, Ansichtskarten, Bonbonnieren« genauso zierte wie die »Titelblätter aller Zeitungen«, noch zum österreichischen Antlitz schlechthin verklärt und seine Ewigkeit beschworen, indem er seinerzeit versonnen schrieb:

> Wie ist uns dieses Antlitz wohl vertraut. Wir alle sind mit diesem Bilde vor uns aufgewachsen. Unsere Väter schon haben kein anderes Kaiserantlitz mehr in Österreich gekannt, und wie wir kleine Buben waren, hat uns dieses Antlitz angeschaut, da wir zum ersten Mal in der Schul-

stube saßen. Jetzt wachsen unsere Kinder auf und gehen zur Schule, und auch sie blickt dieses selbe Angesicht aus feierlichem Rahmen an. [...] Diese beiden Vorstellungen von einem Monarchen und von einem Antlitz sind in unserem Bewußtsein so unauflöslich, so von frühester Kindheit an miteinander verknüpft, daß wir sie nun wohl kaum mehr voneinander trennen werden. Was auch immer geschehen mag. Aber es ist nicht bloß die Erinnerung an wohl vertraute Züge, die unserem Denken so lebhaft einleuchtet. Schließlich gab es ja noch andere Gesichter, mit deren berühmter Gegenwart wir gelebt haben. [...] [V]or kurzem noch war das lachende Beethovenantlitz Girardis berühmt, so berühmt, daß es über Wien stand wie der Mond, und wie dieser in alle Straßen und alle Fenster schaute. Dann Johann Strauß, sein blasses Antlitz mit den tiefstrahlenden schwarzen Augen, dieses Antlitz der zum Genie gesteigerten Wiener Lebensfreude. [...] Dennoch hat kein anderes Antlitz und keines anderen Mannes Wesen so vielfach, so stark und so nachhaltig sich in der Menge gespiegelt und auf die Menge abgefärbt wie das Antlitz und das Wesen des Kaisers. Freilich: weil es der Kaiser war. Das ist natürlich, braucht nicht erst entdeckt, noch bewundert zu werden. Auch eine schwache Persönlichkeit kann die Menge beeinflussen, wenn sie auf so hohem, so weithin sichtbarem Gipfel steht [...]. Hier aber ist es nicht nur der Kaiser gewesen, nicht dieser allein; und es machen's auch nicht die sechzig Jahre, obwohl sie viel mitgeholfen haben. Hier war es der Österreicher. Dieser zumeist. Das echt österreichische Antlitz des Kaisers. Sein österreichisches Wesen.[37]

Kraus' Weltkriegstragödie behält von diesem Kaiserbildnis jetzt nur den Schatten einer fernen Autorität zurück, bei der Tod und Leben längst einerlei geworden sind, weil sie als »Unpersönlichkeit« die »legendäre Dauerhaftigkeit eines Nichtvorhandenen«[38] entwickelt hat. Und das einzig Nennenswerte, das die *Letzten Tage der Menschheit* über den Nachfolger Karl I. zu berichten wissen, beschränkt sich auf dessen besondere Vorliebe für eine bestimmte Operette.

Der Optimist: Glauben Sie mir, der junge Kaiser macht den Eindruck eines Mannes, der sich auf seinen Herrscherberuf gründlich vorbereitet hat. [...]
Sie glauben gar nicht, wie ernst er geworden ist.

> Der Nörgler: Kein Wunder bei einem, der in keine Operette mehr geht, seitdem der »Walzertraum« nicht mehr gegeben wird.
> Der Optimist: Erlauben Sie mir, wenn man den »Walzertraum« schon fünfzigmal gesehn hat –
> Der Nörgler: – dann muß der Mensch ernst werden, das ist wahr.[39]

Von solchen Impressionen abgesehen, sind die zwei Monarchen in der Tragödie nur als Abwesende anwesend. Franz Joseph schläft, während er das Lied singt, »das so lang ist wie sein Leben, eine unendliche Melodie«[40] – das Lied füllt mit seinen 28 Strophen die 31. Szene des vierten Akts und ist dort mit Notentext wiedergegeben[41] –, und Karl I. tritt als Person erst gar nicht auf. Umso häufiger darf sich dafür auf Wiens Straßen der Tenor Fritz Werner der Menge zeigen, der im *Walzertraum* die Hauptrolle verkörperte, und Autogrammwünsche von Verehrerinnen erfüllen, doch genauso vorbeiflanierende Männer beschäftigen, die sich schlechter auskennen und ihn versehentlich mit Louis Treumann verwechseln.[42] Im fünften Akt wird Werner auf der Kärntnerstraße inmitten einer Menschentraube auch von Erzherzog Max umworben, dem Bruder Karls I.

> Erzherzog Max: Serwas Fritzl! Kummst mit zum Sacher?
> Der Operettentenor: I kann net, kaiserliche Hoheit – i wart auf ein Madl! *(Hochrufe für beide.)*
> Erzherzog Max: Ah so. Alstern serwas!
> *(Der Lakai schließt. Der Hofwagen fährt davon.)*[43]

Ihm folgt in der Tragödie eine ganze Riege prominenter Bühnensänger, die ehrfürchtige Blicke auf sich ziehen, wo immer sie auftreten, und Tumulte auslösen, wenn die Nachricht ihres Erscheinens sich als Finte entpuppt – so im Fall des *Gold gab ich für Eisen*-Sängers Hubert Marischkas, von dem die Fama geht, er gewähre »jener Dame, welche das größte Opfer für die VIII. Kriegsanleihe bringt«, einen Kuss, bis sich herausstellt: Die Meldung kam aus dem k. u. k. Kriegspressequartier und war ein Vorwand für das Drehen eines Werbefilms für die Kriegsanleihe, für den man die »*unübersehbare Menschenmenge*«[44] vor den Kursalon im Stadtpark gelockt hatte. Szenen wie diese bestätigen die Regel, die Kraus schon in den *Grimassen über Kultur und Bühne* ausmachte. Überall herrschen Vertreter, die in diesem Fall sogar die höchsten Staatsdiener vertreten und sich, weil der populäre Pakt von Bühne und Publikum das nahelegt, bevorzugt aus den Vertretern der Operette rekrutieren.

»Ist es denn nicht spürbar«, fragt auch der Nörgler resigniert, »wie aus diesem ganzen Ensemble, in dem mangels eines Helden jeder einer ist, sich jeder mit seinem Einzelschicksal davonschleicht? Nie war bei größerer Entfaltung weniger Gemeinschaft als jetzt. Nie war eine riesenhaftere Winzigkeit das Format der Welt.«[45] Um diese Winzigkeit der Nachwelt vorzuführen, arrangieren die *Letzten Tage der Menschheit* ein dissonantes Potpourri, das in dem Brei aus verdrehten Sätzen, aus einfältigen Floskeln, peinlichen Verlautbarungen und albernen Schlagerrefrains ein akustisches Profil jener Mittelmäßigkeit erstellt, zu der sich die »große Zeit« verkleinert. Die »Blutoperette« legt eine Tonspur durch die Jahre des Ersten Weltkriegs, die das endlose Dacapo eines belanglosen Geredes verzeichnet, in dem das Grauen der Materialschlachten und des massenhaften Sterbens nirgends widerhallt. Den Vergleich dieses Verfahrens mit der technischen Registratur eines Phonographen zieht der Nörgler in Kraus' Drama selbst.

> Hätte man die Stimme dieses Zeitalters in einem Phonographen aufbewahrt, so hätte die äußere Wahrheit die innere Lügen gestraft und das Ohr diese und jene nicht wiedererkannt. So macht die Zeit das Wesen unkenntlich, und würde dem größten Verbrechen, das je unter der Sonne, unter den Sternen begangen war, Amnestie gewähren. Ich habe das Wesen gerettet und mein Ohr hat den Schall der Taten, mein Auge die Gebärde der Reden entdeckt und meine Stimme hat, wo sie nur wiederholte, so zitiert, daß der Grundton festgehalten blieb für alle Zeiten.[46]

Im Resonanzraum dieses gewaltigen Tondokuments gewinnt das ausgemergelte, aber selbstzufriedene »österreichische Antlitz«, mit dessen unschmeichelhaftem Porträt Kraus Felix Salten einmal mehr widerlegt – »*Es ist von außerordentlicher Unterernährtheit, jedoch von teuflischem Behagen gesättigt*«,[47] heißt es im vierten Akt –, eine zweite, akustische Physiognomie. Sie konterkariert das Kolossalgemälde der »großen Zeit« mit seinen hoch zu Pferde sitzenden Heerführern der alliierten Mittelmächte ebenso wie die geisterhaften Schemen der Kriegsopfer, die auf dem Bild wie kinematographische Projektionen[48] auf einer Leinwand erscheinen.

Umso fassungsloser musste Kraus bemerken, als er sein Stück 1921 in vollständiger Form veröffentlichte, dass die »Schmach des Krieges« inzwischen von der Schmach der Menschen überboten wurde, »von ihm nichts mehr wissen zu wollen«. Die den »tragischen Karneval« überlebt hatten, so schrieb er im Vorwort,

> ihnen hat er sich überlebt, und gehen zwar die Masken durch den Aschermittwoch, so wollen sie doch nicht aneinander erinnert werden. Wie tief begreiflich die Ernüchterung einer Epoche, die [...] selbst von ihrem Zusammenbruch nicht zu erschüttern ist, von der Sünde so wenig spürt wie von der Tat, aber doch Selbstbewahrung genug hat, sich vor dem Phonographen ihrer heroischen Melodien die Ohren zuzuhalten, und genug Selbstaufopferung, um sie gegebenenfalls wieder anzustimmen.[49]

Schon weil der Posten der *Fackel* damit verlorener war denn je, verbot es sich für ihn, den Platz zu räumen, und wenn ihm der Zusammenbruch der Monarchie auch den Wunsch erfüllt hat, lieber »nicht der Untertan eines Operettenlieblings«[50] sein zu müssen, so hatte sich sein Kleinkrieg nach dem Waffenstillstand der politischen Streitparteien nicht erledigt, sondern ging weiter. Dass ein Sieg unmöglich war, stand hier von vornherein außer Frage. Umso wichtiger war es angesichts der unzähligen Gegner, die den Untergang der Welt überlebt hatten, weder abzudanken – wie der Kaiser – noch zu kapitulieren – wie die Generäle –, sondern unermüdlich zu bleiben.

Schluss

An anderweitigen Initiativen, verlorene Posten zu verteidigen, hat es nach 1918 keineswegs gefehlt. In eine der kuriosesten war Lehárs Bruder Anton verwickelt, der dem Militär – im Gegensatz zu Franz – treu geblieben war, aber schon in den ersten Kriegswochen bei der Polenschlacht, wo er als Major ein Bataillon befehligte, so schwer verwundet wurde, dass er dem Tod in einem Wiener Lazarett nur knapp entrann.[1] Drei Jahre nach dem Ende des Kriegs übernahm er von Ungarn aus erneut das Oberkommando. Diesmal ging es um einen Putsch. Karl I. sollte nach dem Thronverzicht, den ihm Österreichs Regierung aufgenötigt hatte, als ungarischer König wieder installiert werden. Anton willigte ein, den Kaiser per Charterflugzeug ins Burgenland bringen zu lassen, wo er gefolgstreue Truppen zusammengezogen hatte. Dann hatte er schlicht Pech, dass das Telegramm, das ihm den Flugplan Seiner Majestät mehrere Tage im Voraus hätte melden sollen, erst kurz vor der Landung der Maschine eintraf und sich inzwischen Abwehrtruppen in Stellung gebracht hatten, die die Putschisten unter Beschuss nahmen. Aus Sorge um einen Bürgerkrieg gab der Kaiser auf, und Anton setzte sich eilig in die Tschechoslowakei ab. Dort stieß er auf Max Pallenberg, den Wiener Starkomiker und Gatten der Berliner »Csárdásfürstin« Fritzi Massary, der ihm immerhin aus seinen Geldnöten half.[2] Das Kaiserreich war mit dem geplatzten Coup unter der Regie des Obersts Lehár endgültig Geschichte.

Mehr Erfolg mit seinen Restitutionsbemühungen hatte in Wien Kraus selbst. Schon während des Kriegs hatte er begonnen, eine Bastion fürs alte Burgtheater – die für ihn zentrale

Institution des alten Staats – zu errichten und seine Vorlesungen, in denen er bislang vor allem Teile aus der *Fackel* vortrug, um Darbietungen ganzer Stücke zu ergänzen. Anlässlich des 300. Todestags von Shakespeare setzte er im Mai 1916 aus Groll gegen die »Unzulänglichkeit des neuesten Burgtheaters« die *Lustigen Weiber von Windsor* auf das Programm eines Vortragsabends und kündigte dem Publikum auf einem Handzettel ein »dekorationsfreies Shakespeare-Theater« an, in dem nicht ein teurer Apparat »seine toten Wunder« für »das offene Auge und das geschlossene Ohr« verrichten sollte, sondern er allein mit seiner Deklamation an »ein geschlossenes Auge und ein offenes Ohr« appellierte, um die Zuhörer zu »Zeugen« der »lebendigen Herrlichkeit«[3] der Stücke zu machen. Nach dem Krieg gab Kraus diesem Theater, mit dem er in Wien und andernorts die Säle füllte, einen neuen Namen. Jetzt hieß es »Theater der Dichtung«, und Kraus leitete dort 1926, als letzte Restaurationstat und als Widerlager gegen die anhaltende Hausse der Salonoperette, eine »Offenbach-Renaissance«[4] ein. Bis 1935 trug er insgesamt dreizehn von ihm selbst bearbeitete Offenbach-Stücke vor, wobei er die Couplets in Nestroys Manier um sogenannte »Zeitstrophen«, d. h. Zusatzstrophen mit aktuellem Bezug, ergänzte, während er die Musik nach Auskunft seines langjährigen Klavierbegleiters Georg Knepler eher »ironisch« behandelte. Noten konnte er nicht lesen, und bei schwierigen Koloraturen musste ersatzweise eine »spiralförmig nach oben geführte Handbewegung«[5] aushelfen. Am häufigsten, insgesamt neunzehn Mal, hat Kraus *Pariser Leben* aufgeführt. Er hielt das Stück für Offenbachs »stärkste[n] Geniebeweis«, weil hier in einer »Zauberposse« ganz mühelos die »Verwandlung des Lebensfaktums ins blaue Wunder«[6] gelinge, was Kraus umso verzückter zelebrierte, als ihn die schwarze Magie bedruckter Zeitungsblätter zeitlebens ernüchterte.

Eine dieser *Pariser Leben*-Vorlesungen hörte im März 1928 auch Walter Benjamin und schrieb darüber beeindruckt in einem Bericht für die *Literarische Welt*, Kraus entbiete »sein Lebenswerk, die ganze Folge der ›Fackel‹, Pandämonium und Paradies, deren Völker sich paaren, in den Reigen der Offenbachschen Gestalten«, der »beglückt sich auftut und um sie schließt«.⁷ Benjamin hob speziell die ästhetische Kargheit dieses Auftritts hervor: die kahle Bühne mit dem alleinigen Requisit eines verhängten »Tischchen[s], dessen Decke wie bei dem ›stummen Diener‹, vor dem die Zauberer manipulieren«, auf den Boden herabreichte, den einsamen Mann »im Straßenanzug«, der das »Korps kostümierter Akteure« ersetzte und »von sich selber nur Kopf und Arme und Rumpf« zu sehen gab, und die spröde Art der musikalischen Darbietung: »Die Stimme von Karl Kraus sagt diese innere Musik mehr als daß sie sie singt.«⁸

Im nächsten Kraus-Essay – seinem umfänglichsten – schrieb Benjamin drei Jahre später, die Offenbach-Vorlesungen seien in ihrer Sprachbezogenheit »von allen musikalischen Mitteln verlassen« und bewirkten durch diese Abdekoration dennoch das Gegenteil der sonstigen Zitat-Tribunale Kraus', die auf Vernichtung zielten. Die Stücke kämen »gerettet, wirklicher als vordem, wieder zum Vorschein. Denn wo diese wetterwendische Stimme laut wird, fahren die Blitze der Lichtreklamen und der Donner der Métro durch das Paris der Omnibusse und Gasflammen. Und das Werk gibt ihm dies alles zurück.«⁹ In der Tat nahm Kraus' Behandlung der Operetten als Kammerspiele für Solostimme mit Klavier Offenbachs Ideal der petite musique auf radikale Weise ernst und präsentierte sie in einer Minimalästhetik, die selbst die Dürftigkeit, zu der einst die Zensur die Bouffes-Parisiens zwang, noch unterbot.

Ob auch Kracauer Gelegenheit hatte, Kraus mit Offenbach zu hören, weiß man nicht. In seinen Feuilletons aus der Zeit der Weimarer Republik kommt Kraus nicht vor. Benjamins großer Essay erschien 1931 jedoch in der *Frankfurter Zeitung* und mag ein erster Anstoß für sein späteres Offenbach-Buch gewesen sein.¹⁰ Ebenfalls nur indirekt nahm Kracauer Notiz davon, wer sonst auf Berlins Operettenbühnen auftrat, und begegnete Stars wie Richard Tauber, wenn überhaupt, in Tonfilmen. Für die Demonstration der brillanten Akustik des gerade entwickelten

Mediums waren die Erfolgsoperetten der Vor- und Zwischenkriegszeit in den frühen dreißiger Jahren ideal, doch Kracauer sah ihre Zweitverwertung auf der Leinwand aus verschiedenen Gründen kritisch. Er schätzte das Kino als Autonomiegebiet bewegter Bilder, die Wahrnehmungsroutinen aufbrechen konnten, wenn neuartige Kameraeinstellungen und Kontrastmontagen das Auge für Ungesehenes öffneten. Mit dem Abfilmen von Sängern, die sich in Positur warfen und die Unterordnung des Bilds unter den Ton forderten, fiel das Kino dagegen, wie er meinte, hinter seine Möglichkeiten zurück. »Vermutlich ist die Macht des Regisseurs der Macht des Gesanges erlegen«, schrieb er 1930 über den Tauber-Film *Ich glaub' nie mehr an eine Frau*. »Himmlische Stars wollen kilometerlang angehimmelt werden, und so kommt die Montage nicht richtig in Fluß. [...] Es ist, als gebiete der Schupomann dem Verkehr Einhalt, um die Prunkkarosse mit Taubers Stimme durchzulassen. Unter dem Beifall des Publikums fährt sie gleißend dahin.«[11] Im selben Maß, wie er die Huldigung der Technik vor der Majestät solcher Tenöre als ästhetischen Rückschritt empfand, störte ihn politisch die nostalgische Verklärung der »abgeschafften Fürstenhöfe« mit ihren »leichtsinnigen, aber liebenswerten Prinzen«, durch die sich der »Plunder, der nach der Revolution in Staub zu zerfallen schien«, auf der Leinwand so »quicklebendig«[12] gebärdete, als hätte es das Aus der Monarchien durch den Weltkrieg nie gegeben.

In der Weimarer Republik war das nicht die einzige Kontinuität zur Vorkriegszeit. Als Kracauer 1930 als Feuilletonchef ins Hauptstadtbüro der *Frankfurter Zeitung* wechselte, kam er in eine Großstadt, die sich binnen zwanzig Jahren zur drittgrößten Stadt der Welt entwickelt hatte[13] und auch als »Medienmetropole«[14] gelten konnte. Allein in Berlin erschienen zu dieser Zeit rund 90 Tageszeitungen mit Morgen- und Abendblättern und entsprechenden Feuilletonteilen,[15] die an den Umbrüchen des Stadtlebens – dem anschwellenden Verkehr auf seinen Hauptadern; dem Massenandrang auf den Flaniermeilen; den Spektakeln in den Vergnügungsarenen; den Auftritten Prominenter aus

Kunst und Kultur – durch Skizzen und Glossen rege teilnahmen. »Das Feuilleton, das Ensemble des damaligen Kulturjournalismus wie das scheinbar endlos fortlaufende Muster ihrer Texte, war *das* Medium, das die Konstruktion der Wirklichkeit täglich erneuerte, die Gegenstände wie die Muster der Wahrnehmung prägte, Werte fortschrieb, veränderte oder ersetzte – als ein Prozeß von Tag zu Tag«,[16] schreiben Christian Jäger und Erhard Schütz in ihrer Anthologie von Berlin-Feuilletons, wo Kracauer mit seinem Faible für die Massenornamente im Metropolenalltag keineswegs allein ist.

Mit dem Weltkrieg nicht verstummt sind darum auch die feindseligen Invektiven derer, die ihr Unbehagen in der Kultur der Moderne als Generalkritik am Feuilleton und seiner weiten Verbreitung artikulierten. Hermann Hesse sprach 1934 in der Einleitung zu seinem Roman *Das Glasperlenspiel* unter Berufung auf einen fiktiven Literarhistoriker namens Plinius Ziegenhalß abschätzig vom »feuilletonistische[n] Zeitalter«,[17] das einen »Riesenverbrauch an nichtigen Interessantheiten« habe und in seiner Sinnleere an »Tändeleien« und »Plaudereien«[18] nicht satt werden könne. Ein Echo fanden in diesem Kontext auch die antifranzösischen und antijüdischen Ressentiments, die Kraus und andere Kritiker vor ihm ventiliert hatten. Ein zweiter Literarhistoriker, der völkische, von den Nazis später hoch dekorierte Autor Adolf Bartels, konstatierte 1925, der »Feuilletonismus« leite sich »aus dem Paris des zweiten Kaiserreichs« her und präge inzwischen »unsere Großstädte, vor allem Berlin, von wo aus man dann durch raffinierte Ausbeutung der Macht der Presse auch die ›Provinz‹ – der Begriff kam auch aus Frankreich – eroberte; seine Hauptvertreter waren Juden und Judengenossen«.[19] Umso wacher registrierte Kracauer in seinen Berliner Artikeln, dass es mit den Wahlerfolgen der Nazis bei den Verbalattacken gegen die ›jüdische Presse‹ nicht blieb und Vandalismen gegen jüdisch geführte Kaufhäuser hinzu kamen.

Bemerkbar machte sich der aggressiver auftretende Antisemitismus auch in den Operettentheatern, so dass die Zukunft des Genres, abseits der Debatten um seine Krise, schon deshalb ungewiss schien. Als Fritzi Massary 1932, mittlerweile fünfzigjährig und nicht mehr auf dem Höhepunkt ihrer Karriere, einen letzten Anlauf nahm, um sich noch einmal nach vorn zu spielen – und auch um stolze Gagen einzustreichen, denn durch den Crash der holländischen Amstelbank im Vorjahr war ein Teil ihres Vermögens dahin –, konnte sie ihren Auftritt in Oscar Straus' eigens für sie geschriebener Operette *Eine Frau, die weiß, was sie will*[20] nicht mehr ungestört zu Ende bringen. Schlägertrupps hatten sich im Metropol-Theater unters Publikum gemischt und begleiteten die Vorstellung der Diva mit »Juden raus«-Pöbeleien. Am Bühneneingang standen Sprechchöre, die skandierten: »Wir wollen auf einer deutschen Bühne keine Juden sehen.«[21]

Fritzi Massary zog sich danach aus Berlin zurück. Nach dem Anschluss Österreichs an Deutschland 1938 emigrierte sie in die USA. Auch Oscar Straus und Emmerich Kálmán wanderten in die Vereinigten Staaten aus.[22] Richard Tauber durfte ab 1933 nicht mehr in Deutschland singen.[23] Genauso trafen die Rassengesetze die Operettenlibrettisten, von denen das Gros jüdischer Herkunft war und im NS-Staat nicht mehr arbeiten konnte.[24] Nach dem Anschluss setzten die Nazis dieselbe Politik in Wien durch. Der greise Victor Léon erhielt Berufsverbot, und nur die Intervention Lehárs beim Gauleiter bewahrte ihn vor der Deportation.[25] Fritz Löhner-Beda, der Textdichter der *Friederike*, hoffte auf Lehárs Hilfe vergebens. Er wurde verhaftet und erst in Dachau, dann in Buchenwald interniert, schließlich 1942 in Auschwitz ermordet.[26] Fritz Grünbaum, der die *Dollarprinzessin* geschrieben hatte, kam in Dachau um.[27] Louis Treumann wurde 1942 als Siebzigjähriger nach Theresienstadt deportiert und starb dort ein Jahr später an »Entzehrung«,[28] wie es in den Lagerakten hieß.

Hitler selber liebte übrigens die Operette, insbesondere die *Lustige Witwe*. Er sei, »als er in Wien war und kein Geld hatte, immer auf der Galerie« gewesen, um Louis Treumann und Mizzi Günther als Traumpaar zu sehen, berichtete Lehár in einem

Brief.²⁹ Dasselbe erzählte Johannes Heesters, der Treumanns Paraderolle des Danilo 1938 am Münchner Gärtnerplatztheater in einer Revueversion des Stücks als Gigolo auf legendäre Weise neu interpretierte und Hitler nicht nur einmal in der Königsloge des Theaters sitzen sah, sondern binnen weniger Tage, »immer mit großem Gefolge und einer Schar Damen, ein drittes und ein viertes Mal«, so dass er dachte, »Herrgott, hat der Mann nichts Besseres zu tun, wann kommt der denn zum Regieren?«

Heesters erinnerte sich bei der Gelegenheit noch an eine andere Episode, die ihm eine kleine Angestellte mit intimen Einblicken ins Privatleben des Führers anvertraut hatte. Im Memoirenbuch über sein »Leben im Frack« zitiert er Anni Winter, Hitlers Münchner Haushälterin in seiner »Mietwohnung am Prinzregentenplatz«, die »eine genauso begeisterte Operettenfreundin wie ihr Chef« war und ihm nach einer Aufführung diskret gestand:

> »Ach, Herr Heesters, ich hab wieder mal was mitgemacht mit dem Chef.« Ich fragte: »Was denn?« »Also neulich, nach Ihrer Vorstellung am Gärtnerplatztheater, als er noch im Frack war, da hat er sich den großen Spiegel gestellt, der Arme ...« Wörtlich hat sie das gesagt: »... vor den großen Spiegel gestellt, der Arme, den Zylinder aufgesetzt, sich einen Schal umgeworfen, so wie Sie das machen, und mich gefragt: ›Na, Winterin, was sagen Sie? Bin ich vielleicht kein Danilo?‹«

Als er das hörte, habe Heesters sich gedacht, »wenn Hitler zur Operette gegangen wäre ... Nicht auszudenken«.³⁰ Offenbar war die Sache knapp, und der verhinderte Danilo hat die Gunst der Massen dann auf anderem Weg gesucht. Vom Gigolo zum Diktator und Völkermörder – hätte Kraus vermutlich gesagt – ist manchmal nur ein Schritt.

Anmerkungen

Einleitung

1 Vgl. den Auszug aus dem »Briefwechsel über Dreigroscheopern [sic]« zwischen der Schriftleitung der Musikzeitschrift *Der Anbruch* und dem Komponisten Kurt Weill, in: *Die Scene* 19 (Februar 1929), H. 2: Sonderheft *Krisis der Operette*, 63–65, hier: 64.
2 Vgl. das kurze Editorial der Redaktion in ebd., 33.
3 Vgl. den titellosen Beitrag Klaus Pringsheims in ebd., 57–60, hier: 57 u. 58. – Klaus Pringsheim hatte im Übrigen bereits vor dem Ersten Weltkrieg einen langen Beitrag zur zeitgenössischen Operette in den *Süddeutschen Monatsheften* veröffentlicht: Vgl. Dens., Operette, in: *Süddeutsche Monatshefte* 9 (April bis September 1912), H. 2, 178–187.
4 Michael Krausz, Heraus mit den Literaten aus der Operette!, in: *Die Scene* 19 (Februar 1929), H. 2: Sonderheft *Krisis der Operette*, 52.
5 Dr. Ludwig Herzer, Wie Friederike entstand, in: *Die Bühne* 6 (21. Februar 1929), H. 224, zit. nach: Stefan Frey, »*Was sagt ihr zu diesem Erfolg.« Franz Lehár und die Unterhaltungsmusik des 20. Jahrhunderts*, Frankfurt/Main Leipzig 1999, 268.
6 *Friederike. 25 Jahre Lehár 1903–1928*. Nebst Einführungen in Lehárs *Friederike* mit Noten von des Meisters Hand, Programmheftbeilage des Metropol-Theaters, Berlin 1928, 23 f., zit. nach ebd., 269.
7 *Friederike*. Singspiel in drei Akten von Ludwig Herzer und Fritz Löhner, Musik von Franz Lehár, Regiebuch, Berlin 1929, 39 f. [II/10]. – Während die Librettisten eine direkte Order aus Weimar erdichteten, um den Abschied Goethes von Sesenheim zum Entscheidungskonflikt zu stilisieren – womit sie sich die »licentia poëtica« gaben, vier Lebensjahre zu unterschlagen (vgl. die Rechtfertigung bei Herzer, Wie Friederike entstand [Anm. 5], 269) –, ist die Erzählung des Märchens in Sesenheim durch Goethes Autobiographie verbürgt. Vgl. Johann Wolfgang Goethe, *Sämtliche Werke nach Epochen seines Schaffens*, Münchner Ausgabe, Bd. 16: *Dichtung und Wahrheit*, München Wien 1987, 479. Genauer nachzulesen ist die *Neue Melusine* bekanntlich in

den *Wanderjahren*: Johann Wolfgang Goethe, ebd., Bd. 17: *Wilhelm Meisters Wanderjahre. Maximen und Reflexionen*, hg. von Gonthier-Louis Fink, Gerhart Baumann und Johannes John, München Wien 1991, 160–182.

8 Das Goethe-Gedicht mit diesen Eingangsversen – bekannt unter dem Titel *Mit einem gemalten Band* – erhält Friederike gleich eingangs der Operette als Gruß und Andenken zusammen mit der dazugehörigen Gabe. Vgl. *Friederike* (Anm. 7), 11 [I/5].

9 Vgl. ebd., 37 [II/19] u. 48 [III/1]. – Eine ausführliche Analyse der Operette habe ich vorgenommen in dem Aufsatz: Wo kein Wunder geschieht. Goetheliebe und anderes Leid in der lyrischen Operette Franz Lehárs, in: Daniel Eschkötter / Bettine Menke / Armin Schäfer (Hg.), *Das Melodram – ein Medienbastard*, Berlin 2013, 98–114.

10 Vgl. *Friederike* (Anm. 7), 59 [III/11].

11 Stefan Frey, *Franz Lehár oder das schlechte Gewissen der leichten Musik*, Tübingen 1995, 179.

12 Pringsheim [ohne Titel] (Anm. 3), 57 u. 59.

13 Siegfried Kracauer, *Die Angestellten. Aus dem neuesten Deutschland* [1930], in: Ders., *Werke*, Bd. 1: *Soziologie als Wissenschaft. Der Detektiv-Roman. Die Angestellten*, hg. von Inka Mülder-Bach unter Mitarbeit von Mirjam Wenzel, Frankfurt / Main 2006, 211–310.

14 Siegfried Kracauer, *Das Ornament der Masse* [1927], in: Ders., *Werke*, Bd. 5.2: *Essays, Feuilletons, Rezensionen 1924–1927*, hg. von Inka Mülder-Bach unter Mitarbeit von Sabine Biebl, Andrea Erwig, Vera Bachmann und Stephanie Manske, Frankfurt / Main 2011, 612–624, hier: 612.

15 *Großstadtmenschen. Die Welt der Angestellten*. Katalog zur Ausstellung »Die Angestellten. Eine Ausstellung« vom 19. Mai bis 20. August 1995 im Münchner Stadtmuseum, hg. von Burkhart R. Lauterbach, Frankfurt / Main 1995.

16 Vgl. Hermann Herlinghaus, Art. Populär / volkstümlich / Popularkultur, in: *Ästhetische Grundbegriffe*. Historisches Wörterbuch in sieben Bänden, hg. von Karlheinz Barck, Martin Fontius, Dieter Schlenstedt, Burkhart Steinwachs und Friedrich Wolfzettel, Bd. 4: *Medien – Populär*, Stuttgart Weimar 2002, 832–884.

17 Vgl. zur Wortgeschichte des Volksbegriffs Manfred Schneider, Humaniora. Was ist ein Volk? Eine Kolumne, in: *Merkur* 494 (1990), 320–326, hier: 321 f.

18 Giorgio Agamben, Was ist ein Volk?, in: Ders., *Mittel ohne Zweck. Noten zur Politik*, übers. von Sabine Schulz, Freiburg Berlin 2001, 35–40, hier: 37.

19 Eine genauere Skizze dieser Entwicklung bietet Herlinghaus, Art. Populär / volkstümlich / Popularkultur (Anm. 16), außerdem, mit stärkerem Fokus auf die wechselnde historische Semantik des Massebegriffs in der Abfolge verschiedener Leitdiskurse: Michael Gamper, *Masse lesen, Masse schreiben. Eine Diskurs- und Imaginationsgeschichte der Menschenmenge 1765–1930*, München 2007.
20 Max Horkheimer / Theodor W. Adorno, Kulturindustrie. Aufklärung als Massenbetrug, in: Theodor W. Adorno, *Gesammelte Schriften*, hg. von Rolf Tiedemann unter Mitwirkung von Gretel Adorno, Susan Buck-Morss und Klaus Schultz, Bd. 3: *Dialektik der Aufklärung. Philosophische Fragmente* [1944], Frankfurt / Main 1997, 141–191.
21 Dazu vor allem einschlägig: Stuart Hall, Notes on Deconstructing the ›Popular‹, in: *People's History and Socialist Theory*, hg. von Raphael Samuel, London 1981, 227–240. – Die Ansätze der britischen *Cultural Studies* sind überblickshaft zusammengefasst bei Steve Readhead (Hg.), *The Clubcultures Reader. Readings in Popular Cultural Studies*, Oxford 1998; Udo Göttlich / Rainer Winter (Hg.), *Politik des Vergnügens. Zur Diskussion der Populärkultur in den Cultural Studies*, Köln 1999; John Hartley, *A Short History of Cultural Studies*, London 2003; und John Storey (Hg.), *Cultural Theory and Popular Culture. A Reader*, London ⁴2009.
22 Vgl. dazu den Band *Popularisierung und Popularität*, hg. von Gereon Blaseio, Hedwig Pompe und Jens Ruchatz, Köln 2005, der auch die wechselnden Theoriekonjunkturen des Populären ausführlich rekapituliert. Historisch überwiegen in diesem Feld Studien zur Popkultur seit den 1960er Jahren, die das Verhältnis von Popästhetik und Kapitalismus mit Blick auf immanente Abgrenzungen zwischen Subkultur und Mainstream neu zu fassen suchen. Exemplarisch dafür: Diedrich Diederichsen, *Über Pop-Musik*, Köln 2014. Vgl. außerdem die Beiträge der seit 2012 erscheinenden Zeitschrift *Pop. Kultur & Kritik*.
23 Zu nennen sind hier vor allem die Arbeiten Urs Stähelis: Ders., Das Populäre zwischen Cultural Studies und Systemtheorie, in: Udo Göttlich / Rainer Winter (Hg.), *Politik des Vergnügens* (Anm. 23), 321–337; Ders., Die Kontingenz des Globalen Populären, in: *Soziale Systeme* 6 (2000), H. 1, 85–110; Ders., Das Populäre als Unterscheidung – eine theoretische Skizze, in: *Popularisierung und Popularität* (Anm. 22), 146–167; Ders., *Spektakuläre Spekulation. Das Populäre der Ökonomie*, Frankfurt / Main 2007. – Für die Literaturwissenschaft ist einschlägig: Niels Werber, Die Form des Populären. Zur Frühgeschichte phantastischer und kriminalistischer Literatur, in: Thomas Hecken

(Hg.), *Der Reiz des Trivialen. Künstler, Intellektuelle und die Popkultur*, Opladen 1997, 49–86.
24 Vgl. Niklas Luhmann, *Die Realität der Massenmedien*, Opladen ²1996.
25 Guy Debord, *La société du spectacle* [1967], Paris 2007. – Vgl. dazu Jörn Etzold, *Die melancholische Revolution des Guy-Ernest Debord*, Zürich Berlin 2009.
26 Jean Baudrillard, *Simulacres et simulation*, Paris 1981.
27 Herbert Willems, *Inszenierungsgesellschaft. Ein einführendes Handbuch*, Opladen 1998.
28 Zur prägenden Rolle dieses Gegensatzes im ästhetischen Diskurs der Moderne vgl. Andreas Huyssen, *After the Great Divide. Modernism, Mass Culture, Postmodernism*, Bloomington Indianapolis 1986.
29 Siegfried Kracauer, *Werke*, Bd. 8: *Jacques Offenbach und das Paris seiner Zeit*, hg. von Ingrid Belke unter Mitarbeit von Mirjam Wenzel, Frankfurt/Main 2005, 11.
30 Kracauer, *Die Angestellten* (Anm. 13), 218.
31 Helmut Lethen, *Verhaltenslehren der Kälte. Lebensversuche zwischen den Kriegen*, Frankfurt/Main 1994, 239.
32 Heide Schlüpmann, *Ein Detektiv des Kinos. Studien zu Siegfried Kracauers Filmtheorie*, Basel Frankfurt/Main 1991; Gertrud Koch, *Siegfried Kracauer zur Einführung* [1996], Hamburg ²2012; Thomas Elsaesser, *Das Weimarer Kino – aufgeklärt und doppelbödig*, übers. von Michael Wedel, Berlin 1999; Miriam Bratu Hansen, *Cinema and Experience. Siegfried Kracauer, Walter Benjamin, and Theodor Adorno*, Berkeley Los Angeles 2012.
33 Volker Klotz, *Operette. Porträt und Handbuch einer unerhörten Kunst*. Erweiterte und aktualisierte Auflage, Kassel Basel London New York Prag 2004, 63.
34 Den Begriff entlehne ich Volker Klotz, *Bürgerliches Lachtheater. Komödie – Posse – Schwank – Operette* [1980], Reinbek 1987.
35 Alfred Polgar, Die kleine Form (quasi ein Vorwort), in: Ders., *Orchester von oben*, Berlin 1926, 9–13, hier: 11.
36 »Rein terminologisch ist der Begriff *Operette* (ital., engl. *operetta*; frz. *opérette*; span. *opereta*) ein Diminutiv von *Opéra, Opera* oder *Oper* und bezeichnet ursprünglich ein musikalisches Bühnenwerk von kürzerer Dauer, in dem gesungene oder instrumental vorgetragene Musiknummern mit gesprochenen Dialog- oder Monologpassagen abwechseln.« Harald Haslmayr/Jörg Jewansky, Operette, in: *Die Musik in Geschichte und Gegenwart. Allgemeine Enzyklopädie der Musik*, 2., neubearb. Aufl. von Ludwig Finscher, Sachteil, Bd. 7: Mut – Que, Kassel Stuttgart Weimar 1997, 706–740, hier: 708.

37 Siegfried Kracauer, *Werke*, Bd. 8: *Jacques Offenbach und das Paris seiner Zeit* [1937], hg. von Ingrid Belke unter Mitarbeit von Mirjam Wenzel, Frankfurt/Main 2005, 149.
38 Gilles Deleuze/Félix Guattari, *Tausend Plateaus. Kapitalismus und Schizophrenie*, übers. von Gabriele Ricke und Ronald Vouillé, Berlin 1992, bes. 140-153; Gilles Deleuze, Philosophie der Minderheit, in: Ders., *Kleine Schriften*, Berlin 1980, 27-29.
39 Hermann Kappelhoff, *Matrix der Gefühle. Das Kino, das Melodrama und das Theater der Empfindsamkeit*, Berlin 2004, 88.
40 Andere Ansätze setzen sich unter Historikern erst zögerlich durch, vgl. z. B. Peter Jelavich, *Berlin Cabaret*, Cambridge/Mass. London ³1997, Vanessa Schwartz, *Spectacular Realities. Early Mass Culture in Fin-de-Siècle Paris*, Berkeley 1998; Tobias Becker/Anna Littmann/Johanna Niedbalski (Hg.), *Die tausend Freuden der Metropole. Vergnügungskultur um 1900*, Bielefeld, 2011; Tobias Becker, *Inszenierte Moderne. Populäres Theater in Berlin und London 1880-1930*, Berlin München 2014.
41 Stephen Heath, The Politics of Genre, in: *Debating World Literature*, hg. von Christopher Prendergast, London New York 2004, 163-174.
42 Jürgen Habermas, *Strukturwandel der Öffentlichkeit. Untersuchungen zu einer Kategorie der bürgerlichen Gesellschaft*. Mit einem Vorwort zur Neuauflage von 1990, Frankfurt/Main ⁶1999, 248-266.
43 Vgl. Nr. 13: O Mädchen, mein Mädchen ..., in: *Friederike* (Anm. 7), 37 f.
44 Vgl. Siegfried Kracauer, Film und Gesellschaft [Die kleinen Ladenmädchen gehen ins Kino, 1928], in: Siegfried Kracauer, *Werke*, Bd. 6.1: *Kleine Schriften zum Film 1921-1927*, hg. von Inka Mülder-Bach unter Mitarbeit von Mirjam Wenzel und Sabine Biebl, Frankfurt/Main 2004, 308-322.
45 Vgl. Kap. I.2.

I. Massendemokratie

1. Menschen der Menge zwischen Bühne und Büro

1 Vgl. dazu Jean-Claude Yon, *Jacques Offenbach*, Paris 2000, 246-248 u. 258 f.
2 Vgl. die Erläuterungen des deutschen Herausgebers zum Amt eines

»Masters of Chancery«, mit dessen – 1848 erfolgter – Abschaffung sich die Aussichten des Anwalts und Ich-Erzählers von *Bartleby* auf ein einträgliches Nebenamt zerschlagen. Ferdinand Schunck, Nachwort, in: Herman Melville, *Bartleby*, hg. von Ferdinand Schunck, Stuttgart 1985, 73–87, hier: 68.

3 Das Zensurlibretto von 1861 vermerkt lediglich »La scène se passe en 17…«. Vgl. *La Chanson de Fortunio*, Livret de censure, Paris 1861, Première édition provisoire, Berlin 2003, 1; abrufbar unter URL: *http://www.offenbach-edition.com/DE/Media/Libretti.asp* [letzter Zugriff: 28.10.2017]. Der schon vor längerer Zeit publizierte Klavierauszug mit vollständigem deutschen Libretto macht weitergehende Angaben zum Kostümbild: »Kostüme: Louis XIV«. Vgl. Jacques Offenbach, *Fortunios Lied* [*La Chanson de Fortunio*], Klavierauszug mit deutschem und französischem Text, Berlin Wiesbaden 1960, 2.

4 Vgl. Couplet Nr. 3, in: Jacques Offenbach, *La Chanson de Fortunio / Fortunios Lied*. Opérette en un acte, livret de Hector Crémieux et Ludovic Halévy, deutsch von Ferdinand Gumbert, Partition d'orchestre, Kritische Ausgabe Jean-Christophe Keck, Berlin 2005 [Leihmaterial des Verlags], 64–69. Der deutsche Text trifft Ton und Witz des französischen Originals nur ungenau.

5 Zur Differenz zwischen galanter und empfindsamer Kommunikation vgl. Albrecht Koschorke, *Körperströme und Schriftverkehr. Mediologie des 18. Jahrhundert*, München Paderborn 1999, 15–20.

6 Vgl. Couplet Nr. 3 in: *La Chanson de Fortunio*, Partition d'orchestre (Anm. 4), 66.

7 Musset hatte die Druckfassung seiner Komödie bereits 1835 in der *Revue des Deux Mondes* veröffentlicht. Zur Premiere am Pariser Théâtre-Historique kam es aber erst 1848, nach der Abschaffung der Theaterzensur infolge der Revolution. Vgl. Alfred de Musset, *Le Chandelier*, in: *Théâtre complet*. Édition établie par Simon Jeune, Paris 1990, 329–375. Zur Publikationsgeschichte der Komödie vgl. ebd., 1107–1116.

8 Unter Berufung auf den Littré erklärt der Kommentar der Pléiade-Ausgabe die »expression familière et ironique« so: »assister et se prêter à une turpitude ou à une chose dans laquelle on est dupé. Se dit particulièrement de complaisances honteuses pour un commerce de galanterie«. Vgl. ebd., 1108.

9 Einer Anekdote zufolge soll Jacques Offenbach seine Version des Lieds ursprünglich für die Wiederaufnahme der Komödie de Mussets an der Comédie-Française komponiert haben. Der Vortrag der Komposition sei damals, so heißt es, an der Unzulänglichkeit des Fortu-

nio-Sängers Delaunay gescheitert. Zweifel an dieser von sämtlichen Offenbach-Biographen kolportierten Legende hat erst der Historiker Jean-Claude Yon in seiner monumentalen Theatergeschichte der Werke Offenbachs angemeldet, vgl. Dens., *Offenbach* (Anm. 1), 113.
10 Offenbach, *Fortunios Lied* [*La Chanson de Fortunio*], Klavierauszug (Anm. 3), 2.
11 Vgl. die Angaben zur Szenerie in: *Die Dollarprinzessin*. Operette in drei Akten nach einem Lustspiele von Emerich von Gatti und Thilo Friedrich Wilhelm von Trotha. Text von Alfred Maria Willner und Fritz Grünbaum. Musik von Leo Fall, Klavierauszug zu zwei Händen mit beigefügtem Text, Wien Berlin 1907, 2. – Die *Dollarprinzessin* feierte am 2. November 1907 im Theater an der Wien Premiere.
12 Nr. 1: Introduktion (Lied der Alice und Chor), in: ebd., 3–8, hier: 8. – Text korrigiert nach dem Textbuch der Gesänge: *Die Dollarprinzessin*. Operette in drei Akten (Nach einem Lustspiel von E. V. Gatti und Th. v. Trotha) von Dr. A. M. Willner und F. Grünbaum. Musik von Leo Fall, Zürich 1906, 3.
13 Ebd., 3–7.
14 Vgl. dazu im Einzelnen Leopold von Wiese, *Geschichte der Soziologie* (vormals erschienen unter dem Titel *Soziologie, Geschichte und Hauptprobleme*, Berlin 1926 u. ö.), Berlin ^{9}1971.
15 Vgl. dazu umfassend Sigfried Giedion, *Die Herrschaft der Mechanisierung. Ein Beitrag zur anonymen Geschichte* [1948], hg. mit einem Vorwort von Henning Ritter und einem Nachwort von Stanislaus von Moos, Hamburg ^{2}1994.
16 Vgl. Fritz Croner, *Soziologie der Angestellten*, Köln Berlin 1962; außerdem Siegfried Braun, *Zur Soziologie der Angestellten*, Frankfurt / Main 1964.
17 Susanne Suhr, *Die weiblichen Angestellten. Arbeits- und Lebensverhältnisse. Ein Umfrage des Zentralverbandes der Angestellten*, Berlin 1930, 3. – Suhrs Studie geht von der Beobachtung aus, dass sich im selben Zeitraum, in dem sich die Zahl der männlichen Angestellten verdoppelte, die der weiblichen Angestellten verdreifachte. Vgl. ebd.
18 Joseph Roth, Die »Girls« [1925], in: Ders., *Werke*, Bd. 2: *Das journalistische Werk 1924–1928*, hg. und mit einem Nachwort von Klaus Westermann, Köln 1990, 393 f., hier: 393. – Vgl. zur Amerikanismus-Debatte der 1920er Jahre und ihren weiteren Ausläufern Helmut Lethen, *Neue Sachlichkeit 1924–1932. Studien zur Literatur des »weißen Sozialismus«*, Stuttgart ^{2}1975; außerdem den Band: *Amerikanisierung. Traum und Albtraum im Deutschland des 20. Jahrhunderts*, hg. von Alf Lüdtke, Inge Marßolek und Adelheid von Saldern, Stuttgart 1996.

19 Vgl. dazu Hans-Christian von Herrmann, Pensum – Spur – Code. Register der Arbeitswissenschaft bei Taylor, Gilbreth und Bernstein, in: Ulrich Bröckling/Eva Horn (Hg.), *Anthropologie der Arbeit*, Tübingen 2002, 193–208; außerdem Claus Pias, *Computer Spiel Welten*, München 2002, 29–49.
20 Vgl. Fritz Giese, *Girlkultur. Vergleiche zwischen amerikanischem und europäischem Rhythmus und Lebensgefühl*, München 1925.
21 Ebd., 19.
22 Ebd., 56.
23 Ebd., 35.
24 Karl Bücher, *Arbeit und Rhythmus* [1896], Leipzig ^{6}1924, 43. – Zum arbeitswissenschaftlichen Kontext von Gieses Studie vgl. Verf., Der Rhythmus der Arbeit. Fritz Gieses Amerika, in: *Archiv für Mediengeschichte* 11 (2011): *Takt und Frequenz*, 85–97.
25 Die Geschichte der Tillergirls ist nachzulesen bei Doremy Vernon, *Tiller's Girls. The colorful story of the legendary dancing troupe*, London 1988, 9–55.
26 Peter Jelavich, *Berlin Cabaret*, Cambridge/Mass. London ^{3}1997, 175–186; Hans Ulrich Gumbrecht, Revue, in: Ders., *1926. Ein Jahr am Rand der Zeit*, Frankfurt/Main 2001, 209–216.
27 Vgl. den Refrain des Lieds »Die Girl-ande«, das abgedruckt ist bei Wolfgang Jansen, *Glanzrevuen der zwanziger Jahre*, Berlin 1987, 107.
28 Alfred Polgar, Girls [1926], in: Ders., *Kleine Schriften*, 6 Bde., hg. von Marcel Reich-Ranicki in Zusammenarbeit mit Ulrich Weinzierl, Bd. 2: *Kreislauf*, Reinbek 1983, 247–251.
29 Siegfried Kracauer, Die Revue im Schumann-Theater [1925], in: Ders., *Werke*, Bd. 5.2: *Essays, Feuilletons, Rezensionen 1924–1927*, hg. von Inka Mülder-Bach unter Mitarbeit von Sabine Biebl, Andrea Erwig, Vera Bachmann und Stephanie Manske, Frankfurt/Main 2011, 247–249, hier: 248f. – Demselben Thema widmen sich die Feuilletons: Die Revuen [1925], in: ebd., 313–317; Revue Confetti [1926], in: ebd., 366f.; Revue Nr. 1 der Wintersaison. München im Schumanntheater [1926], in: ebd., 488f.; Das Berliner Metropoltheater im Schumanntheater. Eine Doppelrevue [1927], in: ebd., 542f.; Das Ornament der Masse [1927], in: ebd., 612–624; Girls und Krise [1931], in: Ders., *Werke*, Bd. 5.3: *Essays, Feuilletons, Rezensionen 1928–1931*, hg. von Inka Mülder-Bach unter Mitarbeit von Sabine Biebl, Andrea Erwig, Vera Bachmann und Stephanie Manske, Frankfurt/Main 2011, 531–533.
30 Kracauer, Das Ornament der Masse (Anm. 29).
31 Ebd., 612.

32 Siegfried Kracauer, *Die Angestellten. Aus dem neuesten Deutschland* [1930], in: Ders., *Werke*, Bd. 1: *Soziologie als Wissenschaft. Der Detektiv-Roman. Die Angestellten*, hg. von Inka Mülder-Bach unter Mitarbeit von Mirjam Wenzel, Frankfurt/Main 2006, 211–310, hier: 217.
33 Jürgen Kocka, *Die Angestellten in der deutschen Geschichte 1850–1980. Vom Privatbeamten zum angestellten Arbeitnehmer*, Göttingen 1981, 13.
34 Thomas Nipperdey, Die Angestellten und der »neue« Mittelstand, in: Ders., *Deutsche Geschichte 1866–1918*, 3 Bde., Bd. 1: *Arbeitswelt und Bürgergeist*, München 1998, 374–381, hier: 377. – Im Einzelnen umfassten diese 1911 gewährten Vorrechte längere Kündigungsfristen, höhere Alters- und Invalidenpensionen, Monatsgehälter statt Akkordtarifen und Wochenlöhnen, außerdem die Gehaltsfortzahlung im Krankheitsfall. Hinter diesen Privilegien stand das politische Kalkül, den wilhelminischen Staat gegen die Gefahr eines Umsturzes von sozialistischer Seite mit zu versichern, indem man ihm die Angestellten durch solche Fürsorglichkeit gewogen hielt. Zur Genealogie der Sozialversicherung in Deutschland vgl. ebd., 337–355.
35 Im Sinne Pierre Bourdieus: Vgl. Dens., *Die feinen Unterschiede. Kritik der gesellschaftlichen Urteilskraft*, übers. von Bernd Schwibs und Achim Russer, Frankfurt/Main 1987.
36 Vgl. Thomas Nipperdey, Die Angestellten und der »neue« Mittelstand (Anm. 34), 378. Im Englischen hat sich für die Angestellten schon in den zwanziger Jahren der Terminus »white-collar workers« eingebürgert.
37 Gustav Schmoller, Was verstehen wir unter dem Mittelstand? Hat er im 19. Jahrhundert zu- oder abgenommen?, in: *Die Verhandlungen des Evangelisch-Sozialen Kongresses* 8 (1897), 132–185, bes. 161 ff.
38 Christa Jordan zufolge hatte sich der Begriff des Mittelstands »bis zur Mitte des 19. Jahrhunderts auf das reiche und gebildete Bürgertum, danach auf Handwerker, Kleingewerbetreiber und Landwirte bezogen, auf Privateigentümer also, denen ihr Kapitalbesitz einen gewissen Grad an Existenzsicherheit und Unabhängigkeit gewährleistet hatte«. Christa Jordan, *Zwischen Zerstreuung und Berauschung. Die Angestellten in der Erzählprosa am Ende der Weimarer Republik*, Frankfurt/Main Bern New York Paris 1988, 35.
39 Emil Lederer, Die Umschichtung des Proletariats, in: *Die neue Rundschau* 40 (1929), 145–161.
40 Hans Speier, *Die Angestellten vor dem Nationalsozialismus. Ein Beitrag zum Verständnis der deutschen Sozialstruktur 1918–1933*, Göttingen 1977, 18. – Die Angestellten-Debatte in der Weimarer Republik re-

konstruiert jetzt erschöpfend Sabine Biebl, *Betriebsgeräusch Normalität. Angestelltendiskurs und Gesellschaft um 1930*, Berlin 2013.
41 Siegfried Kracauer, Kult der Zerstreuung. Über die Berliner Lichtspielhäuser [1926], in: Ders., *Werke*, Bd. 6.1: *Kleine Schriften zum Film 1921-1927*, hg. von Inka Mülder-Bach unter Mitarbeit von Mirjam Wenzel und Sabine Biebl, Frankfurt/Main 2004, 208-213, hier: 210.
42 Kracauer, Varianten zu: *Die Angestellten*, in: *Werke*, Bd. 1 (Anm. 32), 316 f.
43 Kracauer, *Die Angestellten* (Anm. 32), 213.

2. Pressebesuch bei den Angestellten

1 Siegfried Kracauer, *Die Angestellten. Aus dem neuesten Deutschland* [1930], in: Ders., *Werke*, Bd. 1: *Soziologie als Wissenschaft. Der Detektiv-Roman. Die Angestellten*, hg. von Inka Mülder-Bach unter Mitarbeit von Mirjam Wenzel, Frankfurt/Main 2006, 211-310, hier: 217.
2 Siegfried Kracauer, Reisen, nüchtern, in: Ders., *Werke*, Bd. 5.4: *Essays, Feuilletons, Rezensionen 1932-1965*, hg. von Inka Mülder-Bach unter Mitarbeit von Sabine Biebl, Andrea Erwig, Vera Bachmann und Stephanie Manske, Frankfurt/Main 2011, 155-157, hier: 156. – Kracauer kritisiert hier noch einmal eine Tendenz, die er dem zeitgenössischen Kino bereits in einem früheren Resümee über den »heutigen Film und sein Publikum« angekreidet hatte: »Genau das, was auf die Leinwand projiziert werden sollte, ist von ihr weggewischt, und Bilder, die uns um das Bild des Daseins betrügen, füllen die Fläche.« Vgl. Siegfried Kracauer, Der heutige Film und sein Publikum [Film 1928], in: Ders., *Werke*, Bd. 6.2: *Kleine Schriften zum Film 1928-1931*, hg. von Inka Mülder-Bach unter Mitarbeit von Mirjam Wenzel und Sabine Biebl, Frankfurt/Main 2004, 151-166, hier: 152. Entsprechend trifft Kracauers kritisches Urteil exotische Spielfilme und dokumentarische Expeditionsfilme gleichermaßen: Vgl. die Filmrezensionen »Exotische Filme« (ebd., 251-254) und »Auf Tigerjagd in Indien« (ebd., 399-401).
3 Kracauer, *Die Angestellten* (Anm. 1), hier: 222.
4 Siegfried Kracauer, Die Photographie [1927], in: *Werke*, Bd. 5.2: *Essays, Feuilletons, Rezensionen 1924-1927*, hg. von Inka Mülder-Bach unter Mitarbeit von Sabine Biebl, Andrea Erwig, Vera Bachmann und Stephanie Manske, Frankfurt/Main 2011, 682-697, hier: 689. – Die kritische Distanzierung von der Reportage ist in den 1920er Jahren unter linksbürgerlichen Autoren verbreitet. Tatsächlich sind die Nä-

hen zwischen Kracauers Angestellten-Studie und der Reportage-Literatur der Zeit größer als die Diskrepanzen. Vgl. zur Geschichte der Reportage Caterina Kostenzer, *Die literarische Reportage. Über eine hybride Form zwischen Journalismus und Literatur*, Innsbruck 2009, Tobias Eberwein, *Literarischer Journalismus. Theorie – Traditionen – Gegenwart*, Köln 2013; zur Reportage-Kritik Erhard Schütz, *Kritik der literarischen Reportage. Reportagen und Reiseberichte aus der Weimarer Republik über die USA und die Sowjetunion*, München 1977.
5 Kracauer, Reisen, nüchtern (Anm. 2), 156.
6 Kracauer, *Die Angestellten* (Anm. 1), 222. – Zum konstruktiven Verfahren des Mosaiks vgl. Martin Hofmann, »sich die Massenseele dienstbar machen«. Über Siegfried Kracauers Diagnose der Normierungstendenz in der kapitalistischen Moderne, in: Ders./Tobias Korta, *Siegfried Kracauer – Fragmente einer Archäologie der Moderne*, Sinzheim 1997, 11–51, bes. 20–23; Michael Makropoulos, Wirklichkeiten zwischen Literatur, Malerei und Sozialforschung, in: *Konzepte der Moderne*. DFG-Symposion 1997, hg. von Gerhart von Graevenitz, Stuttgart 1999, 69–82; mit stärkerem Akzent auf der methodischen Nähe Kracauers zu den *cultural studies* der jüngeren Zeit Dirk Niefanger, Gesellschaft als Text. Zum Verhältnis von Soziographie und Literatur bei Siegfried Kracauer, in: *Wege deutsch-jüdischen Denkens im 20. Jahrhundert*. Sonderheft DVjs 73 (1999), 162–180; und Inka Mülder-Bach, Soziologie als Ethnographie. Siegfried Kracauers Studie *Die Angestellten*, in: Vittoria Borsò/Gertrude Cepl-Kaufmann/Tanja Reinlein/Sibylle Schönborn/Vera Viehöver (Hg.), *Schriftgedächtnis – Schriftkulturen*, Stuttgart Weimar 2002, 279–298, bes. 289–291.
7 Walter Benjamin, Ein Außenseiter macht sich bemerkbar. Zu S. Kracauer, »Die Angestellten« [1930], in: Ders., *Gesammelte Schriften*, unter Mitwirkung von Theodor W. Adorno und Gershom Scholem hg. von Rolf Tiedemann und Hermann Schweppenhäuser, Bd. III: *Kritiken und Rezensionen*, Frankfurt/Main 1972, 219–225, hier: 225.
8 Kracauer, *Die Angestellten* (Anm. 1), 213.
9 »Konstruktion eines Raumes« ist zugleich der Untertitel, den Kracauer seinem Aufsatz *Über Arbeitsnachweise* gab. Der Beitrag steht der *Angestellten*-Studie sowohl durch das Datum der Veröffentlichung als auch durch sein methodisches Vorgehen nahe. Vgl. Siegfried Kracauer, Über Arbeitsnachweise. Konstruktion eines Raumes [1930], in: *Werke*, Bd. 5.2 (Anm. 4), 249–257.
10 Kracauer, *Die Angestellten* (Anm. 1), 215.
11 Inka Mülder, *Siegfried Kracauer – Grenzgänger zwischen Theorie und Literatur. Seine frühen Schriften 1913–1933*, Stuttgart 1985, 121. – Vgl.

außerdem Eckhardt Köhn, Konstruktion und Reportage. Anmerkungen zum literaturtheoretischen Hintergrund von Siegfried Kracauers Untersuchung »Die Angestellten« (1930), in: *Text und Kontext* 5 (1977), H. 2, 107–123, hier: 111 f.; Heinz Schlaffer, Denkbilder. Eine kleine Prosaform zwischen Dichtung und Gesellschaftstheorie, in: *Die Parabel. Parabolische Formen in der deutschen Dichtung des 20. Jahrhunderts*, hg. von Theo Elm und Hans H. Hiebel, Frankfurt/Main 1986, 174–192, bes. 174–176.

12 Kracauer, *Die Angestellten* (Anm. 1), 213.
13 Mülder, *Siegfried Kracauer – Grenzgänger zwischen Theorie und Literatur* (Anm. 11), 122.
14 Kracauer, *Die Angestellten* (Anm. 1), 213.
15 Ebd., 223.
16 Ebd., 229.
17 So hat Kracauer seine Serie über das Kino der »kleinen Ladenmädchen« bezeichnet; vgl. Dens., Film und Gesellschaft [Die kleinen Ladenmädchen gehen ins Kino], in: Siegfried Kracauer, Werke, Bd. 6.1: *Kleine Schriften zum Film 1921–1927*, hg. von Inka Mülder-Bach unter Mitarbeit von Mirjam Wenzel und Sabine Biebl, Frankfurt/Main 2004, 308–322, hier: 311.
18 Kracauer, *Die Angestellten* (Anm. 1), 265 f.
19 Ebd., 267 f.
20 Ernst Bloch, Der glänzende Filmmensch, in: *Erbschaft dieser Zeit*. Erweiterte Ausgabe, Frankfurt/Main 1962 (= Gesamtausgabe, 16 Bde., Bd. 4), 35 f., hier: 36.
21 Ernst Blass, Abendstimmung, in: *Die Straßen komme ich entlang geweht. Sämtliche Gedichte* [1912], hg. von Thomas B. Schumann, München 1980, 14.
22 Als »Bezeichnung für ein Lied aus einer Operette oder Posse, das durchschlagenden Erfolg gehabt hat«, hat sich der Ausdruck »Schlager« offenbar um 1880 in Wien eingebürgert. Vgl. den Eintrag »Schlager«, in: Hermann Paul, *Deutsches Wörterbuch*. 8., unveränderte Aufl., bearb. von Werner Betz, Tübingen 1981, 547. – Vgl. auch Peter Czerny/Heinz P. Hofmann, *Der Schlager. Ein Panorama der leichten Musik*, Bd. 1, Berlin 1968, 8 f. u. 15 f., und: Peter Wicke, Schlager, in: *Die Musik in Geschichte und Gegenwart*, Sachteil, Bd. 8, Stuttgart 1998, 1063–1070.
23 Stefan Frey, *Franz Lehár oder das schlechte Gewissen der leichten Musik*, Tübingen 1995, 26.
24 Ernst Krenek, Operette und Revue [1929], in: Ders.: *Zur Sprache gebracht. Essays über Musik*, München 1958, 49–56; Michael Klügl,

Erfolgsnummern. Modelle einer Dramaturgie der Operette, Laaber 1992.
25 Hans Siemsen, Die Literatur der Nichtleser, in: *Die literarische Welt* 2 (10. September 1926), Nr. 37, 4; zit. nach: *Weimarer Republik. Manifeste und Dokumente zur deutschen Literatur 1918–1933*, mit einer Einleitung und Kommentaren hg. von Anton Kaes, Stuttgart 1983, 255 f.
26 Karl Neisser, Die Operette ist tot! Es lebe die Operette! in: *Die Scene* 19 (Februar 1929), H. 2: Sonderheft *Krisis der Operette*, 43–46, hier: 44.
27 Karl Westermeyer, *Die Operette im Wandel des Zeitgeistes von Offenbach bis zur Gegenwart*, München 1931, 161.
28 Siegfried Kracauer, Die Geliebte seiner Hoheit, in: Ders., *Werke*, Bd. 6.2: *Kleine Schriften zum Film 1928–1931*, hg. von Inka Mülder-Bach unter Mitarbeit von Mirjam Wenzel und Sabine Biebl, Frankfurt / Main 2004, 43 f.; Ders., Der Orlow, in: ebd., 103; Ders., Eine Frau von Format, in: ebd., 169 f.; Ders., Die blonde Komteß, in: ebd., 191; Ders., Schwarzwald – Berlin, in: ebd., 292 f., Ders., Liebeswalzer. Die neue Tonfilmoperette, in: ebd., 340–342; Ders., Theater und Film. Richard Tauberfilm in Frankfurt, in: ebd., 343 f.
29 Siegfried Kracauer, Der heutige Film und sein Publikum [Film 1928], in: ebd., 151–166, hier: 153.
30 Vgl. Kracauer, *Die Angestellten* (Anm. 1), 295. – Im Feuilleton der *Frankfurter Zeitung* wurden die *Ladenmädchen*-Folgen zwischen dem 11. und dem 19. März 1927 sukzessive abgedruckt; jedem Teil war die Bemerkung vorangestellt: »Aus der Serie: Die kleinen Ladenmädchen gehen ins Kino«. Dagegen erschien der Sonderdruck des Gesamttextes im März 1927 unter dem Titel: »Film und Gesellschaft«. Erst zur Wiederveröffentlichung der Studie im Rahmen des Essaybandes *Das Ornament der Masse* griff Kracauer auf den alten Titel zurück. Vgl. die Anm. der Herausgeberinnen zu »Film und Gesellschaft« (Anm. 17), 322, Anm. 23.
31 Gertrud Koch, *Kracauer zur Einführung*, Hamburg 1996, 62.
32 Kracauer, *Die Angestellten* (Anm. 1), 292.
33 Ebd., 293.
34 Vgl. Theodor Wiesengrund-Adorno, Schlageranalysen, in: *Anbruch. Monatsschrift für moderne Musik* 11 (März 1929), H. 3: *Leichte Musik*, 108–114, hier: 111; wieder in: Theodor W. Adorno, *Gesammelte Schriften*, hg. von Rolf Tiedemann unter Mitwirkung von Gretel Adorno, Susan Buck-Morss und Klaus Schultz, Bd. 18: *Musikalische Schriften V*, Frankfurt / Main 1997, 778–787.
35 Kracauer, *Die Angestellten* (Anm. 1), 293. – Zur Geschichte des Pan-

oramas: Dolf Sternberger, *Panorama oder Ansichten vom 19. Jahrhundert* [1938], Frankfurt/Main 1981; Stephan Oettermann, *Das Panorama. Die Geschichte eines Massenmediums*, Frankfurt/Main 1980.
36 Kracauer, *Die Angestellten* (Anm. 1), 288.
37 Ebd., 297.
38 Ebd., 257 f.
39 Ernst Bloch, Brief an Kracauer vom 5. August 1928, in: Ernst Bloch, *Briefe 1903–1975*, hg. von Karola Bloch, Jan Robert Bloch, Anne Frommann, Hanna Gekle, Inge Jens, Martin Korol, Inka Mülder, Arno Münster, Uwe Opolka und Burghart Schmidt, 2 Bde., Bd. 1, Frankfurt/Main 1985, 309.
40 Kracauer, *Die Angestellten* (Anm. 1), 218. – Auf die Bedeutung des Paradigmas kriminalistischer Spurensicherung in Kracauers *Angestellten*-Studie ist in der Forschung immer wieder hingewiesen worden, auch mit Blick auf parallele Adaptionen in der Philosophie (Bloch), der Psychoanalyse (Freud) und der Kunstgeschichte (Morelli). Vgl. Mülder, *Siegfried Kracauer – Grenzgänger zwischen Theorie und Literatur* (Anm. 13), 91–95; pauschaler dagegen bei Koch, *Kracauer zur Einführung* (Anm. 31), 54 f., und Sigrun Anselm, »Indizienjäger im Alltag«. Siegfried Kracauers kritische Phänomenologie, in: *Kultursoziologie – Symptom des Zeitgeistes?*, hg. von Helmuth Berking und Richard Faber, Würzburg 1989, 170–194.
41 Siegfried Kracauer, Der Detektiv-Roman. Eine Deutung [1922], in: Ders., *Werke*, Bd. 1 (Anm. 1), 103–209, hier: 107 u. 118.
42 Ernst Bloch, Revueform in der Philosophie [1928], in: *Erbschaft dieser Zeit* (Anm. 20), 368–371, hier: 368. – Beim Erstabdruck der Rezension, die am 1. August 1928 in der *Vossischen Zeitung* erschien, fiel seine Bewertung der Revueform zunächst zwiespältiger aus.
43 Ebd., 368 f.
44 Kracauer, *Die Angestellten* (Anm. 1), 275.
45 Es handelt sich dabei um »Heftchen«, die »zusammengefaltet alle zur Erledigung des Arbeitsvorgangs erforderlichen Formulare [enthalten]. […] Leitet der Auftrag eine Reise ein, so wird die innezuhaltende Route durch die Formulare festgelegt, und gewiß könnte keine Konzertagentur die Tournee eines Virtuosen genauer im voraus bestimmen.« Ebd., 231 f.
46 Im Sinne des bekannten Leitsatzes von Frederick Winslow Taylor: »The right man in the right place«, den Kracauer sekundär nach einer »Verwaltungs-Mitteilung der O.-Kommanditgesellschaft vom Ende des Jahres 1927« (ebd., 225) zitiert. – Zur Geschichte und Nachgeschichte solcher Ausleseverfahren und ihres arbeitswissenschaft-

lichen Kontexts vgl. im Übrigen die Beiträge des Bandes *Anthropologie der Arbeit*, hg. von Ulrich Bröckling und Eva Horn, Tübingen 2002.
47 Kracauer, *Die Angestellten* (Anm. 1), 221.
48 Kracauer, Der heutige Film und sein Publikum [Film 1928] (Anm. 2), 152.
49 Kracauer, *Die Angestellten* (Anm. 1), 214.
50 Vgl. zur Geschichte der *Frankfurter Zeitung* und ihrer Entwicklung in der Weimarer Republik Wolfgang Schivelbusch, *Intellektuellendämmerung. Zur Lage der Frankfurter Intelligenz in den zwanziger Jahren*, Frankfurt/Main 1985, 55–76, Almut Todorow, *Das Feuilleton der »Frankfurter Zeitung« in der Weimarer Republik. Zur Grundlegung einer rhetorischen Medienforschung*, Tübingen 1996, 138–149, Helmut Stalder, *Siegfried Kracauer. Das journalistische Werk in der ›Frankfurter Zeitung‹ 1921–1933*, Würzburg 2003, 21–70; Inka Mülder-Bach, Nachbemerkung und editorische Notiz, in: Kracauer, *Werke*, Bd. 5.4 (Anm. 2), 697–716, bes. 698–704.
51 Der Beitrag ist vollständig wiederabgedruckt in: Almut Todorow, »Wollten die Eintagsfliegen in den Rang höherer Insekten aufsteigen?« Die Feuilletonkonzeption der Frankfurter Zeitung während der Weimarer Republik im redaktionellen Selbstverständnis, in: *DVjs* 62 (1988), 697–740, hier: 735 f.
52 Kracauer, *Die Angestellten* (Anm. 1), 222.
53 Die Unterscheidung zwischen dem Politischen und der Politik – im Französischen »*le* politique« und »*la* politique« – entlehne ich Claude Lefort, *Fortdauer des Theologisch-Politischen?*, übers. von Hans Scheulen und Ariane Cuvelier, Wien 1999, 35. – Vgl. zur Bandbreite ihrer theoretischen Ausfaltungen in der politischen Theorie der Gegenwart die Beiträge des Bandes *Das Politische und die Politik*, hg. von Thomas Bedorf und Kurt Röttgers, Frankfurt/Main 2010.
54 Kracauer, *Die Angestellten* (Anm. 1), 221 f.

3. Öffentlichkeitsarbeit im Feuilleton

1 Vgl. Knud Wolffram, *Tanzdielen und Vergnügungspaläste. Berliner Nachtleben in den dreißiger und vierziger Jahren. Von der Friedrichstraße bis Berlin W, vom Moka Efti bis zum Delphi*, Berlin 1992, 22, 77 f. u. 119–126.
2 Siegfried Kracauer, *Die Angestellten. Aus dem neuesten Deutschland* [1930], in: Ders., *Werke*, Bd. 1: *Soziologie als Wissenschaft. Der Detektiv-Roman. Die Angestellten*, hg. von Inka Mülder-Bach unter

Mitarbeit von Mirjam Wenzel, Frankfurt/Main 2006, 211-310, hier: 294.
3 Georg Lukács, *Die Theorie des Romans. Ein geschichtsphilosophischer Versuch über die Formen der großen Epik* [1920], Neuwied Berlin 1971.
4 Der berühmte Eingangssatz lautet: »Selig sind die Zeiten, für die der Sternenhimmel die Landkarte der gangbaren und zu gehenden Wege ist und deren Wege das Licht der Sterne erhellt.« Ebd., 21.
5 Ebd., 32.
6 Siegfried Kracauer, Georg von Lukács' Romantheorie [1921], in: Ders., *Werke*, Bd. 5.1: *Essays, Feuilletons, Rezensionen 1906-1923*, hg. von Inka Mülder-Bach unter Mitarbeit von Sabine Biebl, Andrea Erwig, Vera Bachmann und Stephanie Manske, Frankfurt/Main 2011, 282-288, hier 282.
7 Ferdinand Tönnies, *Gemeinschaft und Gesellschaft. Grundbegriffe der reinen Soziologie* [1887], Darmstadt ⁴2005.
8 Siegfried Kracauer, Spiritistische Phänomene und ihre Erklärung [1921], in: Ders., *Werke*, Bd. 5.1 (Anm. 6), 209-211.
9 Siegfried Kracauer, Wiederkehr der Toten? [1923], in: ebd., 691-693, hier: 691 f.
10 Siegfried Kracauer, Anthroposophie und Wissenschaft. Bemerkungen zur anthroposophischen Hochschultagung in Darmstadt, 25. bis 30. Juli [1921], in: ebd., 256-265, hier: 257 f.
11 Siegfried Kracauer, Von der Schule der Weisheit [1921], in: ebd., 289-296, hier: 289. – Vgl. zu den religiösen Erneuerungsbewegungen der 1920er Jahre zusammenfassend die Studie von Manfred Bauschulte, *Religionsbahnhöfe in der Weimarer Republik. Studien zur Religionsforschung 1918-1933*, Marburg 2007.
12 Siegfried Kracauer, Die Wartenden [1922], in: Ders., *Werke*, Bd. 5.1 (Anm. 6), 383-394, hier: 384.
13 Ebd., 392.
14 Ebd., 389.
15 Siegfried Kracauer, Oktoberrevolution. Revolutionärer Realismus [1933], in: Ders., *Werke*, Bd. 5.4: *Essays, Feuilletons, Rezensionen 1932-1965*, hg. von Inka Mülder-Bach unter Mitarbeit von Sabine Biebl, Andrea Erwig, Vera Bachmann und Stephanie Manske, Frankfurt/Main 2011, 367-372, hier: 368.
16 Vgl. Siegfried Kracauer, Das Klavier [1926], in: Ders., *Werke*, Bd. 5.2: *Essays, Feuilletons, Rezensionen 1924-1927*, hg. von Inka Mülder-Bach unter Mitarbeit von Sabine Biebl, Andrea Erwig, Vera Bachmann und Stephanie Manske, Frankfurt/Main 2011, 348-353; Ders., Falscher Untergang der Regenschirme [1926], in: ebd., 364 f.; Ders., Die soziale

Lage der Tintenfässer [1926], in: ebd., 445–449; Ders., Die Hosenträger. Eine historische Studie [1926], in: ebd., 482–485; Ders., Das Monokel. Versuch einer Biographie [1926], in: ebd., 495–497; Kampf gegen die Badehose [1931], in: Ders., *Werke*, Bd. 5.3: *Essays, Feuilletons, Rezensionen 1928–1931*, hg. von Inka Mülder-Bach unter Mitarbeit von Sabine Biebl, Andrea Erwig, Vera Bachmann und Stephanie Manske, Frankfurt/Main 2011, 473–476.
17 Vgl. Siegfried Kracauer, Der blaue Main. Vorfrühlings-Wanderung 1924, in: Ders., *Werke*, Bd. 5.2, 59–63; Ders., Schwarzwaldreise. Triberg – Schönwald – Donaueschingen [1924], in: ebd., 78–83; Ders., Der Reisevorschlag. Eine Viertage-Reise nach Würzburg und Bamberg [1925], in: ebd., 243–247; Ders., Die Sommerfrischen-Länder. Eine Herbstbetrachtung [1925], in: ebd., 304–306; Ders., Das Mittelgebirge [1926], in: ebd., 506–508; Ferien im September [1928], in: Ders., *Werke*, Bd. 5.3 (s. die vorige Anm.), 56–61; Villars. Das Sankt-Moritz der Westschweiz [1928], in: ebd., 91–93; Ders., Badgastein aus der Märzperspektive [1930], in: ebd., 212–217.
18 Ders., Lichtreklame [1927], in: *Werke*, Bd. 5.2 (Anm. 16), 529–532, hier: 530 f.
19 Ders., Die Reise und der Tanz [1925], in: *Werke*, Bd. 5.2 (Anm. 16), 214–222, hier: 215 u. 219.
20 Ebd., 221.
21 Kracauer, Lichtreklame (Anm. 18), 532.
22 Ders., Die Wartenden (Anm. 12), 384.
23 Ebd., 529.
24 Vgl. Verf., Bunte Himmel. Siegfried Kracauers Farben, in: *Die Farben der Prosa*, hg. von Eva Esslinger, Heide Volkening und Cornelia Zumbusch, Freiburg 2016, 259–278.
25 Theodor W. Adorno, Der wunderliche Realist. Über Siegfried Kracauer [1964], in. Ders., *Gesammelte Schriften*, hg. von Rolf Tiedemann unter Mitwirkung von Gretel Adorno, Susan Buck-Morss und Klaus Schultz, Bd. 11: *Noten zur Literatur*, Frankfurt/Main 1974, 388–408, hier: 407.
26 So die verbreitete Charakterisierung von Kracauers Ansatz in der Forschung, die dessen Nähe zu Georg Simmel betont und am eingehendsten diskutiert wird bei: Inka Mülder-Bach, Der Umschlag der Negativität – Zur Verschränkung von Phänomenologie, Geschichtsphilosophie und Filmästhetik in Siegfried Kracauers Metaphorik der »Oberfläche«, in: *DVjs* 61 (1987), 359–373; Dirk Oschmann, Kracauers Herausforderung der Phänomenologie. Vom Essay zur »Arbeit am Material«, in: Wolfgang Braungart/Kai Kauffmann (Hg.), *Essayismus*

um 1900, Heidelberg 2006, 193–211, bes. 196; und David Wachter, *Konstruktionen im Übergang. Krise und Utopie bei Musil, Kracauer und Benn*, Freiburg 2013, 172.

27 Explizit nimmt Hegel diese Gleichsetzung in seiner Rechtsphilosophie vor: »Was vernünftig ist, das ist wirklich, und was wirklich ist, das ist vernünftig.« Georg Wilhelm Friedrich Hegel, *Grundlinien der Philosophie des Rechts oder Naturrecht und Staatswissenschaft im Grundrisse* [1821]. Mit Hegels eigenhändigen Notizen und den mündlichen Zusätzen, Frankfurt/Main 1986 (= Werke in 20 Bänden, hg. von Eva Moldenhauer und Karl Markus Michel, Bd. 7), 24.

28 Die mit »Fiktion« und »Diktion« verbundenen Alternativen poetisch-literarischer Theoriebildung erläutert Gérard Genette, *Fiktion und Diktion* [1991], übers. von Heinz Jatho, München 1992.

29 Albrecht Koschorke, *Hegel und wir. Frankfurter Adorno-Vorlesungen 2013*, Frankfurt/Main 2015, 23.

30 Dafür nach wie vor einschlägig: Jean-François Lyotard, *Das postmoderne Wissen. Ein Bericht* [1982], übers. von Otto Pfersmann, Wien ⁴1999.

31 Georg Wilhelm Friedrich Hegel, *Vorlesungen über die Ästhetik II* [1823–1829], Frankfurt/Main 1986 (= Werke in 20 Bänden, hg. von Eva Moldenhauer und Karl Markus Michel, Bd. 14), 220.

32 Deren Facetten entwickelt, ebenfalls auf der Folie von Hegels *Ästhetik*, Karl Rosenkranz, *Ästhetik des Häßlichen* [1853], hg. und mit einem Nachwort von Dieter Kliche, Stuttgart 1990.

33 Georg Wilhelm Friedrich Hegel, *Vorlesungen über die Ästhetik III* [1823–1829], Frankfurt/Main 1986 (= Werke in 20 Bänden, hg. von Eva Moldenhauer und Karl Markus Michel, Bd. 15), (Anm. 31), 244.

34 Friedrich Theodor Vischer, *Aesthetik oder Wissenschaft des Schönen. Zum Gebrauch für Vorlesungen* [1857], Bd. 6: *Kunstlehre: Die Dichtkunst*, hg. von Robert Vischer, München 1923, 177.

35 Georg Lukács, Erzählen oder Beschreiben? Zur Diskussion über Naturalismus und Formalismus [1936], in: *Begriffsbestimmung des literarischen Realismus*, hg. von Richard Brinkmann, Darmstadt 1969, 33–67.

36 Eingehend wird der Detektivroman als säkulare Heilsgeschichte beleuchtet in: Siegfried Kracauer, Der Detektiv-Roman. Eine Deutung [1922], in: Ders., *Werke*, Bd. 1 (Anm. 2), 103–209. – Vgl. dazu auch Barbara Thums, Kracauer und die Detektive. Denkräume einer Theologie des Profanen, in: *DVjs* 84 (2010), 390–406.

37 Siegfried Kracauer, Neue Detektivromane. Chesterton, Frank Heller u. a. [1927], in: Ders., *Werke*, Bd. 5.2 (Anm. 16), 580–585, hier: 581.

38 In seiner *Theorie des Films* hat Kracauer der »fotografische[n] Einstellung« ein eigenes Kapitel gewidmet, in dem er das Konzept der phänomenologischen Reduktion, das er von Husserl und Simmel entlehnt, medientheoretisch wendet. Vgl. Dens., *Theorie des Films. Die Errettung der äußeren Wirklichkeit* [1960], in: Ders., Werke, Bd. 3: *Theorie des Films. Mit einem Anhang »Marseiller Entwurf« zu einer Theorie des Films*, hg. von Inka Mülder-Bach unter Mitarbeit von Sabine Biebl, Frankfurt/Main 2005, 11–493, hier: 44–51. – Vgl. dazu auch Inka Mülder-Bach, Der Cineast als Ethnograph. Zur Prosa Siegfried Kracauers, in: *Die (k)alte Sachlichkeit. Herkunft und Wirkungen eines Konzepts*, hg. von Moritz Baßler und Ewout van der Knaap, Würzburg 2004, 73–84, bes. 77 f.

39 Uwe Pralle, Philosophie in Bruchstücken. Siegfried Kracauers Feuilletons, in: Andreas Volk (Hg.), *Siegfried Kracauer. Zum Werk des Romanciers, Feuilletonisten, Architekten, Filmwissenschaftlers und Soziologen*, Zürich 1996, 63–79, hier: 67.

40 Ebd., 78.

41 Vgl. dazu Verf., Schneegestöber und Abfall. Residuen des Dämonischen in Kracauers Essay über die Photographie, in: Eva Geulen/Lars Friedrich/Kirk Wetters (Hg.), *Das Dämonische. Schicksal einer Kategorie der Zweideutigkeit*, München 2014, 345–359.

42 Siegfried Kracauer, Die Nichtexistenz der Altstadt. Eine philosophische Deduktion [1925], in: Ders., Werke, Bd. 5.2 (Anm. 16), 323 f., hier: 323.

43 Ders., *Geschichte – Vor den letzten Dingen* [1969], in: Ders., Werke, Bd. 4, hg. von Ingrid Belke unter Mitarbeit von Sabine Biebl, Frankfurt/Main 2009, 11–261, hier: 12.

44 Ders., *Die Angestellten* (Anm. 2), 217.

45 Ebd., 229.

46 Ebd., 232.

47 Wilmont Haacke, *Handbuch des Feuilletons*, 3 Bde., Bd. 2, Emsdetten 1952, 201–207; mit engerem Fokus auf die Affinitäten zwischen dem sprachspielerischen Feuilleton und der Kurzprosa der Avantgarde: Moritz Baßler, *Die Entdeckung der Textur. Unverständlichkeit in der Kurzprosa der emphatischen Moderne 1910–1916*, Tübingen 1994, 114–135.

48 Vgl. Heinz Schlaffer, Denkbilder. Eine kleine Prosaform zwischen Dichtung und Gesellschaftstheorie [1973], in: *Die Parabel. Parabolische Formen in der deutschen Dichtung des 20. Jahrhunderts*, hg. von Theo Elm und Hans H. Hiebel, Frankfurt/Main 1986, 174–192. – Die aus der Konzentration aufs »Denkbild« resultierende Verengung der bisherigen Forschung zur ›kleinen Form‹ nicht nur bei Kracauer

bilanzieren Hildegard Kernmeyer, Barbara von Reibnitz und Erhard Schütz in ihrem Vorwort: Perspektiven der Feuilletonforschung. Vorwort, in: *Zeitschrift für Germanistik*. Neue Folge XXII (2012), H. 3: *Zur Poetik und Medialität des Feuilletons*, 494–508.
49 Mülder-Bach, Der Cineast als Ethnograph (Anm. 38), 80.
50 Ernst Bloch, Brief an Kracauer vom 6. Juni 1926, in: Ernst Bloch, *Briefe 1903–1975*, hg. von Karola Bloch, Jan Robert Bloch, Anne Frommann, Hanna Gekle, Inge Jens, Martin Korol, Inka Mülder, Arno Münster, Uwe Opolka und Burghart Schmidt, 2 Bde., 1. Bd., Frankfurt/Main 1985, 278.
51 Vgl. den Eintrag zu »bunt« bei Jacob und Wilhelm Grimm, *Deutsches Wörterbuch*, 33 Bde., Bd. 2, München 1860, Sp. 525–530.
52 Siegfried Kracauer, Die Revue im Schumann-Theater [1925], in: Ders., *Werke*, Bd. 5.2: *Essays, Feuilletons, Rezensionen 1924–1927*, hg. von Inka Mülder-Bach unter Mitarbeit von Sabine Biebl, Andrea Erwig, Vera Bachmann und Stephanie Manske, Frankfurt/Main 2011, 247–249, hier: 247.
53 Ernst Bloch, Revueform in der Philosophie [1928], in: *Erbschaft dieser Zeit*. Erweiterte Ausgabe, Frankfurt/Main 1962 (= Gesamtausgabe, 16 Bde., Bd. 4), 368–371, hier: 368.

4. Berliner Revueformen

1 Arthur Kahane, Die Jahre 1905–1924, in: Max Reinhardt – 25 Jahre Deutsches Theater, München 1930, zit. nach: Ruth Freydank, *Theater in Berlin. Von den Anfängen bis 1945*, Berlin 1988, 366.
2 Wolfgang Jansen, *Glanzrevuen der zwanziger Jahre*, Berlin 1987, 153 u. 113f.
3 Freydank, *Theater in Berlin* (Anm. 1), 366.
4 Vorrede, in: *Das Große Schauspielhaus – Zur Eröffnung des Hauses herausgegeben vom Deutschen Theater zu Berlin*, Berlin 1920, 14. Zit. nach: ebd.
5 Zur Vereins- und Theatergeschichte der Volksbühnenbewegung in Berlin vgl. ebd., 341–351.
6 Wolfgang Jansen erwähnt den Fall der Reinhardt-Schauspielerin Agnes Straub, die 1921 vor das Bühnen-Schiedsgericht zog. Aus seiner Quelle, dem *Berliner Lokal-Anzeiger* vom 11.10.1921, stammt auch das Zitat. Vgl. Jansen, *Glanzrevuen der zwanziger Jahre* (Anm. 2), 153.
7 Die Uraufführung dieser *Orestie* in der Bearbeitung von Carl Vollmoeller und mit der Musik von Einar Nilson fand am 29.11.1919

statt. Vgl. Freydank, *Theater in Berlin* (Anm. 1), 366. – Zur Kontinuität zwischen Max Reinhardts Dramentheater und Erik Charells Revuen, die neben der Ästhetik auch das Finanzierungsmodell und das Personalwesen betraf, vgl. Janine Dömeland, Großes Schauspielhaus, Berlin: Musiktheaterkonzepte in der Weimarer Republik, in: Nils Grosch (Hg.), *Aspekte des modernen Musiktheaters in der Weimarer Republik*, Münster New York München Berlin 2004, 139–158.
8 Den Begriff entlehne ich Hans-Thies Lehmann, *Postdramatisches Theater*, Frankfurt/Main 1999.
9 Maximilian Sladek, Unsere Schau, zit. nach: Jansen, *Glanzrevuen der zwanziger Jahre* (Anm. 2), 146.
10 Diese und weitere Zahlen für das Bühnenjahr 1926/27 bei Dömeland, Großes Schauspielhaus, Berlin (Anm. 7), 154.
11 Monty Jacobs, Hallers Revue ›Achtung! Welle 505‹ im Admiralspalast, in: *Vossische Zeitung* vom 21. August 1925. Zit. nach: Nils Grosch, »Bilder, Radio, Telephon«: Revue und Medien in der Weimarer Republik, in: Ders. (Hg.), *Aspekte des modernen Musiktheaters in der Weimarer Republik* (Anm. 7), 159–174, hier: 167.
12 Jansen, *Glanzrevuen der zwanziger Jahre* (Anm. 2), 159.
13 Dazu zuletzt: Christophe Charle, Ein paradoxes Genre. Die revue d'actualité in Paris (1852–1912), in: *Staging Festivity. Theater und Fest in Europa*, hg. von Erika Fischer-Lichte und Mathias Warstat, Tübingen 2009, 260–286.
14 Vgl. Kafkas Brief an Felice Bauer vom 24. Oktober 1912. Ders., *Briefe an Felice und andere Korrespondenz aus der Verlobungszeit*, hg. von Erich Heller und Jürgen Born, Frankfurt/Main 1967, 52.
15 Einzelheiten bei Franz-Peter Kothes, *Die theatralische Revue in Berlin und Wien 1900–1938. Typen, Inhalte, Funktionen*, Wilhelmshaven 1977, 29–49; Jansen, *Glanzrevuen der zwanziger Jahre* (Anm. 2), 27–36; Peter Jelavich, *Berlin Cabaret*, Cambridge/Mass. London ³1997, 104–117; Jens-Uwe Völmecke, *Die Berliner Jahresrevuen 1903–1913 und ihre Weiterführung in den Revue-Operetten des Ersten Weltkriegs*, Köln 1997; Christa Hasche, »Superrevuen«. Tendenzen der Schaurevue der zwanziger Jahre in Berlin, in: Christopher Balme (Hg.), *Horizonte der Emanzipation. Texte zu Theater und Theatralität*, Berlin 1999, 103–118; und Tobias Becker, Die Anfänge der Schlagerindustrie. Intermedialität und wirtschaftliche Verflechtungen vor dem Ersten Weltkrieg, in: *Jahrbuch des Deutschen Volksliedarchivs Freiburg* 58 (2013): *Lied und populäre Kultur/Song and Popular Culture*, hg. von Michael Fischer, Wolfgang Jansen und Tobias Widmaier, Münster New York München Berlin 2013, 11–39.

16 Kothes, *Die theatralische Revue in Berlin und Wien 1900–1938* (ebd.), 30–32.
17 Grosch, »Bilder, Radio, Telephon« (Anm. 11), 168.
18 Über die Sendefrequenz des frühen Berliner Unterhaltungsrundfunks gibt Auskunft: Eugen Nesper, *Der Radio-Amateur (Radio – Telephonie). Ein Lehr- und Hilfsbuch für die Radioamateure aller Länder*, mit 955 Textabbildungen, sechste, bedeutend verm. und verb. Aufl., Berlin 1925, 17 u. 19 f.
19 Satirische Pressekommentare zu dieser Praxis zitiert Kothes, *Die theatralische Revue in Berlin und Wien 1900–1938* (Anm. 15), 61.
20 So die Beobachtung Stefan Freys: Vgl. Dens., *Franz Lehár oder das schlechte Gewissen der leichten Musik*, Tübingen 1995, 168.
21 Den Rückzug der Operette auf das Feld der Geschichte beleuchtet näher: Wolfgang Jansen, Auf der Suche nach Zukunft: Die Situation der Operette in den ausgehenden Zwanziger Jahren, in: Grosch (Hg.), *Aspekte des modernen Musiktheaters in der Weimarer Republik* (Anm. 7), 27–72, bes. 40–43.
22 Theodor W. Adorno, Arabesken zur Operette [1932], in: Ders., *Gesammelte Schriften*, hg. von Rolf Tiedemann unter Mitwirkung von Gretel Adorno, Susan Buck-Morss und Klaus Schultz, Bd. 19: *Musikalische Schriften VI*, Frankfurt / Main 1984, 516–519, hier: 518 f.
23 Im Sinne der Aura-Definition Walter Benjamins: vgl. Dens., *Das Kunstwerk im Zeitalter der technischen Reproduzierbarkeit*. Erste Fassung [1935/36], in: Ders., *Gesammelte Schriften*, unter Mitwirkung von Theodor W. Adorno und Gershom Sholem hg. von Rolf Tiedemann und Hermann Schweppenhäuser, Bd. I.2, Frankfurt / Main 1974, 431–469, hier: 440.
24 Otto Schneidereit, *Fritzi Massary. Versuch eines Porträts*, Berlin 1970, 52. – Zur Karriere der Massary ausführlicher Verf., »O-la-la«. Auftritte einer Diva, in: *Hold it! Zur Pose zwischen Bild und Performance*, hg. von Bettina Brandl-Risi, Gabriele Brandstetter und Stefanie Dieckmann, Berlin 2012, 217–239.
25 Paul Rose, *Berlins große Theaterzeit. Schauspieler-Porträts der zwanziger und dreißiger Jahre*. Mit 26 Abbildungen, Berlin 1969, 57–70, hier: 58 f.
26 Näheres dazu Frey, *Franz Lehár oder das schlechte Gewissen der leichten Musik* (Anm. 20), 145–196.
27 Karl Westermeyer, Lehár: Friederike. Metropoltheater, in: *Berliner Tagblatt* vom 5. Oktober 1928. Zit. nach: Stefan Frey, »Eine Sünde wert«: Operette als künstlerischer Seitensprung. Käthe Dorsch, Richard Tauber und andere Genre-Grenzgänger, in: *Kunst der Ober-*

fläche. Operette zwischen Bravour und Banalität, hg. von Bettina Brandl-Risi, Clemens Risi und der Komischen Oper Berlin, Berlin 2015, 111–124, hier: 119.
28 Otto Schneidereit, *Richard Tauber. Ein Leben – eine Stimme*, Berlin 1988, 44.
29 Eingehend studiert hat ihren Aufbau Stefan Frey: Vgl. Dens., *Franz Lehár oder das schlechte Gewissen der leichten Musik* (Anm. 20), 155–158. Vgl. auch Dieter Zimmerschied, *Operette. Phänomen und Entwicklung*, Wiesbaden 1988, 51.
30 Franz Lehár, Vom Schreibtisch und aus dem Atelier. Bis zur *Lustigen Witwe*, entnommen aus: *Velhagen & Klasings Monatshefte*, Bielefeld Leipzig 1912. Zit. nach: Otto Schneidereit, *Franz Lehár. Eine Biographie in Zitaten*, Berlin 1984, 114.
31 Ingrid Grünberg, Operette und Rundfunk. Die Entstehung eines spezifischen Typs massenwirksamer Unterhaltungsmusik, in: *Argument*, hg. von Wolfgang Fritz Haug, Sonderband 24: *Angewandte Musik der 20er Jahre. Exemplarische Versuche gesellschaftsbezogener musikalischer Arbeit für Theater, Film, Radio, Massenveranstaltung*, Berlin 1977, 59–80.
32 Michael Klügl, *Erfolgsnummern. Modelle einer Dramaturgie der Operette*, Laaber 1992, 180.
33 Irmgard Keun, *Das kunstseidene Mädchen*. Roman [1932]. Mit zwei Beiträgen von Annette Keck und Anna Barbara Hagin, München [7]2005, 123.
34 Theodor W. Adorno, Über den Fetischcharakter in der Musik und die Regression des Hörens [1938], in: Ders., *Gesammelte Schriften* (Anm. 22), Bd. 14: *Dissonanzen. Einleitung in die Musiksoziologie*, Frankfurt/Main 1973, 14–50, hier: 21. Vgl. auch Dens., *Einleitung in die Musiksoziologie. Zwölf theoretische Vorlesungen. II: Leichte Musik* [1962], in: ebd., 199–218; Ders.: *Zur gesellschaftlichen Lage der Musik* [1932], in: ebd., Bd. 18: *Musikalische Schriften V*, Frankfurt/Main 1984, 729–777.
35 Adorno, Arabesken zur Operette (Anm. 22), 518. – Historisches Quellenmaterial zur kontrovers geführten zeitgenössischen Pressediskussion über das Verhältnis von Operette und Revue versammelt der Band von Marion Linhardt, *Stimmen zur Unterhaltung. Operette und Revue in der publizistischen Debatte (1906–1933)*, Wien 2009.
36 Richard Huelsenbeck, Dadaistisches Manifest [April 1918], zit. nach: Hanne Bergius, *Das Lachen DADAs. Die Berliner Dadaisten und ihre Aktionen*, Gießen 1993, 26 f., hier: 26.

37 Raoul Hausmann, Der deutsche Spießer ärgert sich [1919], in: ebd., 120.
38 Peter Bürger hat dieses Programm in einer Theorie ausbuchstabiert, die die Selbstkritik der Institution Kunst ins Zentrum stellt. Vgl. Dens., *Theorie der Avantgarde* [1976], mit einem Nachwort zur zweiten Auflage, Frankfurt/Main ¹⁶2013.
39 Hugo Ball und Richard Huelsenbeck, Ein literarisches Manifest [1915], zit. nach: Bergius, *Das Lachen DADAs* (Anm. 36), 57.
40 So die Beschreibung des *Berliner Börsen-Couriers*. Vgl. Bergius, *Das Lachen DADAs* (Anm. 38), 29–32, hier: 30f. – Die frühe Rezeption des afroamerikanischen Jazz durch die Dadaisten und speziell durch George Grosz beleuchtet Cornelius Partsch, *Schräge Töne. Jazz und Unterhaltungsmusik in der Kultur der Weimarer Republik*, Stuttgart 2000, 17–54; eine allgemeinere Übersicht über die Präsenz afroamerikanischer Musik- und Tanzformen in der deutschen Unterhaltungskultur des frühen 20. Jahrhunderts bietet Jens Gerrit Papenburg, Synkopierte Moderne. Populäre ›afroamerikanische‹ Musikformen in Revue und Operette, Berlin/Wien *1900–1925*, in: *Kunst der Oberfläche* (Anm. 27), 70–87.
41 Erwin Piscator, *Das Politische Theater* [1929], in: *Zeittheater. »Das Politische Theater« und weitere Schriften von 1915 bis 1966*, ausgewählt und bearbeitet von Manfred Brauneck und Peter Sterz, mit einem Nachwort von Hansgünther Heyme, Reinbek 1986, 13–235, hier: 39.
42 Ebd., 57.
43 Ebd., 58. – Weitere Einzelheiten bei: Freydank, *Theater in Berlin* (Anm. 1), 402–405; Christa Hasche, *Bürgerliche Revue und »Roter Rummel«. Studien zur Entwicklung massenwirksamen Theaters in den Formen der Revue in Berlin 1903–1925*, Diss. masch., Berlin 1980; John Willett, *Erwin Piscator. Die Eröffnung des politischen Zeitalters auf dem Theater*, Frankfurt/Main 1982, 15–22, Hermann Haarmann, *Erwin Piscator und die Schicksale der Berliner Dramaturgie. Nachträge zu einem Kapitel deutscher Theatergeschichte*, München 1991, 61–67.
44 Piscator, *Das Politische Theater* (Anm. 41), 57.
45 Ernst Bloch, Revueform in der Philosophie [1928], in: *Erbschaft dieser Zeit*. Erweiterte Ausgabe, Frankfurt/Main 1962 (= Gesamtausgabe, 16 Bde., Bd. 4), 368–371, hier: 369.
46 Dazu Stefan Woll, *Das Totaltheater. Ein Projekt von Walter Gropius und Erwin Piscator*, Berlin 1984.
47 Piscator, *Das Politische Theater* (Anm. 41), 124.
48 Ebd., 131.
49 Woll, *Das Totaltheater* (Anm. 46), 120.

50 Piscator, *Das Politische Theater* (Anm. 41), 133.
51 Siegfried Kracauer, *Die Angestellten. Aus dem neuesten Deutschland* [1930], in: Ders., *Werke*, Bd. 1: *Soziologie als Wissenschaft. Der Detektiv-Roman. Die Angestellten*, hg. von Inka Mülder-Bach unter Mitarbeit von Mirjam Wenzel, Frankfurt/Main 2006, 211–310, hier: 213.
52 Woll, *Das Totaltheater* (Anm. 46), 70.

5. Der große Betrieb, politisch betrachtet (Max Weber, Carl Schmitt)

1 Max Weber, *Wirtschaft und Gesellschaft. Grundriß der verstehenden Soziologie*, 5., rev. Aufl., Tübingen 1980, 129.
2 Ebd., 562.
3 Max Weber, Parlament und Regierung im neugeordneten Deutschland. Zur politischen Kritik des Beamtentums und Parteiwesens, in: Ders., *Gesammelte politische Schriften*. 3., erneut vermehrte Aufl., mit einem Geleitwort von Theodor Heuss, hg. von Johannes Winckelmann, Tübingen 1971, 306–443, hier: 321. – Die abgedruckte Fassung entspricht der überarbeiteten Version, die Weber 1918 in der Schriftenreihe »Die innere Politik« publiziert hat.
4 Ebd., 311.
5 Ebd., 320 f.
6 Weber, *Wirtschaft und Gesellschaft* (Anm. 1), 572.
7 Ebd., 569.
8 Ebd., 572.
9 Carl Schmitt, *Politische Theologie. Vier Kapitel zur Lehre von der Souveränität* [1922], Berlin [7]1996, 69.
10 Einzelheiten zur staatlichen Verwaltungs- und Büroreform in Deutschland bei Cornelia Vismann, *Akten. Medientechnik und Recht*, Frankfurt/Main 2000, 267–299.
11 Weber, *Wirtschaft und Gesellschaft* (Anm. 1), 662 f.
12 Max Weber, Politik als Beruf [1919], in: *Gesammelte politische Schriften* (Anm. 3), 505–560, hier: 532; außerdem Ders., Parlament und Regierung im neugeordneten Deutschland (Anm. 3), 401–405.
13 Weber, *Wirtschaft und Gesellschaft* (Anm. 1), 156. – Webers politische Schriften analysieren ausführlich Wolfgang Mommsen, *Max Weber und die deutsche Politik 1890–1920*, 3., verbesserte Aufl., Tübingen 2004, und Stefan Breuer, *Bürokratie und Charisma. Zur politischen Soziologie Max Webers*, Darmstadt 1994.
14 Weber, *Wirtschaft und Gesellschaft* (Anm. 1), 661–687.
15 Max Weber, Die Wirtschaftsethik der Weltreligionen I, in: *Gesam-*

melte Aufsätze zur Religionssoziologie, 3 Bde., Bd. 1, Tübingen ⁶1972, 237–573, hier: 561.
16 Wolfgang Schivelbusch, *Die Kultur der Niederlage. Der amerikanische Süden 1865 – Frankreich 1871 – Deutschland 1918*, Berlin 2001, 229.
17 Weber, Parlament und Regierung im neugeordneten Deutschland (Anm. 3), 442.
18 Ebd., 393. – Dazu ausführlich Mommsen, *Max Weber und die deutsche Politik 1890–1920* (Anm. 13), 186–205.
19 Den Ausspruch überliefert Marianne Weber, *Max Weber. Ein Lebensbild*, Tübingen ²1950, 665.
20 Weber, Parlament und Regierung im neugeordneten Deutschland (Anm. 3), 442.
21 Weber, Politik als Beruf (Anm. 12), 544.
22 Dazu zuletzt: Michael Gamper, *Der große Mann. Geschichte eines politischen Phantasmas*, Göttingen 2016, 380–397.
23 Thomas Mann, *Werke, Briefe, Tagebücher*. Große kommentierte Frankfurter Ausgabe, 23 Bde., Bd. 13.1: *Betrachtungen eines Unpolitischen* [1918], hg. und textkritisch durchgesehen von Hermann Kurzke, Frankfurt/Main 2009, 7–588, hier: 397 f.
24 Ebd., 398 f.
25 Carl Schmitt, *Politische Romantik* [1919], Berlin ⁶1998, 16.
26 Carl Schmitt, Das Zeitalter der Neutralisierungen und Entpolitisierungen, in: Ders., *Der Begriff des Politischen*. Text von 1932 mit einem Vorwort und drei Corollarien, Berlin ⁶1996, 79–95.
27 Carl Schmitt, *Positionen und Begriffe im Kampf mit Weimar – Genf – Versailles 1923–1939* [1940], Berlin ³1994. – Vgl. dazu näher Helmut Quaritsch, *Positionen und Begriffe Carl Schmitts*. 3., überarb. und erg. Auflage, Berlin 1995; sowie Christian Meier, Zu Carl Schmitts Begriffsbildung – Das Politische und der Nomos, in: Helmut Quaritsch (Hg.), *Complexio Oppositorum. Über Carl Schmitt*, Berlin 1988, 537–556.
28 Schmitt, *Politische Theologie* (Anm. 9), 13.
29 Schmitt, *Der Begriff des Politischen* (Anm. 26), 10 f.
30 Vgl. dazu Gerhart von Graevenitz, Einleitung, in: *Konzepte der Moderne*. DFG-Symposium 1997, hg. von Gerhart von Graevenitz, Stuttgart Weimar 1999, 1–16; ähnlich Hans van der Loo/Willem van Reijen, *Modernisierung. Projekt und Paradox*, München 1992, und Zygmunt Bauman, *Moderne und Ambivalenz. Das Ende der Eindeutigkeit*, Hamburg 1992.
31 Carl Schmitt, *Theodor Däublers »Nordlicht«. Drei Studien über die Elemente, den Geist und die Aktualität des Werkes* [1916], Berlin 1991, 59 f. u. 62. – Den Begriff der »Gouvernementalität« prägt Michel Foucault,

Geschichte der Gouvernementalität I: Sicherheit, Territorium, Bevölkerung. Vorlesung am Collège de France 1977–1978, übers. von Claudia Brede-Konersmann und Jürgen Schröder, Frankfurt/Main 2004.
32 Ewald zufolge realisiert der Versicherungskontrakt das »Ideal einer Gesellschaft, in der der Anteil eines jeden an den Vorteilen und Lasten der Gesellschaft entsprechend der Logik eines nicht mehr mythischen, sondern realen Gesellschaftsvertrages festgelegt ist«. Vgl. Ders., *Der Vorsorgestaat*, übers. von Wolfram Bayer und Hermann Kocyba, mit einem Essay von Ulrich Beck, Frankfurt/Main 1993, 221.
33 Schmitt, *Der Begriff des Politischen* (Anm. 26), 61.
34 Ewald, *Der Vorsorgestaat* (Anm. 32), 436.
35 Schmitt, *Theodor Däublers »Nordlicht«* (Anm. 31), 61.
36 Schmitt, *Der Begriff des Politischen* (Anm. 26), 30.
37 So das Fazit bei Jacques Derrida, *Politik der Freundschaft*, übers. von Stefan Lorenzer, Frankfurt/Main 2000, 126.
38 Schmitt, *Der Begriff des Politischen* (Anm. 26), 31.
39 Carl Schmitt, *Die geistesgeschichtliche Lage des heutigen Parlamentarismus* [1923], Berlin ⁸1996, 13 f.
40 Ebd.
41 Ebd., 22. Vgl. außerdem Dens., *Volksentscheid und Volksbegehren. Ein Beitrag zur Auslegung der Weimarer Verfassung und zur Lehre von der unmittelbaren Demokratie*, Berlin Leipzig 1927, 31–54. – Dazu Uwe Hebekus, »Enthusiasmus und Recht«. Figurationen der Akklamation bei Ernst H. Kantorowicz, Erik Peterson und Carl Schmitt, in: Jürgen Brokoff/Jürgen Fohrmann (Hg.), *Politische Theologie. Formen und Funktionen im 20. Jahrhundert*, Paderborn München Wien Zürich 2003, 97–113.
42 Carl Schmitt, *Verfassungslehre* [1928], Berlin 1954, 207.
43 Schmitt, *Volksentscheid und Volksbegehren* (Anm. 41), 35 et passim.
44 Schmitt, *Die geistesgeschichtliche Lage des heutigen Parlamentarismus* (Anm. 39), 13.
45 Vgl. Carl Schmitt, *Staat, Bewegung, Volk*, Hamburg 1933; und Ders., Der Führer schützt das Recht. Zur Reichstagsrede Adolf Hitlers vom 13. Juli 1934 [1934], in: *Positionen und Begriffe im Kampf mit Weimar – Genf – Versailles 1923–1939* (Anm. 26), 227–232.

6. Gesellschaftstheater im Pariser Exil – Kracauer und Offenbach

1 Almut Todorow, »Wollten die Eintagsfliegen in den Rang höherer Insekten aufsteigen?« Die Feuilletonkonzeption der Frankfurter Zei-

tung während der Weimarer Republik im redaktionellen Selbstverständnis, in: *DVjs* 62 (1988), 697–740, hier: 736. – Vgl. auch Kap. I.2.
2 Jörg Später, *Siegfried Kracauer. Eine Biographie*, Frankfurt/Main 2016, 256.
3 Näheres zu den Vorgängen in der *Frankfurter Zeitung* bei Wolfgang Schivelbusch, *Intellektuellendämmerung. Zur Lage der Frankfurter Intelligenz in den zwanziger Jahren*, Frankfurt/Main 1982, 42–62; Günther Gillesen, *Auf verlorenem Posten. Die Frankfurter Zeitung im Dritten Reich*, Berlin 1986, 44–75; und zuletzt bei Später, *Siegfried Kracauer* (s. die vorige Anm.), 233–237.
4 Siegfried Kracauer, Zertrümmerte Fensterscheiben [1930], in: Ders., *Werke*, Bd. 5.3: *Essays, Feuilletons, Rezensionen 1928–1931*, hg. von Inka Mülder-Bach unter Mitarbeit von Sabine Biebl, Andrea Erwig, Vera Bachmann und Stephanie Manske, Frankfurt/Main 2011, 348–350; Ders., Schreie auf der Straße [1930], in: ebd., 279–281; Ders., Über Arbeitsnachweise [1930], in: ebd., 249–257; Ders., Unter der Oberfläche [1931], in: ebd., 585–588; Ders., Kritischer Tag [1931], in: ebd., 590–593; Ders., Glück und Schicksal [1931], in: ebd., 664–667; Ders., Sendestation. Das Haus [1931], in: ebd., 429–433; Ders., Aufruhr der Mittelschichten. Eine Auseinandersetzung mit dem »Tat«-Kreis [1931], in: ebd., 716–738.
5 Vgl. dazu die Chronik im *Marbacher Magazin* 47 (1988): *Siegfried Kracauer 1889–1966*, bearbeitet von Ingrid Belke und Irina Renz, Marbach am Neckar 1989, 58–74, sowie die Darstellungen bei Helmut Stalder, *Siegfried Kracauer. Das journalistische Werk in der ›Frankfurter Zeitung‹ 1921–1933*, Würzburg 2003, 35–70, und bei Später, *Siegfried Kracauer* (Anm. 2), 271 f., der die Zäsuren abweichend datiert.
6 Siegfried Kracauer, Rund um den Reichstag [1933], in: Ders., *Werke*, Bd. 5.4: *Essays, Feuilletons, Rezensionen 1932–1965*, hg. von Inka Mülder-Bach unter Mitarbeit von Sabine Biebl, Andrea Erwig, Vera Bachmann und Stephanie Manske, Frankfurt/Main 2011, 395 f.
7 Siegfried Kracauer, Pariser Beobachtungen [1927], in: Ders., *Werke*, Bd. 5.2: *Essays, Feuilletons, Rezensionen 1924–1927*, hg. von Inka Mülder-Bach unter Mitarbeit von Sabine Biebl, Andrea Erwig, Vera Bachmann und Stephanie Manske, Frankfurt/Main 2011, 544–557, hier: 548.
8 Ebd., 545. – Dazu ausführlicher Inka Mülder-Bach, »Mancherlei Fremde«. Paris, Berlin und die Exterritorialität Siegfried Kracauers, in: *Juni. Magazin für Kultur und Politik* 3 (1989), H. 1, 61–72, bes. 64 f.; und Dies., Nachbemerkung und editorische Notiz, in: Kracauer, *Werke*, Bd. 5.4 (Anm. 6), 697–716, hier: 705.

9 Siegfried Kracauer, Das Straßenvolk in Paris [1927], in: ebd., 575–579, hier: 575 f.
10 Siegfried Kracauer, *Werke*, Bd. 8: *Jacques Offenbach und das Paris seiner Zeit*, hg. von Ingrid Belke unter Mitarbeit von Mirjam Wenzel, Frankfurt/Main 2005, 11.
11 Siegfried Kracauer, Reisen, nüchtern [1932], in: Ders., *Werke*, Bd. 5.4 (Anm. 6), 155–157, hier: 156. – Vgl. dazu auch Kap. I.2.
12 Siegfried Kracauer, Die Biographie als neubürgerliche Kunstform [1930], in: Ders., *Werke*, Bd. 5.3 (Anm. 4), 264–269, Zitate: 265, 266 u. 268.
13 Dazu ausführlich Esther Marian, Individuum und Gesellschaft in Siegfried Kracauers *Jacques Offenbach und das Paris seiner Zeit*, in: *Die Biographie – Beiträge zu ihrer Geschichte*, hg. von Wilhelm Hemecker unter Mitarbeit von Wolfgang Kreutzer, Berlin New York 2009, 205–250, bes. 227.
14 Kracauer, *Jacques Offenbach und das Paris seiner Zeit* (Anm. 10), 68.
15 Ebd., 171.
16 Vgl. die Aufzählung im Artikel »Feuilleton« [1876], in: Fritz Nies, *Genres mineurs. Texte zur Theorie und Geschichte nichtkanonischer Literatur*, München 1978, 104–106, bes. 104. – Zur Presse- und Kulturgeschichte des Feuilletons vgl. Lise Dumasy-Queffélec, Le feuilleton, in: Dominque Kalifa/Philippe Régnier/Marie-Ève Thérenty/Alain Vaillant (Hg.), *La Civilisation du journal. Histoire culturelle et littéraire de la presse française*. Paris 2011, 925–936; Günter Oesterle, »Unter dem Strich«. Skizze einer Kulturpoetik des Feuilletons im 19. Jahrhundert, in: *Das schwierige neunzehnte Jahrhundert. Germanistische Tagung zum 65. Geburtstag von Eda Sagarra im August 1998*, hg. von Jürgen Barkhoff, Gilbert Carr und Roger Paulin, mit einem Vorwort von Wolfgang Frühwald, Tübingen 2000, 230–250.
17 Vgl. die kompakte Darstellung »La petite presse et la chronique de vie parisienne« bei Gilles Feyel, *La presse en France des origines à 1944. Histoire politique et matérielle*, Paris 1999, 115 f. – Feyel hat den Erfolg der Girardin'schen Innovationen allerdings relativiert. Für die ersten Jahrgänge wies die *Presse* durchaus rückläufige Auflagenzahlen und Einkünfte aus dem Annoncengeschäft auf; Girardins polemische Ausfälle gegen die »vieille presse« wurden sogar mit einer Duellforderung beantwortet, bei der der Herausgeber des *National* sein Leben verlor. Während die alte Presse ihre Abonnements- und Annoncenpreise senkte, um ihre Kunden zu binden, war Girardin 1839 gezwungen, die Einnahmeausfälle durch eine Verteuerung seines Abonnements aufzufangen. Vgl. ebd., 102–105.

18 Kracauer, *Jacques Offenbach und das Paris seiner Zeit* (Anm. 10), 76. – Die Konjunktur des Feuilletonromans seit den 1830er Jahren verfolgen genauer Hans-Jörg Neuschäfer/Dorothee Fritz – El Ahmad/Klaus-Peter Walter, *Der französische Feuilletonroman. Die Entstehung der Serienliteratur im Medium der Tageszeitung*, Darmstadt 1986; und Norbert Bachleitner, *Fiktive Nachrichten. Die Anfänge des europäischen Feuilletonromans*, Würzburg 2012, bes. 103–114.

19 Kracauer, *Jacques Offenbach und das Paris seiner Zeit* (Anm. 10), 149f. u. 161.

20 Ebd., 151. – Näheres zum *Figaro* als typischem Produkt der *petite presse* im Zweiten Kaiserreich bei Brunhilde Wehinger, *Paris-Crinoline. Zur Faszination des Boulevardtheaters und der Mode im Kontext der Urbanität und Modernität des Jahres 1857*, München 1988, 44–55.

21 Alain Decaux, *Offenbach. König des Zweiten Kaiserreichs* [1958], übers. von Lilli Nevinny, München 1960, 89.

22 Kracauer, *Jacques Offenbach und das Paris seiner Zeit* (Anm. 10), 149. – Das Zitat im Zitat stammt aus einer Rezension Offenbachs für die Zeitschrift *L'Artiste*, in der er sich über zeitgenössische Komponisten äußert und allgemein beanstandet, dass die Werke »wie die eleganten Damen auf dem Boulevard [...] zu üppige Krinolinen tragen«. Vgl. den Auszug aus der Besprechung ebd., 146.

23 Ebd., 287. – Die Abwertung der *petite presse* gegenüber Offenbachs Operette lag für zeitgenössische Journalisten allerdings weniger nah. Vgl. dazu Wehinger, *Paris-Crinoline* (Anm. 20), 48.

24 Kracauer, *Jacques Offenbach und das Paris seiner Zeit* (Anm. 10), 165.

25 Die vollständige Auflistung der genehmigten Darbietungen ist nachzulesen bei Decaux, *Offenbach* (Anm. 21), 86, sowie bei Grete Wehmeyer, *Höllengalopp und Götterdämmerung. Lachkultur bei Jacques Offenbach und Richard Wagner*, Köln 1997, 72. – Das Privileg ging auf ein altes Theaterdekret Napoléons I. zurück und war im Second Empire, in dem diese Lizenzpflicht wieder eingeführt wurde, für die Pariser Bühnen obligatorisch. Die neu eröffnenden Häuser traf es mit besonderer Härte, denn da es »jedem Pariser Theater sein Genre vorschrieb, und die bestehenden Bühnen gewissermaßen die Welt schon unter sich aufgeteilt hatten, setzten neue Privilegien, wenn sie überhaupt gewährt wurden, dem Unternehmer von vornherein enge Grenzen«. Kracauer, *Jacques Offenbach und das Paris seiner Zeit* (Anm. 10), 148.

26 Anton Henseler, *Jakob Offenbach*, Berlin 1930, 212.

27 Vgl. dazu das Werkverzeichnis Offenbachs im Anhang von Kracauer, *Jacques Offenbach und das Paris seiner Zeit* (Anm. 10), 558–575. Ins-

gesamt hat Offenbach, wenn man die Mehrfachbearbeitungen einzelner Stücke abrechnet, 94 Bühnenwerke komponiert. Davon sind 51 Stücke Einakter.
28 Henseler, *Jakob Offenbach* (Anm. 26), 189–191.
29 Der Begriff soll von Alphonse Daudet geprägt worden sein. Belegen lässt sich die Quelle aber, den Recherchen Tamina Groeppers zufolge, nicht. Vgl. Dies., *Aspekte der Offenbachiade. Untersuchungen zu den Libretti der großen Operetten Offenbachs*, Frankfurt / Main Bern New York Paris 1990, 24.
30 Henseler, *Jakob Offenbach* (Anm. 26), 417.
31 Theodor W. Adorno, Siegfried Kracauer, Jacques Offenbach und das Paris seiner Zeit [1937], in: *Gesammelte Schriften*, hg. von Rolf Tiedemann unter Mitwirkung von Gretel Adorno, Susan Buck-Morss und Klaus Schultz, Bd. 19: *Musikalische Schriften VI*, Frankfurt / Main 1984, 363–365, hier: 364. – Die Rezension des Kracauer-Buches erschien erstmals in der *Zeitschrift für Sozialforschung* 6 (1937), H. 3, 697 f.
32 Kracauer gibt diesen Aufsatz auszugsweise wieder, vgl. Dens., *Jacques Offenbach und das Paris seiner Zeit* (Anm. 10), 164 f. Er bezieht sich dabei wohl auf Anton Henseler, der die »Abhandlung über die geschichtlichen Grundlagen des neuen Genres« vollständig abdruckt. Vgl. Dens., *Jakob Offenbach* (Anm. 26), 196–203, Zitate: 202 u. 197.
33 Kracauer, *Jacques Offenbach und das Paris seiner Zeit* (Anm. 10), 157.
34 Ebd., 35.
35 Ebd., 88.
36 Zum Verhältnis der beiden Buchprojekte, an denen Kracauer und Benjamin gleichzeitig arbeiteten – zum Teil mit identischem, in der Pariser Bibliothèque Nationale zusammengetragenem Material –, vgl. Olivier Agard, Jacques Offenbach ou l'archéologie de la modernité, in: *Cultures de masse et modernité – Siegfried Kracauer, sociologue, critique, écrivain*, hg. von Nia Perivolaropoulou und Philippe Despoix, Paris 2001, 178–211, bes. 188–202; außerdem die ausführliche Nachbemerkung der Herausgeberin Ingrid Belke in: Kracauer, *Jacques Offenbach und das Paris seiner Zeit* (Anm. 10), 509–549, bes. 526–530.
37 Kracauer, *Jacques Offenbach und das Paris seiner Zeit* (Anm. 10), 88. – In seinen autobiographischen Auseinandersetzungen mit dem Leben im Exil führt Kracauer diese Überlegungen später in New York weiter und beschreibt die eigene Existenz als Form der Exterritorialität, mit der er das unsichtbare Dasein im Niemandsland der geographischen und »chronologischen Anonymität« bejaht. Vgl. den an Adorno gerichteten Brief vom 8. November 1963 in: Theodor W. Adorno, *Briefe*

und Briefwechsel, Bd. 7: *Siegfried Kracauer. Briefwechsel 1923–1966*, hg. von Wolfgang Schopf, Frankfurt / Main 2008, 621 f., hier: 621.
38 Kracauer, *Jacques Offenbach und das Paris seiner Zeit* (Anm. 10), 287.
39 Ebd. 192 f.
40 Ebd., 12.
41 Ebd., 138.
42 Ebd., 136. – Auf die Parallelen zwischen Second Empire und Drittem Reich gehen inzwischen mehrere Auseinandersetzungen mit Kracauers Offenbach-Buch ausführlich ein. Vgl. Norbert Nagler, Jacques Offenbachs musikalische Utopie: die Sehnsucht nach der herrschaftsarmen Heimat. Reflexionen zu Siegfried Kracauers Gesellschaftsbiographie des Second Empire, in: *Musik-Konzepte 13: Jacques Offenbach*, hg. von Heinz-Klaus Metzger und Rainer Riehn, München 1980, 87–102; Harald Reil, *Siegfried Kracauers Jacques Offenbach. Biographie, Geschichte, Zeitgeschichte*, Frankfurt / Main Bern New York 2003; Marian, Individuum und Gesellschaft in Siegfried Kracauers *Jacques Offenbach und das Paris seiner Zeit* (Anm. 16); Später, Siegfried Kracauer (Anm. 2), 321–332.
43 Kracauer, *Jacques Offenbach und das Paris seiner Zeit* (Anm. 10), 11.
44 Ebd., 17 f. – Die »Vision« Halévys, die Kracauer in seiner Prolepse vorwegnimmt, wird an späterer Stelle des Buchs ausführlich geschildert, vgl. ebd., 293 f. – Ludovic Halévy selbst hat diesen denkwürdigen Opernabend am 12. Juni 1869, einen Tag nach den Vorfällen, in seinen *Carnets* festgehalten. Allerdings weichen die Schilderungen in seinem Tagebuch beträchtlich von Kracauers Darstellung ab. Vgl. Ludovic Halévy, *Carnets*, hg. von Daniel Halévy, 2 Bde., Bd. 1, Paris 1935, 211–216.
45 Kracauer, *Jacques Offenbach und das Paris seiner Zeit* (Anm. 10), 287.
46 Brief Adornos an Kracauer vom 13. Mai 1937, in: Adorno, *Briefwechsel Siegfried Kracauer* (Anm. 37), 352–359, hier: 354.
47 Adorno, Jacques Offenbach und das Paris seiner Zeit (Anm. 36), 364. – Bislang hat sich die Forschung Adornos Monita einhellig zu eigen gemacht. Dass Kracauer die gesellschaftliche Funktion der Musik tatsächlich keineswegs außer Acht lässt, aber seine Analyse anders aufzäumt als Adorno, würdigt erstmals René Michaelsen, Entzauberte Flächen. Versuch über die Musik bei Siegfried Kracauer, in: *»Doch ist das Wirkliche auch vergessen, so ist es darum nicht getilgt«. Beiträge zum Werk Siegfried Kracauers*, hg. von Jörn Ahrens, Paul Fleming, Susanne Martin und Ulrike Vedder, Wiesbaden 2017, 197–218.
48 Theodor Adorno, Arabesken zur Operette [1932], in: Ders., *Gesammelte Schriften*, Bd. 19 (Anm. 31), 516–519, hier: 518 f.
49 Siegfried Kracauer, *Die Angestellten. Aus dem neuesten Deutschland*

[1930], in: Ders., *Werke*, Bd. 1: *Soziologie als Wissenschaft. Der Detektiv-Roman. Die Angestellten*, hg. von Inka Mülder-Bach unter Mitarbeit von Mirjam Wenzel, Frankfurt/Main 2006, 211–310 hier: 303.
50 Kracauer, *Jacques Offenbach und das Paris seiner Zeit* (Anm. 10), 13.
51 Ebd., 168.

II. Tanzende Verhältnisse

1. Volksfeste der Republik

1 Dazu ausführlich Albrecht Koschorke/Susanne Lüdemann/Thomas Frank/Ethel Matala de Mazza, *Der fiktive Staat. Konstruktionen des politischen Körpers in der Geschichte Europas*, Frankfurt/Main 2007, bes. 219–233.
2 Jürgen Habermas, *Strukturwandel der Öffentlichkeit. Untersuchungen zu einer Kategorie der bürgerlichen Gesellschaft*, mit einem Vorwort zur Neuauflage 1990, Frankfurt/Main ⁶1999, 118.
3 Diese Kampagne ist von der Forschung der vergangenen Jahre eingehend beleuchtet worden. Vgl. Chantal Thomas, *La reine scélérate. Marie-Antoinette dans les pamphlets*; Paris 1989; Lynn Hunt, *The Family Romance of the French Revolution*, London 1992, 90–115; und Dies., Pornographie und die Französische Revolution, in: Dies. (Hg.), *Die Erfindung der Pornographie. Obszönität und die Ursprünge der Moderne*, Frankfurt/Main 1994, 245–283; Albrecht Koschorke, Der nackte Herrscher, in: Thomas Frank/Albrecht Koschorke/Susanne Lüdemann/Ethel Matala de Mazza, *Des Kaisers neue Kleider. Über das Imaginäre politischer Herrschaft*, Frankfurt/Main 2002, 233–243.
4 Vgl. dazu im Einzelnen Friedrich Balke, Wie man einen König tötet oder: Majesty in Misery, in: *DVjs* 75 (2001), H. 4, 657–679, bes. 662–668.
5 Im Original: »Le bourreau est assez bon pour lui.« Vgl. *Journal de ce qui s'est passé à la Tour du Temple pendant la captivité de Louis XVI Roi de France par M. Cléry valet de chambre du Roi* (London 1798), in: *Journal de ce qui s'est passé à la Tour du Temple* par Cléry suivi de *Dernières heures de Louis XVI* par l'Abbé Edgeworth de Firmont *et de Mémoire* écrit par Marie-Thérèse-Charlotte de France, Édition présentée et annotée par Jacques Brosse, Paris ²1987, 21–110, hier: 109. – Zur Resonanz dieser Episode in der deutschen Geschichtsschreibung des

Vormärz vgl. Mosche Zuckermann, *Das Trauma des »Königsmordes«. Französische Revolution und deutsche Geschichtsschreibung im Vormärz*, Frankfurt/Main 1989, 241 f.

6 Zu den hier umrissenen Unternehmungen der Nationalversammlung, zu Beginn der Revolutionsära eine breite politische Öffentlichkeit herzustellen, vgl. den kompakten Überblick bei Hans-Ulrich Gumbrecht, Skizze einer Literaturgeschichte der Französischen Revolution, in: *Neues Handbuch der Literaturwissenschaft*, Bd. 13: *Europäische Aufklärung III*, hg. von Jürgen Stackelberg, Wiesbaden 1980, 269–328, hier: *275–280*.

7 Jean-Jacques Rousseau, *Brief an Herrn d'Alembert über seinen Artikel »Genf« im VII. Band der Enzyklopädie und insbesondere über den Plan, ein Schauspielhaus in dieser Stadt zu errichten* [1758], in: Ders., *Schriften*, 2 Bde., hg. von Henning Ritter, Bd. 1, Frankfurt/Main 1988, 333–474, hier: 383.

8 Ebd., 462.

9 Ebd., 348.

10 Ebd., 365.

11 Ebd., 453.

12 Ebd., 382.

13 Etienne de la Boétie, *Von der freiwilligen Knechtschaft* [1571], Frankfurt/Main 1980, 37. – Vgl. dazu Felix Trautmann, *Das Imaginäre der Demokratie. Politische Befreiung und das Rätsel der freiwilligen Knechtschaft*, Göttingen 2019 [i. Ersch.].

14 Rousseau, Brief an d'Alembert (Anm. 7), 380.

15 Ebd., 436. – Vgl. dazu Juliane Rebentisch, *Die Kunst der Freiheit. Zur Dialektik demokratischer Existenz*, Frankfurt/Main 2012, 271–291; Barbara Vinken, Alle Menschen werden Brüder. Republik, Rhetorik, Differenz der Geschlechter, in: *lendemains* 18 (1993), H. 71/72, 112–124; allgemeiner zum Ort der Frau in der politischen Theorie Rousseaus Christine Garbe, *Die ›weibliche‹ List im ›männlichen‹ Text. Jean-Jacques Rousseau in der feministischen Kritik*, Stuttgart Weimar 1992, 128–140.

16 Jean-Jacques Rousseau, *Vom Gesellschaftsvertrag oder Grundsätze des Staatsrechts* [1762], hg. und neu übers. von Hans Brockard und Eva Pietzker, Stuttgart 1986, 113.

17 Rousseau, Brief an d'Alembert (Anm. 7), 462.

18 Ebd., 463.

19 Ebd., 472. – Übersetzung korrigiert nach Jean Starobinski, *Rousseau. Eine Welt von Widerständen*, übers. von Ulrich Raulff, München Wien 1988, 142.

20 Rousseau, Brief an d'Alembert (Anm. 7), 466 f.
21 Ebd., 463.
22 Jean Starobinski hat in seiner Rousseau-Studie zu Recht betont, dass die Idee eines Schauspiels jenseits der Literatur ihre enorme Faszinationskraft gerade *dank* der Literatur entfalten konnte – und zwar vor allem Rousseaus eigener. Die idyllische Szene junger Mädchen und Männer, die beim Wasserschöpfen an den Quellen zusammentreffen, sich näherkommen und in »ersten Feste[n]« selig verbinden, ist erstmals im *Essai sur l'origine des langues* (*Essay über den Ursprung der Sprachen, worin auch über die Melodie und musikalische Nachahmung gesprochen wird* [1753/1761]) beschrieben und bildet seitdem eines der »Schlüsselbilder« in Rousseaus Werk. Wie Starobinski anmerkt, heben diese Bilder »den lyrischen Aspekt des allgemeinen Willens« hervor: So »sieht er aus im Sonntagsanzug«. Vgl. Dens., *Rousseau* (Anm. 19), Zitate: 141 u. 146.
23 Zu den Inhalten und Konsequenzen der 1791 verabschiedeten Gesetze zur Gewerbefreiheit der Theater vgl. Annette Graczyk, Das Theater der Französischen Revolution, in: Dies. (Hg.), *Vorhang auf für die Revolution. Das französische Theater 1789–1794*, Weinheim Berlin 1989, 7–59, hier: 12–33. Knappere Übersichten bei Gumbrecht, Skizze einer Literaturgeschichte der Französischen Revolution (Anm. 6), 298–303; und Rudolf Münz, Theater und Theatralität der Französischen Revolution, in: Ders., *Theatralität und Theater. Zur Historiographie von Theatralitätsgefügen*, mit einem einführenden Beitrag von Gerda Baumbach hg. von Gisbert Amm, Berlin 1998, 154–195, bes. 175–178.
24 Joseph Vogl, *Kalkül und Leidenschaft. Poetik des ökonomischen Menschen*, Zürich Berlin ²2004, 28.
25 Jean Starobinski, *1789. Die Embleme der Vernunft*, hg. und mit einem Vorwort versehen von Friedrich A. Kittler, übers. von Gundula Göbel, mit einem Nachwort von Hans Robert Jauss, München 1981, 34 f.
26 Details dazu in der kanonischen Studie von Mona Ozouf, *La fête révolutionnaire 1789–1799*, Paris 1976, 66–69.
27 Juliane Vogel, *Die Furie und das Gesetz. Zur Dramaturgie der »großen Szene« in der Tragödie des 19. Jahrhunderts*, Freiburg 2002, 33.
28 Kennzeichnen dieser »großen Szenen« ist nach Juliane Vogel, dass sie »Rede und Bewegung in großen chorischen und choreographischen Zügen zusammenfassen« und den Beteiligten »ein formelhaftes Sprechen und eine homologe Bewegung auferlegen«. Vgl. ebd., 63.
29 Ebd., 69.
30 Gerhart von Graevenitz, Mythologie des Festes – Bilder des Todes.

Bildformeln der Französischen Revolution und ihre literarische Umsetzung (Gustave Flaubert und Gottfried Keller), in: *Das Fest*, hg. von Walter Haug und Rainer Warning, München 1989 (= Poetik und Hermeneutik, Bd. XIV), 526–559, hier: 532.

31 Das Fest gilt als »la fête la plus caractéristique de la Révolution« und ist häufig beschrieben worden; so zum Beispiel bei Louis Hautecœur, *Histoire de l'architecture classique en France (1789–1815)*, 7 Bde., Bd. 5: *Révolution et Empire 1792–1815*, Paris 1953, 118–126, Zitat: 123. – Vgl. außerdem die Quellendokumentation von Marie-Louise Biver, *Fêtes révolutionnaires à Paris*, préface de Jean Tulard, Paris 1979, 68–74; sowie die Schilderungen bei Gumbrecht, Skizze einer Literaturgeschichte der Französischen Revolution (Anm. 6), 294 f., Inge Baxmann, *Die Feste der Französischen Revolution. Inszenierung von Gesellschaft als Natur*, Weinheim Basel 1989, 34–39 u. 68–77; Gerhart von Graevenitz, Mythologie des Festes (s. die vorige Anm.), 528–534; außerdem Ders., *Mythos. Zur Geschichte einer Denkgewohnheit*, Stuttgart 1987, 165–169.

32 Graczyk, Das Theater der Französischen Revolution (Anm. 23), 32 f.

33 Vgl. Judith E. Schlanger, Théâtre révolutionnaire et représentation du bien, in: *Poétique. Revue de théorie et d'analyse littéraires* 22 (1975), 268–283, hier: 270; außerdem Lynn Hunt, *Politics, Culture, and Class in the French Revolution*, Berkeley Los Angeles London 1984, 63–66; sowie Baxmann, *Die Feste der Französischen Revolution* (Anm. 31), 63–68.

34 Schlanger, Théâtre révolutionnaire et représentation du bien (s. die vorige Anm.), 270 f., dort auch Hinweise zum geringfügig abgewandelten Opernszenario nach dem Libretto von Sylvain Maréchal und der Musik von Grétry.

35 Louis-Sébastien Mercier, *Le Nouveau Paris* [1798–1800], Édition établie sous la direction de Jean-Claude Bonnet, Paris 1994, 557–561 [Kap. CXLVI].

36 Diesen Aspekt betont Graevenitz, Mythologie des Festes (Anm. 30), 527.

37 Günter Bose / Erich Brinkmann, *Circus. Geschichte und Ästhetik einer niederen Kunst*, Stuttgart 1978, 46 f. Zum Status der Oper im 18. Jahrhundert vgl. auch Max Dietz, *Geschichte des musikalischen Dramas in Frankreich während der Revolution bis zum Direktorium (1787–1795)*, Hildesheim New York 1970 (Reprint der Ausgabe von 1893), 164. – Die Konsequenzen der königlichen Privilegierung von Oper, Comédie-Française und Comédie-Italienne für die anderen Theater beleuchtet Graczyk, Das Theater der Französischen Revolution (Anm. 23), 12 f.

38 Graevenitz, Mythologie des Festes (Anm. 30), 532; vgl. außerdem den zeitgenössischen Bericht von Arnauld de Contades in: Biver, *Fêtes révolutionnaires à Paris* (Anm. 31), 74; zur Vorgeschichte des Verfassungsfestes ebd., 68 f.

39 Graevenitz, Mythologie des Festes (Anm. 30), 532.

40 Paul Gaubert, *La fête de l'Être suprême 20 prairial an 2ᵉ (8 juin 1794)*, zit. nach: Biver, *Fêtes révolutionnaires à Paris* (Anm. 31), 96.

41 Ozouf, *La fête révolutionnaire* (Anm. 26), 20 f. (eigene Übersetzung).

42 Vgl. dazu den Artikel »Paris« in: *Die Musik in Geschichte und Gegenwart. Allgemeine Enzyklopädie der Musik*, 2., neubearb. Aufl., hg. von Ludwig Finscher, Sachteil Bd. 7: Mut – Que, Stuttgart Weimar 1997, Sp. 1351–1390, hier: 1363 f., sowie Nicole Wild, *Dictionnaire des théâtres parisiens au XIXe siècle (1807–1904)*, Préface de Joël-Marie Fauquet, Lyon 2012, 304–327.

2. Revolte und Cancan

1 Vgl. François Gasnault, *Guinguettes et lorettes. Bals publics à Paris au XIXe siècle*, Paris 1986, 13.

2 Vgl. Sarah Davies Cordova, *Paris Dances. Textual Choreographies in the nineteenth-century French Novel*, San Francisco London Bethesda 1999, 117. – Vgl. auch Gasnault, *Guinguettes et lorettes* (Anm. 1), 64; Monika Fink, *Der Ball. Eine Kulturgeschichte des Gesellschaftstanzes im 18. und 19. Jahrhundert*, Innsbruck Wien 1996, 200.

3 Vgl. Anselm Gerhard, *Die Verstädterung der Oper. Paris und das Musiktheater des 19. Jahrhunderts*, Stuttgart 1992, 36–39.

4 »Wild improvisation, often incorporating high kicks, was the order of the day, and it was these exaggerated gestures, together with the apparent Bacchanalian frenzy that seemed to overcome the dancers, which gave the original cancan its bad reputation.« David Price, *Cancan!*, London 1998, 24. Vgl. auch die neueren Arbeiten von Nadège Maruta, *L'Incroyable histoire du cancan. Rebelles et insolentes, les Parisiennes mènent la danse*, Paris 2014; Clare Parfitt-Brown, The problem of popularity. The Cancan between the French and digital revolutions, in: Sherill Dodds / Susan C. Cook (Hg.), *Bodies of sound. Studies across popular music and dance*, Farnham Surrey 2013, 9–24.

5 Vgl. *Grand Robert de la langue française*, 6 Bde., hg. von Alain Rey, Bd. 1, Paris 2001, 2082. – Weitere Auskünfte zur Namensetymologie und Herkunft des Tanzes gibt Gasnault, *Guinguettes et lorettes* (Anm. 1), 50 f.

6 Zum Skandal des Opernballs von 1833 vgl. ebd., 67.
7 Die Oper hatte am 27. Februar 1833 Premiere. Dauerhafter als ihre Bühnenkarriere war der Erfolg des Galopps, der sich zur Zugnummer entwickelte und auf Bällen und in populären Konzerten lange gespielt wurde. Vgl. Ludwig Finscher, Gustave ou Le Bal masqué, in: *Pipers Enzyklopädie des Musiktheaters in acht Bänden. Oper – Operette – Musical – Ballett*, hg. von Carl Dahlhaus und dem Forschungsinstitut für Musiktheater der Universität Bayreuth unter Leitung von Sieghart Döhring, Bd. 1: *Werke Abbatini – Donizetti*, München Zürich 1986, 107–109.
8 Gasnault, *Guinguettes et lorettes* (Anm. 1), 63.
9 Ebd., 47 u. 51.
10 Siegfried Kracauer, *Werke*, Bd. 8: *Jacques Offenbach und das Paris seiner Zeit*, hg. von Ingrid Belke unter Mitarbeit von Mirjam Wenzel, Frankfurt/Main 2005, 43.
11 Gasnault, *Guinguettes et lorettes* (Anm. 1), 53.
12 Johann Wolfgang Goethe, *Das römische Carneval* [1789], in: *Sämtliche Werke nach Epochen seines Schaffens*, Bd. 3.2: *Italien und Weimar (2)*, hg. von Hans J. Becker, Hans-Georg Drewitz, Norbert Miller, Gerhard M. Müller, John Neubauer, Hartmut Reinhardt und Irmtraut Schmid, München Wien 1990, 217–270, hier: 218.
13 Gasnault, *Guinguettes et lorettes* (Anm. 1), 64–67.
14 »La résurrection du Carnaval parisien procède avant tout de cette conjonction du bal et du théâtre.« Ebd., 65. – Näheres dazu bei Alain Faure, *Paris carême-prenant. Du carnaval à Paris au XIXe siècle, 1800–1914*, Paris 1978.
15 Michail Bachtin, *Rabelais und seine Welt. Volkskultur als Gegenkultur*, übers. von Gabriele Leupold, mit einem Vorwort von Renate Lachmann, Frankfurt/Main 1987, 260. – Zur Vielfalt dieser Feste und Feiertage im Einzelnen ebd., 123–133.
16 Ebd., 122.
17 Ebd., 149.
18 Ebd., 84.
19 Richard Alewyn, *Das große Welttheater. Die Epoche der höfischen Feste*, München 1989, 12.
20 Ebd., 14.
21 Auszüge aus behördlichen Verordnungen des 18. Jahrhunderts und Ballordnungen in Frankreich, Österreich und Deutschland bietet Fink, *Der Ball* (Anm. 2), 43–45, 125–132.
22 Ebd., 199.
23 Heinrich Heine, *Briefe aus Berlin* [1822], in: Heinrich Heine, *His-*

torisch-kritische Gesamtausgabe der Werke. Düsseldorfer Ausgabe, in Verbindung mit dem Heinrich-Heine-Institut hg. von Manfred Windfuhr, 16 Bde., Bd. 6: *Briefe aus Berlin. Über Polen. Reisebilder I/ II (Prosa)*, hg. von Jost Hermand, Hamburg 1973, 7–53, hier: 37.

24 »Was werden aber schließlich die Gegenstände dieses Schauspiels sein? Was wird es zeigen? Nichts, wenn man will.« Jean-Jacques Rousseau, *Brief an Herrn d'Alembert über seinen Artikel »Genf« im VII. Band der Enzyklopädie und insbesondere über den Plan, ein Schauspielhaus in dieser Stadt zu errichten* [1758], in: Ders., *Schriften*, 2 Bde., hg. von Henning Ritter, Bd. 1, Frankfurt/Main 1988, 333–474, hier: 462.

25 Gasnault, *Guinguettes et lorettes* (Anm. 1), 85.

26 Vgl. dazu ausführlich das Kapitel »L'Apothéose de la danse« in: ebd., 115–141.

27 Alain Montandon, Introduction, in: Ders. (Hg.), *Paris au bal. Treize physiologies sur la danse*, Paris 2000, 7–42, hier: 20. Das neuartige, raumgreifende Bewegungsvokabular der damaligen Modetänze untersucht umfassend Stephanie Schroedter, *Paris qui danse. Bewegungs- und Klangräume einer Großstadt der Moderne*, Würzburg 2018 [i. Ersch.]. – Die Faszination für Geschwindigkeits- und Leistungssteigerungen in Sport und Tanz entspricht im Übrigen seit dem späten 18. Jahrhundert einem allgemeinen kulturhistorischen Trend. Eine genaue, an Norbert Elias' zivilisationsgeschichtliche Studien anknüpfende Rekonstruktion bietet Henning Eichberg, *Leistung, Spannung, Geschwindigkeit. Sport und Tanz im gesellschaftlichen Wandel des 18./19. Jahrhunderts*, Stuttgart 1978.

28 Vgl. Rémi Hess, *Der Walzer. Geschichte eines Skandals*, übers. von Antoinette Gittinger, Hamburg 1996.

29 Dazu Gasnault, *Guinguettes et lorettes* (Anm. 1), 157 f. – Manche Handbücher des Tanzes führen Chicard deshalb als Urheber des Cancans an. Vgl. Otto Schneider, *Volkstanz, Kulttanz, Gesellschaftstanz, Kunsttanz, Ballett, Tänzer, Tänzerinnen, Choreographen, Tanz- und Ballettkomponisten von den Anfängen bis zur Gegenwart*, hg. unter Mitarbeit von Riki Raab, Mainz London New York Tokyo 1985, 83; vgl. auch *A history of dancing from the earliest ages to our own times*, from the French of Gaston Vuillier, London 1898, 310. – Andere historische Herleitungen, die von der jüngeren Forschung nicht mehr bestätigt werden, finden sich bei Rudolph Voss, *Der Tanz und seine Geschichte. Eine kulturhistorisch-choreographische Studie. Mit einem Lexikon der Tänze*, Leipzig 1977 (Fotomechanischer Neudruck der Originalausgabe 1868), 70 f., sowie bei Victor Jung, *Handbuch des Tanzes*, Stuttgart 1930, 45.

30 Honoré de Balzac, *Le Bal de Sceaux* [1830] vgl. Dens., *La Comédie Humaine*, 12 Bde., Bd. 1: *Études de mœurs: Scènes de la vie privée*, édition publiée sous la direction de Pierre-Georges Castex, avec, pour ce volume, la collaboration de Pierre Barbéris, Madelaine Fargeaud, Anne-Marie Meininger, Roger Pierrot, Maurice Regard et Jean-Louis Tritter, Paris 1976, 95–165.
31 Inge Baxmann, *Die Feste der Französischen Revolution. Inszenierung von Gesellschaft als Natur*, Weinheim Basel 1989, 141.
32 Juliane Vogel, *Die Furie und das Gesetz. Zur Dramaturgie der »großen Szene« in der Tragödie des 19. Jahrhunderts*, Freiburg 2002, 61.
33 In der Corneille'schen Tragödie *Horace*, an der sich David noch in seinen ersten Vorstudien orientierte, fehlt die Peripetie einer solchen Schwurszene. Offenbar hat David die Anregung durch Livius' Geschichte Roms erhalten. Sein Vorbild für die Gestaltung des Eids als brüderliches Gelöbnis – und nicht als Versprechen eines einzigen Sohnes, wie Corneilles Dramenhandlung es nahegelegt hätte –, dürfte dort der mythische Eid von Brutus, Collatinus und des alten Lukretius über der Leiche der geschändeten Lukretia gewesen sein, die das Ende der römischen Königsherrschaft besiegelt. Vgl. ebd., 72 f.
34 Vgl. den Abdruck beider Versionen sowie die Hinweise zu ihrer Entstehung in dem Band *Ça ira. 50 Chansons, Chants, Couplets und Vaudevilles aus der Französischen Revolution 1789–1795*, hg. u. übertragen von Gerd Semmer, Berlin ²1962, 56–65, hier: 62 f. – Andere Revolutionslieder blieben dagegen expliziter. Der Kehrreim der populären »Carmagnole« beispielsweise verknüpft das Laden der Kanonen explizit mit einer Aufforderung zum Tanz: »Dansons la carmagnole / Vive le son vive le son / Dansons la carmagnole / Vive le son du canon.« Vgl. ebd., 118–121.
35 Mona Ozouf hat deshalb festgestellt, dass mit dem Fest eher ein Neuanfang zelebriert als ein Gedenktag begangen wurde. Das Festritual sollte an den Sturm auf die Bastille gerade nicht erinnern, sondern die Gewalttaten des Anfangs durch einen geordneten Gründungsakt ersetzen. Vgl. Dies., *La fête révolutionnaire 1789–1795*, Paris 1976, 59 f.
36 Eine ausführliche Schilderung der Szenerie gibt George Lecocq in seinem Werk *La prise de la Bastille et son anniversaire*, o. J. Vgl. den Auszug in Marie-Louise Biver, *Fêtes révolutionnaires à Paris*, préface de Jean Tulard, Paris 1979, 29.
37 Der Vorschlag, in die streng selegierte Riege der offiziellen Festteilnehmer auch eine »confédération des dames« aufzunehmen, wurde zurückgewiesen. vgl. Ozouf, *La fête révolutionnaire* (Anm. 35), 82 f.
38 Der Beginn der Schwurformel lautete: »Nous jurons rester à jamais

fidèles à la Nation, à la Loi, au Roi [...].« Der volle Wortlaut ist nachzulesen bei: Biver, *Fêtes révolutionnaires à Paris* (Anm. 36), 25.

39 Diese Forderung geht auf Charles Villette zurück, der sich schon 1789, wenige Tage nach dem Bastillesturm, als Erster für die Feier einer »révolution qui n'a point d'exemple« aussprach. Vgl. Ozouf, *La fête révolutionnaire* (Anm. 36), 59.
40 Vgl. dazu Alewyn, *Das große Welttheater* (Anm. 19), 9 u. 58.
41 Wolfgang Schivelbusch, *Lichtblicke. Zur Geschichte der künstlichen Helligkeit im 19. Jahrhundert*, Frankfurt / Main ²2004, 134.
42 Jean Starobinski, *1789. Die Embleme der Vernunft*, hg. und mit einem Vorwort versehen von Friedrich A. Kittler, übers. von Gundula Göbel, mit einem Nachwort von Hans Robert Jauss, München 1981, 59.
43 Gasnault, *Guinguettes et lorettes* (Anm. 1), 68.
44 M. É.[tienne] de Champeaux, *Physiologies des bals de Paris et de ses environs: Bal Mabille* (1845), in: Montandon (Hg.), *Paris au bal* (Anm. 27), 43–66, hier: 43 (eigene Übersetzung).
45 Bezeichnenderweise überlebte das Gros dieser Parks den Fall des Bourbonenregimes nicht; Ausnahmen bildeten nur die »Grande Chaumière« und das Ranelagh. Vgl. Gasnault, *Guinguettes et lorettes* (Anm. 1), 89.
46 Schivelbusch, *Lichtblicke* (Anm. 41), 134.

3. Physiologie der Massenbewegungen

1 Vgl. zum »premier bal de l'ère industrielle« das Kapitel »La révolution Mabille« bei François Gasnault, *Guinguettes et lorettes. Bals publics à Paris au XIXe siècle*, Paris 1986, 194–206, und ausführlich auch Stephanie Schroedter, *Paris qui danse. Bewegungs- und Klangräume einer Großstadt der Moderne*, Würzburg 2018 [i. Ersch.], Kap. II.1.
2 Walter Benjamin, *Das Paris des Second Empire bei Baudelaire*, in: Ders., *Gesammelte Schriften*, unter Mitwirkung von Theodor W. Adorno und Gershom Sholem hg. von Rolf Tiedemann und Hermann Schweppenhäuser, Bd. I.2, Frankfurt / Main 1974, 511–604, hier: 537.
3 Vgl. die tabellarische Übersicht bei Hans-Rüdiger van Biesbrock, *Die literarische Mode der Physiologien in Frankreich (1840–1842)*, Frankfurt / Main Bern New York 1978, 102.
4 Nathalie Preiss, Introduction générale, in: Dies. (Hg.), *De la poire au parapluie. Physiologies politiques*, Paris 1999, IX–XIX, hier: IX. – Vgl. auch Dies., *Les physiologies en France au XIXe siècle. Étude historique, littéraire et stylistique*, Mont-de-Marsan 1999.

5 Gasnault, *Guinguettes et lorettes* (Anm. 1), 146; Schroedter, Paris qui danse (Anm. 1).
6 Michael Eggers, Wissenschaft, Satire und die »schwierigste Sprache der Welt«. Balzacs ›Physiologien‹ und ›Monographien‹ in gattungs- und begriffsgeschichtlicher Perspektive, in: Michael Bies / Michael Gamper (Hg.), *Gattungs-Wissen. Wissenspoetologie und literarische Form*, Göttingen 2013, 203–226, hier: 205.
7 Vgl. dazu den kompakten Überblick von Philipp Sarasin / Jakob Tanner, Einleitung, in: Dies. (Hg.), *Physiologie und industrielle Gesellschaft. Studien zur Verwissenschaftlichung des Körpers im 19. und 20. Jahrhundert*, Frankfurt / Main 1998, 12–43, Zitat: 30; außerdem Eduard Rothschuh, Art. »Physiologie«, in: *Historisches Wörterbuch der Philosophie*, hg. von Joachim Ritter, Karlfried Gründer und Gottfried Gabriel, 13 Bde., Bd. 7, Basel Stuttgart 1989, 964–967; und Dens., *Physiologie. Der Wandel ihrer Konzepte, Probleme und Methoden vom 16. bis 19. Jahrhundert*, Freiburg 1968.
8 So im Falle der 1842 erschienenen *Physiologie du tabac*, die von einem Dr. med. G. Morain verfasst ist; vgl. van Biesbrock, *Die literarische Mode der Physiologien* (Anm. 3), 121 u. 141.
9 Ebd., 121.
10 Deren hohen Anteil unter den Physiologisten betont vor allem Nathalie Preiss. Vgl. Dies., *Les physiologies en France au XIXe siècle* (Anm. 4), 134–141.
11 Honoré de Balzac, Physiologie gastronomique (15. August 1830 in der Zeitschrift »La Silhouette«), in: Ders., *Œuvres complètes*, 40 Bde., Bd. 39: *Œuvres diverses, Tome II (1830–1835)*, texte révisé et annoté par Marcel Bouteron et Henri Longnon, illustrations de Charles Huard, Paris 1938, 62 f., hier: 62. – Zu Balzac vgl. auch Christoph Strosetzki, *Balzacs Rhetorik und die Literatur der Physiologien*, Wiesbaden Stuttgart 1985; sowie Eggers, Wissenschaft, Satire und die »schwierigste Sprache der Welt« (Anm. 6).
12 Jacques Arago, *Physiologie de la femme entretenue*, Paris 1840, 33. – Zit. nach: van Biesbrock, *Die literarische Mode der Physiologien* (Anm. 3), 292. – Zu den Autoren der Physiologien insgesamt vgl. die quantitative Auswertung und tabellarische Übersicht über Titel und Erscheinungsdatum ebd., 134–142.
13 J. Arago, *Physiologie du protecteur*, Paris 1841, 96 zit. ebd., 291.
14 Zu den Vorläufern und verwandten Genres der *physiologies* im Einzelnen vgl. van Biesbrock, *Die literarische Mode der Physiologien* (Anm. 3), 44–60. – Vgl. zu Merciers *Tableau de Paris* außerdem Kap. II.4 der vorliegenden Studie.

15 Günter Oesterle, Das Komischwerden der Philosophie in der Poesie. Literatur-, philosophie- und gesellschaftsgeschichtliche Konsequenzen der »voie physiologique« in Georg Büchners »Woyzeck«, in: *Georg Büchner-Jahrbuch* 3 (1983), 200–239, hier: 201.
16 Eggers, Wissenschaft, Satire und die »schwierigste Sprache der Welt« (Anm. 6), 203.
17 Auguste Vitu/Jules Frey, *Physiologie du Bal Mabille* [1844], in: Alain Montandon (Hg.), *Paris au bal. Treize physiologies sur la danse*, Paris 2000, 193–233, hier: 193 (eigene Übersetzung).
18 Ebd., 195 f. (eigene Übersetzung)
19 Näheres zu »Pomaré« und anderen jungen Frauen, die als Autodidaktinnen zu Stars der Pariser Tanzszene avancierten, bei Schroedter, *Paris qui danse* (Anm. 1), Kap. II.2.
20 Vitu/Frey, *Physiologie du Bal Mabille* (Anm. 17), 196 (eigene Übersetzung).
21 Ebd., 209 (eigene Übersetzung).
22 Zur enthusiastischen Aufnahme der Polka, die als ein »cancan sans vulgarité« erschien, von einer bis dahin unbekannten medialen Aufmerksamkeit begleitet war und in den Pariser Salons ebenso schnell einschlug wie auf den Tanzdielen, vgl. noch einmal Gasnault, *Guinguettes et lorettes* (Anm. 1), 184–194, Zitat: 186.
23 Madame Saqui war die berühmteste Seiltänzerin des Jahrhunderts. Sie soll bereits als 15-Jährige atemberaubende »Bataillesprünge« – Salti mortali über 24 Soldaten mit Gewehren – gemacht haben. In ihrem Theater *Le spectacle des acrobates de Mme. Saqui* am Boulevard du Temple waren kleine Stücke wie »Der nachtwandlerische Seiltänzer oder der Mord auf dem straffen Seil, mit und ohne Balancierstange« zu sehen. Als die *Physiologie du Bal Mabille* erschien, waren die Kunststücke der Akrobatin allerdings bereits Legende und die Bühne seit über einem Jahrzehnt geschlossen. Vgl. Günter Bose/Erich Brinkmann, *Circus. Geschichte und Ästhetik einer niederen Kunst*, Stuttgart 1978, 57.
24 Dort heißt es: »Die Polka stammt ursprünglich aus Polen, wie ihr Name sagt; dann verbreitete sie sich in Böhmen und wurde von den Leuten auf dem Lande so einmütig angenommen, dass sie dort zum Nationaltanz avancierte. Halten wir also nebenbei fest, dass dieser niedere Ursprung allen Tänzen gemein ist, die jetzt in aller Welt großen Erfolg haben; alle sind in der Gosse entstanden und haben auf Bauernfüßen angefangen, bevor sie in die Salons einzogen und von Seidenstrümpfen, Satin- und Lackschuhen exerziert wurden.« Vgl. Auguste Vitu/Paul Farnèse, *Physiologie de la Polka, d'après Cellarius*, Paris 1844, in: Montandon (Hg.), *Paris au bal* (Anm. 17), 235–275,

hier: 246 (eigene Übersetzung). – Skeptischer wird diese Herleitung bewertet bei Gasnault, *Guinguettes et lorettes* (Anm. 1), 187.
25 Vitu / Frey, *Physiologie du Bal Mabille* (Anm. 17), 213.
26 Ebd., 200 (eigene Übersetzung).
27 Ebd., 196.
28 Der »Bal Mabille« führt deshalb seine kleine Serie durch die Bälle von Paris an, die insgesamt drei Physiologien umfasst. Die zweite behandelt ausführlich das »Château Rouge«, die dritte bietet ein Panorama der Umgebung von Paris, in dem andere Tanzlokale wie die »Closerie des Lilas« nur noch knapp abgehandelt werden. Vgl. M. É.[tienne] de Champeaux, *Physiologies des bals de Paris et de ses environs. Livraisons 2 et 3: Nouveau Tivoli (Château Rouge)*, Paris 1845.
29 Vitu / Frey, *Physiologie du Bal Mabille* (Anm. 17), 49.
30 Ebd., 48.
31 Ebd., 52 f.
32 Ebd., 53 (eigene Übersetzung).
33 Ebd., 55 (eigene Übersetzung).
34 Ebd., 61 (eigene Übersetzung).
35 Ebd., 54 (eigene Übersetzung). – Solche Beispiele der populären Tanzheldinnen-Lyrik finden sich in den Physiologien über die Pariser Tanzlokale zuhauf. Die *Physiologie der Pariser Bälle* selbst enthält ein weiteres (und strophenreicheres) auf »Königin Pomaré« (ebd., 66), die *Physiologie du Bal Mabille* eines auf Clara Fontaine (vgl. *Paris au bal* [Anm. 17], 231). Die Physiologie *Die Polka-Königinnen. Dürftiges Gedicht auf die Berühmtheiten der Polka* [1844] setzt sich überhaupt nur aus solchen Liedtexten zusammen (vgl. *Paris au bal* [Anm. 17], 277–295); G. Malberts *Reise rund um Pomaré* [1844] gibt die vier Lieder wieder, die allein auf Pomaré gedichtet worden sind (vgl. ebd., 297–328).
36 Champeaux, *Physiologies des bals de Paris* (Anm. 28), 62 f.
37 Ebd., 45.
38 Ebd., 65.

4. Paris-Bilder der *petite presse*

1 Vgl. den Faksimile-Abdruck der *Physiologie de la poire* von Louis Benoît, jardinier [alias Sébastien Peytel, 1832], in: Nathalie Preiss (Hg.), *De la poire au parapluie. Physiologies politiques*, Paris 1999, 1–270. Die Physiologie kann auch über die Website der Bibliothèque Nationale de France eingesehen werden. URL: http://gallica.bnf.fr/ark:/12148/

bpt6k1510958z/ f24.image.r=Physiologie%20de%20la%20poire [letzter Zugriff: 28.10.2017] – Zur Affäre um Philipon vgl. Preiss, Introduction générale, in: ebd., IX–XIX, bes. XVf., und allgemeiner: David S. Kerr, *Caricature and French political culture 1830–1848. Charles Philipon and the illustrated press*, Oxford 2000.

2 Die Formulierung entlehnt Benjamin aus dem Standardwerk von Eduard Fuchs, *Die Karikatur der europäischen Völker*. 2 Bde., Erster Teil: *Vom Altertum bis zum Jahre 1848*, mit 500 Textillustrationen und 76 Beilagen, München ⁴1921. Vgl. Walter Benjamin, *Das Paris des Second Empire bei Baudelaire* [1938], in: Ders., *Gesammelte Schriften*, unter Mitwirkung von Theodor W. Adorno und Gershom Sholem hg. von Rolf Tiedemann und Hermann Schweppenhäuser, Bd. I.2, Frankfurt/Main 1974, 511–604, hier: 538.

3 Benjamin, *Das Paris des Second Empire bei Baudelaire* (s. die vorige Anm.), 537.

4 Ebd., 541.

5 Ebd., 537 u. 541.

6 Ebd., 542.

7 »Die Masse ist Baudelaire derart innerlich, daß man ihre Schilderung bei ihm vergebens sucht. So trifft man seine wichtigsten Gegenstände kaum jemals in der Gestalt von Beschreibungen.« Walter Benjamin, *Über einige Motive bei Baudelaire* [1939], in: *Gesammelte Schriften*, Bd. I.2 (Anm. 2), 605–653, hier: 621.

8 Dieses Verhältnis von Erlebnis und Dichtung entwickelt Wilhelm Dilthey in seinem gleichnamigen Werk, auf das sich Benjamins Baudelaire-Studie bezieht, um die Unzulänglichkeit dieses Ansatzes für die Auseinandersetzung mit der Lyrik der Moderne zu demonstrieren. Vgl. Benjamin, *Über einige Motive bei Baudelaire* (s. die vorige Anm.), 608–615.

9 Rolf Tiedemann, Baudelaire, Zeuge gegen die Bürgerklasse, in: Walter Benjamin, *Charles Baudelaire. Ein Lyriker im Zeitalter des Hochkapitalismus*, hg. und mit einem Nachwort versehen von Rolf Tiedemann, Frankfurt/Main 1974, 189–214, hier: 199 (Hervorhebungen von mir, E. M.).

10 Günter Oesterle, Das Komischwerden der Philosophie in der Poesie. Literatur-, philosophie- und gesellschaftsgeschichtliche Konsequenzen der »voie physiologique« in Georg Büchners »Woyzeck«, in: *Georg Büchner-Jahrbuch* 3 (1983), 200–239, hier: 203.

11 Vgl. Niklas Luhmann, Wie ist soziale Ordnung möglich?, in: Ders., *Gesellschaftsstruktur und Semantik. Studien zur Wissenssoziologie der modernen Gesellschaft*, Bd. 2, Frankfurt/Main 1993, 195–285.

12 Susanne Lüdemann, *Metaphern der Gesellschaft. Studien zum soziologischen und politischen Imaginären*, München 2004, 108.
13 Vgl. Henri de Saint-Simon, De la physiologie appliquée à l'amélioration des institutions sociales [1813], in: *Œuvres complètes*, Édition critique présentée, établie et annotée par Juliette Grange, Pierre Musso, Philippe Régnier et Frank Yonnet, Vol. 4, Paris 2013, 3103–3116.
14 Preiss, Introduction générale (Anm. 1), XVIII f.
15 Richard Sennett, *Verfall und Ende des öffentlichen Lebens. Die Tyrannei der Intimität* [1977], übers. von Reinhard Kaiser, Frankfurt/Main 1986.
16 Sennett präzisiert den Terminus »Fremder« ausdrücklich im Rahmen einer zweistelligen Typologie: Demnach kann der Begriff einerseits den Außenseiter oder Fremdartigen (»alien«) meinen – denjenigen also, der in einer Umgebung auftritt, »in der sich die Menschen ihrer eigenen Identität so bewußt sind, daß sie Regeln über Zugehörigkeit und Nichtzugehörigkeit aufstellen können«. Er kann aber auch – und um diesen Sinn geht es Sennett vor allem – den Unbekannten meinen, d. h. jemanden, der als fremd erlebt wird, der nicht eingeordnet und als bestimmter Fremder – als Chinese etwa unter Italienern – identifiziert werden kann. Vgl. ebd., 72–74.
17 Ebd.,112–115. – Vgl. dazu bereits Jürgen Habermas, *Strukturwandel der Öffentlichkeit. Untersuchungen zu einer Kategorie der bürgerlichen Gesellschaft*. Mit einem Vorwort zur Neuauflage 1990, Frankfurt/Main ⁶1999, 92 f.
18 Sennett, *Verfall und Ende des öffentlichen Lebens* (Anm. 15), 79–82 sowie 117 f.
19 Ebd., 214.
20 Die *Physiologie de la toilette* erschien in drei Teilen am 3. Juni, am 8. Juli und am 15. Juli 1830 in der Zeitung *La Silhouette*. Unter dem Pseudonym Le Baron de l'Empesé hatte Balzac überdies bereits 1827 das kleine Buch *L'art de mettre sa cravate* von Emile Marco de Saint-Hilaire in seiner Druckerei verlegt. Vgl. Honoré de Balzac, *Physiologie de la toilette. De la cravate, considérée en elle-même et dans ses rapports avec la société et les individus* [1830], in: Ders., *Œuvres complètes*, 40 Bde., Bd. 39: *Œuvres diverses (1830–1835)*, texte révisé et annoté par Marcel Bouteron et Henri Longnon, illustrations de Charles Huard, Paris 1938, 47–52. – Vgl. zu den Beiträgen Balzacs für Modezeitschriften und Journale im Revolutionsjahr 1830 auch Annemarie Kleinert, *Die frühen Modejournale in Frankreich. Studien zur Literatur der Mode von den Anfängen bis 1848*, Berlin 1980, 188–205.

21 Sennett, *Verfall und Ende des öffentlichen Lebens* (Anm. 15), 214 f.
22 Zur Rolle der Kleidung im Ancien Régime vgl. ebd., 93–102.
23 Ebd., 113. – Zum »Takt der Ebenbürtigkeit«, der sich in dieser »Art des gesellschaftlichen Verkehrs« gegen das »Zeremoniell der Ränge« durchsetzt, vgl. bereits Habermas, *Strukturwandel der Öffentlichkeit* (Anm. 17), 97.
24 Sennett, *Verfall und Ende des öffentlichen Lebens* (Anm. 15), 120.
25 Habermas, *Strukturwandel der Öffentlichkeit* (Anm. 17), 17. – Dort auch eine Auseinandersetzung mit Sennetts Argument, die dessen Pointe allerdings verfehlt.
26 Ebd., 116.
27 Vgl. dazu Jürgen Osterhammel, *Die Verwandlung der Welt. Eine Geschichte des 19. Jahrhunderts*, München 2009, 354–464, und Friedrich Lenger, *Metropolen der Moderne. Eine europäische Stadtgeschichte*, München 2013.
28 Der Begriff der »inneren Urbanisierung« geht auf Gottfried Korff zurück; vgl. Dens., Mentalität und Kommunikation in der Großstadt. Berliner Notizen zur »inneren« Urbanisierung, in: Hermann Bausinger / Theodor Kohlmann (Hg.), *Großstadt. Aspekte empirischer Kulturforschung*, Berlin 1985, 343–361. – Vgl. außerdem Daniel Morat / Tobias Becker / Kerstin Lange / Johanna Niedbalski / Anne Gnausch / Paul Nolte, *Weltstadtvergnügen. Berlin 1880–1930*, Göttingen 2016, 12.
29 Genaueres dazu bei Lorraine Daston / Katherine Park, *Wunder und die Ordnung der Natur 1150–1750*, Berlin 2003, sowie Lorraine Daston, *Eine kurze Geschichte der wissenschaftlichen Aufmerksamkeit*, München 2001.
30 Zu ihnen zählen La Bruyères *Caractères ou Les Mœurs de ce siècle* (1688–1694 in zahlreichen erweiterten Auflagen) und Le Sages *Le Diable boiteux* (^{1}1707, ^{2}1726), aber auch Joseph Addisons *Spectator* (1711–1714) und Montesquieus *Lettres persanes* (1721). – Vgl. dazu den einschlägigen Aufsatz von Karlheinz Stierle, Baudelaires »Tableaux parisiens« und die Tradition des »Tableau de Paris«, in: *Poetica* 6 (1974), H. 3, 285–322, hier: 286. Weitere Vorläufer sind aufgeführt in der Studie von Angelika Corbineau-Hoffmann, *Brennpunkt der Welt. C'est l'abrégé de l'univers. Großstadterfahrung und Wissensdiskurs in der pragmatischen Paris-Literatur 1780–1830*, Berlin 1991, 24–55.
31 Jean Villain, Der Fußgänger von Paris. Versuch über die Unsterblichkeit des Louis Sébastien Mercier, in: Louis Sébastien Mercier, *Mein Bild von Paris. Mit 43 Wiedergaben nach zeitgenössischen Kupferstichen*, Leipzig 1976, 439–501, hier: 477. – Vgl. zu Merciers *Tableau de Paris* ausführlich auch Eckhardt Köhn, *Straßenrausch. Flanerie*

und kleine Form. Versuch zur Literaturgeschichte des Flaneurs von 1830–1933, Berlin 1989, 17–25.
32 Louis-Sébastien Mercier, *Neuer Versuch über die Schauspielkunst* [1773]. Mit einem Anhang aus Goethes Brieftasche, übers. von Heinrich Leopold Wagner, Faksimiledruck nach der Ausgabe von 1776 mit einem Nachwort von Peter Pfaff, Heidelberg 1967, 124.
33 Ebd., 125.
34 Friedrich Schiller, Was kann eine gute stehende Schaubühne eigentlich wirken? Eine Vorlesung, gehalten zu Mannheim in der öffentlichen Sitzung der kurpfälzischen deutschen Gesellschaft am 26sten des Junius 1784, in: *Schillers Werke*. Nationalausgabe, hg. im Auftrag der Nationalen Forschungs- und Gedenkstätten der klassischen deutschen Literatur in Weimar (Goethe- und Schiller-Archiv) und des Schiller-Nationalmuseums in Marbach von Lieselotte Blumenthal und Benno von Wiese, 44 Bde., 20. Bd.: *Philosophische Schriften. Erster Teil*, Weimar 1967, 87–100, hier: 92.
35 Mercier, *Neuer Versuch über die Schauspielkunst* (Anm. 32), 200–204.
36 Das Begriffspaar von »Theatralität« und »Absorption« hat Michael Fried geprägt. Vgl. Dens., *Absorption and Theatricality. Painting and Beholder in the Age of Diderot*, Berkeley Los Angeles London 1980, 76–105.
37 Albrecht Koschorke, *Körperströme und Schriftverkehr. Mediologie des 18. Jahrhunderts*, München 1999, 183. – Dazu auch Johannes Lehmann, *Der Blick durch die Wand. Zur Geschichte des Theaterzuschauers und des Visuellen bei Diderot und Lessing*, Freiburg 2000.
38 Vgl. Denis Diderot, Dorval und Ich. Unterredungen über den Natürlichen Sohn [1757], in: *Das Theater des Herrn Diderot*, hg. und übers. von Gotthold Ephraim Lessing, Anm. und Nachwort von Klaus-Detlef Müller, Leipzig 1981, 89–176, hier: 98.
39 Vgl. zu Diderots Konzeption des *tableau* Peter Szondi, *Die Theorie des bürgerlichen Trauerspiels im 18. Jahrhundert. Der Kaufmann, der Hausvater und der Hofmeister*, hg. von Gert Mattenklott, mit einem Anhang über Molière von Wolfgang Fietkau, Frankfurt/Main 1973, 100–117. – Die paradigmatische Bedeutung der Malerei Jean-Baptiste Greuzes, deren Genreszenen selbst wiederum nach dramatischen Gesichtspunkten konzipiert sind, erläutert Fried, *Absorption and Theatricality* (Anm. 36).
40 »Man denke also, sowohl während dem Schreiben als während dem Spielen, an den Zuschauer ebenso wenig, als ob gar keiner da wäre. Man stelle sich an dem äußersten Rande der Bühne eine große Mauer vor, durch die das Parterre abgesondert wird. Man spiele, als ob

der Vorhang nicht aufgezogen würde.« Vgl. Denis Diderot, Von der dramatischen Dichtkunst [1758], in: *Das Theater des Herrn Diderot* (Anm. 38), 282–402, hier: 340.

41 Mercier, *Neuer Versuch über die Schauspielkunst* (Anm. 32), 1. – Die folgenden Ausführungen basieren auf meinem Aufsatz: Mikropolitik in Bildern. Louis-Sébastien Merciers *Tableau de Paris*, in: Friedrich Balke / Harun Maye / Leander Scholz (Hg.), *Ästhetische Regime um 1800*, Paderborn 2009, 65–78.

42 Dieter Borchmeyer, *Tragödie und Öffentlichkeit. Schillers Dramaturgie im Zusammenhang seiner ästhetisch-politischen Theorie und die rhetorische Tradition*, München 1975, 16.

43 In Deutschland werden Merciers Stücke ab 1772 gespielt. »Seinen größten Erfolg erzielt er mit dem ›Karren des Essighändlers‹, dessen Übersetzung (1775) kein anderer als Goethe veranlasst. Mercier revanchiert sich auf artigste Weise – indem er Goethes ›Werther‹ unter dem Titel ›Romainval oder der tugendsame Poet‹ dramatisiert.« Villain, Der Fußgänger von Paris (Anm. 31), 471.

44 Vgl. den Widmungsbrief Merciers an seinen Bruder, in dem er betont, mit seinem Essai nicht nur der »vraie morale« aufzuhelfen, sondern auch die »saine politique« zu befördern. Louis Sébastien Mercier, Épitre dédicatoire, in: Ders., *Mon bonnet de nuit, suivi de Du Théâtre, ou Nouvel Essai sur l'Art Dramatique*, édition établie sous la direction de Jean-Claude Bonnet, Paris 1999, 1129–1139, hier: 1130. – Heinrich Leopold Wagner hat die Widmung in seiner deutschen Fassung nicht übersetzt.

45 Mercier, *Neuer Versuch über die Schauspielkunst* (Anm. 32), 204 u. 135.

46 Stierle, Baudelaires »Tableaux parisiens« und die Tradition des »Tableau de Paris« (Anm. 30), 288; vgl. auch Karlheinz Stierle, *Der Mythos von Paris. Zeichen und Bewußtsein der Stadt*, München Wien 1993, 105–128.

47 Mercier, Vorwort, in: Ders., *Mein Bild von Paris* (Anm. 31), 7–13, hier: 12. – Im französischen Original ist von einem »grand & mobile théâtre« die Rede, vgl. Louis-Sébastien Mercier, Préface, in: *Tableau de Paris*. Nouvelle Edition, corrigée & augmentée, 12 vol., vol. 1, Amsterdam 1782, iij–xvij, hier: xvj.

48 Mercier, Vorwort (s. die vorige Anm.), 9. – Im französischen Original spricht Mercier von der »assemblage de toutes ces petites coutumes du jour ou de la veille, qui font des loix particulières, mais qui sont en perpétuelle contradiction avec les loix générales.« Vgl. Dens., Préface, ebd., vj.

49 Mercier, Vorwort (Anm. 47), 7.

50 Mercier erwähnt den »Leibdrucker und Buchhändler der Königin«, der »mit des Zensors Genehmigung und des Königs Segen ein aus vier Wälzern bestehendes Lexikon« veröffentlicht hat, »in dem von der Geschichte der Schlösser bis hin zur Vergangenheit der Kollegien und bis zur hintersten Sackgasse kein Stein vergessen wurde«. Ebd., 7 f.
51 Mercier, Préface (Anm. 47), iv. – Die deutsche Übersetzung gibt diese Wendung mit »Schattierungen« wieder, vgl. Vorwort (Anm. 47), 7.
52 Dieses Thema beschäftigt Mercier in verschiedenen *tableaux*: Vgl. Physionomie de la grande Ville (Vol. 1, 17–20), Porteurs d'eau (Vol. 1, 154 f.), Vente de l'eau (Vol. 3, 137–142), Eaux de la Seine (Vol. 10, 104–108) und Administration royale des eaux de Paris (Vol. 10, 171–174).
53 Auf diese Fragen kommt Mercier regelmäßig zurück: Vgl. Ruisseaux (Vol. 1, 120 f.), Fonte des suifs (Vol. 1, 122), L'Air vicié (Vol. 1, 126–135), Rats (Vol. 5, 226–229), Latrines publiques (Vol. 7, 225–230) und Latrines (Vol. 11, 54–59).
54 Vgl. die *tableaux* Espions (Vol. 1, 184–187), Hommes de la Police (Vol. 1, 192–196), Le Guet (Vol. 1, 196–200), Lieutenant de Police (Vol. 1, 201–208), Point central (Vol. 7, 206–210), D'Argenson (Vol. 8, 163–175).
55 Vgl. Les Colporteurs (Vol. 1, 188–191), Boueurs (Vol. 5, 326–329), Décrotteurs (Vol. 6, 1–7).
56 Vgl. Barrières (Vol. 2, 55–58).
57 Mercier, Obacht! Obacht!, in: Ders., *Mein Bild von Paris* (Anm. 31), 34–36. – frz. Original: Ders., Gare! Gare!, in: *Tableau de Paris* (Anm. 47), Vol. 1, 117–120. Vgl. dort auch Fiacres, in: ebd., Vol. 1, 150–153.
58 Mercier, Torwege, in: Ders., *Mein Bild von Paris* (Anm. 31), 244–246, hier: 244 f. – frz. Original: Ders., Portes Cocheres, in: *Tableau de Paris* (Anm. 47), Vol. 4, 93–96.
59 Mercier, Verpestete Luft, in: Ders., *Mein Bild von Paris* (Anm. 31), 37–44, hier: 38. – frz. Original: Ders., L'Air vicié, in: *Tableau de Paris* (Anm. 47), Vol. 1, 126–135.
60 Mercier, Gesundheitsrat, in: Ders., *Mein Bild von Paris* (Anm. 31), 129 f. – frz. Original: Ders., Conseil de Santé, in: *Tableau de Paris* (Anm. 47), Vol. 2, 343 f.
61 Zur Vielfalt der Diskursformen innerhalb des *Tableau de Paris* im Einzelnen und ihrer allgemeinen Tendenz zur literarischen Kleinform vgl. Corbineau-Hoffmann, *Brennpunkt der Welt* (Anm. 30), 84 f. und 90.
62 Mercier, Préface (Anm. 47), vj.

63 Mercier, Vorwort (Anm. 47), 11.
64 Michel Foucault, *Überwachen und Strafen. Die Geburt des Gefängnisses* [1976], übers. von Walter Seitter, Frankfurt/Main 1977, 274.
65 Mercier, *Neuer Versuch über die Schauspielkunst* (Anm. 32), 241.
66 Vgl. Anm. 59.
67 Vgl. Friedrich Schiller, *Die Polizey* [1799–1804], in: Ders., *Schillers Werke*. Nationalausgabe (Anm. 34), Bd. 12: *Dramatische Fragmente*, in Zusammenarbeit mit Klaus Harro Hilzinger und Karl-Heinz Hucke hg. von Herbert Kraft, Weimar 1982, 89–108, hier: 92. – Vgl. zu den Ambitionen dieses Dramenprojekts auch den vorzüglichen Herausgeber-Kommentar der neueren Ausgabe: Friedrich Schiller, *Werke und Briefe in zwölf Bänden*, hg. von Otto Dann u.a., Bd. 10: *Dramatischer Nachlass*, hg. von Herbert Kraft und Mirjam Springer, Frankfurt/Main 2004, 721–785; außerdem Joseph Vogl, Staatsbegehren. Zur Epoche der Policey, in: *DVjs* 74 (2000), H. 4, 600–626, bes. 620–624; Torsten Hahn, Großstadt und Menschenmenge. Zur Verarbeitung gouvernementaler ›Data‹ in Schillers *Die Polizey*, in: *Rhetoriken des Verschwindens*, hg. von Tina-Karen Pusse, Würzburg 2008, 121–134; Stephan Gregory, Erkenntnis und Verbrechen. Schillers Pariser Ermittlungen, in: *Topos Tatort. Fiktionen des Realen*, hg. von Anna Häusler, Bielefeld 2011, 45–73 sowie Jörg Robert, Paris-Bilder. Schiller im Dialog mit Mercier, in: *Schillers Europa*, hg. von Peter-André Alt und Marcel Lepper, in Zusammenarbeit mit Catherin Marten, Berlin Boston 2017, 217–240.
68 Schiller, *Die Polizey* (s. die vorige Anm.), 91. – Über die Grenzen des dramatischen Genres und den Weg vom deskriptiven Tableau de Paris zur »narrative[n] Form des Paris-Dramas«, den Balzac in seiner *Comédie humaine* geht, vgl. Stierle, *Der Mythos von Paris* (Anm. 46), 364–375, sowie zu Balzac insgesamt ebd., 337–519.
69 Mercier, Préface (Anm. 47), iij. – Zu den Tableaus in der unmittelbaren Mercier-Nachfolge vgl. Corbineau-Hoffmann, *Brennpunkt der Welt* (Anm. 30), 130–157; zu parallelen Formen in der spanischen Literatur der ersten Hälfte des 19. Jahrhunderts vgl. Hans Ulrich Gumbrecht/Juan José Sánchez, Der Misanthrop, die Tänzerin und der Ohrensessel. Über die Gattung ›Costumbrismo‹ und die Beziehungen zwischen Gesellschaft, Wissen und Diskurs in Spanien von 1805 bis 1851, in: *Bewegung und Stillstand in Metaphern und Mythen. Fallstudien zum Verhältnis von elementarem Wissen und Literatur im 19. Jahrhundert*, hg. von Jürgen Link und Wulf Wülfing, Stuttgart 1984, 15–62.
70 Stierle, Baudelaires »Tableaux parisiens« und die Tradition des »Tableau de Paris« (Anm. 30), 285.

71 Ebd.
72 Vgl. dazu noch einmal Villain, Der Fußgänger von Paris (Anm. 31), 479–481.
73 Stierle, Baudelaires »Tableaux parisiens« und die Tradition des »Tableau de Paris« (Anm. 30), 289.
74 So Eckhardt Köhn, *Straßenrausch* (Anm. 31), 35.
75 Zu einem ähnlichen Fazit kommt Angelika Corbineau-Hoffmann im Hinblick auf die weitere Gattungsgeschichte der Paris-Tableaus. Vgl. Dies., *Brennpunkt der Welt* (Anm. 30), 130.
76 Vgl. Stierle, Baudelaires »Tableaux parisiens« und die Tradition des »Tableau de Paris« (Anm. 30), 291 f., Köhn, *Straßenrausch* (Anm. 31), 35–37. Zur Tradition der Tableaus und Physiologien zwischen der Julirevolution und der Februarrevolution, der »klassische[n] Epoche des Pariser Stadtdiskurses«, außerdem Stierle, *Der Mythos von Paris* (Anm. 46), 205–288, Zitat: 205.
77 Jean-Jacques Rousseau, *Brief an Herrn d'Alembert über seinen Artikel* »*Genf*« *im VII. Band der Enzyklopädie und insbesondere über den Plan, ein Schauspielhaus in dieser Stadt zu errichten* [1758], in: Ders., *Schriften*, 2 Bde., hg. von Henning Ritter, Bd. 1, Frankfurt/Main 1988, 333–474, hier: 463.
78 Solche weiblichen Karrieren, die von der neuen Tanzmode begünstigt wurden, waren damals im Übrigen kein Einzelfall. Vgl. dazu Stephanie Schroedter, *Paris qui danse. Bewegungs- und Klangräume einer Großstadt der Moderne*, Würzburg 2018 [i. Ersch.], Kap. II.2.

5. Heinrich Heine, Julirevolutionär

1 Vgl. den Herausgeber-Kommentar zu dem *Pomare*-Zyklus, der die Entstehung der Gedichte auf den Zeitraum zwischen Mitte 1844 und Ende 1845 datiert. Unter den Titeln *Pomare, Dieselbe* und *Eine Andre* erschienen sie erstmals im Oktober 1846 in dem von Hermann Püttmann herausgegebenen *Album. Originalpoesieen*. Heinrich Heine, *Historisch-kritische Gesamtausgabe der Werke. Düsseldorfer Ausgabe* [fortan abgekürzt mit der Sigle DHA], in Verbindung mit dem Heinrich-Heine-Institut hg. von Manfred Windfuhr, 16 Bde., Bd. 3/2: *Romanzero. Gedichte. 1853 und 1854. Lyrischer Nachlaß. Apparat*, hg. von Frauke Bartelt und Alberto Destro, Hamburg 1992, 606–621, hier: 606 f. – Zum Erstdruck vgl. ebd., 535., zum Gesamtkomplex der *Historien* innerhalb des *Romanzero* ebd., 545–555.
2 Heinrich Heine, *Pomare*, in: DHA 3/1: *Romanzero. Gedichte. 1853*

und 1854. Lyrischer Nachlaß. Text, hg. von Frauke Bartelt und Alberto Destro, Hamburg 1992, 29–32, hier: 29.
3 Die »Bezeichnungen Romanze und Ballade« werden »zu Heines Zeit wie schon im 18. Jahrhundert weitgehend synonym und überdies sehr unbestimmt gebraucht«. Jürgen Brummack, Der Romanzero, in: *Heinrich Heine. Epoche – Werk – Wirkung*, hg. von Jürgen Brummack, München 1980, 255–286, hier: 267.
4 Heine, *Pomare* (Anm. 2), 30. – Vgl. dazu auch Barbara Kiem, »Worte einer besonderen Sprache«. Heinrich Heines Signatur des Tanzes, in: *Der Tanz in der Dichtung – Dichter tanzen*, hg. von Gabriele Busch-Salmen, Monika Fink und Thomas Nußbaumer, Hildesheim Zürich New York 2015, 123–131.
5 Vgl. Leslie Bodi, Kopflos – ein Leitmotiv in Heines Werk, in: *Internationaler Heine-Kongreß 1972. Referate und Diskussionen*, hg. von Manfred Windfuhr, Hamburg 1973, 227–244; Peter von Matt, Heine und der Henker, in: Ders., *Das Schicksal der Phantasie. Studien zur deutschen Literatur*, München Wien 1994, 149–158.
6 Von Matt, Heine und der Henker (s. die vorige Anm.), 153.
7 Heinrich Heine, *Atta Troll. Ein Sommernachtstraum* [1843], in: DHA 4: *Atta Troll. Ein Sommernachtstraum. Deutschland. Ein Wintermährchen*, hg. von Winfried Woesler, Hamburg 1985, 7–87. Heine, *Deutschland. Ein Wintermärchen* [1844], in: ebd., 89–157.
8 Heinrich Heine, *Carl I.*, in: DHA 3/1, 26 f. – Vgl. zum historischen Hintergrund um die Enthauptung Charles' I. Ernst H. Kantorowicz, *Die zwei Körper des Königs. Eine Studie zur politischen Theologie des Mittelalters* [1957], übers. von Walter Theimer und Brigitte Hellmann, München 1990; außerdem Albrecht Koschorke / Susanne Lüdemann / Thomas Frank / Ethel Matala de Mazza, *Der fiktive Staat. Konstruktionen des politischen Körpers in der Geschichte Europas*, Frankfurt / Main 2007, bes. 103–150.
9 Heinrich Heine, *Maria Antoinette*, in: ebd., 27–29. – Vgl. zu den beiden Balladen die präzise Lektüre von Hans-Peter Bayerdörfer, ›Politische Ballade‹. Zu den ›Historien‹ in Heines ›Romanzero‹, in: *DVjs* 46 (1972), S. 435–468.
10 Der Titel ist eine Konjektur und geht auf den Herausgeber Adolf Strothmann zurück, der das nachgelassene Gedicht in seine Ausgabe *Heinrich Heine's sämmtliche Werke* (21 Bde., Hamburg 1861–1866) aufgenommen hatte. In der Düsseldorfer Heine-Ausgabe wird er nicht beibehalten. Vgl. DHA 3/1, 325, sowie den zugehörigen Herausgeber-Kommentar in DHA 3/2, 1387–1389.
11 Heinrich Heine, *Die Britten zeigten sich sehr rüde*, in: DHA 3/1, 325.

12 Gerhard Höhn, *Heine-Handbuch. Zeit, Person, Werk*. Dritte, überarbeitete u. erw. Aufl., Stuttgart Weimar 2004, 141.
13 Auf das lateinische *ballare* (nach dem Griechischen βαλλίζειν [ballízein]), ›tanzen‹, gehen die italienische *ballata* und die französische *ballade* zurück. Vgl. dazu Christian Wagenknecht, Art. Ballade, in: *Reallexikon der deutschen Literaturwissenschaft*, gemeinsam mit Georg Braungart, Klaus Grubmüller, Jan-Dirk Müller, Friedrich Vollhardt und Klaus Weimar hg. von Harald Fricke, Bd. 1: A–G, Berlin New York 2007, 192–196, hier: 193.
14 Das betrifft vor allem den ersten Teil des *Pomare*-Zyklus. Dort entsprechen dem $^2/_4$-Trab des Cancan und der Polka die vierhebigen Trochäen mit ihren klingenden Kadenzen, die dafür sorgen, dass Versenden und -anfänge – zusätzlich unterstützt durch dauernde Enjambements – direkt aneinander anschließen und einen »strömenden, atemlosen Rhythmus« erzeugen, der nur am Ende des jeweils dritten Verses gestaut wird. Vgl. dazu Irene Guy, *Sexualität im Gedicht. Heinrich Heines Spätlyrik*. Bonn 1984, Zitat: 86. Die genaueste Lektüre des *Pomare*-Zyklus unter dem Aspekt des Tanzliedcharakters hat Roger W. Müller Farguell vorgenommen: Vgl. Dens., *Tanz-Figuren. Zur metaphorischen Konstitution von Bewegung in Texten. Schiller, Kleist, Heine, Nietzsche*, München 1995, 199–212.
15 Heinrich Heine, *Französische Maler. Gemäldeausstellung in Paris 1831* [1831], in: DHA 12/1: *Französische Maler. Französische Zustände. Über die französische Bühne*. Text, hg. von Jean-René Derré und Christiane Giesen, Hamburg 1980, 9–62, hier: 20.
16 Ebd., 47. – Näher beleuchtet die Differenzen zwischen Hegels und Heines Diagnosen Eva Geulen, Nachkommenschaften: Heine und Hegel zum Ende der Kunstperiode, in: Sigrid Weigel (Hg.), *Heine und Freud. Die Enden der Literatur und die Anfänge der Kulturwissenschaft*, Berlin 2010, 283–292
17 Heinrich Heine, *Die romantische Schule* [1836], in: DHA 8/1: *Zur Geschichte der Religion und Philosophie in Deutschland. Die romantische Schule. Text*, hg. von Manfred Windfuhr, Hamburg 179, 121–243, hier: 150.
18 Ebd., 158.
19 Ebd., 153.
20 Ebd., 158.
21 Heine, *Französische Maler* (Anm. 15), 47.
22 Heine, *Die romantische Schule* (Anm. 17), 149 f.
23 Ebd., 162. – Das Werk des Weimarer Privatgelehrten und Philanthropen Falk wurde posthum veröffentlicht. Unter dem Titel *Goethe*

aus näherem persönlichen Umgange dargestellt erschien es 1832, im Todesjahr Goethes, sechs Jahre nach Falks eigenem Tod.
24 Johannes Daniel Falk, 14.10.1808, zit. nach: Johann Wolfgang Goethe, *Sämtliche Werke, Briefe, Tagebücher und Gespräche*, 40 Bde., Bd. II.6 (39): *Napoleonische Zeit. Briefe, Tagebücher und Gespräche vom 10. Mai 1805 bis 6. Juni 1816*, hg. von Rose Unterberger, Frankfurt/Main 1993, 385–388, hier: 386.
25 Die Aufzeichnung war 1824 auf Betreiben des Kanzlers von Müller zustande gekommen. Vgl. Johann Wolfgang Goethe, *Unterredung mit Napoleon*, in: MA 14: *Autobiographische Schriften der frühen Zwanzigerjahre*, hg. von Reiner Wild, München Wien 1986, 576–580, hier: 579. – Vgl. auch den Kommentar 841–847, sowie die Analyse dieser Szene von Hans Blumenberg, »Mon Faust« in Erfurt, in: Ders. *Goethe zum Beispiel*, in Verbindung mit Manfred Sommer hg. vom Hans Blumenberg-Archiv, Frankfurt/Main 1999, 21–38.
26 Näheres zu diesen Hintergründen in der Einführung von Heinz Schlaffer in: Johann Wolfgang Goethe, *Sämtliche Werke nach Epochen seines Schaffens*. Münchner Ausgabe, 21 Bde., Bd. 19: Johann Peter Eckermann, *Gespräche mit Goethe in den letzten Jahren seines Lebens* [1836/1848], hg. von Heinz Schlaffer, München Wien 1986, 701–729, bes. 714.
27 Zur Arbeit Goethes am Mythos Napoleon vgl. Hans Blumenberg, *Arbeit am Mythos*, Frankfurt/Main ⁵1990, 532–534, sowie insgesamt das Kapitel »Prometheus wird Napoleon, Napoleon wird Prometheus«, ebd., 504–566. – Genauer gehe ich auf Blumenbergs Goethe-Studien ein in meinem Aufsatz: Goethe-Dämonologie. Anmerkungen zu Hans Blumenberg, in: Karl Eibl/Bernd Scheffer (Hg.), *Goethes Kritiker*, Paderborn 2001, 153–171.
28 Das hat Eva Geulen gezeigt und zu Recht betont, dass es in Hegels Ästhetik nicht nur *ein* Ende der Kunst gibt, außerdem nicht *jedes mögliche* Ende im dialektischen Verständnis als Aufhebung gedacht ist. Vgl. Dies., *Das Ende der Kunst. Lesarten eines Gerüchts nach Hegel*, Frankfurt/Main 2002, 22–31, 26–60. – Dort auch Hinweise auf die endlose Forschung zu dem an Hegels vermeintliches Diktum sich knüpfenden Gründungsmythos der modernen Kunst.
29 Carl Schmitt, Illyrien. Notizen von einer dalmatinischen Reise, in: *Hochland* 23 (1925), H. 3, 293–298, hier: 293.
30 Georg Friedrich Wilhelm Hegel, *Vorlesungen über die Ästhetik I [1823–1829]*, Frankfurt/Main 1986 (= *Werke in 20 Bänden*, hg. von Eva Moldenhauer und Karl Markus Michel, Bd. 13), 141.
31 Thomas Hobbes, *Leviathan, sive de Materia, Forma et Potestate Ci-

vitatis ecclesiasticae et civilis [1668], in: Ders., *Opera Philosophica quae latine scripsit in unum corpus nunc primum collecta*, hg. von William Molesworth, 5 Bde., Bd. 3, Aalen 1961 [Reprint der Ausgabe 1839–1845], 202. – Carl Schmitt bezieht sich auf dieses Diktum in *Der Leviathan in der Staatslehre des Thomas Hobbes. Sinn und Fehlschlag eines politischen Symbols* [1938], Stuttgart 1982, 68 u. 82.

32 Vgl. dazu ausführlich Clemens Pornschlegel, *Der literarische Souverän. Studien zur politischen Funktion der deutschen Dichtung bei Goethe, Heidegger, Kafka und im George-Kreis*, Freiburg 1994.

33 Gerhard Höhn zufolge erschien Heines *Romanzero* »zu einem Zeitpunkt, an dem die Beliebtheit und Hochschätzung dieser Gattung ihren Höhepunkt erreicht hatte.« Höhn, *Heine-Handbuch* (Anm. 12), 140.

34 Bayerdörfer: ›Politische Ballade‹ (Anm. 9), 435 u. 437.

35 Johannes Scherr, *Poeten der Jetztzeit*, Stuttgart 1844, 104. – Zit. nach: *Das Junge Deutschland. Texte und Dokumente*, hg. von Jost Hermand, Stuttgart 1966, 92–96, hier: 96.

36 Brief Heines vom 11. Januar 1825 an Moses Moser, in: Heinrich Heine, *Werke, Briefwechsel, Lebenszeugnisse*. Säkularausgabe [fortan abgekürzt mit der Sigle HSA], hg. von den Nationalen Forschungs- und Gedenkstätten der klassischen deutschen Literatur in Weimar und dem Centre National de la Recherche Scientifique in Paris, 27 Bde., Bd. 20: Briefe 1815–1831, hg. von Fritz H. Eisner, Berlin Paris 1970, 182–184, hier: 184 [Nr. 122].

37 Heinrich Heine, *Reisebilder. Erster Theil. Die Harzreise* [1826], in: DHA 6: *Briefe aus Berlin. Über Polen. Reisebilder I/II (Prosa). 1853 und 1854.* hg. von Jost Hermand, Hamburg 1973, 81 – 138, hier: 134. – Vgl. zur Form der *Reisebilder* auch Michael Werner, »Zusammengewürfeltes Lappenwerk« oder »harmonisch verschlungene Fäden«? Zum Problem der Komposition in Heines ›Reisebildern‹, in: *Reisebilder de Heinrich Heine. Lectures d'une œuvre*, Paris 1998, 27–49.

38 Arnold Ruge, Heinrich Heine, charakterisiert nach seinen Schriften, in: *Hallische Jahrbücher für deutsche Wissenschaft und Kunst* (1838), Nr. 25, Sp. 193–195; Nr. 26, Sp. 201–208; Nr. 27, Sp. 209–216 u. Nr. 29, 217–227, hier: Sp. 203.

39 »Heine hat unsrer schriftstellerischen Jugend die Zunge gelöst – er ist noch immer die Hauptperson der modernen Schreibart.« Heinrich Laube, *Moderne Charakteristiken*, 2 Bde., Bd. 2, Mannheim 1835, 29. – Ähnlich Ludolf Wienbarg, *Ästhetische Feldzüge. Dem jungen Deutschland gewidmet* [1834], hg. von Walter Dietze, Berlin Weimar

1964 [Reprint], 185; und Theodor Mundt, *Die Kunst der deutschen Prosa. Ästhetisch, literargeschichtlich, gesellschaftlich* [1837], mit einem Nachwort von Hans Düwel, Göttingen 1969 [Reprint], 415.

40 Wolfgang Preisendanz, Der Funktionsübergang von Dichtung und Publizistik [1968], in: Ders., *Heinrich Heine. Werkstrukturen und Epochenbezüge*, 2., verm. Aufl., München 1983, 21–68, hier: 22. – Vgl. außerdem Hartmut Steinecke, Heines »neue Schreibart«: Eigenarten – Bedeutung – Wirkung, in: Ders., *Unterhaltsamkeit und Artistik. Neue Schreibarten in der deutschen Literatur von Hoffmann bis Heine*, Berlin 1998, 165–179.

41 Vgl. zur rhetorischen Tradition der Dreistillehre Renate Lachmann, Synkretismus als Provokation von Stil, in: *Stil. Geschichte und Funktionen eines Diskurselements*, hg. von Hans Ulrich Gumbrecht und K. Ludwig Pfeiffer unter Mitarbeit von Armin Biermann, Thomas Müller, Bernd Schulte und Barbara Ullrich, Frankfurt/Main 1986, 541–558.

42 Der Ausspruch geht auf Buffons *Discours sur le style* zurück, seine am 25. August 1753 gehaltene Rede zur Aufnahme in die Académie Française. Vgl. zum ursprünglichen Kontext des Diktums, mit dem die Feier individueller Eigentümlichkeit nicht intendiert war, Hans Ulrich Gumbrecht, Schwindende Stabilität der Wirklichkeit. Eine Geschichte des Stilbegriffs, in: *Stil* (s. die vorige Anm.), 726–788, bes. 754 ff.; außerdem Joseph Vogl, Homogenese. Zur Naturgeschichte des Menschen bei Buffon, in: *Der ganze Mensch. Anthropologie und Literatur im 18. Jahrhundert*, DFG-Symposion 1992, hg. von Hans-Jürgen Schings, Stuttgart Weimar 1994, 80–95; und Jürgen Trabant, Le style est l'homme même. Quel homme?, in: *Comparatio* 2 (1990), 57–72.

43 Ruge, Heinrich Heine, charakterisiert nach seinen Schriften (Anm. 38), Nr. 27, Sp. 213.

44 Preisendanz, Der Funktionsübergang von Dichtung und Publizistik (Anm. 40), 31 u. 46.

45 Ebd. 25. – Zu den Subdifferenzierungen der verschiedenen Prosagenres in Heines Werk und dem besonderen Status der journalistischen Arbeiten vgl. die bündige Übersicht bei Michael Werner, Der Journalist Heine, in: Gerhard Höhn (Hg.), *Heinrich Heine. Ästhetisch-politische Profile*, Frankfurt/Main 1991, 295–313, hier: 296.

46 Renate Stauf zufolge habe Heine seine Leser mit der Wiederveröffentlichung überzeugen wollen, »daß die deutsche – und damit auch die europäische – Zukunft immer noch in Frankreich entschieden wird«. Die deutsche Presse habe »diese Auffassung« damals »keineswegs

mehr geteilt«. Vgl. Dies., *Der problematische Europäer. Heinrich Heine im Konflikt zwischen Nationenkritik und gesellschaftlicher Utopie.* Heidelberg 1997, 389–424, Zitate: 390.
47 Rolf Hosfeld, Welttheater als Tragikomödie. Ein denkbarer Dialog Heines mit der Moderne, in: Gerhard Höhn (Hg.), *Heinrich Heine. Ästhetisch-politische Profile*, Frankfurt/Main 1991, 136–154, hier: 136f.
48 Heinrich Heine, Zueignungsbrief. An Seine Durchlaucht, den Fürsten Pückler-Muskau, in: Ders., *Lutezia. Berichte über Politik, Kunst und Volksleben. Erster Theil* [1854], in: DHA 13/1: *Lutezia I. Text. Apparat 1.-10. Artikel*, hg. von Volkmar Hansen, Hamburg 1988, 15–21, hier: 18.
49 Heine, *Lutèce. Lettres sur la vie politique, artistique et sociale de la France. Préface*, in: ebd., 163–169, hier: 166. – Vgl. Dens., Lutezia. Deutsche Entwürfe zur Préface, in: ebd., 293.
50 »Le mot *Histoire* a deux sens, quand on l'écrit avec un grand H, il s'agit d'un mythe qui se dessine, menaçant, quand on dit: *L'Histoire nous enseigne* ... [...] Quant à l'histoire (avec un petit h) c'est un ensemble d'écritures; cela se lit; cela divertit; mais personne n'a jamais pu définir la différence qu'il y a dans l'état d'esprit du lecteur de Balzac et dans celui du lecteur de Michelet.« Brief Paul Valérys an Anatole de Monzie vom 25. August 1942. Vgl. den Abdruck des Briefs im Kommentar zu Paul Valéry, *Regards sur le monde actuel et autres essais. De l'histoire*, in: Ders., *Œuvres*, édition établie et annotée par Jean Hytier, 2 vol., vol. 2, Paris 1960, 1549f, hier: 1549. – Den Hinweis auf diese Quelle verdanke ich der Studie von Dorothee Kimmich, *Wirklichkeit als Konstruktion. Studien zu Geschichte und Geschichtlichkeit bei Heine, Büchner, Immermann, Stendhal, Keller und Flaubert*, München 2002, 188.
51 Zu dieser »ontologischen Indifferenz« von Erzählungen Albrecht Koschorke, *Wahrheit und Erfindung. Grundzüge einer Allgemeinen Erzähltheorie*, Frankfurt/Main 2012, 16f.
52 »Faire de l'histoire générale, c'est transporter dans un domaine plus étendu et bien moins assuré les procédés et manières de voir acquis dans – l'historiette.« Brief Valérys an André Lebey vom 30. August 1906, Zit. nach: Valéry, *Œuvres* (Anm. 50), 1542–1544, hier: 1543.
53 Brief Heines vom 26. Juni 1854 an den Verleger Julius Campe, in: Heine, HSA 23: *Briefe 1850–1856*, hg. von Fritz H. Eisner, Berlin Paris 1972, 341–343, hier: 342 (Nr. 1555).
54 Vgl. den Brief Heines an Campe vom 24. August 1852, in: ebd., S. 228–232, hier: S. 230 (Nr. 1447).
55 Vgl. dazu die Studie von Werner Giesselmann, »*Die Manie der Re-*

volte«. Protest unter der Französischen Julimonarchie (1830–1848), München 1993.
56 Dazu Günter Müchler, »*Wie ein treuer Spiegel«. Die Geschichte der Cotta'schen Allgemeinen Zeitung*, Darmstadt 1998, 150–153; außerdem Volkmar Hansen, *Heinrich Heines politische Journalistik in der Augsburger »Allgemeinen Zeitung«*. Katalog zur Ausstellung: Heines Artikel in der »Allgemeinen Zeitung«, 30. Januar – 27. März 1994, Augsburg 1994, 43 f.
57 Vgl. Elke Blumenauer, *Journalismus zwischen Pressefreiheit und Zensur. Die Augsburger »Allgemeine Zeitung« im Karlsbader System (1818–1848)*, Köln 2000; außerdem allgemeiner Gabriele B. Clemens (Hg.), *Zensur im Vormärz. Pressefreiheit und Informationskontrolle in Europa*, Ostfildern 2013.
58 Müchler, »Wie ein treuer Spiegel« (Anm. 56), 157; Hansen, *Heinrich Heines politische Journalistik in der Augsburger »Allgemeinen Zeitung«* (Anm. 56), 44.
59 Vgl. die Chronik mit dem genauen Nachweis über den Erscheinungsort der Beiträge im Erstdruck bei Hansen, *Heinrich Heines politische Journalistik in der Augsburger »Allgemeinen Zeitung«* (Anm. 56), 99 f.

6. Ende der großen Männer (*Lutezia*)

1 Heinrich Heine, Zueignungsbrief. An Seine Durchlaucht, den Fürsten Pückler-Muskau, in: DHA 13/1: *Lutezia I: Text. Apparat 1.–10. Artikel*, hg. von Volkmar Hansen, Hamburg 1988, 15–21, hier: 19. – Das folgende Kapitel basiert auf meinen Aufsätzen: Verkleinlichung aller Größe. Heine und Marx über Staatsmänner nach Napoleon, in: Michael Gamper / Ingrid Kleeberg (Hg.), *Größe. Zur Medien- und Konzeptgeschichte personaler Macht im 19. Jahrhundert*, Zürich 2015, 319–333, und: Die fehlende Hauptsache. Exekutionen der Julimonarchie in Heines *Lutezia*, in: Paolo Chiarini / Walter Hinderer (Hg.), *Heinrich Heine. Ein Wegbereiter der Moderne*, Würzburg 2009, 309–328.
2 Louis Sébastien Mercier, Préface, in: *Tableau de Paris*. Nouvelle Edition, corrigée & augmentée, 12 vol., vol. 1, Amsterdam 1782, iij-xvij, hier: iv.
3 Vgl. dazu Gisèle Freund, *Photographie und Gesellschaft* [1974], übers. von Dietrich Leube. Reinbek 1997, 28–31. – Zu dem breiten Interesse, mit dem die Öffentlichkeit Aragos Bekanntgabe der Entdeckung vor der *Académie des Sciences* verfolgte, und dem unmittelbar darauf folgenden Ansturm auf die Pariser Optikerläden vgl. auch Bernd

Busch, *Belichtete Welt. Eine Wahrnehmungsgeschichte der Fotografie*, München Wien 1989, 211 f.
4 Heine, Zueignungsbrief (Anm. 1), 19. – Die Bedeutung der Daguerreotypie für Heines Ästhetik in der *Lutezia* beleuchtet eingehender Götz Großklaus, Das daguerreotypische Geschichtsbuch, in: Ders., *Heinrich Heine. Der Dichter der Modernität*, Paderborn 2015, 115–127.
5 Vgl. dazu Juliane Vogel, Schnitt und Linie. Etappen einer Liaison, in: Friedrich Teja Bach / Wolfram Pichler (Hg.), *Öffnungen. Zur Theorie und Geschichte der Zeichnung*, München 2009, 141–159.
6 Vgl. dazu Freund, *Photographie und Gesellschaft* (Anm. 3), 26. – Vgl. auch ihr Resümee der Entwicklung: »Durch den Aufstieg der unteren Schichten entstand das Bedürfnis nach Massenproduktion von Gütern, auch nach Massenproduktion von Porträts, denn sich porträtieren zu lassen war gewissermaßen ein symbolischer Akt, durch den sich das Einrücken in die Reihe derer, die sozialen Respekt für sich forderten, auch nach außen sichtbar machen ließ.« Ebd., 13.
7 Felix Nadar eröffnete sein Studio 1853 in der Rue Saint-Lazare; ungefähr zur selben Zeit ließ sich André Adolphe Eugène Disdéri am Boulevard des Italiens nieder. Ebd., 43 u. 67.
8 Offenbar wollte Nadar auch Heine in seine berühmte Porträtgalerie aufnehmen. Heines gesundheitliche Verfassung ließ dies aber wohl nicht mehr zu. Vgl. Nigel Gosling, *Nadar. Photograph berühmter Zeitgenossen*, München 1977, 6 f.
9 Christina Natlacen, Der Boulevard als Schwellenraum. Fotografische Bildpraxis im Atelier und auf der Straße, in: Walburga Hülk / Gregor Schuhen (Hg.), *Haussmann und die Folgen. Vom Boulevard zur Boulevardisierung*, Tübingen 2012, 91–102, hier: 94.
10 Félix Nadar, *Als ich Photograph war*, übers. von Trude Fein, Bern Zürich 1978, 153 f.
11 Gustave Flaubert, *Die Erziehung der Gefühle. Geschichte eines jungen Mannes* [1869], übers. und mit Anmerkungen versehen von Cornelia Hasting, München Zürich 2001, 76. – frz. Original: Ders., *L'Éducation sentimentale. Histoire d'un jeune homme*, in: Œuvres, texte établi et annoté par A. Thibaudet et R. Dumesnil, 2 vols., vol. 2, Paris 1952, 31–457, hier: 83.
12 Friedrich Kittler, *Optische Medien. Berliner Vorlesung 1999*, Berlin 2002, 167.
13 Flaubert, *Die Erziehung der Gefühle* (Anm. 11), 76. – frz. Original: Ders., *L'Éducation sentimentale* (ebd.), 83.
14 In der *Allgemeinen Zeitung* setzte die Serie mit dem Artikel vom

1. März 1840 ein, dem Tag des Machtantritts Adolphe Thiers'. Der neu hinzugefügte Bericht – einer von insgesamt sechs Nachträgen – ist auf den 25. Februar 1840 datiert und verarbeitet das Material eines älteren, wohl am 12. Februar 1840 fertiggestellten Artikels, der von der *Allgemeinen Zeitung* zurückgewiesen worden war. Vgl. den Herausgeber-Kommentar in DHA 13/1, 671–673.
15 Heine, *Lutezia I* (Anm. 1), 23 [Artikel I].
16 Ebd., 27 [Artikel II].
17 Jacques Voisine, Heine als Porträtist in der »Lutezia«, in: *Internationaler Heine-Kongreß. Referate und Diskussionen*, hg. von Manfred Windfuhr, Hamburg 1973, 219–226, hier: 222. – Vgl. dagegen Roland Berbig, der konstatiert, Louis-Philippe sei »unbestritten eine der tragenden Gestalten im ersten Teil«. Vgl. Dens., Le personnage in »Lutezia«. Figuration und Personarium in Heines Pariser »Berichten über Politik, Kunst und Volksleben«, in: Arnold Pistiak / Julia Rintz, *Zu Heinrich Heines Spätwerk »Lutezia«. Kunstcharakter und europäischer Kontext*, Berlin 2007, 59–82.
18 Heine: *Lutezia I* (Anm. 1), 99 [Artikel XXV].
19 Heinrich Heine, *Französische Maler. Gemäldeausstellung in Paris 1831* [1831], in: DHA 12/1: *Französische Maler. Französische Zustände. Ueber die französische Bühne*. Text, hg. von Jean-René Derré und Christiane Giesen, Hamburg 1980, 9–62, hier: 15.
20 Heine, *Lutezia I* (Anm. 1), 101 [Artikel XXV].
21 Ebd.
22 Heine zitierte die Formel schon in seinen früheren Frankreich-Artikeln, die er 1833, kurz nach der Veröffentlichung in der Augsburger *Allgemeinen Zeitung*, unter dem Titel *Französische Zustände* herausbrachte. Vgl. dort den Bericht vom 12. Mai 1832, in: DHA 12/1, 63–226, hier:154 [Artikel VII].
23 Heine, *Lutezia I* (Anm. 1), 47 f. [Artikel VII].
24 Ebd., 50 [Artikel X].
25 Ebd., 49 [Artikel VIII].
26 Ebd., 73 [Artikel XIII].
27 »Aus der Ferne schreitet die Leiche des Riesen von Sankt-Helena immer bedrohlich näher, und in einigen Tagen öffnen sich auch die Gräber hier in Paris und die unzufriedenen Gebeine der Juliushelden steigen hervor und wandern nach dem Bastillenplatz, der furchtbaren Stätte, wo die Gespenster von Anno 89 noch immer spuken ...« Ebd., 74 [Artikel XIV].
28 Ebd., 109 f. [Artikel XXIX]. – Vgl. dazu auch Jost Hermand, Allmählich abblassender Ruhm. Die Gestalt Napoleons in Heines *Lutezia*,

in: Pistiak/Julia Rintz (Hg.), *Zu Heinrich Heines Spätwerk »Lutezia«* (Anm. 17), 321–330.
29 Vgl. Heine, *Lutezia I* (Anm. 1), 125 [Artikel XXXII]. – Vgl. dazu auch Michael Gamper, Gegenwärtige Politik des Vergangenen. Politische Nachträglichkeit bei Heinrich Heine, in: Sabine Schneider/Heinz Brüggemann (Hg.), *Gleichzeitigkeit des Ungleichzeitigen. Formen und Funktionen von Pluralität in der ästhetischen Moderne*, München 2010, 89–104, hier: 97.
30 Karl Gutzkow, Volk und Publicum, in: Unterhaltungen am häuslichen Herd 3 (1855), 221–224, zit. nach: *Realismus und Gründerzeit. Manifeste und Dokumente zur deutschen Literatur 1848–1880*, 2 Bde., hg. von Max Bucher, Werner Hahl, Georg Jäger und Reinhard Wittmann, Bd. 2, Stuttgart 1975, 674–677, hier: 674.
31 Die betreffende Stelle aus dem *Vierten Brief* wurde später von Heine gestrichen, als er die Kritiken für den Druck in der Salon-Ausgabe von 1840 vorbereitete, und ist deshalb nur über den Anhang der kritischen Ausgabe rekonstruierbar. Vgl. Dens., *Ueber die französische Bühne* [1837], in: DHA 12/1, 483–504, hier: 484 [*Vierter Brief*].
32 Heinrich Heine, *Französische Zustände* [1832], in: ebd., 63–226, hier: 185 [Artikel IX].
33 Heine, Zueignungsbrief (Anm. 1), 18.
34 Heine: *Lutezia I* (Anm. 1), 139 [Artikel XXXVII].
35 Ebd., 145f. [Artikel XXXVIII]. – Vgl. dazu genauer die eingehende, auch die handschriftlichen Überarbeitungsstufen der Passage einbeziehende Lektüre von Michael Werner, Der politische Schriftsteller und die (Selbst-)Zensur. Zur Dialektik von Zensur und Selbstzensur in Heines Berichten aus Paris 1840–1844 (»Lutezia«), in: *Heine-Jahrbuch* 26 (1987), 29–53, hier: 37–40.
36 Heine, *Lutezia I* (Anm.1), 29 [Artikel III].
37 Ebd., 145 [Artikel XXXVIII].
38 Heinrich Heine, *Lutezia II*, in: DHA13/2: *Lutezia II. Text. Apparat 43.–58. Artikel*, hg. von Volkmar Hansen, Hamburg 1990, 34 [Artikel LII]. – Mit der rhetorischen Funktion von Fragen und Fragezeichen in Heines *Lutezia* befasst sich eingehend Olaf Briese, Punkt, Punkt, Komma, Strich. Heinrich Heine als Virtuose der Interpunktion, in: *Heine-Jahrbuch 47* (2008), 45–62.
39 Heine, *Lutezia II*, (s. die vorige Anm.), 35.
40 Heine: *Lutezia I* (Anm. 1), 49 [Artikel VIII].
41 Manfred Schneider, *Die kranke schöne Seele der Revolution. Heine, Börne, das »Junge Deutschland«, Marx und Engels*, Frankfurt/Main 1980, 83.

42 Für die folgenden Überlegungen sind wichtig: Benno von Wiese, Das tanzende Universum, in: Ders., *Signaturen. Zu Heinrich Heine und seinem Werk*, Berlin 1976, 67–133; Manfred Schneider, *Die kranke schöne Seele der Revolution* (s. die vorige Anm.), 27–86; Klaus Briegleb, *Opfer Heine? Versuche über Schriftzüge der Revolution*, Frankfurt/Main 1986, 347–354; Roger W. Müller Farguell, *Tanz-Figuren. Zur metaphorischen Konstitution von Bewegung in Texten. Schiller, Kleist, Heine, Nietzsche*, München 1995, 185–193.

43 Heine, *Lutezia I* (Anm. 1), 154 [Artikel XLII].

44 Heinrich Heine, *Maria Antoinette*, in: DHA 3/1: *Romanzero. Gedichte. 1853 und 1854. Lyrischer Nachlaß. Text*, hg. von Frauke Bartelt und Alberto Destro, Hamburg 1992, 27–29 hier: 28.

45 Heinrich Heine, *Pomare*, in: ebd., 29–32, hier: 29.

46 Heine, *Lutezia I* (Anm. 1), 155 [Artikel XLII].

47 Ebd., 156–158.

48 Ebd., 106 [Artikel XXVIII].

49 Ebd.

50 Ebd., 158.

51 Es handelt sich dabei um Berichte aus den letzten acht Jahren der Julimonarchie. In der *Allgemeinen Zeitung* erschienen in diesem Zeitraum insgesamt 82 Artikel, 67 davon allein in den Jahren 1840–1843. In das Buch *Lutezia* hat Heine schließlich 68 dieser Beiträge in mehr oder minder stark bearbeiteter Form aufgenommen und auf insgesamt 71 Texte verteilt (61 fortlaufend nummerierte im Hauptteil und 10 im Anhang). Vgl. zur Editionsgeschichte der Artikel den ausführlichen Herausgeberkommentar in DHA 13/1, 361–468.

52 »Sie kennen, liebster Campe, die bittere Stimmung nicht worin mich die Nothwendigkeit versetzt jeden Gedanken den ich denke im Kopfe gleich zu zensiren, zu schreiben, während das Censurschwert an einem Haare über meinem Kopfe hängt – das ist um wahnsinnig zu werden!« Brief Heines an den Verleger Julius Campe vom 20. Dezember 1836, in: HSA 21, 172 f., hier: 172 [Nr. 606].

53 Heine nimmt in diese »Préface«, wie er selbst erklärt, eine »note ajoutée« auf, die er der deutschen Fassung seiner *Lutezia* angefügt hat. Vgl. Dens., Préface, in: DHA 13/1, 163–169, hier: 164. – Der deutsche Text wird zitiert nach: Heine, Spätere Notiz (May 1854), in: ebd., 63–65, hier: 64 f.

54 Müller Farguell, *Tanz-Figuren* (Anm. 42), 191.

55 Heine, Zueignungsbrief (Anm. 1), 15 f.

56 Heine: Préface (Anm. 53), 163 f. – Der deutsche Text wird zitiert nach:

Ders., Bruchstücke. Zur ›Préface‹. B I. ›Deutsche Entwürfe‹. c) Vorrede, in: *Lutezia I* (Anm. 1), 291–296, hier: 292.
57 Heine, Zueignungsbrief (Anm. 1), 17.

7. Tragödie und Farce: Karl Marx

1 Ähnlich die Vermutung bei Michael Gamper, Gegenwärtige Politik des Vergangenen. Politische Nachträglichkeit bei Heinrich Heine, in: Sabine Schneider / Heinz Brüggemann (Hg.), *Gleichzeitigkeit des Ungleichzeitigen. Formen und Funktionen von Pluralität in der ästhetischen Moderne*, München 2010, 89–104, hier: 101.
2 Getragen von loyalen Truppen, aber auch begeisterten Massen konnte Napoléon nach seiner Flucht von Elba Paris damals im Sturm erobern. Für 100 Tage kam er erneut an die Macht.
3 Eine ausführliche Biographie bietet Johannes Willms, *Napoleon III. Frankreichs letzter Kaiser*, München 2008; eine kompakte Darstellung Michael Erbe, Napoleon III. (1848/52–1870), in: Peter C. Hartmann (Hg.), *Französische Könige und Kaiser der Neuzeit. Von Ludwig XII. bis Napoleon III. 1498–1870*, München 1994, 422–452, bes. 426–434.
4 Das ist zugleich der Titel des berühmten Pamphlets, das Hugo 1852 in London erscheinen ließ, von wo aus es sich rasch verbreitete und ins Deutsche, Italienische, Spanische und Englische übersetzt wurde. Victor Hugo, *Napoléon-le-Petit* [1852], in: Ders.: *Œuvres complètes. Édition chronologique publiée sous la direction de Jean Massin*, Bd. 8: *Histoire d'un crime. Napoléon-le-Petit. Châtiments. La Vision de Dante*, Paris 1968, 393–537. – Vgl. zu der breiten Resonanz der Schmähschrift und den heftigen Reaktionen des kaiserlichen Regimes Karlheinrich Biermann, *Victor Hugo*, Reinbek 1998, 87.
5 Victor Hugo, *Histoire d'un crime* [1851], in: *Œuvres complètes* (s. die vorige Anm.), 3–391.
6 Karl Marx, *Der achtzehnte Brumaire des Louis Bonaparte* [1852], in: Karl Marx / Friedrich Engels, *Werke* [fortan abgekürzt mit der Sigle MEW], 45 Bde., hg. vom Institut für Marxismus-Leninismus beim ZK der SED, Bd. 8, Berlin 1969, 111–207, hier: 115. – Die Hegel-Abwandlung hat Friedrich Engels soufflierte. Vgl. den Brief Engels' an Marx vom 3. Dezember 1851, in: MEW, Bd. 27, Berlin 1976, 379–382, hier: 381. – Die Formel »Nach der Tragödie kommt die Farce« findet sich aber auch schon in Heines Schrift *Zur Geschichte der Religion und Philosophie in Deutschland*, wo sie sich auf einen Zweischritt in Kants kritischer Philosophie bezieht: auf die Erledigung aller Gottesbeweise

durch die theoretische Vernunft und die nachfolgende Rehabilitierung Gottes durch die praktische. Vgl. Heinrich Heine, *Zur Geschichte der Religion und Philosophie in Deutschland* [1834], in: DHA 8/1: *Zur Geschichte der Religion und Philosophie in Deutschland. Die romantische Schule:* Text, hg. von Manfred Windfuhr, Hamburg 1979, 9–120, 89.

7 Martin Harries, Homo Alludens. Marx's Eighteenth Brumaire, in: *New German Critique* 66 (1995), 35–66, hier: 38. – Die Genealogie des Eröffnungszitats, die Marx selbst mit seinem laxen »Hegel sagt irgendwo ...« im Ungenauen lässt, hat vorher bereits Bruce Mazlish rekonstruiert. Vgl. Dens., The Tragic Farce of Marx, Hegel, and Engels: A Note, in: *History and Theory. Studies in the Philosophy of History* 11 (1972), H. 3, 335–337. Ausführlich werden Hegels Vorgaben außerdem betrachtet bei Paul-Laurent Assoun, *Marx et la répétition historique*, Paris ²1999, 91–132; und knapper bei Wolfgang Fietkau, *Schwanengesang auf 1848. Ein Rendezvous am Louvre: Baudelaire, Marx, Proudhon und Victor Hugo*, Reinbek 1978, 134.

8 Marx, *Der achtzehnte Brumaire* (Anm. 6), 115.

9 Damit setzt Marx einen anderen Akzent als später Hayden White, der auf die Selbstimplikation der Historiographie in ihren Gegenstand verweist. White interessiert sich für Dramenmodelle, die Historiker ihren *narrativen* Rekonstruktionen der Geschichte zugrunde legen. Indem er »Marx' Problem« als ein Problem »literarischer Art« behandelt und darauf verkürzt, dass dieser »die ›wirklichen Ereignisse‹ in einer überzeugenden Erzählform vorstellen« muss, verfehlt er die Pointe des Arguments. Vgl. Ders., *Metahistory. Die historische Einbildungskraft im 19. Jahrhundert in Europa*, übers. von Peter Kohlhaas, Frankfurt/Main 1994, 413. – Vgl. dagegen Gilles Deleuze, der unter Berufung auf Marx' *Achtzehnten Brumaire* betont, dass die »Wiederholung in der Geschichte keine Analogie und kein Reflexionsbegriff des Historikers ist« – jedenfalls nicht in erster Linie –, »sondern zunächst eine Bedingung historischen Handelns selbst«. Gilles Deleuze, *Differenz und Wiederholung*, übers. von Joseph Vogl. München ²1997, 125.

10 Marx, *Der achtzehnte Brumaire* (Anm. 6), S. 116.

11 Vgl. Georg Wilhelm Friedrich Hegel, *Vorlesungen über die Ästhetik III* [1823–1829], Frankfurt/Main 1986 (= Werke in 20 Bänden, hg. von Eva Moldenhauer und Karl Markus Michel, Bd. 15) 521–534. – Dazu Fietkau, *Schwanengesang auf 1848* (Anm. 7), 130–142, und Assoun, *Marx et la répétition historique* (Anm. 7), 143–155.

12 Jacques Derrida, *Marx' Gespenster. Der Staat der Schuld, die Trauerarbeit und die neue Internationale*, übers. von Susanne Lüdemann,

Frankfurt/Main ²1996, 172f. u. 178. – Die Obsession, mit der sich Marx im *Achtzehnten Brumaire* – und nicht nur dort – an die Erfassung von Gespenstern macht und ihr nahes Ende heraufbeschwört, ist in der Forschung verschiedentlich bemerkt, allerdings nirgends so eingehend wie bei Derrida untersucht worden. In seiner 1978 erstmals erschienenen Monographie zum *Achtzehnten Brumaire* spricht Paul-Laurent Assoun allgemein von einer »véritable spectographie« und bescheinigt dem Text insgesamt eine »aura shakespearienne«. Vgl. Ders., *Marx et la répétition historique* (Anm. 7), 36. Ähnliche Feststellungen bei Harries, Homo Alludens (Anm. 7), 47; und Giosué Ghisalberti, Tragedy and Repetition in Marx's The Eighteenth Brumaire of Louis Bonaparte, in: *Clio. A Journal of Literature, History and the Philosophy of History* 26 (1997), H. 4, 411–425, hier: 416.
13 Marx: *Der achtzehnte Brumaire* (Anm. 6), 115.
14 Ebd., 117.
15 Ebd., 194. – Marx bezieht sich dabei auf die Ereignisse in der Folge des 23. Juni 1848. An diesem Tag hatten sich die Pariser Arbeiter aus Empörung über den Ausschluss ihrer Vertreter aus der Nationalversammlung erhoben; der amtierende Kriegsminister Cavaignac machte daraufhin von seinen Sondervollmachten Gebrauch und ließ den Aufstand in einem drei Tage währenden, bisher in Paris nie dagewesenen Gemetzel niederschlagen. – Mit den politischen Spannungen und Auseinandersetzungen, die diesem Aufstand vorausgegangen waren, hat Marx sich ausführlich befasst in seinem Aufsatz *Die Klassenkämpfe in Frankreich 1848–1850* [1850], in: MEW, Bd. 7, Berlin 1964, 9–107, bes. 25–33.
16 Als Beispiel nennt Marx die führende Partei der Ordnung, in der die bürgerlichen Anhänger beider Königshäuser ihre gemeinsamen wirtschaftlichen Interessen durchsetzen, während sie »außerhalb des Parlaments«, in den jeweiligen Sommerresidenzen der königlichen Familien, »ihre alten orleanistischen und legitimistischen Livreen« anziehen und »ihre alten Turniere« wieder aufführen. Marx, *Der achtzehnte Brumaire* (Anm. 6), 140.
17 Ebd., 162f.
18 Ebd., 128.
19 Ebd., 148.
20 Ebd., 188.
21 Ebd., 119.
22 Karl Marx: Vorwort [zur Zweiten Ausgabe (1869) »Der achtzehnte Brumaire des Louis Bonaparte«], in: MEW, Bd. 8, 559f., hier: 560.
23 Marx, *Der achtzehnte Brumaire* (Anm. 6), 145.

24 Ebd., 196 f.
25 Ebd., 160 f. – Auf den Kollaps des Repräsentationsbegriffs durch das Überhandnehmen der Parasiten im *Achtzehnten Brumaire* hat zuerst Jeffrey Mehlman hingewiesen. Vgl. Dens., *Revolution and Repetition. Marx/Hugo/Balzac*, Berkeley Los Angeles London 1977, 19–21. Daraus hat sich in der angloamerikanischen Marx-Debatte eine größere Kontroverse ergeben. Vgl. insbesondere die Repliken von Terry Eagleton, *Walter Benjamin or Towards a Revolutionary Criticism*, London 1981, 162 f.; Sandy Petrey, The Reality of Representation. Between Marx and Balzac, in: *Critical Inquiry* 14 (1988), H. 3, 448–468, hier: 461; John Paul Riquelme, The *Eighteenth Brumaire* of Karl Marx as Symbolic Action, in: *History and Theory. Studies in the Philosophy of History* 19 (1980), H. 1, 58–72; und Dominick LaCapra, Reading Marx. The Case of *The Eighteenth Brumaire*, in: Ders., *Rethinking Intellectual History. Texts, Contexts, Language*, Ithaca 1987, 268–290. Dass der *Brumaire*-Aufsatz »in der Literatur bisher keine allzu große Beachtung gefunden« habe, wie Gerhard Kluchert behauptet, trifft inzwischen nicht mehr zu. Vgl. Dens., *Geschichtsschreibung und Revolution. Die historischen Schriften von Karl Marx und Friedrich Engels 1846 bis 1852*, Stuttgart-Bad Cannstatt 1985, 336.
26 Marx, *Der achtzehnte Brumaire* (Anm. 6), 198. – Peter Stallybrass hat darauf aufmerksam gemacht, dass Marx seinen positiven Begriff vom arbeitenden Proletariat im *Achtzehnten Brumaire* vor allem durch die Abspaltung dieses »Lumpenproletariats« gewinnt und dort alle negativen Attribute ablädt, die sonst mit dem Proletariat verknüpft sind. Vgl. Dens., Marx and Heterogeneity. Thinking the Lumpenproletariat, in: *Representations* 31 (1990), 69–95, hier: 82.
27 Marx, *Der achtzehnte Brumaire* (Anm. 6), 196. – Auch bei dem letzten Satz handelt es sich um ein Hegel-Zitat: in diesem Fall aus den *Vorlesungen über die Geschichte der Philosophie*, in denen Hegel auf Hamlets Maulwurf Bezug nimmt, um den Wühlarbeiter im Erdreich als Sinnfigur des Weltgeistes zu loben. »Er schreitet immer vorwärts zu«, schreibt Hegel dort, »weil nur der Geist ist Fortschreiten. Oft scheint er sich vergessen, verloren zu haben; aber innerlich sich entgegengesetzt, ist er innerliches Fortarbeiten – wie Hamlet vom Geiste seines Vaters sagt, ›Brav gearbeitet, wackerer Maulwurf‹ –, bis er, in sich erstarkt, jetzt die Erdrinde, die ihn von seiner Sonne, seinem Begriffe, schied, aufstößt, daß sie zusammenfällt.« Vgl. Georg Wilhelm Friedrich Hegel, *Vorlesungen über die Geschichte der Philosophie III* [1817], Frankfurt/Main 1986 [= Werke in 20 Bänden, hg. von Eva Moldenhauer und Karl Markus Michel, Bd. 20), 456. Vgl. dazu auch

Peter Stallybrass, »Well Grubbed, Old Mole«. Marx, Hamlet, and the (Un)fixing of Representation, in: *Cultural Studies* 12 (1998), H. 1, 3–14.
28 Ebd., 115.
29 Ein erster Versuch, die *Revolution* als politisches Wochenblatt zu etablieren, scheiterte im Januar 1852 schon in den Anfängen. Das Pilotheft erschien am 6. Januar – ohne Marx' Aufsatz, der zu spät eintraf, dann in einer der Folgenummern veröffentlicht werden sollte, aber vorerst nicht erscheinen konnte. Dank der »Hilfe eines deutschen Arbeiters, der seine Ersparnisse im Betrage von 40 Dollar zur Verfügung stellte«, wurde die Drucklegung im Mai 1852 doch noch möglich. Fortan kam die Zeitschrift in »zwanglosen Heften« heraus. – Vgl. die Angaben in der ausführlichen Zeittafel im Anhang von MEW, Bd. 8, Berlin 1969, 669–681, Zitat: 676.
30 Die Übersetzung stammt von Christian Felix Weiße, der den Roman schon 1772 ins Deutsche übertrug. Vgl. die Vorbemerkung des Herausgebers in: Louis-Sébastien Mercier, *Das Jahr 2440. Ein Traum aller Träume*, übers. von Christian Felix Weiße, hg. und mit Erläuterungen und Nachwort versehen von Herbert Jaumann, Frankfurt / Main 1989, 11–13.
31 Louis Sébastien Mercier, Vorwort, in: Ders., *Mein Bild von Paris*. Mit 43 Wiedergaben nach zeitgenössischen Kupferstichen, Leipzig 1976, 7–13, hier: 11.
32 Mercier, *Das Jahr 2440* (Anm. 30), 52.
33 Mercier, Schuhputzer, in: Ders., *Mein Bild von Paris* (Anm. 31), 345–348, hier: 345. – frz. Original: Ders., Décrotteurs, in: *Tableau de Paris*. Nouvelle Edition, corrigée & augmentée, 12 vols., vol. 6, Amsterdam 1783, 1–7, hier: 1.
34 Mercier, *Das Jahr 2440* (Anm. 30), 32 u. 37 f.
35 Wolfgang Schivelbusch, *Lichtblicke. Zur Geschichte der künstlichen Helligkeit im 19. Jahrhundert*, Frankfurt / Main ²2004, 140 f.
36 Ebd., 145.
37 Siegfried Kracauer, *Werke*, Bd. 8: *Jacques Offenbach und das Paris seiner Zeit*, hg. von Ingrid Belke unter Mitarbeit von Mirjam Wenzel, Frankfurt / Main 2005, 35.
38 Ebd., 12.
39 Willms, *Napoleon III.* (Anm. 3); und Matthew Truesdell, *Spectacular Politics. Louis-Napoleon Bonaparte and the fête impériale, 1849–1870*, New York Oxford 1997.

III. Operettenmonarchien

1. Napoléon III. erhöht den Hauptstadtverkehr

1 Victor Hugo, *Histoire d'un crime*, in: *Œuvres complètes*. Édition chronologique publiée sous la direction de Jean Massin, Bd. 8: *Histoire d' un crime. Napoléon-le-Petit. Châtiments. La Vision de Dante*, Paris 1968, 3-391, hier: 252 f. (eigene Übersetzung). Die Herausgeber haben diese Passage nach eigener Auskunft aus Hugos Notizen ergänzt. In die veröffentlichte Version fand sie allerdings keinen Eingang. – Myriam Roman hat in Hugos Werk eine erstaunliche, für die französischen Romane des 19. Jahrhunderts auch ungewöhnliche Abwesenheit von Ballszenen und Volksfesten festgestellt. In den Spottschriften über Louis-Napoléon, so ihre Beobachtung, sei der Tanz dafür umso präsenter. Vgl. Dies., Danses hugoliennes: »Bal en carnaval« et »fête aux fantômes« – Le point de vue de celui qui ne danse pas, in: *Sociopoétique de la danse*, hg. von Alain Montandon, Paris 1998, 283-296.
2 Hugo, *Histoire d'un crime* (s. die vorige Anm.), 159 (eigene Übersetzung).
3 Jean-Claude Yon, *Jacques Offenbach*, Paris 2000, 131 f. u. 136; Siegfried Kracauer, *Werke*, Bd. 8: *Jacques Offenbach und das Paris seiner Zeit*, hg. von Ingrid Belke unter Mitarbeit von Mirjam Wenzel, Frankfurt / Main 2005, 140 u. 149 f.
4 Daran erinnert Heinrich Heine im 5. Artikel seiner *Französischen Zustände*. Vgl. Dens., DHA 12/1: *Französische Maler. Französische Zustände. Über die französische Bühne*. Text, hg. von Jean-René Derré und Christiane Giesen, Hamburg 1980, 63-226, hier: 117 f.
5 Die Planung des Baus wurde dem Architekten Charles Garnier angetragen. Die Arbeiten begannen 1861, wurden wegen fehlender Kredite aber immer wieder verzögert. Napoléon III. hat die Vollendung der Oper nicht mehr erlebt. Er wurde 1870 gestürzt und starb 1873 im Exil. Die dritte Republik trieb die Fertigstellung des Baus nur widerwillig voran. Schließlich konnte das Haus am 5. Januar 1875 eingeweiht werden. Vgl. dazu Monika Steinhauser, *Die Architektur der Pariser Oper. Studien zu ihrer Entstehungsgeschichte und ihrer architekturgeschichtlichen Stellung*, München 1969, 46-49, 102 f., 156-160.
6 Kracauer, *Jacques Offenbach und das Paris seiner Zeit* (Anm. 3), 137.
7 Michael Erbe, Napoleon III. (1848/52-1870), in: *Französische Könige und Kaiser der Neuzeit. Von Ludwig XII. bis Napoleon III. 1498-1870*,

hg. von Peter C. Hartmann, München 1994, 422–452, hier: 440. – Angeschoben wurde die verkehrstechnische Binnenerschließung des Landes durch eine expansive Wirtschaftspolitik des Kaisers, die ihrerseits von einer ›Mobilmachung‹ getragen war: dem neuartigen, Kapitalströme in bisher ungekanntem Ausmaß mobilisierenden Kreditsystem, wie es die Bankiersbrüder Péreire mit dem »Crédit mobilier« begründeten. Vgl. dazu Jean-Claude Yon, *Le Second Empire. Politique, Société, Culture*, Paris, 107–115; und Johannes Willms, *Napoleon III. Frankreichs letzter Kaiser*, München 2008, 137–157.

8 »Assurer la tranquillité publique par la création de grands boulevards qui laisseraient circuler non seulement l'air et la lumière, mais les troupes et, par une ingénieuse combinaison, rendraient le peuple mieux portant et moins disposé à la révolte.« Georges Haussmann, *Mémoires*, zit. nach: Michel Ragon, *L'homme et les villes*, Paris 1975, 216 f. – Vgl. zur ›Haussmannisierung‹ des Pariser Stadtkerns insgesamt: Donald J. Olsen, *Die Stadt als Kunstwerk. London, Paris, Wien* [1986], übers. von Niels Kadritzke, Frankfurt/Main 1988, 55–77; Johannes Willms, *Paris. Hauptstadt Europas 1789–1914*, München 1988, 345–371; Yon, *Le Second Empire* (s. die vorige Anm.), 131–138.

9 Diesen Aspekt betonen Siegfried Kracauer, *Jacques Offenbach und das Paris seiner Zeit* (Anm. 3), 141; und Walter Benjamin, Paris, die Hauptstadt des XIX. Jahrhunderts [1935], in: *Gesammelte Schriften*, 5 Bde., hg. von Rolf Tiedemann und Hermann Schweppenhäuser unter Mitwirkung von Theodor W. Adorno und Gershom Scholem, Bd. V.1: *Das Passagen-Werk*, Frankfurt/Main 1982, 45–59, 57.

10 Vgl. Wolfgang Schivelbusch, *Lichtblicke. Zur Geschichte der künstlichen Helligkeit im 19. Jahrhundert*, Frankfurt/Main ²2004, 105 f.

11 Ebd., 110.

12 So Eckhardt Köhn, *Straßenrausch. Flanerie und kleine Form. Versuch zur Literaturgeschichte des Flaneurs von 1830–1933*, Berlin 1989, 46.

13 Diese Zahl nennt Michel Ragon, *L'homme et les villes*, Paris 1975, 214.

14 Vgl. Kracauer, *Jacques Offenbach und das Paris seiner Zeit* (Anm. 3), 79–89.

15 Ebd., 35. – Vgl. zur Stadt- und Theatergeschichte des Boulevard du Temple ausführlicher Henri Beaulieu, *Les théâtres du Boulevard du Crime. Cabinets galants, cabarets, théâtres, cirques, bateleurs. De Nicolet à Déjàzet (1752–1862). Ouvrage orné de 3 planches hors-texte et d'un plan du Boulevard du Temple*, Genève 1977.

16 Günter Bose/Erich Brinkmann, *Circus. Geschichte und Ästhetik einer niederen Kunst*, Berlin 1978, 46–54.

17 Vgl. dazu die einschlägigen Studien von Maurice Albert, *Les théâtres*

des boulevards (1789–1848) [1902], Genève 1969; Thomas Rahill, *The World of Melodrama*, New York 1968; Peter Brooks, *The Melodramatic Imagination. Balzac, Henry James, Melodrama, and the Mode of Excess*, New Haven London 1976; Jean-Marie Thomasseau, *Le Mélodrame*, Paris 1984; außerdem die Einleitung in: Menke, Bettine / Armin Schäfer / Daniel Eschkötter (Hg.), *Das Melodram – ein Medienbastard*, Berlin 2013, 7–17.
18 Kracauer, *Jacques Offenbach und das Paris seiner Zeit* (Anm. 3), 88.
19 Vgl. den angefügten Plan mit dem alten und neuen Straßenverlauf im Anhang von Beaulieu, *Les théâtres du Boulevard du Crime* (Anm. 15).
20 Edmond und Jules de Goncourt, *Journal. Erinnerungen aus dem literarischen Leben 1851–1896*. Erste vollständige deutsche Ausgabe in 11 Bänden nebst einem Beibuch, nach der Edition von Robert Ricatte hg. von Gerd Haffmans, Bd. 2: *Journal 1858–1860*, übers. von Petra-Susanne Räbel, Leipzig 2013, 552 [Eintrag vom 18.11.1860]. – Frz. Original: *Journal. Mémoire de la vie littéraire I: 1851–1865*, hg. von Robert Ricatte, préface et chronologie de Robert Kopp, Paris 1989, 632.
21 Brunhilde Wehinger, *Paris-Crinoline. Zur Faszination des Boulevardtheaters und der Mode im Kontext der Urbanität und der Modernität des Jahres 1857*, München 1988, 27.
22 Walter Benjamin, *Über einige Motive bei Baudelaire* [1939], in: *Gesammelte Schriften* (Anm. 9), Bd. I.2, Frankfurt / Main 1974, 605–653, hier: 614.
23 Jürgen Link, *Versuch über den Normalismus. Wie Normalität produziert wird*, 2., aktualisierte und erweiterte Aufl., Opladen 1999, bes. 78–81.
24 »Par un étrange renversement de rôles, l'acteur est alors devenu homme, l'homme acteur; la société s'est fait théâtre, le théâtre société«. Philibert Audebrand, *Léon Gozlan. Scènes de la vie littéraire (1828–1865)*, Paris 1885, 266.
25 Christophe Charle, *Theaterhauptstädte. Die Entstehung der Spektakelgesellschaft in Paris, Berlin, London und Wien* [2003], übers. von Susanne Buchner-Sabathy, Berlin 2012, 29.
26 Ebd., 333.
27 Vgl. noch einmal Kap. II.4.
28 Die Herkunft der Gattungszuordnung von Polis und Oikos aus der römischen, an die griechische Nea anschließenden Komödie erläutert Manfred Fuhrmann. Vgl. Dens., Lizenzen und Tabu des Lachens – Zur sozialen Grammatik der hellenistisch-römischen Komödie, in: Wolfgang Preisendanz / Rainer Warning (Hg.), *Das Komische*, München 1976, 65–101.

29 Vgl. zum Misserfolg der Dramen Diderots auf der Bühne und dem Fortwirken seiner Ästhetik im Rührstück, das populärer war, weil es dem exzessiven Weinen den Reiz eines intensiven Selbstgenusses abgewann, Willy Richard Berger, Das Tableau. Rührende Schluß-Szenen im Drama, in: *Arcadia* 24 (1989), 131–147. Vor dem weiteren Hintergrund einer Kulturgeschichte des Weinens reflektiert diese Entwicklung Anne Vincent-Bouffault, *Histoire des larmes. XVIIIe–XIXe sièlcles*, Paris 1986.

30 Vgl. die Definition von Gegenwart in Zedlers *Universallexikon* von 1735: »Gegenwart; in so ferne sie von Creaturen gesagt wird, bestehet sie in derjenigen Relation, da eine Sache mit der andern so zugleich existiret, daß sie sich mit ihrem Wesen bey derselben entweder nahe oder nicht nahe befindet.« Johann Heinrich Zedler, *Grosses vollständiges Universal-Lexicon der Wissenschafften und Künste* [1732–1754], Bd. 10: G–Gl, Halle Leipzig 1735, Sp. 594.

31 Vgl. Johannes Lehmann, Gegenwart und Moderne. Zum Begriff der Zeitgenossenschaft und seiner Geschichte, in: Helmut Hühn/Sabine Schneider/Reinhard Wegner, *Eigen-Zeiten der Moderne. Regime, Logiken, Strukturen*, Hannover 2018 [i. Ersch.] und Stefan Geyer/Johannes Lehmann (Hg.), *Aktualität. Zur Geschichte literarischer Gegenwartsbezüge*, Hannover 2018 [i. Ersch.].

32 Vgl. dazu auch Richard Alewyn, Maske und Improvisation. Die Geburt der europäischen Schauspielkunst [1952], in: Ders., *Das große Welttheater. Die Epoche der höfischen Feste*, München 1989, 91–114, hier: 94.

33 Wehinger, *Paris-Crinoline* (Anm. 21), 44.

34 Vgl. dazu das Themenheft der *Revue d'Histoire du Théâtre* 77 (2015), H. 266: *En revenant à la revue. La revue de fin d'année au XIXe siècle*.

35 Wehinger, *Paris-Crinoline* (Anm. 21), 56; außerdem Christophe Charle, Ein paradoxes Genre. Die revue d'actualité in Paris (1852–1912), in: Erika Fischer-Lichte/Matthias Warstat (Hg.), *Staging Festivity. Theater und Fest in Europa*, Tübingen 2009, 260–286

36 Louis-Sébastien Mercier, *Neuer Versuch über die Schauspielkunst* [1773]. Mit einem Anhang aus Goethes Brieftasche, übers. von Heinrich Leopold Wagner, Faksimiledruck nach der Ausgabe von 1776 mit einem Nachwort von Peter Pfaff, Heidelberg 1967, 199 f.

37 Vgl. dazu Volker Klotz, *Dramaturgie des Publikums. Wie Bühne und Publikum aufeinander eingehen: insbesondere bei Raimund, Büchner, Wedekind, Horváth, Gatti und im politischen Agitationstheater*. 2., durchges. Aufl., Würzburg 1998.

38 Hans Robert Jauß, Forschungsprojekt Art social/Art industriel, in:

Romanistische Zeitschrift für Literaturgeschichte 3/4 (1987), 193–201, hier: 193.
39 Ebd., 195.
40 »C'est la presse locale qui offre son véritable berceau au fait divers. [...] Le récit des menus accidents, des petits larcins, des agressions, des rixes et des quelques meurtres et suicides qui composent l'ordinaire d'une actualité minuscule ressortit à une sociabilité locale qui commence de trouver sa manne dans l'imprimé comme elle la trouvait jadis dans l'oralité.« Anne-Claude Ambroise-Rendu, Les faits divers, in: Dominque Kalifa/Philippe Régnier/Marie-Ève Thérenty/Alain Vaillant (Hg.), *La Civilisation du journal. Histoire culturelle et littéraire de la presse française au XIXe siècle*, Paris 2011, 979–997, hier: 981 f.
41 Vgl. Maxime du Camp, *Souvenirs littéraires*, Préface de Daniel Oster, Paris 1994, 293; außerdem dens., Lettre à Flaubert du 23 juillet 1851, in: *Gustave Flaubert – Alfred Le Poittevin. Gustave Flaubert – Maxime Du Camp. Correspondances*. Texte établi, préfacé et annoté par Yvan Leclerc, Paris 2000, 260 f., hier: 260. In den *Souvenirs littéraires* verwechselt Du Camp die Namen und schreibt irrtümlich »Delaunay« statt »Delamare«. – Der Stellenwert seiner Auskünfte wird in der Forschung unterschiedlich bewertet. Vgl. René Dumesnil, »*Madame Bovary« de Gustave Flaubert. Étude et analyse*, Paris 1958, 64–80; und zusammenfassend den Kommentar in: Gustave Flaubert, *Œuvres complètes*, vol. 3: *1851–1862*, édition publiée sous la direction de Claudine Gothot-Mersch avec, pour ce volume, la collaboration de Jeanne Bem, Yvan Leclerc, Guy Sagnes et Giséle Séginger, Paris 2013, 1104–1108, bes. 1106 f.
42 Ähnlich argumentiert Manuela Günter im Blick auf die ›Frauenromane‹ Fontanes, die, wie Flauberts *Madame Bovary*, als Fortsetzungsromane erschienen und von Duellen, Mésalliancen, spielenden Offizieren und Ehebrüchen in den besten Kreisen erzählten. Für die Tagespresse der Zeit waren Gesellschaftsskandale dieser Art – nicht zuletzt aus Rücksicht auf den Nimbus des Adels und Großbürgertums – Tabu und allenfalls in diskreten Kurzmeldungen versteckt. Vgl. Dies., Realismus in Medien. Zu Fontanes Frauenromanen, in: Daniela Gretz (Hg.), *Medialer Realismus*, Freiburg 2011, 167–190, bes. 186 f.
43 Vgl. *Ohé! Les p'tits agneaux! Revue de l'année 1857*, mêlée de chants et de danses, en trois actes et dix tableaux précédés d'un prologue, par MM. Th.[éodore] Cogniard et [Louis-François] Clairville, musique nouvelle de M. J.[ulien] Nargeot. Représentée pour la première fois, à Paris, sur le théâtre des Variétés, le 19 décembre 1857, Paris 1857,

40–46 [Quatrième Tableau, Scène IV]. – Den Hinweis auf diese Revue verdanke ich der Studie von Brunhilde Wehinger, die auch eine nähere Analyse der witzigen Szene bietet. Vgl. Dies., *Paris-Crinoline* (Anm. 21), 59–65. – Die Karriere, die das ›Interessante‹ als Widerpart des ›Schönen‹ auch in der modernen Ästhetik macht, beleuchtet Eberhard Ostermann. Vgl. Dens., Das Interessante als Element ästhetischer Authentizität, in: Jan Berg/Hans-Otto Hügel/Hajo Kurzenberger (Hg.), *Authentizität als Darstellung*, Hildesheim 1997, 197–215.

44 Nach dem Vorabdruck des Romans in der *Revue de Paris* mussten Autor, Verleger und Drucker sich wegen »outrage à la moralité publique et religieuse et aux bonnes mœurs« vor Gericht verantworten, kamen am Ende aber ohne Bestrafung davon. Vgl. dazu das »Réquisitoire de M. l'avocat impérial M. Ernest Pinard« sowie die »Plaidoirie du défenseur M.ᵉ Sénard« und das »Jugement« in: Gustave Flaubert, *Œuvres complètes*, vol. 3 (Anm. 41), 459–535.

45 Edmond et Jules de Goncourt, *Journal 1858–1860* (Anm. 20), 353 [Eintrag vom 12. Januar 1860]. – Frz. Original: *Journal. Mémoire de la vie littéraire I: 1851–1865* (Anm. 20), 519.

46 Zuvor war das Gedicht bereits am 15. Oktober 1860 in der Zeitschrift *L'Artiste* veröffentlicht worden. Vgl. den Kommentar in: Charles Baudelaire, *Œuvres complètes*, Texte établi et annoté par Y.-G. Le Dantec, édition révisée, complétée et présentée par Claude Pichois, Paris 1961, 1542.

47 Vgl. Charles Baudelaire, *Les Fleurs du Mal/Die Blumen des Bösen*, übers. von Simon Werle, Reinbek 2017, 266 f.

48 Vgl. Wehinger, *Paris-Crinoline* (Anm. 21), 32.

49 Karlheinz Stierle, Baudelaires »Tableaux parisiens« und die Tradition des ›Tableau de Paris‹, in: *Poetica* 6 (1974), H. 3, 285–322, hier: 310.

50 Ebd., 311.

51 Den Begriff entlehne ich Friedrich Nietzsche, *Ueber Wahrheit und Lüge im aussermoralischen Sinne* [1873], in: *Sämtliche Werke. Kritische Studienausgabe*, 15 Bde., hg. von Giorgio Colli und Mazzino Montinari, Bd. 1, Berlin München 1980, 873–890, hier: 877.

52 Olsen, *Die Stadt als Kunstwerk. London, Paris, Wien* (Anm. 8), 55.

53 Wehinger, *Paris-Crinoline* (Anm. 21), 26.

2. *La Vie parisienne* – Lob des Boulevards

1 Walter Benjamin, *Gesammelte Schriften*, 5 Bde., hg. von Rolf Tiedemann und Hermann Schweppenhäuser unter Mitwirkung von Theo-

dor W. Adorno und Gershom Scholem, Bd. V.2: *Das Passagen-Werk*, Frankfurt/Main 1982, 1961.
2 [Jean François Albert] Bayard/[Charles] Varin, *Paris, Orléâns et Rouen*. Comédie-vaudeville en trois actes, représentée pour la première fois, à Paris, sur le théâtre du Palais-Royal, le 1er septembre 1843, Bruxelles 1843.
3 Vgl. den Herausgeberkommentar in: Johann Nestroy, *Eisenbahnheirathen oder Wien, Neustadt, Brünn* [1844], in: Ders., *Sämtliche Werke*. Historisch-kritische Ausgabe, 52 Bde., Bd. 20: *Nur Ruhe! Eisenbahnheirathen*, hg. von Jürgen Hein, Wien 1986, 87–160. – Ein Faksimile der französischen Vorlage und dessen deutsche Übersetzung von Gustav Zerffi finden sich ebd., 365–429.
4 David Kalisch, *Auf der Eisenbahn*. Vaudeville-Burleske in einem Aufzuge. Musik von verschiedenen Komponisten [1846], in: Ders., *Hunderttausend Taler. Altberliner Possen 1846–1851*, neu hg. und mit einem Vorwort versehen von Manfred Nöbel, 2 Bde., Bd. 1: *Altberliner Possen 1846–1848*, Berlin 1988, 73–123. – Vgl. dazu auch den Herausgeberkommentar in ebd., Bd. 2: *Altberliner Possen 1849–1851*, 266f.
5 Unter Napoleón III. war 1855 die Fusion mehrerer Bahngesellschaften zur *Compagnie des chemin de fer de l'Ouest* besiegelt worden, die den Ausbau der Westbahn während des folgenden Jahrzehnts zügig vorantrieb und neben der Hauptstrecke nach Brest auch mehrere Zweigstrecken einrichtete, die etappenweise für den Bahnverkehr freigegeben wurden. Seit 1864 war via Rennes die Verbindung Paris – Saint-Malo hergestellt; seit 1865 wurde Brest bedient. – Auf die Attraktivität der neuen Strecke für Touristen verweist David Rissin, *Offenbach ou le rire en musique*, Paris 1980, 172.
6 Vgl. dazu noch einmal Kap. I.6.
7 Siegfried Kracauer, *Werke*, Bd. 8: *Jacques Offenbach und das Paris seiner Zeit*, hg. von Ingrid Belke unter Mitarbeit von Mirjam Wenzel, Frankfurt/Main 2005, 156.
8 Das gilt nicht nur für Frankreich, sondern auch für den deutschen Sprachraum. Auf die Bandbreite, die das Musiktheater schon seit dem 18. Jahrhundert kennzeichnet, hat Jörg Krämer hingewiesen. »Allen Theaterreformen zum Trotz ist das Theater im 18. Jahrhundert weitgehend keine ›moralische Anstalt‹ im Sinne Schillers, sondern hat in erster Linie unterhaltende, gesellige und repräsentative Funktionen. Speziell das volkssprachliche Musiktheater kann dabei als Phänomen einer unterhaltenden Massenkunst verstanden werden: einer Kunst, die nicht ›sub specie aeternitatis‹, sondern zeit- und funktionsgebun-

den geschaffen wurde. [...] Im letzten Drittel des 18. Jahrhunderts entwickeln sich in der Bühnenpraxis die Formen des Musiktheaters zu den weitaus erfolgreichsten Bestandteilen der Spielpläne. [...] Bei annähernder Konstanz des Lustspiels nimmt der Repertoireanteil des Trauerspiels ab den 1770er Jahren stetig ab zugunsten des Musiktheaters, das einen ungeahnten Siegeszug antritt, während der Anteil des Trauerspiels ins Unbedeutende fällt.« Vgl. Dens., *Deutschsprachiges Musiktheater im späten 18. Jahrhundert. Typologie, Dramaturgie und Anthropologie einer populären Gattung*, 2 Bde., Bd. 1, Tübingen 1998, 3 f. und 18 f.

9 Die Situation der Pariser Musiktheaterbühnen zur Zeit der Julimonarchie und des Second Empire ist kompliziert und kann hier nicht im Detail dargestellt werden. Wenn man der minutiösen Rekonstruktion Jean-Claude Yons folgt, so gingen die Vaudeville-Bühnen nach der Februarrevolution, im Zuge deren die Theaterprivilegien vorübergehend aufweichten, verstärkt auf Konfrontationskurs zur Opéra-Comique und dem Théâtre-Lyrique – Dumas' Bühne unter neuem Namen – und bauten in ihre Komödien unter Inkaufnahme von Disziplinarstrafen immer wieder eigenmächtig Originalkompositionen ein. Die nachhaltigsten Impulse gingen jedoch von den privaten Salons aus, wo die Komponisten ungehindert waren und neue Spielarten des Musiktheaters erproben konnten. Vgl. Dens., *Jacques Offenbach*, Paris 2000, bes. 32 f. u. 53–127. – Ähnliche Beobachtungen zur Schlüsselrolle der privaten Liebhabertheater für die Entwicklung der Einakter auf der Sprechbühne macht Hans-Peter Bayerdörfer. Vgl. Dens., Einakter mit Hilfe des Würfels. Zur Theatergeschichte der »Kleinen Formen« seit dem 18. Jahrhundert, in: Winfried Herget / Brigitte Schultze (Hg.), *Kurzformen des Dramas. Gattungspoetische, epochenspezifische und funktionale Horizonte*, Tübingen 1996, 31–57.

10 Alain Decaux, *Jacques Offenbach. König des Zweiten Kaiserreichs*, übers. von Lilli Nevinny, München 1960, 86. – Vgl. dazu noch einmal Kap. I.6.

11 Entsprechende Hinweise gibt Yon, *Jacques Offenbach* (Anm. 9), 333 f. – Allgemeiner dazu Laurence Senelick, *Jacques Offenbach and the Making of Modern Culture*, Cambridge 2017, 15.

12 Kracauer, *Jacques Offenbach und das Paris seiner Zeit* (Anm. 7), 48.

13 No. 15: Menuet et Galop infernal (avec chœur) [II/4], in: Jacques Offenbach, *Orphée aux Enfers. Opéra-bouffon en 2 actes et 4 tableaux. Version de 1858*, Livret de Hector Crémieux (avec la collaboration de Ludovic Halévy), Kritische Ausgabe Jean-Christophe Keck, Partition chant-piano, Berlin 2000, 175–181.

14 Vgl. Hubert Stuppner, Technik und Ambivalenz musikalischer Lusterzeugung in Offenbachs Operetten, in: *Musik-Konzepte 13: Jacques Offenbach*, hg. von Heinz-Klaus Metzger und Rainer Riehn, München 1980, 50–70, hier: 55. – Stuppner kommentiert diese Betonung des Rhythmus allerdings mit Missbilligung und sieht darin nur eine »Degeneration der klassischen Musik« und frivole »Säkularisierung der ästhetischen Werte« (ebd., 51). Von einer »tyrannie du rhythme chez Offenbach« spricht in seiner Offenbach-Biographie auch Robert Pourvoyeur. Vgl. Dens., *Offenbach*, Paris 1994, 173.
15 Offenbach hat die Operette – wie die meisten seiner Stücke – mehrfach überarbeitet. Aus der anfangs fünfaktigen Version der Pariser Uraufführung im Théâtre du Palais-Royal von 1866 wurde in der Brüsseler Erstaufführung 1867 eine vieraktige. Anlässlich der Wiederaufnahme des Werks 1873 im Pariser Théâtre des Variétés wurden weitere drei Szenen gestrichen und andere komprimiert, so dass von den anfangs 61 Szenen nur mehr 50 übrig blieben. Dieser letzten, dramaturgisch dankbareren Version folgen die meisten Inszenierungen der Operette. – Vgl. zur Entstehungsgeschichte die kompakte Darstellung von Laurent Fraison, Une génèse par étapes, in: *L'Avant-Scène Opéra 206: Jacques Offenbach, La Vie parisienne*, Paris 2002, 76–83. – Ich beziehe mich aber im Folgenden auf die Erstfassung und nehme auf spätere Abänderungen gegebenenfalls in den Anmerkungen Bezug.
16 No. 1: Introduction [I/1], in: Jacques Offenbach, *La Vie parisienne*. Opéra-bouffe en 5 actes ou 4 actes. Édition intégrale (Versions de 1866/1867/1873). Livret de Henri Meilhac et Ludovic Halévy, Kritische Ausgabe Jean-Christophe Keck, Partition d'orchestre, Berlin 2000, 51–70. – Für die Inszenierung der Operette durch die Berliner Volksbühne in Koproduktion mit den Wiener Festwochen 1998 hat Bernd Wilms eine gelungene Neuübersetzung vorgenommen. Vgl. Booklet *Pariser Leben*, musikalische Bearbeitung Sylvain Cambreling, Regie Christoph Marthaler, Live-Mitschnitt vom 17. Juni 1998 Volksbühne Berlin (Bad Wiessee: Collegno, 1998), 19. Diese Übersetzung ist genauer als die über die Offenbach-Edition zur Verfügung gestellte deutsche Version von Carl Treumann. Treumann hat das Libretto für die Erstaufführung im Wiener Carltheater 1867 zum Teil sehr freihändig adaptiert. Im Folgenden beziehe ich mich auf die deutsche Textfassung von Wilms, weise die betreffenden Passagen aber jeweils in der kritischen Edition der französischen Partitur nach und greife auf das Originallibretto sowie die Treumann-Übersetzung komplementär zurück.
17 Vgl. das Rondeau du Brésilien in No. 6: Final [I/12], in: Offenbach, *La*

Vie parisienne, Partition d'orchestre (Anm. 16), 147–174, hier: 166 f. – Deutsche Übersetzung nach Booklet *Pariser Leben* (ebd.), 24.
18 Zur Rolle des Geldes in der Operette vgl. die kurzen, aber prägnanten Beobachtungen von Jean-Claude Yon, Vue d'ensemble, in: *L'Avant-Scène Opéra 206* (Anm. 15), 3–7.
19 No. 9: Rondeau [II/13], in: Offenbach, *La Vie parisienne*, Partition d'orchestre (Anm. 16), 254–263, hier: 254–260. – Deutsche Übersetzung nach Booklet *Pariser Leben* (ebd.), 31 f.
20 Henri Meilhac/Ludovic Halévy, Livret français, in: Jacques Offenbach, *La Vie parisienne*, Opéra-bouffe en 5 actes ou 4 actes. Édition intégrale (Versions de 1866/1867/1873). Livret de Henri Meilhac et Ludovic Halévy, Kritische Ausgabe Jean-Christophe Keck, Partition chant-piano, Berlin 2000, 380–406, hier: 386 [I/6].
21 Auf die Verbindung zu Baudelaires Gedicht *À une passante* hat bereits Brunhilde Wehinger aufmerksam gemacht. Vgl. Dies., *Paris-Crinoline. Zur Faszination des Boulevardtheaters und der Mode im Kontext der Urbanität und der Modernität des Jahres 1857*, München 1988, 32 f.
22 No. 15: Couplets [III/9], in: Offenbach, *La Vie parisienne*, Partition d'orchestre (Anm. 16), 350–356. – Die deutsche Übersetzung übernehme ich von Carl Treumann, da Wilms in seiner Fassung große Teile des Couplets in französischer Originalsprache singen lässt und nur punktuell mit Treumanns Version durchsetzt. Treumanns Fassung, die das Couplet stark verwienert – von der Umdeutung des »Schocks« ganz abgesehen –, ist im Anhang des Klavierauszugs der Keck-Edition wiedergegeben: Offenbach, *La Vie parisienne*, Partition chant-piano (Anm. 20), 417–440, hier: 431. – Zur kompositorischen Anlage des Couplets vgl. auch den »Commentaire musical« von Jean-Christophe Marti, in: *L'Avant-Scène Opéra 206* (Anm. 15), 12–74, hier: 52, sowie Rissin, *Offenbach ou le rire en musique* (Anm. 5), 195.
23 Vgl. das Kapitel »Les personnages« in Jean-Christoph Martis »Commentaire musical« mit der tabellarischen Übersicht über den Stimmumfang der jeweiligen Rollen. Vgl. Dens., Commentaire musical (s. die vorige Anm.), 12 f.
24 Das gilt insbesondere für die Ouvertüre der Pariser Bühnenfassung von 1866. Vgl. Offenbach, *La Vie parisienne*, Partition d'orchestre (Anm. 16), 42–50. – Heute wird üblicherweise die umfänglichere Konzert-Ouvertüre gespielt, die Offenbach für die Wiener Erstaufführung schrieb und die zusätzliche Melodien der Chor-Finali aufnimmt, wodurch sie stärker den Charakter eines Quodlibets von Erfolgsnummern gewinnt. Vgl. Ouverture (Version de Vienne), in: ebd., 11–41.

25 Vgl. No. 7: Duo [II/1], in: Offenbach, *La Vie parisienne*, Partition d'orchestre (Anm. 16), 212–241, hier: 234.
26 Vgl. das Duo Gabrielles und des Brasilianers. No. 24: Chœur et Duo [V/9], in: ebd., 609–616.
27 Vgl. noch einmal das Rondeau du Brésilien im Finale des ersten Akts. No. 6: Final [I/12], in: ebd., 147–174, hier: 166 f.
28 No. 17: Final [III/10], in: ebd., 370–415, hier: 390–394.
29 David Rissin hat außerdem darauf hingewiesen, dass die Musik einen zusätzlichen Gleiteffekt erzeugt, indem sie Silbenwechsel und Notenwechsel nicht zusammenfallen lässt. Bei dem Vers »Et voilà déjà que ma tête s'en va«, der wie eine Salve die gesamte Oktave hinaufschießt, fällt die höchste Note »g« ausgerechnet mit der unbetonten Silbe »tête« zusammen und wird unsingbar; die Sänger sind gezwungen, den Akzent auf der Silbe »va« nachzuholen. Vgl. Rissin, *Offenbach ou le rire en musique* (Anm. 5), 199–201.
30 Michael Klügl, *Erfolgsnummern. Modelle einer Dramaturgie der Operette*, Laaber 1992, 135; Harald Haslmayr / Jörg Jewansky, Operette, in: *Die Musik in Geschichte und Gegenwart. Allgemeine Enzyklopädie der Musik*, 2., neubearb. Aufl. von Ludwig Finscher, Sachteil, Bd. 7: Mut – Que, Kassel Stuttgart Weimar 1997, 706–740, hier: 712; abgekürzt als »pièce en 5 actes« bereits bei Anton Henseler, *Jakob Offenbach*, Berlin 1930, 315. – Eigenartigerweise findet sich in der Kritischen Offenbach-Ausgabe kein Hinweis auf diese Titulierung, stattdessen wird das Stück als Opéra-bouffe ausgewiesen.
31 Das Théâtre du Palais-Royal hatte seit 1830 eine Lizenz für »comédies, vaudevilles et comédies mêlées d'ariettes en un et plusieurs actes«, seit 1831 dann ein erweitertes Privileg für »vaudevilles en un, deux ou trois actes et de revues en plusieurs tableaux mêlés de danses et divertissements«. Vgl. Nicole Wild, *Dictionnaire des théâtres parisiens (1807–1914)*, Préface de Joël-Marie Fauquet, Lyon 2012, 352.
32 Yon, *Jacques Offenbach* (Anm. 9), 334.
33 Vgl. den Galop Final der No. 17b: Final (suite) 1er version [III/10], in: Offenbach, *La Vie parisienne*, Partition d'orchestre (Anm. 16), 420–425. – Deutsche Übersetzung nach Booklet *Pariser Leben* (Anm. 16), 47.
34 No. 13: Septuor [III/2], in: ebd., 312–340, hier: 323–326.
35 Vgl. Jules Lemaître, *Gyp et Vie parisienne* [22 août 1886], in: *Impressions de théâtre*. Première série, Paris 1887, 295–306, hier: 295 (eigene Übersetzung).
36 Vgl. noch einmal Gabrielles Couplet. No. 15: Couplets [III/9], in: Offenbach, *La Vie parisienne*, Partition d'orchestre (Anm. 16), 352.

37 Vgl. Ludovic Halévy, *Carnets*, hg. von Daniel Halévy, 2 Bde., Bd. 1, Paris 1935, 19 f. (eigene Übersetzung).
38 Vgl. das Duett zwischen Gabrielle und dem Brasilianer, No. 24: Chœur et duo [V/10], in: Offenbach, *La Vie parisienne*, Partition d'orchestre (Anm. 16), 603–616, hier: 611–616.

3. Die Operette im Walzer-Pakt mit Österreich

1 Vgl. die kompakte Darstellung bei Karl Vocelka, *Geschichte Österreichs. Kultur – Gesellschaft – Politik*, München 2000, 198–205.
2 Das »Allerhöchste[] Handbillet vom 20. December 1857 an Seine Excellenz den Minister des Innern Freiherrn v. Bach« ist als Digitalisat der Pressemeldung in der *Wiener Zeitung* vom 25. Dezember 1857 sowie als Transkript online abrufbar unter: *https://de.wikisource.org/wiki/Die_Erweiterung_der_Stadt_Wien* [letzter Zugriff: 28.10.2017].
3 Donald J. Olsen, *Die Stadt als Kunstwerk. London, Paris, Wien*, übers. von Niels Kadritzke, Frankfurt / Main New York 1988, 83–109.
4 Vgl. dazu ausführlich Otto Rommel, *Die Alt-Wiener Volkskomödie. Ihre Geschichte vom barocken Welt-Theater bis zum Tode Nestroys*, Wien 1952; sowie Jürgen Hein, *Das Wiener Volkstheater*, Darmstadt ³1997.
5 Die Umgestaltung der Wiener Theaterlandschaft im Gefolge der Stadterweiterung zeichnet Marion Linhardt detailliert nach. Vgl. Dies., *Residenzstadt und Metropole. Zu einer kulturellen Topographie des Wiener Unterhaltungstheaters (1858–1918)*, Tübingen 2006, 27–36.
6 Walter Obermaier, Offenbach in Wien. Seine Werke auf den Vorstadtbühnen und ihr Einfluß auf das Volkstheater, in: Rainer Franke (Hg.), *Offenbach und die Schauplätze seines Musiktheaters*, Laaber 1999, 11–30, hier: 17.
7 Linhardt, *Residenzstadt und Metropole* (Anm. 5), 15.
8 Obermaier, Offenbach in Wien (Anm. 6), 18–20.
9 Wesentlichen Anteil an den Erfolgen, die Offenbachs Stücke am Theater an der Wien feierten, hatte außerdem die Schauspielerin Marie Geistinger, die gerade in den weiblichen Paraderollen der mehraktigen Operetten Offenbachs – darunter *La Vie parisienne* – glänzte. Vgl. Linhardt, *Residenzstadt und Metropole* (Anm. 5), 59 u. 173 f.
10 Ebd., 59. – Ausführliche Darstellungen der Karriere Offenbachs in Wien finden sich auch bei Peter Branscombe, Die frühe Offenbach-Rezeption in Wien und Nestroys Anteil daran, in: *Austriaca* 14 (1998), H. 4: *L'Opérette viennoise*, 41–51; Harald Haslmayr / Jörg Jewansky,

Operette, in: *Die Musik in Geschichte und Gegenwart. Allgemeine Enzyklopädie der Musik*, 2., neubearb. Aufl. von Ludwig Finscher, Sachteil, Bd. 7: Mut – Que, Kassel Stuttgart Weimar 1997, 706–740, hier: 720; Franz Mailer, Jacques Offenbach – Ein Pariser in Wien, in: *Österreichische Musikzeitschrift* 27 (1972), 246–262; Hans-Jochen Irmer, Jacques Offenbachs Werke in Wien und Berlin. Zum 150. Geburtstag des Komponisten am 20. Juni 1969, in: *Wissenschaftliche Zeitschrift der Humboldt-Universität zu Berlin. Gesellschafts- und sprachwissenschaftliche Reihe* 18 (1969), 125–145; Bernard Grun, *Kulturgeschichte der Operette*, Berlin 1967, 101 f.; und Franz Hadamowsky / Heinz Otte, *Die Wiener Operette. Ihre Theater- und Wirkungsgeschichte*, Wien 1947, 39–109.

11 Matthias Spohr, Inwieweit haben Offenbachs Operetten die Wiener Operette aus der Taufe gehoben?, in: Franke (Hg.), *Offenbach und die Schauplätze seines Musiktheaters* (Anm. 6), 31–67, hier: 46. – Genauer rekonstruiert wird diese Entwicklung bei Linhardt, *Residenzstadt und Metropole* (Anm. 5), 32–36.

12 Marion Linhardt, Offenbach und die französische Operette im Spiegel der zeitgenössischen Wiener Presse, in: Franke (Hg.), *Offenbach und die Schauplätze seines Musiktheaters* (Anm. 6), 69–84, hier: 71.

13 Quellenbelege dazu bei Linhardt, *Residenzstadt und Metropole* (Anm. 5), 15 f.

14 Vgl. dazu ausführlich Helmut G. Asper, *Hanswurst. Studien zum Lustigmacher auf der Berufsschauspielerbühne in Deutschland im 17. und 18. Jahrhundert*, Emsdetten 1980, und Beatrix Müller-Kampel, *Hanswurst, Bernardon, Kasperl. Spaßtheater im 18. Jahrhundert*, Paderborn München Wien Zürich 2003.

15 Rommel, *Die Alt-Wiener Volkskomödie* (Anm. 4), 352 f.

16 Details dazu bei Carl Glossy, Zur Geschichte der Theater Wiens I (1801–1820), in: *Jahrbuch der Grillparzer-Gesellschaft*, hg. von Carl Glossy, 25 (1915), 1–334, bes. 15; Verena Keil-Budischowsky, *Das Theater Wiens*, Wien 1983, 188–193; und Franz Hadamowsky, *Wien. Theatergeschichte. Von den Anfängen bis zum Ende des Ersten Weltkriegs*, Wien München 1988, 507–509.

17 Johann Hüttner, Sensationsstücke und Alt-Wiener Volkstheater. Zum Melodrama in der ersten Hälfte des 19. Jahrhunderts, in: *Maske und Kothurn* 21 (1972), H. 4, 263–281.

18 Moritz Gottlieb Saphir, Theater an der Wien. Am 17. zum ersten Male: »Wohnungen zu vermiethen.« Lokal-Posse mit Gesang in drei Aufzügen, v. J. Nestroy, in: *Der Humorist. Eine Zeitschrift für Scherz und Ernst, Kunst, Theater, Geselligkeit und Sitte*, hg. und redigirt von

M. G. Saphir, Nro. 9 (Sonnabend, 21. Jänner 1837), 36. Die Ausgabe ist online abrufbar auf der Website von ANNO (AustriaN Newspapers Online) unter *http://anno.onb.ac.at/cgi-content/anno?aid=hum&da tum=18370121&zoom=33* [letzter Zugriff: 28. Oktober 2017]. – Der Formgeschichte des Vaudevilles in Frankreich geht genauer Lothar Matthes nach. Vgl. Dens., *Vaudeville. Untersuchungen zu Geschichte und literatursystematischem Ort einer Erfolgsgattung*, Heidelberg 1983. Die Prominenz des französischen Vaudevilles im deutschen Boulevardtheater untersucht Joachim Huber in *Das deutsche Boulevardtheater. Organisation – Finanzierung – Produktionsmethoden – Wirkungsabsichten*, Diss. masch., München 1985, bes. 47–90.

19 Dazu im Einzelnen Susan Doering, *Der wienerische Europäer. Johann Nestroy und die Vorlagen seiner Stücke*, München 1992, 112–122, und Maria Piok, Von der ›Comédie Vaudeville‹ zur satirischen Posse. Nestroys Bearbeitungen von französischen Boulevardkomödien, in: Fabrizio Cambi / Fulvio Ferrari (Hg.), *Deutschsprachige Literatur und Dramatik aus Sicht der Bearbeitung. Ein hermeneutisch-ästhetischer Überblick*, Trento 2011, 47–70.

20 So die Bilanz bei Obermaier, Offenbach in Wien (Anm. 6), 11.

21 Ausführlich sind diese Zusammenhänge dargestellt bei Linhardt, *Residenzstadt und Metropole* (Anm. 5), 51–77.

22 Anton Langer, Off'ner Brief an den Kompositeur Johann Strauß, in: *Hans Jörgel von Gumpoldskirchen* (18. Februar 1871), 11 f. Die Ausgabe ist online abrufbar unter: *http://anno.onb.ac.at/cgi-content/anno?aid=-joe&datum=18710218&zoom=33* [letzter Zugriff: 28. 10. 2017]. – Den Hinweis auf diese und die folgende Quelle verdanke ich Obermaier, Offenbach in Wien (Anm. 6), 26, und Jean-Claude Yon, *Jacques Offenbach*, Paris 2000, 402.

23 *Der Floh* (12. Februar 1871), zit. nach: *Operette in Wien*. Ausstellungskatalog. Österreichisches Theatermuseum, Wien 1979, 48.

24 Linhardt, Offenbach und die französische Operette im Spiegel der zeitgenössischen Wiener Presse (Anm. 12), 78.

25 Offenbachs *Prinzessin von Trapezunt*, die fünf Wochen nach Strauß' Bühnendebüt Premiere feierte, erlebte beispielsweise schon im Juli 1873 im Carltheater ihre 100. Aufführung, während *Indigo und die vierzig Räuber* ein halbes Jahr später erst zum 70. Mal im Theater an der Wien gespielt wurde. Vgl. Yon, *Jacques Offenbach* (Anm. 22), 402.

26 Details dazu bei Norbert Linke, *Musik erobert die Welt oder Wie die Familie Strauß die »Unterhaltungsmusik« revolutionierte*, Wien 1987, 75–106.

27 Ebd., 112 u. 159.

28 Eugen Brixel / Gunther Martin / Gottfried Pils, *Das ist Österreichs Militärmusik. Von der ›Türkischen Musik‹ zu den Philharmonikern in Uniform*, Graz Wien Köln 1982, 136. – Die Funktion der Zivilgardisten erläutert Otto Brusatti in seiner Lanner-Biographie. Demnach zählten »zu den Aufgaben der Bürgerregimenter, einer Art Parallel-Miliz und zugleich eines Groß-Männer-Vereins im Deckmantel der Vormärz-Politik, [...] die Verteidigung der Stadt innerhalb des Linienwalls und die Repräsentation bei weltlichen und kirchlichen Festen«. Vgl. Dens., *Joseph Lanner. Compositeur, Entertainer & Musikgenie*, Wien Köln Weimar 2001, 82.

29 Vgl. Linke, *Musik erobert die Welt* (Anm. 26), 175.

30 Details zur Uraufführung des *Radetzky-Marschs* auf dem Wasserglacis am Tag der Rückkehr des Feldmarschalls nach Wien bei Linke, ebd., 165–167.

31 Joseph Roth, *Radetzkymarsch*. Roman [1932], in: Ders., *Werke*, Bd. 5: *Romane und Erzählungen 1930–1936*, hg. und mit einem Nachwort von Fritz Hackert, Köln 1990, 137–455, hier: 160.

32 Joseph Roth, *Konzert im Volksgarten* [1928], in: Ders., *Werke*, Bd. 2: *Das journalistische Werk 1924–1928*, hg. und mit einem Nachwort von Klaus Westermann, Köln 1990, 920–923, hier: 923.

33 Otto Schneidereit, *Franz Lehár. Eine Biographie in Zitaten*, Berlin 1987, 10.

34 Näheres zum ›Walzer-Duell‹ von Strauß und Offenbach bei Yon, *Jacques Offenbach* (Anm. 22), 291.

35 Richard Specht, *Johann Strauß*, Berlin 1909, 19, zit. nach: Norbert Linke, *Johann Strauß (Sohn) mit Selbstzeugnissen und Bilddokumenten*, Reinbek ³1992, 76.

36 Mit dieser Zusammenstellung der »Meisterwalzer« folge ich Linke, *Musik erobert die Welt* (Anm. 26), 228 f.

37 Vgl. zu dieser von Strauß selbst gepflegten Legende Marcel Prawy, *Johann Strauß*, Wien 1991, 124; außerdem Linke, *Johann Strauß (Sohn)* (Anm. 35), 94.

38 Eduard Hanslick, Johann Strauß der Operncomponist, in: Ders., *Die moderne Oper. Kritiken und Studien*, Berlin 1875, 333–341, hier: 335 u. 339.

39 Zur Entstehung der Fledermaus genauer Prawy, *Johann Strauß* (Anm. 37), 139–151.

40 »Ein wesentlicher Unterschied der Wiener Operette zur Operette Offenbachs liegt im Selbstverständnis der Gattung begründet: Die Pariser Operette hatte stets die große französische Oper als Gegenpol; die Wiener Operette kann sich zunächst nicht gegen eine etablierte

deutsche Oper ausrichten; die ältere Operette ist hier traditionsgemäß selbst die ›deutsche Oper‹.« Spohr, Inwieweit haben Offenbachs Operetten die Wiener Operette aus der Taufe gehoben? (Anm. 11), 51.

41 »Das quantitative Verhältnis zwischen französischen und inländischen Werken im Rahmen des Wiener Operettenrepertoires hatte sich innerhalb von zwei Jahrzehnten quasi umgekehrt.« Linhardt, *Residenzstadt und Metropole* (Anm. 5), 77.

42 Auguste de la Garde schreibt das geflügelte Wort in seinen Memoiren dem Feldmarschall de Ligne zu. Vgl. Auguste de la Garde, *Fêtes et Souvenirs du Congrès de Vienne. Tableaux des salons, scènes anecdotiques et portraits 1814–1815*, 2 Bde., Bd. 1, Paris 1843, 29.

43 Linke, *Musik erobert die Welt* (Anm. 26), 21 f.

44 Vgl. dazu Brixel/Martin/Pils, *Das ist Österreichs Militärmusik* (Anm. 28), 141.

45 Ebd., 249.

46 Robert Musil, *Der Mann ohne Eigenschaften*. Roman [1930/31], 2 Bde., hg. von Adolf Frisé, Bd. 1, Reinbek ¹¹2000, 33.

47 Details dazu bei Brixel/Martin/Pils, *Das ist Österreichs Militärmusik* (Anm. 28), 142–164.

48 Vgl. dazu die präzisen Besetzungsangaben bei Brixel/Martin/Pils, ebd., 63 und 149.

49 Moritz Csáky, *Ideologie der Operette und Wiener Moderne. Ein kulturhistorischer Essay zur österreichischen Identität*, Wien Köln Weimar 1996, 268.

50 »Schon sehr frühzeitig nahmen die österreichischen Militärmusik-Banden neben Märschen auch Konzertstücke in ihr Repertoire auf, und weitaus früher als anderswo galt selbst das Streichorchester als wesentlicher Bestandteil der Militärmusik.« Emil Rameis, *Die österreichische Militärmusik – von ihren Anfängen bis zum Jahre 1918*, ergänzt und bearbeitet von Eugen Brixel, Tutzing 1976, 9. – Nach Eduard Hanslick liegt die Erweiterung der Regimentskapellen um Bogeninstrumente im Erscheinungsjahr seines Artikels zur österreichischen Militärmusik »nicht über zwei Decennien« zurück; vgl. Dens., Oesterreichische Militärmusik [1853], in: Ders., *Aus dem Concert-Saal. Kritiken und Schilderungen aus 20 Jahren des Wiener Musiklebens 1848–1868. Nebst einem Anhang: Musikalische Reiseberichte aus England, Frankreich und der Schweiz*, Wien Leipzig 1897, 49–57, hier: 54.

51 Anton Othmar Sollfelner/Christian Glanz, *Die österreichische Militärmusik in der II. Republik 1955–2000*, Graz 2000, 7.

52 Csáky, *Ideologie der Operette und Wiener Moderne* (Anm. 49), 269.

53 Eduard Hanslick, Oesterreichische Militärmusik (Anm. 50), 49 u. 53.

54 Die Anzeige ist online abrufbar auf der Website des Museums der Johann Strauß-Dynastie unter: *http://www.die-strauss-dynastie.eu/ startseite/die-50er-jahre/1850-und-1851-johann-ist-alleinger-walzer konig/* [letzter Zugriff: 28. 10. 2017]. – Eine andere Version derselben Annonce wird zitiert bei Ernst Decsey, *Johann Strauß. Ein Wiener Buch*, Wien 1948, 79.
55 Thomas Aigner, »Rotunde-Quadrille«. Wiener Unterhaltungsmusik in den Jahrzehnten um die Weltausstellung, in: Wolfgang Kos / Ralph Gleis (Hg.), *Experiment Metropole. 1873: Wien und die Weltausstellung*. Katalog zur Ausstellung des Wien Museums vom 15. Mai bis 28. September 2014, Wien 2014, 248–255, hier: 249.
56 Hanslick, Oesterreichische Militärmusik (Anm. 50), 50.
57 Den letztgenannten Aspekt betont Eduard Hanslick: »Es gibt keinen Kunstgenuß, der in so hohem Grade demokratisch heißen kann, als das Spiel der Regimentsbanden. Da darf ein jeder theilnehmen, ohne Eintrittsgeld und Salontoilette [...].« Vgl. ebd.
58 Weitere Beispiele sind Carl Michael Ziehrer, Alfons Czibulka, Karl Komzák, Julius Fučík, Béla Kéler und Emil Nikolaus von Reznicek. Vgl. Csáky, *Ideologie der Operette und Wiener Moderne* (Anm. 49), 267 f.
59 So die Wiedergabe durch den Augenzeugen Emil Seeliger in: Stunden mit Lehar, dem Vater. Eine bosnische Erinnerung, in: *Neues Wiener Journal* (9. Juni 1929), 18 f., hier: 19. Der Artikel ist online abrufbar unter: *http://anno.onb.ac.at/cgi-content/anno?aid=nwj&datum=19290609&seite=18&zoom=33* [letzter Zugriff: 28. 10. 2017]. – Den Hinweis auf diese Quelle verdanke ich Stefan Frey, »Was sagt ihr zu diesem Erfolg.« *Franz Lehár und die Unterhaltungsmusik im 20. Jahrhundert*, Frankfurt / Main 1999, 23. Details zur militärischen Laufbahn von Lehár senior finden sich außerdem bei Bernard Grun, *Gold und Silber. Franz Lehár und seine Welt*, München Wien 1970, 16–21.
60 William M. Johnston, *Österreichische Kultur- und Geistesgeschichte. Gesellschaft und Ideen im Donauraum 1848–1918* [1974], Wien Köln Weimar ⁴2006, 65.
61 Stefan Zweig, Das Wien von gestern [1940], in: Ders., *Länder, Städte, Landschaften*, zusammengestellt von Knut Beck, Frankfurt / Main 1981, 70–86, hier: 80.
62 Frey, »Was sagt ihr zu diesem Erfolg.« (Anm. 59), 38.
63 Vgl. zu den Stationen im Einzelnen Grun, *Gold und Silber* (Anm. 59), 42–66; außerdem Frey, »Was sagt ihr zu diesem Erfolg.« (Anm. 59), 32–51.

64 Vgl. dazu Ursula Storch, Vom Wurstelprater zum Volksprater. Die Praterregulierung anlässlich der Weltausstellung, in: Kos / Gleis (Hg.), *Experiment Metropole 1873* (Anm. 55), 150–158. Außerdem Gustav Gugitz, *Das Wiener Kaffeehaus. Ein Stück Kultur- und Lokalgeschichte*, Wien 1940, 115–116.
65 Linhardt, *Residenzstadt und Metropole* (Anm. 5), 37.
66 Hadamowsky, *Wien. Theatergeschichte* (Anm. 16), 744–749. – Weitere Informationen zum Boom von Varietébetrieben in Wien gibt Linhardt, *Residenzstadt und Metropole* (Anm. 5), 36–42 u. 79–84.
67 Vgl. dazu Grun, *Gold und Silber* (Anm. 59), 66–76; Frey, »*Was sagt ihr zu diesem Erfolg.*« (Anm. 59), 55–62; Schneidereit, *Franz Lehár* (Anm. 33), 62 f.
68 Mit der Migrantengeschichte um den armen Drahtbinder Janku begann 1902 am Carltheater zugleich die erfolgreiche Zusammenarbeit Lehárs mit dem Librettisten Victor Léon sowie dem Schauspieler Louis Treumann. Vgl. dazu ausführlicher Barbara Denscher, *Der Operettenlibrettist Victor Léon. Eine Werkbiographie*, Bielefeld 2017, 255–270.
69 Frey, »*Was sagt ihr zu diesem Erfolg.*« (Anm. 59), 66. – Vgl. zum Phänomen des ›Binnenexotismus‹ in den Operetten der Habsburgermonarchie auch Christian Glanz, Aspekte des Exotischen in der Wiener Operette am Beispiel der Darstellung Südeuropas, in: *Musicologica Austriaca* 9 (1989), 75–90.
70 Die Bedeutung dieser Inspirationsquelle für Lehár hebt Bernard Grun hervor. Vgl. Dens., *Gold und Silber* (Anm. 59), 76.
71 Joseph Roth, Vorwort zu meinem Roman »Radetzkymarsch«, in: Ders., *Werke*, Bd. 5: *Romane und Erzählungen 1930–1936* (Anm. 3), 874 f.
72 Vgl. Frey, »*Was sagt ihr zu diesem Erfolg.*« (Anm. 59), 91.
73 *Die Post. Berliner neueste Nachrichten* vom 4. Mai 1910, zit. nach: ebd.
74 Felix Salten, Die neue Operette (*Die Zeit*, 8. Dezember 1906), in: Marion Linhardt (Hg.), *Stimmen zur Unterhaltung. Operette und Revue in der publizistischen Debatte (1906–1933)*, Wien 2009, 39–45, hier: 39 u. 42.
75 Vgl. zu den komplizierten Produktionsumständen von *Wiener Blut* Denscher, *Der Operettenlibrettist Victor Léon* (Anm. 68), 217–234. Dass unter den »zahlreichen Pasticcio-Operetten des frühen 20. Jahrhunderts« vor allem »diejenigen zu Kassenschlagern« avancierten, die »auf Kompositionen der Strauß-Familie« basierten, hebt Marion Linhardt hervor. Vgl. Dies., *Residenzstadt und Metropole* (Anm. 5), 270.
76 Das gedruckte Soufflierbuch macht diese Retusche allerdings wieder

rückgängig, denn dort ist unter dem Personenverzeichnis ausdrücklich vermerkt: »NB. unter ›Pontevedro‹ ist Montenegro gemeint. Die Nationalkostüme im zweiten Akt haben daher montenegrinisch zu sein.« Vgl. Franz Lehár, *Die lustige Witwe*. Operette in drei Akten (teilweise nach einer fremden Grundidee) von Victor Léon und Leo Stein, vollständiges Soufflierbuch mit sämtlichen Regiebemerkungen, Wien München 1906, 1. – Einzelheiten zu diesen und anderen Zensureingriffen erörtert Denscher, *Der Operettenlibrettist Victor Léon* (Anm. 68), 294–302.

4. Damenwahl einer lustigen Witwe

1 Franz Lehár, *Die lustige Witwe*. Operette in drei Akten (teilweise nach einer fremden Grundidee) von Victor Léon und Leo Stein, vollständiges Soufflierbuch mit sämtlichen Regiebemerkungen, Wien München 1906, 1. – Die Partitur markiert den Aktualitätsbezug dagegen durch die genaue Synchronisierung von Handlungszeit und Aufführungsdatum: »Ort und Zeit der Handlung: Paris 1905«. Vgl. Franz Lehár, *Die lustige Witwe / The Merry Widow*. Operette in drei Akten (teilweise nach einer fremden Grundidee) von Victor Léon und Leo Stein, Partitur, historisch-kritische Neuausgabe, hg. von Norbert Rubey, Wien München 2005, XIX.
2 Details erfährt das Publikum gleich in der ersten Szene des ersten Akts durch den Klatsch der Gäste in der Pariser Botschaft Pontevedros. Vgl. Lehár, *Die lustige Witwe*, vollständiges Soufflierbuch (s. die vorige Anm.), 6 f. [I/1].
3 Ebd., 28 [I/9].
4 Ebd., 8 [I/1].
5 Ebd., 112 [III/7]. – Auf die »geschickt gewendete *Minna von Barnhelm*-Idee« der Operette weist als Erster Bernard Grun hin. Vgl. Dens., *Gold und Silber. Franz Lehár und seine Welt*, München Wien 1970, 121.
6 Vgl. die einleitende Marcia »Damenwahl! / Hört man rufen rings im Saal!« im Finale des ersten Akts. Nr. 6. Finale I, in: Lehár, *Die lustige Witwe*, Partitur (Anm. 1), 80–84 (T. 17–47).
7 Vgl. zum Kontext dieser Debatte Moritz Csáky, *Ideologie der Operette und Wiener Moderne. Ein kulturhistorischer Essay zur österreichischen Identität*, Wien Köln Weimar 1996, 98–100; und Barbara Denscher, *Der Operettenlibrettist Victor Léon. Eine Werkbiographie*, Bielefeld 2017, 301 f.

8 Vgl. zum Karrierebeginn Léons als Journalist Denscher, *Der Operettenlibrettist Victor Léon* (s. die vorige Anm.), 25–34, und speziell zum Profil der *Hausfrau* 29 f.
9 Ebd. – Vgl. auch Nr. 6 Finale I: Marcia moderato, in: Lehár, *Die lustige Witwe*, Partitur (Anm. 1), 87–89 (T. 75–95). Zur stimmlichen Besetzung der beiden Nebenrollen mit Tenören: ebd., XIX.
10 Lehár, *Die lustige Witwe*, vollständiges Soufflierbuch (Anm. 1), 45 [I/13].
11 Nr. 4: Auftrittslied, in: Lehár, *Die lustige Witwe*, Partitur (Anm. 1), 55–64 [I/6].
12 Lehár, *Die lustige Witwe*, vollständiges Soufflierbuch (Anm. 1), 51 [II/1].
13 Ebd., 102 [III/3].
14 Nr. 13. Grisetten-Lied, in: ebd., 100 f. [III/3]. – In der Partitur ist das Chanson als Nr. 14 ausgewiesen. Vgl. Lehár, *Die lustige Witwe*, Partitur (Anm. 1), 328–333.
15 Lehár, *Die lustige Witwe*, vollständiges Soufflierbuch (Anm. 1), 30 [I/9].
16 Carl Dahlhaus, Zur musikalischen Dramaturgie der »Lustigen Witwe«, in: Ders., *Gesammelte Schriften in zehn Bänden*, hg. von Hermann Danuser, Bd. 7: *19. Jahrhundert: Richard Wagner – Texte zum Musiktheater*, Laaber 2004, 637–644, hier: 641.
17 Ebd., 639.
18 Ebd., 642.
19 Nach Stefan Frey handelt es sich bei der *Valse moderato* um eine »Lehár-Schöpfung«. Vgl. Dens., *Franz Lehár oder das schlechte Gewissen der leichten Musik*, Tübingen 1995, 96.
20 Vgl. Nr. 6. Finale I [I/13], in: Lehár, *Die lustige Witwe*, Partitur (Anm. 1), 136 f., T. 415–430.
21 Vgl. Nr. 10. Spielszene und Tanzduett [II/9], in: ebd., 222–227 (T. 114–192).
22 Vgl. Nr. 15. Duett [III/4], in: ebd., 351–358. – Bezeichnenderweise war ein Text zu dieser *Valse moderato* ursprünglich gar nicht vorgesehen. Erst nach der hundertsten Aufführung ließen sich die Autoren vom Erfolg des Walzers dazu bewegen, ihm nachträglich Worte zu unterlegen. Vgl. Stefan Frey, *»Was sagt ihr zu diesem Erfolg.« Franz Lehár und die Unterhaltungsmusik des 20. Jahrhunderts*, Frankfurt / Main Leipzig 1999, 84 f.
23 Vgl. in der Nr. 7 das Vivace (*Ballett*) [II/1], in: Lehár, *Die lustige Witwe*, Partitur (Anm. 1), 148–158 (T. 38–120).
24 Ähnlich Dahlhaus, Zur musikalischen Dramaturgie der »Lustigen

Witwe« (Anm. 16), 642; und zuletzt Micaela Baranello, *Die lustige Witwe* and the Creation of the Silver Age of Viennese Operetta, in: *Cambridge Opera Journal* 26 (2014), H. 2, 175–202, hier: 194.
25 Vgl. die Mazurka der Nr. 3. Entrée. Lied und Ensemble [I/4], in: Lehár, *Die lustige Witwe*, Partitur (Anm. 1), 37–41 (T. 52–80), Zitat: 38 f. (60–65).
26 Vgl. in der Nr. 7 das Vilja-Lied. Allegretto [II/1], ebd., 160–169 (T. 130–200)
27 Grun, *Gold und Silber* (Anm. 5), 130.
28 Frey, *Franz Lehár oder das schlechte Gewissen der leichten Musik* (Anm. 19), 186.
29 Paul Knepler / Bela Jenbach, *Paganini*. Operette in 3 Akten. Regiebuch. Musik von Franz Lehár, Einrichtung nach der Inszenierung von Reinhard Bruch, Berlin 1925.
30 Das dazu gehörige Couplet findet sich in der Operette *Schön ist die Welt*, die 1930 Premiere feierte – eine Variation von Georg Büchners Komödie *Leonce und Lena*, die das Happy End noch einmal rehabilitiert, beim Publikum aber, anders als bei den Musikkritikern, nicht gut ankam. Vgl. Nr. 12. »Ja, die Liebe ist brutal«. Introduktion und Ensemble (Direktor, Chor, später Mercedes, Sascha), in: *Schön ist die Welt*. Operette in drei Akten von Ludwig Herzer und Fritz Löhner, Music [sic] von Franz Lehár. Klavierauszug mit Text. Originalausgabe des Komponisten, Wien 1930/1957, 91–93.
31 Laut Nebentext spielt die Operette am »Ende des neunzehnten Jahrhunderts«. Bela Jenbach / Heinz Reichert, *Der Zarewitsch*. Operette in drei Akten, frei nach Zapolska-Scharlitt [1926]. Musik von Franz Lehár. Vollständiger Klavierauszug mit Text, Wien 1955, 3.
32 Ausführlicher kommentiere ich die Nachkriegsoperetten Lehárs in meinem Aufsatz: Wo kein Wunder geschieht. Goetheliebe und anderes Leid in der lyrischen Operette Franz Lehárs, in: Daniel Eschkötter / Bettine Menke / Armin Schäfer (Hg.), *Das Melodram – ein Medienbastard*, Berlin 2013, 98–114.
33 So die Kategorisierung bei Stefan Frey, *Franz Lehár oder das schlechte Gewissen der leichten Musik* (Anm. 19), 145 ff.
34 Dahlhaus, Zur musikalischen Dramaturgie der »Lustigen Witwe« (Anm. 16), 637.
35 Vgl. Volker Klotz, Wann reden – wann singen – wann tanzen sie? Zur Dramaturgie der Tanzoperette bei Lehár, Kálmán, Künneke und anderen, in: *Drama und Theater im 20. Jahrhundert*. Festschrift für Walter Hinck, hg. von Hans Dietrich Irmscher und Werner Keller, Göttingen 1983, 105–120, hier: 112; wieder in: Ders., *Operette. Por-*

trät und Handbuch einer unerhörten Kunst, erw. u. aktualisierte Aufl., Kassel Basel London New York Prag 2004, 174.
36 Dahlhaus, Zur musikalischen Dramaturgie der »Lustigen Witwe« (Anm. 16), 641.
37 Lehár, *Die lustige Witwe*, vollständiges Soufflierbuch (Anm. 1), 28 [I/9].
38 Bei der Premiere war das Lied noch Hanna und Danilo zugeteilt und stand an der Stelle des Walzerduetts »Lippen schweigen«. Vgl. Frey, *»Was sagt ihr zu diesem Erfolg.«* (Anm. 22), 84.
39 Lehár, *Die lustige Witwe*, vollständiges Soufflierbuch (Anm. 1), 31 f. [I/10].
40 Nr. 11: Duett und Romanze [I/10], in: *Die lustige Witwe*, Partitur (Anm. 1), 242–246 (T. 83–98).
41 Lehár, *Die lustige Witwe*, vollständiges Soufflierbuch (Anm. 1), 33 [I/10].
42 Die Operette wurde am 12. November 1909 im Theater an der Wien uraufgeführt. Details bei Frey, *Franz Lehár oder das schlechte Gewissen der leichten Musik* (Anm. 19), 84–121.
43 Vgl. Nr. 2. Bohème-Duett (Juliette, Brissard), in: *Der Graf von Luxemburg.* Operette in drei Akten von A.[lfred] M.[aria] Willner und Robert Bodanzky, Musik von Franz Lehár, Klavierauszug mit Text, Wien 1937, 20–27, hier: 20 f.
44 Die *Csárdásfürstin* wurde am 17. November 1915 im Johann-Strauß-Theater Wien uraufgeführt. Vgl. zum Kontext Stefan Frey, *»Unter Tränen lachen«. Emmerich Kálmán. Eine Operettenbiographie*, Berlin 2003, 102–125.
45 Vgl. Nr. 8. Schwalben-Duett (Stasi, Edwin), in: *Die Csárdásfürstin.* Operette in drei Akten von Leo Stein und Bela Jenbach, Musik von Emmerich Kálmán, Klavierauszug mit Text, Wien Frankfurt/Main London 1988, 68–73, hier: 68 f.
46 Theodor W. Adorno, Zur gesellschaftlichen Lage der Musik [1932], in: *Gesammelte Schriften*, Bd. 18: *Musikalische Schriften V*, Frankfurt/Main 1984, 729–777, hier: 772.
47 Marcel Prawy, *Johann Strauß*, Wien 1991, 187.
48 Stefan Frey, *Emmerich Kálmán* (Anm. 44), 131.
49 Emil Steininger, Wie Ischl von der Operette annektiert wurde. Die Prominenten im Grünen, in: *Neues Wiener Journal* (9. Juni 1929), 7 f., hier: 7. Der Artikel ist online abrufbar unter: *http://anno.onb.ac.at/cgi-content/anno?aid=nwj&datum=19290609&seite=7&zoom=33* [letzter Zugriff: 28. 10. 2017].
50 Marion Linhardt, *Residenzstadt und Metropole. Zu einer kulturellen*

Topographie des Wiener Unterhaltungstheaters (1858–1918), Tübingen 2006, 26.
51 Ebd., 53.
52 Ebd., 104f.
53 Details zu diesem Verfahren bei Frey, *Franz Lehár oder das schlechte Gewissen der leichten Musik* (Anm. 19), 70f., außerdem Heike Quissek, *Das deutschsprachige Operettenlibretto. Figuren, Stoffe, Dramaturgie*, Stuttgart Weimar 2012, 7.
54 Karl Kraus, Mäha, in: *Die Fackel* 345/346 (31. März 1912), 46f. (Hervorhebungen im Text von Karl Kraus).
55 Grun, *Gold und Silber* (Anm. 5), 25.
56 Csáky, *Ideologie der Operette und Wiener Moderne* (Anm. 7), 272.
57 Joseph Roth, Konzert im Volksgarten [1928], in: Ders., *Werke*, Bd. 2: *Das journalistische Werk 1924–1928*, hg. und mit einem Nachwort von Klaus Westermann, Köln 1990, 920–923, hier: 923.
58 Maurus Pacher, Operette als Lebensgefühl, in: Rudolf Oesterreicher, *Emmerich Kálmán. Das Leben eines Operettenfürsten*. Mit einem Vorwort von Maurus Pacher, Beiträgen von Hans Arnold, Charles, Lily und Yvonne Kálmán sowie 73 Photos, 16 Textillustrationen, Notenbeispielen und einem Verzeichnis der Werke, München Wien 1988, 7–31, hier: 8.
59 Lehár, *Die lustige Witwe*, vollständiges Soufflierbuch (Anm. 1), 2.
60 Die Zitate stammen aus dem Toast, den Zeta vor seinen Gästen auf den Fürsten ausbringt: »Des Festes höhere Bestimmung ist nicht nur Amus'ment allein, / sie gilt dem Geburtstag des Fürsten, dem patriotisch wir uns weihn! / Bin Landesvater per procura, / drum rührt mich patriotisch dies, / denn ich bin also in figura Pontevedro in Paris!« Vgl. Nr. 1 Introduktion [I/1], in: Lehár, *Die lustige Witwe*, Partitur (Anm. 1), 10–12.
61 Vgl. die Übersicht über die Rollen und Stimmfächer in: ebd., XIX.
62 »Hanna marries Danilo and the homeland is saved; Valencienne and Camille are foiled. To sum up the ideological effect, Lehár, Léon and Stein found a way to revive Offenbach and yet inter him again, a way for the sentimental and the satirical to productively coexist.« Baranello, *Die lustige Witwe* and the Creation of the Silver Age of Viennese Operetta (Anm. 24), 190.
63 So die Angaben zu seiner Dresswahl in: Lehár, *Die lustige Witwe*, vollständiges Soufflierbuch (Anm. 1), 55 [II/3].

5. Gegen-Presse mit Gewaltmonopol (Karl Kraus)

1 Die Operette feierte am 2. März 1907 im Carltheater Premiere. Das Libretto stammt von Felix Dörmann und Leopold Jacobson und adaptiert Hans Müllers Novelle *Nux, der Prinzgemahl* (1905) fürs Theater. – Genauer analysiert wird der *Walzertraum* als Paradigma der nostalgischen, auf die Verklärung des Wienertums ausgerichteten Operette bei Marion Linhardt, *Residenzstadt und Metropole. Zu einer kulturellen Topographie des Wiener Unterhaltungstheaters (1858–1918)*, Tübingen 2006, 270–276.
2 Dieses Detail erwähnt in anderem Kontext Barbara Denscher, *Der Operettenlibrettist Victor Léon. Eine Werkbiographie*, Bielefeld 2017, 172.
3 Karl Kraus, Antworten des Herausgebers, in: *Die Fackel* [fortan abgekürzt mit der Sigle F] 208 (4. Oktober 1906), 18 f.
4 Karl Kraus, Ich glaube an den Druckfehlerteufel, in: F 347/348 (27. April 1912), 7.
5 Felix Salten, Die neue Operette (*Die Zeit*, 8. Dezember 1906), in: Marion Linhardt (Hg.), *Stimmen zur Unterhaltung. Operette und Revue in der publizistischen Debatte (1906–1933)*, Wien 2009, 39–45, hier: 42 f.
6 Ebd., 44.
7 Einzelheiten dazu bei Bernard Grun, *Kulturgeschichte der Operette*, München 1961, 343; Stefan Frey, *»Was sagt ihr zu diesem Erfolg.« Franz Lehár und die Unterhaltungsmusik des 20. Jahrhunderts*, Frankfurt/Main Leipzig 1999, 227–230; und Linhardt, *Residenzstadt und Metropole* (Anm. 1), 183–202.
8 Linhardt, ebd., 185.
9 *Der Opernball* wurde am 5. Januar 1898 am Theater an der Wien uraufgeführt. Das Libretto war eine Ko-Produktion von Victor Léon und Heinrich von Waldberg, die seit 1886 ein geschäftstüchtiges Gespann bildeten. Dazu Denscher, *Der Operettenlibrettist Victor Léon* (Anm. 2), 151. – Eine Übersicht über Treumanns Rollen am Carltheater gibt Linhardt, *Residenzstadt und Metropole* (Anm. 1), 184.
10 Denscher, *Der Operettenlibrettist Victor Léon* (Anm. 2), 258–261.
11 Linhardt, *Residenzstadt und Metropole* (Anm. 1), 192.
12 Dort war Léon von Kraus bereits als Habitué wahrgenommen und mit wenig schmeichelhaften Kommentaren bedacht worden. Vgl. Karl Kraus, Die demolirte Litteratur [1897], in: Ders., *Frühe Schriften 1892–1900*, hg. von Johannes J. Braakenburg, 2 Bde., Bd. 2, München 1979, 277–297, bes. 293.

13 Brief Victor Léons an Johann Strauß vom 27. August 1887, in: Johann Strauß (Sohn), *Leben und Werk in Briefen und Dokumenten*, im Auftrag der Johann-Strauß-Gesellschaft Wien gesammelt u. kommentiert von Franz Mailer, 10 Bde, Bd. 4: *1887–1889*, Tutzing 1992, 136–138, hier: 137.
14 Salten, Die neue Operette (Anm. 4), 43 f.
15 Die Operette wurde am 23. Dezember 1910 im Wiener Raimundtheater uraufgeführt. Im Vorjahr hatte Salten für dasselbe Haus bereits die Operette *Reiche Mädchen* zu Melodien von Johann Strauß verfasst. Marion Linhardt ordnet beide Stücke den »Familien- oder Verzichtsoperetten« mit nostalgischem Wien-Sujet zu. Vgl. Dies., *Residenzstadt und Metropole* (Anm. 1), 208 u. 279 f.
16 Karl Kraus, Ernst ist das Leben, heiter war die Operette, in: F 313/314 (31. Dezember 1910), 13–16, hier: 13. – Felix Salten war von 1893 bis 1898 tatsächlich bereits als Burgtheaterreferent tätig gewesen. Vgl. Ilse Stiaßny-Baumgartner, Felix Salten, in: *Österreichisches Biographisches Lexikon 1815–1950*, hg. von der Österreichischen Akademie der Wissenschaften, bearb. von Eva Obermayer-Marnach und Leo Santifaller, 15 Bde., Bd. 9, Wien 1988, 394 f., hier: 394.
17 Vgl. dazu noch einmal Kap. I.1.
18 Karl Kraus, Grimassen über Kultur und Bühne, in: F 270/271 (19. Januar 1909), 1–18, hier: 1.
19 Linhardt, *Residenzstadt und Metropole* (Anm. 1), 175.
20 Kraus, Grimassen über Kultur und Bühne (Anm. 18), 17. – Die näheren Umstände dieser Affäre erläutert Stefan Frey. Vgl. Dens., *»Was sagt ihr zu diesem Erfolg.«* (Anm. 7), 228.
21 Karl Kraus, Girardi, in: F 246/247 (12. März 1908), 38–44, hier: 41.
22 Ebd., 44.
23 Ebd., 42 f.
24 Kraus, Grimassen über Kultur und Bühne (Anm. 18), 3.
25 Vgl. Adam Müller-Guttenbrunn, Denkschrift über die Lage des Kaiserjubiläums-Stadttheaters zu Handen des Herrn Bürgermeisters Dr. Karl Lueger überreicht vom Direktor dieser Bühne, in: F 146 (11. November 1903), 12–21, hier: 18 (Hervorhebung von Karl Kraus). – Über die Geschichte des Theaters informieren Franz Hadamowsky, *Wien. Theatergeschichte. Von den Anfängen bis zum Ende des Ersten Weltkriegs*, Wien München 1988, 751–762, bes. 756 f.; und knapper Linhardt, *Residenzstadt und Metropole* (Anm. 4), 84–89.
26 Karl Kraus, Das Jubiläumstheater, in: F 146 (11. November 1903), 10 f., hier: 11.
27 Kraus, Grimassen über Kultur und Bühne (Anm. 18), 8 f.

28 Ebd., 11.
29 Ebd., 4.
30 Ebd., 5f.
31 Ebd., 4.
32 Ebd., 18.
33 Ebd., 4.
34 Ebd., 15.
35 Ebd., 2f.
36 Karl Kraus, Heine und die Folgen, in: F 329/330 (31. August 1911), 6–33, hier: 9. – Der Essay war von Kraus zunächst mehrfach in seinen »Vorlesungen« vor Publikum präsentiert worden, erschien dann 1910 als Einzeldruck, verkaufte sich aber schlecht und wurde daraufhin mit einem ergänzenden Vorwort ein Jahr später in die *Fackel* reintegriert. Vgl. Karl Kraus, Vorwort, in: ebd., 1–5.
37 Kraus, Heine und die Folgen (s. die vorige Anm.), 7.
38 Kraus, Grimassen über Kultur und Bühne (Anm. 18), 13.
39 Vgl. Adolf Loos, Ornament und Verbrechen [1908], in: Ders., *Sämtliche Schriften in zwei Bänden*, hg. von Franz Glück, Bd. 1: *Ins Leere gesprochen (1897–1900). Trotzdem (1900–1930)*, Wien München 1962, 276–288.
40 Kraus, Heine und die Folgen (Anm. 36), 6.
41 Ebd., 13.
42 Ebd., 7.
43 Ebd., 11.
44 Ebd., 7.
45 Ebd., 19. – Vgl. auch bereits die bissige Bemerkung in dem früher veröffentlichten Aufsatz *Um Heine* von 1906: »Wie viel deutsche Philister – Hand auf den Bauch! – hätten die Lorelei zitiert, wenn sie nicht – ich glaube von Schilcher [sic] – in Musik gesetzt wäre? Immerhin vielleicht mehr deutsche Philister als deutsche Künstler! Die Sangbarkeit eines Gedichtes war stets ein Verdachtsgrund gegen seine Bedeutung als lyrisches Kunstwerk.« Karl Kraus, Um Heine, in: F 199 (23. März 1906), 1–6, hier: 2.
46 Kraus, Heine und die Folgen (Anm. 36), 7.
47 Ebd., 29.
48 Die Bedeutung des Akustischen bei Kraus hebt bereits Elias Canetti hervor. Vgl. Dens., Karl Kraus, Schule des Widerstands [1965], in: Ders., *Das Gewissen der Worte*. Essays, München ²1983, 39–49, hier: 42; außerdem Hans Weigel, *Karl Kraus oder Die Macht der Ohnmacht. Versuch eines Motivenberichts zur Erhellung eines vielfachen Lebenswerks*, Wien München 1986, 101.

49 Der Reichsrat hatte, anders als das Parlament in der ungarischen Reichshälfte, keine gemeinsame Amtssprache. Die Aufzählung der zugelassenen Parlamentssprachen folgt Christopher Clarke, *Die Schlafwandler. Wie Europa in den Ersten Weltkrieg zog*, München 2012, 103. – Vgl. zu den Hintergründen auch Karl Vocelka, *Geschichte Österreichs. Kultur – Gesellschaft – Politik*, München 2000, 233–239.

50 Karl Kraus, Die Vertreibung aus dem Paradiese, in: F 1 (Anfang April 1899), 12–23, hier: 13; aber auch in: Ders., Girardi (Anm. 21), 39; vgl. außerdem F 161 (5. Mai 1904), 14.

51 Vgl. F 1 (Anfang April 1899), 3.

52 Karl Kraus, Die Unabhängigen, in: ebd., 4–8, hier: 4.

53 Kraus, Die Vertreibung aus dem Paradiese (Anm. 50), 23; vgl. aber auch Dens., Grimassen über Kultur und Bühne (Anm. 18), 17.

54 Juliane Vogel, Materialbeherrschung und Sperrgewalt. Der Herausgeber Karl Kraus, in: Uwe Hebekus/Ingo Stöckmann (Hg.), *Die Souveränität der Literatur. Zum Totalitären der Klassischen Moderne 1900–1933*, München 2008, 459–471, hier: 460.

55 Vgl. F 1 (Anfang April 1899), 1 f.

56 Vgl. Walter Benjamin, Karl Kraus, in: Ders., *Gesammelte Schriften*, Bd. II.1, hg. von Rolf Tiedemann und Hermann Schweppenhäuser, Frankfurt/Main 1977, 334–367, hier: 346. – Benjamins Kraus-Lektüren untersuchen näher Cornelia Vismann, Karl Kraus: Die Stimme des Gesetzes, in: *DVjs* 74 (2000), H. 4, 710–724; und Christian Schulte, *Ursprung ist das Ziel. Walter Benjamin über Karl Kraus*, Würzburg 2003. Allgemeiner widmet sich der Idiosynkrasie Silvia Bovenschen, *Über-Empfindlichkeit. Spielformen der Idiosynkrasie*, Frankfurt/Main 2000.

57 Vgl. Benjamin, Karl Kraus (s. die vorige Anm.), 347; und Canetti, Karl Kraus (Anm. 48), 42.

58 Karl Kraus, Nachts, in: F 389/390 (15. Dezember 1913), 28–43, hier: 42.

59 Karl Kraus, Apokalypse (Offener Brief an das Publikum), in: F 261/262 (13. Oktober 1908), 1–14, hier: 8 f.

60 Ebd., 10.

61 Angesichts dieser dauernden Exhibition des »Ich« haben viele Kraus-Leser die ganze *Fackel* als Unterfangen narzisstischer Selbstdarstellung betrachtet. Hans Weigel setzt die »Entwicklung der Zeitschrift ›Die Fackel‹« schlicht mit der »Biographie ihres Herausgebers« gleich (vgl. Dens., *Karl Kraus oder Die Macht der Ohnmacht* [Anm. 48], 75); und Hans Mayer kreidet Kraus eine völlige Fixierung auf die Erste Person des »Ich« an, wenn er resümiert, dass »dieser rastlos Arbei-

tende stets nur von sich gesprochen, kaum etwas anderes betrieben« habe als »lärmende Autobiographie« (vgl. Dens., *Der Widerruf. Über Deutsche und Juden*, Frankfurt/Main 1996, 60).

62 Juliane Vogel bezeichnet ihn deshalb als »negative Figur der Autorschaft«. Vgl. Dies., Materialbeherrschung und Sperrgewalt (Anm. 54), 460.
63 Vgl. Canetti, Karl Kraus (Anm. 48), 42.
64 Manfred Schneider, *Die Angst und das Paradies des Nörglers. Versuch über Karl Kraus*, Frankfurt/Main 1977, 117.
65 Karl Kraus, Im dreißigsten Kriegsjahr. F 800/805 (Anfang Februar 1929), 25.
66 Karl Kraus, Pro domo et mundo, in: F 333 (16. Oktober 1911), 1–13, hier: 3.
67 Canetti, Karl Kraus, Schule des Widerstands (Anm. 19), 46.
68 Das gilt etwa für den Satz: »Ein Feuilleton schreiben heißt auf einer Glatze Locken drehen.« Vgl. Karl Kraus, Sprüche und Widersprüche [1909], in: *Schriften*, hg. von Christian Wagenknecht, Bd. 8: *Aphorismen*, Frankfurt/Main 1986, 7–178, hier: 118. Zielscheibe des Spotts ist Heinrich Heine dort auch in weiteren Aphorismen, die zum Teil bereits 1908 in der *Fackel* unter dem Titel »Tagebuch« publiziert worden waren. Vgl. ebd., 123 f., sowie Karl Kraus, Tagebuch, in: F 264/265 (18. November 1908), 17–33, hier: 19.
69 Vgl. die redaktionelle Einschaltung in der Rubrik »Notizen« in: F 368/369 (5. Februar 1913), 33.
70 Karl Kraus, Fahrende Sänger, in: Ders., *Schriften*, hg. von Christian Wagenknecht, Bd. 2: *Die chinesische Mauer* [1910], Frankfurt/Main 1987, 112–121, hier: 112. – Ursprünglich wurde der Aufsatz in der *Fackel* 1907 veröffentlicht, dort ohne die Widmung »Am Geburtstag des neuen Österreich«. Vgl. F 226 (22. Mai 1907), 1–11.
71 Karl Kraus, Musik- und Theaterausstellung, in: Ders., *Die chinesische Mauer* (ebd.), 122–127, hier: 127. – Erstmals erschien der Aufsatz, den Kraus für den Wiederabdruck stark überarbeitet hat, unter dem Titel »Eine Musik- und Theaterausstellung« in: F 226 (31. Dezember 1907), 34–40.
72 Vgl. die Vorrede in: Karl Kraus, *Schriften*, Bd. 10: *Die letzten Tage der Menschheit*. Tragödie in fünf Akten mit Vorspiel und Epilog, hg. von Christian Wagenknecht, Frankfurt/Main 1983, 9–11, hier: 9.
73 So seine nachträgliche Beschreibung in der Rubrik »Notizen und Glossen« in: F 834–837 (März 1930), 15–20, hier: 20.

6. Wiener »Blutoperette« – *Die letzten Tage der Menschheit*

1 Den Hergang schildert ausführlich Christopher Clarke, *Die Schlafwandler. Wie Europa in den Ersten Weltkrieg zog*, München 2012, 475–498.
2 Karl Kraus, Franz Ferdinand und die Talente, in: F 400–403 (10. Juli 1914), 1–4.
3 Karl Kraus, In dieser großen Zeit, in: F 404 (5. Dezember 1914), 1–19, hier: 1f.
4 Vgl. dazu ausführlich Fritz Betz, *Das Schweigen des Karl Kraus. Paradoxien des Medienalltags*, Pfaffenweiler 1994.
5 Das ergibt die Auswertung von Gerhard Melzer, *Der Nörgler und die Anderen. Zur Anlage der Tragödie »Die letzten Tage der Menschheit« von Karl Kraus*, Diss. Berlin 1973, 5.
6 Karl Kraus, *Schriften*, Bd. 10: *Die letzten Tage der Menschheit. Tragödie in fünf Akten mit Vorspiel und Epilog*, hg. von Christian Wagenknecht, Frankfurt/Main 1983, 9.
7 Ebd.
8 Karl Kraus, Nachruf, in: F 501/507 (25. Januar 1919), 1–120, hier: 5.
9 Dass die »Tragödie eine Posse wurde, durch die Gleichzeitigkeit des neuen Unwesens und alten Formenwahns eine Operette, eine jener ekelhaften neuzeitlichen Operetten, deren Text eine Insulte ist und deren Musik eine Tortur«, konstatiert der »Nörgler« (alias Karl Kraus) in seinem letzten Monolog am Schreibtisch selbst. Vgl. *Die letzten Tage der Menschheit* (Anm. 6), 675 [V/53].
In der Forschungsliteratur ist die Operette als Matrix der Tragödie bislang nur von wenigen Beiträgen näher analysiert worden. Am ergiebigsten: Gerald Stieg, *Die letzten Tage der Menschheit* – eine negative Operette?, in: *Österreich und der Große Krieg 1914–1918. Die andere Seite der Geschichte*, hg. von Klaus Amann und Hubert Lengauer, Wien 1989, 180–185. Vgl. außerdem Marek Przybecki, »Die letzten Tage der Menschheit« – Operette in fünf Akten mit Vorspiel und Epilog, in: *Karl Kraus – Ästhetik und Politik. Beiträge des Kraus-Symposiums Poznań*, hg. von Stefan H. Kaszyński und Sigurd Paul Scheichl, München 1989, 179–190; Peter Hawig, *Dokumentarstück – Operette – Welttheater. »Die letzten Tage der Menschheit« von Karl Kraus in der literarischen Tradition*, Essen 1984, bes. 53–71. Weniger gut informiert: Hans Richard Brittnacher, Tragödie und Operette – der doppelköpfige Weltuntergang des Karl Kraus, in: *»Reise in die Tiefe der Zeit und des Traums«. (Re-)Lektüren des ostmitteleuropäischen Raumes aus österreichischer, deutscher, polnischer und ukrainischer Sicht*,

hg. von Małgorzata Dubrowska und Anna Rutka, Lublin 2015, 11–27.
10 Vgl. Nr. 14: Duett (Zeppelin-Polka), in: »*Gold gab ich für Eisen*«. Singspiel in einem Vorspiel und zwei Akten (frei nach einer Grundidee K.[ároly] Bakonyi's) von Victor Léon, Musik von Emmerich Kálmán, Klavierauszug mit Text, Leipzig Wien New York 1914, 74–77, hier 75.
11 Vgl. *Fremden-Blatt* (18. Oktober 1914, Morgen-Blatt), 20. – Die Rezension ist online abrufbar unter: *http://anno.onb.ac.at/cgi-content/anno?aid=fdb&datum=19141018&seite=20&zoom=33* [letzter Zugriff: 28.10.2017].
12 Vgl. Nr. 14: Duett (Anm. 10), 74. – Details zur Entstehungs- und Wirkungsgeschichte dieses Stücks, das seinen größten Erfolg 1918 in der englischen Bearbeitung des späteren Krimiautors Edgar Wallace hatte, bei: Stefan Frey, »*Unter Tränen lachen*«. *Emmerich Kálmán – Eine Operettenbiographie*, Berlin 2003, 74–79 u. 102–108.
13 Kraus, *Die letzten Tage der Menschheit* (Anm. 6), 83 [I/1]. Kálmáns *Csárdásfürstin* entstand allerdings erst ein Jahr später. – Der »Bombenerfolg« von *Gold gab ich für Eisen* war nicht der einzige auf der Operettenbühne. Auch in Deutschland, insbesondere auf den Berliner Bühnen, hatten Kriegsoperetten, zumindest bis 1915, Konjunktur. Vgl. Volker Klotz, Cancan contra Stechschritt. Antimilitarismus mit Rückfällen in der Operette, in: *Österreich und der Große Krieg 1914–1918. Die andere Seite der Geschichte*, mit 126 Schwarzweiß-Abbildungen hg. von Klaus Amann und Hubert Lengauer, Wien 1989, 52–60. Vgl. generell zum Repertoire der Unterhaltungstheater im Ersten Weltkrieg in Wien und Berlin: Martin Baumeister, *Kriegstheater. Großstadt, Front und Massenkultur 1914–1918*, Essen 2005; und Eva Krivanec, *Kriegsbühnen. Theater im Ersten Weltkrieg. Berlin, Lissabon, Paris und Wien*, Bielefeld 2012, 87–122.
14 Kraus hat Nestroys Komödien durch seine regelmäßigen Nestroy-Vorträge zu einer Renaissance verholfen. Vgl. auch die programmatische Gedenkrede zu dessen 50. Todestag: Nestroy und die Nachwelt, in: F 349/350 (13. Mai 1912), 1–23.
15 Kraus, *Die letzten Tage der Menschheit* (Anm. 6), 46 [Vorspiel/1].
16 Ebd., 232 [II/1]. Eintrittskarten für *Husarenblut* begehrt im fünften Akt auch ein Hauptmann; vgl. ebd., 592 [V/20]. – Mit Ausnahme der *Csárdásfürstin*, die am 17. November 1915 im Johann-Strauß-Theater uraufgeführt wurde, handelt es sich bei den erwähnten Stücken ausnahmslos um Produktionen älteren Datums. *Husarenblut* (Operette in drei Akten von Ignaz Schnitzer, Musik von Hugo Felix) feierte bereits am 10. März 1894 im Theater an der Wien Premiere. Das *Herbst-*

manöver war unter dem Titel *Tatárjárás* (»Tartarenplage«, Libretto von Károly Bakonyi und Andor Gábor) zunächst am Budapester Vígszínház erfolgreich gewesen gewesen (Uraufführung am 22. Februar 1908). Für das Theater an der Wien erstellte Robert Bodanzky eine deutsche Version, die dann als *Herbstmanöver* am 22. Januar 1909 Premiere feierte und Emmerich Kálmán mit einem Schlag bekannt machte. *Das Fürstenkind* (Operette in drei Akten von Victor Léon, Musik von Franz Lehár) kam am 7. Oktober 1909 im Johann-Strauß-Theater heraus.

17 Eine lückenlose Übersicht über das gesamte musikalische Material der *Letzten Tage der Menschheit* bietet Irmgard Schartner, *Karl Kraus und die Musik. Musik nach Angabe des Vortragenden, Bearbeiters und Verfassers. Kompositionen zu Karl Kraus' Vorlesungstätigkeit*, Frankfurt/Main Bern New York 2002, 189–224. Sie überholt und ergänzt damit die ältere kursorische Skizze von Elgin Bohnenkamp, Kommentare zur Musik in den »Letzten Tagen der Menschheit«, in: *Kraus-Hefte* (April 1988), H. 46, 1–8.

18 Vgl. Kraus, *Die letzten Tage der Menschheit* (Anm. 6), 81 [I/1]; 233 [II/1]; 325 [III/1]; 427 [IV/1]; 553 [V/1]. – Der Refrain gehört zu dem bereits erwähntem Lied »Ich hatt' einen Kameraden«. Er geht allerdings nicht auf Uhland zurück, sondern ist erst später hinzugedichtet worden. Mögliche Volkslieder, die darin eingegangen sind, ermittelt Schartner, *Karl Kraus und die Musik* (s. die vorige Anm.), 202 f.

19 Vgl. Kraus, *Die letzten Tage der Menschheit* (Anm. 6), 416 f. u. 420 [III/45]. – Das kaisertreue Lied »Der guate alte Herr in Schönbrunn« stammt von dem Operettenlibrettisten Fritz Grünbaum und ist eine frühe Komposition Ralph Benatzkys. Vgl. Bohnenkamp, Kommentare zur Musik in den »Letzten Tagen der Menschheit« (Anm. 17), 3. Das alkoholische Wienerlied »Da habts mein letztes Kranl« – eigentlich: »Da habt's sa's s'letzte Kranl« – ist wiedergegeben bei Schartner, *Karl Kraus und die Musik* (Anm. 17), 211 f.

20 Die Szene, in der das Lied erklingt, gehört zu den zynischsten des ganzen Stücks: »*Spital neben einem Divisionskommando. Man hört die Regimentsmusik lustige Weisen spielen.* Ein Schwerverwundeter *(wimmert)*: Nicht spielen – nicht spieln! Ein Wärter: Stad sein! Das is die Tafelmusik vom Exzellenzherrn Feldmarschalleutnant von Fabini! Die wird er euretwegen net aufhören lassen, was glaubts denn?! *(Die Tür geht auf. Man hört Gesang: Ja so ein Räuscherl is mir lieber als wiara Krankheit, wiara Fieber.)*« Vgl. Kraus, *Die letzten Tage der Menschheit* (Anm. 6), 452 [IV/13].

21 Zwei Beispiele: Den Refrain »Sterngucker – Sterngucker – nimm dich

in Acht« haben im ersten Akt zwei Kettenhändler auf den Lippen; später, im fünften Akt, singt ihn ein »junge[r] Mann mit Gürtelrock und Gamaschen« nach, indem »*er dabei tanzartige Bewegungen ausführt*«. Ebd., 225 [I/30] u. 647 [V/43]. – Vgl. *Der Sterngucker*, Operette in drei Akten von Dr. Fritz Löhner und Dr. A.[lfred] M.[aria] Willner, Musik von Franz Lehár, Text der Gesänge, Leipzig Wien New York 1916, 25. – Das einfältige »Geh – sag – Schnucki zu mir« aus der *Rose von Stambul* wird mal gesummt, mal auf Wunsch von einer Kapelle angestimmt. Vgl. 647 [V/43] u. 692 [V/55]. Kraus selbst glossiert in seiner *Fackel* vom 10. Mai 1917, ein halbes Jahr nach der Premiere der *Rose von Stambul*, eine Zeitungsmeldung über die hundertste Aufführung des Stücks, in der gerade dieses Lied lobend hervorgehoben wird. Vgl. Karl Kraus, Das letzte Rätsel, in: F 457/461 (10. Mai 1917), 92 f.

22 Kraus, *Die letzten Tage der Menschheit* (Anm. 6), 682 [V/55]. – Kálmáns Operette *Die Faschingsfee* (Libretto von Alfred Maria Willner und Rudolf Österreicher) wurde am 21. September 1917 im Wiener Johann-Strauß-Theater uraufgeführt.

23 So das Fazit von Melzer, der in seiner Studie vor allem auf die Protagonisten und ihrer Sprache eingeht: Vgl. Dens., *Der Nörgler und die Anderen* (Anm. 5), 127.

24 Kraus, *Die letzten Tage der Menschheit* (Anm. 6), 9.

25 Ebd., 45 [Vorspiel/1], 69 [I/1], 229 [II/1] (diesmal phonetisch abgewandelt durch die Aussprache eines polnischen Juden: »Extrosgabee«), 323 [III/1] u. 425 [IV/1]. Das abweichende »Der Aabeend, Aachtuhrblaad!« zum Auftakt des fünften Akts (553 [V/1]) nimmt dann die nahe Katastrophe vorweg.

26 Ebd., 611 [V/27]. – »Die Szene ist ungefähr auf den folgenden Ton gestimmt« heißt es im Nebentext; statt eines expliziten Offenbach-Bezugs gibt Kraus die Melodie dann als Notentext an.

27 Ebd., 682 f. [V/55]. – Die vollständige Szene des »Liebesmahls« zieht sich über Seiten. Vgl. ebd., 682–710.

28 Ebd., 710 [V/55]. – Das Gemälde Ludwig Kochs war 1916 im Schaufenster eines Möbelgeschäfts am Kärtnerring zu sehen und von Kraus mit einer Glosse in der *Fackel* kommentiert worden. Vgl. Karl Kraus, Glossen, in: F 445/453 (18. Januar 1917), 115–132, hier: 117.

29 Kraus, *Die letzten Tage der Menschheit* (Anm. 6), 710 [V/55].

30 Ebd., 733 [Epilog *Die letzte Nacht*]. Die übrigen erwähnten Szenen finden sich ebd., 734–740, 744–746 u. 755–758. Dass es in den »Versen der ›Letzten Nacht‹ […] wirklich nach Operette klingt«, hat Kraus später noch einmal eigens unterstrichen, um die Absicht der Charakterisierung deutlich zu machen und Vorwürfe der Minderwertigkeit

seiner Kriegslyrik zurückzuweisen. Vgl. Dens., Die letzte Nacht, in: F 834/837 (Mai 1930), 46–70, hier: 49.
31 Kraus, *Die letzten Tage der Menschheit* (Anm. 6), 746–750 [Epilog *Die letzte Nacht*].
32 Ebd., 769.
33 Wie Kurt Krolop nachweist, soll Kaiser Wilhelm II. den von der »Stimme Gottes« wiederholten Satz anlässlich des ersten Jahrestags des Attentats von Sarajevo geäußert haben: bei einem Besuch an der Westfront, wo er der vielen gefallenen Soldaten gedachte. Vgl. Dens., Genesis und Funktion eines Warnstücks, in: Ders., *Sprachsatire als Zeitsatire bei Karl Kraus. Neun Studien*, Berlin 1987, 65–154, hier: 153.
34 Kraus, *Die letzten Tage der Menschheit* (Anm. 6), 9.
35 Ebd., 504 [IV/29].
36 Vgl. noch einmal Anm. 16. – In den *Letzten Tagen der Menschheit* wird das Lied Benatzkys gleich mehrfach von Kapellen intoniert; vgl. 294 [II/25] u. 416 [III/45]. In einer seiner Unterredungen mit dem Nörgler greift der Optimist den Schlagervers aber auch noch einmal explizit auf; vgl. 498 [IV/29].
37 Felix Salten, Das österreichische Antlitz, in: Ders., *Das österreichische Antlitz. Essays*, Berlin 1910, 265–276, hier: 267–269.
38 Kraus, *Die letzten Tage der Menschheit* (Anm. 6), 497 u. 499 [IV/29].
39 Ebd., 637 [V/42].
40 Ebd., 502 [IV/29].
41 Zur Struktur dieses Couplets, das den Eindruck der unendlichen Melodie auch dadurch erweckt, dass »das aus nur acht Takten bestehende motivische Material […] durch Wiederholung auf eine Länge von zwanzig Takten gestreckt wird«, vgl. im Detail Bohnenkamp, Kommentare zur Musik in den »Letzten Tagen der Menschheit« (Anm. 17), 3–5.
42 Kraus, *Die letzten Tage der Menschheit* (Anm. 6), 46 [Vorspiel/1] u. 82 [I/1]. – Später verzückt Otto Storm, der in Kálmáns *Herbstmanöver* die Hauptrolle des Lörenty verkörperte, als Passant in Uniform die Autogrammjägerin aus dem ersten Akt. Vgl. ebd., 430 [IV/1].
43 Ebd., 635 [V/39]. – Als »Komiker unter den Tenören« hat Werner neben dem *Walzertraum*-Niki auch den Grafen von Luxemburg in Franz Lehárs gleichnamiger Operette geprägt; später stand er in Oscar Straus' *Rund um die Liebe* auf der Wiener Bühne und wurde über die Grenzen Wiens hinaus verehrt. Vgl. Frey, *»Unter Tränen lachen«* (Anm. 10), 103 u. 141.
44 Kraus, *Die letzten Tage der Menschheit* (Anm. 6), 645–648 [V/43], Zitate 645.

45 Ebd., 209 [I/29].
46 Ebd., 681 [V/54].
47 Ebd., 432 [IV/3]. – In Kraus' Werk ist diese Beschreibung nicht die einzige; das »österreichische Antlitz« begegnet, wie Burkhard Müller festgestellt hat, »seit 1911 verschiedentlich in der *Fackel*«, und Kraus nimmt Saltens Essay dadurch weiter aufs Korn, dass er das Antlitz »nicht *als* solches definiert, sondern immer wieder *in* jemandem« neu erkennt. Vgl. Dens., *Karl Kraus. Mimesis und Kritik des Mediums*, Stuttgart 1995, 197–215, hier: 197.
48 Dazu Leo A. Lensing, »Kinodramatisch«: Cinema in Karl Kraus' *Die Fackel* and *Die letzten Tage der Menschheit*, in: *The German Quarterly* 55 (1982), 480–498, bes. 490 f.; seine Ergebnisse ergänzt und differenziert die Studie von Müller, *Karl Kraus. Mimesis und Kritik des Mediums* (Anm. 43), 400–491. – Was die historischen Bezüge betrifft, so handelt es sich bei den beschriebenen 49 Erscheinungen zumindest in drei Fällen um Szenen, denen Fotografien zugrunde liegen. Näheres dazu bei Leo A. Lensing, »Photographischer Alpdruck« oder politische Fotomontage? Karl Kraus, Kurt Tucholsky und die satirischen Möglichkeiten der Fotographie, in: *Zeitschrift für deutsche Philologie* 107 (1988), 556–571, bes. 564–566.
49 Kraus, *Die letzten Tage der Menschheit* (Anm. 6), 10.
50 Ebd., 639 [V/42].

Schluss

1 Dazu Stefan Frey, »*Was sagt ihr zu diesem Erfolg.« Franz Lehár und die Unterhaltungsmusik des 20. Jahrhunderts*, Frankfurt / Main Leipzig 1999, 180.
2 Details dazu bei Anton Lehár, *Erinnerungen. Gegenrevolution und Restaurationsversuche in Ungarn 1918–1921*, hg. von Peter Broucek, Wien 1973, 171–247, bes. 220–225; Bernhard Grun, *Gold und Silber. Franz Lehár und seine Welt*, München Wien 1970, 199 f.
3 Karl Kraus, Am 24. Mai im Kleinen Konzerthaussaal: zur Feier von Shakespeares 300. Todestag eine Vorlesung der »Lustigen Weiber von Windsor«, in: F 426–430 (15. Juni 1916), 47 f.
4 Das ist zugleich der Titel eines Aufsatzes, den er anlässlich des ersten Vortrags von *Pariser Leben* 1927 in der *Fackel* veröffentlichte und in den Teile des früheren Grimassen-Aufsatzes noch einmal eingegangen sind. Vgl. Karl Kraus, Offenbach-Renaissance, in: F 757/758 (April 1927), 38–48.

5 Georg Knepler, *Karl Kraus liest Offenbach. Erinnerungen, Kommentare, Dokumentationen*, Berlin 1984, 10 u. 16. – Vgl. zur Geschichte des »Theaters der Dichtung« außerdem Jens Malte Fischer, *Karl Kraus. Studien zum »Theater der Dichtung« und Kulturkonservatismus*, Kronberg/Taunus 1973; und die Zusammenfassung Christian Wagenknechts in Karl Kraus, *Schriften*, hg. von Christian Wagenknecht, Bd. 13: *Theater der Dichtung. Jacques Offenbach*, Frankfurt/Main 1994, 411–428.
6 Kraus, Offenbach-Renaissance (Anm. 4), 45 f. – Zu den Vorlesungszyklen und Aufführungszahlen vgl. die Übersichten in Kraus, *Theater der Dichtung. Jacques Offenbach* (s. die vorige Anm.), 420, sowie bei Knepler, *Karl Kraus liest Offenbach* (s. die vorige Anm.), 210–220.
7 Walter Benjamin, Karl Kraus liest Offenbach [1928], in: *Gesammelte Schriften*, hg. von Rolf Tiedemann und Hermann Schweppenhäuser, Bd. IV.1.2: *Kleine Prosa. Baudelaire-Übertragungen*, Frankfurt/Main 1972, 515–517, hier: 516. – Die Rezension des Vorlesungsabends erschien am 20. April 1928 in der *Literarischen Welt*.
8 Ebd., 516 f.
9 Walter Benjamin, Karl Kraus [1931], in: *Gesammelte Schriften* (Anm. 7), Bd. II.1: *Aufsätze, Essays, Vorträge*, Frankfurt/Main 1977, 334–367, hier: 357 f.
10 Vgl. die ausführliche Nachbemerkung der Herausgeberin Ingrid Belke in: *Werke*, Bd. 8: *Jacques Offenbach und das Paris seiner Zeit*, hg. von Ingrid Belke unter Mitarbeit von Mirjam Wenzel, Frankfurt/Main 2005, 509–549, bes. 525–527.
11 Siegfried Kracauer, Theater und Film. Richard Tauberfilm in Frankfurt [1930], in: *Werke*, Bd. 6.2: *Kleine Schriften zum Film 1928–1931*, hg. von Inka Mülder-Bach unter Mitarbeit von Mirjam Wenzel und Sabine Biebl, Frankfurt/Main 2004, 343 f., hier: 344.
12 Siegfried Kracauer, Der heutige Film und sein Publikum [Film 1928], in: Ders., *Werke*, Bd. 6.2: *Kleine Schriften zum Film 1928–1931*, hg. von Inka Mülder-Bach unter Mitarbeit von Mirjam Wenzel und Sabine Biebl, Frankfurt/Main 2004, 151–166, hier: 153. – Weit ungnädiger wird der Film charakterisiert bei Otto Schneidereit, *Richard Tauber. Ein Leben – eine Stimme*, bearbeitet und hg. von Volker Kühn, Berlin 2000, 121–123.
13 Die Geschwindigkeit des Wachstums rekapituliert Daniel Morat in seiner Einleitung des Bands: Daniel Morat/Tobias Becker/Kerstin Lange/Johanna Niedbalski/Anne Gnausch/Paul Nolte, *Weltstadtvergnügen. Berlin 1880–1930*, Göttingen 2016, 11.
14 Christian Jäger/Erhard Schütz, Nachwort, in: Dies. (Hg.), *Glänzen-*

der Asphalt. Berlin im Feuilleton der Weimarer Republik, Berlin 1994, 335–348, hier: 335.

15 Michael Bienert erwähnt in seiner Studie zum Berlin-Feuilleton der zwanziger Jahre sogar »147 Tageszeitungen, von denen 93 wenigstens sechsmal in der Woche erschienen«. Im Jahr 1928 sollen insgesamt »2633 Zeitschriften und Zeitungen« in der Stadt verlegt worden sein. Vgl. Dens., *Die eingebildete Metropole. Berlin im Feuilleton der Weimarer Republik*, mit 36 Abbildungen, Stuttgart 1992, 7.

16 Jäger/Schütz, Nachwort (Anm. 14), 336.

17 Hermann Hesse, Das Glasperlenspiel. Versuch einer allgemeinverständlichen Einführung in seine Geschichte, in: Ders., *Das Glasperlenspiel. Versuch einer Lebensbeschreibung des Magister Ludi Joseph Knecht samt Knechts hinterlassenen Schriften* [1943], Frankfurt/Main 1970, 7–44, hier: 15. – Die Einleitung erschien 1934 vorab in der *Neuen Rundschau*.

18 Ebd., 17 f.

19 Adolf Bartels, *Jüdische Herkunft und Literaturwissenschaft. Eine gründliche Erörterung*, Leipzig 1925, 7. Bartels zitiert sich in dieser Passage selbst, denn seinen Angaben zufolge habe er dieselbe These bereits in seinem 1897 veröffentlichten Buch *Die deutsche Dichtung der Gegenwart* aufgestellt. – Zur Tradition der antijüdischen Polemiken gegen das Feuilleton vgl. Hildegard Kernmayer, *Judentum im Wiener Feuilleton (1848–1903). Exemplarische Untersuchungen zum literarästhetischen und politischen Diskurs der Moderne*, Tübingen 1998, bes. 39–62; und neuerdings Hildegard Kernmayer/Simone Jung, Feuilleton. Interdisziplinäre Annäherungen an ein journalistisch-literarisches Phänomen, in: Dies. (Hg.), *Feuilleton. Schreiben an der Schnittstelle von Journalismus und Literatur*, Bielefeld 2018, 9–30, bes. 17 f. Über Bartels Laufbahn im Speziellen informieren Thomas Rösner, Adolf Bartels, in: Uwe Puschner/Walter Schmitz/Justus H. Ulbricht (Hg.), *Handbuch zur »Völkischen Bewegung« 1871–1918*, München Berlin New York 1996, 874–894; und Elke Kimmel, Adolf Bartels, in: *Handbuch des Antisemitismus. Judenfeindschaft in Geschichte und Gegenwart*, 8 Bde., Bd. 2: *Personen*, München Berlin New York 2009, 57 f.

20 *Eine Frau, die weiß, was sie will.* Komödie mit Musik in 5 Bildern von Alfred Grünwald (nach Verneuil). Musik von Oscar Straus. Vollständiger Klavierauszug mit Text, Berlin 1932. – Ausführlich beschäftige ich mich mit dieser Operette in meinem Aufsatz: »O-la-la«. Auftritte einer Diva, in: *Hold it! Zur Pose zwischen Bild und Performance,* hg. von Bettina Brandl-Risi, Gabriele Brandstetter und Stefanie Dieckmann, Berlin 2012, 217–239.

21 Otto Schneidereit, *Fritzi Massary. Versuch eines Porträts*, Berlin 1970, 115 u. 123.
22 Details ebd., 124; Stefan Frey, »*Unter Tränen lachen«. Emmerich Kálmán – Eine Operettenbiographie*, Berlin 2003, 250–253; Franz Mailer, *Weltbürger der Musik. Eine Oscar-Straus-Biographie*, Wien 1985, 174 f.
23 Schneidereit, *Richard Tauber* (Anm. 1), 130.
24 Eine Übersicht gibt Stefan Frey, »*Was sagt ihr zu diesem Erfolg.« Franz Lehár und die Unterhaltungsmusik des 20. Jahrhunderts*, Frankfurt / Main Leipzig 1999, 303–308.
25 Barbara Denscher, *Der Operettenlibrettist Victor Léon. Eine Werkbiographie*, Bielefeld 2017, 163 u. 475.
26 Barbara Denscher / Helmut Peschina, *Kein Land des Lächelns. Fritz Löhner-Beda 1883–1942*, Salzburg 2002, 179–198.
27 Christoph Wagner-Trenkwitz / Marie-Theres Arnbom, »Grüß mich Gott!« Fritz Grünbaum. Eine Biographie, in: Dies. (Hg.), *Grüß mich Gott! Fritz Grünbaum 1880–1941*, Wien 2005, 13–86, bes. 73–86.
28 Frey, »*Was sagt ihr zu diesem Erfolg.«* (Anm. 24), 321–323, hier: 322.
29 So Lehár in einem Schreiben vom 14. März 1947, zit. nach: Grun, *Gold und Silber* (Anm. 2), 283 f., hier: 283.
30 Johannes Heesters, *Es kommt auf die Sekunde an. Erinnerungen an ein Leben im Frack*. Nach Gesprächen aufgezeichnet von Willibald Eser, München 1978, 126 f.

Verzeichnis der Abbildungen

Abb. 1: *Zehn Jahre Haus Vaterland. Immer ein vergnügter Abend.* Berlin 1938 [o. S.].

Abb. 2: *Zehn Jahre Haus Vaterland. Immer ein vergnügter Abend.* Berlin 1938 [o. S.].

Abb. 3: Großes Schauspielhaus, Berlin, Zuschauersaal (Quelle: https://de.wikipedia.org/wiki/Gro%C3%9Fes_Schauspielhaus#/media/File:Grosses_Schauspielhaus.jpg).

Abb. 4: Plakat der Charell-Revue »An alle« im Großen Schauspielhaus (Quelle: Wolfgang Jansen, *Glanzrevuen der zwanziger Jahre*, Berlin 1987, 137).

Abb. 5: Auszug aus dem Programmheft der Haller-Revue »Schön und Schick« (1928) (Quelle: ebd., 98 f.).

Abb. 6: Titelkopf des *Figaro* vom 8. Juli 1855. (Quelle: http://gallica.bnf.fr/ark:/12148/bpt6k2694076.item).

Abb. 7: Charles Thévenin, La Fête de la Fédération le 14 juillet 1790, au Champs-de-Mars (1794, Musée Carnavalet (Quelle: http://www.carnavalet.paris.fr/fr/collections/la-fete-de-la-federation-le-14-juillet-1790-au-champs-de-mars).

Abb. 8: Fête donnée sur le plan de la Bastille, 14 juillet 1790. (Quelle: *Lexikon der Revolutions-Ikonographie in der europäischen Druckgraphik (1789–1889)*, hg. von Rolf Reichardt, unter Mitarbeit von Wolfgang Cilleßen, Jasmin Hähn, Moritz F. Jäger, Martin Miersch und Fabian Stein, Münster 2017, 556).

Abb. 9: Louis Le Cœur, »Bal de la Bastille«, nach einer Zeichnung von Jacques-François-Joseph Swebach-Desfontaines, (ca. 1784, Philadelphia, Museum of Art) (Quelle: https://www.philamuseum.org/collections/permanent/214376.html?mulR=145176034|2).

Abb. 10: Bal Mabille, Paris 1844, aus: Alain Montandon (Hg.), *Paris au bal. Treize physiologies sur la danse*, Paris 2000 [o. S.].

Abb. 11: Titelbilder der »Physiologie du Bal Mabille« (Auguste Vitu/Jules Frey, Paris 1844) und der »Physiologie de la Polka« (Auguste Vitu/Paul Farnèse, Paris 1844).

(Quellen: http://gallica.bnf.fr/ark:/12148/bpt6k64713221?rk=21459;2 http://gallica.bnf.fr/ark:/12148/bpt6k64395119?rk=21459;2).

Abb. 12: Les Poires faites à la cour d'assises de Paris par le directeur de la »Caricature« vendues pour payer les 6,000 fr. d'amende du journal »Le Charivari« (Quelle:http://gallica.bnf.fr/ark:/12148/btv1b8414738f. r=Les%20poires?rk=386268;0).

Abb. 13: Titelbild der Zeitschrift *La Vie parisienne* im 1. Jahrgang 1863 (Quelle: http://gallica.bnf.fr/ark:/12148/bpt6k1253730h/f1.image.r= R193769).

Abb. 14: Franz Lehár als Militärkapellmeister (um 1900) (Quelle: Stefan Frey, »*Was sagt ihr zu diesem Erfolg.*« *Franz Lehár und die Unterhaltungsmusik des 20. Jahrhunderts*, Frankfurt / Main 1999, 53).

Abb. 15: Titelkopf der ersten Nummer der Zeitschrift *Die Hausfrau. Blätter für Haus und Wirtschaft* vom 8. September 1877 (Quelle: ANNO Historische österreichische Zeitungen und Zeitschriften http://anno.onb.ac.at/cgi-content/anno?aid=hfb&datum=18770908&seite=1&zoom=33).

Abb. 16: Ludwig Koch, Die große Zeit, Grafik nach dem gleichnamigen Gemälde, Druck J. Löwy, Wien 1915 (Quelle: »*Was wir umbringen*«. ›*Die Fackel*‹ *von Karl Kraus*, hg. von Heinz Lunzer, Victoria Lunzer-Talos und Marcus G. Patka, Wien 1999, 115).

Verzeichnis der verwendeten Literatur

Verzeichnis der Siglen und Abkürzungen

DHA: Heinrich Heine, *Historisch-kritische Gesamtausgabe der Werke. Düsseldorfer Ausgabe*, in Verbindung mit dem Heinrich-Heine-Institut hg. von Manfred Windfuhr, 16 Bde., Hamburg 1973 ff.
DVjs: *Deutsche Vierteljahrsschrift für Literaturwissenschaft und Geistesgeschichte*
F: Karl Kraus, *Die Fackel* 1–922 (1899–1936).
HSA: Heinrich Heine, *Werke, Briefwechsel, Lebenszeugnisse*. Säkularausgabe, hg. von den Nationalen Forschungs- und Gedenkstätten der klassischen deutschen Literatur in Weimar und dem Centre National de la Recherche Scientifique in Paris, 27 Bde., Berlin Paris 1970 ff.
MEW: Karl Marx/Friedrich Engels, *Werke*, 45 Bde., hg. vom Institut für Marxismus-Leninismus beim ZK der SED, Berlin 1960 ff.

Autoren und Quellen

Adorno, Theodor W., Arabesken zur Operette [1932], in: Ders., *Gesammelte Schriften*, hg. von Rolf Tiedemann unter Mitwirkung von Gretel Adorno, Susan Buck-Morss und Klaus Schultz, Bd. 19: *Musikalische Schriften VI*, Frankfurt/Main 1984, 516–519.
Adorno, Theodor W., *Briefe und Briefwechsel*, Bd. 7: *Siegfried Kracauer. Briefwechsel 1923–1966*, hg. von Wolfgang Schopf, Frankfurt/Main 2008.
Adorno, Theodor W., Einleitung in die Musiksoziologie. Zwölf theoretische Vorlesungen. II: Leichte Musik [1962], in: Ders., *Gesammelte Schriften*, hg. von Rolf Tiedemann unter Mitwirkung von Gretel Adorno, Susan Buck-Morss und Klaus Schultz, Bd. 14: *Dissonanzen. Einleitung in die Musiksoziologie*, Frankfurt/Main 1973, 199–218.
Adorno, Theodor W., Über den Fetischcharakter in der Musik und die Regression des Hörens [1938], in: Ders., *Gesammelte Schriften*, hg. von

Rolf Tiedemann unter Mitwirkung von Gretel Adorno, Susan Buck-Morss und Klaus Schultz, Bd. 14: *Dissonanzen. Einleitung in die Musiksoziologie*, Frankfurt/Main 1973, 14–50.

Adorno, Theodor W., *Gesammelte Schriften*, hg. von Rolf Tiedemann unter Mitwirkung von Gretel Adorno, Susan Buck-Morss und Klaus Schultz, 20 Bde., Frankfurt/Main 1970 ff.

Adorno, Theodor W., Zur gesellschaftlichen Lage der Musik [1932], in: Ders., *Gesammelte Schriften*, hg. von Rolf Tiedemann unter Mitwirkung von Gretel Adorno, Susan Buck-Morss und Klaus Schultz, Bd. 18: *Musikalische Schriften V*, Frankfurt/Main 1984, 729–777.

Adorno, Theodor W., Schlageranalysen [1929], in: *Gesammelte Schriften*, Bd. 18: *Musikalische Schriften V*, Frankfurt/Main 1997, 778–787. – Erstveröffentlichung in: *Anbruch. Monatsschrift für moderne Musik* 11 (März 1929), H. 3: *Leichte Musik*, 108–114.

Adorno, Theodor W., Siegfried Kracauer, Jacques Offenbach und das Paris seiner Zeit [1937], in: *Gesammelte Schriften*, hg. von Rolf Tiedemann unter Mitwirkung von Gretel Adorno, Susan Buck-Morss und Klaus Schultz, Bd. 19: *Musikalische Schriften VI*, Frankfurt/Main 1984, 363–365.

Adorno, Theodor W., Der wunderliche Realist. Über Siegfried Kracauer [1964], in. Ders., *Gesammelte Schriften*, hg. von Rolf Tiedemann unter Mitwirkung von Gretel Adorno, Susan Buck-Morss und Klaus Schultz, Bd. 11: *Noten zur Literatur*, Frankfurt/Main 1974, 388–408.

Ball, Hugo/Richard Huelsenbeck, Ein literarisches Manifest [1915], in: Hanne Bergius, *Das Lachen DADAs. Die Berliner Dadaisten und ihre Aktionen*, Gießen 1993, 57.

Balzac, Honoré de, Le Bal de Sceaux [1830], in: Ders., *La Comédie Humaine*, 12 Bde., Bd. 1: Études de mœurs: Scènes de la vie privée, édition publiée sous la direction de Pierre-Georges Castex, avec, pour ce volume, la collaboration de Pierre Barbéris, Madelaine Fargeaud, Anne-Marie Meininger, Roger Pierrot, Maurice Regard et Jean-Louis Tritter, Paris 1976, 95–165.

Balzac, Honoré de, *La Comédie Humaine*, 12 Bde., Bd. 1: Études de mœurs: Scènes de la vie privée, édition publiée sous la direction de Pierre-Georges Castex, avec, pour ce volume, la collaboration de Pierre Barbéris, Madelaine Fargeaud, Anne-Marie Meininger, Roger Pierrot, Maurice Regard et Jean-Louis Tritter, Paris 1976.

Balzac, Honoré de, *Physiologie de la toilette. De la cravate, considérée en elle-même et dans ses rapports avec la société et les individus* [1830], in: Ders., Œuvres complètes, 40 Bde., Bd. 39: Œuvres diverses (1830–1835), texte révisé et annoté par Marcel Bouteron et Henri Longnon, illustrations de Charles Huard, Paris 1938, 47–52.

Balzac, Honoré de, Physiologie gastronomique (15. August 1830 in der Zeitschrift »La Silhouette«), in: Ders., Œuvres complètes, 40 Bde., Bd. 39: Œuvres diverses (1830–1835), texte révisé et annoté par Marcel Bouteron et Henri Longnon, illustrations de Charles Huard, Paris 1938, 62 f.

Bartels, Adolf, *Jüdische Herkunft und Literaturwissenschaft. Eine gründliche Erörterung*, Leipzig 1925.

Baudelaire, Charles, Œuvres complètes. Édition publiée sous la direction de Claudine Gothot-Mersch avec, pour ce volume, la collaboration de Jeanne Rem, Yvan Leclerc, Guy Ranger et Cisélé Séganger, Paris 2013.

Baudelaire, Charles, *Les Fleurs du Mal / Die Blumen des Bösen*, übers. von Simon Werle, Reinbek 2017.

Bayard, [Jean François Albert] / Varin, [Charles], *Paris, Orléâns et Rouen. Comédie-vaudeville en trois actes, représentée pour la première fois, à Paris, sur le théâtre du Palais-Royal, le 1er septembre 1843*, Bruxelles 1843. Faksimile und dt. Übersetzung v. Gustav Zerffi in: *Sämtliche Werke. Historisch-kritische Ausgabe*, hg. von Jürgen Hein und Johann Hüttner, Bd. 20: *Nur Ruhe! Eisenbahnheirathen*, hg. von Jürgen Hein, Wien München 1986, 365–429.

Benjamin, Walter, Ein Außenseiter macht sich bemerkbar. Zu S. Kracauer, »Die Angestellten« [1930], in: Ders., *Gesammelte Schriften*, unter Mitwirkung von Theodor W. Adorno und Gershom Scholem hg. von Rolf Tiedemann und Hermann Schweppenhäuser, Bd. III: *Kritiken und Rezensionen*, Frankfurt / Main 1972, 219–225.

Benjamin, Walter, *Gesammelte Schriften*, 5 Bde., unter Mitwirkung von Theodor W. Adorno und Gershom Sholem hg. von Rolf Tiedemann und Hermann Schweppenhäuser, Frankfurt / Main 1972 ff.

Benjamin, Walter, Karl Kraus [1931], in: Ders., *Gesammelte Schriften*, Bd. II.1: *Aufsätze, Essays, Vorträge*, hg. von Rolf Tiedemann und Hermann Schweppenhäuser, Frankfurt / Main 1977, 334–367.

Benjamin, Walter, Karl Kraus liest Offenbach [1928], in: *Gesammelte Schriften*, Bd. IV.1.2: *Kleine Prosa. Baudelaire-Übertragungen*, Frankfurt / Main 1972, 515–517.

Benjamin, Walter, Das Kunstwerk im Zeitalter der technischen Reproduzierbarkeit. Erste Fassung [1935/36], in: Ders., *Gesammelte Schriften*, unter Mitwirkung von Theodor W. Adorno und Gershom Sholem hg. von Rolf Tiedemann und Hermann Schweppenhäuser, Bd. I.2, Frankfurt / Main 1974, 431–469.

Benjamin, Walter, Über einige Motive bei Baudelaire [1939], in: Ders.,

Gesammelte Schriften, unter Mitwirkung von Theodor W. Adorno und Gershom Sholem hg. von Rolf Tiedemann und Hermann Schweppenhäuser, Bd. I.2, Frankfurt/Main 1974, 605–653.

Benjamin, Walter, Paris, die Hauptstadt des XIX. Jahrhunderts [1935], in: *Gesammelte Schriften*, Bd. V.1: *Das Passagen-Werk*, Frankfurt/Main 1982, 45–59.

Benjamin, Walter, Das Paris des Second Empire bei Baudelaire [1938], in: Ders., *Gesammelte Schriften*, unter Mitwirkung von Theodor W. Adorno und Gershom Sholem hg. von Rolf Tiedemann und Hermann Schweppenhäuser, Bd. I.2: *Abhandlungen*, Frankfurt/Main 1974, 511–604.

Benjamin, Walter, *Das Passagen-Werk* (= Gesammelte Schriften, unter Mitwirkung von Theodor W. Adorno und Gershom Scholem hg. von Rolf Tiedemann und Hermann Schweppenhäuser, Bd. V), Frankfurt/Main 1982.

Blass, Ernst, *Die Straßen komme ich entlang geweht. Sämtliche Gedichte*, hg. von Thomas B. Schumann, München 1980.

Bloch, Ernst, *Briefe 1903–1975*, hg. von Karola Bloch, Jan Robert Bloch, Anne Frommann, Hanna Gekle, Inge Jens, Martin Korol, Inka Mülder, Arno Münster, Uwe Opolka und Burghart Schmidt, 2 Bde., Frankfurt/Main 1985.

Bloch, Ernst, Der eigentümliche Glücksfall. Über »Jacques Offenbach« von Siegfried Kracauer, in: *Text + Kritik*, H. 68: *Siegfried Kracauer*, München 1980, 73–75.

Bloch, Ernst, *Erbschaft dieser Zeit*. Erweiterte Ausgabe, Frankfurt/Main 1962 (= Gesamtausgabe, 16 Bde., Bd. 4).

Bloch, Ernst, Der glänzende Filmmensch, in: *Erbschaft dieser Zeit*. Erweiterte Ausgabe, Frankfurt/Main 1962 (= Gesamtausgabe, 16 Bde., Bd. 4), 35f.

Bloch, Ernst, Revueform in der Philosophie [1928], in: *Erbschaft dieser Zeit*. Erweiterte Ausgabe, Frankfurt/Main 1962 (= Gesamtausgabe, 16 Bde., Bd. 4), 368–371.

Boétie, Etienne de la, *Von der freiwilligen Knechtschaft* [1571], Frankfurt/Main 1980.

Ça ira. 50 Chansons, Chants, Couplets und Vaudevilles aus der Französischen Revolution 1789–1795, hg. u. übertragen von Gerd Semmer, Berlin 21962.

Champeaux, M. É.[tienne] de, *Physiologies des bals de Paris et de ses environs: Bal Mabille* (1845), in: Alain Montandon (Hg.), *Paris au bal. Treize physiologies sur la danse*, Paris 2000, 43–66.

Champeaux, M. É.[tienne] de, *Physiologies des bals de Paris et de ses environs. Livraisons 2 et 3: Nouveau Tivoli (Château Rouge)*, Paris 1845.

Diderot, Denis, Dorval und Ich. Unterredungen über den Natürlichen Sohn [1757], in: *Das Theater des Herrn Diderot*, hg. und übers. von Gotthold Ephraim Lessing, Anm. und Nachwort von Klaus-Detlef Müller, Leipzig 1981, 89–176.

Diderot, Denis, Von der dramatischen Dichtkunst [1757], in: *Das Theater des Herrn Diderot*, hg. und übers. von Gotthold Ephraim Lessing, Leipzig 1981, 282–402.

Eckermann, Johann Peter, *Gespräche mit Goethe in den letzten Jahren seines Lebens* 1836/1848], in: Johann Wolfgang Goethe, *Sämtliche Werke nach Epochen seines Schaffens*, Bd. 19, hg. von Heinz Schlaffer, München Wien 1986.

Fall, Leo, *Die Dollarprinzessin*. Operette in drei Akten nach einem Lustspiele von Emerich von Gatti und Thilo Friedrich Wilhelm von Trotha. Text von Alfred Maria Willner und Fritz Grünbaum, Klavierauszug zu zwei Händen mit beigefügtem Text, Wien Berlin 1907.

Fall, Leo, *Die Dollarprinzessin*. Operette in drei Akten (Nach einem Lustspiel von E. V. Gatti und Th. v. Trotha) von Dr. A. M. Willner und F. Grünbaum, Textbuch der Gesänge, Zürich 1906.

Flaubert, Gustave, *Die Erziehung der Gefühle. Geschichte eines jungen Mannes*, übers. und mit Anmerkungen von Cornelia Hasting, München Zürich 2001.

Flaubert, Gustave, *L'Éducation sentimentale. Histoire d'un jeune homme*, in: Œuvres, texte établi et annoté par A. Thibaudet et R. Dumesnil, 2 vol., vol. 2, Paris 1952, 31–457.

Flaubert, Gustave, *Œuvres complètes*, édition publiée sous la direction de Claudine Gothot-Mersch, avec, pour ce volume, la collaboration de Jeanne Bem, Yvan Leclerc, Guy Sagnes et Gisèle Séginger, Paris 2013.

Fuchs, Eduard, *Die Karikatur der europäischen Völker*. 2 Bde., Erster Teil: *Vom Altertum bis zum Jahre 1848*, mit 500 Textillustrationen und 76 Beilagen, München ⁴1921.

Garde, Auguste de la, *Fêtes et Souvenirs du Congrès de Vienne. Tableaux des salons, scènes anecdotiques et portraits 1814–1815*, 2 Bde., Paris 1843.

Giese, Fritz, *Girlkultur. Vergleiche zwischen amerikanischem und europäischem Rhythmus und Lebensgefühl*, München 1925.

Gilbert, Jean, Das Libretto ist schuld!, in: *Die Scene* 19 (1929), H. 2: Sonderheft *Krisis der Operette*, 33 f.

Grun, Bernard, *Kulturgeschichte der Operette*, München 1961.
Goethe, Johann Wolfgang, *Dichtung und Wahrheit* (= *Sämtliche Werke nach Epochen seines Schaffens*, Münchner Ausgabe, Bd. 16), München Wien 1987.
Goethe, Johann Wolfgang, *Sämtliche Werke, Briefe, Tagebücher und Gespräche*, 40 Bde., Bd. II.6 (39): *Napoleonische Zeit. Briefe, Tagebücher und Gespräche vom 10. Mai 1805 bis 6. Juni 1816*, hg. von Rose Unterberger, Frankfurt/Main 1993.
Goethe, Johann Wolfgang, Das römische Carneval [1789], in: *Sämtliche Werke nach Epochen seines Schaffens*, Bd. 3.2: *Italien und Weimar (2)*, hg. von Hans J. Becker, Hans-Georg Drewitz, Norbert Miller, Gerhard M. Müller, John Neubauer, Hartmut Reinhardt und Irmtraut Schmid, München Wien 1990, 217–270.
Goethe, Johann Wolfgang, *Sämtliche Werke nach Epochen seines Schaffens*. Münchner Ausgabe, hg. von Karl Richter in Zusammenarbeit mit Herbert G. Göpfert, Norbert Miller und Gerhard Sauder, 21 Bde., München Wien 1985 ff.
Goethe, Johann Wolfgang, Unterredung mit Napoleon [1808], in: *Sämtliche Werke nach Epochen seines Schaffens*, Münchner Ausgabe, Bd. 14: *Autobiographische Schriften der frühen Zwanzigerjahre*, hg. von Reiner Wild, München Wien 1986, 576–580.
Goethe, Johann Wolfgang, Wilhelm Meisters Wanderjahre [1795], in: *Sämtliche Werke nach Epochen seines Schaffens*, Münchner Ausgabe, Bd. 17: *Wilhelm Meisters Wanderjahre. Maximen und Reflexionen*, hg. von Gonthier-Louis Fink, Gerhart Baumann und Johannes John, München Wien 1991, 7–238.
Goncourt, Edmond und Jules de, *Journal. Erinnerungen aus dem literarischen Leben 1851–1896*, erste vollständige deutsche Ausgabe in 11 Bänden nebst einem Beibuch, nach der Edition von Robert Ricatte, hg. von Gerd Haffmans, Leipziger Ausgabe, Bd. 2: *Journal. Erinnerungen aus dem literarischen Leben 1858–1860*, aus dem Französischen von Petra-Susanne Räbel, Leipzig 2013.
Goncourt, Edmond et Jules de, *Journal. Mémoire de la vie littéraire I: 1851–1865*, hg. von Robert Ricatte, préface et chronologie de Robert Kopp, Paris 1989.
Gutzkow, Karl, Volk und Publicum, in: Unterhaltungen am häuslichen Herd 3 (1855), 221–224, in: *Realismus und Gründerzeit. Manifeste und Dokumente zur deutschen Literatur 1848–1880*, 2 Bde., hg. von Max Bucher, Werner Hahl, Georg Jäger und Reinhard Wittmann, Bd. 2, Stuttgart 1975, 674–677.

Halévy, Ludovic, *Carnets*, hg. von Daniel Halévy, 2 Bde., Bd. 1, Paris 1935.
Hanslick, Eduard, Johann Strauß der Operncomponist, in: Ders., *Die moderne Oper. Kritiken und Studien*, Berlin 1875, 333–341.
Hanslick, Eduard, Oesterreichische Militärmusik [1853], in: *Aus dem Concert-Saal. Kritiken und Schilderungen aus 20 Jahren des Wiener Musiklebens 1848–1868*. Nebst einem Anhang: Musikalische Reiseberichte aus England, Frankreich und der Schweiz, Wien Leipzig 1897, 49–57.
Haussmann, Georges, *Mémoires*. Édition intégrale, précédée d'une introduction générale par Françoise Choay, et d'une introduction technique par Bernard Landau et Vincent Sainte Marie Gauthier, Paris 2000.
Hausmann, Raoul, Der deutsche Spießer ärgert sich [1919], in: Hanne Bergius, *Das Lachen DADAs. Die Berliner Dadaisten und ihre Aktionen*, Gießen 1993, 120.
Hegel, Georg Wilhelm Friedrich, *Grundlinien der Philosophie des Rechts oder Naturrecht und Staatswissenschaft im Grundrisse* [1821]. Mit Hegels eigenhändigen Notizen und den mündlichen Zusätzen, Frankfurt / Main 1986 (= Werke in 20 Bänden, hg. von Eva Moldenhauer und Karl Markus Michel, Bd. 7).
Hegel, Georg Wilhelm Friedrich, *Vorlesungen über die Ästhetik I* [1823–1829], 3 Bde., Bd. 1, Frankfurt / Main 1970 (= Werke in 20 Bänden, hg. von Eva Moldenhauer und Karl Markus Michel, Bd. 13).
Hegel, Georg Wilhelm Friedrich, *Vorlesungen über die Ästhetik II* [1823–1829], 3 Bde., Bd. 2, Frankfurt / Main 1986 (= Werke in 20 Bänden, hg. von Eva Moldenhauer und Karl Markus Michel, Bd. 14).
Hegel, Georg Wilhelm Friedrich, *Vorlesungen über die Ästhetik III* [1823–1829], 3 Bde., Bd. 3, Frankfurt / Main ^{4}1996 (= Werke in 20 Bänden, hg. von Eva Moldenhauer und Karl Markus Michel, Bd. 15).
Hegel, Georg Wilhelm Friedrich, *Vorlesungen über die Geschichte der Philosophie III* [1817], Frankfurt / Main ^{2}1993 (= Werke in 20 Bänden, hg. von Eva Moldenhauer und Karl Markus Michel, Bd. 20).
Hegel, Georg Wilhelm Friedrich, Werke in 20 Bänden, auf der Grundlage der *Werke* von 1832–1845 neu edierte Ausgabe von Eva Moldenhauer und Karl Markus Michel, Frankfurt / Main 1970 ff.
Heine, Heinrich, Atta Troll. Ein Sommernachtstraum [1843], in: DHA 4: *Atta Troll. Ein Sommernachtstraum. Deutschland. Ein Wintermärchen*, hg. von Winfried Woesler, Hamburg 1985, 7–87.
Heine, Heinrich, Briefe aus Berlin [1822], in: DHA 6: *Briefe aus Berlin. Über Polen. Reisebilder I/II (Prosa)*, hg. von Jost Hermand, Hamburg 1973, 7–53.

Heine, Heinrich, Die Britten zeigten sich sehr rüde, in: DHA 3/1: *Romanzero. Gedichte. 1853 und 1854. Lyrischer Nachlaß. Text*, hg. von Frauke Bartelt und Alberto Destro, Hamburg 1992, 325.

Heine, Heinrich, Bruchstücke. Zur ›Préface‹. B I. ›Deutsche Entwürfe‹, in: DHA 13/1, 291–296.

Heine, Heinrich, Carl I., in: DHA 3/1: *Romanzero. Gedichte. 1853 und 1854. Lyrischer Nachlaß. Text*, hg. von Frauke Bartelt und Alberto Destro, Hamburg 1992, 26 f.

Heine, Heinrich, Deutschland. Ein Wintermährchen [1844], in: DHA 4: *Atta Troll. Ein Sommernachtstraum. Deutschland. Ein Wintermärchen*, hg. von Winfried Woesler, Hamburg 1985, 89–157.

Heine, Heinrich, *Französische Maler. Gemäldeausstellung in Paris 1831* [1831], in: DHA 12/1: *Französische Maler. Französische Zustände. Über die französische Bühne. Text*, hg. von Jean-René Derré und Christiane Giesen, Hamburg 1980, 9–62.

Heine, Heinrich, *Französische Zustände* [1832], in: DHA 12/1: *Französische Maler. Französische Zustände. Über die französische Bühne. Text*, hg. von Jean-René Derré und Christiane Giesen, Hamburg 1980, 63–226.

Heine, Heinrich, *Zur Geschichte der Religion und Philosophie in Deutschland* [1834], in: DHA 8/1: *Zur Geschichte der Religion und Philosophie in Deutschland. Die romantische Schule:* Text, hg. von Manfred Windfuhr, Hamburg 1979, 9–120.

Heine, Heinrich, Maria Antoinette, in: DHA 3/1: *Romanzero. Gedichte. 1853 und 1854. Lyrischer Nachlaß. Text*, hg. von Frauke Bartelt und Alberto Destro, Hamburg 1992, 27–29.

Heine, Heinrich, Pomare, in: DHA 3/1: *Romanzero. Gedichte. 1853 und 1854. Lyrischer Nachlaß. Text*, hg. von Frauke Bartelt und Alberto Destro, Hamburg 1992, 29–32.

Heine, Heinrich, *Reisebilder. Erster Theil. Die Harzreise* [1826], in: DHA 6: *Briefe aus Berlin. Über Polen. Reisebilder I/II (Prosa). 1853 und 1854*, hg. von Jost Hermand, Hamburg 1973, 81–138.

Heine, Heinrich, *Die romantische Schule* [1836], in: DHA 8/1: *Zur Geschichte der Religion und Philosophie in Deutschland. Die romantische Schule. Text*, hg. von Manfred Windfuhr, Hamburg 179, 121–243.

Heine, Heinrich, *Romanzero* [1851], in: DHA 3/1: *Romanzero. Gedichte. 1853 und 1854. Lyrischer Nachlaß.* Text, hg. von Frauke Bartelt und Alberto Destro, Hamburg 1992.

Heine, Heinrich, *Romanzero* [1851], in: DHA 3/2: *Romanzero. Gedichte. 1853 und 1854. Lyrischer Nachlaß.* Apparat, hg. von Frauke Bartelt und Alberto Destro, Hamburg 1992.

Heine, Heinrich, *Lutèce. Lettres sur la vie politique, artistique et sociale de la France*. Préface [1855], in: DHA 13/1, 163–169.
Heine, Heinrich, *Lutezia. Berichte über Politik, Kunst und Volksleben. Erster Theil* [1854], in: DHA 13/1, 13–158.
Heine, Heinrich, *Lutezia. Berichte über Politik, Kunst und Volksleben. Zweiter Theil* [1854], in: DHA 14/1: *Lutezia II*: Text. Apparat 43.–58. Artikel, hg. von Volkmar Hansen, Hamburg 1990.
Heine, Heinrich, Zu *Ueber die französische Bühne* [1837], in: DHA 12/1: *Französische Maler. Französische Zustände. Über die französische Bühne*. Text, hg. von Jean-René Derré und Christiane Giesen, Hamburg 1980, 483–504, [Zu *Vierter Brief*].
Heine, Heinrich, *Werke, Briefwechsel, Lebenszeugnisse*. Säkularausgabe, hg. von den Nationalen Forschungs- und Gedenkstätten der klassischen deutschen Literatur in Weimar und dem Centre National de la Recherche Scientifique in Paris, 27 Bde., hg. von Fritz H. Eisner, Berlin Paris 1970.
Hesse, Hermann, Das Glasperlenspiel. Versuch einer allgemeinverständlichen Einführung in seine Geschichte [1934], in: Ders., *Das Glasperlenspiel. Versuch einer Lebensbeschreibung des Magister Ludi Joseph Knecht samt Knechts hinterlassenen Schriften* [1943], Frankfurt/Main 1970, 7–44.
Hobbes, Thomas, *Leviathan, sive de Materia, Forma et Potestate Civitatis ecclesiasticae et civilis* [1668], in: Ders., *Opera Philosophica quae latine scripsit in unum corpus nunc primum collecta*, hg. von William Molesworth, 5 Bde., Bd. 3, Aalen 1961 [Reprint der Ausgabe 1839–1845].
Horkheimer, Max/Theodor W. Adorno, *Dialektik der Aufklärung. Philosophische Fragmente* [1944] Frankfurt/Main 1997 (Theodor W. Adorno, *Gesammelte Schriften*, hg. von Rolf Tiedemann unter Mitwirkung von Gretel Adorno, Susan Buck-Morss und Klaus Schultz, Bd. 3).
Huelsenbeck, Richard, Dadaistisches Manifest [April 1918], in: Hanne Bergius, *Das Lachen DADAs. Die Berliner Dadaisten und ihre Aktionen*, Gießen 1993, 26 f.
Hugo, Victor, *Histoire d'un crime* [1851], in: Ders., Œuvres complètes. Édition chronologique publiée sous la direction de Jean Massin, Bd. 8: *Histoire d'un crime. Napoléon-le-Petit. Châtiments. La Vision de Dante*, Paris 1968, 3-391.
Hugo, Victor, *Napoléon-le-Petit* [1852], in: Ders., Œuvres complètes. Édition chronologique publiée sous la direction de Jean Massin, Bd. 8: *Histoire d'un crime. Napoléon-le-Petit. Châtiments. La Vision de Dante*, Paris 1968, 393–537.

Journal de ce qui s'est passé à la Tour du Temple pendant la captivité de Louis XVI Roi de France par M. Cléry valet de chambre du Roi (London 1798), in: *Journal de ce qui s'est passé à la Tour du Temple* par Cléry suivi de *Dernières heures de Louis XVI* par l'Abbé Edgeworth de Firmont et de *Mémoire* écrit par Marie-Thérèse-Charlotte de France, Édition présentée et annotée par Jacques Brosse, Paris ²1987, 21–110.

Das Junge Deutschland. Texte und Dokumente, hg. von Jost Hermand, Stuttgart 1966.

Kafka, Franz, *Briefe an Felice und andere Korrespondenz aus der Verlobungszeit*, hg. von Erich Heller und Jürgen Born, Frankfurt/Main 1967.

Kahane, Arthur, Die Jahre 1905–1924, in: Max Reinhardt – 25 Jahre Deutsches Theater, München 1930, in: Ruth Freydank, *Theater in Berlin. Von den Anfängen bis 1945*, Berlin 1988, 366.

Kalisch, David, Auf der Eisenbahn. Vaudeville-Burleske in einem Aufzuge. Musik von verschiedenen Komponisten [1846], in: Ders., *Hunderttausend Taler. Altberliner Possen 1846–1851*, neu hg. und mit einem Vorwort versehen von Manfred Nöbel, 2 Bde., Bd. 1: *Altberliner Possen 1846–1848*, Berlin 1988, 73–123.

Kálmán, Emmerich, *Die Csárdásfürstin*. Operette in drei Akten von Leo Stein und Bela Jenbach, Musik von Emmerich Kálmán, Klavierauszug mit Text, Wien Frankfurt/Main London 1988.

Kálmán, Emmerich, »*Gold gab ich für Eisen*«. Singspiel in einem Vorspiel und zwei Akten (frei nach einer Grundidee K.[ároly] Bakonyi's) von Victor Léon, Klavierauszug mit Text, Leipzig Wien New York 1914.

Keun, Irmgard, *Das kunstseidene Mädchen*. Roman [1932]. Mit zwei Beiträgen von Annette Keck und Anna Barbara Hagin, München ⁷2005.

Kracauer, Siegfried, *Die Angestellten. Aus dem neuesten Deutschland* [1930], in: Ders., *Werke*, Bd. 1: *Soziologie als Wissenschaft. Der Detektiv-Roman. Die Angestellten*, hg. von Inka Mülder-Bach unter Mitarbeit von Mirjam Wenzel, Frankfurt/Main 2006, 211–310.

Kracauer, Siegfried, Anthroposophie und Wissenschaft. Bemerkungen zur anthroposophischen Hochschultagung in Darmstadt, 25. bis 30. Juli [1921], in: Ders., *Werke*, Bd. 5.1, 256–265.

Kracauer, Siegfried, Über Arbeitsnachweise. Konstruktion eines Raumes, in: Ders., *Werke*, Bd. 5.2, 249–257.

Kracauer, Siegfried, Aufruhr der Mittelschichten. Eine Auseinandersetzung mit dem »Tat«-Kreis [1931], in: Ders., *Werke*, Bd. 5.3, 716–738.

Kracauer, Siegfried, Badgastein aus der Märzperspektive [1930], in: Ders., *Werke*, Bd. 5.3, 212–217.

Kracauer, Siegfried, Das Berliner Metropoltheater im Schumanntheater. Eine Doppelrevue [1927], in: Ders., *Werke*, Bd. 5.2, 542 f.

Kracauer, Siegfried, Die Biographie als neubürgerliche Kunstform [1930], in: Ders., *Werke*, Bd. 5.3, 264–269.

Kracauer, Siegfried, Der blaue Main. Vorfrühlings-Wanderung 1924, in: Ders., *Werke*, Bd. 5.2, 59–63.

Kracauer, Siegfried, Die blonde Komteß [1929], in: Ders., *Werke*, Bd. 6.2, 191.

Kracauer, Siegfried, Der Detektiv-Roman. Eine Deutung [1922], in: Ders., *Werke*, Bd. 1, 103–209.

Kracauer, Siegfried, Exotische Filme [1929], in: Ders., *Werke*, Bd. 6.2, 251–254.

Kracauer, Siegfried, Falscher Untergang der Regenschirme [1926], in: Ders., *Werke*, Bd. 5.2, 364 f.

Kracauer, Siegfried, Ferien im September [1928], in: Ders., *Werke*, Bd. 5.3, 56–61.

Kracauer, Siegfried, Film und Gesellschaft [Die kleinen Ladenmädchen gehen ins Kino, 1927], in: Ders., *Werke*, Bd. 6.1, 308–322.

Kracauer, Siegfried, Eine Frau von Format [1928], in: Ders., *Werke*, Bd. 6.2, 169 f.

Kracauer, Siegfried, Die Geliebte seiner Hoheit [1928], in: Ders., *Werke*, Bd. 6.2, 43 f.

Kracauer, Siegfried, Georg von Lukács' Romantheorie [1921], in: Ders., *Werke*, Bd. 5.1, 282–288.

Kracauer, Siegfried, *Geschichte – Vor den letzten Dingen* [1969], in: Ders., *Werke*, Bd. 4, hg. von Ingrid Belke unter Mitarbeit von Sabine Biebl, Frankfurt/Main 2009, 11–261.

Kracauer, Siegfried, Girls und Krise [1931], in: Ders., *Werke*, Bd. 5.3, 531–533.

Kracauer, Siegfried, Glück und Schicksal [1931], in: Ders., *Werke*, Bd. 5.3, 664–667.

Kracauer, Siegfried, Der heutige Film und sein Publikum [Film 1928], in: Ders., *Werke*, Bd. 6.2, 151–166.

Kracauer, Siegfried, Die Hosenträger. Eine historische Studie [1926], in: Ders., *Werke*, Bd. 5.2, 482–485.

Kracauer, Siegfried, *Jacques Offenbach und das Paris seiner Zeit*, hg. von Ingrid Belke unter Mitarbeit von Mirjam Wenzel, Frankfurt/Main 2005 (= *Werke*, Bd. 8).

Kracauer, Siegfried, Kampf gegen die Badehose [1931], in: Ders., *Werke*, Bd. 5.3, 473–476.

Kracauer, Siegfried, Das Klavier [1926], in: Ders., *Werke*, Bd. 5.2, 348–353.

Kracauer, Siegfried, Kritischer Tag [1931], in: Ders., *Werke*, Bd. 5.3, 590–593.

Kracauer, Siegfried, Kult der Zerstreuung. Über die Berliner Lichtspielhäuser [1926], in: Ders., *Werke*, Bd. 6.1, 208–213.

Kracauer, Siegfried, Lichtreklame [1927], in: Ders., *Werke*, Bd. 5.2, 529–532.

Kracauer, Siegfried, Liebeswalzer. Die neue Tonfilmoperette [1930], in: Ders., *Werke*, Bd. 6.2, 340–342.

Kracauer, Siegfried, Das Mittelgebirge [1926], in: Ders., *Werke*, Bd. 5.2, 506–508.

Kracauer, Siegfried, Das Monokel. Versuch einer Biographie [1926], in: Ders., *Werke*, Bd. 5.2, 495–497.

Kracauer, Siegfried, Neue Detektivromane. Chesterton, Frank Heller und andere [1927], in: Ders., *Werke*, Bd. 5.2, 580–585.

Kracauer, Siegfried, Die Nichtexistenz der Altstadt. Eine philosophische Deduktion [1925], in: Ders., *Werke*, Bd. 5.2, 323f.

Kracauer, Siegfried, Unter der Oberfläche [1931], in: Ders., *Werke*, Bd. 5.3, 585–588.

Kracauer, Siegfried, Oktoberrevolution. Revolutionärer Realismus [1933], in: Ders., *Werke*, Bd. 5.4, 367–372.

Kracauer, Siegfried, Der Orlow [1928], in: Ders., *Werke*, Bd. 6.2, 103.

Kracauer, Siegfried, Das Ornament der Masse [1927], in: Ders., *Werke*, Bd. 5.2, 612–624.

Kracauer, Siegfried, Pariser Beobachtungen [1927], in: Ders., *Werke*, Bd. 5.2, 544–557.

Kracauer, Siegfried, Die Photographie [1927], in: Ders., *Werke*, Bd. 5.2, 682–697.

Kracauer, Siegfried, Die Reise und der Tanz [1925], in: Ders., *Werke*, Bd. 5.2, 214–222.

Kracauer, Siegfried, Reisen, nüchtern [1932], in: Ders., *Werke*, Bd. 5.4, 155–157.

Kracauer, Siegfried, Der Reisevorschlag. Eine Viertage-Reise nach Würzburg und Bamberg [1925], in: Ders., *Werke*, Bd. 5.2, 243–247.

Kracauer, Siegfried, Revue Confetti [1926], in: Ders., *Werke*, Bd. 5.2, 366f.

Kracauer, Siegfried, Die Revue im Schumann-Theater [1925], in: Ders., *Werke*, Bd. 5.2, 247–249.

Kracauer, Siegfried, Die Revuen [1925], in: Ders., *Werke*, Bd. 5.2, 313–317.

Kracauer, Siegfried, Revue Nr. 1 der Wintersaison. München im Schumanntheater [1926], in: Ders., *Werke*, Bd. 5.2, 488f.

Kracauer, Siegfried, Rund um den Reichstag [1933], in: Ders., *Werke*, Bd. 5.4, 395f.

Kracauer, Siegfried, Von der Schule der Weisheit [1921], in: Ders., *Werke*, Bd. 5.1, 289–296.
Kracauer, Siegfried, Schwarzwald – Berlin [1929], in: Ders., *Werke*, Bd. 6.2, 292 f.
Kracauer, Siegfried, Die Sommerfrischen-Länder. Eine Herbstbetrachtung [1925], in: Ders., *Werke*, Bd. 5.2, 304–306.
Kracauer, Siegfried, Die soziale Lage der Tintenfässer [1926], in: Ders., *Werke*, Bd. 5.2, 445–449.
Kracauer, Siegfried, Schreie auf der Straße [1930], in: Ders., *Werke*, Bd. 5.3, 279–281.
Kracauer, Siegfried, Schwarzwaldreise. Triberg – Schönwald – Donaueschingen [1924], in: Ders., *Werke*, Bd. 5.2, 78–83.
Kracauer, Siegfried, Sendestation. Das Haus [1931], in: Ders., *Werke*, Bd. 5.3, 429–433.
Kracauer, Siegfried, Spiritistische Phänomene und ihre Erklärung [1921], in: Ders., *Werke*, Bd. 5.1, 209–211.
Kracauer, Siegfried, Das Straßenvolk in Paris [1927], in: Ders., *Werke*, Bd. 5.4, 575–579
Kracauer, Siegfried, Theater und Film. Richard Tauberfilm in Frankfurt [1930], in: Ders., *Werke*, Bd. 6.2, 343 f.
Kracauer, Siegfried, *Theorie des Films. Die Errettung der äußeren Wirklichkeit* [1960], in: Ders., Werke, Bd. 3: *Theorie des Films. Mit einem Anhang »Marseiller Entwurf« zu einer Theorie des Films*, hg. von Inka Mülder-Bach unter Mitarbeit von Sabine Biebl, Frankfurt / Main 2005, 11–493.
Kracauer, Siegfried, Auf Tigerjagd in Indien [1930], in: Ders., *Werke*, Bd. 6.2, 399–401.
Kracauer, Siegfried, Villars. Das Sankt-Moritz der Westschweiz [1928], in: Ders., *Werke*, Bd. 5.3, 91–93.
Kracauer, Siegfried, Die Wartenden [1922], in: Ders., *Werke*, Bd. 5.1, 383-394.
Kracauer, Siegfried, *Werke*, hg. von Inka Mülder-Bach und Ingrid Belke, 9 Bde., Frankfurt / Main 2004 ff.
Kracauer, Siegfried, *Werke*, Bd. 5: *Essays, Feuilletons, Rezensionen 1906–1965*, 4 Teilbde., hg. von Inka Mülder-Bach unter Mitarbeit von Sabine Biebl, Andrea Erwig, Vera Bachmann und Stephanie Manske, Frankfurt / Main 2011.
Kracauer, Siegfried, *Werke*, Bd. 6: *Kleine Schriften zum Film 1921–1961*, 3 Teilbde., hg. von Inka Mülder-Bach unter Mitarbeit von Mirjam Wenzel und Sabine Biebl, Frankfurt / Main 2004
Kracauer, Siegfried, Wiederkehr der Toten? [1923], in: Ders., *Werke*, Bd. 5.1, 691–693.

Kracauer, Siegfried, Zertrümmerte Fensterscheiben [1930], in: Ders., *Werke*, Bd. 5.3, 348–350.
Kraus, Karl, Apokalypse (Offener Brief an das Publikum), in: F 261/262 (13. Oktober 1908), 1–14.
Kraus, Karl, Die demolirte Litteratur [1897], in: Ders., *Frühe Schriften 1892–1900*, hg. von Johannes J. Braakenburg, 2 Bde., Bd. 2, München 1979, 277–297.
Kraus, Karl, In dieser großen Zeit, in: F 404 (5. Dezember 1914), 1–19, hier: 1f.
Kraus, Karl, Im dreißigsten Kriegsjahr. F 800/805 (Anfang Februar 1929), 25.
Kraus, Karl, Ernst ist das Leben, heiter war die Operette, in: F 313/314 (31. Dezember 1910), 13–16.
Kraus, Karl, *Die Fackel* 1–922 (1899–1936).
Kraus, Karl, Fahrende Sänger [1907], in: Ders., *Schriften*, hg. von Christian Wagenknecht, Bd. 2: *Die chinesische Mauer* [1910], Frankfurt/Main 1987, 112–121.
Kraus, Karl, Franz Ferdinand und die Talente, in: F 400–403 (10. Juli 1914), 1–4.
Kraus, Karl, Girardi, in: F 246/247 (12. März 1908), 38–44.
Kraus, Karl, Ich glaube an den Druckfehlerteufel, in: F 347/348 (27. April 1912), 7.
Kraus, Karl, Glossen, in: F 445/453 (18. Januar 1917), 115–132.
Kraus, Karl, Grimassen über Kultur und Bühne, in: F 270/271 (19. Januar 1909), 1–18.
Kraus, Karl, Heine und die Folgen, in: F 329/330 (31. August 1911), 6–33.
Kraus, Karl, Um Heine, in: F 199 (23. März 1906), 1–6.
Kraus, Karl, Das Jubiläumstheater, in: F 146 (11. November 1903), 10f.
Kraus, Karl, Das letzte Rätsel, in: F 457/461 (10. Mai 1917), 92f.
Kraus, Karl, Die letzte Nacht, in: F 834/837 (Mai 1930), 46–70.
Kraus, Karl *Die letzten Tage der Menschheit*. Tragödie in fünf Akten mit Vorspiel und Epilog [1921], hg. von Christian Wagenknecht, Frankfurt/Main 1983 (= *Schriften*, Bd. 10).
Kraus, Karl, Mäha, in: F 345/346 (31. März 1912), 46f.
Kraus, Karl, Am 24. Mai im Kleinen Konzerthaussaal: zur Feier von Shakespeares 300. Todestag eine Vorlesung der »Lustigen Weiber von Windsor«, in: F 426–430 (15. Juni 1916), 47f.
Kraus, Karl, Musik- und Theaterausstellung [1907], in: Ders., *Schriften*, hg. von Christian Wagenknecht, Bd. 2: *Die chinesische Mauer* [1910], Frankfurt/Main 1987 122–127.
Kraus, Karl, Nachruf, in: F 501/507 (25. Januar 1919), 1–120.

Kraus, Karl, Nachts, in: F 389/390 (15. Dezember 1913), 28–43.
Kraus, Karl, Nestroy und die Nachwelt, in: F 349/350 (13. Mai 1912), 1–23.
Kraus, Karl, Notizen und Glossen, in: F 834–837 (März 1930), 15–20.
Kraus, Karl, Offenbach-Renaissance, in: F 757/758 (April 1927), 38–48.
Kraus, Karl, Pro domo et mundo, in: F 333 (16. Oktober 1911), 1–13.
Kraus, Karl, *Schriften*, hg. von Christian Wagenknecht, 20 Bde., Frankfurt/Main 1986 ff.
Kraus, Karl, Sprüche und Widersprüche [1909], in: *Schriften*, hg. von Christian Wagenknecht, Bd. 8: *Aphorismen*, Frankfurt/Main 1986, 7–178.
Kraus, Karl, Tagebuch, in: F 264/265 (18. November 1908), 17–33.
Kraus, Karl, *Theater der Dichtung. Jacques Offenbach*, Frankfurt/Main 1994 (= *Schriften*, Bd. 13).
Kraus, Karl, *Theater der Dichtung. Nestroy. Zeitstrophen*, Frankfurt/Main 1992 (= *Schriften*, Bd. 14).
Kraus, Karl, Die Unabhängigen, in: F 1 (Anfang April 1899), 4–8.
Kraus, Karl, Die Vertreibung aus dem Paradiese, in: F 1 (Anfang April 1899), 12–23.
Kraus, Karl, Vorwort (Heine und die Folgen), in: F 329/330 (31. August 1911), 1–5.
Krausz, Michael, Heraus mit den Literaten aus der Operette!, in: *Die Scene* 19 (Februar 1929), H. 2: Sonderheft *Krisis der Operette*, 52.
Krenek, Ernst, Operette und Revue [1929], in: Ders.: *Zur Sprache gebracht. Essays über Musik*, München 1958, 49–56.

Laube, Heinrich, *Moderne Charakteristiken*, 2 Bde., Mannheim 1835.
Lederer, Emil, Die Umschichtung des Proletariats, in: *Die neue Rundschau* 40 (1929), 145–161.
Lehár, Anton, *Erinnerungen. Gegenrevolution und Restaurationsversuche in Ungarn 1918–1921*, hg. von Peter Broucek, Wien 1973.
Lehár, Franz, *Der Graf von Luxemburg*. Operette in drei Akten von A.[lfred] M.[aria] Willner und Robert Bodanzky, Klavierauszug mit Text, Wien 1937.
Lehár, Franz, *Die lustige Witwe*. Operette in drei Akten (teilweise nach einer fremden Grundidee) von Victor Léon und Leo Stein, Klavierauszug, Wien 1906.
Lehár, Franz, *Die lustige Witwe/The Merry Widow*. Operette in drei Akten (teilweise nach einer fremden Grundidee) von Victor Léon und Leo Stein, Partitur, historisch-kritische Neuausgabe, hg. von Norbert Rubey, Wien München 2005.

Lehár, Franz, *Die lustige Witwe*. Operette in drei Akten (teilweise nach einer fremden Grundidee) von Victor Léon und Leo Stein, vollständiges Soufflierbuch mit sämtlichen Regiebemerkungen, Wien München 1906.

Lehár, Franz, *Friederike*. Singspiel in drei Akten von Ludwig Herzer und Fritz Löhner, Regiebuch, Berlin 1929.

Lehár, Franz, *Paganini*. Operette in drei Akten von Paul Knepler und Béla Jenbach, Klavierauszug mit Text, Wien o. J. [1925].

Lehár, Franz, *Schön ist die Welt*. Operette in drei Akten von Ludwig Herzer und Fritz Löhner, Klavierauszug mit Text. Originalausgabe des Komponisten, Wien 1930/1957.

Lehár, Franz, *Der Sterngucker*, Operette in drei Akten von Dr. Fritz Löhner und Dr. A.[lfred] M.[aria] Willner, Text der Gesänge, Leipzig Wien New York 1916.

Lehár, Franz, *Der Zarewitsch*. Operette in drei Akten, frei nach Zapolska-Scharlitt [1926] von Bela Jenbach und Heinz Reichert.Vollständiger Klavierauszug mit Text, Wien 1955.

Lemaître, Jules, *Gyp* et *Vie parisienne* [22 août 1886], in: *Impressions de théâtre*. Première série, Paris 1887, 295–306.

Loos, Adolf, Ornament und Verbrechen [1908], in: Ders., *Sämtliche Schriften in zwei Bänden*, hg. von Franz Glück, Bd. 1: *Ins Leere gesprochen (1897–1900). Trotzdem (1900–1930)*, Wien München 1962, 276–288.

Lukács, Georg, Erzählen oder Beschreiben? Zur Diskussion über Naturalismus und Formalismus [1936], in: *Begriffsbestimmung des literarischen Realismus*, hg. von Richard Brinkmann, Darmstadt 1969, 33–67.

Lukács, Georg, *Die Theorie des Romans. Ein geschichtsphilosophischer Versuch über die Formen der großen Epik* [1920], Neuwied Berlin 1971.

Mann, Thomas, *Werke, Briefe, Tagebücher*. Große kommentierte Frankfurter Ausgabe, 23 Bde., Bd. 13.1: *Betrachtungen eines Unpolitischen* [1918], hg. und textkritisch durchgesehen von Hermann Kurzke, Frankfurt / Main 2009, 7–588.

Marx, Karl, *Der achtzehnte Brumaire des Louis Bonaparte* [1852], in: MEW, Bd. 8, Berlin 1969, 111–207.

Marx, Karl/Engels, Friedrich, *Briefe Februar 1842 bis Dezember 1851*, Berlin 1976 (= MEW, Bd. 27).

Marx, Karl, *Die Klassenkämpfe in Frankreich 1848–1850* [1850], in: MEW, Bd. 7, Berlin 1964, 9–107.

Marx, Karl / Engels, Friedrich, *Werke*, 45 Bde., hg. vom Institut für Marxismus-Leninismus beim ZK der SED, Berlin 1960 ff.

Marx, Karl, Vorwort [zur Zweiten Ausgabe (1869) »Der achtzehnte Brumaire des Louis Bonaparte«], in: MEW, Bd. 8, 559 f.
Melville, Herman, *Bartleby*, hg. von Ferdinand Schunck, Stuttgart 1985.
Mercier, Louis-Sébastien, *Mein Bild von Paris*. Mit 43 Wiedergaben nach zeitgenössischen Kupferstichen, Leipzig 1976.
Mercier, Louis-Sébastien, *Mon bonnet de nuit*, suivi de *Du Théâtre, ou Nouvel Essai sur l'Art Dramatique*, édition établie sous la direction de Jean-Claude Bonnet, Paris 1999.
Mercier, Louis-Sébastien, Conseil de Santé, in: *Tableau de Paris*. Nouvelle Édition, corrigée & augmentée, 12 vols., vol. 2, Amsterdam 1782, 343 f.
Mercier, Louis-Sébastien, Décrotteurs, in: *Tableau de Paris*. Nouvelle Édition, corrigée & augmentée, 12 vols., vol. 6, Amsterdam 1783, 1–7.
Mercier, Louis-Sébastien, Fiacres, in: *Tableau de Paris*. Nouvelle Édition, corrigée & augmentée, 12 vols., vols. 1, Amsterdam 1782, 150–153.
Mercier, Louis-Sébastien, *Das Jahr 2440. Ein Traum aller Träume*, übers. von Christian Felix Weiße, hg. und mit Erläuterungen und Nachwort versehen von Herbert Jaumann, Frankfurt/Main 1989.
Mercier, Louis-Sébastien, Gare! Gare!, in: *Tableau de Paris*. Nouvelle Édition, corrigée & augmentée, 12 vols., vol. 1, Amsterdam 1782, 117–120.
Mercier, Louis-Sébastien, Gesundheitsrat, in: Ders., *Mein Bild von Paris*. Mit 43 Wiedergaben nach zeitgenössischen Kupferstichen, Leipzig 1976, 129 f.,
Mercier, Louis-Sébastien, *Le Nouveau Paris* [1798–1800], Édition établie sous la direction de Jean-Claude Bonnet, Paris 1994.
Mercier, Louis-Sébastien, *Neuer Versuch über die Schauspielkunst* [1773]. Mit einem Anhang aus Goethes Brieftasche, übers. von Heinrich Leopold Wagner, Faksimiledruck nach der Ausgabe von 1776 mit einem Nachwort von Peter Pfaff, Heidelberg 1967.
Mercier, Louis-Sébastien, Obacht! Obacht!, in: Ders., *Mein Bild von Paris*. Mit 43 Wiedergaben nach zeitgenössischen Kupferstichen, Leipzig 1976, 34–36.
Mercier, Louis-Sébastien, Portes Cocheres, in: *Tableau de Paris*. Nouvelle Édition, corrigée & augmentée, 12 vols., vol. 4, Amsterdam 1782, 93–96.
Mercier, Louis-Sébastien, *Tableau de Paris*. Nouvelle Édition, corrigée & augmentée, 12 vols., Amsterdam 1782 ff.
Mercier, Louis-Sébastien, Schuhputzer, in: Ders., *Mein Bild von Paris*. Mit 43 Wiedergaben nach zeitgenössischen Kupferstichen, Leipzig 1976, 345–348.
Mercier, Louis-Sébastien, Torwege, in: Ders., *Mein Bild von Paris*. Mit

43 Wiedergaben nach zeitgenössischen Kupferstichen, Leipzig 1976, 244–246.
Müller-Guttenbrunn, Adam, Denkschrift über die Lage des Kaiserjubiläums-Stadttheaters zu Händen des Herrn Bürgermeisters Dr. Karl Lueger überreicht vom Direktor dieser Bühne, in: F 146 (11. November 1903), 12–21.
Mundt, Theodor, *Die Kunst der deutschen Prosa. Ästhetisch, literargeschichtlich, gesellschaftlich* [1837], mit einem Nachwort von Hans Düwel, Göttingen 1969 [Reprint].
Musil, Robert, *Der Mann ohne Eigenschaften*. Roman [1930/31], 2 Bde., hg. von Adolf Frisé, Bd. 1, Reinbek [11]2000.
Musset, Alfred de, *Le Chandelier* [1835], in: *Théâtre complet*. Édition établie par Simon Jeune, Paris 1990, 329–375.

Nadar, Félix, *Als ich Photograph war* [1899], übers. von Trude Fein, Bern Zürich 1978.
Nargeot M. J.[ulien], *Ohé! Les p'tits agneaux! Revue de l'année 1857*, mêlée de chants et de danses, en trois actes et dix tableaux précédés d'un prologue, par MM. Th.[éodore] Cogniard et [Louis-François] Clairville. Représentée pour la première fois, à Paris, sur le théâtre des Variétés, le 19 décembre 1857, Paris 1857.
Neisser, Karl, Die Operette ist tot! Es lebe die Operette! in: *Die Scene* 19 (Februar 1929), H. 2: Sonderheft *Krisis der Operette*, 43–46.
Nesper, Eugen, *Der Radio-Amateur (Radio – Telephonie). Ein Lehr- und Hilfsbuch für die Radioamateure aller Länder*, mit 955 Textabbildungen, sechste, bedeutend verm. und verb. Aufl., Berlin 1925.
Nietzsche, Ueber Wahrheit und Lüge im aussermoralischen Sinne [1873], in: *Sämtliche Werke*. Kritische Studienausgabe, 15 Bde., hg. von Giorgio Colli und Mazzino Montinari, Bd. 1, Berlin München 1980, 873–890.

Offenbach, Jacques, *La Chanson de Fortunio/Fortunios Lied*. Opérette en un acte, livret de Hector Crémieux et Ludovic Halévy, deutsch von Ferdinand Gumbert, Partition d'orchestre, Kritische Ausgabe Jean-Christophe Keck, Berlin 2005.
Offenbach, Jacques, *La Chanson de Fortunio*, Livret de censure, Paris 1861, Première édition provisoire, Berlin 2003, 1; abrufbar unter URL: *http://www.offenbach-edition.com/DE/Media/Libretti.asp*.
Offenbach, Jacques, *Fortunios Lied* [*La Chanson de Fortunio*], Klavierauszug mit deutschem und französischem Text, Berlin Wiesbaden 1960.
Offenbach, Jacques, *Pariser Leben*, übers. v. Bernd Wilms, in: Booklet *Pariser Leben*, musikalische Bearbeitung Sylvain Cambreling, Regie

Christoph Marthaler, Live-Mitschnitt vom 17. Juni 1998 Volksbühne Berlin, Bad Wiessee (Collegno) 1998.
Offenbach, Jacques, *Orphée aux Enfers*. Opéra-bouffon en 2 actes et 4 tableaux. Version de 1858, Livret de Hector Crémieux (avec la collaboration de Ludovic Halévy), Kritische Ausgabe Jean-Christophe Keck, Partition chant-piano, Berlin 2000.
Offenbach, Jacques: *La Vie parisienne*. Opéra-bouffe en 5 actes ou 4 actes. Édition intégrale (Versions de 1866/1867/1873). Livret de Henri Meilhac et Ludovic Halévy, Kritische Ausgabe Jean-Christophe Keck, Partition d'orchestre, Berlin 2000.

Paris au bal. Treize physiologies sur la danse, hg. von Alain Montandon, Paris 2000.
Peytel, Sébastien, *Physiologie de la poire* [Pseud. Louis Benoît, jardinier, 1832], in: Nathalie Preiss (Hg.), *De la poire au parapluie. Physiologies politiques*, Paris 1999, 1–270.
Piscator, Erwin, *Das Politische Theater* [1929], in: *Zeittheater. »Das Politische Theater« und weitere Schriften von 1915 bis 1966*, ausgewählt und bearbeitet von Manfred Brauneck und Peter Sterz, mit einem Nachwort von Hansgünther Heyme, Reinbek 1986, 13–235.
Polgar, Alfred, Girls [1926], in: Ders., *Kleine Schriften*, 6 Bde., hg. von Marcel Reich-Ranicki in Zusammenarbeit mit Ulrich Weinzierl, Bd. 2: *Kreislauf*, Reinbek 1983, 247–251.
Polgar, Alfred, Die kleine Form (quasi ein Vorwort), in: Ders., *Orchester von oben*, Berlin 1926, 9–13.
Pringsheim, Klaus, Operette, in: *Süddeutsche Monatshefte* 9 (April bis September 1912), H. 2, 178–187.
Pringsheim, Klaus, [ohne Titel], in: *Die Scene* 19 (Februar 1929), H. 2: Sonderheft *Krisis der Operette*, 57–60.

Rosenkranz, Karl, *Ästhetik des Häßlichen* [1853], hg. und mit einem Nachwort von Dieter Kliche, Stuttgart 1990.
Roth, Joseph, Die »Girls« [1925], in: Ders., Werke, Bd. 2: *Das journalistische Werk 1924–1928*, hg. und mit einem Nachwort von Klaus Westermann, Köln 1990, 393 f.
Roth, Joseph, Konzert im Volksgarten [1928], in: Ders., *Werke*, Bd. 2: *Das journalistische Werk 1924–1928*, hg. und mit einem Nachwort von Klaus Westermann, Köln 1990, 920–923.
Roth, Joseph, *Radetzkymarsch*. Roman [1932], in: Ders., *Werke*, Bd. 5: *Romane und Erzählungen 1930–1936*, hg. und mit einem Nachwort von Fritz Hackert, Köln 1990, 137–455.

Rousseau, Jean-Jacques, Brief an Herrn d'Alembert über seinen Artikel »Genf« im VII. Band der Enzyklopädie und insbesondere über den Plan, ein Schauspielhaus in dieser Stadt zu errichten [1758], in: Ders., *Schriften*, 2 Bde., hg. von Henning Ritter, Bd. 1, Frankfurt/Main 1988, 333–474.

Rousseau, Jean-Jacques, *Vom Gesellschaftsvertrag oder Grundsätze des Staatsrechts* [1762], hg. und neu übers. von Hans Brockard und Eva Pietzker, Stuttgart 1986.

Ruge, Arnold, Heinrich Heine, charakterisirt nach seinen Schriften, in: *Hallische Jahrbücher für deutsche Wissenschaft und Kunst* (1838), Nr. 25, Sp. 193–195; Nr. 26, Sp. 201–208; Nr. 27, Sp. 209–216 u. Nr. 29, 217–227.

Saint-Simon, Henri de, De la physiologie appliquée à l'amélioration des institutions sociales [1813], in: *Œuvres complètes*, Édition critique présentée, établie et annotée par Juliette Grange, Pierre Musso, Philippe Régnier et Frank Yonnet, 4 vols., vol. 4, Paris 2013, 3103–3116.

Salten, Felix, Die neue Operette (*Die Zeit*, 8. Dezember 1906), in: Marion Linhardt (Hg.), *Stimmen zur Unterhaltung. Operette und Revue in der publizistischen Debatte (1906–1933)*, Wien 2009, 39–45.

Salten, Felix, Das österreichische Antlitz, in: Ders., *Das österreichische Antlitz*. Essays, Berlin 1910, 265–276.

Scherr, Johannes, *Poeten der Jetztzeit*, Stuttgart 1844.

Schiller, Friedrich, Die Polizey [1799–1804], in: Ders., *Schillers Werke*. Nationalausgabe hg. im Auftrag der Nationalen Forschungs- und Gedenkstätten der klassischen deutschen Literatur in Weimar (Goethe- und Schiller-Archiv) und des Schiller-Nationalmuseums in Marbach von Lieselotte Blumenthal und Benno von Wiese, 44 Bde., Bd. 12: *Dramatische Fragmente*, in Zusammenarbeit mit Klaus Harro Hilzinger und Karl-Heinz Hucke hg. von Herbert Kraft, Weimar 1982, 89–108.

Schiller, Friedrich, Was kann eine gute stehende Schaubühne eigentlich wirken? Eine Vorlesung, gehalten zu Mannheim in der öffentlichen Sitzung der kurpfälzischen deutschen Gesellschaft am 26sten des Junius 1784, in: Ders., *Schillers Werke*. Nationalausgabe, hg. im Auftrag der Nationalen Forschungs- und Gedenkstätten der klassischen deutschen Literatur in Weimar (Goethe- und Schiller-Archiv) und des Schiller-Nationalmuseums in Marbach von Lieselotte Blumenthal und Benno von Wiese, 44 Bde., 20. Bd.: *Philosophische Schriften. Erster Teil*, Weimar 1967, 87–100.

Schiller, Friedrich, *Werke und Briefe in zwölf Bänden*, hg. von Otto Dann u. a., Bd. 10: *Dramatischer Nachlass*, hg. von Herbert Kraft und Mirjam Springer, Frankfurt / Main 2004.

Schmitt, Carl, *Der Begriff des Politischen*. Text von 1932 mit einem Vorwort und drei Corollarien, Berlin ⁶1996, 79–95.

Schmitt, Carl, Der Führer schützt das Recht. Zur Reichstagsrede Adolf Hitlers vom 13. Juli 1934 [1934], in: Ders., *Positionen und Begriffe im Kampf mit Weimar – Genf – Versailles 1923–1939* [1940], Berlin ³1994, 227–232.

Schmitt, Carl, *Die geistesgeschichtliche Lage des heutigen Parlamentarismus* [1923], Berlin ⁸1996.

Schmitt, Carl, Illyrien. Notizen von einer dalmatinischen Reise, in: *Hochland* 23 (1925), H. 3, 293–298.

Schmitt, Carl, *Der Leviathan in der Staatslehre des Thomas Hobbes. Sinn und Fehlschlag eines politischen Symbols* [1938], Stuttgart 1982.

Schmitt, Carl, *Politische Romantik* [1919], Berlin ⁶1998.

Schmitt, Carl, *Politische Theologie. Vier Kapitel zur Lehre von der Souveränität* [1922], Berlin 71996.

Schmitt, Carl, *Positionen und Begriffe im Kampf mit Weimar – Genf – Versailles 1923–1939* [1940], Berlin ³1994.

Schmitt, Carl, *Staat, Bewegung, Volk*, Hamburg 1933.

Schmitt, Carl, *Theodor Däublers »Nordlicht«. Drei Studien über die Elemente, den Geist und die Aktualität des Werkes* [1916], Berlin 1991.

Schmitt, Carl, *Verfassungslehre* [1928], Berlin 1954.

Schmitt, Carl, *Volksentscheid und Volksbegehren. Ein Beitrag zur Auslegung der Weimarer Verfassung und zur Lehre von der unmittelbaren Demokratie*, Berlin Leipzig 1927.

Schmitt, Carl, Das Zeitalter der Neutralisierungen und Entpolitisierungen, in: *Der Begriff des Politischen*. Text von 1932 mit einem Vorwort und drei Corollarien, Berlin 61996, 79–95.

Siemsen, Hans, Die Literatur der Nichtleser, (*Die literarische Welt* 2, 10. September 1926), in: *Weimarer Republik. Manifeste und Dokumente zur deutschen Literatur 1918–1933*, mit einer Einleitung und Kommentaren hg. von Anton Kaes, Stuttgart 1983, 255 f.

Sladek, Maximilian, Unsere Schau, in: Wolfgang Jansen, *Glanzrevuen der zwanziger Jahre*, Berlin 1987, 146.

Straus, Oscar, *Eine Frau, die weiß, was sie will*. Komödie mit Musik in 5 Bildern von Alfred Grünwald (nach Verneuil), vollständiger Klavierauszug mit Text, Berlin 1932.

Straus, Oscar, *Ein Walzertraum*. Operette in drei Akten von Felix Dörmann und Leopold Jacobson, mit Benützung einer Novelle aus Hans

Müller's *Buch der Abenteuer*, Klavierauszug mit Text, Leipzig Wien 1907.

Strauß, Johann (Sohn), *Leben und Werk in Briefen und Dokumenten*, im Auftrag der Johann-Strauß-Gesellschaft Wien gesammelt u. kommentiert von Franz Mailer, 10 Bde., Bd. 4: *1887–1889*, Tutzing 1992.

Tönnies, Ferdinand, *Gemeinschaft und Gesellschaft. Grundbegriffe der reinen Soziologie* [1887], Darmstadt ⁴2005.

Tucholsky, Kurt, Lehár am Klavier (1931), in: Ders., *Gesammelte Werke in zehn Bänden*, hg. von Mary Gerold-Tucholsky und Fritz J. Raddatz, Bd. 9: *1931*, Reinbek bei Hamburg 1975, 270–272.

Valéry, Paul, *Œuvres*, édition établie et annotée par Jean Hytier, 2 vol., Paris 1960.

Vischer, Friedrich Theodor, A*esthetik oder Wissenschaft des Schönen. Zum Gebrauch für Vorlesungen* [1857], Bd. 6: *Kunstlehre: Die Dichtkunst*, hg. von Robert Vischer, München 1923.

Vitu, Auguste / Paul Farnèse, *Physiologie de la Polka, d'après Cellarius*, Paris 1844, in: Alain Montandon (Hg.), *Paris au bal. Treize physiologies sur la danse*, Paris 2000, 235–275.

Vitu, Auguste / Jules Frey, *Physiologie du Bal Mabille* [1844], in: Alain Montandon (Hg.), *Paris au bal. Treize physiologies sur la danse*, Paris 2000, 193–233.

Weber, Max, Parlament und Regierung im neugeordneten Deutschland. Zur politischen Kritik des Beamtentums und Parteiwesens [1917], in: Ders., *Gesammelte politische Schriften*. 3., erneut vermehrte Aufl., mit einem Geleitwort von Theodor Heuss, hg. von Johannes Winckelmann, Tübingen 1971, 306–443.

Weber, Max, Politik als Beruf [1919], in: Ders., *Gesammelte politische Schriften*. 3., erneut vermehrte Aufl., mit einem Geleitwort von Theodor Heuss, hg. von Johannes Winckelmann, Tübingen 1971, 505–560.

Weber, Max, *Wirtschaft und Gesellschaft. Grundriß der verstehenden Soziologie*, 5., rev. Aufl., Tübingen 1980.

Weber, Max, Die Wirtschaftsethik der Weltreligionen I, in: *Gesammelte Aufsätze zur Religionssoziologie*, 3 Bde., Bd. 1, Tübingen 61972, 237–573.

Weimarer Republik. Manifeste und Dokumente zur deutschen Literatur 1918-1933, mit einer Einleitung und Kommentaren hg. von Anton Kaes, Stuttgart 1983.

Wienbarg, Ludolf, Ästhetische Feldzüge. Dem jungen Deutschland gewidmet [1834], hg. von Walter Dietze, Berlin Weimar 1964 [Reprint].

Zweig, Stefan, Das Wien von gestern [1940], in: Ders., *Länder, Städte, Landschaften*, zusammengestellt von Knut Beck, Frankfurt/Main 1981, 70–86.

Forschungsliteratur

Agamben, Giorgio, Was ist ein Volk?, in: Ders., *Mittel ohne Zweck. Noten zur Politik*, übers. von Sabine Schulz, Freiburg Berlin 2001, 35–40.
Agard, Olivier, Jacques Offenbach ou l'archéologie de la modernité, in: *Cultures de masse et modernité – Siegfried Kracauer, sociologue, critique, écrivain*, hg. von Nia Perivolaropoulou und Philippe Despoix, Paris 2001, 178–211.
Aigner, Thomas, »Rotunde-Quadrille«. Wiener Unterhaltungsmusik in den Jahrzehnten um die Weltausstellung, in: Wolfgang Kos/Ralph Gleis (Hg.), *Experiment Metropole. 1873: Wien und die Weltausstellung*. Katalog zur Ausstellung des Wien Museums vom 15. Mai bis 28. September 2014, Wien 2014, 248–255.
Albert, Maurice, *Les théâtres des boulevards (1789–1848)* [1902], Genève 1969.
Alewyn, Richard, *Das große Welttheater. Die Epoche der höfischen Feste*, München 1989.
Ambroise-Rendu, Anne-Claude, Les faits divers, in: Dominique Kalifa/Philippe Régnier/Marie-Ève Thérenty/Alain Vaillant (Hg.), *La Civilisation du journal. Histoire culturelle et littéraire de la presse française au XIXe siècle*, Paris 2011, 979–997.
Anselm, Sigrun, »Indizienjäger im Alltag«. Siegfried Kracauers kritische Phänomenologie, in: *Kultursoziologie – Symptom des Zeitgeistes?*, hg. von Helmuth Berking und Richard Faber, Würzburg 1989, 170–194.
Assoun, Paul-Laurent, *Marx et la répétition historique*, Paris ²1999.
Asper, Helmut G., *Hanswurst. Studien zum Lustigmacher auf der Berufsschauspielerbühne in Deutschland im 17. und 18. Jahrhundert*, Emsdetten 1980.
Audebrand, Philibert, *Léon Gozlan. Scènes de la vie littéraire (1828–1865)*, Paris 1885.

Bachleitner, Norbert, *Fiktive Nachrichten. Die Anfänge des europäischen Feuilletonromans*, Würzburg 2012.

Bachtin, Michail, *Rabelais und seine Welt. Volkskultur als Gegenkultur* [1965], übers. von Gabriele Leupold, mit einem Vorwort von Renate Lachmann, Frankfurt/Main 1987.

Balke, Friedrich, Wie man einen König tötet oder: *Majesty in Misery*, in: *DVjs* 75 (2001), H. 4, 657–679.

Baranello, Micaela, *Die lustige Witwe* and the Creation of the Silver Age of Viennese Operetta, in: *Cambridge Opera Journal* 26 (2014), H. 2, 175–202.

Batta, András, *Träume sind Schäume. Die Operette in der Donaumonarchie*, Budapest 1992.

Baudrillard, Jean, *Simulacres et simulation*, Paris 1981.

Bauman, Zygmunt, *Moderne und Ambivalenz. Das Ende der Eindeutigkeit*, Hamburg 1992.

Baumeister, Martin, *Kriegstheater. Großstadt, Front und Massenkultur 1914–1918*, Essen 2005.

Bauschulte, Manfred, *Religionsbahnhöfe in der Weimarer Republik. Studien zur Religionsforschung 1918–1933*, Marburg 2007.

Baxmann, Inge, *Die Feste der Französischen Revolution. Inszenierung von Gesellschaft als Natur*, Weinheim Basel 1989.

Bayerdörfer, Hans-Peter, ›Politische Ballade‹. Zu den ›Historien‹ in Heines ‹Romanzero›, in: *DVjs* 46 (1972), 435–468.

Bayerdörfer, Hans-Peter, Einakter mit Hilfe des Würfels. Zur Theatergeschichte der »Kleinen Formen« seit dem 18. Jahrhundert, in: Winfried Herget/Brigitte Schultze (Hg.), *Kurzformen des Dramas. Gattungspoetische, epochenspezifische und funktionale Horizonte*, Tübingen 1996, 31–57.

Beaulieu, Henri, *Les théâtres du Boulevard du Crime. Cabinets galants, cabarets, théâtres, cirques, bateleurs. De Nicolet à Déjàzet (1752–1862). Ouvrage orné de 3 planches hors-texte et d'un plan du Boulevard du Temple*, Genève 1977.

Becker, Tobias, Die Anfänge der Schlagerindustrie. Intermedialität und wirtschaftliche Verflechtungen vor dem Ersten Weltkrieg, in: *Jahrbuch des Deutschen Volksliedarchivs Freiburg* 58 (2013): *Lied und populäre Kultur/Song and Popular Culture*, hg. von Michael Fischer, Wolfgang Jansen und Tobias Widmaier, Münster New York München Berlin 2013, 11–39.

Becker, Tobias, *Inszenierte Moderne. Populäres Theater in Berlin und London 1880–1930*, Berlin München 2014.

Becker, Tobias, Unterhaltungstheater, in: Ders./Tobias Becker/Kerstin Lange/Johanna Niedbalski/Anne Gnausch/Paul Nolte, *Weltstadtvergnügen. Berlin 1880–1930*, Göttingen 2016, 28–73.

Becker, Tobias/Anna Littmann/Johanna Niedbalski (Hg.), *Die tausend Freuden der Metropole. Vergnügungskultur um 1900*, Bielefeld 2011.
Bedorf, Thomas/Kurt Röttgers (Hg.), *Das Politische und die Politik*, Frankfurt/Main 2010.
Berbig, Roland, Le personnage in »Lutezia«. Figuration und Personarium in Heines Pariser »Berichten über Politik, Kunst und Volksleben«, in: Arnold Pistiak/Julia Rintz (Hg.), *Zu Heinrich Heines Spätwerk »Lutezia«. Kunstcharakter und europäischer Kontext*, Berlin 2007, 59–82.
Berger, Willy Richard, Das Tableau. Rührende Schluß-Szenen im Drama, in: *Arcadia* 24 (1989), 131–147.
Bergius, Hanne, *Das Lachen DADAs. Die Berliner Dadaisten und ihre Aktionen*, Gießen 1993.
Betz, Fritz. *Das Schweigen des Karl Kraus. Paradoxien des Medienalltags*, Pfaffenweiler 1994.
Biebl, Sabine, *Betriebsgeräusch Normalität. Angestelltendiskurs und Gesellschaft um 1930*, Berlin 2013.
Bienert, Michael, *Die eingebildete Metropole. Berlin im Feuilleton der Weimarer Republik*, mit 36 Abbildungen, Stuttgart 1992.
Biermann, Karlheinrich, *Literarisch-politische Avantgarde in Frankreich 1830–1870. Hugo, Sand, Baudelaire und andere*, Stuttgart Berlin Köln Mainz 1982.
Biermann, Karlheinrich, *Victor Hugo*, Reinbek 1998.
Biesbrock, Hans-Rüdiger van, *Die literarische Mode der Physiologien in Frankreich (1840–1842)*, Frankfurt/Main Bern New York 1978.
Biver, Marie-Louise, *Fêtes révolutionnaires à Paris*, préface de Jean Tulard, Paris 1979.
Blaseio, Gereon, Hedwig Pompe und Jens Ruchatz (Hg.), *Popularisierung und Popularität*, Köln 2005.
Blumenauer, Elke, *Journalismus zwischen Pressefreiheit und Zensur. Die Augsburger »Allgemeine Zeitung« im Karlsbader System (1818–1848)*, Köln 2000.
Blumenberg, Hans, *Arbeit am Mythos*, Frankfurt/Main 51990.
Blumenberg, Hans, »Mon Faust« in Erfurt, in: Ders., *Goethe zum Beispiel*, in Verbindung mit Manfred Sommer hg. vom Hans Blumenberg-Archiv, Frankfurt/Main 1999, 21–38.
Bodi, Leslie, Kopflos – ein Leitmotiv in Heines Werk, in: *Internationaler Heine-Kongreß 1972. Referate und Diskussionen*, hg. von Manfred Windfuhr, Hamburg 1973, 227–244.
Bohnenkamp, Elgin, Kommentare zur Musik in den »Letzten Tagen der Menschheit«, in: *Kraus-Hefte* (April 1988), H. 46, 1–8.
Borchmeyer, Dieter, *Tragödie und Öffentlichkeit. Schillers Dramaturgie im*

Zusammenhang seiner ästhetisch-politischen Theorie und die rhetorische Tradition, München 1975.
Bose, Günter / Erich Brinkmann, Circus. Geschichte und Ästhetik einer niederen Kunst, Stuttgart 1978.
Bourdieu, Pierre, Die feinen Unterschiede. Kritik der gesellschaftlichen Urteilskraft, übers. von Bernd Schwibs und Achim Russer, Frankfurt / Main 1987.
Bovenschen, Silvia, Über-Empfindlichkeit. Spielformen der Idiosynkrasie, Frankfurt / Main 2000.
Branscombe, Peter, Die frühe Offenbach-Rezeption in Wien und Nestroys Anteil daran, in: *Austriaca* 14 (1998), H. 4: *L'Opérette viennoise*, 41–51.
Braun, Siegfried, *Zur Soziologie der Angestellten*, Frankfurt / Main 1964.
Breuer, Stefan, *Bürokratie und Charisma. Zur politischen Soziologie Max Webers*, Darmstadt 1994.
Briefwechsel über Dreigroschenopern, in: *Die Scene* 19 (Februar 1929), H. 2: Sonderheft *Krisis der Operette*, 63–65.
Briegleb, Klaus, *Opfer Heine? Versuche über Schriftzüge der Revolution*, Frankfurt / Main 1986.
Briese, Olaf, Punkt, Punkt, Komma, Strich. Heinrich Heine als Virtuose der Interpunktion, in: *Heine-Jahrbuch* 47 (2008), 45–62.
Brittnacher, Hans Richard, Tragödie und Operette – der doppelköpfige Weltuntergang des Karl Kraus, in: »*Reise in die Tiefe der Zeit und des Traums*«. *(Re-)Lektüren des ostmitteleuropäischen Raumes aus österreichischer, deutscher, polnischer und ukrainischer Sicht*, hg. von Małgorzata Dubrowska und Anna Rutka, Lublin 2015, 11–27.
Brixel, Eugen / Gunther Martin / Gottfried Pils, *Das ist Österreichs Militärmusik. Von der ›Türkischen Musik‹ zu den Philharmonikerin in Uniform*, Graz Wien Köln 1982.
Brusatti, Otto, *Joseph Lanner. Compositeur, Entertainer & Musikgenie*, Wien Köln Weimar 2001.
Bröckling, Ulrich / Eva Horn (Hg.), *Anthropologie der Arbeit*, Tübingen 2002.
Brooks, Peter, *The Melodramatic Imagination. Balzac, Henry James, Melodrama, and the Mode of Excess*, New Haven London 1976.
Brummack, Jürgen, Der Romanzero, in: *Heinrich Heine. Epoche – Werk – Wirkung*, hg. von Jürgen Brummack, München 1980, 255–286.
Bücher, Karl, *Arbeit und Rhythmus* [1896], Leipzig 61924.
Bürger, Peter, *Theorie der Avantgarde* [1976], mit einem Nachwort zur zweiten Auflage, Frankfurt / Main 162013.
Busch, Bernd, *Belichtete Welt. Eine Wahrnehmungsgeschichte der Fotografie*, München Wien 1989.

Canetti, Elias, Karl Kraus, Schule des Widerstands [1965], in: Ders., *Das Gewissen der Worte*. Essays, München 21983, 39–49.
Charle, Christophe, Ein paradoxes Genre. Die revue d'actualité in Paris (1852–1912), in: *Staging Festivity. Theater und Fest in Europa*, hg. von Erika Fischer-Lichte und Matthias Warstat, Tübingen 2009, 260–286.
Charle, Christophe, *Theaterhauptstädte. Die Entstehung der Spektakelgesellschaft in Paris, Berlin, London und Wien* [2003], übers. von Susanne Buchner-Sabathy, Berlin 2012.
Clarke, Christopher, *Die Schlafwandler. Wie Europa in den Ersten Weltkrieg zog*, München 2012.
Clemens, Gabriele B. (Hg.), *Zensur im Vormärz. Pressefreiheit und Informationskontrolle in Europa*, Ostfildern 2013.
Corbineau-Hoffmann, Angelika, *Brennpunkt der Welt. C'est l'abrégé de l'univers. Großstadterfahrung und Wissensdiskurs in der pragmatischen Paris-Literatur 1780–1830*, Berlin 1991.
Croner, Fritz, *Soziologie der Angestellten*, Köln Berlin 1962.
Csáky, Moritz, *Ideologie der Operette und Wiener Moderne. Ein kulturhistorischer Essay zur österreichischen Identität*, Wien Köln Weimar 1996.
Czerny, Peter / Heinz P. Hofmann, *Der Schlager. Ein Panorama der leichten Musik*, Bd. 1, Berlin 1968.

Dahlhaus, Carl, Zur musikalischen Dramaturgie der »Lustigen Witwe«, in: Ders., *Gesammelte Schriften in zehn Bänden*, hg. von Hermann Danuser, Bd. 7: *19. Jahrhundert: Richard Wagner – Texte zum Musiktheater*, Laaber 2004, 637–644.
Daston, Lorraine, *Eine kurze Geschichte der wissenschaftlichen Aufmerksamkeit*, München 2001.
Daston, Lorraine / Katherine Park, *Wunder und die Ordnung der Natur 1150–1750*, Berlin 2003.
Davies Cordova, Sarah, *Paris Dances. Textual Choreographies in the nineteenth-century French Novel*, San Francisco London Bethesda 1999.
Debord, Guy, *La société du spectacle* [1967], Paris 2007.
Decaux, Alain, *Offenbach. König des Zweiten Kaiserreichs* [1958], übers. von Lilli Nevinny, München 1960.
Decsey, Ernst *Johann Strauß. Ein Wiener Buch*, Wien 1948.
Deleuze, Gilles, *Differenz und Wiederholung*, übers. von Joseph Vogl, München 21997.
Deleuze, Gilles, Philosophie der Minderheit, in: Ders., *Kleine Schriften*, Berlin 1980, 27–29.
Deleuze, Gilles / Félix Guattari, *Tausend Plateaus. Kapitalismus und Schizophrenie*, übers. von Gabriele Ricke und Ronald Vouillé, Berlin 1992.

Denscher, Barbara / Helmut Peschina, *Kein Land des Lächelns. Fritz Löhner-Beda 1883–1942*, Salzburg 2002.
Denscher, Barbara, *Der Operettenlibrettist Victor Léon. Eine Werkbiographie*, Bielefeld 2017.
Derrida, Jacques, *Marx' Gespenster. Der Staat der Schuld, die Trauerarbeit und die neue Internationale*, übers. von Susanne Lüdemann, Frankfurt / Main 21996.
Derrida, Jacques, *Politik der Freundschaft*, übers. von Stefan Lorenzer, Frankfurt / Main 2000.
Diederichsen, Diedrich, *Über Pop-Musik*, Köln 2014.
Dietz, Max, *Geschichte des musikalischen Dramas in Frankreich während der Revolution bis zum Direktorium (1787–1795)*, Hildesheim New York 1970 (Reprint der Ausgabe von 1893).
Doering, Susan, *Der wienerische Europäer. Johann Nestroy und die Vorlagen seiner Stücke*, München 1992.
Dömeland, Janine, Großes Schauspielhaus, Berlin: Musiktheaterkonzepte in der Weimarer Republik, in: Nils Grosch (Hg.), *Aspekte des modernen Musiktheaters in der Weimarer Republik*, Münster New York München Berlin 2004, 139–158.
Dumasy-Queffélec, Lise, Le feuilleton, in: Philippe Régnier / Marie-Ève Thérenty / Alain Vaillant (Hg.), *La Civilisation du journal. Histoire culturelle et littéraire de la presse française*, Paris 2011, 925–936.

Eagleton, Terry, *Walter Benjamin or Towards a Revolutionary Criticism*, London 1981.
Eberwein, Tobias, *Literarischer Journalismus. Theorie – Traditionen – Gegenwart*, Köln 2013.
Eggers, Michael, Wissenschaft, Satire und die »schwierigste Sprache der Welt«. Balzacs ›Physiologien‹ und ›Monographien‹ in gattungs- und begriffsgeschichtlicher Perspektive, in: Michael Bies / Michael Gamper (Hg.), *GattungsWissen. Wissenspoetologie und literarische Form*, Göttingen 2013, 203–226.
Eichberg, Henning, *Leistung, Spannung, Geschwindigkeit. Sport und Tanz im gesellschaftlichen Wandel des 18./19. Jahrhunderts*, Stuttgart 1978.
Elsaesser, Thomas, *Das Weimarer Kino – aufgeklärt und doppelbödig*, übers. von Michael Wedel, Berlin 1999.
Erbe, Michael, Napoleon III. (1848/52–1870), in: Peter C. Hartmann (Hg.), *Französische Könige und Kaiser der Neuzeit. Von Ludwig XII. bis Napoleon III. 1498–1870*, München 1994, 422–452.
Esterhammer, Ruth, *Kraus über Heine. Mechanismen des literaturkritischen Diskurses im 19. und 20. Jahrhundert*, Würzburg 2005.

Ewald, François, *Der Vorsorgestaat*, übers. von Wolfram Bayer und Hermann Kocyba, mit einem Essay von Ulrich Beck, Frankfurt/Main 1993.

Faure, Alain, *Paris carême-prenant. Du carnaval à Paris au XIXe siècle, 1800–1914*, Paris 1978.
Feyel, Gilles, *La presse en France des origines à 1944. Histoire politique et matérielle*, Paris 1999.
Fietkau, Wolfgang, *Schwanengesang auf 1848. Ein Rendezvous am Louvre: Baudelaire, Marx, Proudhon und Victor Hugo*, Reinbek 1978.
Fink, Monika, *Der Ball. Eine Kulturgeschichte des Gesellschaftstanzes im 18. und 19. Jahrhundert*, Innsbruck Wien 1996.
Finscher, Ludwig, Gustave ou Le Bal masqué, in: *Pipers Enzyklopädie des Musiktheaters in acht Bänden. Oper – Operette – Musical – Ballett*, hg. von Carl Dahlhaus und dem Forschungsinstitut für Musiktheater der Universität Bayreuth unter Leitung von Sieghart Döhring, Bd. 1: Werke Abbatini – Donizetti, München Zürich 1986, 107–109.
Fischer, Jens Malte, *Karl Kraus. Studien zum »Theater der Dichtung« und Kulturkonservatismus*, Kronberg/Taunus 1973.
Foucault, Michel, *Geschichte der Gouvernementalität I: Sicherheit, Territorium, Bevölkerung. Vorlesung am Collège de France 1977–1978*, übers. von Claudia Brede-Konersmann und Jürgen Schröder, Frankfurt/Main 2004.
Foucault, Michel, Überwachen und Strafen. Die Geburt des Gefängnisses [1976], übers. von Walter Seitter, Frankfurt/Main 1977.
Fraison, Laurent, Une génèse par étapes, in: *L'Avant-Scène Opéra 206: Jacques Offenbach, La Vie parisienne*, Paris 2002, 76–83.
Freund, Gisèle, *Photographie und Gesellschaft* [1974], übers. von Dietrich Leube, Reinbek 1997.
Frey, Stefan, *»Was sagt ihr zu diesem Erfolg.« Franz Lehár und die Unterhaltungsmusik des 20. Jahrhunderts*, Frankfurt/Main Leipzig 1999.
Frey, Stefan, »Eine Sünde wert«: Operette als künstlerischer Seitensprung. Käthe Dorsch, Richard Tauber und andere Genre-Grenzgänger, in: *Kunst der Oberfläche. Operette zwischen Bravour und Banalität*, hg. von Bettina Brandl-Risi, Clemens Risi und der Komischen Oper Berlin, Berlin 2015, 111–124.
Frey, Stefan, *Franz Lehár oder das schlechte Gewissen der leichten Musik*, Tübingen 1995.
Frey, Stefan, *»Unter Tränen lachen«. Emmerich Kálmán. Eine Operettenbiographie*, Berlin 2003.
Freydank, Ruth, *Theater in Berlin. Von den Anfängen bis 1945*, Berlin 1988.

Fried, Michael, *Absorption and Theatricality. Painting and Beholder in the Age of Diderot*, Berkeley Los Angeles London 1980.

Frisby, David, *Fragmente der Moderne. Georg Simmel – Siegfried Kracauer – Walter Benjamin*, Rheda-Wiedenbrück 1989.

Fuhrmann, Manfred, Lizenzen und Tabu des Lachens – Zur sozialen Grammatik der hellenistisch-römischen Komödie, in: Wolfgang Preisendanz / Rainer Warning (Hg.), *Das Komische*, München 1976, 65–101.

Gamper, Michael, *Der große Mann. Geschichte eines politischen Phantasmas*, Göttingen 2016.

Gamper, Michael, Gegenwärtige Politik des Vergangenen. Politische Nachträglichkeit bei Heinrich Heine, in: Sabine Schneider / Heinz Brüggemann (Hg.), *Gleichzeitigkeit des Ungleichzeitigen. Formen und Funktionen von Pluralität in der ästhetischen Moderne*, München 2010, 89–104.

Gamper, Michael, *Masse lesen, Masse schreiben. Eine Diskurs- und Imaginationsgeschichte der Menschenmenge 1765–1930*, München 2007.

Garbe, Christine, *Die ›weibliche‹ List im ›männlichen‹ Text. Jean-Jacques Rousseau in der feministischen Kritik*, Stuttgart Weimar 1992.

Gasnault, François, *Guinguettes et lorettes. Bals publics à Paris au XIXe siècle*, Paris 1986.

Genette, Gérard, *Fiktion und Diktion* [1991], übers. von Heinz Jatho, München 1992.

Gerhard, Anselm, *Die Verstädterung der Oper. Paris und das Musiktheater des 19. Jahrhunderts*, Stuttgart 1992.

Geulen, Eva, *Das Ende der Kunst. Lesarten eines Gerüchts nach Hegel*, Frankfurt / Main 2002.

Geulen, Eva, Nachkommenschaften: Heine und Hegel zum Ende der Kunstperiode, in: Sigrid Weigel (Hg.), *Heine und Freud. Die Enden der Literatur und die Anfänge der Kulturwissenschaft*, Berlin 2010, 283–292.

Geyer, Stefan / Johannes Lehmann (Hg.), *Aktualität. Zur Geschichte literarischer Gegenwartsbezüge*, Hannover 2018 [i. Ersch.].

Ghisalberti, Giosué, Tragedy and Repetition in Marx's The Eighteenth Brumaire of Louis Bonaparte, in: *Clio. A Journal of Literature, History and the Philosophy of History* 26 (1997), H. 4, 411–425.

Giedion, Sigfried, *Die Herrschaft der Mechanisierung. Ein Beitrag zur anonymen Geschichte* [1948], hg. mit einem Vorwort von Henning Ritter und einem Nachwort von Stanislaus von Moos, Hamburg 21994.

Giesselmann, Werner, *»Die Manie der Revolte«. Protest unter der Französischen Julimonarchie (1830–1848)*, München 1993.

Gillesen, Günther, *Auf verlorenem Posten. Die Frankfurter Zeitung im Dritten Reich*, Berlin 1986.

Glanz, Christian, Aspekte des Exotischen in der Wiener Operette am Beispiel der Darstellung Südeuropas, in: *Musicologica Austriaca* 9 (1989), 75–90.

Glossy, Carl, Zur Geschichte der Theater Wiens I (1801–1820), in: *Jahrbuch der Grillparzer-Gesellschaft*, hg. von Carl Glossy, 25 (1915), 1–334.

Göttlich, Udo / Rainer Winter (Hg.), *Politik des Vergnügens. Zur Diskussion der Populärkultur in den Cultural Studies*, Köln 1999.

Goltschnigg, Dietmar, *Die Fackel ins wunde Herz. Kraus über Heine. Eine »Erledigung«? Texte, Analysen, Kommentar*, Wien 2000.

Gosling, Nigel, *Nadar. Photograph berühmter Zeitgenossen*, München 1977.

Graczyk, Annette, Das Theater der Französischen Revolution, in: Dies. (Hg.), *Vorhang auf für die Revolution. Das französische Theater 1789–1794*, Weinheim Berlin 1989, 7–59.

Graevenitz, Gerhart von (Hg.), *Konzepte der Moderne*. DFG-Symposium 1997, Stuttgart Weimar 1999.

Graevenitz, Gerhart von, Mythologie des Festes – Bilder des Todes. Bildformeln der Französischen Revolution und ihre literarische Umsetzung (Gustave Flaubert und Gottfried Keller), in: *Das Fest*, hg. von Walter Haug und Rainer Warning, München 1989 (= Poetik und Hermeneutik, Bd. XIV), 526–559.

Graevenitz, Gerhart von, *Mythos. Zur Geschichte einer Denkgewohnheit*, Stuttgart 1987.

Gregory, Stephan, Erkenntnis und Verbrechen. Schillers Pariser Ermittlungen, in: *Topos Tatort. Fiktionen des Realen*, hg. von Anna Häusler, Bielefeld 2011, 45–73.

Grimstad, Kari, Jacques Offenbach. Reflex und Reflexion eines Phänomens bei Karl Kraus und Siegfried Kracauer, in: Michael Kessler / Thomas Y. Levin (Hg.), *Siegfried Kracauer. Neue Interpretationen*, Tübingen 1990, 59–76.

Grun, Bernard, *Kulturgeschichte der Operette*, Berlin 1967.

Grun, Bernard, *Gold und Silber. Franz Lehár und seine Welt*, München Wien 1970.

Groepper, Tamina, *Aspekte der Offenbachiade. Untersuchungen zu den Libretti der großen Operetten Offenbachs*, Frankfurt / Main Bern New York 1990.

Gromes, Hartwin, *Vom Alt-Wiener Volksstück zur Wiener Operette. Beiträge zur Wandlung einer bürgerlichen theatralischen Unterhaltungsform im 19. Jahrhundert*, Diss. masch., München 1967.

Grosch, Nils (Hg.), *Aspekte des modernen Musiktheaters in der Weimarer Republik*, Münster New York München Berlin 2004.

Großklaus, Götz, Das daguerreotypische Geschichtsbuch, in: Ders., *Heinrich Heine. Der Dichter der Modernität*, Paderborn 2015, 115–127.

Grünberg, Ingrid, Operette und Rundfunk. Die Entstehung eines spezifischen Typs massenwirksamer Unterhaltungsmusik, in: *Argument*, hg. von Wolfgang Fritz Haug, Sonderband 24: *Angewandte Musik der 20er Jahre. Exemplarische Versuche gesellschaftsbezogener musikalischer Arbeit für Theater, Film, Radio, Massenveranstaltung*, Berlin 1977, 59–80.

Gugitz, Gustav, *Das Wiener Kaffeehaus. Ein Stück Kultur- und Lokalgeschichte*, Wien 1940.

Gumbrecht, Hans Ulrich / Juan José Sánchez, Der Misanthrop, die Tänzerin und der Ohrensessel. Über die Gattung ›Costumbrismo‹ und die Beziehungen zwischen Gesellschaft, Wissen und Diskurs in Spanien von 1805 bis 1851, in: *Bewegung und Stillstand in Metaphern und Mythen. Fallstudien zum Verhältnis von elementarem Wissen und Literatur im 19. Jahrhundert*, hg. von Jürgen Link und Wulf Wülfing, Stuttgart 1984, 15–62.

Gumbrecht, Hans Ulrich, *1926. Ein Jahr am Rand der Zeit*, Frankfurt / Main 2001.

Gumbrecht, Hans Ulrich, Schwindende Stabilität der Wirklichkeit. Eine Geschichte des Stilbegriffs, in: *Stil. Geschichte und Funktionen eines Diskurselements*, hg. von Hans Ulrich Gumbrecht und K. Ludwig Pfeiffer unter Mitarbeit von Armin Biermann, Thomas Müller, Bernd Schulte und Barbara Ullrich, Frankfurt / Main 1986, 726–788.

Gumbrecht, Hans-Ulrich, Skizze einer Literaturgeschichte der Französischen Revolution, in: *Neues Handbuch der Literaturwissenschaft*, Bd. 13: *Europäische Aufklärung III*, hg. von Jürgen Stackelberg, Wiesbaden 1980, 269–328.

Günter, Manuela, Realismus in Medien. Zu Fontanes Frauenromanen, in: Daniela Gretz (Hg.), *Medialer Realismus*, Freiburg 2011, 167–190.

Guy, Irene, *Sexualität im Gedicht. Heinrich Heines Spätlyrik*, Bonn 1984.

Haarmann, Hermann, *Erwin Piscator und die Schicksale der Berliner Dramaturgie. Nachträge zu einem Kapitel deutscher Theatergeschichte*, München 1991.

Habermas, Jürgen, *Strukturwandel der Öffentlichkeit. Untersuchungen zu einer Kategorie der bürgerlichen Gesellschaft*. Mit einem Vorwort zur Neuauflage von 1990, Frankfurt / Main 61999.

Hadamowsky, Franz / Otte, Heinz, *Die Wiener Operette. Ihre Theater- und Wirkungsgeschichte*, Wien 1947.

Hadamowsky, Franz, *Wien. Theatergeschichte. Von den Anfängen bis zum Ende des Ersten Weltkriegs*, Wien München 1988.

Hahn, Torsten, Großstadt und Menschenmenge. Zur Verarbeitung gouvernementaler ›Data‹ in Schillers *Die Polizey*, in: *Rhetoriken des Verschwindens*, hg. von Tina-Karen Pusse, Würzburg 2008, 121–134.

Hall, Stuart, Notes on Deconstructing the ›Popular‹, in: *People's History and Socialist Theory*, hg. von Raphael Samuel, London 1981, 227–240.

Hansen, Miriam Bratu, *Cinema and Experience. Siegfried Kracauer, Walter Benjamin, and Theodor Adorno*, Berkeley Los Angeles 2012.

Hansen, Volkmar, *Heinrich Heines politische Journalistik in der Augsburger »Allgemeinen Zeitung«*. Katalog zur Ausstellung: Heines Artikel in der »Allgemeinen Zeitung«, 30. Januar–27. März 1994, Augsburg 1994.

Harries, Martin, Homo Alludens. Marx's Eighteenth Brumaire, in: *New German Critique* 66 (1995), 35–66.

Hartley, John, *A Short History of Cultural Studies*, London 2003.

Hasche, Christa, *Bürgerliche Revue und »Roter Rummel« : Studien zur Entwicklung massenwirksamen Theaters in den Formen der Revue in Berlin 1903–1925*, Diss. masch., Berlin 1980.

Hasche, Christa, »Superrevuen«. Tendenzen der Schaurevue der zwanziger Jahre in Berlin, in: Christopher Balme (Hg.), *Horizonte der Emanzipation. Texte zu Theater und Theatralität*, Berlin 1999, 103–118.

Haslmayr, Harald / Jörg Jewansky, Operette, in: *Die Musik in Geschichte und Gegenwart. Allgemeine Enzyklopädie der Musik*, 2., neubearb. Aufl. von Ludwig Finscher, Sachteil, Bd. 7: Mut – Que, Kassel Stuttgart Weimar 1997, 706–740.

Hautecœur, Louis, *Histoire de l'architecture classique en France (1789–1815)*, 7 Bde., Bd. 5: *Révolution et Empire 1792–1815*, Paris 1953.

Hawig, Peter, *Dokumentarstück – Operette – Welttheater. »Die letzten Tage der Menschheit« von Karl Kraus in der literarischen Tradition*, Essen 1984.

Heath, Stephen, The Politics of Genre, in: *Debating World Literature*, hg. von Christopher Prendergast, London New York 2004, 163–174.

Hebekus, Uwe, »Enthusiasmus und Recht«. Figurationen der Akklamation bei Ernst H. Kantorowicz, Erik Peterson und Carl Schmitt, in: Jürgen Brokoff / Jürgen Fohrmann (Hg.), *Politische Theologie. Formen und Funktionen im 20. Jahrhundert*, Paderborn München Wien Zürich 2003, 97–113.

Heesters, Johannes, *Es kommt auf die Sekunde an. Erinnerungen an ein Leben im Frack*. Nach Gesprächen aufgezeichnet von Willibald Eser, München 1978.

Henseler, Anton, *Jakob Offenbach*, Berlin 1930.

Herlinghaus, Hermann, Art. Populär/volkstümlich/Popularkultur, in: *Ästhetische Grundbegriffe*. Historisches Wörterbuch in sieben Bänden, hg. von Karlheinz Barck, Martin Fontius, Dieter Schlenstedt, Burkhart Steinwachs und Friedrich Wolfzettel, Bd. 4: Medien – Populär, Stuttgart Weimar 2002, 832–884.

Hermand, Jost, Allmählich abblassender Ruhm. Die Gestalt Napoleons in Heines *Lutezia*, in: Arnold Pistiak/Julia Rintz (Hg.), *Zu Heinrich Heines Spätwerk »Lutezia«. Kunstcharakter und europäischer Kontext*, Berlin 2007, 321–330.

Herrmann, Hans-Christian von, Pensum – Spur – Code. Register der Arbeitswissenschaft bei Taylor, Gilbreth und Bernstein, in: Ulrich Bröckling/Eva Horn (Hg.), *Anthropologie der Arbeit*, Tübingen 2002, 193–208.

Hess, Rémi, *Der Walzer. Geschichte eines Skandals*, übers. von Antoinette Gittinger, Hamburg 1996.

Höhn, Gerhard, *Heine-Handbuch. Zeit, Person, Werk*. Dritte, überarbeitete u. erw. Aufl., Stuttgart Weimar 2004.

Hofmann, Martin, »sich die Massenseele dienstbar machen«. Über Siegfried Kracauers Diagnose der Normierungstendenz in der kapitalistischen Moderne, in: Ders./Tobias Korta, *Siegfried Kracauer – Fragmente einer Archäologie der Moderne*, Sinzheim 1997, 11–51.

Hosfeld, Rolf, Welttheater als Tragikomödie. Ein denkbarer Dialog Heines mit der Moderne, in: Gerhard Höhn (Hg.), *Heinrich Heine. Ästhetisch-politische Profile*, Frankfurt/Main 1991, 136–154.

Huber, Joachim, *Das deutsche Boulevardtheater. Organisation – Finanzierung – Produktionsmethoden – Wirkungsabsichten*, Diss. masch., München 1985.

Hülk, Walburga/Gregor Schuhen (Hg.), *Haussmann und die Folgen. Vom Boulevard zur Boulevardisierung*, Tübingen 2012.

Hüttner, Johann, Sensationsstücke und Alt-Wiener Volkstheater. Zum Melodrama in der ersten Hälfte des 19. Jahrhunderts, in: *Maske und Kothurn* 21 (1972), H. 4, 263–281.

Hunt, Lynn, *Politics, Culture, and Class in the French Revolution*, Berkeley Los Angeles London 1984.

Hunt, Lynn, Pornographie und die Französische Revolution, in: Dies. (Hg.), *Die Erfindung der Pornographie. Obszönität und die Ursprünge der Moderne*, Frankfurt/Main 1994, 245–283.

Hunt, Lynn, *The Family Romance of the French Revolution*, London 1992.

Huyssen, Andreas, *After the Great Divide. Modernism, Mass Culture, Postmodernism*, Bloomington Indianapolis 1986.

Irmer, Hans-Jochen, Jacques Offenbachs Werke in Wien und Berlin. Zum 150. Geburtstag des Komponisten am 20. Juni 1969, in: *Wissenschaftliche Zeitschrift der Humboldt-Universität zu Berlin*. Gesellschafts- und sprachwissenschaftliche Reihe 18 (1969), 125–145.

Jäger, Christian / Schütz, Erhard (Hg.), *Glänzender Asphalt. Berlin im Feuilleton der Weimarer Republik*, Berlin 1994.

Jansen, Wolfgang, Auf der Suche nach Zukunft: Die Situation der Operette in den ausgehenden Zwanziger Jahren, in: Nils Grosch (Hg.), *Aspekte des modernen Musiktheaters in der Weimarer Republik*, Münster New York München Berlin 2004, 27–72.

Jansen, Wolfgang, *Glanzrevuen der zwanziger Jahre*, Berlin 1987.

Jauß, Hans Robert, Forschungsprojekt Art social / Art industriel, in: *Romanistische Zeitschrift für Literaturgeschichte* 3/4 (1987), 193–201.

Jelavich, Peter, *Berlin Cabaret*, Cambridge / Mass. London 31997.

Johnston, William M., *Österreichische Kultur- und Geistesgeschichte. Gesellschaft und Ideen im Donauraum 1848–1918* [1974], Wien Köln Weimar 42006.

Jordan, Christa, *Zwischen Zerstreuung und Berauschung. Die Angestellten in der Erzählprosa am Ende der Weimarer Republik*, Frankfurt / Main Bern New York Paris 1988.

Jung, Victor, *Handbuch des Tanzes*, Stuttgart 1930.

Kalifa, Dominque / Philippe Régnier / Marie-Ève Thérenty / Alain Vaillant (Hg.), *La Civilisation du journal. Histoire culturelle et littéraire de la presse française au XIXe siècle*, Paris 2011.

Kantorowicz, Ernst H., *Die zwei Körper des Königs. Eine Studie zur politischen Theologie des Mittelalters* [1957], übers. von Walter Theimer und Brigitte Hellmann, München 1990.

Kappelhoff, Hermann, *Matrix der Gefühle. Das Kino, das Melodrama und das Theater der Empfindsamkeit*, Berlin 2004.

Keil-Budischowsky, Verena, *Das Theater Wiens*, Wien 1983.

Kernmeyer, Hildegard, Barbara von Reibnitz und Erhard Schütz, Perspektiven der Feuilletonforschung. Vorwort, in: *Zeitschrift für Germanistik*. Neue Folge XXII (2012), H. 3: *Zur Poetik und Medialität des Feuilletons*, 494–508.

Kernmayer, Hildegard, *Judentum im Wiener Feuilleton (1848–1903). Exemplarische Untersuchungen zum literarästhetischen und politischen Diskurs der Moderne*, Tübingen 1998.

Kernmayer, Hildegard / Jung, Simone, Feuilleton. Interdisziplinäre Annäherungen an ein journalistisch-literarisches Phänomen, in: Dies.

(Hg.), *Feuilleton. Schreiben an der Schnittstelle von Journalismus und Literatur*, Bielefeld 2018, 9–30.

Kerr, David S., *Caricature and French political culture 1830–1848. Charles Philipon and the illustrated press*, Oxford 2000.

Kiem, Barbara, »Worte einer besonderen Sprache«. Heinrich Heines Signatur des Tanzes, in: Der Tanz in der Dichtung – Dichter tanzen, hg. von Gabriele Busch-Salmen, Monika Fink und Thomas Nußbaumer, Hildesheim Zürich New York 2015, 123–131.

Kimmel, Elke, Adolf Bartels, in: *Handbuch des Antisemitismus. Judenfeindschaft in Geschichte und Gegenwart*, 8 Bde., Bd. 2: *Personen*, München Berlin New York 2009, 57 f.

Kimmich, Dorothee, *Wirklichkeit als Konstruktion. Studien zu Geschichte und Geschichtlichkeit bei Heine, Büchner, Immermann, Stendhal, Keller und Flaubert*, München 2002.

Kittler, Friedrich, *Optische Medien*. Berliner Vorlesung 1999, Berlin 2002.

Kleinert, Annemarie, *Die frühen Modejournale in Frankreich. Studien zur Literatur der Mode von den Anfängen bis 1848*, Berlin 1980.

Klotz, Volker, *Bürgerliches Lachtheater. Komödie – Posse – Schwank – Operette* [1980], Reinbek 1987.

Klotz, Volker, Cancan contra Stechschritt. Antimilitarismus mit Rückfällen in der Operette, in: *Österreich und der Große Krieg 1914–1918. Die andere Seite der Geschichte*, mit 126 Schwarzweiß-Abbildungen hg. von Klaus Amann und Hubert Lengauer, Wien 1989, 52–60.

Klotz, Volker, *Dramaturgie des Publikums. Wie Bühne und Publikum aufeinander eingehen: insbesondere bei Raimund, Büchner, Wedekind, Horváth, Gatti und im politischen Agitationstheater.* 2., durchges. Aufl., Würzburg 1998.

Klotz, Volker, *Operette. Porträt und Handbuch einer unerhörten Kunst.* Erweiterte und aktualisierte Auflage, Kassel Basel London New York Prag 2004.

Klotz, Volker, Wann reden – wann singen – wann tanzen sie? Zur Dramaturgie der Tanzoperette bei Lehár, Kálmán, Künneke und anderen, in: *Drama und Theater im 20. Jahrhundert. Festschrift für Walter Hinck*, hg. von Hans Dietrich Irmscher und Werner Keller, Göttingen 1983, 105–120.

Kluchert, Gerhard, *Geschichtsschreibung und Revolution. Die historischen Schriften von Karl Marx und Friedrich Engels 1846 bis 1852*, Stuttgart-Bad Cannstatt 1985.

Klügl, Michael, *Erfolgsnummern. Modelle einer Dramaturgie der Operette*, Laaber 1992.

Knepler, Georg, *Karl Kraus liest Offenbach. Erinnerungen, Kommentare, Dokumentationen*, Berlin 1984.
Koch, Gertrud, *Siegfried Kracauer zur Einführung* [1996], Hamburg 22012.
Kocka, Jürgen, *Die Angestellten in der deutschen Geschichte 1850–1980. Vom Privatbeamten zum angestellten Arbeitnehmer*, Göttingen 1981.
Köhn, Eckhardt, Konstruktion und Reportage. Anmerkungen zum literaturtheoretischen Hintergrund von Siegfried Kracauers Untersuchung »Die Angestellten« (1930), in: *Text und Kontext* 5 (1977), H. 2, 107–123.
Köhn, Eckhardt, *Straßenrausch. Flanerie und kleine Form. Versuch zur Literaturgeschichte des Flaneurs von 1830–1933*, Berlin 1989.
Korff, Gottfried, Mentalität und Kommunikation in der Großstadt. Berliner Notizen zur »inneren« Urbanisierung, in: Hermann Bausinger / Theodor Kohlmann (Hg.), *Großstadt. Aspekte empirischer Kulturforschung*, Berlin 1985, 343–361.
Koschorke, Albrecht / Susanne Lüdemann / Thomas Frank / Ethel Matala de Mazza, *Der fiktive Staat. Konstruktionen des politischen Körpers in der Geschichte Europas*, Frankfurt / Main 2007.
Koschorke, Albrecht, Der nackte Herrscher, in: Thomas Frank / Albrecht Koschorke / Susanne Lüdemann / Ethel Matala de Mazza, *Des Kaisers neue Kleider. Über das Imaginäre politischer Herrschaft*, Frankfurt / Main 2002, 233–243.
Koschorke, Albrecht, *Hegel und wir. Frankfurter Adorno-Vorlesungen 2013*, Frankfurt / Main 2015.
Koschorke, Albrecht, *Körperströme und Schriftverkehr. Mediologie des 18. Jahrhunderts*, München Paderborn 1999.
Koschorke, Albrecht, *Wahrheit und Erfindung. Grundzüge einer Allgemeinen Erzähltheorie*, Frankfurt / Main 2012.
Kostenzer, Caterina, *Die literarische Reportage. Über eine hybride Form zwischen Journalismus und Literatur*, Innsbruck 2009.
Kothes, Franz-Peter, *Die theatralische Revue in Berlin und Wien 1900–1938. Typen, Inhalte, Funktionen*, Wilhelmshaven 1977.
Krämer, Jörg, *Deutschsprachiges Musiktheater im späten 18. Jahrhundert. Typologie, Dramaturgie und Anthropologie einer populären Gattung*, 2 Bde., Bd. 1, Tübingen 1998.
Krivanec, Eva, *Kriegsbühnen. Theater im Ersten Weltkrieg. Berlin, Lissabon, Paris und Wien*, Bielefeld 2012.
Krolop, Kurt, Genesis und Funktion eines Warnstücks, in: Ders., *Sprachsatire als Zeitsatire bei Karl Kraus. Neun Studien*, Berlin 1987, 65–154.

LaCapra, Dominick, Reading Marx. The Case of *The Eighteenth Brumaire*, in: Ders., *Rethinking Intellectual History. Texts, Contexts, Language*, Ithaca 1987, 268–290.

Lachmann, Renate, Synkretismus als Provokation von Stil, in: *Stil. Geschichte und Funktionen eines Diskurselements*, hg. von Hans Ulrich Gumbrecht und K. Ludwig Pfeiffer unter Mitarbeit von Armin Biermann, Thomas Müller, Bernd Schulte und Barbara Ullrich, Frankfurt/Main 1986, 541–558.

Lauterbach, Burkhart R. (Hg.), *Großstadtmenschen. Die Welt der Angestellten*. Katalog zur Ausstellung »Die Angestellten. Eine Ausstellung« vom 19. Mai bis 20. August 1995 im Münchner Stadtmuseum, Frankfurt/Main 1995.

Lefort, Claude, *Fortdauer des Theologisch-Politischen?*, übers. von Hans Scheulen und Ariane Cuvelier, Wien 1999.

Lehmann, Hans-Thies, *Postdramatisches Theater*, Frankfurt/Main 1999.

Lehmann, Johannes, *Der Blick durch die Wand. Zur Geschichte des Theaterzuschauers und des Visuellen bei Diderot und Lessing*, Freiburg 2000.

Lehmann, Johannes, Gegenwart und Moderne. Zum Begriff der Zeitgenossenschaft und seiner Geschichte, in: Helmut Hühn/Sabine Schneider/Reinhard Wegner, *Eigen-Zeiten der Moderne. Regime, Logiken, Strukturen*, Hannover 2018 [i. Ersch.].

Lenger, Friedrich, *Metropolen der Moderne. Eine europäische Stadtgeschichte*, München 2013.

Lensing, Leo A., »Kinodramatisch«: Cinema in Karl Kraus' *Die Fackel* and *Die letzten Tage der Menschheit*, in: *The German Quarterly* 55 (1982), 480–498.

Lensing, Leo A., »Photographischer Alpdruck« oder politische Fotomontage? Karl Kraus, Kurt Tucholsky und die satirischen Möglichkeiten der Fotographie, in: *Zeitschrift für deutsche Philologie* 107 (1988), 556–571.

Lethen, Helmut, *Neue Sachlichkeit 1924–1932. Studien zur Literatur des »weißen Sozialismus«*, Stuttgart ²1975.

Lethen, Helmut, *Verhaltenslehren der Kälte. Lebensversuche zwischen den Kriegen*, Frankfurt/Main 1994.

Linhardt, Marion, Offenbach und die französische Operette im Spiegel der zeitgenössischen Wiener Presse, in: Rainer Franke (Hg.), *Offenbach und die Schauplätze seines Musiktheaters*, Laaber 1999, 69–84.

Linhardt, Marion, *Residenzstadt und Metropole. Zu einer kulturellen Topographie des Wiener Unterhaltungstheaters (1858–1918)*, Tübingen 2006.

Linhardt, Marion, *Stimmen zur Unterhaltung. Operette und Revue in der publizistischen Debatte (1906–1933)*, Wien 2009.

Link, Jürgen, *Versuch über den Normalismus. Wie Normalität produziert wird*, 2., aktualisierte und erweiterte Aufl., Opladen 1999.
Linke, Norbert, *Musik erobert die Welt oder Wie die Familie Strauß die »Unterhaltungsmusik« revolutionierte*, Wien 1987.
Loo, Hans van der / Willem van Reijen, *Modernisierung. Projekt und Paradox*, München 1992.
Lüdemann, Susanne, *Metaphern der Gesellschaft. Studien zum soziologischen und politischen Imaginären*, München 2004.
Lüdtke, Alf / Inge Marßolek / Adelheid von Saldern (Hg.), *Amerikanisierung. Traum und Alptraum im Deutschland des 20. Jahrhunderts*, Stuttgart 1996.
Luhmann, Niklas, *Die Realität der Massenmedien*, Opladen ²1996.
Luhmann, Niklas, Wie ist soziale Ordnung möglich?, in: Ders., *Gesellschaftsstruktur und Semantik. Studien zur Wissenssoziologie der modernen Gesellschaft*, Bd. 2, Frankfurt / Main 1993, 195–285.
Lyotard, Jean-François, *Das postmoderne Wissen. Ein Bericht* [1982], übers. von Otto Pfersmann, Wien 41999.

Makropoulos, Michael, Wirklichkeiten zwischen Literatur, Malerei und Sozialforschung, in: *Konzepte der Moderne*. DFG-Symposion 1997, hg. von Gerhart von Graevenitz, Stuttgart 1999, 69–82.
Marbacher Magazin 47 (1988): *Siegfried Kracauer 1889–1966*, bearbeitet von Ingrid Belke und Irina Renz, Marbach am Neckar 1989.
Mailer, Franz, Jacques Offenbach – Ein Pariser in Wien, in: *Österreichische Musikzeitschrift* 27 (1972), 246–262.
Mailer, Franz, *Weltbürger der Musik. Eine Oscar-Straus-Biographie*, Wien 1985.
Marian, Esther, Individuum und Gesellschaft in Siegfried Kracauers *Jacques Offenbach und das Paris seiner Zeit*, in: *Die Biographie – Beiträge zu ihrer Geschichte*, hg. von Wilhelm Hemecker unter Mitarbeit von Wolfgang Kreutzer, Berlin New York 2009, 205–250.
Marti, Jean-Christophe, Commentaire musical, in: *L'Avant-Scène Opéra 206: Jacques Offenbach, La Vie parisienne*, Paris 2002, 12–74.
Maruta, Nadège, *L'Incroyable histoire du cancan. Rebelles et insolentes, les Parisiennes mènent la danse*, Paris 2014.
Matala de Mazza, Ethel, Bunte Himmel. Siegfried Kracauers Farben, in: *Die Farben der Prosa*, hg. von Eva Esslinger, Heide Volkening und Cornelia Zumbusch, Freiburg 2016, 259–278.
Matala de Mazza, Ethel, Der Rhythmus der Arbeit. Fritz Gieses Amerika, in: *Archiv für Mediengeschichte* 11 (2011): *Takt und Frequenz*, 85–97.
Matala de Mazza, Ethel, Die fehlende Hauptsache. Exekutionen der Juli-

monarchie in Heines *Lutezia*, in: Paolo Chiarini / Walter Hinderer (Hg.), *Heinrich Heine. Ein Wegbereiter der Moderne*, Würzburg 2009, 309–328.

Matala de Mazza, Ethel, Goethe-Dämonologie. Anmerkungen zu Hans Blumenberg, in: Karl Eibl / Bernd Scheffer (Hg.), *Goethes Kritiker*, Paderborn 2001, 153–171.

Matala de Mazza, Ethel, Mikropolitik in Bildern. Louis-Sébastien Merciers *Tableau de Paris*, in: Friedrich Balke / Harun Maye / Leander Scholz (Hg.), *Ästhetische Regime um 1800*, Paderborn 2009, 65–78.

Matala de Mazza, Ethel, »O-la-la«. Auftritte einer Diva, in: *Hold it! Zur Pose zwischen Bild und Performance*, hg. von Bettina Brandl-Risi, Gabriele Brandstetter und Stefanie Dieckmann, Berlin 2012, 217–239.

Matala de Mazza, Ethel, Schneegestöber und Abfall. Residuen des Dämonischen in Kracauers Essay über die Photographie, in: Eva Geulen / Lars Friedrich / Kirk Wetters (Hg.), *Das Dämonische. Schicksal einer Kategorie der Zweideutigkeit*, München 2014, 345–359.

Matala de Mazza, Ethel, Verkleinlichung aller Größe. Heine und Marx über Staatsmänner nach Napoleon, in: Michael Gamper / Ingrid Kleeberg (Hg.), *Größe. Zur Medien- und Konzeptgeschichte personaler Macht im 19. Jahrhundert*, Zürich 2015, 319–333.

Matala de Mazza, Ethel, Wo kein Wunder geschieht. Goetheliebe und anderes Leid in der lyrischen Operette Franz Lehárs, in: Daniel Eschkötter / Bettine Menke / Armin Schäfer (Hg.), *Das Melodram – ein Medienbastard*, Berlin 2013, 98–114.

Matthes, Lothar, *Vaudeville. Untersuchungen zu Geschichte und literatursystematischem Ort einer Erfolgsgattung*, Heidelberg 1983.

Matt, Peter von, Heine und der Henker, in: Ders., *Das Schicksal der Phantasie. Studien zur deutschen Literatur*, München Wien 1994, 149–158.

Mazlish, Bruce, The Tragic Farce of Marx, Hegel, and Engels: A Note, in: *History and Theory. Studies in the Philosophy of History* 11 (1972), H. 3, 335–337.

Mayer, Hans, *Der Widerruf. Über Deutsche und Juden*, Frankfurt / Main 1996.

Mehlman, Jeffrey, *Revolution and Repetition. Marx / Hugo / Balzac*, Berkeley Los Angeles London 1977.

Meier, Christian, Zu Carl Schmitts Begriffsbildung – Das Politische und der Nomos, in: Helmut Quaritsch (Hg.), *Complexio Oppositorum. Über Carl Schmitt*, Berlin 1988, 537–556.

Melzer, Gerhard. *Der Nörgler und die Anderen. Zur Anlage der Tragödie »Die letzten Tage der Menschheit« von Karl Kraus*, Diss. Berlin 1973.

Menke, Bettine / Armin Schäfer / Daniel Eschkötter, Einleitung, in: Dies. (Hg.), *Das Melodram – ein Medienbastard*, Berlin 2013, 7–17.

Michaelsen, René, Entzauberte Flächen. Versuch über die Musik bei Siegfried Kracauer, in: »*Doch ist das Wirkliche auch vergessen, so ist es darum nicht getilgt*«. *Beiträge zum Werk Siegfried Kracauers*, hg. von Jörn Ahrens, Paul Fleming, Susanne Martin und Ulrike Vedder, Wiesbaden 2017, 197–218.

Mommsen, Wolfgang, *Max Weber und die deutsche Politik 1890–1920*, 3., verbesserte Aufl., Tübingen 2004.

Montandon, Alain, Introduction, in: Ders. (Hg.), *Paris au bal. Treize physiologies sur la danse*, Paris 2000, 7–42.

Morat, Daniel, Populärmusik, in: Ders. / Tobias Becker / Kerstin Lange / Johanna Niedbalski / Anne Gnausch / Paul Nolte, *Weltstadtvergnügen. Berlin 1880–1930*, Göttingen 2016, 109–152.

Morat, Daniel / Tobias Becker / Kerstin Lange / Johanna Niedbalski / Anne Gnausch / Paul Nolte, *Weltstadtvergnügen. Berlin 1880–1930*, Göttingen 2016.

Müchler, Günter, »*Wie ein treuer Spiegel*«. *Die Geschichte der Cotta'schen Allgemeinen Zeitung*, Darmstadt 1998.

Mülder, Inka, *Siegfried Kracauer – Grenzgänger zwischen Theorie und Literatur. Seine frühen Schriften 1913–1933*, Stuttgart 1985.

Mülder-Bach, Inka, Der Cineast als Ethnograph. Zur Prosa Siegfried Kracauers, in: *Die (k)alte Sachlichkeit. Herkunft und Wirkungen eines Konzepts*, hg. von Moritz Baßler und Ewout van der Knaap, Würzburg 2004, 73–84.

Mülder-Bach, Inka, Der Umschlag der Negativität – Zur Verschränkung von Phänomenologie, Geschichtsphilosophie und Filmästhetik in Siegfried Kracauers Metaphorik der »Oberfläche«, in: *DVjs* 61 (1987), 359–373.

Mülder-Bach, Inka, »Mancherlei Fremde«. Paris, Berlin und die Exterritorialität Siegfried Kracauers, in: *Juni. Magazin für Kultur und Politik* 3 (1989), H. 1, 61–72.

Mülder-Bach, Inka, Schlupflöcher. Die Diskontinuität des Kontinuierlichen im Werk Siegfried Kracauers, in: Michael Kessler / Thomas Y. Levin (Hg.), *Siegfried Kracauer. Neue Interpretationen*, Tübingen 1990, 249–266.

Mülder-Bach, Inka, Soziologie als Ethnographie. Siegfried Kracauers Studie *Die Angestellten*, in: Vittoria Borsò / Gertrude Cepl-Kaufmann / Tanja Reinlein / Sibylle Schönborn / Vera Viehöver (Hg.), *Schriftgedächtnis – Schriftkulturen*, Stuttgart Weimar 2002, 279–298.

Müller, Burkhard, *Karl Kraus. Mimesis und Kritik des Mediums*, Stuttgart 1995.
Müller Farguell, Roger W., *Tanz-Figuren. Zur metaphorischen Konstitution von Bewegung in Texten. Schiller, Kleist, Heine, Nietzsche*, München 1995.
Müller-Kampel, Beatrix, *Hanswurst, Bernardon, Kasperl. Spaßtheater im 18. Jahrhundert*, Paderborn München Wien Zürich 2003.
Münz, Rudolf, Theater und Theatralität der Französischen Revolution, in: Ders., *Theatralität und Theater. Zur Historiographie von Theatralitätsgefügen*, mit einem einführenden Beitrag von Gerda Baumbach hg. von Gisbert Amm, Berlin 1998, 154–195.

Nagler, Norbert, Jacques Offenbachs musikalische Utopie: die Sehnsucht nach der herrschaftsarmen Heimat. Reflexionen zu Siegfried Kracauers Gesellschaftsbiographie des Second Empire, in: *Musik-Konzepte 13: Jacques Offenbach*, hg. von Heinz-Klaus Metzger und Rainer Riehn, München 1980, 87–102.
Natlacen, Christina, Der Boulevard als Schwellenraum. Fotografische Bildpraxis im Atelier und auf der Straße, in: Walburga Hülk / Gregor Schuhen (Hg.), *Haussmann und die Folgen. Vom Boulevard zur Boulevardisierung*, Tübingen 2012, 91–102.
Neuschäfer, Hans-Jörg / Dorothee Fritz-El Ahmad / Klaus-Peter Walter, *Der französische Feuilletonroman. Die Entstehung der Serienliteratur im Medium der Tageszeitung*, Darmstadt 1986.
Nies, Fritz, *Genres mineurs. Texte zur Theorie und Geschichte nichtkanonischer Literatur*, München 1978.
Niefanger, Dirk, Gesellschaft als Text. Zum Verhältnis von Soziographie und Literatur bei Siegfried Kracauer, in: *Wege deutsch-jüdischen Denkens im 20. Jahrhundert*. Sonderheft *DVjs* 73 (1999), 162–180.
Nipperdey, Thomas, Die Angestellten und der »neue« Mittelstand, in: Ders., *Deutsche Geschichte 1866–1918*, 3 Bde., Bd. 1: *Arbeitswelt und Bürgergeist*, München 1998, 374–381.

Obermaier, Walter, Offenbach in Wien. Seine Werke auf den Vorstadtbühnen und ihr Einfluß auf das Volkstheater, in: Rainer Franke (Hg.), *Offenbach und die Schauplätze seines Musiktheaters*, Laaber 1999, 11–30.
Oettermann, Stephan, *Das Panorama. Die Geschichte eines Massenmediums*, Frankfurt / Main 1980.
Oesterle, Günter, Das Komischwerden der Philosophie in der Poesie. Literatur-, philosophie- und gesellschaftsgeschichtliche Konsequenzen

der »voie physiologique« in Georg Büchners »Woyzeck«, in: *Georg Büchner-Jahrbuch* 3 (1983), 200–239.

Oesterle, Günter, »Unter dem Strich«. Skizze einer Kulturpoetik des Feuilletons im 19. Jahrhundert, in: *Das schwierige neunzehnte Jahrhundert. Germanistische Tagung zum 65. Geburtstag von Eda Sagarra im August 1998*, hg. von Jürgen Barkhoff, Gilbert Carr und Roger Paulin, mit einem Vorwort von Wolfgang Frühwald, Tübingen 2000, 230–250.

Olsen, Donald J., *Die Stadt als Kunstwerk. London, Paris, Wien* [1986], übers. von Niels Kadritzke, Frankfurt/Main 1988.

Oschmann, Dirk, Kracauers Herausforderung der Phänomenologie. Vom Essay zur »Arbeit am Material«, in: Wolfgang Braungart/Kai Kauffmann (Hg.), *Essayismus um 1900*, Heidelberg 2006, 193–211.

Osterhammel, Jürgen, *Die Verwandlung der Welt. Eine Geschichte des 19. Jahrhunderts*, München 2009.

Ostermann, Eberhard, Das Interessante als Element ästhetischer Authentizität, in: Jan Berg/Hans-Otto Hügel/Hajo Kurzenberger (Hg.), *Authentizität als Darstellung*, Hildesheim 1997.

Ozouf, Mona, *La fête révolutionnaire 1789–1799*, Paris 1976.

Pacher, Maurus, Operette als Lebensgefühl, in: Rudolf Oesterreicher, *Emmerich Kálmán. Das Leben eines Operettenfürsten*. Mit einem Vorwort von Maurus Pacher, Beiträgen von Hans Arnold, Charles, Lily und Yvonne Kálmán sowie 73 Photos, 16 Textillustrationen, Notenbeispielen und einem Verzeichnis der Werke, München Wien 1988, 7–31.

Papenburg, Jens Gerrit, Synkopierte Moderne. Populäre ›afroamerikanische‹ Musikformen in Revue und Operette, Berlin/Wien 1900–1925, in: *Kunst der Oberfläche. Operette zwischen Bravour und Banalität*, hg. von Bettina Brandl-Risi, Clemens Risi und der Komischen Oper Berlin, Berlin 2015, 70–87.

Parfitt-Brown, Clare, The problem of popularity. The Cancan between the French and digital revolutions, in: Sherill Dodds/Susan C. Cook (Hg.), *Bodies of sound. Studies across popular music and dance*, Farnham Surrey 2013, 9–24.

Partsch, Cornelius, *Schräge Töne. Jazz und Unterhaltungsmusik in der Kultur der Weimarer Republik*, Stuttgart 2000.

Petrey, Sandy, The Reality of Representation. Between Marx and Balzac, in: *Critical Inquiry* 14 (1988), H. 3, 448–468.

Pias, Claus, *Computer Spiel Welten*, München 2002.

Piok, Maria, Von der ›Comédie Vaudeville‹ zur satirischen Posse. Nestroys Bearbeitungen von französischen Boulevardkomödien, in: Fabrizio Cambi/Fulvio Ferrari (Hg.), *Deutschsprachige Literatur und*

Dramatik aus Sicht der Bearbeitung. Ein hermeneutisch-ästhetischer Überblick, Trento 2011, 47–70.

Pornschlegel, Clemens, *Der literarische Souverän. Studien zur politischen Funktion der deutschen Dichtung bei Goethe, Heidegger, Kafka und im George-Kreis*, Freiburg 1994.

Pourvoyeur, Robert, *Offenbach*, Paris 1994.

Pralle, Uwe, Philosophie in Bruchstücken. Siegfried Kracauers Feuilletons, in: Andreas Volk (Hg.), *Siegfried Kracauer. Zum Werk des Romanciers, Feuilletonisten, Architekten, Filmwissenschaftlers und Soziologen*, Zürich 1996, 63–79.

Prawy, Marcel, *Johann Strauß*, Wien 1991.

Preisendanz, Wolfgang, Der Funktionsübergang von Dichtung und Publizistik [1968], in: Ders., *Heinrich Heine. Werkstrukturen und Epochenbezüge*, 2., verm. Aufl., München 1983, 21–68.

Preiss, Nathalie, *Les physiologies en France au XIXe siècle*. Étude historique, littéraire et stylistique, Mont-de-Marsan 1999.

Price, David, *Cancan!*, London 1998.

Przybecki, Marek, »Die letzten Tage der Menschheit« – Operette in fünf Akten mit Vorspiel und Epilog, in: *Karl Kraus – Ästhetik und Politik*. Beiträge des Kraus-Symposiums Poznań, hg. von Stefan H. Kaszyński und Sigurd Paul Scheichl, München 1989, 179–190.

Quaritsch, Helmut, *Positionen und Begriffe Carl Schmitts*. 3., überarb. und erg. Auflage, Berlin 1995.

Quissek, Heike, *Das deutschsprachige Operettenlibretto. Figuren, Stoffe, Dramaturgie*, Stuttgart Weimar 2012.

Ragon, Michel, *L'homme et les villes*, Paris 1975.

Rahill, Thomas, *The World of Melodrama*, New York 1968.

Rameis Emil, *Die österreichische Militärmusik – von ihren Anfängen bis zum Jahre 1918*, ergänzt und bearbeitet von Eugen Brixel, Tutzing 1976.

Readhead, Steve (Hg.), *The Clubcultures Reader. Readings in Popular Cultural Studies*, Oxford 1998.

Rebentisch, Juliane, *Die Kunst der Freiheit. Zur Dialektik demokratischer Existenz*, Frankfurt/Main 2012.

Reil, Harald, Siegfried Kracauers Jacques Offenbach. Biographie, Geschichte, Zeitgeschichte, Frankfurt/Main Bern New York 2003.

Rissin, David, *Offenbach ou le rire en musique*, Paris 1980.

Revue d'Histoire du Théâtre 77 (2015), H. 266: *En revenant à la revue. La revue de fin d'année au XIXe siècle*.

Riquelme, John Paul, The *Eighteenth Brumaire* of Karl Marx as Symbolic

Action, in: *History and Theory. Studies in the Philosophy of History* 19 (1980), H. 1, 58–72.

Robert, Jörg, Paris-Bilder. Schiller im Dialog mit Mercier, in: *Schillers Europa*, hg. von Peter-André Alt und Marcel Lepper, in Zusammenarbeit mit Catherin Marten, Berlin Boston 2017, 217–240.

Rösner, Thomas, Adolf Bartels, in: Uwe Puschner / Walter Schmitz / Justus H. Ulbricht (Hg.), *Handbuch zur »Völkischen Bewegung« 1871–1918*, München Berlin New York 1996, 874–894.

Roman, Myriam, Danses hugoliennes: »Bal en carnaval« et »fête aux fantômes« – Le point de vue de celui qui ne danse pas, in: *Sociopoétique de la danse*, hg. von Alain Montandon, Paris 1998, 283–296.

Rommel, Otto, *Die Alt-Wiener Volkskomödie. Ihre Geschichte vom barocken Welt-Theater bis zum Tode Nestroys*, Wien 1952.

Rose, Paul, *Berlins große Theaterzeit. Schauspieler-Porträts der zwanziger und dreißiger Jahre*. Mit 26 Abbildungen, Berlin 1969.

Rothschuh, Eduard, Art. »Physiologie«, in: *Historisches Wörterbuch der Philosophie*, hg. von Joachim Ritter, Karlfried Gründer und Gottfried Gabriel, 13 Bde, Bd. 7, Basel Stuttgart 1989, 964–967.

Rothschuh, Eduard, *Physiologie. Der Wandel ihrer Konzepte, Probleme und Methoden vom 16. bis 19. Jahrhundert*, Freiburg 1968.

Sarasin, Philipp / Jakob Tanner, Einleitung, in: Dies. (Hg.), *Physiologie und industrielle Gesellschaft. Studien zur Verwissenschaftlichung des Körpers im 19. und 20. Jahrhundert*, Frankfurt / Main 1998, 12–43.

Schartner, Irmgard, *Karl Kraus und die Musik. Musik nach Angabe des Vortragenden, Bearbeiters und Verfassers. Kompositionen zu Karl Kraus' Vorlesungstätigkeit*, Frankfurt / Main Bern New York 2002.

Schivelbusch, Wolfgang, *Die Kultur der Niederlage. Der amerikanische Süden 1865 – Frankreich 1871 – Deutschland 1918*, Berlin 2001.

Schivelbusch, Wolfgang, *Intellektuellendämmerung. Zur Lage der Frankfurter Intelligenz in den zwanziger Jahren*, Frankfurt / Main 1985.

Schivelbusch, Wolfgang, *Lichtblicke. Zur Geschichte der künstlichen Helligkeit im 19. Jahrhundert*, Frankfurt / Main 22004.

Schlaffer, Heinz, Denkbilder. Eine kleine Prosaform zwischen Dichtung und Gesellschaftstheorie, in: *Die Parabel. Parabolische Formen in der deutschen Dichtung des 20. Jahrhunderts*, hg. von Theo Elm und Hans H. Hiebel, Frankfurt / Main 1986, 174–192.

Schlanger, Judith E., Théâtre révolutionnaire et représentation du bien, in: *Poétique. Revue de théorie et d'analyse littéraires* 22 (1975), 268–283.

Schlüpmann, Heide, *Ein Detektiv des Kinos. Studien zu Siegfried Kracauers Filmtheorie*, Basel Frankfurt / Main 1991.

Schmoller, Gustav, Was verstehen wir unter dem Mittelstand? Hat er im 19. Jahrhundert zu- oder abgenommen?, in: *Die Verhandlungen des Evangelisch-Sozialen Kongresses* 8 (1897), 132–185.

Schneider, Manfred, *Die Angst und das Paradies des Nörglers. Versuch über Karl Kraus*, Frankfurt/Main 1977.

Schneider, Manfred, *Die kranke schöne Seele der Revolution. Heine, Börne, das »Junge Deutschland«, Marx und Engels*, Frankfurt/Main 1980.

Schneider, Manfred, Humaniora. Was ist ein Volk? Eine Kolumne, in: *Merkur* 494 (1990), 320–326.

Schneider, Otto, *Volkstanz, Kulttanz, Gesellschaftstanz, Kunsttanz, Ballett, Tänzer, Tänzerinnen, Choreographen, Tanz- und Ballettkomponisten von den Anfängen bis zur Gegenwart*, hg. unter Mitarbeit von Riki Raab, Mainz London New York Tokyo 1985.

Schneider, Sabine/Heinz Brüggemann (Hg.), *Gleichzeitigkeit des Ungleichzeitigen. Formen und Funktionen von Pluralität in der ästhetischen Moderne*, München 2010.

Schneidereit, Otto, *Franz Lehár. Eine Biographie in Zitaten*, Berlin 1984.

Schneidereit, Otto, *Fritzi Massary. Versuch eines Porträts*, Berlin 1970.

Schneidereit, Otto, *Richard Tauber. Ein Leben – eine Stimme*, bearbeitet und hg. von Volker Kühn, Berlin 2000.

Schroedter, Stephanie, Paris qui danse. *Bewegungs- und Klangräume einer Großstadt der Moderne*, Würzburg 2018 [i. Ersch.].

Schütz, Erhard, *Kritik der literarischen Reportage. Reportagen und Reiseberichte aus der Weimarer Republik über die USA und die Sowjetunion*, München 1977.

Schulte, Christian, *Ursprung ist das Ziel. Walter Benjamin über Karl Kraus*, Würzburg 2003.

Schwartz, Vanessa, *Spectacular Realities. Early Mass Culture in Fin-de-Siècle Paris*, Berkeley 1998.

Senelick, Laurence, *Jacques Offenbach and the Making of Modern Culture*, Cambridge 2017.

Sennett, Richard, *Verfall und Ende des öffentlichen Lebens. Die Tyrannei der Intimität*, übers. von Reinhard Kaiser, Frankfurt/Main 1986.

Sollfelner, Anton Othmar/Christian Glanz, *Die österreichische Militärmusik in der II. Republik 1955–2000*, Graz 2000.

Später, Jörg, *Siegfried Kracauer. Eine Biographie*, Frankfurt/Main 2016.

Speier, Hans, *Die Angestellten vor dem Nationalsozialismus. Ein Beitrag zum Verständnis der deutschen Sozialstruktur 1918–1933*, Göttingen 1977.

Spohr, Matthias, Inwieweit haben Offenbachs Operetten die Wiener Operette aus der Taufe gehoben?, in: Franke (Hg.), *Offenbach und die Schauplätze seines Musiktheaters*, Laaber 1999, 31–67.

Stäheli, Urs, Das Populäre als Unterscheidung – eine theoretische Skizze, in: Gereon Blaseio, Hedwig Pompe und Jens Ruchatz (Hg.), *Popularisierung und Popularität*, Köln 2005, 146–167.

Stäheli, Urs, Das Populäre zwischen Cultural Studies und Systemtheorie, in: Udo Göttlich/Rainer Winter (Hg.), *Politik des Vergnügens. Zur Diskussion der Populärkultur in den Cultural Studies*, Köln 1999, 321–337.

Stäheli, Urs, Die Kontingenz des Globalen Populären, in: *Soziale Systeme* 6 (2000), H. 1, 85–110.

Stäheli, Urs, *Spektakuläre Spekulation. Das Populäre der Ökonomie*, Frankfurt/Main 2007.

Stalder, Helmut, *Siegfried Kracauer. Das journalistische Werk in der »Frankfurter Zeitung« 1921–1933*, Würzburg 2003.

Stallybrass, Peter, Marx and Heterogeneity. Thinking the Lumpenproletariat, in: *Representations* 31 (1990), 69–95.

Stallybrass, Peter, »Well Grubbed, Old Mole«. Marx, Hamlet, and the (Un)fixing of Representation, in: *Cultural Studies* 12 (1998), H. 1, 3–14.

Starobinski, Jean, *1789. Die Embleme der Vernunft*, hg. und mit einem Vorwort versehen von Friedrich A. Kittler, übers. von Gundula Göbel, mit einem Nachwort von Hans Robert Jauß, München 1981.

Starobinski, Jean, *Rousseau. Eine Welt von Widerständen*, übers. von Ulrich Raulff, München Wien 1988.

Stauf, Renate, *Der problematische Europäer. Heinrich Heine im Konflikt zwischen Nationenkritik und gesellschaftlicher Utopie*, Heidelberg 1997, 389–424.

Steinecke, Hartmut, Heines »neue Schreibart«: Eigenarten – Bedeutung – Wirkung, in: Ders., *Unterhaltsamkeit und Artistik. Neue Schreibarten in der deutschen Literatur von Hoffmann bis Heine*, Berlin 1998, 165–179.

Steinhauer, Monika, *Die Architektur der Pariser Oper. Studien zu ihrer Entstehungsgeschichte und ihrer architekturgeschichtlichen Stellung*, München 1969.

Sternberger, Dolf, *Panorama oder Ansichten vom 19. Jahrhundert* [1938], Frankfurt/Main 1981.

Stiaßny-Baumgartner, Ilse, Felix Salten, in: *Österreichisches Biographisches Lexikon 1815–1950*, hg. von der Österreichischen Akademie der Wissenschaften, bearb. von Eva Obermayer-Marnach und Leo Santifaller, 15 Bde., Bd. 9, Wien 1988, 394f.

Stieg, Gerald, *Die letzten Tage der Menschheit* – eine negative Operette?, in: Österreich und der Große Krieg 1914–1918. Die andere Seite der Geschichte, hg. von Klaus Amann und Hubert Lengauer, Wien 1989, 180–185.

Stierle, Karlheinz, Baudelaires »Tableaux parisiens« und die Tradition des »Tableau de Paris«, in: *Poetica* 6 (1974), H. 3, 285–322.
Stierle, Karlheinz, *Der Mythos von Paris. Zeichen und Bewußtsein der Stadt*, München Wien 1993.
Storch, Ursula, Vom Wurstelprater zum Volksprater. Die Praterregulierung anlässlich der Weltausstellung, in: Kos / Gleis (Hg.), *Experiment Metropole 1873*. Katalog zur Ausstellung des Wien Museums vom 15. Mai bis 28. September 2014, Wien 2014, 150–158.
Storey, John (Hg.), *Cultural Theory and Popular Culture. A Reader*, London 42009.
Strosetzki, Christoph, *Balzacs Rhetorik und die Literatur der Physiologien*, Wiesbaden Stuttgart 1985.
Stuppner, Hubert, Technik und Ambivalenz musikalischer Lusterzeugung in Offenbachs Operetten, in: *Musik-Konzepte* 13: *Jacques Offenbach*, hg. von Heinz-Klaus Metzger und Rainer Riehn, München 1980, 50–70.
Suhr, Susanne, *Die weiblichen Angestellten. Arbeits- und Lebensverhältnisse. Ein Umfrage des Zentralverbandes der Angestellten*, Berlin 1930.
Szondi, Peter, *Die Theorie des bürgerlichen Trauerspiels im 18. Jahrhundert. Der Kaufmann, der Hausvater und der Hofmeister*, hg. von Gert Mattenklott, mit einem Anhang über Molière von Wolfgang Fietkau, Frankfurt / Main 1973.

Thomas, Chantal, *La reine scélérate. Marie-Antoinette dans les pamphlets*, Paris 1989.
Thomasseau, Jean-Marie, *Le Mélodrame*, Paris 1984.
Thums, Barbara, Kracauer und die Detektive. Denkräume einer Theologie des Profanen, in: *DVjs* 84 (2010), 390–406.
Tiedemann, Rolf, Baudelaire, Zeuge gegen die Bürgerklasse, in: Walter Benjamin, *Charles Baudelaire. Ein Lyriker im Zeitalter des Hochkapitalismus*, hg. und mit einem Nachwort versehen von Rolf Tiedemann, Frankfurt / Main 1974, 189–214.
Todorow, Almut, *Das Feuilleton der »Frankfurter Zeitung« in der Weimarer Republik. Zur Grundlegung einer rhetorischen Medienforschung*, Tübingen 1996.
Todorow, Almut, »Wollten die Eintagsfliegen in den Rang höherer Insekten aufsteigen?« Die Feuilletonkonzeption der *Frankfurter Zeitung* während der Weimarer Republik im redaktionellen Selbstverständnis, in: *DVjs* 62 (1988), 697–740.
Trabant, Jürgen, Le style est l'homme même. Quel homme?, in: *Comparatio* 2 (1990), 57–72.

Trautmann, Felix, *Das Imaginäre der Demokratie. Politische Befreiung und das Rätsel der freiwilligen Knechtschaft*, Göttingen 2019 [i. Ersch.].

Truesdell, Matthew, *Spectacular Politics. Louis-Napoleon Bonaparte and the fête impériale, 1849–1870*, New York Oxford 1997.

Vernon, Doremy, *Tiller's Girls. The colorful story of the legendary dancing troupe*, London 1988.

Villain, Jean, Der Fußgänger von Paris. Versuch über die Unsterblichkeit des Louis Sébastien Mercier, in: Louis Sébastien Mercier, *Mein Bild von Paris*. Mit 43 Wiedergaben nach zeitgenössischen Kupferstichen, Leipzig 1976, 439–501.

Vincent-Bouffault, Anne, *Histoire des larmes. XVIIIe–XIXe siècles*, Paris 1986.

Vinken, Barbara, Alle Menschen werden Brüder. Republik, Rhetorik, Differenz der Geschlechter, in: *lendemains* 18 (1993), H. 71/72, 112–124.

Vismann, Cornelia, *Akten. Medientechnik und Recht*, Frankfurt/Main 2000.

Vismann, Cornelia, Karl Kraus: Die Stimme des Gesetzes, in: *DVjs* 74 (2000), H. 4, 710–724.

Vocelka, Karl, *Geschichte Österreichs. Kultur – Gesellschaft – Politik*, München 2000.

Völmecke, Jens-Uwe, *Die Berliner Jahresrevuen 1903–1913 und ihre Weiterführung in den Revue-Operetten des Ersten Weltkriegs*, Köln 1997.

Vogel, Juliane, *Die Furie und das Gesetz. Zur Dramaturgie der »großen Szene« in der Tragödie des 19. Jahrhunderts*, Freiburg 2002.

Vogel, Juliane, Materialbeherrschung und Sperrgewalt. Der Herausgeber Karl Kraus, in: Uwe Hebekus/Ingo Stöckmann (Hg.), *Die Souveränität der Literatur. Zum Totalitären der Klassischen Moderne 1900–1933*, München 2008, 459–471.

Vogel, Juliane, Schnitt und Linie. Etappen einer Liaison, in: Friedrich Teja Bach/Wolfram Pichler (Hg.), Öffnungen. Zur Theorie und Geschichte der Zeichnung, München 2009, 141–159.

Vogl, Joseph, Homogenese. Zur Naturgeschichte des Menschen bei Buffon, in: *Der ganze Mensch. Anthropologie und Literatur im 18. Jahrhundert*, DFG-Symposion 1992, hg. von Hans-Jürgen Schings, Stuttgart Weimar 1994, 80–95.

Vogl, Joseph, *Kalkül und Leidenschaft. Poetik des ökonomischen Menschen*, Zürich Berlin 22004.

Vogl, Joseph, Staatsbegehren. Zur Epoche der Policey, in: *DVjs* 74 (2000), H. 4, 600–626.

Voisine, Jacques, Heine als Porträtist in der »Lutezia«, in: *Internationaler*

Heine-Kongreß. Referate und Diskussionen, hg. von Manfred Windfuhr, Hamburg 1973, 219–226.

Voss, Rudolph, *Der Tanz und seine Geschichte. Eine kulturhistorisch-choreographische Studie. Mit einem Lexikon der Tänze*, Leipzig 1977 (Fotomechanischer Neudruck der Originalausgabe 1868).

Wachter, David, *Konstruktionen im Übergang. Krise und Utopie bei Musil, Kracauer und Benn*, Freiburg 2013.

Wagenknecht, Christian, Art. Ballade, in: *Reallexikon der deutschen Literaturwissenschaft*, gemeinsam mit Georg Braungart, Klaus Grubmüller, Jan-Dirk Müller, Friedrich Vollhardt und Klaus Weimar hg. von Harald Fricke, Bd. 1: A – G, Berlin New York 2007, 192–196.

Wagner-Trenkwitz, Christoph/Marie-Theres Arnbom, »Grüß mich Gott!« Fritz Grünbaum. Eine Biographie, in: Dies. (Hg.), *Grüß mich Gott! Fritz Grünbaum 1880–1941*, Wien 2005, 13–86.

Weber, Marianne, *Max Weber. Ein Lebensbild*, Tübingen 21950.

Wehinger, Brunhilde, *Paris-Crinoline. Zur Faszination des Boulevardtheaters und der Mode im Kontext der Urbanität und Modernität des Jahres 1857*, München 1988.

Wehmeyer, Grete, *Höllengalopp und Götterdämmerung. Lachkultur bei Jacques Offenbach und Richard Wagner*, Köln 1997.

Weigel, Hans, *Karl Kraus oder Die Macht der Ohnmacht. Versuch eines Motivenberichts zur Erhellung eines vielfachen Lebenswerks*, Wien München 1986.

Werber, Niels, Die Form des Populären. Zur Frühgeschichte fantastischer und kriminalistischer Literatur, in: Thomas Hecken (Hg.), *Der Reiz des Trivialen. Künstler, Intellektuelle und die Popkultur*, Opladen 1997, 49–86.

Werner, Michael, Der Journalist Heine, in: Gerhard Höhn (Hg.), *Heinrich Heine. Ästhetisch-politische Profile*, Frankfurt/Main 1991, 295–313.

Werner, Michael, Der politische Schriftsteller und die (Selbst-)Zensur. Zur Dialektik von Zensur und Selbstzensur in Heines Berichten aus Paris 1840–1844 (»Lutezia«), in: *Heine-Jb* 26 (1987), 29–53.

Werner, Michael, »Zusammengewürfeltes Lappenwerk« oder »harmonisch verschlungene Fäden«? Zum Problem der Komposition in Heines »Reisebildern«, in: René Anglade (Hg.), *Reisebilder de Heinrich Heine. Lectures d'une œuvre*, Paris 1998, 27–49.

Westermeyer, Karl, *Die Operette im Wandel des Zeitgeistes von Offenbach bis zur Gegenwart*, München 1931.

White, Hayden, *Metahistory. Die historische Einbildungskraft im 19. Jahrhundert in Europa*, übers. von Peter Kohlhaas, Frankfurt/Main 1994.

Wicke, Peter, Schlager, in: *Die Musik in Geschichte und Gegenwart*, Sachteil, Bd. 8, Stuttgart 1998, 1063–1070.
Wiese, Benno von, Das tanzende Universum, in: Ders., *Signaturen. Zu Heinrich Heine und seinem Werk*, Berlin 1976, 67–133.
Wiese, Leopold von, *Geschichte der Soziologie*, Berlin ⁹1971.
Willems, Herbert, *Inszenierungsgesellschaft. Ein einführendes Handbuch*, Opladen 1998.
Willett, John, *Erwin Piscator. Die Eröffnung des politischen Zeitalters auf dem Theater*, Frankfurt/Main 1982.
Willms, *Paris. Hauptstadt Europas 1789–1914*, München 1988.
Willms, Johannes, *Napoleon III. Frankreichs letzter Kaiser*, München 2008.
Wolffram, Knud, *Tanzdielen und Vergnügungspaläste. Berliner Nachtleben in den dreißiger und vierziger Jahren. Von der Friedrichstraße bis Berlin W, vom Moka Efti bis zum Delphi*, Berlin 1992.
Woll, Stefan, *Das Totaltheater. Ein Projekt von Walter Gropius und Erwin Piscator*, Berlin 1984.

Yon, Jean-Claude, *Jacques Offenbach*, Paris 2000.
Yon, Jean-Claude, Vue d'ensemble, in: *L'Avant-Scène Opéra 206: Jacques Offenbach, La Vie parisienne*, Paris 2002, 3–7.
Yon, Jean-Claude, *Le Second Empire. Politique, Société, Culture*, Paris 2012.

Zimmerschied, Dieter, *Operette. Phänomen und Entwicklung*, Wiesbaden 1988.
Zuckermann, Mosche, *Das Trauma des »Königsmordes«. Französische Revolution und deutsche Geschichtsschreibung im Vormärz*, Frankfurt/Main 1989.

Hilfsmittel und allgemeine Nachschlagewerke

Grand Robert de la langue française, 6 Bde., hg. von Alain Rey, Paris 2001.
Grimm, Jacob und Wilhelm, *Deutsches Wörterbuch*, 33 Bde., München 1860.
Haacke, Wilmont, *Handbuch des Feuilletons*, 3 Bde., Emsdetten 1952.
Historisches Wörterbuch der Philosophie, hg. von Joachim Ritter, Karlfried Gründer und Gottfried Gabriel, 13 Bde. Basel Stuttgart 1971 ff.
A history of dancing from the earliest ages to our own times, from the French of Gaston Vuillier, London 1898.
Lexikon der Revolutions-Ikonographie in der europäischen Druckgraphik

(1789–1889), hg. von Rolf Reichardt, unter Mitarbeit von Wolfgang Cilleßen, Jasmin Hähn, Moritz F. Jäger, Martin Miersch und Fabian Stein, Münster 2017.

Die Musik in Geschichte und Gegenwart. Allgemeine Enzyklopädie der Musik, 2., neubearb. Aufl., 20 Bde., hg. von Ludwig Finscher, Kassel Stuttgart Weimar 1994 ff.

Neues Handbuch der Literaturwissenschaft, 25 Bde., Frankfurt / Main Wiesbaden 1972 ff.

Österreichisches Biographisches Lexikon 1815–1950, hg. von der Österreichischen Akademie der Wissenschaften, bearb. von Eva Obermayer-Marnach und Leo Santifaller, 15 Bde., Wien 1957 ff.

Paul, Hermann, *Deutsches Wörterbuch*. 8., unveränderte Aufl., bearb. von Werner Betz, Tübingen 1981.

Pipers Enzyklopädie des Musiktheaters in acht Bänden. Oper – Operette – Musical – Ballett, hg. von Carl Dahlhaus und dem Forschungsinstitut für Musiktheater der Universität Bayreuth unter Leitung von Sieghart Döhring, 7 Bde., München Zürich 1986 ff.

Reallexikon der deutschen Literaturwissenschaft, gemeinsam mit Georg Braungart, Klaus Grubmüller, Jan-Dirk Müller, Friedrich Vollhardt und Klaus Weimar hg. von Harald Fricke, 3 Bde., Berlin New York 2007.

Wild, Nicole, *Dictionnaire des théâtres parisiens (1807–1914)*, Préface de Joël-Marie Fauquet, Lyon 2012.

Zedler, Johann Heinrich *Grosses vollständiges Universal-Lexicon der Wissenschafften und Künste* [1732–1754], 64 Bde. und 4 Supplementbde., Halle Leipzig 1732 ff.

Internetquellen

Fremden-Blatt (18. Oktober 1914, Morgen-Blatt)
http://anno.onb.ac.at/cgi-content/anno?aid=fdb&datum=19141018&seite=20& zoom=33

Kaiser Franz Joseph I., »Allerhöchstes Handbillet vom 20. December 1857 an Seine Excellenz den Minister des Innern Freiherrn v. Bach«, *Wiener Zeitung* vom 25. Dezember 1857.
https://de.wikisource.org/wiki/Die_Erweiterung_der_Stadt_Wien

Karl Kraus, Austrian Academy Corpus: AAC-FACKEL Online Version: *Die Fackel*, Herausgeber Karl Kraus, Wien 1899–1936.
http://corpus1.aac.ac.at/fackel/

Langer, Anton, Off'ner Brief an den Kompositeur Johann Strauß, in: *Hans Jörgel von Gumpoldskirchen* (18. Februar 1871).

http://anno.onb.ac.at/cgi-content/anno?aid=joe&datum=18710218&zoom=33

Offenbach, Jacques, La Chanson de Fortunio, Livret de censure, Paris 1861, Première édition provisoire, Berlin 2003.
http://www.offenbach-edition.com/DE/Media/Libretti.asp

Saphir, Moritz Gottlieb, Theater an der Wien. Am 17. zum ersten Male: »Wohnungen zu vermiethen.« Lokal-Posse mit Gesang in drei Aufzügen, v. J. Nestroy, in: *Der Humorist. Eine Zeitschrift für Scherz und Ernst, Kunst, Theater, Geselligkeit und Sitte*, hg. und redigirt von M. G. Saphir, Nro. 9 (Sonnabend, 21. Jänner 1837).
http://anno.onb.ac.at/cgi-content/anno?aid=hum&datum=1837012 1&zoom=33

Seeliger, Emil, Stunden mit Lehar, dem Vater. Eine bosnische Erinnerung, in: *Neues Wiener Journal* (9. Juni 1929).
http://anno.onb.ac.at/cgi-content/anno?aid=nwj&datum=19290609&seite=18& zoom=33

Steininger, Emil, Wie Ischl von der Operette annektiert wurde. Die Prominenten im Grünen, in: *Neues Wiener Journal* (9. Juni 1929).
http://anno.onb.ac.at/cgi-content/anno?aid=nwj&datum=19290609&seite=7& zoom=33

Danksagung

Die Studie beruht auf Arbeiten, die über einen langen Zeitraum von fünfzehn Jahren entstanden sind. Ich danke dem Bayerischen Staatsministeriums für Wissenschaft, Forschung und Kunst, das mich in den Anfängen mit einem Habilitationsförderpreis großzügig unterstützt hat, außerdem dem Konstanzer Exzellenzcluster EXC 16 »Kulturelle Grundlagen von Integration« für die Finanzierung eines Projekts zur Wiener Volkskomödie; schließlich dem Schwerpunktprogramm SPP 1688 »Ästhetische Eigenzeiten. Zeit und Darstellung in einer polychronen Moderne« für die Förderung eines Projekts über Zeitökonomien im Unterhaltungstheater des 19. Jahrhunderts. In den Diskussionen mit meinen Projektmitarbeiterinnen und -mitarbeitern Saskia Haag, Caroline Forscht, Stefanie Retzlaff, Florenz Gilly, Dariya Manova und Erika Thomalla habe ich viel gelernt.

Weiter danke ich dem Musikverlag Boosey & Hawkes, Bote & Bock für die freundliche Bereitstellung von unpubliziertem Leihmaterial. Rüdiger Campe, Michael Gamper, Barbara Gronau, Katrin Lange, Johannes Lehmann, Marion Linhardt, Laurenz Lütteken, Bettine Menke, Inka Mülder-Bach, Jan-Dirk Müller, Andreas Münzmay, Gerhard Neumann, Armin Schäfer, Jürgen Schläder, Dörte Schmidt, Peter Schnyder, Stephanie Schroedter, Thomas Steiert, Bernhard Teuber, Marcus Twellmann und Juliane Vogel haben mir mit ihren Anregungen, kritischen Einsprüchen und guten Hinweisen weitergeholfen. Alexander Roesler war mit seiner Geduld und Neugierde ein wunderbarer Lektor. Bei der Einrichtung des Manuskripts haben mich Jonas König, Anna Lerch, Andreas Schmid und Friedrich Weber-Steinhaus hervorragend unterstützt und auch in technischen Belangen immer Rat gewusst.

Joseph Vogl möchte ich dafür danken, dass er da war und nie aufgehört hat, mich zum Weiterschreiben zu ermutigen.

Personenregister

Adorno, Theodor W. 14, 17, 54, 67, 82, 84, 106, 110f., 273, 317f., 325, 327, 331f., 336f., 345f., 355, 359, 384, 389, 404, 422f.
Agamben, Giorgio 13, 316, 444
Aischylos 76
d'Alembert, Jean-Baptiste le Rond 117, 119–121, 174, 348f., 353, 366, 441
Arago, Dominique François 190, 373
Arago, Jacques 142, 356
d'Argenson, Marc-René 171, 364
Astley, Philip 221
Auber, Daniel-François-Esprit 129
Audebrand, Philibert 222, 385, 444

Bachtin, Michail 131, 352, 445
Bailly, Jean-Sylvain 207
Balzac, Honoré de 103, 132f. 142, 160, 354, 356, 360, 365, 372, 381, 385, 423f.
Bartels, Adolf 311, 418
Baudelaire, Charles 154, 156f., 225–227, 229, 238, 355, 359, 361, 363, 365f., 379, 385, 388, 392, 417, 424

Bayard, Jean 231, 389, 424
Bayerdörfer, Hans Peter 183, 367, 370, 390, 445
Benjamin, Walter 17, 23, 57, 86, 107, 154, 156–158, 214, 222, 231, 288, 308f., 318, 325, 336, 345, 355, 359, 381, 384f., 388, 409, 417, 425f., 449, 451, 454, 467, 469
Benn, Gottfried 52
Blanc, Louis 193
Blass, Ernst 50–52, 326, 425
Bloch, Ernst 23, 50f., 56f., 72f., 86, 326, 328, 334, 338, 425
Bodi, Leslie 178, 367, 446
Bücher, Karl 40, 447
Buffon, Comte de (Georges-Louis Leclerc) 184, 371
Brecht, Bertolt 7f.
Brion, Friederike 8–10, 16, 24, 26, 28, 83, 269, 312, 315f., 319, 336, 437
Brutus 206

Cäsar 206
Campe, Julius 187, 372, 377
Canetti, Elias 290f., 408–410, 448

Carl, Karl 249
Champeaux, Étienne de 138–141, 148–153, 173, 355, 358, 425f.
Charell, Erik 76, 84, 86f., 335, 420
Charles I. 178f., 197, 367
Charle, Christophe 222, 335, 385f., 448
Chotek, Sophie 293
Cléry, Jean-Baptiste 116
Constant, Benjamin 206
Cotta, Georg von 188
Cotta, Johann Heinrich von 187f.
Cousin, Victor 206
Crémieux, Hector 34, 320, 390, 439f.
Csáky, Moritz 255, 398f., 401, 405, 448

Daguerre, Louis Jacques Mandé 190
Dahlhaus, Carl 266, 352, 402–404, 448
Danton, Georges 206
Daumier, Honoré 155
David, Jacques Louis 133, 354
Delacroix, Eugène 109, 180
Delamare, Delphine 226
Deleuze, Gilles 24f., 319, 379, 448
Desmoulins, Camille 206

Derrida, Jacques 208, 341, 379f., 449
Diderot, Denis 163–166, 190, 223, 229, 362f., 386, 426
Disdéri, André Adolphe Eugène 191, 374
Du Camp, Maxime 226
Dumas, Alexandre 37, 103, 233, 390
Dupetit-Thouars, Abel Aubert 144

Eckermann, Johann Peter 182, 369, 426
Engels, Friedrich 184
Ewald, François 95, 341, 450

Falk, Johannes Daniel 181, 368f.
Fall, Leo 37–39, 82, 111, 256, 282, 297, 321, 426
Franz Ferdinand 293, 302, 411
Ferdinand I. 231, 247, 252
Flaischlen, Cäsar 52
Flaubert, Gustave 191f., 225–227, 350, 372, 374, 387f., 426
Foucault, Michel 171, 340, 365, 450
Franconi, Antoine 221
Franz Joseph I. 247f., 252, 254, 274, 278f., 283, 302–304
Frey, Jules 143, 145, 147–149, 173, 357f., 420, 443

Gall, Franz Joseph 142
Gautier, Théophile 144
Gay-Lussac, Josephe 190
Geoffroy, Julien-Louis 103
Giampietro, Josef 78

Girardi, Alexander 274, 282f., 291, 303, 407, 409, 435
Girardin, Émile de 103, 343
Girardin, Saint-Marc 144
Giese, Fritz 40, 322, 426
Gasnault, François 138, 351–353, 355–358, 451
Goethe, Johann Wolfgang von 8–11, 24, 26, 28, 52, 83, 181f., 269, 287, 315f., 352, 362f., 368f., 386, 403, 426f., 438, 441, 446, 461, 465
Goncourt, Jules und Edmond de 221, 227, 385, 388, 427
Gozlan, Léon 144, 385, 444
Gracchus 206
Grimm, Jacob und Wilhelm 72, 334, 472
Gropius, Walter 87, 338, 472
Grosz, George 85, 338
Grünbaum, Fritz 52, 312, 321, 413, 419, 426, 471
Guizot, François 193, 196f., 206
Günther, Mizzi 280, 312
Gutzkow, Karl 195, 223, 376, 427

Halévy, Ludovic 34, 109, 231f., 243, 245, 253, 320, 346, 390, 392, 394, 428, 439f.
Haller, Herman 41, 74, 76, 79, 81, 84, 86, 335, 420
Hanslick, Eduard 253, 256, 397–399, 428
Haussmann, Georges-Eugène 21, 219–221, 232, 245, 374, 384, 428

Harries, Martin 379f., 454
Heath, Stephen 27, 319, 454
Heesters, Johannes 313, 419, 454
Hegel, Georg Wilhelm Friedrich 67–69, 83, 182, 204f., 207, 332, 368f., 378f., 381, 428
Heine, Heinrich 5, 21–23, 131, 176–190, 192–203, 209, 212, 223, 285–287, 291, 352f., 366–368, 370–379, 383, 408, 410, 422, 428–430, 435f., 441, 446f., 449, 451–455, 457, 461, 463, 465, 467f., 470, 472
Hérault de Séchelles, Marie-Jean 125
Herodes 177
Hervé, Florimond Ronger 106
Herzer, Ludwig 8, 315, 403, 430
Hesse, Hermann 311, 418, 430
Hessel, Franz 23
Heuberger, Richard 280
Hirschfeld, Jakob Heinrich 264
Hitler, Adolf 100, 108, 312f., 341, 442
Hugo, Victor 22, 103, 204, 217, 223, 378f., 381, 383, 430, 446, 450, 461, 466
Hobbes, Thomas 95, 182, 369f., 430, 442
Horaz 169
Horkheimer, Max 14, 317, 430

Jäger, Christian 311, 417f., 456
Janin, Jules 144

477

Jauß, Hans Robert 225f., 349, 355, 386, 456, 468
Jérôme Napoléon Bonaparte 218
Johannes der Täufer 178

Kafka, Franz 78, 335, 370, 431, 465
Kalisch, David 231, 389, 431
Kálmán, Emmerich 272, 294f., 297f., 312, 403–405, 412–415, 419, 431, 450, 457, 464
Karczag, Wilhelm 273f., 283
Karl I. 303f., 307
Karl August von Weimar 9
Karr, Alphonse 143
Katscher, Robert 52
Kerr, Alfred 23
Keun, Irmgard 84, 337, 431
Keyserling, Hermann 64
Klein, James 86
Klotz, Volker 269, 318, 386, 403, 412, 457
Knepler, Georg 308
Koch, Ludwig 300, 414, 421
Kotzebue, August von 187
Kracauer, Siegfried 5, 10–12, 15–18, 20, 23–26, 28f., 41–48, 51–53, 55–67, 69–72, 87f., 98–112, 130, 171, 180, 214, 218f., 232f., 309–311, 316, 318f., 322–334, 339, 341–347, 352, 382–385, 389f., 417, 422, 424, 431–434, 444, 452, 454, 458, 460, 462–465, 467–469, 471
Kraus, Karl 6, 23, 275, 278f., 281–295, 297–299, 301–303, 305–309, 311, 313, 405–417, 421f., 424, 435f., 446f., 448–450, 452, 454, 458, 461, 463, 465–467, 470f., 473
Krausz, Michael 7–9, 315, 436

Ladré 133f.
Lavater, Johann Casper 142, 162
Lafayette, Marquis de 133
Lanner, Joseph 252, 397, 447
Las Cases, Emmanuel 182
Le Cœur, Louis 137
Léhar, Anton 307
Lehár, Franz Vater 257, 399, 474
Lehár, Franz Sohn 8f., 16, 22–24, 26, 28, 83f., 256–261, 263, 268f., 272–280, 282f., 297, 307, 312, 315f., 326, 336f., 397, 399–406, 413–416, 419, 421, 436f., 443, 450, 452, 457, 461, 467
Lehmann, Johannes 224, 362, 386, 451, 459
Lemaître, Jules 244, 393
Le Nôtre, André 198
Léon, Victor 264, 270, 274, 279–281, 291, 295f., 312, 400–402, 405–407, 412f., 419, 436, 449
Lessing, Gotthold Ephraim 263, 362, 426, 459
Lévêque, Alexandre 132
Linhardt, Marion 249, 337, 394–396, 398, 400, 404, 406f., 441, 459
Löhner-Beda, Fritz 8f., 52, 312, 315, 403, 414, 419, 437

Louis-Philippe 129, 154, 188, 191–194, 202f., 208, 375
Loos, Adolf 286, 408, 437
Louis XIV. 34, 125, 131, 137, 171, 320
Louis XVI. 112, 115f., 123, 196, 347, 431
Louis XVIII. 206
Lucas, Hippolyte 143
Ludwig, Emil 101
Ludendorff, Erich 93
Lukács, Georg 62–65, 67, 69, 72, 90, 330, 332, 432, 437

Mackeben, Theo 111
Mann, Thomas 7, 93f., 97, 340, 437
Maria Amalia von Neapel-Sizilien 192
Maria Theresia 178
Marischka, Hubert 304
Marrast, Armand 207
Matt, Peter von 178, 367, 461
Marcelin, Émile 243
Marie-Antoinette 115, 178, 180, 197, 347, 367, 377, 429, 469
Marx, Karl 5, 22, 203–205, 207–214, 223, 230, 373, 376, 378–382, 422, 437f., 444, 449–451, 454, 457, 459, 461, 464f., 467f.
Massary, Fritzi 78, 82–84, 307, 312, 336, 419, 467
Maximilian Eugen von Österreich 304
Meilhac, Henri 231f., 243, 245, 253, 260, 391f., 440
Melville, Herman 34, 320, 438
Mercier, Louis-Sébastien 124, 142, 163,

165–174, 181, 190, 213, 223, 225, 350, 356, 361–365, 373, 382, 386, 438 f., 466, 470
Mogador, Céleste 144
Moltke, Helmuth Karl Bernhard von 251
Morel de Rubempré, Joseph 142
Morny, Charles Auguste de 203
Mousqueton, Louise 144
Müller Farguell, Roger 200, 368, 377, 463
Müller-Guttenbrunn, Adam 284, 407, 439
Musil, Robert 254, 398
Musset, Alfred de 36 f., 320, 439

Nadar, Felix 191, 374, 439
Napoléon I. 22, 94, 105, 126, 181 f., 194 f., 197, 203, 206 f., 208 f., 218 f., 269, 344, 369, 375, 378, 427, 455, 461
Napoléon III. (Louis Napoléon) 5, 21 f., 105, 108 f., 191, 202–204, 206, 208, 210–214, 217 f., 230, 234, 247, 251, 378, 382–384, 389, 430, 449, 470, 472
Nestroy, Johannes 231, 250 f., 282, 296, 308, 389, 394–396, 412, 436, 447, 449, 466, 474
Niépce, Nicéphore 190
Nietzsche, Friedrich 93, 368, 377, 388, 439, 463
Nikolaus II. 263
Niépce, Nicéphore 190

Oesterle, Günter 157, 343, 357, 359, 463 f.
Offenbach, Jacques 5, 16, 20, 22, 24, 33–37, 39, 58, 98, 101–112, 180, 214, 217 f., 231–234, 240 f., 243 f., 246, 248 f., 251, 253, 261, 269 f., 277, 282, 284, 298, 308 f., 318, 320 f., 341, 343–347, 352, 382 f., 384 f., 389–398, 405, 414, 416 f., 423 f., 432, 436, 439 f., 444, 447 f., 450, 452, 454, 456, 458–460, 463, 465, 467, 469, 471 f., 474
Olsen, Donald J. 230, 384, 388, 394, 464
d'Orléans, François, Prince de Joinville 192
d'Orléans, Louis, Duc de Nemours 192
Ozouf, Mona 126, 349, 351, 354 f.

Pacher, Maurus 275, 405, 464
Pallenberg, Max 307
Philipon, Charles 154 f., 359, 457
Piscator, Erwin 84–88, 338 f., 440, 453, 472
Poelzig, Hans 74
Poe, Edgar Allan 56, 156, 167
Pomaré IV. 145 f., 176 f., 188
Pompon, Rose 151 f.
Pückler-Muskau, Hermann 185, 190, 201, 372 f.
Polgar, Alfred 23, 41, 318, 322, 440
Porta, Bernardo 124
Preisendanz, Wolfgang 184, 371, 385, 451, 465
Preiss, Nathalie 158 f., 355 f., 358–360, 440, 465

Pringsheim, Klaus 7, 10, 315 f., 440
Pritchard, George 145
Publicola 206

Rabelais, François 131, 352, 445
Racine, Jean 118, 198
Radetzky von Radetz, Joseph 252, 257
Raimund, Ferdinand 282
Reifenberg, Benno 59, 98
Reinhardt, Max 74–76, 87, 121, 334 f., 431
Rilke, Rainer Maria 52
Robespierre, Maximilien de 126, 193, 206
Rochefort, Henri 224
Roth, Joseph 23, 40, 259, 275, 321, 397, 400, 405, 440
Rousseau, Jean-Jacques 21, 28, 117–122, 127, 131 f., 168, 174, 179, 193, 348 f., 353, 366, 441, 451, 468
Royer-Collard, Pierre-Paul 206

Saint-Just, Louis Antoine de 206
Saint-Simon, Claude Henri de 158 f., 360, 441
Salome, Tochter des Herodias 177, 201
Salten, Felix 260, 279–282, 285, 302, 305, 400, 406 f., 415 f., 441, 468
Sand, George 103
Sand, Karl Ludwig 187
Saphir, Moritz 250, 395 f., 474
Saqui, Marguérite Antoine 146

479

Say, Jean-Baptiste 206
Schanzer, Rudolf 52
Scherr, Johannes 183, 370, 441
Schiller, Friedrich 163, 165, 172, 362 f., 365, 368, 377, 389, 441 f., 446, 452, 454, 463, 466
Schivelbusch, Wolfgang 220, 329, 340, 342, 355, 382, 384
Schlegel, Friedrich 181
Schmitt, Carl 5, 88, 90, 94–97, 101, 182, 339–341, 369 f., 442, 454, 461, 465, 467
Scribe, Eugène 103
Schütz, Erhard 311, 325, 334, 417 f., 456
Shakespeare, William 278 f., 308, 380, 416, 435
Sergent, Élise (Reine Pomaré) 144–147, 151, 175–178, 180, 183, 188, 197 f., 201, 357 f., 366–368, 377, 429
Sennett, Richard 159–161, 360 f., 467
Siemsen, Hans 51 f., 327, 442
Sokrates 169
Sousa, John Philip 259
Speier, Hans 43, 323, 467
Starobinski, Jean 122, 348 f., 355, 468

Stierle, Karlheinz 172, 229, 361, 363, 365 f., 388, 469
Stein, Leo 274, 401, 404, 431, 436
Steiner, Rudolf 64
Steininger, Emil 274
Straus, Oscar 278, 281, 312, 415, 418, 442, 460
Stranitzky, Anton 250
Strauß, Johann Vater 252, 259, 275, 396, 399, 400, 460
Strauß, Johann Sohn 251–253, 256 f., 259 f., 274, 281 f., 303, 396 f., 399 f., 404, 407, 412, 414, 428, 443, 448, 460, 465, 473
Sue, Eugène 144
Swebach-Desfontaines, Jacques-François-Joseph 137

Tauber, Richard 83–85, 309 f., 312, 327, 336, 417, 419, 434, 450, 467
Thévenin, Charles 135
Thielscher, Guido 78
Thiers, Adolphe 193–196, 375
Tiller, John 41, 322, 470
Tönnies, Ferdinand 63, 330, 443
Treumann, Carl 248 f., 251, 391 f.
Treumann, Louis 280–284, 286, 304, 312 f., 400, 406

Uhland, Ludwig 295, 413

Valéry, Paul 186, 372, 443
Varin, Charles 231, 389, 442
Véron, Louis-Désiré 128
Vischer, Friedrich Theodor 68 f., 332, 443
Vitu, Auguste 143, 145–149, 173, 357 f., 420, 443
Vogel, Juliane 123, 349, 354, 374, 409 f., 470
Voisine, Jacques 193, 375, 470

Walser, Robert 23
Weber, Max 5, 88–93, 95–97, 101, 339 f., 443
Wehinger, Brunhilde 230, 344, 385 f., 388, 392, 471
Weill, Kurt 7 f., 315
Welisch, Ernst 52
Werner, Fritz 304, 415
Weydemeyer, Joseph 212
Wienbarg, Ludolf 184
Wilhelm I. 251
Wilhelm II. 301, 323, 415
Willner, Alfred Maria 274, 321, 404, 414, 426, 436
Winter, Anni 313

Zola, Émile 69
Zweig, Stefan 101, 257, 399, 444